U0052824

刊印古籍今注新譯叢書緣起

劉振強

人類歷史發展，每至偏執一端，往而不返的關頭，總有一股新興的反本運動繼起，要求回顧過往的源頭，從中汲取新生的創造力量。孔子所謂的述而不作，溫故知新，以及西方文藝復興所強調的再生精神，都體現了創造源頭這股日新不竭的力量。古典之所以重要，古籍之所以不可不讀，正在這層尋本與啟示的意義上。處於現代世界而倡言讀古書，並不是迷信傳統，更不是故步自封；而是當我們愈懂得聆聽來自根源的聲音，我們就愈懂得如何向歷史追問，也就愈能夠清醒正對當世的苦厄。要擴大心量，冥契古今心靈，會通宇宙精神，不能不由學會讀古書這一層根本的工夫做起。

基於這樣的想法，本局自草創以來，即懷著注譯傳統重要典籍的理想，由第一部的四書做起，希望藉由文字障礙的掃除，幫助有心的讀者，打開禁錮於古老話語中的豐沛寶藏。我們工作的原則是「兼取諸家，直注明解」。一方面熔鑄眾說，擇善而從；一方面也力求明白可喻，達到學術普及化的要求。叢書自陸續出刊以來，頗受各界的喜愛，使我們得到很大的鼓勵，也有信心繼續推廣這項工作。隨著海峽兩岸的交流，我們注譯的成員，也由臺灣各大學的教授，擴及大陸各有專長的學者。陣容的充實，使我們有更多的資源，整理更多樣化的古籍。兼採經、史、子、集四部的要典，重拾對通才器識的重視，將是我們進一步工作的目標。

古籍的注譯，固然是一件繁難的工作，但其實也只是整個工作的開端而已，最後的完成與意義的賦予，全賴讀者的閱讀與自得自證。我們期望這項工作能有助於為世界文化的未來匯流，注入一股源頭活水；也希望各界博雅君子不吝指正，讓我們的步伐能夠更堅穩地走下去。

新譯說苑讀本　目次

導讀

關於《說苑》怎樣編成，劉向自己的話當然是最可靠的資料，他在《說苑敘錄》中說：

護左都水使者光祿大夫臣向言：所校中書《說苑雜事》及臣向書、民間書，誣校讎。其事類眾多，章句相溷，或上下謬亂，難分別次序。除去與《新序》復重者，其餘者淺薄不中義理，別集以為百家後❶。令以類相從，一一條別篇目，更以造新事，十萬言以上❷。凡二十篇，七百八十四章，號曰《新苑》，皆可觀。臣向昧死❸。

據此可知《說苑》一書是劉向根據宮中所藏《說苑雜事》及他自己和民間的藏本，經過校勘整理，刪掉和《新序》重複以及內容淺薄不合乎義理的，又增加一些新的內容，立篇分章，編著而成的。我們這裡不說他「編輯」而說「編著」，主要是基於以下兩點考慮：第一是劉向在刪除材料時，除了和《新序》

❶ 余嘉錫《四庫提要辨證》云：「《漢志》小說家有百家百三十九卷，蓋即劉向《敘錄》所謂『別集以為百家』者也。」嚴靈峰疑《敘錄》文有錯簡，謂「其餘者淺薄不中義理，別集以為百家後」共十六字應在下文「皆可觀」之後（見《劉向「說苑敘錄」研究》，《大陸雜誌》第五六卷第六期）。案《敘錄》原文之意，劉向所刪除者有兩部分：一為與《新序》復重者；一為雖不復重但淺薄不中義理，故不編入《說苑》而別集以為百家後者。所謂「其餘者」，指所刪除之全部材料中除去與《新序》相復重之所餘部分。嚴氏之說未當文意，不可從。

❷ 蓋謂除去與《新序》重複及淺薄不中義理的，加上新增部分，一共十萬言，進呈皇帝。一般標點作「更以造新事十萬言，以上」，則是以新增部分為十萬言，那麼全書應當有三十萬言左右，與今本《說苑》十一萬餘字相差太遠，顯然不合事實，故不可從。

❸ 嚴靈峰謂據劉向校讎群書敘錄體例，「昧死」下當有「上」字，是也。

重複的以外，就是那些劉向認為「淺薄不中義理」的。但是那些是屬於淺薄不合義理的呢？那些是並不淺薄而合乎義理的呢？這在劉向心中一定有一個思想的標準，合則取，不合則刪。那些不刪而加以保留的，當然就是劉向認為合乎義理的了，於是立篇分章，以類相從，加以編纂。這種「依興古事」（《漢書·劉向傳》）的編書方法，正是我國古代「述而不作」的傳統。第二是《說苑》中還有《說苑雜事》中本來沒有而由劉向新增的部分，這些新增的材料，有的是劉向認為合乎他的「義理」標準而從他書輯錄來的，也有的可能是劉向自己的文字。從這兩點看來，劉向對於《說苑》，實在不僅僅是一般的編輯而已。

至於《說苑雜事》，不但「章句相溷」、「上下謬亂」，而且也未分篇章，「難分別次序」，我們以為它當時還不是一本「書」，而只是一堆記載歷史人物言語行事的材料而已。西元一九七三年河北定縣八角廊四十號漢墓出土了大批竹簡，其中有一批經整理後命名為《儒家者言》，共二十七章，由於篇幅不夠長，可能只是某書（或某一堆材料）中的一部分，或者原來就只是節錄。這二十七章的內容，多見於《晏子春秋》、《呂氏春秋》、《韓詩外傳》、《孔子家語》、《說苑》和《新序》等書，以見於《說苑》者最多，共十六章，而凡見於《說苑》又見於其他各書的，文字多和《說苑》相近。這種現象使我們認為《儒家者言》的祖本很可能就是這個包括一大批材料的《說苑雜事》，由於《說苑》根據《說苑雜事》刪削增補而成，而《儒家者言》是《說苑雜事》的一部分，二者自有較與其他諸書更密切的關係❹。據考定，《儒家者言》所根據的祖本甚早，可能屬於戰國晚期，則《說苑雜事》中部分資料也應當其來有自，淵源甚早。因此，《說苑》中有一些和《呂氏春秋》、《韓詩外傳》等等相關書籍相近或相同的記載，不一定就是直接採集自其書，《說苑》的文字可能更早，或者諸書來源相同，也是可能的。

現在我們既然知道《說苑》所載可能淵源甚早而自有所本，那麼我們對於它的文獻歷史價值，實在

---

❹ 參徐復觀先生〈劉向新序說苑的研究〉（《大陸雜誌》第五五卷第二期頁五六）及拙著〈論「儒家者言」及其與「說苑」的關係〉，見《說苑集證》附錄。

應該重新給予評價。如在校勘上，以前認為《說苑》是劉向「采傳記百家之言」而成的❺，因此在《說苑》文字和相關書有異同時，往往據諸書以正《說苑》。事實上可能正好相反，如〈權謀〉篇第三章有「澤鳴」其人，《史記．孔子世家》、《孔叢子．記問》、《孔子家語．困誓》俱作「竇鳴」，《漢書．古今人表》及顏注引《戰國策》俱作「鳴犢」，《史記索隱》引《國語》作「鳴鐸」，諸書皆不相同，究竟誰是誰非呢？等到八角廊漢墓漢簡出土，我們看到《儒家者言》第一一章中亦有其人，正作「澤鳴」，和《說苑》相同，證明《說苑》所載較諸書都為正確。《四庫全書總目提要》說：「然古籍散佚，多賴此以存。如《漢志》河間獻王八篇，《隋志》已不著錄，而此書所載四條，尚足以見其議論醇正，不愧儒宗。其他亦多可採擇，雖間有傳聞異詞，固不以微瑕累全璧矣。」《四庫提要》雖然已經指出《說苑》在保存古文獻上的價值，但僅僅只提及河間獻王四條，事實上為《說苑》獨有而不見於他書的資料，超過全書四分之一。這些歷史文獻資料，由於我們對其淵源有了新的認識，當更值得珍貴。

劉向是一位儒家學者，他編《說苑》，取材的標準是合不合乎「義理」，這義理的標準自然不外儒家的觀點。《說苑》共分二十篇，涉及的內容相當廣泛，但就其基本核心而言，環繞在兩個方面。其一是政治思想和措施。在政治思想上提出了儒家的「天下為公」的理想，《說苑》中有〈至公〉篇，開頭第一章就引孔子「巍巍乎，惟天為大，惟堯則之」及《易》「無首，吉」來讚美堯的「人君之公」，因為堯「貴為天子，富有天下，得舜而傳之，不私於其子孫也」。第五章記秦始皇有禪天下之意，此事不見於其他記載，而以秦始皇的專制欲傳之萬世，也似乎不應該有這樣的事，不過文中鮑白令之卻批評秦皇是「所謂自營僅存之主也，何暇比德五帝，欲官天下哉！」認為他不夠格。《說苑》中特地錄存了這一章，這是很有意思的。天下為公，天命不專主一人，得民者昌，失民者亡。虐害人民的暴君，身死國亡，是

❺《崇文總目．儒家類》：「向成帝時典校祕書，採傳記百家之言，掇其正辭美義可為勸戒者，以類相從，為《說苑》二十卷。」曾鞏《說苑．序》：「向采傳記百家所載行事之跡，以為此書。」

咎由自取。〈君道〉篇中下面這兩章，說的就是這個意思。

夫天之生人也，蓋非以為君也；天之立君也，蓋非以為位也。夫為人君，行其私欲而不顧其人，是不承天意，忘其位之所以宜事也。如此者，《春秋》不予能君而夷狄之。（〈君道〉第四一章）

齊人弒其君，魯襄公援戈而起曰：「孰臣而敢殺其君乎？」師懼曰：「夫齊君治之不能，任之不肖，縱一人之欲，以虐萬夫之性，非所以立君也。其身死，自取之也。今君不愛萬夫之命，而傷一人之死，奚其過也？其臣已無道矣，其君亦不足惜也。」（〈君道〉第四二章）

在政治措施方面，首先國君對人民應該實行仁愛的政治，〈政理〉篇第一三章載太公對武王說：「治國之道，愛民而已。」怎麼樣做呢？就是「利之而勿害，成之勿敗，生之勿殺，與之勿奪，樂之勿苦，喜之勿怒。」一切以合乎人民的利益為主，要愛護人民如同保愛子女，關心他們的生活，設身處地為他們著想：

聖人之於天下百姓也，其猶赤子乎！飢者則食之，寒者則衣之，將之養之，育之長之，唯恐其不至於大也。（〈貴德〉第一章）

堯存心於天下，加志於窮民，痛萬姓之罹罪，憂眾生之不遂也。有一民飢，則曰：「此我飢之也。」有一人寒，則曰：「此我寒之也。」一民有罪，則曰：「此我陷之也。」仁昭而義立，德博而化廣。故不賞而民勸，不罰而民治。先恕而後教，是堯道也。（〈君道〉第六章）

實行仁愛政治的具體表現就在於「省刑罰，薄賦斂」。〈政理〉篇第二章載季孫問孔子：「如殺無道，以就有道，何如？」孔子回答說：「子為政，焉用殺。」並指出「治國有二機，刑、德是也。王者尚其德而希其刑」，「德者，養善而進闕者也；刑者，懲惡而禁後者也」，所以要先施行德化，後用刑罰，刑罰用來救濟德化的不足。如果不先行教化，就予以誅罰，這就叫做「虐殺」（〈政理〉第一〇章）。〈貴德〉篇第一四章載路溫舒上漢宣帝書，極言刑獄的種種黑暗弊端，痛心人民遭受冤獄，枉死的不能復生，肢體受殘的不能復原，希望皇帝「省法制，寬刑罰，以廢煩獄」。這一篇上書，也見於《漢書・路溫舒傳》，見於《說苑》，當然是屬於《敘錄》所謂的「更以造新事」部分。劉向採入這一章材料，當然是一方面它符合儒家行仁政、輕刑罰的原則，另外一方面也是針對漢成帝時的律令嚴苛、濫用刑罰。

武王問治國的道理，太公告訴他要「遇民如父母之愛子，兄之愛弟，聞其飢寒為之哀，見其勞苦為之悲」，不要加重人民的賦稅，加重人民的賦稅，就好像向人民掠奪（〈政理〉第一三章）。文王問怎樣治天下？呂望告訴他：「王國富民，霸國富士，僅存之國富大夫，亡道之國富倉府。」（〈政理〉第一二章）所以一個國家的富足，不在於政府有錢，而在於人民有錢，人民都富了，國家還會窮嗎？

> 魯哀公問政於孔子，對曰：「政有使民富且壽。」哀公曰：「何謂也？」孔子曰：「薄賦斂則民富，無事則遠罪，遠罪則民壽。」公曰：「若是則寡人貧矣。」孔子曰：「《詩》云：『凱悌君子，民之父母。』未見其子富而父母貧者也。」（〈政理〉第一一章）

武王問太公賢君怎麼樣治國？太公回答首先就提出「其政平，其吏不苛，其賦斂節，其自奉薄」等等（〈政理〉第一四章），可見「省刑罰，薄賦斂」是賢君治國的基本要點。

大凡統治階層奢侈淫佚，享樂無度，必然向人民需索搾取，厚斂暴徵，以供一己享用。所以要減輕人民的賦稅負擔，統治階層必須節約。自古賢明的君主常以儉得國，淫佚的君主常以奢亡國，《說苑》

卷二〇〈反質〉篇，就有多章說明這個道理。〈反質〉篇中較特殊的是第一九章，記楊王孫欲死後裸葬，其事也見於《漢書》本傳，文中極言厚葬之弊，認為厚葬不但無益於死者，而且浪費財物，腐於地下，占奪生人的財用。漢成帝時營造陵墓，數年不成，制度泰奢，劉向在〈反質〉篇中載入這一章，是有很強的針對性和現實性的。

政治措施另一個重點是尊賢用賢。「人君之欲平治天下而垂榮名者，必尊賢而下士。……朝無賢人，猶鴻鵠之無羽翼也。」（〈尊賢〉第一章）「國無賢佐俊士而能以成功立名、安危繼絕者，未嘗有也。故國不務大而務得民心；佐不務多而務得賢俊。」（〈尊賢〉第五章）「故無常安之國，無恆治之民，得賢者則安昌，失之者則危亡。自古及今，未有不然者也。」（同上）這些話反覆申明國家必須有賢俊之士輔佐，才能平治安昌，「故明君在上，慎於擇士，務於求賢。」（〈君道〉第一四章）

尊賢是為了用賢，如果一個君主尊賢卻不能信用，賢人不能在實際政治上發揮良好的作用，這樣的君主不過徒具好賢之名，就是太公所謂的「舉賢而不用，是有舉賢之名而不得真賢之實也。」（〈君道〉第一五章）范、中行氏尊賢而不能用，賤不肖而不能去，孔子以為雖欲無亡，不可得也（〈尊賢〉第三六章）。〈尊賢〉篇第二章「春秋之時，天子微弱」及第五章「禹以夏王，桀以夏亡」，列舉歷史上許多用賢而昌強，不用賢則敗亡的實例。

《說苑》思想內容的第二個重要方面是強調儒學的重要和尊崇孔子。儒學自孔子以後，走入低潮。《墨子》有〈非儒〉篇；孟子「距楊墨，放淫辭」，而自謂「不得已」，亦可見楊墨其時之顯；到戰國後期，遊說之士大行其道，法術之士受到重用。漢初天下初定，民生凋敝，財用匱乏，道家與民休養生息之道應運而生；文景之世，盛行黃老之學；武帝推崇儒術，其實儒法並重，政治實際運作上，法又超過儒，所以漢宣帝有「漢家自有制度，本以王道雜之」之說。下面這段記載，不但可作為歷史上儒家遭到輕視的佐證，也可以看出劉向採錄此文的時代意義。文內把非儒之士目為「骨肉不親」、「秀士不友」，是三代的「棄民」，可見抨擊的嚴厲。

今夫辟地殖穀，以養生送死；銳金石雜草藥以攻疾苦；知構室屋以避暑雨，累臺榭以避潤濕；入知親其親，出知尊其君；內有男女之別，外有朋友之際；此聖人之德教，儒者受之傳之，以教誨於後世。今夫晚世之惡人，反非儒者曰：「何以儒為？」如此人者，是非本也。譬猶食穀衣絲，而非耕織者也；載於船車，服而安之，而非工匠者也；食於釜甑，須以生活，而非陶冶者也。此言違於情而行矇於心者也。如此人者，骨肉不親也，秀士不友也，此三代之棄民也，人君之所不赦也。（〈建本〉第一一章）

重儒和尊孔是一體的兩面，重儒則必定尊孔，尊孔則必定重儒。《說苑》中尊崇孔子、頌揚孔子的記載甚多，如〈至公〉篇第一〇章「孔子生於亂世」，稱頌孔子周流應聘，不避恥患，是為了不希望自己的理想實踐只德及少數人，而欲普濟天下群生。〈貴德〉篇第二章「仁人之德教也」及〈至公〉篇第九章「夫子行說七十諸侯」，則闡述了孔子作《春秋》的意義。上面四章文字，並不見於他書記載，獨賴《說苑》以傳，尤有參考的價值。

此外，為學、孝親、修身等等也是儒家所重視的，《說苑》中也都有所闡明，不煩贅述。《說苑》一書的思想內容當然不只這些，以上揭示這兩方面，以供參考而已。

卷一

君道

【題解】君道，就是為君之道。本卷共四十六章，記載了從夏到漢初的一些政治人物的行事和對話，說明一個國君應該具有的統治人民、治理國家的原則和方法，以及國君本身應該具有的修養和德行。主要表現了以下這些看法：國君應該慎言慎行（第四章），「惡惡道」（第五章），「任其過」（第二八章）。施政的目的在於「利民」（第三一章），要關心人民的生活，不要使他們遭受飢寒，不要使他們受到罪罰，如果有一個人民還不免於飢寒刑罪，國君都不能心安（第六、八、九章）。行政要簡明，務去煩苛，因為「事寡易從，法省易因」（第二章）。國君要能夠拔擢賢人，知人善用。「慎於擇士，務於求賢」是一個「明君」首要重視的事（第一四章），但是不可以「好聽譽而不惡讒也，以非賢為賢，以非善為善」（第一五章），而要能得到真正的賢才。不過求賢、得賢固然重要，但是更重要的是能夠用賢，一個君主能夠知人善用就能夠到達成功的地步了（第一三、一四及一八章）。

第一章

晉平公❶問於師曠❷曰：「人君之道，如何？」對曰：「人君之道，清淨無為❸，務❹在博愛，趨❺在任賢；廣開耳目，以察萬方；不固溺❻於流俗，不拘繫❼於左右；廓然❽遠見，踔然❾獨立；屢省❿考績，以臨⓫臣下。此人君之操⓬也。」平公曰：「善。」

【注釋】❶晉平公　春秋晉國國君，西元前五五七～前五三二年在位。❷師曠　晉國主樂太師。❸清淨無為　淨、靜古通，清淨即清靜，不煩擾。無為，不生事。❹務　專力從事。❺趨　儘快。❻固溺　蔽塞陷溺。❼拘繫　牽掣；控制。❽廓然　廣大開闊貌。❾踔然　高遠貌。❿省　察看；檢查。⓫臨　由上視下曰臨，此處作監督講。⓬操　志行，如言操守、節操。

【語譯】晉平公問師曠說：「怎樣做一個君主呢？」師曠回答說：「做一個君主要儘量減少百姓的麻煩，努力博愛民眾，儘快任用賢人；到處張開耳目，來觀聽天下各方人士的意見；不要被一般習俗所蔽塞陷溺，也不要被左右親近的人所控制；胸襟廣闊有遠大的見識，高瞻遠矚有不凡的抱負；經常檢查考核政績，來監督臣下。這些就是做君主的應該有的志行節操。」晉平公說：「講得好。」

第二章

齊宣王❶謂尹文❷曰：「人君之事，何如？」尹文對曰：「人君之事，無為而能容下。夫事寡易從，法省易因，故民不以政獲罪也。大道容眾，大德容下，聖人寡為而天下理矣。《書》曰：『睿作聖❸。』詩人曰：『岐有夷之行，子孫其保之❹。』」宣王曰：「善。」

【注釋】❶齊宣王（西元前？～前三〇一年）戰國時齊國國君，西元前三一九～前三〇一年在位。❷尹文《漢書・藝文志》名家著錄有《尹文子》一篇，班固自注曰：「說齊宣王，先公孫龍。」❸睿作聖 見《尚書・洪範》。睿，當作容。說詳拙作《說苑集證》。❹岐有夷之行二句 見《詩經・周頌・天作》，「詩人曰」之「人」字當刪。岐，岐山（在今陝西岐山縣東北），周建國的地方。

【語譯】齊宣王問尹文說：「怎樣做一個君主呢？」尹文回答說：「做一個君主要儘量減少百姓的麻煩，並且度量大，能包容。政事簡單，就容易遵從；法規少，就容易遵守；所以人民不會因為政治而犯罪。有偉大的道德，就能夠容納群眾和下屬；聖人很少去干涉天下的事，天下反而治理得最好。《書經》上說：『能包容的人可以成聖。』《詩經》上說：『周就像岐山一樣，有平易的大道，子孫要保持它。』」宣王說：「講得好。」

第三章

成王❶封伯禽❷為魯公，召而告之曰：「爾知為人上之道乎？凡處尊位者，必以敬下❸，順德規諫；必開不諱之門，蹲節安靜以藉之❹；諫者勿振❺以威，毋格❻其言；博采其辭，乃擇可觀。夫有文無武，無以威下；有武無文，民畏不親；文武俱行，威德乃成；既成威德，民親以服。清白❼上通，巧佞❽下塞；諫者得進，忠信乃畜❾。」伯禽再拜受命而辭。

【注　釋】❶成王　西周國王，姬姓，名誦，文王之孫，武王之子。❷伯禽　姬姓，字伯禽，亦稱禽父，周公旦長子。周成王把商奄故墟分封給他，國號魯，為周代魯國始祖。因封於魯，故稱魯公。在位四十六年。❸敬下　言恭敬而下於人也。❹蹲節安靜以藉之　蹲，同「撙」。撙節，有所抑而不敢肆謂之撙，有所制而不敢過謂之節（見《禮記·曲禮》孫希旦《集解》）。藉，寬博有餘也。❺振　同「震」。❻格　拒。❼清白　操行純潔、沒有汙點的人。❽巧佞　善於用花言巧語諂媚的人。❾畜　留。

【語　譯】周成王封伯禽為魯公，召見他並且告誡說：「你知道做人君的道理嗎？凡是處於高位的人，一定要懂得尊重別人，謙下為懷，順應道德行事，接受別人的規諫；一定要敞開言論無所禁忌的大門，自我抑制，冷靜沉著，使言論者有寬鬆的發言餘地；對於進諫的人，不要用威權驚嚇他們，不要拒絕他們的諫言；要廣泛地聽取意見，然後選擇可取的。如果只有文的而沒有武的，就無法威服人民；如果只有武的而沒有文的，人民雖然敬畏但不敢親近；如果文武都能實行，威權和德行就都成功了；威權和德行都成功了，人民就會既親近又服從。清廉磊落之士如果能夠通達上層，諂媚小人就會被阻滯在下面；進諫的人如果被進用，忠誠信義的人才能留得住。」伯禽向成王拜了兩拜，接受了分封和告誡，辭謝而去。

第四章

陳靈公❶行僻而言失。泄冶❷曰：「陳其亡矣！吾驟❸諫君，君不吾聽而愈失威儀。夫上之化下，猶風靡草，東風則草靡而西，西風則草靡而東，在風所由而草為之靡。是故人君之動不可不慎也。夫樹曲木者，惡得直影？人君不直其行、不敬其言者，未有能保帝王之號，垂❹顯令之名者也。《易》曰：『夫君子居其室，出其言善，則千里之外應之，況其邇者乎？居其室，出其言不善，則千里之外違之，況其邇者乎？言出於身加於民，行發乎邇見乎遠。言行，君子之樞機，樞機之發，榮辱之主。君子之所以動天地，可不慎乎？天地動而萬物變化❺。』《詩》曰：『慎爾出話，敬爾威儀，無不柔嘉❻。』此之謂也。今君不是之慎而縱恣焉，不亡必弒。」靈公聞之，以泄冶為妖言而殺之。後果弒於徵舒❼。

【注釋】❶陳靈公　春秋時陳國國君，西元前六一三～前五九九年在位。❷泄冶　陳靈公臣，《左傳》宣公九年作「洩冶」。❸驟　趕快。❹垂　流傳下去。❺夫君子居其室十七句　見《易經・繫辭上》，本文所引與原文稍有出入。邇，近。見，即現。樞機，樞是戶樞，所以利轉；機是門梱，所以止扉。樞機為門戶之要，猶言行為君子之要（說本王引之《經義述聞・二》）。「君子之所以動天地」上應當據《易經・繫辭》補「言行」二字，文義才完整。❻慎爾出話三句　見《詩經・大雅・抑》。柔，安。嘉，善。❼後果弒於徵舒　見《左傳》宣公十年，他從馬房裡射殺靈公。

【語譯】陳靈公行為乖僻，而且言語也經常失誤。泄冶說：「陳國恐怕要滅亡了！我趕著去勸諫君主，君主非但不聽我的意見，反而行為舉止格外失常。那在上位的人用德感化人民，就好像風吹草一樣，吹東風草就向西倒，吹西風草就向東倒，草向那個方向倒全在風向那個方向吹，所以人君的一舉一動不可不謹慎啊。種植彎曲的樹木，怎麼會有挺直的樹影？人君如果行為不正直，說話不慎重，沒有能保持住帝王的名號，把好名聲流傳到後世的。《易經》上說：『一個君子住在他自己的屋內，如果講出來的話妥善，千里之外的人也會響應，何況近處的人呢？一個人住在自己的屋內，如果講出來的話不妥善，千里之外的人也會反對，何況近處的人呢？話雖然從自己嘴裡說出去，但會影響到人民；個人的行為表現雖然只顯現在近處，影響卻會顯現在遠方。言行，是君子的關鍵所在，說話和行為妥善不妥善，正當不正當，就是得到榮耀或者受到恥辱的主要條件。言行，是君子所以能夠感動天地的原因，可以不慎重嗎？天地有了感動，萬物就要跟著變化。』《詩經》上說：『慎重你的說話，端正你的威儀，就沒有不完善的了。』說的就是這個意思。現在君主不從謹慎言行這方面著手，反而任意放縱，即使不亡國，自己也會被下面的人殺掉。」靈公知道了，以為泄治妖言惑眾而把他殺掉。後來靈公果然被徵舒所殺。

第五章

魯哀公❶問於孔子❷曰：「吾聞君子不博，有之乎？」孔子對曰：「有之。」哀公曰：「何為其不博也？」孔子對曰：「為其有二乘❸。」哀公曰：「有二乘，則何為不博也？」孔子對曰：「為行惡道也。」哀公懼焉。有間，曰：「若是乎君子之惡惡道之甚也？」孔子對曰：「惡惡道不能甚，則其好善道亦不能甚；好善道不能甚，則百姓之親之也亦不能甚。《詩》云：『未見君子，憂心惙惙；亦既見止，亦既覯止，我心則悅❹。』《詩》之好善道之甚也如此。」哀公曰：「善哉！吾聞君子成人之美，不成人之惡❺。微❻孔子，吾焉聞斯言也哉！」

【注　釋】❶魯哀公　春秋魯國國君，定公子，名蔣，西元前四九四～前四六八年在位。❷孔子　（西元前五五一～前四七九年）春秋末年思想家、教育家、儒家創始者。名丘，字仲尼，魯昌平鄉陬邑（今山東曲阜東南）人。❸乘　猶道也、方也。向宗魯《說苑校證》曰：「《古博經》云：『博法二人相對坐向局，局分為十二道，兩頭當中名為水，用棊十二枚，六白六黑。』則二乘謂白黑分道也。」按黑白分道，博者二人為攻守雙方，守者自保，攻者攻人，有如戰爭殺伐之道。戰爭殺伐為惡道，故下文云：「為行惡道也。」❹未見君子五句　見《詩經・召南・草蟲》。惙惙，憂。止，同「之」。覯，遇。❺君子成人之美二句　見《論語・顏淵》。❻微　無。

【語　譯】魯哀公問孔子說：「我聽說君子不博戲，有這回事嗎？」孔子回答說：「有的。」哀公說：「為什麼不博戲呢？」孔子回答說：「因為博戲有黑白二道攻守雙方。」哀公說：「有黑白二道攻守雙方為什麼就不博戲呢？」孔子回答說：「因為怕受影響而走上惡道。」哀公聽了害怕起來，過了一會，又說：「君子討厭惡道竟然到這個地步嗎？」孔子回答說：「討厭惡道不徹底，那麼喜歡善道也就不會徹底；喜歡善道不徹底，那麼人民也就不會真正親近他了。《詩經》上說：『沒見到君子，心中非常憂愁；見到了，遇著了，心中就十分快樂。』《詩經》中所表現的愛好善道竟是這樣深刻。」哀公說：「好啊！我聽說君子成全人做好事，不幫助人做壞事。如果沒有孔子，我到那兒去聽這些話啊！」

第六章

河間獻王❶曰：「堯❷存心於天下，加志於窮民，痛萬姓之罹罪，憂眾生之不遂也。有一民飢，則曰：『此我飢之也。』有一人寒，則曰：『此我寒之也。』一民有罪，則曰：『此我陷之也。』仁昭而義立，德博而化廣。故不賞而民勸，不罰而民治。先恕而後教，是堯道也。」

【注　釋】❶河間獻王　漢景帝第二子，名德，封為河間王，諡曰獻。好讀書，喜歡儒家學術。❷堯　傳說中陶唐氏部落長，炎黃聯盟首領。又稱伊祁氏或伊耆氏，名放勳，史稱唐堯。曾命鯀治洪水，並推選虞舜為繼位人。

【語　譯】河間獻王說：「堯對於天下人民心存關懷，特別關懷窮苦的人；傷痛所有百姓遭受到罪罰，擔憂他們不能好好生存。有一個人飢餓，就說：『是我讓他飢餓的啊。』有一個人受寒，就說：『是我讓他受寒的啊。』有一個人犯罪，就說：『是我讓他犯罪的啊。』堯的仁德光明而偉大，他建立了正義，教化了廣大的群眾；所以不需要獎賞，而人民自己就會互相規勸勉勵；不必用刑罰，而人民就被治理得很好。先寬恕他們，然後教育他們，這是堯治理天下的方法。」

第七章❶

當舜❷之時，有苗氏❸不服。其所以不服者，大山在其南，殿山在其北，左洞庭之波，右彭蠡❹之川，用此險也，所以不服。禹❺欲伐之，舜不許，曰：「諭教猶未竭也。」究諭教焉，而有苗氏請服。天下聞之，皆非禹之義，而歸舜之德。

【注　釋】❶第七章　原來與上一章相連，應該分開另為一章。說詳拙作《說苑集證》。❷舜　傳說中有虞氏部落長，炎黃聯盟首領。姚姓，一說媯姓，名重華，史稱虞舜。命禹治水，後讓位於禹。❸有苗氏　種族名，又稱三苗。❹彭蠡　湖名，即今江西鄱陽湖。❺禹　夏后氏部落長，炎黃聯盟首領，夏朝建立者。姒姓。平治洪水有功，使民得以平土而居，故繼舜為君。

【語　譯】虞舜的時候，有苗氏反叛。反叛的原因，是因為有大山在它的南邊，殿山在它的北邊；西邊有洞庭湖，東邊有鄱陽湖；憑著這些險要，所以反叛。禹想去討伐有苗，舜不答應，說：「還沒有竭力做好教化的工作。」再竭力推行教化，有苗氏就請求歸順。天下人聽到，都批評禹的不對，而稱讚舜能夠以德服人。

第八章

周公❶踐❷天子之位，布德施惠，遠而逾明。十二牧，方三人❸，出舉❹遠方之民，有飢寒而不得衣食者，有獄訟❺而失職❻者，有賢才而不舉者，以入告乎天子。天子於其君之❼朝也，揖❽而進之曰：「意❾，朕之政教有不得者與？何其❿所臨⓫之民有飢寒⓬不得衣食者，有獄訟而失職者，有賢才而不舉者也？」其君歸也，乃召其國⓭大夫告用⓮天子之言，百姓聞之皆喜曰：「此誠天子也，何居之深遠而見我之明也，豈可欺哉！」故牧者所以辟四門，明四目，達四聰也⓯。是以近者親之，遠者安之。《詩》曰：「柔遠能邇，以定我王⓰。」此之謂矣！

【注釋】❶周公　西周初年政治家。周武王弟，姬姓，名旦，一稱叔旦，因采邑在周（今陝西岐山縣北），故稱周公。曾佐武王伐紂。武王死後，成王年幼，由他攝政。❷踐　帝王即位叫踐，因周公攝政，故稱踐。❸十二牧二句　牧，古時各州首長叫牧。《書經・立政》：「宅乃牧。」孔穎達疏引鄭玄注：「殷之州牧曰伯，虞夏及周曰牧。」方三人，每方三人，四方故有十二牧也。《韓詩外傳》卷六：「王者必立牧，方三人，使窺遠牧眾也。」❹出舉　出外察訪。舉，動問。❺獄訟　訴訟案件。❻失職　謂失其常業。《漢書・武帝紀》：「有冤失職，使者以聞。」顏師古注：「職，常也。失職者，失其常業及常理也。」❼之　動詞，到……去。這裡指諸侯入朝。❽揖　拱手為禮。❾意　通「噫」。歎詞。❿何其　猶何以也。⓫臨　統轄。⓬有飢寒　「飢寒」下應補一「而」字。⓭國　諸侯封國。⓮用　以也。⓯辟四門三句　辟，假借為闢。《書經・舜典》：「詢于四岳，辟四門，明四目，達四聰。」孔安國傳：「廣視聽于四方，使天下無壅塞。」⓰柔遠能邇二句　見《詩經・大雅・民勞》。柔，安也。邇，近也。

【語譯】周公代理周天子權位後，就布施恩德和實惠給百姓，越遠的地方受到的恩惠就越明顯。十二州牧——就是四方每方各有三個州牧，都出訪遠方的百姓，發現有挨餓受凍而得不到衣食的，有因打官司而失業的，有品德才幹而不被任用的，就回朝向天子報告。天子在他們的國君來朝的時候，拱手行禮迎他們進去說：「唉，我的政治教化有不得當的地方嗎？為什麼我治理的百姓有挨餓受凍而得不到衣食的？有因打官司而失業的？

有品德才德而不被任用的？」那些國君回去後，就召集他們的大夫，把天子的話轉告他們。老百姓聽到了都非常高興地說：「這真是治理天下的天子。為什麼居住在深遠的地方卻把我們的情況看得這樣明白呢，天子真是不可欺騙啊！」所以州牧的作用就在於廣泛地到四方視察民情，打聽民意，使天子不受蒙蔽。因此近處的人就親近天子，遠方的人就擁護天子。《詩經》上說：「安遠而親近，以鞏固安定我周王。」說的就是這個意思啊！

第九章

河間獻王❶曰：「禹❷稱：『民無食，則我不能使也；功成而不利於人，則我不能勸也。』故疏河以導之，鑿江通於九派❸，釃❹五湖而定東海，民亦勞矣，然而不怨苦者，利歸於民也。」

【注釋】❶河間獻王　見本卷第六章。❷禹　見本卷第七章。❸派　水的支流。❹釃　通「灑」。分的意思。

【語譯】河間獻王說：「禹說：『百姓沒有飯吃，那我就不能指揮他；功業雖成了，卻對百姓沒有好處，那我就不能策動他。』所以禹疏導黃河，開鑿長江把水引入支流，分五湖的水注入東海，老百姓是非常勞苦了，可是並不怨恨，因為對他們有利。」

第一〇章

禹❶出見罪人，下車問而泣之。左右曰：「夫罪人不順道，故使然焉，君王何為痛之至於此也？」禹曰：「堯、舜❷之人❸，皆以堯、舜之心為心。今寡人為君也，百姓各自以其心為心，是以痛之也。」《書》曰：「百姓有罪，在予一人❹。」

【注 釋】❶禹 見本卷第七章。❷堯舜 堯，見本卷第六章。舜，見本卷第七章。❸人 避唐諱改，原本當作「民」。❹百姓有罪二句 見《書經・泰誓》，「罪」作「過」。

【語 譯】禹出門見到罪人，下車詢問，並對著他哭泣。左右的人說：「罪人因為不能按著道德做事，所以才會這樣。君王為什麼哀痛到這般地步呢？」禹說：「堯、舜時候的百姓，都以堯、舜的仁愛之心為心；現在我做國君，百姓卻各自以他們的私心為心，所以我才傷痛。」《書經》上說：「百姓如果有罪，罪過都在我一人身上。」

第一一章

虞❶人與芮❷人質❸其成❹於文王。入文王❺之境，則見其人民之❻讓為士大夫；入其國，則見其士大夫讓為公卿。二國者相謂曰：「其人民讓為士大夫，其士大夫讓為公卿，然則此其君亦讓以天下而不居矣。」二國者未見文王之身而讓其所爭以為閑田❼而反。孔子❽曰：「大哉！文王之道乎，其不可加矣！不動而變，無為而成，敬慎❾恭己❿而虞、芮自平。」故《書》曰：「惟文王之敬忌⓫。」此之謂也。

【注釋】❶虞　古國名，姬姓，開國君主是古公亶父之子虞仲的後代，在今山西平陸。❷芮　古國名，一作內，在今陝西大荔。❸質　要求評斷。❹成　平也；定也。指是非的評定。❺文王　即周文王，姬姓，名昌，商紂時為西伯，亦稱伯昌。在位五十年間，積善累德，教化推行於南國，晚年，東進翦商，先後攻滅黎、邘、崇等國，為武王滅商奠定了基礎。❻之　衍文，當刪。❼閑田　古代用以指未被封賜的土地。❽孔子　見本卷第五章。❾敬慎　慎之又慎的意思。❿恭己　飭身克己，以恭敬自持。⓫惟文王之敬忌　見《書經・康誥》。敬忌，即上文「敬慎恭己」之義（從孫星衍《尚書今古文注疏》說）。

【語　譯】虞、芮二國的國君，為了爭田，準備請求文王為他們作公平的裁判。他們到了文王的轄境內，就看見那裡的百姓互相推讓做士大夫；到了文王的國都，就看見那裡的士大夫互相推讓做公卿。兩國國君就互相說：「這裡的百姓互相推讓做士大夫，士大夫互相推讓做公卿，既然這樣，那麼他們的君主也會把天下禮讓給別人而自己不當君主的了。」兩國國君還沒有見到文王，就決定把他們原來所爭的土地讓出來作為「閑田」，然後各自回去了。孔子說：「文王的德化真了不起啊！沒有比這更偉大的了！不必動作，人民自然變化；無所作為，而功業自然成就；謹慎恭敬，修身克己，而虞、芮兩國的紛爭自然平息。」所以《書經》上說：「只有文王能謹慎恭敬，修身克己。」講的就是這個意思。

第一二章

成王❶與唐叔虞❷燕居❸，剪梧桐葉以為珪❹而授唐叔虞，曰：「余以此封汝。」唐叔虞喜，以告周公❺。周公以請曰：「天子封虞耶？」成王曰：「余一❻與虞戲也。」周公對曰：「臣聞之，天子無戲言。言則史書之；工❼誦之；士稱之。」於是遂封唐叔虞於晉❽。周公旦可謂善說矣，一稱而成王益重言，明愛弟之義，有輔王室之固。

【注　釋】❶成王　已見本卷第三章。❷唐叔虞　周成王弟，名虞，史稱唐叔虞。成王時，唐（今山西翼城西）人作亂，周公往討。亂平，把唐分封給他，並賜予懷姓九宗，允許他在戎狄之間立國。後其子燮父徙居晉水（今山西太原南）旁，改稱晉侯，為晉國始祖。❸燕居　閒居的意思。❹珪　同「圭」。古代帝王諸侯舉行禮儀時所用玉器，長條形，上尖下方。❺周公　見本卷第八章。❻一　謂偶一為之也。❼工　古代特指樂官。《儀禮．鄉飲酒禮》：「工歌〈鹿鳴〉、〈四牡〉、〈皇皇者華〉。」❽晉　在今山西省西南部，建都於翼（今山西翼城）。

【語　譯】周成王和唐叔虞閒居的時候，剪了一片梧桐葉當作帝王諸侯舉行禮儀時所用的珪，交給唐叔虞說：「我拿這個封你。」唐叔虞很高興，就將這件事告訴周公，周公又將這件事請問成王說：「天子封叔虞了嗎？」成王說：「我偶然和唐叔虞開玩笑的。」周公回答說：「我聽說，天子不說開玩笑的話。天子一說話，史官就要記下來，樂工就要吟誦，士就要稱頌。」於是成王就把晉國封給唐叔虞。周公旦可以說是會說話的了，他這樣一說，成王今後講話就更加謹慎，同時又明白了愛護弟弟的道理，將有助於王室的鞏固。

第一三章❶

當堯❷之時，舜❸為司徒❹，契❺為司馬❻，禹❼為司空❽，后稷❾為田疇❿，夔為樂正⓫，倕為工師⓬，伯夷為秩宗⓭，皋陶⓮為大理⓯，益掌敺禽。堯體力便巧，不能為一焉⓰。堯為君而九子為臣，其何故也？堯知九職之事，使九子者各受其事，皆勝其任，以成九功，堯遂成厥⓱功以王天下。是故知人者，主道也；知事者，臣道也。主道知人，臣道知事，毋亂舊法，而天下治矣。

【注　釋】❶第一三章　原誤與上章相連，今別立為一章。❷堯　見本卷第六章。❸舜　見本卷第七章。❹司徒　官名，掌管國家的土地和人民。❺契　傳說中商族始祖。❻司馬　官名，掌管軍政和軍賦。❼禹　見本卷第七章。❽司空　官名，掌管工程。❾后稷　周族始祖。姬姓，名棄。善於種植各種糧食作物。❿田疇　猶田地，此處指農官。⓫樂正　樂官之長。⓬工師　官名，掌管百工。⓭秩宗　官名，掌宗廟祭祀之官。⓮皋陶　一作咎繇，傳說中東夷族首領。⓯大理　官名，掌管刑法。⓰堯體力便巧二句　謂堯體力之巧捷，於前述九子之職，不足任其一焉。⓱厥　其。

【語　譯】在堯的時候，舜做司徒，契做司馬，禹做司空，后稷做農官，夔做樂官，倕做工師，伯夷做禮官，皋陶做大理，益主管驅逐禽獸。堯的體力巧捷，不能擔任其中任何一項職務，但是堯做君主，其他九位卻做臣子，那是什麼緣故呢？堯知道這九種職務的性質和內容，讓九個人各負責一項適任的工作，九個人都能勝任而完成任務，堯於是就成就了治理天下的大業。所以知人善任是做君主的道理，知情辦事是做臣子的道理。為君之道要知人善用，為臣之道要知事善辦，不要亂了舊有的典章制度，天下就太平了。

第一四章

湯❶問伊尹❷曰：「三公、九卿、二十七大夫、八十一元士，知之有道乎？」伊尹對曰：「昔者堯❸見人而知，舜❹任人然後知，禹❺以成功舉之。夫三君之舉賢，皆異道而成功，然尚有失者，況無法度而任己，直意用人，必大失矣。故君使臣自貢其能，則萬一之不失矣。」「王者何以選賢？」「夫王者得賢材以自輔，然後治也。雖有堯、舜之明而股肱❻不備，則主恩不流，化澤不行。故明君在上，慎於擇士，務於求賢。設四佐❼以自輔，有英俊以治官；尊其爵，重其祿；賢者進以顯榮，罷者退而勞力。是以主無遺憂，下無邪慝❽；百官能❾治，臣下樂職；

恩流群生，潤澤草木。昔者虞舜左禹右皋陶❿，不下堂而天下治，此使能之效也。」

【注釋】❶湯　商朝的建立者。原名履、天乙，卜辭稱太乙、高祖乙。子姓。滅商後，又稱武湯、成湯或成唐。❷伊尹　名伊，尹是官名，商初大臣，幫助湯攻滅夏桀。❸堯　見本卷第六章。❹舜　見本卷第七章。❺禹　見本卷第七章。❻股肱　大腿和胳膊，常以喻輔佐君主的大臣。❼四佐　即指上文三公、九卿、二十七大夫、八十一元士。❽邪慝　即邪惡，邪亦惡也。❾能　勝任。❿皋陶　見本卷第一三章。

【語　譯】湯問伊尹說：「天子有三公、九卿、二十七大夫、八十一元士，選擇人可有什麼方法嗎？」伊尹回答說：「從前堯見到一個人就知道他是否賢能，舜要等任用以後才知道，禹要等到一個人成功以後才任用他。這三位國君舉用賢能，雖然方法不同最後都獲得成功，然而還難免有所失誤，何況沒有法度任憑自己的私意用人，失誤就必定更大了。所以國君使臣子能自動貢獻出自己的才能，就萬無一失了。」「君王為什麼要選用賢人？」「君王要能得到賢能的人輔佐自己，然後天下才能治理得好。否則即使像堯、舜那樣的賢明，如果沒好的輔佐人才，那麼君主的恩澤也不能流布民間。所以一個賢明的君主在位，一定要謹慎地選擇官吏，盡力求賢，設置三公、九卿、二十七大夫、八十一元士來輔佐自己，讓有才幹的人擔任官職；尊顯他的官位，提高他的待遇；賢能的人讓他擔任更重要的職務，不行的人讓他從事勞力工作。因此君主就沒有可擔憂的事，在下位的人也不會心存邪惡；百官勝任治民的工作，群臣都樂於盡職；恩德遍及百姓，連草木也受到潤澤。從前虞舜左邊有禹，右邊有皋陶，不必下堂而天下就治理好了，這就是任用人才的結果。」

第一五章

武王❶問太公❷曰：「舉賢而以危亡者，何也❸？」太公曰：「舉賢而不用，是有舉賢之名而不得真賢之實也。」武王曰：「其失安在？」太公望❹曰：「其失在君好用小善❺而已❻，不得真賢也。」武王曰：「好用小善者，何如？」太公曰：「君好聽譽而不惡❼讒也，以非賢為賢，以非善為善，以非忠為忠，以非信為信。其君以譽為功，以毀為罪；有功者不賞，有罪者不罰；多黨者進，少黨者退。是以群臣比周❽而蔽賢，百吏群黨而多姦；忠臣以誹死於無罪，邪臣以譽賞於無功，其國見於危亡。」武王曰：「善，吾今日聞誹譽之情。」

【注　釋】❶武王　即周武王，姬姓，名發，西周建立者，文王次子。❷太公　姜姓，字望，一說字子牙。武王伐紂時，任統兵之師氏（簡稱為師），被尊為師尚父。成王時封於齊，建都營丘（今山東淄博）。❸舉賢而以危亡者二句　《六韜・舉賢》：「文王問太公曰：君務舉賢而不獲其功，世亂愈甚，以至危亡者何也？」此文「而以」義不可通，疑有脫落。❹太公望　「望」字衍，當刪。❺小善　指僅能得到一般世俗稱譽的小善，不是真善。❻而已　「已」字衍，當刪。❼惡　憎惡，引申為拒斥。❽比周　見《論語・為政》：「君子周而不比，小人比而不周。」周者親厚，比者朋比，一為褒義，一為貶義，但比周連用，多為貶義，即朋比結黨之義。

【語　譯】周武王問太公說：「選拔賢能的人，卻因此使國家危亡，是什麼原因？」太公說：「選拔賢能的人而不能用，這僅僅有選賢的虛名，並沒有真真實實得到賢人。」武王說：「它的毛病在那兒？」太公說：「它的毛病在國君喜歡任用那些能博得一般世俗讚譽的人，沒有得到真正的賢才。」武王說：「國君喜歡任用一般世俗讚譽的人會怎樣呢？」太公說：「這樣的國君喜歡聽讚美的話，而不能排斥讒言，把不是賢能的人當做賢能，把壞人當做好人，把奸詐當做忠誠，把不守信義的人當做有信義。這種君主對於臣下的功罪不自行考察分辨，以為得到一般人稱譽的人就有功，被批評的人就有罪；於是有功的人得不到獎賞，有罪的人受不到懲罰；同黨多的人就得到重用，同黨少的人就被斥退。因此群臣結黨營私，蒙蔽賢能，百官也互相勾結，做盡壞事；忠臣因為受到毀謗，無罪而被處死；邪臣結黨朋比，互相吹捧，無功而受到獎賞；這樣的國家將可以見到它的危亡。」武王說：「好，我今天聽到『批評』和『讚譽』的真實情形了。」

第一六章

武王問太公❶曰：「得賢敬士，或不能以為治者，何也？」太公對曰：「不能獨斷，以人言斷者，殃❷也。」武王曰：「何為❸以人言斷？」太公對曰：「不能定所去，以人言去；不能定所取，以人言取；不能定所為，以人言為；不能定所罰，以人言罰；不能定所賞，以人言賞。賢者不必用，不肖者不必退，而士不必敬。」武王曰：「善。其為國❹何如？」太公對曰：「其為人惡聞其情，而喜聞人之情；惡聞其惡，而喜聞人之惡。是以不必治也。」武王曰：「善。」

【注　釋】❶武王問太公　武王、太公，並見前章。❷殃　禍。❸為　通「謂」。❹國　當作「人」。

【語　譯】周武王問太公說：「得到賢人又能敬重士人，有時還不能把國家治好，是什麼緣故？」太公回答說：「不能獨自決斷，靠別人的話決斷，就會遭到災禍。」武王說：「什麼叫做靠別人的話決斷？」太公回答說：「不能決定那些該排除，根據別人的話排除；不能決定那些該取用，根據別人的話取用；不能決定那些該做，根據別人的話去做；不能決定那些該罰，根據別人的話處罰；不能決定那些該賞，根據別人的話獎賞；賢人不一定任用，不賢的人不一定斥退，而士人也不一定尊敬。」武王說：「對。他為人如何？」太公回答說：「這種人為人不喜歡知道自己的實情，而喜歡知道別人的實情；不喜歡知道自己的過錯，而喜歡知道別人的過錯；因此這種人不能把國家治好。」武王說：「說得對。」

第一七章

齊桓公❶問於甯戚❷曰：「筦子❸今年老矣，為❹棄寡人而就世❺也，吾恐法令不行，人多失職，百姓疾怨，國多盜賊，吾何如而使姦邪不起，民足衣食乎？」甯戚對曰：「要在得賢而任之。」桓公曰：「得賢奈何？」甯戚對曰：「開其道路，察而用之，尊其位，重其祿，顯其名，則天下之士，騷然❻舉足而至矣。」桓公曰：「既以❼舉賢士而用之矣，微夫子幸❽而臨之，則未有布衣屈奇❾之士，踵門而求見寡人者。」甯戚對曰：「是君察之不明，舉之不顯；而用之疑，官之卑，祿之薄也。且夫國之所以不得士者有五阻焉。主不好士，諂諛在旁，一阻也；言便事❿者未嘗見用，二阻也；壅塞掩蔽，必因近習⓫然後見察，三阻也；訊獄⓬詰窮其辭⓭，以法過之，四阻也；執事適欲，擅國權命⓮，五阻也。去此五阻，則豪俊並興，賢智來處。五阻不去，則上蔽吏民之情，下塞賢士之路。是故明王聖主之治，若夫江海無不受，故長為百川之主。明王聖君無不容，故安樂而長久。因此觀之，則安主利人者非獨一士也。」桓公曰：「善。吾將著夫五阻以為戒本也。」

【注 釋】❶齊桓公 （西元前?～前六四三年）春秋時齊國國君，西元前六八五～前六四三年在位。他任用管仲，國富兵強，尊王攘夷，九合諸侯，首開春秋時代大國爭霸局面，是春秋五霸之首。❷甯戚 春秋齊國大夫，原為衛國人。❸筦子 即管子（西元前?～前六四五年），筦、管古通，名夷吾，字仲，一字敬仲，春秋初年齊國政治家，任齊國上卿，執政四十餘年，使齊國成為強國，桓公成為霸主。❹為 猶如也。❺就世 即死亡。❻騷然 急疾貌。❼以 同「已」。❽幸 同情；哀憐。❾屈奇 奇異。❿便事 有利國家的措施。⓫近習 指君主所親狎的人。⓬訊獄 審問罪犯。⓭詰窮其辭 謂審問的言辭嚴厲苛細到極點。詰，細問；責問。窮，窮究。⓮權命 頒布法制以外的命令。

【語 譯】齊桓公問甯戚說：「管仲現在老了，如果不幸死亡離開了我，我恐怕法令不能推行，官吏不能盡忠職守，百姓痛惡怨恨，國家盜賊也多了，我要怎樣才能杜絕那些壞人，使人民豐衣足食？」甯戚回答說：「要緊的在於能夠得到賢人而任用他。」桓公說：「怎樣才能得到賢人？」甯戚回答說：「廣開賢人上進的道路，經過考察而任用他，尊崇他的官位，提高他的待遇，顯揚他的名譽，那麼天下的賢士就會爭著來了。」桓公說：「我已經徵選賢士並且準備任用他們了啊，但如果不是夫子因為同情前來的話，就沒有隱居不仕身懷奇才的賢士上門求見我的了。」甯戚回答說：「這是因為君主考察他不夠清楚，舉用他不夠顯明；而用他又不能無疑，官位低，待遇差的關係。而且國家不得賢士，原因是有五個阻礙：君主不愛惜人才，旁邊又盡是些逢迎討好的小人，這是第一個阻礙；建議有利國家的措施，從不被採用，這是第二個阻礙；阻塞蒙蔽，一定要走門路，靠人主親狎的人引薦，然後才能被人主知道，這是第三個阻礙；審問罪犯，嚴厲苛刻到極點，然後治之以法，這是第四個阻礙；官員辦事只曉得滿足自己的欲望，專權枉法，這是第五個阻礙。除去這五個阻礙，那麼豪邁英俊之士，都會同時興起，賢能才智的人也來投靠。五種阻礙不去掉，那麼對君主來說，受到蒙蔽，不能了解官吏和人民的真實情況，對下來說，阻塞了賢士進身的機會。因此英明賢聖的君主治理國家，好像江海能容納眾流，所以永遠做百川的領袖；英明賢聖的君主能容納一切，所以安樂而長久。由此看來，那安定國家造福人民的不僅僅是一個士人可以辦到的。」桓公說：「對。我要牢記這五種阻礙，以為警戒之本。」

第一八章

齊景公❶問於晏子❷曰：「寡人欲從夫子而善齊國之政。」對曰：「嬰聞之：國具官❸而後政可善。」景公作色曰：「齊國雖小，則何❹為❺不具官乎？」對曰：「此非臣之所復❻也。昔先君桓公❼身體墮懈❽，辭令不給❾，則隰朋侍。左右多過，刑罰不中，則弦章侍。居處肆縱，左右懾畏，則東郭牙侍。田野不修，人民不安，則甯戚❿侍。軍吏怠，戎士偷⓫，則王子成父侍。德義不中，信行⓬衰微，則筦子⓭侍。先君能以人之長，續其短；以人之厚，補其薄。是以辭令窮遠而不逆，兵加於有罪而不頓。是故諸侯朝其德，而天子致其胙。今君之失多矣，未有一士以聞者也，故曰未具。」景公曰：「善。」

【注釋】❶齊景公　（西元前？～前四九〇年）春秋時齊國國君，姜姓，名杵臼，西元前五四七～前四九〇年在位。❷晏子　（西元前？～前五〇〇年）名嬰，春秋齊國正卿，歷靈、莊、景三朝，執政五十餘年，以節儉力行、謙恭下士著稱於時。❸具官　具備應有的官員。❹何　疑當作「可」字。❺為　通「謂」。❻復　猶白，告也。❼桓公　見前章。❽墮懈　猶倦怠。墮，俗作隳。❾給　口齒伶俐。❿甯戚　見前章。⓫偷　苟且；怠惰。⓬信行　誠實守信的品行。⓭筦子　見前章。

【語譯】齊景公問晏子說：「我想聽從你的意見，而弄好齊國的政治。」晏子回答說：「我聽說：一個國家要具備應有的官員，然後政治才會好。」景公不高興地說：「齊國就算是小，就可以說官員不齊備嗎？」晏子回答說：「我說的不是這個意思。從前先君桓公，身體倦怠，言語遲頓，就有隰朋隨侍；左右的人多過失，刑罰不恰當，就有弦章隨侍；平常行為放縱，左右的人都害怕，就有東郭牙隨侍；荒廢農業，人民生活不安定，就有甯戚隨侍；軍官懈怠，戰士苟且，就有王子成父隨侍；行為不合德義，不守誠信，就有管子隨侍。先君能夠取別人的長處補救自己的短處，拿別人的優點彌補自己的缺點，所以辭令無遠弗屆沒有人反對，出兵討伐有罪的人不會遭受挫折；所以諸侯都欽慕他的德行來朝見他，天子也賞賜胙肉給他以示獎勵。現在君上的缺點很多，但沒有一個官員敢犯顏直諫，所以說還沒有具備應有的官員。」景公說：「說得是。」

第一九章❶

「吾聞❷高繚與夫人❸游，寡人請見之。」晏子曰：「臣聞為地戰者，不能成王；為祿仕者，不能成政。若高繚與嬰為兄弟久矣，未嘗干嬰之過，補嬰之闕，特祿仕之臣也，何足以補君❹？」

【注　釋】❶第一九章　此章原與上章合，當從《晏子・內篇・雜上》別為一章。❷吾聞　其上《晏子》有「景公謂晏子曰」六字。❸夫人　當作「夫子」。❹若高繚與嬰為兄弟久矣五句　高繚事晏子，不能弼過，晏子逐之，事見本書〈臣術〉第一九章。

【語　譯】齊景公對晏子說：「我聽說高繚同你來往，我也想見一見他。」晏子說：「我聽說：為爭奪土地而發動戰爭的人，不能成為天下的領袖；為獲取金錢名位而做官的人，不能成為政治家。像高繚和我結為兄弟之交這麼久了，從來沒有指正我的過錯，補救我的缺失，不過是一個貪圖名利而做官的人罷了，怎麼能夠匡正人主的過失？」

第二〇章

燕昭王❶問於郭隗曰：「寡人地狹民寡，齊人削取❷八城，匈奴驅馳樓煩❸之下，以孤之不肖，得承宗廟，恐危社稷，存之有道乎？」郭隗曰：「有，然恐王之不能用也。」昭王避席❹，願請聞之。郭隗曰：「帝者之臣，其名臣也，其實師也；王者之臣，其名臣也，其實友也；霸者之臣，其名臣也，其實賓也；危國之臣❺，其名臣也，其實虜也。今王將東面目指氣使❻以求臣，則廝役❼之材至矣；南面聽朝不失揖讓之禮❽以求臣，則人臣之材至矣；西面等禮相亢，下之以色，不乘勢以求臣，則朋友之材至矣；北面拘指❾逡巡❿而退以求臣，則師傅之材至矣。如此則上可以王，下可以霸，唯王擇焉。」燕王曰：「寡人願學而無師。」郭隗曰：「王誠欲興道，隗請為天下之士開路。」於是燕王常置郭隗上坐南面。居三年，蘇子⓫聞之，從周歸燕；鄒衍⓬聞之，從齊歸燕；樂毅⓭聞之，從趙歸燕；屈景⓮聞之，從楚歸燕。四子畢至，果以弱燕併強齊。夫燕、齊非均權敵戰之國也，所以然者，四子之力也。《詩》曰：「濟濟多士，文王以寧⓯。」此之謂也。

【注釋】❶燕昭王（西元前？～前二七九年）戰國時燕國國君，西元前三一一～前二七九年在位。即位之始，卑身厚幣，招納賢才，士爭相赴，國漸富強。西元前二八四年，以樂毅為上將軍，率五國之兵攻齊，直破臨淄，下七十餘城。❷削取 當據《史記·樂毅列傳》《正義》改作「取薊」。❸樓煩 在燕國北境。❹避席 古時席地而坐，避席即離開坐位。❺危國之臣 下當補「其名臣也，其實庸也，亡國之臣」十二字。說詳《說苑集證》。❻目指氣使 用眼神和氣色示意以役使別人，形容驕橫傲慢的神態。❼廝役 聽人使喚的奴僕。❽揖讓之禮 指賓主相見的禮貌。❾拘指 卑恭貌。❿逡巡 遲疑徘徊，不敢前進貌。⓫蘇子 蘇代，蘇秦族弟。⓬鄒衍 （約西元前三〇五～前二四〇年）戰國時陰陽家。齊人。以陰陽五行之說，遊說梁、趙、燕等國，受到諸侯尊重。⓭樂毅 魏將樂羊之後，長於兵術。西元前二八四年，率秦、韓、趙、魏、燕五國之兵伐齊，攻破臨淄，連下齊國七十餘城。⓮屈景 未聞其人。⓯濟濟多士二句 見《詩經·大雅·文王》。濟濟，眾盛貌。

【語　譯】燕昭王問郭隗說：「燕國地方小，人口少，被齊國占領了薊地八城，匈奴又出兵騷擾北方的樓煩，以我這樣一個沒有才能的人繼承國君的大位，恐怕要使國家招致危亡，長保國家生存有什麼方法嗎？」郭隗說：「有，只恐怕大王不能用。」昭王就離開座位，慎重地向郭隗請問。郭隗說：「稱帝的人的臣，名義上是臣，其實是把他看做老師；稱王的人的臣，名義上是臣，其實是把他看做朋友；稱霸的人的臣，名義上是臣，其實是把他看做賓客；危險的國家的臣，名義上是臣，其實是把他看做僕役；快要滅亡的國家的臣，名義上是臣，其實是把他看做奴隸。現在君王你如果面向東，用一副驕橫傲慢的神情去求臣，那麼那些只配做廝役的人就來了；如果面向南，用主賓相待的禮節去求臣，那麼具有真正大臣資格的人就來了；如果面向西，用相等的禮節，謙虛的態度，不憑藉權勢去求臣，那麼像朋友一樣的人才就來了；如果面向北，謙卑恭敬，謹慎地去求臣，那麼有資格做師傅的人才就來了。能夠這樣，那麼進一步可以王天下，退一步也可以霸諸侯，但憑君王你選擇了。」燕王說：「我願意學這樣，只是沒有老師指點。」郭隗說：「君王果真要振興古道，我郭隗請求為天下之士開路。」於是燕王常請郭隗南面上坐。過了三年，蘇代聽到了，從周來到燕國；鄒衍聽到了，從齊國來到燕國；樂毅聽到了，從趙國來到燕國；屈景聽到了，從楚國來到燕國。這四個人都來了，果然以弱小的燕國打敗了強大的齊國。燕國和齊國並不是勢均力敵的國家，能夠如此的原因，就是靠這四個人的力量啊。《詩經》上說：「有了那麼多人才，文王的天下才安定太平。」就是說的這個道理。

第二一章

楚莊王❶既服鄭伯❷，敗晉師，將軍子重❸三言而不當。莊王歸，過申侯❹之邑，申侯進飯，日中而王不食，申侯請罪。莊王喟然歎曰：「吾聞之：其君賢者❺也，而又有師者王；其君中君也，而又有師者霸；其君下君也，而群臣又莫若君者亡。今我下君也，而群臣又莫若不穀❻，不穀恐亡。且世不絕聖，國不絕賢，天下有賢而我獨不得，若吾生者，何以食為！」故戰服大國，義從諸侯，戚然憂恐聖知不在乎身，自惜不肖，思得賢佐，日中忘飯，可謂明君矣。

【注　釋】❶楚莊王　（西元前？～前五九一年）春秋時楚國國君，又稱荊莊王，西元前六一三～前五九一年在位。❷鄭伯　指鄭襄公。姬姓，名堅。西元前六〇四～前五八七年在位。❸子重　楚莊王弟公子嬰齊。❹申侯　即申公巫臣。❺者　當為「君」字之誤。❻不穀　君主自稱的謙詞。

【語　譯】楚莊王既降服了鄭伯，擊敗了晉國軍隊，將軍子重多次發言都不恰當。莊王回國，經過申侯的食邑，申侯進獻飯食，到了中午莊王仍然不吃。申侯以為自己得罪了莊王，就向莊王請罪。莊王歎息說：「我聽說：『那個君是個賢君，而身邊又有像師傅一樣大臣輔導，就可以王天下；那個君是個具備普通才智的君，而身邊又有像師傅一樣大臣輔導，就可以霸天下；那個君是個才智低下的君，而大臣們都還不如他，就要亡國。』現在我的才智低下，而群臣又都不如我，我恐怕國家將要滅亡；並且世上不會沒有聖人，國家不會沒有賢人；天下有賢人而我獨獨得不到，還吃飯做什麼！」所以楚莊王雖然戰勝大國，以仁義使諸侯服從，卻憂慮自己不具備聖賢的才智，自己恨自己無才無德，想得到賢才輔佐自己，以致日到中天忘記吃飯，可以說是一位英明的君主了。

第二二章

明主者有三懼：一曰處尊位而恐不聞其過；二曰得意而恐驕；三曰聞天下之至言而恐不能行。何以識其然也？越王句踐❶與吳人戰，大敗之，兼有九夷。當是時也，南面而立，近臣三，遠臣五，令群臣曰：「聞吾過而不告者其罪刖。」此處尊位而恐不聞其過者也。昔者晉文公❷與楚人戰，大勝之，燒其軍❸，火三日不滅。文公退而有憂色，侍者曰：「君大勝楚，今有憂色何也？」文公曰：「吾聞能以戰勝而安者，其唯聖人乎！若夫詐勝之徒，未嘗不危也，吾是以憂。」此得意而恐驕也❹。昔齊桓公❺得筦仲❻、隰朋，辯其言，說其義。正月之朝，令具太牢，進之先祖。桓公西面而立，筦仲、隰朋東面而立。桓公贊曰：「自吾得聽二子之言，吾目加明，耳加聰，不敢獨擅，願薦之先祖。」此聞天下之至言，而恐不能行者也。

【注釋】❶越王句踐（西元前?～前四六五年）春秋末越國國君。越王允常之子。西元前四九六～前四六五年在位。❷晉文公（西元前六九七～前六二八年）姬姓，名重耳。春秋晉國國君。西元前六三六～前六二八年在位。❸軍　營壘。❹也據上下文例上當補一「者」字。❺齊桓公　見本卷第一七章。❻筦仲　即管仲。

【語　譯】英明的君主害怕三件事情：一是身在高位而怕聽不到別人批評自己的過錯；二是得意了怕不免驕傲起來；三是聽到了極好的意見而怕不能實行。怎樣知道是這樣的呢？越王句踐和吳國人作戰，大敗吳人，併吞了九夷。當這個時候，他南面稱王，親近的臣子和比較疏遠的臣子隨侍在身邊，他下令給群臣說：「聽到我的過錯而不向我報告的，就有罪要受斷足的處罰。」這就是身在高位怕聽不到自己過錯的例子。從前晉文公和楚國人作戰，大勝楚人，燒了楚軍的營壘，燃燒三天大火未滅。文公得勝退兵卻有憂愁的樣子，隨侍他的人問道：「君王大勝楚國，現在卻有憂愁的樣子，為什麼呢？」文公說：「我聽說能夠藉著戰爭勝利而得到安全的，大概只有聖人吧！至於那些以權詐取勝的人，就時刻處在危險之中，我因此感到憂慮。」這就是得意了而怕驕傲放肆的例子。從前齊桓公得到管仲、隰朋的輔助，覺得他們善於說話，喜歡他們所說的道理。正月上朝的時候，叫人準備了牛羊豬三牲，進獻先祖，桓公面向西站著，管仲、隰朋面向東站著，桓公贊禮說：「自從我聽到管仲、隰朋兩位的進言，我的眼睛更加看得明白，我的耳朵更加聽得清楚，不敢獨自專有，願意進獻給先祖。」這就是聽到了天下的嘉言而恐怕不能實行的例子。

第二三章

齊景公❶出獵，上山見虎，下澤見蛇。歸，召晏子❷而問之曰：「今日寡人出獵，上山則見虎，下澤則見蛇，殆所謂之不祥也？」晏子曰：「國有三不祥，是不與焉。夫有賢而不知，一不祥；知而不用，二不祥；用而不任，三不祥也。所謂不祥，乃若此者也。今上山見虎，虎之室也；下澤見蛇，蛇之穴也。如虎之室，如蛇之穴而見之，曷為不祥也？」

【注釋】❶齊景公　見本卷第一八章。❷晏子　見本卷第一八章。

【語譯】齊景公出外打獵，上山看見老虎，下沼澤又看見了蛇，回去以後把晏子找來，問道：「今天我出去打獵，上山看見老虎，下沼澤又看見了蛇，這大概就是一般人所說的不吉利的預兆吧？」晏子回答說：「一個國家有三種不吉利，見虎見蛇不在這裡頭。有賢人卻不知道，是第一不吉利；知道了卻不能用，是第二不吉利；用了卻不能信任，是第三不吉利。所謂不吉利，就是像這樣的事情。現在上山看見老虎，山本是老虎的窩；下沼澤看見蛇，沼澤本是蛇的洞穴。到老虎窩看到老虎，到蛇洞看到蛇，怎麼是不吉利呢？」

第二四章

楚莊王❶好獵，大夫諫曰：「晉、楚敵國也，楚不謀晉，晉必謀楚。今王無乃耽❷於樂乎？」王曰：「吾獵將以求士也。其榛藂❸刺虎豹者，吾是以知其勇也；其攫犀搏兕❹者，吾是以知其勁有力也；罷田❺而分所得，吾是以知其仁也。因是道也，而得三士焉，楚國以安。」故曰：「苟有志則無非事者。」此之謂也。

【注釋】❶楚莊王　見本卷第二一章。❷耽　沉溺；迷戀。❸榛藂　草木叢雜之處。榛，叢木。藂，叢之俗字。❹攫犀搏兕　以腳取之謂之攫，以翼取之謂之搏。此處作搏鬥講。❺田　打獵。為「畋」之假借字。

【語譯】楚莊王喜歡打獵，大夫勸諫說：「晉和楚是敵對的國家，楚國不打晉國的主意，晉國必定打楚國的主意，現在大王不是太安於享樂了嗎？」楚莊王說：「我打獵是為了想在這裡頭選拔人才呀。那能在草木叢中刺殺虎豹的，我因此知道他勇敢；那能和犀牛搏鬥的，我因此知道他強勁有力；那打獵回來卻把獵物分給眾人的，我因此知道他仁愛。我憑著打獵，而得到這三種人才，楚國因此安定。」所以說：「如果有心，那麼無論做什麼都可能是好事。」就是這個意思。

第二五章

湯❶之時大旱七年，雒坼❷川竭，煎沙爛石，於是使人持三足鼎祝山川，教之祝曰：「政不節❸耶？使人疾❹耶？苞苴❺行耶？讒夫昌耶？宮室營❻耶？女謁❼盛耶？何不雨之極也！」蓋言未已而天大雨。故天之應人，如影之隨形，響之效聲者也。《詩》云：「上下奠瘞，靡神不宗❽。」言疾旱也。

【注釋】❶湯　見本卷第一四章。❷雒坼　雒，同「洛」。即洛水，源出陝西洛南，流經河南省西部。坼，裂開。❸節　猶適，謂調適。❹疾　苦也。❺苞苴　以財物行賄或指行賄的財物。❻營　通「榮」。盛也，謂華麗。❼女謁　受君王寵愛女子的干求請託。❽上下奠瘞二句　見《詩經・大雅・雲漢》。上，指天。下，指地。奠，陳列祭品以祭天神。瘞，埋，將祭品埋在地下以祭地神。宗，尊。

【語譯】商湯的時候，大旱七年，洛水乾涸，河床都裂開了，石頭和沙被烈陽烤得焦爛，於是湯就派人拿著三足鼎，祭祀山川神靈，叫他祝禱說：「政治不協調嗎？使用人民太辛苦嗎？賄賂盛行嗎？挑撥是非的人太多嗎？宮室太華麗嗎？婦人的話聽得太多嗎？為什麼乾旱得這樣厲害啊！」話還沒有說完，天就落大雨了。所以老天順應人心，如影隨形，如響應聲。《詩經》上說：「上祭天，下祭地，奠埋祭品，天地諸神，無不崇敬。」這就是說害怕旱災而舉行祭祀祈求神靈解除。

第二六章

殷太戊❶時，有桑穀❷生於庭❸，昏而生，比❹日而拱❺。史請卜之湯廟，太戊從之。卜者曰：「吾聞之：祥者，福之先者也，見祥而為不善，則福不生；殃者，禍之先者也，見殃而能為善，則禍不至。」於是乃早朝而晏退，問疾弔喪，三日而桑穀自亡。

【注釋】❶太戊　商朝國王，子姓，一作大戊、天戊。太庚之子，小甲、雍己之弟。時殷室衰微，太戊修德補闕，重用伊陟、巫咸，治國有績，殷室復興，諸侯歸附。❷桑穀　二木名。穀又名楮、構。穀从木，與从禾之穀異字。古時迷信，以桑、穀二木生於朝為不祥之兆。❸庭　通「廷」。❹比　等到。❺拱　兩手合持曰拱。

【語譯】殷王太戊的時候，有桑穀生在朝廷裡，晚上才生，等到早上已經有合手那麼粗了。太戊答應史官請求到湯廟裡去問卜，卜官說：「我聽說：祥瑞是福祉的預兆，但是見到祥瑞而做壞事，那麼福祉就不會降臨；不祥是災禍的預兆，但是見到不祥而能做好事，那麼災禍就不會發生。」於是太戊就勤於政事，很早上朝，很晚才回去，慰問病患，弔唁喪家，三天之後，桑穀就自己枯死了。

第二七章

高宗者，武丁❶也，高而宗之，故號高宗。成湯❷之後，先王道缺，刑法違犯，桑穀❸俱生乎朝，七日而大拱。武丁召其相而問焉。其相曰：「吾雖知之，吾弗得言也。聞諸祖己❹，桑穀者，野草❺也，而生於朝，意者❻國亡乎？」武丁恐駭，飭身修行，思先王之政，興滅國，繼絕世，舉逸民，明養老。三年之後，蠻夷重譯❼而朝者七國。此之謂存亡繼絕之主，是以高而尊之也。

【注釋】❶武丁　商朝國君。盤庚弟小乙之子，在位五十九年。商自盤庚中興，至小乙又衰，武丁即位後，發憤圖強，擴充兵力，起用傳說等人，伐土方、鬼方和羌，使商王朝進入了極盛時期。死後，被祀為高宗。❷成湯　見本卷第一四章。❸桑穀　見前章。❹祖己　殷高宗賢臣。❺桑穀者二句　桑穀不得云草，《韓詩外傳・三》、《孔子家語・五儀解》作「野木」。❻意者　連詞，可譯為「想來大概是」、「看來」、「意思是」。❼重譯　是說遠方絕域，言語不通，經過輾轉翻譯，才能彼此傳達語意，所以叫重譯。

【語譯】商代的高宗就是武丁，因為大家尊崇他，宗仰他，所以叫做高宗。成湯以後，先王的大道廢弛，違背法律，桑穀都生長在朝廷裡，七天就長成合手粗。武丁召他的相來問他，相說：「我雖然知道，但是我不能說。聽祖己說：『桑穀都是野木，卻生長在朝廷裡，看來要亡國了吧？』」武丁聽了以後，非常恐懼，於是整飭自己的身心，培養自己的品行，思慕先王完美的政治。對外主持公義，復興滅亡的國家，繼續斷絕的世系；對內提倡尊老敬賢，舉用隱逸的人，奉養年老的人。三年以後，遠方的蠻夷經過輾轉翻譯而來朝貢的有七國。這就叫做存亡繼絕的國君，所以大家尊崇他，宗仰他。

第二八章

宋大水，魯人弔❶之，曰：「天降淫雨，谿谷滿盈，延及君地，以憂執政，使臣敬弔。」宋人應之曰：「寡人不佞❷，齋戒不謹，邑封不修，使人不時，天加以殃，又遺君憂，拜命之辱❸。」君子聞之曰：「宋國其庶幾❹乎！」問曰：「何謂也？」曰：「昔者夏桀❺、殷紂❻不任❼其過，其亡也忽焉；成湯、文、武❽知任其過，其興也勃❾焉。夫過而改之，是猶不過也。故曰：其庶幾乎！」宋人聞之，夙興夜寐，早朝晏❿退，弔死問疾，戮力宇內。三年，歲豐政平。嚮⓫使宋人不聞君子之語，則年穀未豐而國未寧。《詩》曰：「佛時仔肩，示我顯德行⓬。」此之謂也。

【注釋】❶弔　慰問。❷不佞　不才，自謙之詞。❸拜命之辱　《左傳》莊公十一年楊伯峻注：「拜命之辱為當時慣語，猶如後代『承蒙關注，實不敢當』。」❹庶幾　近似；差不多。❺夏桀　夏代末代國王，著名暴君，名履癸，後為商湯所滅。❻殷紂　商代末代國王，帝乙子，名受，即帝辛。他恃天命在身，對內重刑厚斂，對外黷武好戰。荒於酒色，濫施專制淫威。晚年遷都朝歌，生活更加荒淫。後被周武王所滅。他在位時，誅戮忠良，設炮烙之刑，剖比干之心，醢九侯，是中國史上著名暴君。❼任　承擔。❽成湯文武　成湯，見本卷第一四章。文，周文王。見本卷第一一章。武，周武王。見本卷第一五章。❾勃　猝然。❿晏　晚。⓫嚮　先前。⓬佛時仔肩二句　見《詩經・周頌・敬之》。鄭玄《箋》：「佛，輔也；時，是也；仔肩，任也。」

【語譯】宋國發大水，魯國派人慰問說：「天不停下雨，河溝山谷都滿得溢出來了，淹到貴國的土地，使當政的人擔憂，所以派我來慰問。」宋君回答說：「寡人不才，齋戒不謹慎恭敬，土地不加整修，使用民力不按時節，老天降下災害，又給貴國國君增加煩憂，派人來慰問，實在不敢當。」君子知道了就說：「宋國差不多要興盛了吧！」有人問：「為什麼這樣說呢？」回答說：「從前夏桀和商紂不承擔過失，很快就滅亡了；成湯、文、武知道承擔過失，很快就興起了。有了過錯而能夠改正，這就好像沒有過錯。所以說宋國差不多要興盛了！」宋君聽到後，早起晚睡，早上朝，晚退朝，弔唁死者，慰問病者，努力建設國家。經過三年，農業豐收，政治穩定。假如先前宋君沒有聽到君子的告誡，那麼農業不會豐收，國家也不會得到安寧。《詩經》上說：「輔助我完成這項任務，指示我光明的德行。」就是說的這個意思。

第二九章

楚昭王❶有疾，卜之曰：「河為祟❷。」大夫請用三牲焉。王曰：「止。古者先王割地制土，祭不過望❸。江、漢、睢、漳，楚之望也。禍福之至，不是過也。不穀雖不德，河非所獲罪也。」遂不祭焉。仲尼聞之曰：「昭王可謂知大道矣，其不失國，宜哉！」

【注　釋】❶楚昭王　（西元前？～前四八九年）春秋楚國國君，平王之子，西元前五一五～前四八九年在位。❷祟　鬼神作禍。❸望　祭山川之祭名。《孔子家語・正論解》王肅注：「天子望祀天地，諸侯祀境內，故曰祭不越望也。」

【語　譯】楚昭王有病，占卜的人說：「是河神作祟。」大夫請用三牲去祭河神。昭王說：「不必。古時候先王分割土地創建國家，望祭山川，不出自己的國境；江、漢、睢、漳四條水，是楚國望祭的對象；降禍降福，不會超過這個範圍。我雖然不德，河神可不是我獲罪的原因。」於是不祭河神。孔子聽到了就說：「楚昭王可說是知天道的了，他能保住國家，是有道理的啊！」

第三〇章

楚昭王❶之時，有雲如飛鳥，夾日而飛，三日。昭王患之，使人乘馹❷，東而問諸太史州黎。州黎曰：「將虐於王身，以令尹、司馬說焉則可❸。」令尹、司馬聞之，宿齋沐浴，將自以身禱之焉。王曰：「止。楚國之有不穀也，由❹身之有匈脅也；其有令尹、司馬也，由身之有股肱也。匈脅有疾，轉之股肱，庸為去是人❺也！」

【注釋】❶楚昭王　見前章。❷馹　傳車，即古代驛站專用之車。❸以令尹司馬說焉則可　本句《左傳》哀公六年作「可移於令尹、司馬」。說，通「脫」。❹由　通「猶」。❺人　當作「身」。詳《說苑集證》。

【語　譯】楚昭王的時候，有雲像飛鳥一樣，夾著太陽飛了三天。昭王為此很擔憂，趕緊派人乘驛車到東方去問太史州黎。州黎說：「這災禍將要降臨大王的身上；不過，叫令尹和司馬做替身就可以解脫了。」令尹和司馬聽到了，就齋戒沐浴，禱告天地神祇，想以自身來替代君王。莊王說：「不可這樣做。楚國有我，好像身體有胸脅；有令尹、司馬，好像身體有股肱。胸脅有病，轉移到股肱，那裡是去掉這身上的病啊！」

第三一章

邾文公❶卜徙於繹❷，史曰：「利於民，不利於君。」君曰：「苟利於民，寡人之利也。天生蒸❸民而樹之君，以利之也。民既利矣，孤必與焉。」侍者曰：「命可長也，君胡不為？」君曰：「命在牧民，死之短長，時也。民苟利矣，吉孰大焉。」遂徙於繹。

【注　釋】❶邾文公　春秋邾國國君，名蘧蒢，卒於魯文公十三年（西元前六一四年）。❷繹　「嶧」之借字，邾國地名。❸蒸　眾。

【語　譯】邾文公準備遷都到繹，卜問是否吉利。史官說：「對人民有利，對國君不利。」邾文公說：「如果對人民有利，就是我的利。天生眾民而給他們立一個國君，為的就是要給他們謀福利，人民既然有好處，我也一定有分。」隨侍的人說：「可以延長生命的事，你為什麼不做？」邾文公說：「我的生命不在於個人的年歲長短，而在於治理人民使他們有長久的幸福；個人生命長短，各有時命，不可強求；人民如果能得到長遠的利益，還有什麼比這個更大的吉利。」於是就遷往繹。

第三二章

楚莊王❶見天不見❷妖而地不出孽，則禱於山川曰：「天其亡予歟！」此能求過於天，必不逆諫矣。安不忘危，故能終而❸成霸功焉。

【注　釋】❶楚莊王　見本卷第二一章。❷見　同「現」。❸而　衍字，當刪。

【語　譯】楚莊王看到上天不出現怪異，而地下也不出現妖孽，就向山川禱告說：「老天難道把我忘記了嗎！」這是能夠向上天尋求自己的過錯，必定不會拒絕別人的進諫了。太平的時候不忘記危險，所以終於能夠成就霸業。

第三三章

湯❶曰：「藥食❷先嘗於卑，然後至於貴；藥言❸先獻於貴，然後聞於卑。」

故藥食嘗乎卑，然後至乎貴，教也；藥言獻於貴，然後聞於卑，道也。故使人味食❹然後食者，其得味也多；使人味言❺然後聞言者，其得言也少。是以明上之言，必自他❻聽之，必自他聞之，必自他擇之，必自他取之，必自他聚之，必自他藏之，必自他行之。故道以數取之為明，以數行之為章，以數施之萬物為藏❼。是故求道者不以目而以心，取道者不以手而以耳。

【注釋】❶湯　見本卷第一四章。❷藥食　可以治療疾病的食物，即藥品。❸藥言　規誨勸戒的話。❹味食　辨別品嘗食物滋味。味作動詞用，辨別味道的意思。❺味言　辨別言語的用意，指經過審查。❻他　古與「也」通，向宗魯說，見《說苑校證》。❼藏　通「臧」。善也。

【語譯】湯說：「藥食先由地位卑下的人嘗過以後，再送給地位高的人去吃；藥言先獻給地位高的人，然後再讓地位低的人知道。」所以藥食先由地位低的人嘗過以後再送給地位高的人去吃，這是教；藥言先獻給地位高的人然後才讓地位低的人知道，這是道。所以叫人品嘗過滋味然後自己才吃的，他嘗到的美味就多；叫人先審查過言論然後才聽的，他得到批評就少。所以一個英明的君主採聽言論，一定由他自己聽取，一定由他自己聞知，一定由他自己採擇，一定由他自己選取，一定由他自己匯集，一定由他自己存記，一定由他自己實行。所以道：以能多聽取為明察，以能多實踐為彰顯，以能多施行於萬物為完善。所以求道的人不用眼而用心，取道的人不用手而用耳。

第三四章

楚文王❶有疾，告大夫曰：「筦饒犯❷我以義，違❸我以禮，與處不安，不見不思，然吾有得焉，必以❹吾時爵之；申侯伯吾所欲者勸我為之，吾所樂者先我行之，與處則安，不見則思，然吾有喪焉，必以吾時遣之。」大夫許諾，乃爵❺筦饒以大夫，贈申侯伯而行之。申侯伯將之鄭，王曰：「必戒之矣，而❻為人也不仁，而欲得人之政，毋以❼之魯、衛、宋、鄭。」不聽，遂之鄭。三年而得鄭國之政，五月而鄭人殺之❽。

【注釋】❶楚文王　（西元前？～前六七五年）名貲，武王子。西元前六八九～前六七五年在位。❷犯　通「範」。❸違　通「圍」。❹以　猶「及」也。❺爵　作動詞用，即封爵位。❻而　作「你」解。❼以　語詞，無義。❽三年而得鄭國之政二句　申侯居鄭二十二年，此云三年五月，不足據。向宗魯說，見《說苑校證》。

【語譯】楚文王有病，告訴大夫們說：「筦饒用義規範我，用禮約束我，跟他相處常有些提心吊膽，不見他也不想他，然而對我有好處，一定要在我生前封給他爵位。申侯伯這個人，我想要的，他勸我去做；我喜歡的，他先就替我做好了；跟他相處覺得很自在，不見他就想他，可是對我不但沒有好處反而有壞處，一定要在我生前打發他走。」大夫們都同意，於是就任命筦饒為大夫，贈送申侯伯一些財物請他走。申侯伯準備去鄭國，楚文王說：「一定要小心啊。你為人不仁，還想得人家的政權，不要到魯、衛、宋、鄭這些國家。」申侯伯不聽，於是到鄭國去，三年就取得了鄭國的政權，但僅僅五個月就被鄭國人殺死了。

第三五章

趙簡子❶與欒激❷遊，將沈於河❸，曰：「吾嘗好聲色矣，而欒激致之；吾嘗好宮室臺榭矣，而欒激為之；吾嘗好良馬善御矣，而欒激求之。今吾好士六年矣，而欒激未嘗進一人，是進吾過而黜吾善也。」

【注釋】❶趙簡子　即趙鞅，春秋末晉國正卿。後名志父，史稱趙簡主。❷欒激　《呂氏春秋・驕恣》作鸞徼，《金樓子・雜篇》作鸞激，趙簡子佞臣。❸沈於河　沉欒激於河也。

【語譯】趙簡子和臣子們乘船在黃河上遊覽，將要把欒激拋下河去溺斃。趙簡子說：「我曾經喜歡聲色，欒激就替我找；我曾經喜歡宮室樓臺，欒激就替我建造；我曾經喜歡好馬和擅長駕御車馬的人，欒激就替我求。可是我喜愛人才到現在已經六年了，欒激卻從來沒有推薦過一個人，這是增加我的過錯而減少我的善行。」

第三六章

或謂趙簡子❶曰：「君何不更❷乎？」簡子曰：「諾。」左右曰：「君未有過，何更？」君曰：「吾謂❸是諾，未必有過也，吾將求以來諫者也。今我卻之，是卻諫者，諫者必止，我過無日矣。」

【注釋】❶趙簡子　見前章。❷更　改正過失。❸謂　通「為」。

【語譯】有人對趙簡子說：「君王為什麼不改正過失啊？」簡子說：「好。」左右的人說：「君王並沒有過失，改正什麼？」簡子說：「我這樣說，未必表示我真有什麼過失，我是想這樣求得能來諍諫我的人啊。如果我現在拒絕他們，就是拒絕進諫的人，進諫的人必然止步不來，我的過失要永遠沒法子改正了。」

第三七章

韓武子❶田，獸已聚矣，田車合❷矣。傳❸來告曰：「晉公薨。」武子謂欒懷子❹曰：「子亦知吾好田獵也，獸已聚矣，田車合矣，吾可以卒獵而後弔乎？」懷子對曰：「范氏❺之亡也，多輔而少拂❻。今臣於君，輔也，畾於君，拂也，君胡不問於畾也？」武子曰：「盈而欲拂我乎？而拂我矣，何必畾哉？」遂輟田。

【注釋】❶韓武子　晉前後有二韓武子，一在春秋初年，一在春秋末年，與欒懷子相差皆在一百年以上，未知本書所據。詳參拙著《說苑集證》。❷合　合圍。❸傳　本指驛站或驛站的車馬，此指乘驛車而來的使者。❹欒懷子　（西元前？～前五五〇年）即欒盈，又稱欒孺子，晉臣。❺范氏　春秋末晉國六卿之一，後與中行氏被知、趙、韓、魏四家所滅。考范氏亡於魯定公十三年（西元前四九七年），上距欒盈之死已五十三年，欒盈豈能預知其亡？本文所記非是。❻拂　通「弼」。矯正。

【語　譯】韓武子打獵，野獸已經驅趕到一處，打獵的車隊也已經合圍，乘傳車趕來的使者報告說：「晉公去世了。」武子對欒懷子說：「你也知道我喜歡打獵，野獸已經驅趕到一處，車隊已經合圍，我可以打完獵再去作弔嗎？」欒懷子回答說：「范氏的滅亡，因為輔助的臣多，匡正的臣少。現在我對於君，是輔助的臣；畾對於君，是匡正的臣。君主為什麼不去問畾呢？」武子說：「盈，你要匡正我嗎？你已經匡正我了，何必再問畾呢？」於是就放棄打獵。

第三八章

師經鼓琴，魏文侯❶起舞，賦❷曰：「使我言而無見違。」師經援琴而撞文侯，不中，中旒❸潰❹之。文侯謂左右曰：「為人臣而撞其君，其罪如何？」左右曰：「罪當❺烹。」提師經下堂一等❻。師經曰：「臣可一言而死乎？」文侯曰：「可。」師經曰：「昔堯、舜❼之為君也，唯恐言而人不違；桀、紂❽之為君也，唯恐言而人違之。臣撞桀、紂，非撞吾君也。」文侯曰：「釋之，是寡人之過也。懸琴於城門，以為寡人符；不補旒，以為寡人戒。」

【注釋】❶魏文侯　（西元前?～前三九六年）名斯，戰國初魏國建立者，西元前四四五～前三九六年在位。❷賦　陳述。❸旒　冕冠前後懸垂的玉串。❹潰　散斷。❺當　處斷其罪。❻一等　臺階一級。❼堯舜　堯，見本卷第六章。舜，見本卷第七章。❽桀紂　並見本卷第二八章。

【語譯】師經彈琴，魏文侯聞琴聲起舞，並且說：「使我的話說出去沒有人敢違背。」師經聽了拿起琴來就撞擊文侯，沒有擊中身子，倒是把文侯帽子上的玉串撞斷了。文侯向左右說：「做人臣卻撞擊他的君主，應該判什麼罪？」左右說：「應該判處烹刑。」於是提押師經下堂，剛下一級臺階，師經說：「可以讓我講一句話然後受死嗎？」文侯說：「可以。」師經說：「從前堯、舜做君主時，就怕說出話去而沒有人反對；桀、紂做君主時，就怕說出話去而有人反對。我撞的是桀、紂，不是我的君主啊。」文侯說：「放掉他。這是我的過錯，把琴懸掛在城門口作為我犯錯的標記，也不要修補帽子上的玉串，以此作為我的警戒。」

第三九章

齊景公❶游於蔞❷，聞晏子❸卒，公乘輿素服馹而驅之❹。自以為遲，下車而趨❺。知不若車之速，則又乘。比至於國者，四下而趨，行哭而往矣。至，伏屍而號曰：「子大夫日夜責寡人，不遺尺寸，寡人猶且淫佚❻而不收，怨罪重積於百姓。今天降禍於齊國，不加寡人而加夫子，齊國之社稷危矣！百姓將誰告矣！」

【注釋】❶齊景公　見本卷第一八章。❷蔞　當為「菑」，菑川，齊邑，故城在今山東壽光。❸晏子　見本卷第一八章。❹公乘輿素服馹而驅之　當作「公乘輿服繁馹而驅之」，繁馹是馬名。說詳拙作《說苑集證》。❺趨　疾走；跑。❻淫佚　放肆。

【語譯】齊景公到菑川遊覽，聽說晏子去世的消息，立刻乘車用快馬拉著趕回去。因為自己心裡急，覺得車子緩慢，就下車跑步，又覺得還不如車子快，就又乘車，等抵達都城，已經四度下車跑步，邊哭邊跑，到了晏子靈前，伏屍大哭說：「大夫您日夜督責我，一點小事都不放鬆，我尚且還放肆而不知道收斂，在老百姓身上累積了許多怨罪。現在上天降禍齊國，不把禍降給我卻降給大夫您，齊國社稷危險了！今後老百姓有了疾苦，將要投告誰呢！」

第四〇章

晏子❶沒十有❷七年，景公❸飲諸大夫酒，公射出質❹，堂上唱善，若出一口。

公作色太息，播❺弓矢。弦章❻入，公曰：「章！自吾失晏子於今十有七年，未嘗聞吾過不善，今射出質，而唱善者若出一口。」弦章對曰：「此諸臣之不肖也。知❼不足以知君之不善，勇不足以犯君之顏色。然而有一焉。臣聞之：君好之，則臣服之；君嗜之，則臣食之。夫尺蠖❽食黃則其身黃，食蒼則其身蒼。君其猶有諂人言乎？」公曰：「善。今日之言，章為君，我為臣。」是時海人入魚，公以五十乘賜弦章。歸，魚乘塞塗，撫其御之手曰：「曩之唱善者，皆欲若❾魚者也。昔者晏子辭賞以正君，故過失不掩。今諸臣諂諛以干利，故出質而唱善如出一口。今所輔於君未見於眾，而受若魚，是反晏子之義而順諂諛之欲也。」固辭魚不受。君子曰：「弦章之廉，乃晏子之遺行也。」

【注釋】❶晏子　見本卷第一八章。❷有　通「又」。❸景公　即齊景公。❹質　射質，即箭靶。❺播　棄也。❻弦章　當是「弦寧」，下同。說詳《說苑集證・君道》第一八章。❼知　智慧。❽尺蠖　蟲名。郝懿行《爾雅義疏》：「其行先屈後申，如人布手知尺之狀，故名尺蠖。」❾若　此也。

【語譯】晏子去世十七年，景公請諸大夫飲酒。景公射箭沒有中靶，可是堂上諸大夫齊聲讚好。景公立刻變了顏色，歎息著放下了弓矢。這時弦章走進來，公說：「章啊！自從晏子去世，到現在十七年了，不曾聽到過有人批評我的不是，剛才射箭不中箭靶，而大家竟然同聲稱讚。」弦章回答說：「這是臣子們的不是。他們的智慧不足以了解君王的短處，勇氣不足以冒犯君王的顏色。但是有一點，臣聽說：好比衣服，君王喜歡穿什麼，臣子們也就跟著穿什麼；好比食物，君王喜歡吃什麼，臣子們也就跟著吃什麼。那尺蠖蟲，吃黃色的東西身體就是黃色，吃綠色的東西身體就是綠色。君王身邊大概還是有阿諛之徒常說奉承話吧？」公說：「說得好！今天這番話，弦章好像是君，我是臣，一定要聽。」這時有漁人獻魚，公賞賜弦章五十車魚。回去的時候，載魚的車塞滿了道路，弦章撫著駕車人的手說：「先前那些叫好的，無非都像我得魚一樣想得到君王的賞賜。從前晏子辭謝獎賞來規諫君王，所以君王的過失無所掩蔽。現在諸臣諂諛君王為了求利，所以君王射箭雖不中靶而大家齊聲讚好。今天我所輔正於君的，尚不能表現在眾人面前，而接受這些魚，這是違反晏子的義行而順從諂諛的貪欲。」於是堅決辭魚，不敢接受。君子說：「弦章的廉潔，是晏子的遺訓啊。」

第四一章

夫天之生人也，蓋非以為君也；天之立君也，蓋非以為位也。夫為人君，行其私欲而不顧其人，是不承天意，忘其位之所以宜事也。如此者，《春秋》不予能君而夷狄之。鄭伯❶惡一人❷而兼棄其師，故有夷狄不君❸之辭。人主不以此自省，惟既以失實心，奚因知之。故曰：「有國者不可以不學《春秋》。」此之謂也。

【注　釋】❶鄭伯　鄭文公，春秋鄭國國君，西元前六七二～前六二八年在位。❷一人　謂高克，鄭臣。《春秋經》閔公二年：「十有二月，狄入衛，鄭棄其師。」《公羊傳》：「鄭棄其師者何？惡其將也。鄭伯惡高克，使之將，逐而不納，棄師之道也。」何休《解詁》：「鄭伯素惡高克，欲去之無由，使將師救之，隨後逐之。」❸夷狄不君　行為像夷狄，不配做君王。

【語　譯】上天降生萬民，並非為了替他們立一個國君；上天立一個國君，也並非為了使他一人高居君位。作為人民的國君，如果行為只顧滿足自己的欲望，不顧恤他的人民，這是違背天意，而忘記了他居於君位所應該做的事。像這樣，《春秋經》就不認他是賢君，而把他看成夷狄。鄭文公因為厭惡高克，連他所統率的軍隊也拋棄了，所以有「夷狄不君」的批評。人主如果不能拿這個尺度來自我反省，既然因此失去行事的實心，又從何知道自己的錯誤。所以說：「做國家的君主，不可以不讀《春秋》。」說的就是這個道理。

第四二章❶

齊人弒其君❷，魯襄公❸援戈而起曰：「孰臣而敢殺其君乎？」師懼曰：「夫齊君治之不能，任之不肖，縱一人之欲，以虐萬夫之性，非所以立君也。其身死，自取之也。今君不愛萬夫之命，而傷一人之死，奚其過也？其臣已無道矣，其君亦不足惜也。」

【注釋】❶第四二章　宋本連上為一章，考其文義，當別為一章。❷齊人弒其君　即齊崔杼弒莊公事。❸魯襄公　（西元前五七五～前五四二年）春秋魯國國君，西元前五七二～前五四二年在位。

【語譯】齊人殺了他們的國君，魯襄公聽到這個消息，拿著戈站起來說：「那一個臣子竟敢殺他的君主啊？」師懼說：「那齊君領導無方，用人不賢，放縱個人的欲望，虐待萬民百姓，不是一個應該為國君的人。他遭到殺身之禍，是自作自受。現在君王不愛惜萬民的性命，卻悲傷一人的死亡，是多大的錯誤啊？那臣固然無道，那齊君也不值得同情。」

第四三章

孔子❶曰：「文王似元年，武王似春王，周公似正月❷。文王以王季❸為父，以太任❹為母，以太姒❺為妃，以武王、周公為子，以泰顛、閎夭為臣，其本美矣。武王正其身以正其國，正其國以正天下。伐無道，刑有罪，一動天下正，其事正矣。春致其時，萬物皆及生；君致其道，萬人皆及治。周公戴己而天下順之❻，其誠至矣。」

【注　釋】❶孔子　見本卷第五章。❷文王似元年三句　《春秋經》魯隱公元年書「元年春王正月」，是說魯隱公元年春季周王正月，特別標出「王正月」是說明魯用周正，和夏正、殷正不同。元年，是國君即位的始年；正月，是一年十二月的始月；皆指本始而言。說「文王似元年，武王似春王，周公似正月」，是讚美他們是周朝建國的本始。「春王」沒有什麼特別意義，不過是連著「元年」、「正月」一起說罷了。文王，見本卷第一一章。武王，見本卷第一五章。周公，見本卷第八章。❸王季　周太王之子，文王之父，名季歷，一稱公季。❹太任　王季妻，文王母，任姓，摯國之女。❺太姒　文王妻，武王母，姒姓，莘國之女。❻戴己而天下順之　即上行下效之義。戴，通「載」。行也。

【語　譯】孔子說：「文王好比『元年』，武王好比『春王』，周公好比『正月』。文王有王季為父，有太任為母，有太姒為妃，有武王和周公為子，有泰顛和閎夭為臣，他的根基太美好了。武王先把自身修養好，再把國家治好；國家治好，再把天下治好；討伐無道的人，懲罰有罪的人；他一行動，天下就太平，他的行事，可算光明正大了。春天致力發展蓬勃的生機，萬物皆能及時生長；國君致力發展修己治平之道，萬民皆能及時治理好。周公先自己實踐，而天下的人民自動效法，他的誠意，可說是達到極致了。」

第四四章

尊君卑臣者，以勢使之也。夫勢失則權傾。故天子失道，則諸侯尊矣；諸侯失政，則大夫起矣；大夫失官，則庶人興矣。由是觀之，上不失而下得者，未嘗有也。

【語譯】君王尊貴，臣子卑微，這是形勢地位造成的。如果地位失去了，權力也就沒有了。所以天子如果失去統治天下的威權，諸侯就尊大了；諸侯如果失去治理國家的威權，大夫就崛起了；大夫如果失去官位，老百姓就興起了。由此看來，在上位的如果能掌握威權不失，在下位的竟然可以奪取，是從來沒有的事。

第四五章

孔子❶曰：「夏道不亡，商德不作❷；商德不亡，周德不作；周德不亡，《春秋》不作❸。《春秋》作而後君子知周道亡也。」故上下相虧也，猶水火之相滅也。人君不可不察而大盛其臣下，此私門盛而公家毀也。人君不察焉，則國家危殆矣。筦子曰：「權不兩錯，政不二門❹。」故曰：脛❺大於股者難以步，指大於臂者難以把。本小末大，不能相使也。

【注釋】❶孔子　見本卷第五章。❷作　興起。下「作」字同。❸商德不亡四句　向宗魯《說苑校證》：「此以春秋與三代並舉，以春秋之作與商、周之作同例，即《公羊》先師以《春秋》當新王之說也，故孟子以《春秋》為天子之事。《淮南・氾論篇》云：『殷變夏，周變殷，春秋變周。』亦即此義。」《論衡・定賢》：「周道不弊，孔子不作《春秋》，《春秋》之作，起周道弊也。」（又《案書》、《對作》亦有類似之語。）❹權不兩錯二句　見《管子・明法》，「權」作「威」。❺脛　小腿。

【語譯】孔子說：「夏道不衰亡，商朝不會興起；商德不衰亡，周朝不會興起；周德不衰亡，《春秋》這部書就不會出現。《春秋》出現後，然後君子知道周道衰亡了。」所以上下相毀傷，就像水火相滅，人君不可不留心而使得臣下的權勢盛大，私家盛大公家就毀傷了。人君如果不洞察這種情況，國家就危險了。管子說過：「權力不可兩人分掌，政令不可出自多門。」所以說：脛比股大，難以行走；指比臂大，難以把持；本小末大，不能互相配合使用。

第四六章

司城子罕❶相宋，謂宋君❷曰：「國家之危定，百姓之治亂，在君之行賞罰也。賞當則賢人勸❸，罰得則姦人止。賞罰不當，則賢人不勸，姦人不止。姦邪比周，欺上蔽主，以爭爵祿。不可不慎也。夫賞賜讓與者，人之所好也，君自行之；刑罰殺戮者，人之所惡也，臣請當之。」君曰：「善。子主其惡，寡人行其善，吾知不為諸侯笑矣。」於是宋君行賞賜而與子罕刑罰。國人知刑戮之威，專在子罕也，大臣親之，百姓附之。居期年❹，子罕逐其君而專其政。故曰：「無弱君而強大夫。」《老子》曰：「魚不可脫於淵，國之利器，不可以借人❺。」

此之謂也。

【注 釋】❶司城子罕 司城，官名，即司空。《左傳》桓公六年：「宋以武公廢司空。」注：「武公名司空，廢為司城也。」子罕，人名。考子罕有二人，一在春秋魯襄公時，名樂喜，相宋平公、元公、景公，以仁節終身，時稱其賢；一在戰國初年，即此文所云之劫君專政者也。詳見拙著《說苑集證》。❷宋君 錢穆謂子罕所劫當為昭公，宋前後有二昭公，此戰國時之後昭公也。說見錢著《先秦諸子繫年考辨》四四。❸勸 勉勵。❹期年 謂一年。❺魚不可脫於淵三句 見《老子》第三六章。利器，比喻權力。

【語 譯】司城子罕做宋國的相，向宋君說：「國家的動盪或者安定，百姓的安寧或者混亂，在於君主所行的賞罰。賞得恰當，賢能的人就會勉勵，罰得恰當，壞人就會絕跡。如果賞罰不恰當，那麼賢人就不會勉勵，壞人也不會絕跡。那姦詐邪惡之徒互相勾結，欺騙蒙蔽君主，來爭奪名利。不可不慎重小心啊！那賞賜爵祿頒贈名利的事，是眾人所喜歡的，君王您親自去做；給罪人以懲罰或者把他殺掉，是眾人所憎惡的，這種事請讓臣來做。」宋君說：「好。你專做別人討厭的事，我專做別人喜歡的事，我知道這樣一定不會被諸侯們所恥笑了。」於是宋君自己行賞賜，而把刑罰之權給予子罕。國人知道刑殺的威權專掌在子罕的手裡，於是大臣親近他，百姓歸附他。過了一年，子罕就趕走宋君而自己獨攬了宋國的大權。所以說：「不要削弱君權而使大夫強大。」《老子》上說：「魚不可以離開深淵，國家的權柄不可以隨便給人。」就是說的這個意思。

卷二

臣術

【題解】臣術，就是做人臣的道理和方法。本卷共二十四章，第一章是總論，首先列出人臣所應當遵行的幾項準則，就是「順從而復命，無所敢專」、「義不苟合」、「位不苟尊」、「必有益於國，必有補於君」。下面分述六種「正臣」和六種「邪臣」，六種正臣是聖臣、良臣、忠臣、智臣、貞臣和直臣，六種邪臣是具臣、諛臣、姦臣、讒臣、賊臣和亡國之臣，各有他們不同的行事方式。賢臣能夠實行正臣的六種行事準則，所以國家太平，人民安居，生前享受尊榮，死後被人懷念。其餘二十三章除第二一章引《荀子》和第二三章引〈泰誓〉外，所記都是歷史人物有關人臣的行事和評論。其中如第四章孔子評論鮑叔、子皮賢於管仲、子產，因為前者能向國君推薦賢人；第五章李克論季文子和翟黃誰可以為相；第一八章簡子和尹綽的對話；第一九章晏子逐高繚；都記述生動而饒有意義。

第一章

人臣之術：順從而復命❶，無所敢專；義❷不苟合，位不苟尊；必有益於國，必有補於君；故其身尊而子孫保之。故人臣之行有六正、六邪。行六正則榮，犯六邪則辱。夫榮、辱者，禍福之門也。何謂六正、六邪？六正者：一曰，萌芽未動，形兆未見，昭然獨見存亡之幾❸，得失之要，預禁乎不❹然之前，使主超然立乎顯榮之處，天下稱孝❺焉，如此者聖臣也；二曰，虛心白意❻，進善通道❼，勉主以禮義，諭主以長策，將❽順其美，匡救其惡，功成事立，歸善於君，不敢獨伐❾其勞，如此者良臣也；三曰，卑身賤體，夙興夜寐，進賢不解❿，數⓫稱於往古之德⓬行事，以厲主意，庶幾有益，以安國家社稷宗廟，如此者忠臣也；四曰，明察幽見成敗，早防而救之，引⓭而復之，塞其間，絕其源，轉禍以為福，使君終以無憂，如此者智臣也；五曰，守文⓮奉法，任官職⓯事，辭祿讓賜，不受贈遺，衣服端齊，飲食節儉，如此者貞臣⓰也；六曰，國家昏亂，所為不諫，然而敢犯主之顏⓱，而言主之過失，不辭其誅，身死國安，不悔所行，如此者直臣也。是為六正也。六邪者：一曰，安官貪祿，營於私家，不務公事，懷其智，藏其能，主飢於論，渴於策，猶不肯盡節，容容⑱乎與世沈浮，上下左右觀望，如此者具臣⑲也；二曰，主所言皆曰善，主所為皆曰可，隱⑳而求主之所好即進之，以快主之耳目，偷合㉑苟容㉒，與主為樂，不顧其後害，如此者諛臣也；三曰，中實頗險，外容貌小謹㉓，巧言令色，又心嫉賢，所欲進則明其美而隱其惡，所欲退則明其過而匿其美，使主妄行過任，賞罰不當，號令不行，如此者姦臣也；四曰，智足以飾非，辯足以行說，反言易辭而成文章，內離骨肉之親，外妒亂朝廷，如此者讒臣也；五曰，專權擅勢，持抔㉔國事以為輕重，於㉕私門成黨以富其家，又復增加威勢，擅矯主命以自貴顯，如此者賊臣也；六曰，諂言㉖以邪，墜主不義，朋黨㉗比周，以蔽主明，入則辯言好辭，出則更復異其言語，使白黑無別，是非無間㉘，伺侯可推㉙，因而附然㉚，使主惡布於境內，聞於四鄰，如此者亡國之臣也。是謂六邪。賢臣處六正之道，不行六邪之術，故上安而下治，生則見樂，死則見思，此人臣之術也。

【注釋】❶復命　指完成使命後回報。❷義　通「議」。❸幾　預兆的意思。❹不　當作「未」。說見《說苑集證》。❺天下稱孝　《孝經》：「能保其社稷，而和其民人，蓋諸侯之孝也。」❻白意　即虛心之意。❼進善通道　謂進善言，通有道之人於其君。❽將　扶也。❾伐　自誇。❿解　通「懈」。⓫數　屢次；常常。⓬德　字疑衍，當刪。說詳《說苑集證》。⓭引導也。⑭文　指禮樂制度。⑮職　執掌；主管。⑯貞臣　貞潔有操守的臣子。⑰所為不諫二句　「諫」當作「諛」，「顏」上當有「嚴」字。說並詳《說苑集證》。⑱容容　和同不立異。《史記・張丞相列傳》附韋玄成：「其治容容，隨世俗浮沈。」《漢書・翟方進傳》：「朕誠怪君，何持容容之計，無忠固意。」注：「容容，隨眾上下也。」⑲具臣　徒具虛名的臣子。⑳隱　《臣軌・公正》注：「隱，猶私也，言私求其主之所好之物而進之，以快其主之耳目心意也。」㉑偷合　不顧將來的禍患，只圖眼前相投合。偷，苟且。㉒苟容　即苟合。㉓中實頗險二句　「頗險」當作「險詖」，不正也。「容」字衍，當刪。說詳《說苑集證》。㉔持抔　操持之意。㉕於　當刪。㉖言　乃「主」之形誤。詳見《說苑集證》。㉗朋黨　結為黨派排斥異己。㉘間　距離；差別。㉙伺侯可推　意謂看到可以假託的事物，亦即窺伺到可以利用的機會。伺侯，窺伺。推，假託。㉚然　同「焉」。

【語　譯】做臣子的道理：要服從君主，完成任務後要向君主報告，無論什麼事不敢自作主張；不隨便附和別人的議論，也不敢隨便苟且居於高位；一定要對國家有好處，一定要對君主有幫助；因而他自己能身居尊位，而子孫也能長保榮華。所以臣子的行為，有六正六邪，就是有六種好的和六種壞的。照六種好的去做，就會得到榮耀，照六種壞的去做，就會得到恥辱。而榮辱就是禍福之門。什麼叫做六正六邪呢？所謂六正是：第一，當事物如草木還沒有發芽，一點形跡徵兆都沒有，就能獨自清楚地看到存亡的預兆，成功和失敗的關鍵，預先防止消滅於無形，使得君主超拔地處於光榮的地位，受到天下人的稱讚。像這樣的，就是聖臣。第二，虛心誠意，進獻善言，引薦有道之士給君主；用禮義勉勵君主，把好的策略曉喻君主；維護順應君主的美德，匡正補救君主的惡行；事情辦成，有了成就，就歸功於君主，不敢獨自誇耀功勞。像這樣的，就是良臣。第三，卑躬屈節，早起晚睡，不斷地推薦賢人，常常稱道古代聖人的行事來勉勵君主的意志，希望對君主有益，以安定國家。像這樣的，就是忠臣。第四，能明察幽微，預見成敗，及早預防並加以補救，引導它恢復正常，堵塞它的漏洞，斷絕它的根源，轉災禍為幸福，使君主始終沒有憂患。像這樣的，就是智臣。第五，能遵守禮樂制度，奉守法律規定，擔任官職、主管公事，辭謝爵祿賞賜，也不接受餽贈，衣服端整，飲食節儉。像這樣的，就是貞臣。第六，當國家混亂的時候，他的所作所為並不阿諛君主，卻敢於冒犯君主的威顏，當面指出君主的過失，不怕因此而遭受誅殺，自身雖然犧牲，而國家得到安定，絕不後悔自己的作為。像這樣的，就是直臣。這就是所謂六正。所謂六邪是：第一，安穩當官享受俸祿，只謀求私家的利益，不管公家的事，隱藏自己的智慧和才能，君主渴望臣下提供意見貢獻良策，他還不肯盡自己的職責，隨波逐流，左右觀望。像這樣的，就是具臣。第二，凡是君主所講的話他都讚好，君主所做的事他都說正確，私下探求君主所喜歡的東西，就進獻上去，以滿足君主耳目的一時快樂，投機苟合，隨聲附和，與君主作樂，而不顧後來的禍害。像這樣的，就是諛臣。第三，內心非常險詐，外表卻裝得小心謹慎，話說得好聽，表情做得好看，而心裡又妒嫉賢能的人；他想要推薦的人，就宣揚他的優點，掩蓋他的缺點，他想要排擠的人，就宣揚他的缺點，隱藏他的優點；使得君主胡亂行事，錯誤任免，以致於賞罰不當，政令不能推行。像這樣的，就是姦臣。第四，智慧足以掩飾自己的錯誤，口才足以推行自己的主張，或者把話反過來講，或者把話換個方法講，都講得很有情采，能夠蠱惑人心，對內離散骨肉之情，對外妒嫉賢人，攪亂朝廷。像這樣的，就是讒臣。第五，專攬權勢，把持國事，使自己成為決斷權衡是非輕重的人；私門結黨營私，來使自家富有；又再增加威勢，擅自假借君主的命令，來使自己更加貴顯。像這樣的，就是賊臣。第六，用邪道諂媚君主，陷君主於不義；結黨營私，排擠好人，來蒙蔽君主；在君主面前就說好聽的話，離開君主，話就變了，使白黑無別，是非不分；窺伺可以利用的機會，趁此來攀附君主，使得國內外的人都知道君主的昏庸糊塗。像這樣的，就是亡國之臣。這就是所謂六邪。賢臣按照六正的原則行事，不用六邪的方法，所以君主的地位安穩，百姓也治理得很好；活著的時候被人民所讚美，死後被人民所懷念。這就是做人臣的道理。

第二章

湯問伊尹❶曰：「三公、九卿、大夫、列士❷，其相去何如？」伊尹對曰：「三公者，知❸通於大道，應變而不窮，辯❹於萬物之情，通於天道者也。其言足以調陰陽，正四時，節風雨，如是者，舉以為三公。故三公之事，常在於道也。九卿者，不失四時，通溝渠，修堤防，樹五穀，通於地里❺者也。能通不能通，能利不能利，如此者，舉以為九卿。故九卿之事，常在於德❻也。大夫者，出入與民同眾❼，取去與民同利，通於人事，行猶舉繩❽，不傷於言，言之於世❾，不害於身，通於關梁❿，實於府庫，如是者，舉以為大夫。故大夫之事，常在於仁也。列士者，知義而不失其心，事功而不獨專其賞，忠正彊諫而無有姦詐，去私立公而言有法度，如是者，舉以為列士。故列士之事，常在於義也。故道德仁義定而天下正。凡此四者，明王臣而不臣。」湯曰：「何謂臣而不臣？」伊尹對曰：「君之所不名臣者四：諸父，臣而不名；諸兄，臣而不名；先王之臣，臣而不名；盛德之士，臣而不名。是謂大順也。」

【注　釋】❶湯問伊尹　湯及伊尹，見〈君道〉篇第一四章。❷列士　眾士。❸知　通「智」。❹辯　通「辨」。❺里　通「理」。❻德　指加惠於民之德政。❼眾　疑為「象」字之誤。象，法也。詳《說苑集證》。❽行猶舉繩　猶，通「由」。舉，通「矩」。矩繩，規矩準繩。❾言之於世　當作「言足法於世」。說見《說苑集證》。❿通於關梁　意謂減少關口津梁的阻礙，使貨暢其流，貿易發達，而稅收亦可以藉此增加，故下文云實於府庫也。關梁，關口及津梁，指水陸要會之處。

【語　譯】湯問伊尹說：「三公、九卿、大夫和列士，他們之間有什麼差別呢？」伊尹回答說：「所謂三公，是智慧能夠通曉大道、對應各種變化而不窮乏、能分別萬物的性情、上與天道相通的人士。他們的言論主張，足以調和陰陽，使春夏秋冬四時運行正常，風雨得宜。像這樣的人就可以推舉他做三公。所以三公的任務就在於通曉天道。所謂九卿，是能夠把握時令、開鑿溝渠、修築堤防、播種五穀、精通地理的人士。他們能夠使原來不通暢的變為通暢，使原來沒有利的變成有利。像這樣的人就可以推舉他做九卿。所以九卿的任務就在於為民造福。所謂大夫，出入和人民一樣守法，取去和人民利益相同，通曉人世間各種事務，行為遵守規矩，不做言行不符的事，說話足以為民表率，不會受到傷害，建設交通，開放關卡，使貨暢其流，賦稅增加，府庫充實。像這樣的人就可以推舉他做大夫。所以大夫的任務就在於愛民。所謂列士，了解道義而不失本心，做事講求績效但不一個人獨占獎賞，忠誠、正直、勇於勸勉別人而沒有奸詐的心，去私心而抱著大公無私的態度，說話合法制有分寸。像這樣的人就可以推舉他做列士。所以列士的任務就在於辦事恰當。因此能做好以上所舉的道德仁義四項，天下就平治了。凡是能達到這道德仁義四項標準的人，雖然是臣子，而英明的君王並不把他們看做臣子。」湯又問：「什麼叫做是臣子而又不看做臣子？」伊尹回答說：「人君不把臣子當臣子看待的有四種人：伯叔們為臣不稱他們為臣，兄長們為臣不稱他們為臣，先王的臣為臣不稱他們為臣，有盛德的人為臣不稱他們為臣。這叫做大順。」

第三章

湯問伊尹曰：「古者所以立三公、九卿、大夫、列士者，何也？」伊尹對曰：「三公者，所以參五事❶也；九卿者，所以參三公也；大夫者，所以參九卿也；列士者，所以參大夫也。故參而有❷參，是謂事宗❸；事宗不失，外內若一。」

【注釋】❶參五事　參，參與檢覈。五，疑「王」字之誤。說見《說苑集證》。❷有　又。❸事宗　辦理事情的根本原則。

【語譯】湯問伊尹說：「古時候為什麼要設置三公、九卿、大夫和列士？」伊尹回答說：「設置三公，用來參與檢覈國君的行事；設置九卿，用來參與檢覈三公的行事；設置大夫，用來參與檢覈九卿的行事；設置列士，用來參與檢覈大夫的行事。所以參覈了又參覈，這就是行事的根本原則；能把握行事的根本原則，內外都一樣治理得好。」

第四章

子貢❶問孔子❷曰：「今之人臣孰為賢？」孔子曰：「吾未識也。往者，齊有鮑叔❸，鄭有子皮❹，賢者也。」子貢曰：「然則齊無管仲❺，鄭無子產❻乎？」子曰：「賜，汝徒知其一，不知其二。汝聞進賢為賢耶？用力為賢耶？」子貢曰：「進賢為賢。」子曰：「然。吾聞鮑叔子進管仲也，聞子皮之進子產也，未聞管仲、子產有所進也。」

【注釋】❶子貢　（西元前五二〇～？年）姓端木，名賜，字子貢。孔子的得意弟子，以言語見稱。曾仕於衛、魯，遊說齊、吳等國，聞名諸侯。❷孔子　見〈君道〉第五章。❸鮑叔　即鮑叔牙，春秋齊國大夫。少時與管仲友善，管仲家貧母老，他常給以資助。襄公亂政時，管仲隨公子糾奔魯，他隨公子小白奔莒。及襄公被殺，小白回國，被立為齊君，即齊桓公。桓公擬任之為卿，他力勸桓公釋管仲之囚，使代己位，而以身下之。後人論管鮑之交，傳為美談。❹子皮　名罕虎，春秋鄭臣。鄭簡公二十二年（西元前五四四年）代父為鄭卿，次年授子產政，蓋知子產賢，故讓之也。❺管仲　見〈君道〉第一七章。❻子產　（西元前？～前五二二年）即公孫僑，字子產，一字子美。西元前五四三年鄭卿子皮授政給他，輔佐鄭簡公二十餘年。

【語譯】子貢問孔子說：「當今各國人臣當中那一個稱得上是賢人？」孔子說：「我不清楚。不過從前齊國有鮑叔牙，鄭國有子皮，都是賢臣。」子貢說：「那麼齊國沒有管仲，鄭國沒有子產嗎？」孔子說：「賜，你只知道其一，不知道其二。你聽說能向國君推薦人才的好呢？還是能為國效力的好呢？」子貢說：「能推薦人才的更好。」孔子說：「是的。我聽說鮑叔牙推薦管仲，子皮推薦子產，可沒有聽說管仲和子產推薦過什麼人。」

第五章

魏文侯❶且置相，召李克❷而問焉，曰：「寡人將置相，置於季成子❸與翟觸❹，我孰置而可？」李克曰：「臣聞之：賤不謀貴，外不謀內，疏不謀親。臣者疏賤，不敢聞命。」文侯曰：「此國事也，願與❺先生臨事而勿辭。」李克曰：「君不察故也，可知矣❻。貴視其所舉，富視其所與，貧視其所不取，窮視其所不為。由此觀之，可知矣。」文侯曰：「先生出矣，寡人之相定矣。」李克出，過翟黃。翟黃問曰：「吾聞君問相於先生，未知果孰為相？」李克曰：「季成子為相。」翟黃作色不悅曰：「觸失望於先生。」李克曰：「子何遽❼失望於我？我於子之君也❽，豈與我比周而求大官哉？君問相於我，臣對曰：『君不察故也。貴視其所舉，富視其所與，貧視其所不取，窮視其所不為。由此觀之可知也。』君曰：『出矣，寡人之相定矣。』以是知季成子為相。」翟黃不悅曰：「觸何遽不為相乎？西河之守❾，觸所任也；計事內史，觸所任也。王欲攻中山❿，吾進樂羊⓫；無使治之臣，吾進先生；無使傅其子，吾進屈侯鮒⓬。觸何負於季成子？」李克曰：「不如季成子。季成子食采千鍾，什九居外一居中，是以東得卜子夏⓭、田子方⓮、段干木⓯，彼其⓰所舉，人主之師也。子之所舉，人臣之才也。」翟黃迮然⓱而慚曰：「觸失對於先生，請自修然後學。」言未卒而左右言季成子立為相矣。於是翟黃默然，變色內慚，不敢出三月也。

【注　釋】❶魏文侯　見〈君道〉第三八章。❷李克　（西元前四五五～前三九五年）即李悝，戰國初政治家，法家代表人物。西元前四〇六年起，任魏文侯相，主持變法改革。❸季成子　魏文侯弟。❹翟觸　魏臣，又作翟黃。❺與　衍文，當刪。❻可知矣　三字疑是衍文，當刪。❼何遽　同義複詞，遽亦何也。❽我於子之君也　句上《韓詩外傳・卷三》有「子之言」三字。❾西河之守　謂吳起。吳起（西元前？～前三八一年），戰國兵家。衛國左氏（今山東曹縣北）人。初為魯將，曾大敗齊兵。遭讒赴魏，佐李悝改革法制，整頓軍備，受魏文侯重用，任西河郡守，甚有聲名。復遭讒奔楚，楚悼王任為相。西河，戰國魏地，一說在今陝西韓城或山西汾陽境，一說在今河南安陽境。❿中山　戰國時國名，後為趙武靈王所滅。故地在今河北定縣、唐縣一帶。⓫樂羊　一作樂陽。魏文侯將。事詳〈貴德〉第二八章、〈復恩〉第七章、〈尊賢〉第二一章。⓬屈侯鮒　一作屈侯附。⓭卜子夏　（西元前五〇七～？年）名商，字子夏，孔子弟子，以文學見稱。晚年講學西河，魏文侯親咨國政，待以師禮。⓮田子方　名無擇，戰國魏人，文侯師之。⓯段干木　戰國晉人。居於魏，守道不仕，魏文侯造其門，踰牆避之，文侯待以客禮，過其閭必軾。⓰彼其　同義複詞，與單用「彼」或單用「其」無異。⓱迮然　羞慚貌。迮，通「怍」。

【語　譯】魏文侯將要任命國相，把李克叫來問道：「我將要任命國相，在季成子和翟觸之間，我用那一個比較妥當？」李克說：「臣聽說：職位低的人不參與謀劃職位高的人的事，外面的人不參與謀劃裡面人的事，疏遠的人不參與謀劃親近的人的事。我是一個與您關係又遠、職位又低的人，不敢參加意見。」文侯說：「這是國家大事，希望先生遇事不要推辭。」李克說：「這是國君您沒有仔細觀察的緣故啊！尊貴的要看他所推薦的人才，富有的要看他所結交的朋友，貧賤的要看他是否有所不取，窮困的要看他是否有所不為。經過這一番分析，您就可以決定人選了。」文侯說：「先生可以出去了，我的國相人選已經決定了。」李克出來，就去拜訪翟黃。翟黃問道：「我聽說國君向先生請教國相的人選，不知道究竟誰被選上了？」李克說：「季成子會當國相。」翟黃變了臉色，不高興地說：「我對先生真是失望。」李克說：「你為什麼對我失望？你把我推薦給國君，難道是為了和我結黨來求得大官嗎？國君問我誰當國相比較好，我只是回答說：『這是國君您沒有仔細觀察的緣故。尊貴的要看他所推薦的人才，富有的要看他所結交的朋友，貧賤的要看他是否有所不取，窮困的要看他是否有所不為。經過這一番分析，您就可以決定人選了。』國君就說：『出去吧，我的國相人選已經決定了。』因此我才斷定季成子會當國相。」翟黃不高興地說：「我為什麼就不能做國相呢？西河太守吳起，是我推薦的；計事內史，是我推薦的；大王要攻中山，我推薦樂羊；沒有治國之臣，我引進先生；沒有人教導王子，我引進屈侯鮒。我有什麼不如季成子的？」李克說：「你確實不如季成子。季成子享有千鍾的采邑，十分之九用在結交賢士，留在家裡的才十分之一，所以從東方得到卜子夏、田子方、段干木。他所推薦的，都是人主的師傅；你所推薦的，只是能做臣子的人才。」翟黃聽了以後，十分羞慚，說：「我冒犯了先生，要多多自修，然後再向先生學習。」翟黃的話還沒有講完，左右的人來報告季成子已被任命為國相。於是翟黃沉默不語，臉上現出羞慚的樣子，內心慚愧，三個月不敢出門。

第六章

楚令尹❶死。景公遇成公乾❷曰：「令尹將焉歸？」成公乾曰：「殆於屈春乎？」景公怒曰：「國人以為歸於我。」成公乾曰：「子資少，屈春資多。子義獲天下之至憂也，而子以為友；鳴鶴與芻狗❸其知甚少，而子玩之。鴟夷子皮❹日侍於屈春，損頗為友，二人者之智足以為令尹，不敢專其智而委之屈春。故曰，政其歸於屈春乎！」

【注　釋】❶令尹　春秋時楚國執政者稱令尹。❷景公遇成公乾　景公、成公乾，並未詳何人，當是楚國分封之大夫，如白公、丁公之類。成公乾，又見〈辨物〉第三二章。❸鳴鶴與芻狗　關嘉曰：「蓋二人名。」向宗魯《說苑校證》曰：「此二物耳，實非人名。」❹鴟夷子皮　非范蠡，或即黨與田常之鴟夷子皮（見本卷第一六章及〈指武〉第二二章），或另為一人。說詳本卷第一六章。

【語　譯】楚國令尹去世，景公遇到成公乾說：「令尹的遺缺將由誰來繼任？」成公乾說：「大概是給屈春吧！」景公生氣地說：「國人都以為應該由我繼任。」成公乾說：「你的條件少，屈春的條件多。于義獲，天下最令人害怕的人，你同他為友；鳴鶴和芻狗，智慧甚少，你同他們親近。屈春就不同了，有鴟夷子皮每天陪侍，有損頗作為朋友，這兩個人的智慧足以擔任令尹，但又不自以為是擅自行事，而時時向屈春獻計，把功勞歸給屈春。所以我才說：大概是給屈春吧！」

第七章

田子方❶渡西河，造❷翟黃❸。翟黃乘軒車❹，戴華蓋❺，黃金之勒❻，約鎮❼簟席❽，如此者，其駟❾八十乘。子方望之以為人君也，道狹下抵車❿而待之。翟黃至，而睹其子方也，下車而趨，自投下風⓫，曰：「觸。」田子方曰：「子與！

吾嚮者望子疑以為人君也。子至，而人臣也。將⑫何以至此乎？」翟黃對曰：「此皆君之所以賜臣也，積三十歲，故至於此。時以閑暇，祖⑬之曠野，正逢先生。」子方曰：「何子賜車轝⑭之厚也？」翟黃對曰：「昔者西河⑮無守，臣進吳起⑯，而西河之外寧；鄴⑰無令，臣進西門豹⑱，而魏無趙患；酸棗⑲無令，臣進北門可，而魏無齊憂；魏欲攻中山⑳，臣進樂羊㉑，而中山拔；魏無使治之臣，臣進李克㉒，而魏國大治。是㉓以進此五大夫者，爵祿倍，以故至於此。」子方曰：「可，子勉之矣！魏國之相，不去子而之他矣。」翟黃對曰：「君母弟有公孫季成㉔者，進子夏㉕而君師之，進段干木㉖而君友之，進先生而君敬之。彼其所進師也、友也、所敬者也。臣之所進者，皆守職守祿之臣也。何以至魏國相乎？」子方曰：「吾聞身賢者賢也，能進賢者亦賢也。子之五舉者盡賢，子勉之矣，子終其次矣。」

【注　釋】❶田子方　見本卷第五章。❷造　疑為「遇」字形誤。說見《說苑集證》。❸翟黃　見本卷第五章。❹軒車　大夫之車。❺華蓋　謂車上所張之傘蓋。❻勒　馬絡頭。有嚼口的叫勒，沒有的叫羈。❼約鎮　謂鋪陳、鋪設也。約，具備。鎮，壓蓋。❽簟席　竹席。❾駟　四馬一車叫駟。❿下抵車　「下」字疑涉後文「下車」而衍。「抵」字當為「抵」字之誤，《說文》：「抵，側擊也。」引申有旁側之義。⓫下風　風向的下方。⓬將　猶特也。⓭祖　借為「徂」字。往也。⓮轝「輿」之俗字。⓯西河　見本卷第五章。⓰吳起　見本卷第五章。⓱鄴　地名，故城在今河北臨漳西。⓲西門豹　魏文侯時為鄴令，破除「河伯娶婦」迷信，引漳水灌田，修成十二條渠道，以灌溉鄴田。⓳酸棗　地名，故城在今河南延津西南。⓴中

山　見本卷第五章。㉑樂羊　見本卷第五章。㉒李克　見本卷第五章。㉓是　疑衍字。㉔公孫季成　即季成子。見本卷第五章。㉕子夏　見本卷第五章。㉖段干木　見本卷第五章。

【語　譯】田子方渡過西河，在路上碰到翟黃。翟黃乘坐著軒車，車上撐著傘蓋，拉車的馬一律是黃金裝飾的勒頭，車內舖著簟席。像這樣的車子共有八十輛之多。子方遠遠望見，以為是國君來了，因為道路狹窄，把車子靠在路邊等候。翟黃到跟前，看見是子方，趕緊下車向前，站在下方自報姓名說：「是我翟黃。」田子方說：「是你啊！我剛才遠遠望見這樣的排場以為你是國君，來到跟前，才曉得是你。究竟你是怎樣闊氣到這種地步呢？」翟黃回答說：「這些都是國君賞賜給臣的。累積了三十年，所以才能這樣。因為閒暇，到曠野走走，恰巧碰到先生。」子方說：「為什麼國君賞賜你這麼多車子？」翟黃回答說：「從前西河沒有地方長官，我推薦吳起，西河內外安寧無事；鄴沒有令，我推薦西門豹，魏國沒有了來自趙國的外患；酸棗沒有令，我推薦北門可，魏國消除了齊國入侵的憂慮；魏國想進攻中山，我推薦樂羊，中山就被攻取；魏國沒有可以委派治理的臣子，我推薦李克，而魏國大治。因為引進這五位大夫，國君賞賜我加倍的爵祿，所以才能夠到達這樣的地步。」子方說：「好。你要勉勵啊！魏國的相位不會捨棄你而找別人的了。」翟黃說：「國君的同母弟有名叫公孫季成的，推薦子夏，而國君把他當老師看待；推薦段干木，而國君把他當朋友看待；推薦先生，而先生受到國君的敬重。他所推薦的，是師是友是受到敬重的人；我所推薦的，都不過是一些克盡職責享受俸祿的官員罷了。怎麼能做到魏國的相呢？」子方說：「我聽說：一個人自身賢能固然是賢者，能向國君推薦賢能的人也是賢者。你向國君舉薦的五位大夫都是賢能之士；你要再接再厲啊，再下一任的魏相一定非你莫屬了。」

第八章

齊威王❶遊於瑤臺，成侯卿❷來奏事，從車羅騎❸甚眾。王望之，謂左右曰：

「來者何為者也？」左右曰：「成侯卿也。」王曰：「國至貧也，何出之盛也？」左右曰：「與人者有以責之也，受人者有以易之也❹，王試問其說。」成侯卿至，上謁曰：「忌也。」王不應。又曰：「忌也。」王不應。又曰：「忌也。」王曰：「國至貧也，何出之盛也？」成侯卿曰：「赦其死罪，使臣得言其說。」王曰：「諾。」對曰：「忌舉田居子❺為西河而秦、梁弱；忌舉田解子為南城而楚人抱羅綺而朝；忌舉黔涿子為冥州而燕人給牲❻，趙人給盛❼；忌舉田種首子為即墨而於齊足究❽；忌舉北郭刁勃子❾為大士❿而九族益親，民益富。舉此數良人者，王枕而臥耳，何患國之貧哉？」

【注釋】❶齊威王　（西元前？～前三二〇年）姓田，名因齊，戰國時齊國國君，西元前三五六～前三二〇年在位。繼位後，致力於修政整軍，任鄒忌為相、田忌為將、孫臏為軍師，國勢日強。❷成侯卿　即鄒忌。《史記・田敬仲完世家》：「封以下邳，號曰成侯。」《戰國策・齊策一》：「成侯鄒忌為齊相。」注：「成，邑。侯，爵也。鄒忌封也。」❸羅騎　謂行列中之從騎也。或作羅綺者，非。❹與人者有以責之也二句　謂有所與於人，則有以責求之；有所受於人，則有以交易之。暗示成侯卿或有貪冒營私之行。責，求。易，交換。❺田居子　本書〈尊賢〉第三三章作田居，即田居思、田期。說詳彼文《集證》。❻給牲　給，供應。牲，犧牲。❼盛　祭祀時置於容器中的黍稷等祭品。❽究　極也。❾刁勃子　本書〈奉使〉第一八章亦有刁勃，與此當非一人。彼文《集證》有說。❿大士　治獄的官吏。

【語譯】齊威王到瑤臺遊覽，成侯卿來報告事情，後面簇擁著一大群車馬。威王遠遠望見，向左右侍從說：「來的那些人是幹什麼的？」左右侍從說：「是成侯卿。」王說：「國家這樣窮，為什麼出門要那麼講究排場？」左右侍從說：「把東西給人家的，就有權要求人家；接受人家東西的，就得有什麼來交換。王不妨問問他，看他怎麼說。」成侯卿來到跟前，晉見威王說：「鄒忌來了。」威王不作聲。又說：「鄒忌來了。」威王還是不作聲。又說：「鄒忌來了。」威王這才說：「國家正在鬧窮，為什麼出門這麼樣排場？」成侯卿說：「願王赦免死罪，讓我說明理由。」王說：「好。」成侯卿就對威王說：「我推薦田居子治西河，就削弱了秦、梁的力量；我推薦田解子治南城，楚人就拿絲織品來進貢；我推薦黔涿子治冥州，燕人就進獻犧牲，趙人就供應粢盛；我推薦田種首子治即墨，齊國因此而富饒；我推薦北郭刁勃子做大士，使得九族更加親近，人民更加富庶。我推薦這幾位賢良的臣子，大王儘可高枕無憂，怎麼還擔憂國家貧窮呢？」

第九章

秦穆公❶使賈人載鹽，徵諸賈人❷，賈人買百里奚❸以五羖羊❹之皮，使將車之秦。秦穆公觀鹽，見百里奚牛肥，曰：「任重道遠以險，而牛何以肥也？」對曰：「臣飲食以時，使之不以暴，有險先後之以身，是以肥也。」穆公知其君子也，令有司具沐浴為衣冠，與坐❺，公大悅。異日與公孫支❻論政，公孫支大不寧，曰：「君耳目聰明，思慮審察，君其得聖人乎？」公曰：「然。吾悅夫奚之言，彼類聖人也。」公孫支遂歸取鴈❼以賀，曰：「君得社稷之聖臣，敢賀社稷之福。」公不辭，再拜而受。明日，公孫支乃致上卿以讓百里奚，曰：「秦國處僻，民陋以愚無知，危亡之本也。臣自知不足以處其上，請以讓之。」公不許。

公孫支曰：「君不用賓相❽而得社稷之聖臣，君之祿❾也；臣見賢而讓之，臣之祿也。今君既得其祿矣，而使臣失祿，可乎？請終致之。」公不許。公孫支曰：「臣不肖而處上位，是君失倫❿也。不肖失倫，臣之過；進賢而退不肖，君之明也。今臣處位，廢君之德而逆臣之行也，臣將逃。」公乃受之。故百里奚為上卿以制之，公孫支為次卿以佐之也。

【注釋】❶秦穆公　（西元前？～前六二一年）嬴姓，名任好，春秋時秦國國君，五霸之一。西元前六五九～前六二一年在位。❷賈人載鹽二句　「載鹽」下當據《北堂書鈔・一四六》、《太平御覽・二二八》補「於衛」二字。「徵諸賈人」之「徵」疑即「衛」字之訛，「諸賈人」三字亦疑當刪。說詳向宗魯《說苑校證》。❸百里奚　春秋時秦國大夫，一作百里傒。少窮困，乞食於齊，一度以養牛為生，後為虞大夫。晉獻公滅虞，把他虜去，作為秦穆夫人陪嫁的媵臣。中途逸去，又為楚所執。秦穆公以五張黑公羊皮把他贖回，故號五羖大夫。按：百里奚事，又見本書〈尊賢〉第三章、〈雜言〉第一七章。又百里奚亡虞入秦得事穆公事，諸書所記不盡相同，讀者可參考俞正燮《癸巳類稿・百里奚事異同論》。❹五羖羊　羖，黑色的公羊。❺與坐　《太平御覽・三九五》引作「坐與語」。❻公孫支　《左傳》僖公九年作公孫枝，字子桑，秦國大夫。❼鴈　即鵝。王引之《經義述聞・八》曰：「對文則鵝與鴈異，散文則鵝亦謂之鴈。」❽不用賓相　謂不用人引薦也。賓相，《周禮・秋官・司儀》注：「出接賓曰擯，入贊禮曰相。」擯為賓之俗字。❾祿　福。❿倫　道理；次序。

【語譯】秦穆公派人到衛國去買鹽，衛國商人用五張黑色公羊皮買下了百里奚，叫他趕鹽車到秦國去。鹽車到了秦國，秦穆公親自出來觀看，看到拉車的牛都很瘦，只有百里奚的牛肥，就問：「載得那麼重，跋涉了那麼遙遠又危險的路，你的牛為什麼還這樣肥呢？」百里奚回答說：「我讓牠定時吃喝，不用暴力驅趕牠；遇到危險的路段，我一定親自觀前顧後照料牠。因此牠才比別的牛肥。」穆公知道他是個君子，就叫人讓他沐浴，換上新衣冠，坐著和他說話，十分高興。第二天，穆公和公孫支議論政事，公孫支發現穆公與往日不同，心中覺得很不對勁，就問：「主君今天耳目特別聰明，思慮周詳明察，大概見過聖人吧！」穆公說：「是的。我非常欣賞百里奚的言論，他就像個聖人。」公孫支於是就回去拿來一隻鴈向穆公賀喜，說：「主君得到安定社稷的聖臣，我特地來為國家祝福。」穆公並不推辭，拜了兩拜接受了禮物。第二天，公孫支就準備把上卿的職位讓給百里奚，向穆公說：「秦國地處偏僻，人民鄙陋，而且愚昧無知，正是危亡的根本。臣自知才能不如百里奚，不可以處在他的上位，請把上卿的職位讓給他。」穆公不許。公孫支說：「主君不用人舉薦就得到社稷的聖臣，這是主君的福氣；臣有機會見到賢人而讓賢，這是臣的福氣。現在主君已經享有這分福氣，卻使臣不能享有，可以嗎？請主君一定要准許我把上卿的職位讓給他。」穆公還是不答應。公孫支又說：「臣不賢而占據高位，這是主君用人不明。自己不賢而使主君用人不明，這是臣的罪過；但如果主君能進用賢人而辭退不賢的人，這就是主君的英明了。現在臣如果繼續占據高位，就是損害主君的德行，而且也違背了臣個人的操守。主君再不答應，臣只好逃亡了。」穆公不得已，接受了公孫支的辭讓，改任百里奚為上卿而總理國政，公孫支為次卿來輔佐他。

第一〇章

趙簡主❶從晉陽之邯鄲，中路而止。引車吏進問：「君何為止？」簡主曰：「董安于❷在後。」吏曰：「此三軍之事也，君奈何以一人留三軍也？」簡主曰：「諾。」驅之百步又止。吏將進諫，董安于適至。簡主曰：「秦道之與晉國交者，吾忘令人塞之。」董安于曰：「此安于之所為後也。」簡主曰：「官之寶璧，吾忘令人載之。」對曰：「此安于之所為後也。」簡主曰：「行人燭過❸年長矣，言未嘗不為晉國法也，吾行忘令人辭且聘焉。」對曰：「此安于之所為後也。」簡主可謂內省外知人矣哉！故身佚國安。御史大夫周昌❹曰：「人主誠能如趙簡主，朝不危矣。」

【注釋】❶趙簡主 見〈君道〉第三五章。❷董安于 亦作董閼于、董安於，趙簡子家臣。❸行人燭過 行人，掌史之官，姓燭名過。趙簡子攻衛，遠主於矢石所不及，士弊不起。納行人燭過之諫，戰大勝。簡子歎曰：「與吾得革車千乘，不如聞行人燭過之一言也。」❹周昌 （西元前？～前一九一年？）漢沛人，從劉邦起兵破秦，為中尉。劉邦即帝位，為御史大夫，封汾陰侯。口吃，剛直敢言。劉邦欲廢太子，昌強諫說：「臣期期以為不可。」

【語譯】趙簡主從晉陽到邯鄲去，在半路上吩咐停車。趕車子的官吏上前詢問：「為什麼停車？」簡主說：「董安于落在後面。」趕車子的官吏說：「我們去邯鄲是三軍的行動，主君怎麼為了一個人而耽誤三軍的前進呢？」簡主說：「是的。」車隊走了百來步，簡主又吩咐停車。趕車的官吏準備上前進諫，恰巧董安于趕到了。簡主說：「秦國和晉國間的通路，我忘記派人把它堵塞起來。」董安于說：「這是我所以落後的原因。」簡主說：「官府的寶璧我忘記派人運來。」董安于說：「這是我所以落後的原因。」簡主又說：「行人燭過雖然年紀老了，但是他說的話沒有一樣不可以作為晉國的法則。我臨行的時候，忘記派人向他辭行並問候了。」董安于回答說：「這也是我所以落後的原因。」趙簡主可以說是能夠反省自己而且知人善任的了啊！所以才能自己既輕鬆而國家又安定。御史大夫周昌說：「一個國家的領袖，真能夠像趙簡主那樣的話，國家就不會有危險了。」

第一一章

晏子侍於景公❶，朝寒。「請進熱食❷。」對曰：「嬰非君之廚養臣也，敢辭。」公曰：「請進服裘。」對曰：「嬰非田澤❸之臣也，敢辭。」公曰：「然夫子於寡人奚為者也？」對曰：「社稷之臣也。」公曰：「何謂社稷之臣？」對曰：「社稷之臣，能立社稷，辨上下之宜❹，使得其理；制百官之序，使得其宜；作為辭令，可分布於四方。」自是之後，君不以禮，不見晏子也。

【注釋】❶晏子侍於景公　晏子、齊景公，並見〈君道〉第一八章。❷請進熱食　上當有「公曰」二字。說詳拙作《說苑集證》。❸田澤　疑當作「茵席」。詳參拙作《說苑集證》。❹宜　通「義」。《晏子春秋・內篇・雜上》作「別上下之義，使當其理」。

【語譯】有一天早上晏子陪侍齊景公，天氣很冷，景公對晏子說：「請送熱食來。」晏子回答說：「我不是管國君飲食的臣子，恕不從命。」景公又說：「請送皮裘來。」晏子說：「我不是管國君衣服的臣子，恕不從命。」景公說：「那麼你究竟替我做什麼呢？」晏子回答說：「我是國家大臣。」公問：「什麼叫做國家大臣？」晏子回答說：「所謂國家大臣，能夠安定國家，分辨君臣上下之義，使它合理；制定百官的秩序，使優劣尊卑各得其所；所發表的言論，可以傳布於四方。」從此以後，齊景公不按照應有的禮節就不敢接見晏子。

第一二章

齊侯❶問於晏子曰：「忠臣之事其君，何若？」對曰：「有難不死，出亡不送。」君曰：「裂地而封之，疏❷爵而貴之，吾❸有難不死，出亡不送，可謂忠乎？」對曰：「言而見用，終身無難，臣何死焉？諫❹而見從，終身不亡，臣何送焉？若言不見用，有難而死之，是妄死也；諫而不見從，出亡而送之，是詐為也。故忠臣者能納善於君，而不能與君陷難者也。」

【注釋】❶齊侯　指齊景公。見〈君道〉第一八章。❷疏　分也。❸吾　當作「君」，形近而誤。說詳《說苑集證》。❹諫　當作「謀」。說詳《說苑集證》。

【語譯】齊景公問晏子說：「忠臣事奉他的國君應當怎樣？」晏子回答說：「國君有難，不會跟著死；國君出國逃亡，也不相送。」景公說：「國君分封土地和爵位給他，但是國君有難卻不肯為國君犧牲，國君出亡也不相送，這樣能說是忠臣嗎？」晏子回答說：「如果平時臣子的進言多被採用，那麼國君一輩子都不會有危難，臣子還為誰犧牲呢？如果平時臣子的計謀都能夠聽從，那麼國君一輩子不會逃亡，臣子還為誰送行呢？如果平時的進言不被採用，國君有難而為他犧牲，那就是無意義的妄死；如果平時的計謀不肯聽從，國君出亡而相送，那就是欺詐的行為。故所謂的忠臣，要看他平日是否能隨時諫正國君的言行，而不在於國君有難時一死了之。」

第一三章

晏子❶朝，乘弊❷車，駕駑馬。景公❸見之曰：「嘻，夫子之祿寡耶？何乘❹不任❺之甚也！」晏子對曰：「賴君之賜，得以壽❻三族❼及國交遊皆得生焉。臣得煖衣飽食，弊車駑馬，以奉其身，於臣足矣。」晏子出，公使梁丘據遺之輅車❽乘馬，三返不受。公不悅。趣❾召晏子。晏子至，公曰：「夫子不受，寡人亦不乘。」晏子對曰：「君使臣臨百官之吏，節其衣服飲食之養，以先齊國之人，然猶恐其侈靡而不顧其行也。今輅車乘馬，君乘之上，臣亦乘之下，民之無義，侈其衣食而不顧其行者，臣無以禁之。」遂❿讓不受也。

【注　釋】❶晏子　見〈君道〉第一八章。❷弊　通「敝」。壞；破舊。❸景公　齊景公。見〈君道〉第一八章。❹乘　車也，此兼車馬言。❺任　當作「佼」，好也。說詳《說苑集證》。❻壽　保也。❼三族　謂父族、母族、妻族。❽輅車　大車也。「輅」借為「路」。❾趣　借為「促」。❿遂　終於。

【語　譯】晏子上朝，坐的是破舊的車子，駕的是瘦羸的劣馬。景公看了說：「唉，先生的待遇太少了嗎？為什麼車馬這樣蹩腳！」晏子回答說：「靠君王的賞賜，得以保全三族，所結交的朋友，也都能夠生活下去。臣能夠穿得暖吃得飽，還有破車劣馬可以乘坐，能拿這些來奉養自己，對於臣已經是足夠了。」晏子退出後，景公派梁丘據送給他一輛大車和四匹馬，退回三次都不肯接受。景公不高興，叫人趕快召見晏子。晏子來了，景公對他說：「先生不肯接受，那我以後也不乘車馬了。」晏子回答說：「君王派臣領導監督文武百官，叫大家節儉衣服飲食，先改善齊國人民的生活；就是這樣，還恐怕他們奢侈浪費不顧惜自己的行為。假如現在大車乘馬，在上的君王乘用它，在下的臣子也乘用它，那麼對於那些不守禮義，生活奢侈，而不顧惜自己行為的人民，臣就沒有辦法禁止了。」終於辭讓沒有接受。

第一四章

景公❶飲酒，陳桓子❷侍，望見晏子❸，而復❹於公曰：「請浮❺晏子。」公曰：「何故也？」對曰：「晏子衣緇❻布之衣，麋鹿之裘❼，棧軫之車❽，而駕駑馬以朝，是❾隱君之賜也。」公曰：「諾。」酌者奉觴而進之，曰：「君命浮子。」晏子曰：「何故也？」陳桓子曰：「君賜之卿位以尊❿其身，寵之百萬以富其家。群臣之爵莫尊於子，祿莫厚於子。今子衣緇布之衣，麋鹿之裘，棧軫之車，而駕駑馬以朝，則是隱君之賜也，故浮子。」晏子避席曰：「請飲而後辭⓫乎，其⓬辭而後飲乎？」公曰：「辭然後飲。」晏子曰：「君賜卿位以顯其身，嬰不敢為顯受也，為行君令也；寵之百萬，以富其家，嬰不敢為富受也，為通⓭君賜也。臣聞古之賢君⓮，臣有受厚賜而不顧其國族⓯，則過⓰之，臨事⓱守職⓲，不勝其任，則過之。君之內隸⓳，臣之父兄，若有離散在於野鄙者，此臣之罪也；君之外隸⓴，臣之所職㉑，若有播亡㉒在四方者，此臣之罪也。兵革不完㉓，戰車不修，此臣之罪也。若夫弊車駑馬以朝，主者㉔非臣之罪也，且臣以君之賜，臣父之黨無不乘車者，母之黨無不足於衣食者，妻之黨無凍餒者，國之簡士待臣而後舉火者數百家，如此為隱君之賜乎，彰君之賜乎？」公曰：「善！為我浮桓子㉕也。」

【注釋】❶景公　見〈君道〉第一八章。❷陳桓子　齊臣，名無宇，陳文子之子。《晏子春秋．雜下》「陳」作「田」，古通。❸晏子　見〈君道〉第一八章。❹復　告。❺浮　借為「罰」。❻緇　黑色。❼麋鹿之裘　麋，鹿屬，其毛粗硬。麋鹿之裘，殆裘之賤者。❽棧軫之車　謂以竹木製成，未加任何雕飾的車。《周禮．春官．巾車》：「士乘棧車。」是士這個階層的人所乘坐的，以晏子的身分，不當乘坐這樣的車。棧，以竹木散材製成的車。軫，車箱底部後面的橫木。❾是　這，指示代詞。❿尊　疑本作「顯」，下文可證。說詳《說苑集證》。⓫辭　解說。下同。⓬其　猶抑也。⓭通　表達；彰顯。⓮古之賢君　「賢」下「君」字原無，據盧文弨《拾補》補。⓯國族　謂鄉里親族。⓰過　責罰。⓱臨事　治事。⓲守職　主管職責。⓳君之內隸　謂卿大夫。⓴君之外隸　謂卿大夫之家臣。㉑所職　所掌管的屬官。㉒播亡　播散逃亡。㉓兵革不完　謂甲冑、兵器得不到修繕，不堅牢。兵，兵器。革，甲冑。㉔主者　「主」當從《晏子春秋．雜下》作「意」，意者，細想此事。㉕桓子　劉文典《說苑斠補》曰：「景公不當稱桓子，《晏子春秋》作無宇是。」

【語譯】齊景公飲酒，陳桓子在旁邊陪侍，望見晏子來了，告訴景公說：「請罰晏子。」公問：「為什麼？」陳桓子回答說：「晏子穿著黑布衣服和麋鹿皮襖、乘坐著劣馬拉的簡陋車子來上朝，這是隱藏主君的賞賜啊。」景公說：「對。」斟酒的侍臣獻上酒給晏子，說：「主君命令罰你。」晏子說：「什麼緣故？」陳桓子說：「主君賜給你卿位使你的身分顯貴，賞賜你百萬錢財使你的家庭富有。群臣的爵位沒有誰比你尊貴，俸祿沒有誰比你豐厚。現在你穿著黑布衣服麋鹿皮襖、坐著用劣馬拉的簡陋車子來上朝，那就是隱藏主君的賞賜，所以罰你飲酒。」晏子離開座席恭敬地問：「是先飲酒然後解釋呢？還是先解釋然後飲酒呢？」公說：「解釋了再飲。」晏子說：「主君賜我卿位使我顯貴，但是晏嬰不敢為了自身顯貴而接受，而是為了奉行主君的命令；

賞賜錢財百萬使我富有，但是晏嬰不敢為自家富有而接受，而是為了彰顯主君的恩賜。我聽說：古代的賢君如果知道有臣受到重賞而不關心他的鄉里親族，就責罰他；做事任職不能盡職，就責罰他。主君的內臣，我的父兄，如果有流離失所散在荒野的，這是我的罪過；主君的外臣，我所屬的官吏，如果有播散逃亡在四方的，這是我的罪過；兵甲不堅，戰車不固，這也是我的罪過。至於乘駕敝車劣馬來上朝，我想這大概不是我的罪過，況且，我因為主君的賞賜，我父族親人沒有出門不乘車的，母族親人沒有衣食不足的，妻族親人沒有挨餓受凍的，國家遴選的才士等我賙濟維生的有好幾百家；像這樣，是隱藏主君的賞賜呢？還是彰顯主君的賞賜呢？」景公聽了之後說：「好！替我罰無宇飲酒。」

第一五章

晏子方食，君之使者至。分食而食之❶，晏子不飽❷。使者返，言之景公。景公曰：「嘻，夫子之家若是其貧也？寡人不知也，是寡人之過也。」令吏致千家之縣一於晏子。晏子再拜而辭，曰：「嬰之家不貧。以君之賜，澤覆三族❸，延及交遊❹，以振❺百姓，君之賜也厚矣！嬰之家不貧也。嬰聞之：厚取之君而厚施之人，代君為君也❻，忠臣不為也；厚取之君而藏之，是筐篋❼存也，仁人不為也；厚取之君而無所施之，身死而財遷❽，智者不為也。嬰也聞為人臣，進不事上以為忠，退不克下以為廉❾，八升之布❿，一豆⓫之食，足矣！」使者三返，遂⓬辭不受也。

【注釋】❶分食而食之　上食字為名詞，下食字為動詞。之，代詞，指使臣。❷晏子不飽　《晏子春秋・雜下》作「使者不飽，晏子亦不飽」，義較此為完足。❸澤覆三族　覆，被。三族，父族、母族、妻族。❹交遊　朋友。❺振　借為「賑」。救濟。❻代君為君也　上當補一「是」字，方與下文一律。❼筐篋　筐，方形盛物的竹器。篋，小竹箱。❽遷　下當據《晏子》補「於他人，是為宰藏也」八字。向宗魯《說苑校證》曰：「上文云『是代君為君也』，『是筐篋存也』，此若無『是為宰藏也』句，則文不相麗矣。」❾進不事上以為忠二句　即「進不以事上為忠，退不以克下為廉」。克，猶刻也，刻薄之意。❿八升之布　蓋謂布之粗者。布八十縷為升。⓫豆　古代食器。⓬遂　終於。

【語譯】晏子正在吃飯，景公的使者到；晏子就把食物分給使者吃，因而自己沒有吃飽。使者回去報告景公，景公說：「唉，晏嬰的家境怎麼這樣貧困呢？我竟然不知道，這是我的過失呀。」就派遣官吏將一個千戶的縣邑致送給晏子。晏嬰拜了兩拜，辭謝說：「我晏嬰的家境並不貧窮。憑著主君的賞賜，恩澤遍及三族以及朋友，還可以賑濟百姓，主君的賞賜很優厚了啊！我的家境並不貧困呀。晏嬰聽說：多從國君那兒取得財富而多施捨給人，這是代替國君做國君，忠臣不肯這樣做；多從國君那兒取得財富卻把它收藏起來，這就像盛放東西的箱子一樣，仁人不肯這樣做；多從國君那兒取得財富卻不肯施捨，一旦自己死亡，財物就轉移為別人所有，這就像家臣替主人收藏財物一般，智者不肯這樣做。晏嬰聽說：作為人臣，在朝廷裡，不把事奉君主就認為是忠；離開朝廷，也不把對下屬刻薄就認為是廉。八升的粗布，一豆的食物，我已經很滿足了啊！」使者往返三次，終於辭讓沒有接受。

第一六章

陳成子❶謂鴟夷子皮❷曰：「何與❸常也？」對曰：「君死吾不死，君亡吾不亡。」陳成子曰：「然子何以為常？」對曰：「未死去死，未亡去亡，其有何死亡矣。」

【注　釋】❶陳成子　即田常，一作陳恒、田成子。春秋時齊國正卿。齊簡公時與闞止爭權，殺闞止，並弒簡公。三傳至太公和，遂正式代齊。❷鴟夷子皮　《韓非子・說林上》：「鴟夷子皮事田成子，田成子去齊，走而之燕，鴟夷子皮負傳而從。」《史記・貨殖列傳》《索隱》謂此鴟夷子皮即范蠡。考田常弒齊簡公，鴟夷子皮與其事，其時吳尚未滅（田常之亂在周敬王三十九年，越滅吳在元王五年），則非范蠡明矣，《索隱》之說非也。陳奇猷《韓非子集釋》引松皋圓曰：「春秋末稱鴟夷子皮者有三：一、楚之賢人，《說苑》云『鴟夷子皮日侍於屈春』是也。一、齊之商人，詭稱范蠡變姓名者，太史公列之〈貨殖傳〉是也。又一：即田氏之黨人也，《淮南・氾論訓》：『私門成黨而公道不行，故使田成、鴟夷子皮得成其難。』」❸與　幫助。和下文「然子何以為常」的「為」字同義。

【語　譯】陳成子問鴟夷子皮說：「怎樣幫助我呀？」回答說：「君死我不會跟著死，君逃亡我也不會跟著逃亡。」陳成子說：「這樣的話，你拿什麼幫助我呢？」鴟夷子皮回答說：「還沒有到死的地步，就已經去掉了可死的因素；還沒有到逃亡的地步，就已經排除了逃亡的可能；還有什麼死和逃亡可說呢。」

第一七章❶

從命利君謂之順，從命病君謂之諛，逆命利君謂之忠，逆命病君謂之亂。君有過失而不諫諍，將危國❷，殞社稷也。有能盡言於君，用則留之，不用則去之❸，謂之諫。用則可生❹，不用則死，謂之諍。有能比和❺同力，率群下相與彊矯君，君雖不安，不能不聽，遂解國之大患，除國之大害，成於尊君安國，謂之輔。有能亢❻君之命，反君之事，竊君之重❼，以安國之危，除主之辱，攻伐❽足以成國之大利，謂之弼。故諫、諍、輔、弼之人，社稷之臣也。明君之所尊禮，而闇君以為己賊。故明君之所賞，闇君之所殺也。明君好問，闇君好獨。明君上賢使能而享其功，闇君畏賢妒能而滅其業。罰其忠而賞其賊，夫是之謂至闇，桀、紂❾之所以亡也。《詩》云：「曾是莫聽，大命以傾❿。」此之謂也。

【注釋】❶第一七章　舊與上文合為一章，今從關嘉本分段。說詳《說苑集證》。❷危國　「國」下當補「家」字。❸盡言於君三句　二「之」字當刪。又「盡」字《荀子・臣道》作「進」，字通。❹生　誤衍，當刪。❺比和　「和」當作「知」，形近而誤。比知，合智也。❻亢　通「抗」。拒也。❼竊君之重　竊，竊取；占據。重，權力；權勢。❽攻伐　即功勞、功勳。攻，通「功」。伐亦功。❾桀紂　見〈君道〉第二八章。❿曾是莫聽二句　見《詩・大雅・蕩》。曾，乃也，竟然的意思。

【語譯】服從命令而有利於君主叫做順，服從命令而不利於君主叫做諛，違反命令而有利於君主叫做忠，違反命令而不利於君主叫做亂。君主有過失，做臣子的如果不進諫，就會危害國家滅亡社稷。有能夠向君主進言，用他的話就留下，不用就離去的，叫做諫；用他的話則可，不用就死的，叫做諍。有能夠同心協力，率領群臣百吏一同強力矯正君主的過失，君主雖然不高興，卻不能不聽，因而解除了國家的大災大禍，達成了君主尊榮國家安定，叫做輔；有能夠抗拒君主的命令，違反君主的行事，暫時取得君主的權威，因而安定了國家的危殆，削除了君主的恥辱，功勳足以成就國家的大利，叫做弼。所以諫諍輔弼這些人，是國家的大臣。是英明的君主所尊敬的，而昏暗之君卻以為是自己的禍害。所以明君所要賞的，正是昏君所要殺的。明君喜好廣求意見，昏君喜好獨斷獨行。明君尊崇賢才任用能者而享有他的成功，昏君畏懼賢才妒嫉能者而淹滅他的功業。懲罰忠良而獎賞奸賊，這叫做「至闇」，就是夏桀、商紂覆亡的原因。《詩經》裡說：「竟然連這個也不肯聽，你的國家就要覆滅。」說的就是這個道理。

第一八章

簡子❶有臣尹綽❷、赦厥。簡子曰：「厥愛我，諫我必不於眾人中；綽也不愛我，諫我必於眾人中。」尹綽曰：「厥也愛君之醜，而不愛君之過也；臣愛君之過，而不愛君之醜。」孔子曰：「君子哉尹綽！面訾不面譽也。」

【注釋】❶簡子　趙簡子。見〈君道〉第三五章。❷尹綽　當作「尹鐸」，下同。又見〈貴德〉第一六章。

【語譯】趙簡子有尹綽、赦厥二臣。簡子說：「厥愛我，從來不當著眾人的面規勸我；綽不愛我，常在眾人面前規勸我。」尹綽說：「厥怕您當眾丟醜，而不擔心您的過錯；我擔心您的過錯，而不怕您當眾丟醜。」孔子說：「尹綽真是一位君子呀！能當面指謫君主而不諂媚他。」

第一九章

高繚仕於晏子❶，晏子逐之，左右諫曰：「高繚之事夫子三年，曾❷無以爵位而逐之，其義可乎？」晏子曰：「嬰，仄陋❸之人也，四維❹之然後能直。今此子事吾三年，未嘗弼吾過，是以逐之也。」

【注釋】❶晏子　見〈君道〉第一八章。❷曾　竟然。❸仄陋　謂見識淺薄。仄，狹窄。❹四維　從四方維繫。

【語譯】高繚在晏子那兒做官，晏子要把他趕走。左右的人勸諫說：「高繚追隨您三年，還沒有給他爵位，反而將他趕走，在道義上可以嗎？」晏子說：「我是個見識淺薄的人，要有人從四面維護才能站得正不犯錯誤。現在這個人追隨我三年，卻從來沒有糾正過我的過錯，因此才趕他走。」

第二〇章

子貢❶問孔子曰：「賜為人下❷，而未知所以為人下之道也。」孔子曰：「為人下者，其猶土乎！種之則五穀生焉，掘之則甘泉出焉，草木植焉，禽獸育焉，生人立焉，死人入❸焉，多其功而不言。為人下者，其猶土乎！」

【注釋】❶子貢　見本卷第四章。❷人下　指臣下、臣子。❸入　入土，謂人死埋葬於土。

【語譯】子貢問孔子說：「賜做人臣，卻不知道做人臣的道理。」孔子說：「做人臣子的，大概就像土地吧！種它就五穀生長，挖它就甘泉流溢，草木種植，禽獸繁育，活人生存，死人埋葬，無一不靠土地。土地的功勞多，卻並不誇耀。為人臣子的，大概就像土地吧！」

第二一章

孫卿❶曰：「少事長，賤事貴，不肖事賢，此天下之通義也。有人貴而不能為人上，賤而羞為人下，此姦人之心也。身不離姦心，而行不離姦道，然而求見譽於眾，不亦難乎！」

【注釋】❶孫卿　即荀況（約西元前三一三～前二三八年），戰國後期思想家。又稱荀卿，漢時避宣帝諱，改稱孫卿。《漢書・藝文志》著錄《孫卿子》三十二篇，唐楊倞分易篇第，更名《荀子》，為之作注。

【語譯】孫卿說：「年少的事奉長上，卑賤的事奉尊貴，不賢的事奉賢能，這是天下通行的道理。有人雖然地位尊貴，卻（行為不正）不能為人上；有人雖然地位卑賤，卻以居人之下為恥，這都是奸人的不正心理。一個人如果心術不正，行為不端，卻想得到眾人的讚譽，不也是很難嗎！」

第二二二章

公叔文子❶問於史臾曰：「武子勝事趙簡子❷久矣，其寵不解❸，奚也？」史臾曰：「武子勝博聞多能而位賤，君親而近之，致敏以遜，貌而疏之，則恭而無怨色。入與謀國家，出不見其寵，君賜之祿，知足而辭，故能久也。」

【注釋】❶公叔文子　即公叔發，春秋衛大夫。《左傳》襄公二十九年、定公六年、十三年及《論語．憲問》並見其人。
❷趙簡子　見〈君道〉第三五章。❸解　通「懈」。鬆弛。

【語譯】公叔文子問史臾曰：「武子勝事奉趙簡子很久了，簡子對他的寵信一直不衰，為什麼呢？」史臾說：「武子勝知識豐富，具有多方面才幹，而官位卻不高。君主親近他，他服務勤敏而態度恭順；不看重疏遠他，他一樣恭敬而無怨色。在朝和君主計議國家大事，出朝也並不表現出受到君主特別的寵信。君主給他俸祿，知道滿足，多了就辭謝不要。所以才能維持長久。」

第二二三章

〈泰誓〉❶曰：「附下而罔上者死，附上而罔下者刑。與聞國政而無益於民者退，在上位而不能進賢者逐❷。」此所以勸善而黜❸惡也。故《傳》曰：「傷善者國之殘也，蔽善者國之讒也，愬❺無罪者國之賊也。」〈王制〉❻曰：「假於鬼神、時日❼、卜筮❽，以疑於眾者，殺也。」

【注釋】❶泰誓 《尚書》篇名。❷附下而罔上者死四句 今偽〈泰誓〉無此文。罔，欺騙。❸黜 斥退。❹讒 陷害。❺愬 同「訴」。指控的意思。❻王制 《禮記》篇名。❼時日 時辰和日子。古人迷信，以為時日有吉凶，常以卜筮決之。❽卜筮 古人占卜，用龜甲稱卜，用蓍草稱筮，合稱卜筮。

【語譯】《尚書・泰誓》說：「附和部下而欺騙長官的人，應該處死；附和長官而欺騙部下的人，應該受刑；參與國家大計而對人民沒有好處的人，應該斥退；居於上位卻不能進用賢能的人，應該放逐。」這是用來獎勵好人斥退壞人。所以《傳》說：「傷害賢能的人，是殘害國家的人；遮蔽賢能的人，是陷害國家的人；指控無罪的人，是賊害國家的人。」《禮記・王制》說：「假借鬼神、占卜、打卦來妖言惑眾的人，應當處死。」

第二四章

子路❶為蒲❷令，備水災，與民春修溝瀆。為人煩苦❸，故與人❹一簞❺食、一壺漿。孔子❻聞之，使子貢❼復❽之。子路忿然不悅，往見夫子曰：「由也以暴雨將至，恐有水災，故與人❾脩溝瀆以備之，而民多匱於食，故與人一簞食、一壺漿，而夫子使賜止之，何也？夫子止由之行仁也！夫子以仁教而禁其行仁也，由也不受。」子曰：「爾以民為餓，何不告於君，發倉廩❿以給食之？而以爾私饋之，是汝不明君之惠，見⓫汝之德義也。速已則可矣，否則爾之受罪不久矣！」

子路心服而退也。

【注 釋】❶子路 （西元前五四二～前四八〇年）即仲由，字子路，一字季路，春秋魯國卞（今山東泗水縣東）人。孔子弟子，以政事見稱。初仕魯，後仕衛，為衛大夫孔悝家宰，死於衛國內亂中。❷蒲 春秋衛國地名，在今河南長垣境。❸為人煩苦 「人」當作「民」，唐人避諱改。煩苦，疲勞辛苦。❹與人 當為「人與」，下文同。❺簞 圓形盛飯竹器。❻孔子見〈君道〉第五章。❼子貢 見本卷第四章。❽復 借為「覆」。傾覆；倒掉。❾人 當從上文作「民」。❿倉廩 貯藏米穀的倉庫。穀藏曰倉，米藏曰廩。⓫見 同「現」。表現。

【語 譯】子路做蒲令，為了預防水災，和人民在春天整修溝渠，因為人民疲勞辛苦，所以每個人分發一簞飯和一壺水。孔子聽到了，叫子貢去把飯和水倒掉。子路生氣不悅，去見孔子說：「我因為暴雨快要來了，恐怕有水災，所以和人民整修溝渠來防備；而人民大多沒有飯吃，所以每人給他們一簞飯和一壺水，夫子卻叫端木賜來阻止，為了什麼？夫子這是阻止我行仁啊！夫子以仁教人卻阻止人行仁，我仲由不能接受。」孔子說：「你認為老百姓飢餓，為什麼不向君主報告，發放倉庫的糧食來給人民吃？你私自送給人民食物，這是你不彰明君主的恩惠卻表現你自己個人的恩德仁義。趕快停止還來得及，不然不久你就會受到懲罰了。」子路心悅誠服而離去。

卷三

建本

【題解】建本，就是建立根本的意思。天地間的人和事，都有它的根本，譬如君子立身以孝為本，處喪以哀為本，作戰以勇為本，治政以能為本，居國以嗣為本，生才以力為本（見第三章）。所以君子一定要「務本」，「本不正者末必陭」（見第一章）。本卷共三十章，除了以上原則性的說明以外，集中討論了以下幾個方面：第一，天地所生養的人為最貴，而人之道以父子之親和君臣之義為最大，也就是為人的根本（見第四章）。第二，君是臣的本，臣也是君的本，而君臣和百姓又轉相為本（第四章），因此百姓也是國君的本，所以「君人者，以百姓為天」（第二五章），而「富之」、「教之」，就是「治國之本」（第二六章）了。第三，立身以孝為本，所以「家貧親老者，不擇祿而仕」（第五章），而事親要善體親心，以恭順為主，又不可陷親於不義（參第六、七、八章）。第四，事君、事親的道理，很多是要通過學問得來的，所以求學又是本，第九到二二章集中討論了學習、求師、重儒等的重要性。第五，古代常有因為王位繼承而導致國家混亂的情形，所以立嗣和立嗣的當不當也是一個重要的根本問題（參第二八到三〇章）。

第一章

孔子❶曰：「君子務本，本立而道生❷。」夫本不正者末必陭❸，始不盛者終必衰。《詩》云：「原隰既平，泉流既清❹。」本立而道生。《春秋》❺之義，有正春者無亂秋❻，有正君者無危國。《易》曰：「建其本而萬物理，失之毫釐，差以千里❼。」是故君子貴建本而重立始。

【注釋】❶孔子 見〈君道〉第五章。❷君子務本二句 見《論語‧學而》，作「有子曰」。務，專心致力。本，指立身行事的根本。❸陭 偏側。❹原隰既平二句 見《詩經‧小雅‧黍苗》。原隰，平原和低下的濕地。❺春秋 編年體史書名，孔子據魯史修訂而成。❻有正春者無亂秋 春，四季之首，《公羊傳》隱公元年：「春者何？歲之始也。」引申為開始、開端。秋，收成的季節，引申為結果、結局。❼建其本而萬物理三句 見《易緯通卦驗》上，「建」作「正」。

【語譯】孔子說：「君子專心致力根本，因為根本建立，道也就跟著產生了。」那根本不正直，末梢一定歪斜；開始不興盛，最後一定衰竭。《詩經》上說：「平原窪地已整平，泉水河流已治清。」也是說的「本立而道生」的意思。《春秋》上的道理指出：有正確的開始就不會有紊亂的結局，有賢明的君主就不會有危亡的國家。《易經》上說：「建立那根本，萬物就有條不紊，開始只要有一點點失誤，到後來就有不可估計的差錯。」所以君子重視建立根本和看重開端。

第二章

魏武侯❶問元年❷於吳子❸，吳子對曰：「言國君必慎始也。」「慎始奈何？」

曰：「正之。」「正之奈何？」曰：「明智。智不明何以見正，多聞而擇焉，所以明智也。是故古者君始聽治，大夫而一言，士而一見，庶人有謁❹必達，公族❺請問必語，四方至者勿距❻，可謂不壅蔽矣。分祿必及，用刑必中，君心必仁，思民之利，除民之害，可謂不失民眾矣。君身必正，近臣必選，大夫不兼官，執民柄者不在一族，可謂不權勢矣。此❼皆《春秋》之意而元年之本也。」

【注釋】❶魏武侯　戰國時魏國國君，文侯子，名擊，一名子擊。西元前三九五～前三七〇年在位。與韓、趙三分晉地，滅其後。❷元年　原稱帝王或國君即位之年。《公羊傳》隱公元年：「元年者何？君之始年也。」❸吳子　即吳起。參〈臣術〉第五章。❹謁　稟告；陳述。一般用於卑幼對尊長。❺公族　諸侯的同族。❻距　同「拒」。❼此　指「不壅蔽」、「不失民眾」、「不權勢」。言必如此，才能做到慎始。

【語譯】魏文侯向吳起問國君即位之年稱為元年的含義。吳起回答說：「這是說國君從即位一開始就必須凡事謹慎。」「怎樣一開頭就凡事謹慎呢？」回答說：「要行事合乎正理。」「怎樣行事才能合乎正理呢？」吳起回答說：「要明白事理。事理不明，怎麼能看出事情的正理呢？多了解各方面的情況，然後加以選擇，就不會事理不明了。所以古代國君即位開始聽政，大夫、士那怕只有一句話也接見聽取，庶人有所陳述也一定傳達得到，公族請問也一定和他們交談，四方來的人都不拒見，可以說是不阻隔下情了；分賞祿位務求公平，量刑一定適當，君心務必仁慈，隨時想到人民的利益，消除人民的禍害，可以說是不失人民的擁護了；君主本身一定要端正，近身大臣一定要經過挑選，大夫不兼職，掌管治民大權的不全由同一族的人擔任，可以說是不獨攬權勢了。這些都是《春秋》上的意思，也是君主即位稱『元年』的本意所在。」

第三章

孔子❶曰：「行身有六本，本立焉，然後為君子。立體有義矣而孝為本；處喪有禮矣而哀為本；戰陳有隊矣而勇為本；治政有理矣而能為本；居國有禮矣而嗣為本；生才❷有時矣而力為本。置本不固，無務豐末；親戚不悅，無務外交；事無終始，無務多業；聞記不言，無務多談；比近❸不說，無務修遠。是以反本脩邇❹，君子之道也。」

【注　釋】❶孔子　見〈君道〉第五章。❷才　與「財」通。❸比近　比與近同義。❹邇　近。

【語　譯】孔子說：「立身行事有六件根本的事，這六件根本的事做到了，然後才可說是一個君子。為人處事有種種的原則，但孝順是根本；處理喪事守一定的禮制，但哀戚是根本；作戰時有軍隊，但勇敢是根本；治理政治有種種條理規章，但有能力是根本；國君居國理政有一定的禮法，但立繼嗣是根本；生財有不同的時間，但勤力是根本。建立根本不鞏固，就不求枝葉茂盛；家人親戚相處還不愉快，就不求和外人交往；事情開始了還沒有結束，就不求多做別的；博聞強記而不善表達，就不求和人多談論；近處的人還不悅服，就不求和遠方修好。所以回返根本，從自身近處做起，是君子立身行事的道理。」

第四章❶

天之所生，地之所養，莫貴乎人。人之道莫大乎父子之親，君臣之義。父道聖❷，子道仁❸；君道義，臣道忠。賢父子於子也，慈惠以生之，教誨以成之。養其義，藏其偽，時其節，慎其施。子年七歲以上，父為之擇明師，選良友，勿使見惡，少漸之以善，使之早化。故賢子之事親，發言陳辭，應對不悖乎耳；趣走進退，容貌不悖乎目；卑體賤身不悖乎心。君子之事親以積德。子者，親之本也，無所推而不從命。推而不從命者，惟害親者也。故親之所安，子皆供之。賢臣之事君也，受官之日，以主為父，以國為家，以士人為兄弟。故苟有可以安國家、利民人者，不避其難，不憚其勞，以成其義。故其君亦有助之，以遂其德。夫君臣之與百姓，轉相為本，如循環無端。夫子亦云：「人之行莫大於孝❹。」孝行成於內，而嘉號布於外。是謂建之於本，而榮華❺自茂矣。君以臣為本，臣以君為本，父以子為本，子以父為本，棄其本者，榮華槁矣。

【注　釋】❶第四章　原與上章相連，從盧文弨說別為一章。❷聖　無所不通，無所不達。❸仁　愛也。❹人之行莫大於孝　見《孝經・聖治》。❺榮華　草木的花。木謂之華，草謂之榮。

【語　譯】天所生的，地所養的，沒有比人更尊貴的。做人的道理沒有比父子之間的親情、君臣之間的道義更大的。為父之道，對於兒子的教導愛護無所不達；為子之道，對於父母的孝愛無微不至；為君之道，在於講義；為臣之道，在於盡忠。賢明的父親對於兒子，慈愛地照顧他生長，教誨他成材，培養他的正義，消除他的虛偽，時時訓練他的言行合乎節度，不隨便給他財物。兒子七歲以上，做父親的替他選擇明師、良友，不使他受到壞的影響，開始用善道感染他，使他儘早受到教化。所以賢子事奉雙親，說話應對不讓父母聽來不順耳；行動表情不讓父母看來不順眼；舉止恭順不讓父母心裡不高興。君子孝事雙親，可以積德。子是父母親的根本，所以對於父母親的要求沒有推辭而不從命的，推辭而不從命的祇是那些對父母親有害的事。所以父母親覺得好的，做子的無不供應。賢臣事奉國君，從接受官職那一天開始，把君主當作父親，把國當作家，把士人當作兄弟。所以如果有可以安定國家對人民有利的事，就不避艱難，不怕勞苦，來完成他應盡的責任，而他的君主也會幫助他成就他的功業。君臣和百姓的關係，倒轉相互為根本，像圓環一樣，無所謂端末終始。孔子也說過：「人的行為當中，沒有比孝更大的了。」孝行成就於內，好的聲名自然流布於外，這就是說，根本強固，花葉自然繁茂。君主以臣子為本，臣子以君主為本，父親以兒子為本，兒子以父親為本，如果捨棄根本，花葉就枯萎了。

第五章

子路❶曰：「負重道遠者，不擇地而休；家貧親老者，不擇祿而仕。昔者由事二親之時，常食藜藿之實❷，而為親負米百里之外。親沒之後，南遊於楚，從車百乘，積粟萬鍾❸，累茵❹而坐，列鼎❺而食，願食藜藿為親負米之時❻，不可復得也。枯魚銜索❼，幾何不蠹，二親之壽，忽如過隙❽，草木欲長，霜露不使，賢者欲養，二親不待。故曰，家貧親老，不擇祿而仕也。」

【注釋】❶子路　見〈臣術〉第二四章。❷藜藿之食　指粗劣的食物。❸鍾　六斛四斗為一鍾。❹累茵　疊著座墊。累，重疊。茵，座墊。❺列鼎　列，排列。鼎，古代的一種烹飪器，多用青銅製成。圓形，三足兩耳；也有方形四足的。❻之時二字《孔子家語・致思》無，疑衍。❼枯魚銜索　串在繩索上的乾魚。形容存日不多。枯，乾。❽過隙　「白駒過隙」之省，比喻光陰迅速。語出《莊子・知北遊》。

【語　譯】子路說：「背著重東西走遠路的人，不選擇地方休息；家境貧窮雙親已老的人，不挑選待遇做官。從前我奉養雙親的時候，常自己吃粗劣的食物，卻替雙親從百里以外的地方背米回來。雙親去世以後，我南遊到楚國去，跟隨的車子有百輛，積存的糧食有萬鍾，疊著座墊而坐，排著鼎而食，這時我再想吃粗劣的食物替雙親背米已經不可復得。串在繩索上的乾魚，能保存幾天不被蠹蟲蛀掉？雙親的年壽，快得如白駒過隙轉眼即逝。草木想要再生長，霜露不給它機會；孝子想要奉養雙親，雙親已經不待而去。所以說：家境貧困雙親已老，不挑選待遇就去做官。」

第六章

伯禽❶與康叔封❷朝于成王❸，見周公❹，三見而三笞❺。康叔有駭色，謂伯禽曰：「有商子者，賢人也，與子見之。」康叔封與伯禽見商子曰：「某某也日，吾二子者朝乎成王，見周公，三見而三笞，其說何也？」商子曰：「二子盍相與觀乎南山之陽，有木焉名曰橋。」二子者往觀乎南山之陽，見橋竦焉實而仰。反以告乎商子。商子曰：「橋者，父道也。」商子曰：「二子盍相與觀乎南山之陰，有木焉名曰梓。」二子者往觀乎南山之陰，見梓勃焉實而俯。反以告商子。商子曰：「梓者，子道也。」二子者，明日見乎周公，入門而趨❻，登堂而跪。周公拂其首，勞而食之，曰：「安見君子？」二子對曰：「見商子。」周公曰：「君子哉，商子也！」

【注釋】❶伯禽　見〈君道〉第三章。❷康叔封　周武王同母少弟。初封於康（今河南禹縣西北），史稱康叔封。後改封於衛，為衛國的始祖，又稱衛康叔。❸成王　見〈君道〉第三章。❹周公　見〈君道〉第八章。❺笞　用鞭、杖、竹板抽打。❻趨　疾走。

【語譯】伯禽和康叔封朝見成王，晉見周公，見三次三次被責打。康叔駭怕地對伯禽說：「有一位商子，是個賢人，我同你去看看他。」康叔封同伯禽見商子，說：「某一天我們兩個人朝見成王，晉見周公，見三次三次被責打，這有什麼說法嗎？」商子說：「二位何不一同到南山的南面，看看那兒一種叫做橋的樹木。」兩個人就去到南山的南面，看見橋木高竦直立，所結的實向上仰。回來告訴商子。商子說：「橋，就象徵父道。」又說：「二位何不一同到南山的北面，看看那兒一種叫做梓的樹木。」兩個人就去到南山的北面，看見梓木蓬勃茂盛，所結之實往下垂。回來告訴商子。商子說：「梓，就象徵子道。」兩個人第二天去見周公，進門以後快步向前，上得堂來就向周公跪下。周公撫摸他們的頭，慰勞他們，並且賜食，說：「見到那一位君子？」二人回答說：「見到商子。」周公說：「商子真是一位君子啊！」

第七章

曾子❶芸❷瓜而誤斬其根，曾皙❸怒，援大杖擊之，曾子仆❹地。有頃蘇，蹶然❺而起，進曰：「曩者參得罪於大人，大人用力教參，得無疾乎？」退屏鼓琴而歌❻，欲令曾皙聽其歌聲，知其平也。孔子聞之，告門人曰：「參來，勿內❼

也。」曾子自以無罪，使人謝❽孔子。孔子曰：「汝聞瞽叟有子，名曰舜❾。舜之事父也，索而使之，未嘗不在側，求而殺之，未嘗可得。小箠則待，大箠則走，以逃暴怒也。今子委身以待暴怒，立體而不去❿，殺身以陷父不義，不孝孰是大乎？汝非天子之民耶？殺天子之民，罪奚如？」以曾子之材，又居孔氏之門，有罪不自知，處義難乎！

【注　釋】❶曾子　（約西元前五〇五～前四三五年）名參，字子輿，春秋末魯國人。孔子弟子，以孝行著稱。❷芸　與「耘」通。除草。❸曾皙　曾子父。❹仆　跌倒。❺蹶然　疾起貌；驚起貌。❻退屏鼓琴而歌　《孔子家語・六本》作「退而就房援琴而歌」，本文「屏」字疑「房」字之誤。❼內　同「納」。❽謝　問。❾舜　見〈君道〉第七章。❿立體而不去　《孔子家語・六本》作「殪而不去」，疑本文「體」字為「殪」字的形誤，定縣漢墓竹簡《儒家者言》第三章正作「立壹而不去」，壹借為「殪」。

【語　譯】曾子到瓜田鋤草，不小心把瓜藤砍斷了。曾皙大發脾氣，拿大棍打他，曾子被打昏在地；過了一會蘇醒過來，很快地爬起身來，上前說：「剛才參得罪大人，大人用力教訓參，沒有覺得不舒服吧！」退回房內，彈琴而歌，想讓曾皙聽到他的歌聲，知道他的身體安好。孔子聽到了這件事，吩咐門人說：「曾參如果來，不准他進來。」曾子以為自己並沒有錯，派人問孔子。孔子說：「你知道瞽叟有個兒子，叫做舜。舜事奉他的父親，找他使喚，未嘗不在身邊；如果要殺他，就找不到了。瞽叟用小鞭子打他就受住，拿大棍子他就逃走，為的是要逃過父親一時的衝動暴怒啊！現在你竟然站著等待父親的暴怒，立刻被打倒而不走避，萬一被打死而陷父於不義，不孝還有比這個更大的嗎？你難道不是天子的子民嗎？殺害天子之民該當何罪？」以曾子這樣的人，又是孔子的得意弟子，自己犯了錯竟然還不知道，處理事情能恰到好處而合乎義理真是不容易啊！

第八章

伯俞有過，其母笞之，泣，其母曰：「他日笞子，未嘗見泣，今泣何也？」對曰：「他日俞得罪，笞嘗痛。今母之力，不能使痛，是以泣。」故曰：父母怒之，不作❶於意，不見於色，深受其罪，使可哀憐，上也；父母怒之，不作於意，不見於色，其次也；父母怒之，作於意，見於色，下也。

【注　釋】❶作　興起；發生。

【語　譯】伯俞有過錯，他的母親鞭打他，伯俞受責後傷心哭泣。他的母親說：「從前打你，不曾看你哭過，今天為什麼哭呢？」伯俞回答說：「以前我有錯，母親打我覺得痛。如今您體力衰退，打我都不覺得痛了，因此忍不住哭泣。」所以說：父母親發怒責罰自己，不擺放在心裡，不表現於顏色，從內心深處領受父母的責罰，使父母親哀憐寬恕自己，這樣最好。父母親發怒責罰自己，能做到不擺放在心裡，不表現於顏色，這是其次。如果父母責罰自己，心裡不高興，臉上也不好看，那就不好了。

第九章

成人有德，小子有造❶。大學之教也：時禁於其未發之曰預，因其可之曰時，相觀於善之曰磨❷，學不陵節❸而施之曰馴❹。發然後禁，則扞格❺而不勝；時過然後學，則勤苦而不馴❻；雜施而不遜❼，則壞亂而不治；獨學而無友，則孤陋而寡聞。故曰：有昭辟雍，有賢泮宮❽，田里❾周行❿，濟濟鏘鏘⓫，而相從執質⓬，有族⓭以文。

【注釋】❶成人有德二句　見《詩經・大雅・思齊》。造，造就。❷磨　通「摩」。觀摩。❸陵節　超越等級。❹馴　順。❺扞格　互相牴觸，格格不入。❻不馴　當作「難成」，說詳拙著《說苑集證》。❼遜　當從上文作「馴」，順也。❽有昭辟雍二句　天子所設立的大學叫辟雍，諸侯所設立的大學叫泮宮。《禮記・王制》：「大學在郊，天子曰辟雍，諸侯曰頖宮。」頖宮即泮宮。❾田里　田地和住宅。❿周行　大道。⓫濟濟鏘鏘　皆眾多貌。⓬執質　執禮物相見而學也。質，與「贄」同。⓭族　猶節也。

【語譯】成年人有好的品德，年輕人就能有所成就。大學的教育：在事情未發生時就制止它，叫做預；掌握適宜的時機去教，叫做時；互相觀摩學習對方的優點，叫做磨；學習不踰越等級，按部就班地進行，叫做馴。事情已經發生，然後才加以禁止，就格格不入，難以改正；適合學習的時間過了然後才去學習，即使勤奮刻苦也難有成就；雜亂進行不按次序學習，就混亂而學不好；獨自學習沒有同學切磋，就會孤陋而寡聞。所以說：辟雍美好，泮宮優良。在田里間的大道上，行走著眾多的求學學子。大家拿著禮物，一同前去學習，既有節度，又有文采。

第一〇章

周召公年十九，見正❶而冠，冠則可以為方伯諸侯矣。人之幼稚童蒙之時，非求師正本，無以立身全性。夫幼者必愚，愚者妄行；愚者妄行，不能保身。孟子❷曰：「人皆知以食愈飢，莫知以學愈愚❸。」故善材之幼者，必勤於學問，以修其性。今人誠能砥礪❹其材，自誠其神明，睹物之應，通道之要，觀始卒之端，覽無外之境，逍遙乎無方之內，彷徉乎塵埃之外，卓然獨立，超然絕世，此上聖之所遊神也，然晚世之人莫能。閒居心思，鼓琴讀書，追觀上古，友賢大夫，學問講辨，日以自虞；疏遠❺世事，分明利害，籌策❻得失，以觀禍福，設義立度，以為法式；窮追❼本末，究事之情；死有遺業，生有榮名。此皆人材❽之所能建也，然莫能為者，偷慢懈墮多暇日之故也，是以失本而無名。夫學者，崇名立身之本也。儀狀齊等而飾貌者好；質性同倫而學問者智。是故砥礪琢磨非金也，而可以利金；《詩》《書》辟立❾非我也，而可以厲心。夫問訊之士，日夜興起，厲中益知，以分別理，是故處身則全，立身不殆。士苟欲深明博察以垂榮名，而不好問訊之道，則是伐智本而塞智原也，何以立軀也？騏驥雖疾，不遇伯樂❿，不致千里；干將⓫雖利，非人力不能自斷焉；烏號⓬之弓雖良，不得排檠⓭，不能自任⓮；人才雖高，不務學問，不能致聖。水積成川，則蛟龍生焉；土積成山，則豫樟生焉；學積成聖，則富貴尊顯至焉。千金之裘，非一狐之皮；臺廟之榱⓯，非一木之枝；先王之法，非一士之智也。故曰：「訊問者智之本，思慮者智之道也。」〈中庸〉曰：「好問近乎智，力行近乎仁，知恥近乎勇。」積小之能大者，其惟仲尼乎！學者所以反情治性盡才者也。親賢學問，所以長德也；論⑯交合友，所以相致⑰也。《詩》云：「如切如磋，如琢如磨。⑱」此之謂也。

【注釋】❶見正　見出事情的正理。❷孟子　（約西元前三七二～前二八九年）戰國時思想家，名軻，字子輿，一字子車，魯國鄒（今山東鄒縣東南）人。❸人皆知以食愈飢二句　今見《外書・性善辨》。愈飢，猶充飢。愈愚，治愚。❹今人誠能砥礪　今，句首語氣詞，猶言「夫」。砥礪，磨練。❺疏遠　《淮南子・脩務》作「蘇援」，注：「蘇，猶索；援，別。」謂探索分別。❻籌策　本為古代計算用具，此用作動詞計算。❼追　《淮南子・脩務》作「道」，「窮道」與下「究事」相對，作「追」誤。用向宗魯《說苑校證》說。❽人材　同「人才」。謂人的才能。❾辟立　辟，法也。「立」疑為「言」誤。辟言，合於法度之言。❿伯樂　春秋秦穆公時人，以善相馬著稱。⓫干將　寶劍名。⓬烏號　良弓名。⓭排檠　輔正弓弩之器。⓮任　《管子・輕重甲》、《荀子・性惡》並作「正」，當從之。⓯榱　屋椽。⓰論　通「掄」。選擇。⓱致　招致。⓲如切如磋二句　見《詩經・衛風・淇澳》。毛《傳》：「治骨曰切，象曰磋，玉曰琢，石曰磨。」

【語譯】周召公年十九，能見出事情的正理，就行加冠禮。加冠之後就可以做方伯諸侯了。一個人在幼稚無知的時候，除非跟著老師學習，增進知識，培正本性，就不能立身處世保全天性。年紀小的人知識未開，糊裡糊塗，不免任意妄行；任意妄行，就不能保全自己了。孟子曾經說過：「凡人都知道用食物充飢，沒有人知道用學習治愚。」所以一個本質良好的兒童，一定要在學問上多用功，來修養他的心性。現在人如果真能磨練他的材質，自求精神達到真實無欺的境地，看萬物的彼此感應，明瞭道的要點，觀察始終的端緒，覽看至大的境地，在無拘無束中逍遙，徜徉於塵俗之外，特立獨行，超塵拔俗，這是上聖遊心神妙的境界，近世的人沒有人能達到。平居靜心思考，彈琴讀書，觀察上古聖賢的行事，和歷史上的賢大夫為友，每天以講讀學問辨明義理來自娛；探索分別世事，辨明是非利害，計算得失，觀察禍福，建立禮儀法度，作為立身行事的標準；窮探道的本末，尋究事的真象；死了有遺下的功業，活著的時候享有名譽。這都是人的才能所能做到建立的，然而卻沒有人能做到，皆因為偷懶懈怠無所事事的緣故，所以失去根本而默默無名。學問，就是建立名譽立身社會的根本啊！儀表形狀差不多，但修飾打扮的就好看些；天資本性差不多，但讀書求學的就聰明些。所以磨石本身不是金，但可以把金屬磨得更鋒利；《詩》《書》等法度之言不是我，但可以磨練我的心志。那好問的人，日夜奮發，砥礪心志，增加智慧，來明辨事理，所以處身周全，立身沒有危險。士如果想深明事理，廣察一切，留名後世，卻不喜歡追求學問，那就等於砍斷智慧的根而堵塞智慧的源流，拿什麼立身呢？騏驥雖然跑得快，不遇到伯樂，不能日行千里；干將雖然鋒利，不靠人力，不能自行割斷；烏號雖然是良弓，沒有輔正弓弩的器具，不能自行矯正；才華雖高，不努力讀書求學，不能達到聖人的境地。水聚積成河川，蛟龍就生長了；土聚積成山，豫樹樟樹就生長了；學問累積到聖人的地步，富貴尊顯就到了。千金之價的狐裘，不是一隻狐的皮拼成的；臺廟的屋椽，不是一棵樹的枝幹作成的；先王的禮法，不是一個士的智慧完成的。所以說：「多訊問，是增進智慧的根本；多思慮，是增進智慧的途徑。」《中庸》上說：「好問，接近智慧；力行，接近仁德；知恥，接近勇敢。」累積小的而能成就為大的，大概只有孔子吧！學問，是用來返歸、陶冶一個人的情性，發揮一個人的才智的。親近賢人，向他學習，可以增長自己的德行；選擇朋友相交，可以互相招致志同道合的朋友一同切磋學習。《詩經》上說：「像治骨角一樣地切磋，像治玉石一樣地琢磨。」就是說的這個道理。

第一一章

今夫辟❶地殖❷穀，以養生送死；銳金石❸雜草藥以攻疾苦；知構室屋以避暑雨，累臺榭❹以避潤濕；入知親其親，出知尊其君；內有男女之別，外有朋友之際；此聖人之德教，儒者受之傳之，以教誨於後世。今夫晚世之惡人，反非儒者曰：「何以儒為？」如此人者，是非本也。譬猶食穀衣絲，而非耕織者也；載於船車，服❺而安之，而非工匠者也；食於釜甑❻，須以生活，而非陶冶者也。此言違於情而行矇於心者也。如此人者，骨肉不親也，秀士不友也，此三代之棄民也，人君之所不赦也。故《詩》云：「投畀豺虎，豺虎不食，投畀有北，有北不受，投畀有昊❼。」此之謂也。

【注　釋】❶辟　開闢。❷殖　種植。❸銳金石　言為針砭也。銳謂鋒芒細小也。❹臺榭　積土高起者為臺。臺上所蓋之屋為榭。❺服　用。❻釜甑　釜，無足鍋。甑，瓦製煮器。❼投畀豺虎五句　見《詩經・小雅・巷伯》。畀，給予。有北，北方也，古俗以北方為凶地，故云。昊，指天，鄭玄《箋》：「付與昊天制其罪也。」

【語　譯】現在開闢土地，種植五穀，來供給生活和養老所需；磨製金針砭石，採集各種草藥，來治療疾病痛苦；知道建造房屋遮蔽風雨，搭蓋臺榭避免潮濕；回到家裡知道怎樣孝敬雙親，出外為臣知道怎樣效忠君主；在家嚴守男女的分別，在外交友有一定的分際；這些都是聖人的德化教育，儒者加以遵守並代代相傳，以教誨後世的人民。現在末世的壞人，反而毀謗儒者說：「要儒者幹什麼？」像這樣的人，是輕視根本。譬如吃飯穿衣，反而輕視耕織的人；坐在車船上，安穩舒適，卻看不起製造車船的工匠；靠著釜甑煮食，才有飯吃，卻看不起製陶冶金的匠人。這是言語不合情理而行為糊裡糊塗。像這樣的人，家人骨肉不視他為親，才智之士不和他為友；這是三代所遺棄的人，人君所必不肯赦免的。所以《詩經》上說：「扔給豺狼虎豹，豺狼虎豹不接受；扔給北方凶地，北方凶地不接受；只好扔給上天去處置。」就是說的這種人。

第一二章

孟子❶曰：「人知糞其田，莫知糞其心。糞田莫過利苗得粟，糞心易行而得其所欲。何為糞心，博學多聞；何為易行，一性止淫也❷。」

【注釋】❶孟子　見本卷第一〇章。❷人知糞其田八句　見《外書‧性善辨》。糞，施肥，引申為治理、培育。易行，修養品行。易，改變。一，專一；保持。

【語譯】孟子說：「人都知道培育他的田地，卻不知道培育他的心靈。培育田地不過是對禾苗有利，收成好；培育心靈，修養品行，卻能實現他的願望。怎麼培育心靈，要廣泛地學習，多多地聽聞。怎麼修養品行，要保持善良的本性，制止邪惡的念頭。」

第一三章

子思❶曰：「學所以益才也，礪❷所以致刃也。吾嘗幽處而深思，不若學之速；吾嘗跂❸而望，不若登高之博見。故順風而呼，聲不加疾而聞者眾；登丘而招，臂不加長而見者遠。故魚乘❹於水，鳥乘於風，草木乘於時。」

【注釋】❶子思　（西元前四八三～前四〇二年）姓孔名伋，字子思，戰國初思想家，魯國人，孔鯉之子，孔子之孫。❷礪　磨刀石。❸跂　借為「企」。舉踵也。❹乘　憑恃；依仗。

【語譯】子思說：「學習是用來增進才智的，磨刀石是用來使刀口鋒利的。我曾經隱居深思，但不如學習來得快；我曾經墊起腳跟向遠處望，但不如登上高處更能看得廣闊。所以順風呼叫，聲音並沒有加快，但是聽見的人多；登上山丘招手，手臂並沒有加長，但是看見的人遠。所以魚要仗著水才能游，鳥要趁著風才能飛，草木要靠適合的時候才能生長。」

第一四章

孔子❶曰：「可以與人❷終日而不倦者，其惟學乎！其身體不足觀也，其勇力不足憚❸也，其先祖不足稱也，其族姓不足道也，然而可以聞❹四方而昭❺於諸侯者，其惟學乎！」《詩》曰：「不愆不亡，率由舊章❻。」夫學之謂也。

【注釋】❶孔子　見〈君道〉第五章。❷人　《韓詩外傳・六》作「言」，義長。❸憚　怕；畏懼。❹聞　原作「開」，據《韓詩外傳・六》及《孔子家語・致思》正。❺昭　彰明；顯揚。❻不愆不亡二句　見《詩經・大雅・假樂》。愆，同「諐」。過失。亡，通「忘」。率，全；都。由，遵循。

【語　譯】孔子說：「可以和人談一整天而不覺得厭倦的，大概只有學問吧！他的身體不值得一看，他的勇力不值得害怕，他的祖先不值得稱頌，他的宗族不值得一提；這樣卻可以聞名於四方顯揚於諸侯的，大概只有學問吧！」《詩經》上說：「不犯過失，也不忘記，事事遵循舊的規章。」所指的就是學問。

第一五章

孔子曰：「鯉❶，君子不可以不學，見人不可以不飾。不飾則無根❷，無根則失理❸，失理則不忠，不忠則失禮，失禮則不立。夫遠而有光者，飾也；近而逾明者，學也。譬之如污池❹，水潦❺注之，菅❻蒲生之，從上觀之，知❼其非源也。」

【注　釋】❶鯉　孔子子，字伯魚。出生時，魯昭公惠贈鯉魚，因此名鯉。享年五十，先孔子死。❷根　當據《大戴禮·勸學》、《尚書大傳·五》作「貌」，下同。❸理　《孔子家語·致思》作「親」，《大戴禮·勸學》、《尚書大傳·五》作「敬」，下同。❹污池　蓄水的池塘。❺水潦　雨水。❻菅　草名，又稱菅茅。❼知　上當有「誰」字。

【語　譯】孔子說：「鯉，君子不可以不學習，見人不可以不修飾，不修飾就沒有整齊的容貌，沒有整齊的容貌就不被人愛敬，不被人愛敬就沒有忠誠，沒有忠誠就沒有禮，沒有禮就不能立身。那遠而有光華的，由於修飾；愈近而愈光明的，由於學問。譬如蓄水的池塘，雨水流入裡面，菅草蒲草生長在裡面，從上面看下去，誰知道它不是水源。」

第一六章

公扈子曰：「有國者不可以不學《春秋》。生而尊者驕，生而富者傲。生而富貴又無鑑❶而自得者，鮮❷矣！《春秋》，國之鑑也。《春秋》之中，弒君三十六，亡國五十二，諸侯奔走❸不得保其社稷者甚眾，未有不先見而後從之者也。」

【注　釋】❶鑑　鏡，引申為儆戒、借鑑。《正字通》：「考觀古今成敗為法戒者，皆曰鑑。」❷鮮　少。❸奔走　謂逃亡。

【語　譯】公扈子說：「國君不可以不學習《春秋》。生而尊貴的就驕傲，生而富有的就傲慢，生而富貴又沒有借鑑古今成敗作為法戒，卻能處置事理得宜得以保全自己的是很少的啊！《春秋》，可以作為治國者的一面鏡子。在《春秋》的記載裡，有三十六個國君被臣下所殺，有五十二個國家被滅亡，諸侯逃亡不能保有國家的甚多，沒有一個不是先已看到別人的失敗而自己卻跟著重蹈覆轍的。」

第一七章

晉平公問於師曠❶曰：「吾年七十，欲學恐已暮矣。」師曠曰：「何不炳燭❷乎？」平公曰：「安有為人臣而戲其君乎？」師曠曰：「盲臣❸安敢戲其君乎？臣聞之：少而好學，如日出之陽；壯而好學，如日中之光；老而好學，如炳燭之明。炳燭之明，孰與昧行❹乎？」平公曰：「善哉。」

【注釋】❶晉平公問於師曠　晉平公、師曠，見〈君道〉第一章。❷炳燭　點燭。❸盲臣　師曠是盲樂師，故自稱盲臣。❹昧行　黑暗中行動。

【語譯】晉平公問師曠說：「我年紀已經七十歲，想要學習，恐怕已經晚了。」師曠說：「為什麼不點蠟燭呢？」平公說：「那裡有做臣子的卻跟國君開玩笑呢？」師曠說：「盲臣我怎麼敢開國君的玩笑？我聽說：年少好學，如同旭日初升；壯年好學，如同日正當中；老年好學，如同點燭照明。點燭照明，比摸黑行動不是要好得多嗎？」平公說：「講得好。」

第一八章

河間獻王❶曰：「湯❷稱學聖王之道者，譬如日焉；靜居獨思，譬如火焉。

夫捨學聖王之道，若捨日之光，何乃獨思，若火之明也❸。可以見小耳，未可用大知。惟學問可以廣明德慧也。」

【注釋】❶河間獻王　見〈君道〉第六章。❷湯　見〈君道〉第一四章。❸夫捨學聖王之道四句　俞樾曰：「夫捨學聖王之道」至「若火之明也」，文有奪誤，當作「夫捨學聖王之道，而靜居獨思，譬若捨日之明而就火之光也」，文義方明。

【語譯】河間獻王說：「商湯稱讚學習聖王之道的，就像太陽一樣的光明；靜居獨思，祇不過像火一樣的明亮。捨棄聖王之道不學而靜居獨思，就像捨棄太陽的光明，而祇取得像火把照明般的光亮而已，可以見到小處，不能用到大處。由此可知唯有學問可以增廣彰明人的德業和智慧。」

第一九章

梁丘據❶謂晏子❷曰：「吾至死不及夫子矣！」晏子曰：「嬰聞之：為者常成，行者常至。嬰非有異於人也，常為而不置，常行而不休者，故❸難及也。」

【注釋】❶梁丘據　齊景公嬖臣，字子猶。❷晏子　見〈君道〉第一八章。❸故　通「胡」。怎麼。

【語譯】梁丘據對晏子說：「我到死都無法趕上夫子啊！」晏子說：「我聽說：只要努力去做，多會得到成功；只要認真實行，多會達到目的。我並沒有什麼和人不同的特殊之處，只是不斷的去做，不斷的力行罷了，怎麼會難以趕上。」

第二〇章

甯越，中牟鄙人也，苦耕之勞，謂其友曰：「何為而可以免此苦也？」友曰：「莫如學，學三十年則可以達矣。」甯越曰：「請十五歲。人將休，吾將不休；人將臥，吾不敢臥。」十五歲學而周威公❶師之。夫走者之速也，而過二里止；步者之遲也，而百里不止。今甯越之材而久不止，其為諸侯師，豈不宜哉！

【注　釋】❶周威公　周考王弟桓公子。《史記・周本紀》云：「考王封其弟于河南，是為桓公，以續周公之官職，桓公卒，子威公代立。」

【語　譯】甯越，是中牟的鄉下人。厭棄種田的辛苦，對他的朋友說：「怎樣才可以免除這種勞苦呢？」朋友說：「不如去讀書，讀三十年書就可以顯達了。」甯越說：「讓我用十五年時間吧。別人要休息，我不休息；別人要睡覺，我不睡覺。」十五年學成後成為周威公的老師。那奔跑的人雖然快，跑了兩里路就要停下來；緩步的人雖然慢，走了一百里還能繼續。如今以甯越的才能，而持久努力不懈，他成為諸侯的老師，豈不是理所當然嗎！

第二一章

孔子❶謂子路❷曰：「汝何好？」子路曰：「好長劍。」孔子曰：「非此之問也，請❸以汝之所能加之以學，豈可及哉？」子路曰：「學亦有益乎？」孔子曰：「夫人君無諫臣則失政，士無教友❹則失德❺。狂馬不釋其策，操弓不返於檠❻。木受繩則直，人受諫則聖。受學重問，孰不順成？毀仁惡士，且近於刑。君子不可以不學。」子路曰：「南山有竹，弗揉❼自直，斬而射之，通於犀革。又何學為乎？」孔子曰：「括❽而羽之，鏃而砥礪之，其入不益深乎？」子路拜曰：「敬受教哉！」

【注　釋】❶孔子　見〈君道〉第五章。❷子路　見〈臣術〉第二四章。❸請　當作「謂」（盧文弨說）。❹教友　能使人得到教益的朋友。❺德　當作「聽」，此文以政、聽、檠、聖、成、刑為韻。❻操弓不返於檠　「操」當作「燥」，「返」當作「退」，均是字誤。檠，輔正弓弩之器。❼揉　使木彎曲或伸直，此處作矯正講。❽括　同「栝」，箭末扣弦處。

【語　譯】孔子對子路說：「你喜歡什麼？」子路說：「我喜歡長劍。」孔子說：「我不是問這個。是說以你的才能，再加上學習，豈是別人趕得上的？」子路說：「學習也有好處嗎？」孔子說：「國君沒有敢進諫的臣子，施政就會失誤；士人沒有能勸勉的益友，就會聽不到正確的言論；狂奔的馬不可沒有馬鞭，乾燥的弓不可不要弓檠；木料經過矯正就會正直，人接受規勸就能完美；接受教誨重視學問，誰會不順利成功？毀棄仁德憎惡賢士，就要遭受刑罰。有才德的人是不可以不學習的。」子路說：「南山上的竹子，不需要矯正自然挺直，砍下來射出去，能夠穿透犀牛皮。又何必要學習呢？」孔子說：「在箭栝上裝上羽毛，把箭頭磨得更加鋒利，不是射得更深嗎？」子路下拜說：「敬受老師的教訓！」

第二二章

子路問於孔子曰：「請釋❶古之學，而行由之意，可乎？」孔子曰：「不可。昔者東夷慕諸夏之義，有女，其夫死，為之內私婿❷，終身不嫁。不嫁則不嫁矣，然非貞節之義也。蒼梧之弟❸，娶妻而美好，請與兄易。忠則忠矣，然非禮也。今子欲釋古之學而行子之意，庸知子❹用非為是，用是為非乎？不順❺其初，雖欲悔之，難哉！」

【注釋】❶釋　放棄。❷內私婿　內，同「納」。私婿，非正式婚配之婿。❸蒼梧之弟　《孔子家語・六本》作「蒼梧嬈」，《淮南子・氾論》作「蒼梧丙」，徐幹《中論》作「蒼梧丙」。❹庸知子　下當據《孔子家語・六本》補「不」字。❺順　通「慎」。

【語譯】子路問孔子說：「我想丟開古來的學問而照自己的意思去做，可以嗎？」孔子回答說：「不可以。從前東夷仰慕我們華夏的義理，女兒的丈夫死了，為她找了個私婿而終身不嫁。不嫁是不嫁了，但不合貞節的本義。蒼梧的弟弟娶妻很漂亮，要和兄長交換。忠誠是忠誠了，但是不合乎禮。現在你要丟棄古來的學問而按照自己的意思去做，怎麼知道你不會以非為是，以是為非呢？開始如果不謹慎，後來雖然想反悔，也很難挽救啊！」

第二三章

豐墻墝❶下，未必崩也，流行潦❷至，壞必先矣；樹本淺，根垓不深，未必橛❸也，飄風起，暴雨至，拔必先矣。君子居於是國，不崇仁義，不尊賢臣，未必亡也，然一日有非常之變，車馳人走，指❹而禍至，乃始乾喉燋脣，仰天而歎，庶幾❺焉天其救之，不亦難乎？孔子曰：「不慎其前，而悔其後，雖悔無及矣。」《詩》云：「啜其泣矣，何嗟及矣❻！」言不先正本而成憂於末也。

【注　釋】❶墝　土地不平。❷潦　雨水。❸橛　借為「蹶」。倒也。❹指　謂用手指一指之間，形容時間之快。❺庶幾　表希望之詞。❻啜其泣矣二句　見《詩經・王風・中谷有蓷》。啜，哭泣抽噎的樣子。嗟，歎息後悔。

【語　譯】牆壁高大而地基不平，不一定就會倒塌；但是如果雨水不斷地沖刷，牆基一定會先毀壞。樹木的根淺，也不一定就會倒掉；但是如果颳起大風，下起暴雨，樹根一定先被拔起。一個國家的國君，不崇尚仁義，不尊敬賢臣，未必就會滅亡；但是一旦發生非常的變故，臣民或驅車，或徒步，紛紛潰逃，大禍眼看就要臨頭，這個時候才叫乾喉嚨，說焦嘴唇，對天歎息，希望上天來救他，不是很難嗎？孔子說：「先前不謹慎，後來再後悔，雖然後悔也來不及了。」《詩經》上說：「抽抽噎噎地哭泣，後悔怎麼來得及！」這是說不先把根本弄好，就會釀成憂悔無及的後果。

第二四章

虞君問盆成子❶曰：「今❷工者久而巧，色者老而衰。今人不及壯之時，益積心技之術，以備將衰之色。色者必盡乎老之前，知謀無以異乎幼之時，可好之色，彬彬乎❸且盡，洋洋乎❹安託無能之軀哉？故有技者，不累身而未嘗滅，而色不得以常茂。」

【注釋】❶虞君問盆成子　虞君、盆成子，並未詳其人。問，有人說應當作「謂」，也有人說下脫問語，「今工」以下是盆成子的答語。❷今　句首語氣助詞，猶言夫。❸彬彬乎　由盛而衰的樣子。❹洋洋乎　無所依歸的樣子。

【語譯】虞君問盆成子說：「做手藝的人，時間越久，手藝就越精巧；而美麗的容顏卻越老越衰殘。有些人不趁年輕的時候，努力增進知識技能，以防備青春消逝容顏衰老。美麗的容貌一定在年老之前消失，而知識智慧卻不能隨著時間而長進，那麼美好的容顏由盛而衰將要消失了，這無用的軀體還能寄託在那兒呢？所以有技藝的人不受身體的拖累，技藝不會隨著身體逐漸衰老而消滅，而美麗的容顏卻不能永遠存在。」

第二五章

齊桓公❶問管仲❷曰：「王者何貴？」曰：「貴天。」桓公仰而視天。管仲曰：「所謂天者，非謂蒼蒼莽莽❸之天也。君人者，以百姓為天。百姓與❹之則安，輔之則彊，非之則危，背之則亡。《詩》云：「人而無良，相怨一方❺。」

民怨其上，不遂亡者，未之有也。

【注釋】❶齊桓公 見〈君道〉第一七章。❷管仲 同前。❸蒼蒼莽莽 蒼蒼，深青色。莽莽，無涯無際的樣子。❹與 親附。❺人而無良二句 見《詩經・小雅・角弓》。

【語譯】齊桓公問管仲說：「君王要貴重什麼？」回答說：「要貴重天。」桓公仰起頭來看天。管仲說：「所謂的天，不是指那廣大無垠的青天，統治人民的君主應該把老百姓當作天。老百姓親附他就安定，輔助他就強盛，反對他就危險，背叛他就滅亡。」《詩經》上說：「君主如果不好，一方的百姓就會怨恨。」百姓怨恨他們的君上，國家不跟著滅亡的，是從來沒有的事。

第二六章

河間獻王❶曰：「管子❷稱：『倉廩實，知禮節；衣食足，知榮辱❸。』夫穀者，國家所以昌熾，士女所以姣好，禮義所以行，而人心所以安也。《尚書》五福❹以富為始。子貢問為政，孔子曰：『富之。』❺既富，乃教之也。此治國之本也。」

【注釋】❶河間獻王 見〈君道〉第六章。❷管子 見〈君道〉第一七章。❸倉廩實四句 見《管子》〈牧民〉及〈輕重〉。❹五福 《尚書・洪範》：「五福：一曰壽，二曰富，三曰康寧，四曰攸好德，五曰考終命。」攸好德，謂所好者德。考終命，謂善終不橫夭。下文云「以富為始」，與《尚書》「一曰壽」不同，未詳所據。❺子貢問為政三句 見《論語・子路》，問者為冉有，非子貢。

【語 譯】河間獻王說：「管子說：『糧倉充實，百姓才知道禮節；衣食豐足，百姓才知道榮辱。』那糧食，是國家賴以昌盛，青年男女賴以美好，禮義賴以實行，人心賴以安定的根本因素。《尚書》五福，第一是富裕。子貢問怎樣治理人民，孔子回答說：『讓人民富裕起來。』已經富裕了，再加以教育，這是治國的根本。」

第二七章

文公❶見咎季❷，其廟❸傅❹於西墻。公曰：「孰處而西？」對曰：「君之老臣也。」公曰：「西益而宅。」對曰：「臣之忠，不如老臣之力，其墻壞而不築。」公曰：「何不築？」對曰：「一日不稼❺，百日不食。」公出而告之僕。僕頓首於軫❻曰：「〈呂刑〉❼云：『一人有慶，兆民賴之。』君之明，群臣之福也。」乃令於國曰：「毋淫宮室，以妨人宅，板築❽以時，毋奪農功。」

【注 釋】❶文公　晉文公。見〈君道〉第二二章。❷咎季　即胥臣，晉大夫，字季子，食采於臼，故稱臼季，亦作咎季，官司空，又稱司空季子。❸廟　古代指結構完整的成套大屋。❹傅　通「附」。❺稼　種之曰稼。❻軫　謂車。❼呂刑　《尚書》篇名。❽板築　亦作版築，造泥牆的工具。板，夾牆板。築，搗土的杵。此作動詞，營造。

【語 譯】晉文公去看咎季，看見他的房屋靠著西牆，就問：「誰住在你的西邊？」咎季回答說：「是君主的一個老臣。」文公說：「在西邊再增建一些房子嘛！」咎季說：「我對君主的忠誠，實在不如那位老臣的盡力，他的牆壞了，卻不去整修。」文公問：「為什麼不整修？」回答說：「因為一天不種田，就要一百天沒有飯吃呀。」文公出來把這些話告訴車僕，車僕在車上叩頭說：「《尚書‧呂刑》上說：『君主一人有值得慶賀的事，億兆人民都託他的福。』君主的英明，就是群臣的幸福。」於是文公下令全國：「不要多造宮室，以免妨礙別人的房子；蓋房子要看時間，不要耽誤農事。」

第二八章

楚恭王❶多寵子，而世子❷之位不定。屈建曰：「楚必多亂。夫一兔走於街，萬人追之，一人得之，萬人不復走。分未定，則一兔走，使萬人擾；分已定，則雖貪夫知止。今楚多寵子，而嫡❸位無主，亂自是生矣。夫世太❹子者，國之基也，而百姓之望也。國既無基，又使百姓失望，絕其本矣。本絕則撓亂❺，猶兔走也。」恭王聞之，立康王為太子。其後猶有令尹圍、公子棄疾之亂也❻。

【注　釋】❶楚恭王　亦作楚共王、楚龔王，春秋時楚國國君，名審，楚莊王之子。西元前五九〇～前五六〇年在位。❷世子　古代稱諸侯王位繼承之子曰世子。❸嫡　宗法社會稱正妻為嫡，正妻所生子為嫡子，權力的接替奉行立嫡以長的原則。❹太　衍字，當刪。❺撓亂　擾亂。❻其後猶有句　令尹圍，楚恭王子公子圍，後弒康王子員，立為靈王。公子棄疾，楚恭王子，後殺靈王太子祿，立為平王。事並詳《左傳》昭公年間、《史記．楚世家》。

【語　譯】楚恭王有許多寵愛的兒子，但是並沒有確定立誰做世子。屈建說：「楚國一定會因此而多內亂了。譬如一隻兔子在街上逃跑，就會有上萬的人去追牠，但是只要其中一個人逮到了，其餘的人就不再追逐了。名分未定，即使只是一隻兔子逃跑，也會使得上萬人擾亂不休；名分既定，即使再貪心的人也不會再去追逐。現在楚王有很多寵愛的兒子，但是世子的名分未定，楚國從此要內亂叢生了。世子是國君的繼承人，也是百姓仰望的對象；如今國君既沒有繼承人，又使百姓失去仰望的對象，這是斷絕國家的根本。根本斷絕了，就會發生混亂，就像兔子在路上逃跑引致許多人追逐所造成的混亂一樣。」恭王聽後，就立康王為太子，但是後來還是發生了令尹圍和公子棄疾的禍亂。

第二九章

晉襄公❶薨，嗣君少，趙宣子❷相，謂大夫曰：「立少君，懼多難，請立雍❸。雍長，出在秦；秦大，足以為援。」賈季❹曰：「不若公子樂❺。樂有寵於國，先君愛而仕之翟❻，翟足以為援。」穆嬴❼抱太子❽以呼於庭曰：「先君奚罪？其嗣亦奚罪？舍嫡嗣不立，而外求君乎？」出朝，抱以見宣子曰：「惡難也，故欲立長君，長君立而少君壯，難乃至矣。」宣子患之，遂立太子也。

【注　釋】❶晉襄公　春秋時晉國國君，文公之子，名歡，一作驩。西元前六二七～前六二一年在位。❷趙宣子　即趙盾，趙衰之子，晉國正卿。❸雍　文公子，襄公庶弟。❹賈季　晉大夫狐偃之子射姑，字季，食采於賈，故稱賈季。❺公子樂　文公子。❻翟　即狄，夷國。❼穆嬴　晉襄公夫人，靈公母。❽太子　名夷皋，立為靈公，西元前六二〇～前六〇七年在位，無道，趙穿弒之。

【語　譯】晉襄公去世，繼承君位的太子年紀還很小，當時趙宣子做相，對大夫們說：「立年紀小的國君，恐怕國家從此多事，立雍吧。雍年紀比較大，出質秦國，秦國強大，足以作為外援。」賈季說：「不如公子樂。公子樂受到先君的寵愛，叫他到翟國做官，翟國可以作為外援。」穆嬴抱著太子在朝廷上呼喊：「先君有什麼罪？他的兒子又有什麼罪？捨棄嫡嗣不立，卻到國外去找呢？」出朝抱著太子來見宣子說：「害怕國家有難，所以要立長君，不知道長君立了以後，少君又長大了，災禍就來了。」宣子擔憂穆嬴的責難，於是就立太子為君。

第三〇章

趙簡子❶以襄子❷為後，董安于曰：「無恤不才，今以為後，何也？」簡子曰：「是其人能為社稷忍辱。」異日，智伯❸與襄子飲而灌襄子之首，大夫請殺之。襄子曰：「先君之立我也，曰能為社稷忍辱，豈曰能刺人哉？」處十月，智伯圍襄子於晉陽，襄子疏❹隊而擊之，大敗智伯❺，漆其首以為飲器。

【注釋】❶趙簡子　見〈君道〉第三五章。❷襄子　（西元前？～前四二五年）春秋末晉國正卿，即趙無恤，趙鞅次子。西元前四五三年，與韓、魏合謀敗智伯於晉陽，滅智氏，三分其地。❸智伯　亦作知伯，春秋末晉國四卿之一，即智襄子，名瑤，亦稱荀瑤。滅范、中行氏後，驕勢逼人，肆意戲侮大臣，多所需索。後被趙襄子聯合韓、魏所滅。❹疏　分也。❺大敗智伯　趙襄子擊敗智伯事詳〈敬慎〉第一八章、〈權謀〉第八及二四章。

【語譯】趙簡子立襄子為繼承人。董安于說：「無恤沒有才幹，為什麼立他為繼承人？」簡子說：「是因為他能夠為國家忍辱負重。」後來有一天，智伯和襄子飲酒，把酒灌到襄子的頭上，大夫請求殺掉智伯，襄子說：「先君立我為君，是因為我能夠為國家忍辱，那裡是能夠殺人呢？」過了十個月，智伯把襄子圍困在晉陽城裡，襄子分出一支軍隊去突擊，大敗智伯，割下他的頭，漆成飲酒之器。

卷四

立節

【題解】立節，就是樹立名節。本卷共二十四章，第一章指出了士人有殺身成仁，捨生取義，為了堅守氣節正道而不怕死的，所以能夠身死而名揚後世。第二章引用子路的話，指出不能勤苦，不能甘於貧窮，不能勇於犧牲，就不能立節行義。第三章以後，用各種不同類型的故事，表彰了那些能夠行義立節的人士。內容可分為兩大類，一類是不貪圖富貴，不苟取名利，此類所記不多（見第五到八章）。另外一類則描寫了許多忠臣、義士，他們或為忠，或為孝，或為廉，或為信，或為義，或為勇，而慷慨犧牲從容赴死。這些短篇小故事，下筆不多，而生動感人。

第一章

士君子❶之有勇而果於行者，不以立節行義，而以妄死非❷名，豈不痛哉！

士有殺身以成仁，觸❸害以立義，倚於節理而不議❹死地，故能身死名流於來世。非有勇斷，孰能行之？

【注釋】❶士君子　士人和君子，指有理想抱負的知識分子。❷非　疑當作「求」。❸觸　觸犯。❹議　選擇。

【語譯】有勇氣又能果敢實行的知識分子，不以建立節操來實行正義，卻以隨便犧牲來求取虛名，豈不是很可痛惜嗎！士人能夠犧牲自己以成全仁道，干犯危逆以建立正義，為節操正義犧牲而不選擇時間地點，所以能夠自身雖死而名揚後世。如果沒有勇敢果斷，誰能夠做到呢？

第二章❶

子路❷曰：「不能勤苦，不能恬貧窮，不能輕死亡，而曰我能行義，吾不信也。」昔者申包胥❸立於秦庭，七日七夜，哭不絕聲，遂以存楚。不能勤苦，安能行此？曾子❹布衣緼袍❺未得完，糟糠之食、藜藿之羹未得飽，義不合則辭上卿。不恬貧窮，安能行此？比干❻將死而諫逾忠，伯夷、叔齊❼餓死❽於首陽而志逾彰。不輕死亡，安能行此？故夫士欲立義行道，毋論難易而後能行之；立身著名，無顧利害而後能成之。《詩》曰：「彼其之子，碩大且篤❾。」非良篤修激❿之君子，其誰能行之哉！

【注釋】❶第二章　原與上章相連，今從盧文弨說別為一章。❷子路　見〈臣術〉第二四章。❸申包胥　春秋楚國宗室大夫，即王孫包胥（包胥，一作鮑胥、勃蘇），因是楚君蚡冒後代，又叫蚡冒勃蘇。楚昭王十年（西元前五〇六年）吳用伍員計破楚，他入秦乞師，鵠立秦廷，痛哭七日七夜，勺飲不入口，秦乃出車五百乘，援楚復國。❹曾子　見〈建本〉第七章。❺緼袍　以亂麻襯於其中的袍子。古貧者無力具絲絮，僅能以麻著於衣內。❻比干　商紂王叔父。官至少師。紂淫虐無道，國勢危殆，他以死力諫。紂惱羞成怒，將他殺死，剖腹驗心。❼伯夷叔齊　孤竹君之二子，讓王適周，遇武王伐紂，諫之，不入，及武王既誅紂，義不食周粟，首陽山下採薇而食，終餓死。❽餓死　「死」字當刪。說詳《說苑集證》。❾彼其之子二句　見《詩經・唐風・椒聊》。❿修激　謂有操守且言行激切果決。

【語　譯】子路說：「不能勤奮刻苦，不能安於貧窮，不能看輕死亡，而說我能行義，我是不相信的。」從前申包胥站在秦庭，哭了七天七夜沒有停止，終於感動了秦國，派兵出援，保全了楚國。如果不是勤奮刻苦，怎麼能做得到？曾子連布衣縕袍都穿不全，最粗劣的食物都吃不飽，但若不合義理，就是上卿也辭掉。如果不是安於貧窮，怎麼能做得到？比干將被處死，向紂進諫更加忠誠；伯夷、叔齊在首陽山捱餓也不食周粟，志節更加彰明。他們如果不看輕死亡，怎麼能做到這種地步？所以士想建立正義實行仁道，要不論難易然後才能實行；想樹立自己顯揚名聲，要不顧利害然後才能成功。《詩經》上說：「那些年輕人啊，碩大而篤實。」不是善良篤實有操守有決斷的君子，還有誰能做得到呢！

第三章❶

王子比干❷殺身以成其忠，尾生❸殺身以成其信，伯夷、叔齊❹殺身以成其廉❺，此四子者，皆天下之通士也，豈不愛其身哉？以為夫義之不立，名之不著，是士之恥也，故殺身以遂其行。因此觀之，卑賤貧富，非士之恥也。夫士之所恥者，天下舉忠而士不與焉，舉信而士不與焉，舉廉而士不與焉。三者在乎身，名傳於後世，與日月並而不息，雖無道之世，不能污焉。然則非好死而惡生也，非惡富貴而樂貧賤也。由其道，遵其理，尊貴及己，士不辭也。孔子曰：「富而可求，雖執鞭之士，吾亦為之；富而不可求，從吾所好❻。」《詩》云：「我心匪石，不可轉也；我心匪席，不可卷也❼。」言不失己也。能不失己，然後可與濟難矣。此士君子之所以越眾也。

【注釋】❶原連上，當別為一章。說參拙作《說苑集證》。❷比干　見上章。❸尾生　《莊子・盜跖》：「尾生與女子期於梁下，女子不來，水至不去，抱梁柱而死。」❹伯夷叔齊　見上章。❺廉　謂有氣節不苟取。❻富而可求五句　見《論語・述而》。❼我心匪石四句　見《詩經・邶風・柏舟》。

【語譯】王子比干犧牲自己以成就他的忠誠，尾生犧牲自己以成就他的信義，伯夷、叔齊犧牲自己以成就他們的廉節，這四個人，都是天下的通情達理的人，難道不知道愛惜自己嗎？他們認為那節義不能樹立，名譽不能顯揚，是士人的恥辱，所以寧願犧牲生命來完成一己的崇高的品格。由此看來，卑賤貧窮不是士人的恥辱。士人所引以為恥的，是天下的人都能盡忠誠了，而自己卻不在其中；都能守信義了，而自己卻不在其中；都能堅持廉節了，而自己卻不在其中。因為一個人能夠具有這三者，就能名傳後世，與日月爭光，即使在公理正義不彰的時代，也不會受到汙辱。所以並不是喜歡死而厭惡生，也不是厭惡富貴而喜歡貧賤；如果合乎正常的途徑和道理，尊貴落到自己身上，士人是不會推辭的。孔子曾經說過：「富貴如果可以追求，即使做一個低賤的車夫，我也願意；如果不能強求，還是照自己的意願吧。」這是大聖人立身行事的節操。《詩經》上說：「我的心不是石頭，不可以轉動；我的心不是席子，不可以捲起。」這是說不失去自己的原則。一個人能夠不失去自己的原則，然後可以共患難。這就是士君子所以超過一般人的原因。

第四章

楚伐陳，陳西門燔❶，因使其降民脩之。孔子❷過之不軾❸。子路❹曰：「禮過三人則下車，過二人則軾。今陳脩門者人數眾矣，夫子何為不軾？」孔子曰：「丘聞之：國亡而不知，不智；知而不爭，不忠；忠而不死，不廉❺。今陳脩門者不行一於此，丘故不為軾也。」

【注釋】❶燔　焚燒。❷孔子　見〈君道〉第五章。❸軾　原指設在車廂前面供人憑倚的橫木，其形如半框，有三面。此作動詞用，謂伏軾行致敬禮。❹子路　見〈臣術〉第二四章。❺廉　謂有氣節。

【語譯】楚國攻打陳國，燒毀了陳國的西門，就派陳國投降的民眾修理。孔子經過那裡，不伏軾行禮。子路說：「按照禮節，經過三個人的地方要下車，經過兩個人的地方要伏軾致敬。現在陳國修城門的人數量這樣多，先生為什麼不致敬呢？」孔子回答說：「我聽說：國家滅亡卻不知道，是愚蠢；知道卻不去抗爭，是不忠；對國家忠心卻不能犧牲，是沒有氣節。現在陳國這些修城門的人，一項也做不到，所以我不向他們致敬。」

第五章

孔子見齊景公❶，景公致廩丘❷以為養，孔子辭不受，出謂弟子曰：「吾聞君子當功以受祿。今說景公，景公未之行，而賜我廩丘，其不知丘亦甚矣。」遂辭而行。

【注釋】❶齊景公　見〈君道〉第一八章。❷廩丘　地名。春秋時齊邑。故城在今山東范縣境。

【語譯】孔子見齊景公，景公把廩丘送給他做食邑，孔子辭謝不受，出來對弟子們說：「我聽說君子應該憑功勞接受相當的祿位。現在我向景公有所建議，他還沒有實行，卻送我廩丘，他也太不了解我孔丘的為人了。」於是就辭別景公而離去。

第六章

曾子❶衣弊衣以耕，魯君使人往致邑焉，曰：「請以此脩衣。」曾子不受。反，復往，又不受。使者曰：「先生非求於人，人則獻之，奚為不受？」曾子曰：「臣聞之：受人者畏人，予人者驕人。縱子有賜❷，不我驕也，我能勿畏乎？」終不受。孔子聞之曰：「參之言，足以全其節也。」

【注釋】❶曾子　見〈建本〉第七章。❷縱子有賜　「子」當作「君」。說詳《說苑集證》。

【語譯】曾子穿著破舊的衣服耕田，魯國國君派人賞賜食邑給他，說：「請用它的收入來增添衣服。」曾子不接受。使者回來後，又奉命去，還是不接受。使者說：「先生並不是向人要，這是人家主動送給你，為什麼不接受？」曾子說：「我聽說：接受人賜予的人害怕人，給予人的人對人傲慢。縱然國君賞賜後不對我傲慢，我自己能不害怕嗎？」仍舊沒有接受。孔子知道了說：「曾參的話可以保全他的節操了。」

第七章

子思❶居於衛，縕袍❷無表，二旬而九食。田子方❸聞之，使人遺❹狐白之裘，恐其不受，因謂之曰：「吾假❺人，遂忘之，吾與人也，如棄之。」子思辭而不受。子方曰：「我有子無，何故不受？」子思曰：「伋聞之：妄與不如遺棄物於溝壑。伋雖貧也，不忍以身為溝壑，是以不敢當也。」

【注　釋】❶子思　見〈建本〉第一三章。❷縕袍　見本卷第二章。❸田子方　見〈臣術〉第五章。❹遺　贈送。❺假　借。

【語　譯】子思住在衛國，穿著粗麻袍子，也沒有外面的罩袍，二十天中只吃了九頓飯。田子方聽到了，派人送來一件白狐皮裘，恐怕他不肯接受，於是對他說：「我借東西給人家，過後就忘記；我送東西給人家，就像扔掉一樣。」子思推辭不受。子方說：「我有你沒有，為什麼不接受？」子思說：「我聽說過：隨便給人東西，不如把東西拋棄在田溝山谷裡。我雖然貧窮，還不願意把自己當做田溝山谷，因此不敢接受。」

第八章

宋襄公茲父❶為桓公太子。桓公有後妻子曰公子目夷❷，公愛之。茲父為公愛之也，欲立之，請於公曰：「請使目夷立，臣為之相以佐之。」公曰：「何故也？」對曰：「臣之舅在衛，愛臣，若終立則不可以往，絕迹於衛，是背母也。且臣自知不足以處目夷之上。」公不許。彊以請公，公許之，將立公子目夷。目夷辭曰：「兄立而弟在下，是其義也；今弟立而兄在下，不義也。不義而使目夷為之，目夷將逃。」乃逃之衛，茲父從之。三年，桓公有疾，使人召茲父：「若不來，是使我以憂死也。」茲父乃反，公復立之以為太子，然後目夷歸也。

【注釋】❶宋襄公茲父 （西元前？～前六三七年）春秋宋國國君，名茲父，一作茲甫，西元前六五〇～前六三七年在位。好言仁義，以庶兄目夷為相。西元前六三八年與楚國戰於泓水受傷，次年傷發而死。❷目夷 茲父庶兄。《左傳》僖公八年：「宋公疾，大子茲父固請曰：目夷長且仁，君其立之！」此以目夷為弟，與《傳》異。

【語譯】宋襄公茲父是桓公的太子。桓公有一個後妻所生的兒子叫做目夷，桓公很喜歡他。茲父因為桓公喜愛目夷，就想立目夷做太子，向桓公請示說：「請讓目夷立為太子，我願意以兄長的身分做國相輔佐他。」公問：「為了什麼緣故？」回答說：「我的舅父在衛國，他很喜愛我，如果我終於被立為太子，就不可以再去看他，斷絕和衛國的往來，是背叛母親的行為。另方面，我知道自己的才具實在不足以處在目夷的上位。」桓公不答應，再三請求，桓公才同意。將立目夷做太子，目夷辭謝說：「兄長立為太子，弟弟在兄長的下頭，這是合乎情理的；現在弟弟立為太子，做兄長的反而在其下，是不合乎情理的。不合乎情理的事卻要我目夷去做，我只好逃走。」於是目夷就逃到衛國去，茲父也追隨而去。過了三年，桓公有病，派人召茲父回去說：「你不回來，這是讓我憂傷而死。」茲父於是回去，桓公又立他做太子，然後目夷也回去了。

第九章

晉驪姬❶譖❷太子申生❸於獻公❹，獻公將殺之。公子重耳❺謂申生曰：「為此者❻，非子之罪也，子胡不進辭？辭之，必免於罪。」申生曰：「不可。我辭之，驪姬必有罪矣。吾君老矣，微❼驪姬寢不安席，食不甘味，如何使吾君以恨終哉！」重耳曰：「不辭，則不若速去矣。」申生曰：「不可。去而免於死，是惡吾君也。夫彰父之過而取美，諸侯孰肯內之？入困於宗，出困於逃❽，是重吾惡也。吾聞之：忠不暴君❾，智不重惡，勇不逃死。如是者，吾以身當之。」遂伏劍死。君子聞之曰：「天命矣夫，世子！」《詩》曰：「萋兮斐兮，成是貝錦。彼譖人者，亦已太甚❿。」

【注　釋】❶驪姬　（西元前？～前六五〇年）一作麗姬，春秋時驪戎之女。晉獻公攻克驪戎，被奪歸，立為夫人，生奚齊。她為獻公所寵，欲立奚齊為太子，於是譖殺太子申生，並逐諸公子。獻公死，奚齊繼立，為大臣里克所殺，她也被殺。❷譖　誣陷。❸申生　春秋晉獻公太子，以孝行見稱。申生祭母於曲沃，歸胙獻公，驪姬使人置毒胙中，誣太子意圖不軌，申生被逼自殺。❹獻公　即晉獻公，名詭諸，春秋時晉國國君，西元前六七六～前六五一年在位。❺重耳　即晉文公，晉獻公次子，獻公妃狐姬所生。獻公寵幸驪姬，殺太子申生，重耳被逼在外流亡十九年。後假秦穆公之力回國，立為晉國國君，西元前六三六～前六二八年在位。❻為此者　指用毒物（祭酒、祭肉）給獻公吃的事，此事實驪姬為陷害申生、重耳所策劃。❼微　無；沒有。❽入困於宗二句　宗，宗族，此指父母。《國語．晉語二》作「內困於父母，外困於諸侯」。❾忠不暴君　暴，顯也。不暴君，言不顯君惡。❿萋兮斐兮四句　見《詩經．小雅．巷伯》。萋斐，文采交錯貌。貝錦，錦名，因具有貝形花紋，故名。鄭玄《箋》：「喻讒人集作己過以成於罪，猶女工之集采色以成錦文。」後因以萋斐為讒毀的代稱，以貝錦喻故意編造入人於罪的讒言。

【語　譯】晉國驪姬在獻公面前誣陷太子申生要毒死獻公，於是獻公準備殺死申生。公子重耳對申生說：「在酒肉裡下毒，不是你的罪過啊！你為什麼不申辯？解釋清楚了一定可以免於被定罪。」申生說：「不可以。我如果申辯，驪姬就一定有罪了。我們的國君已經老了，沒有驪姬在身邊侍奉，就睡不好也吃不好，怎麼能讓我們的國君含恨而死呢！」重耳說：「你如果不想申辯，那麼不如儘快逃走。」申生說：「不可以。出國逃亡而免於一死，這是暴露君主的過錯；暴露君主的過錯而取得個人的美譽，還有那個諸侯肯收容呢？留在國內，得不到父母的歡心；逃亡國外，遭受諸侯的拒絕；這是加重我的罪過。我聽說：忠誠的人，不暴露國君的過錯；明智的人，不加重自己的罪惡；勇敢的人，不逃避死亡。既然如此，我願意承擔一切。」申生於是自殺而死。君子聽到這件事就說：「這是天意安排啊，世子！」《詩經》上說：「各色的花紋相錯雜，織成那貝紋的絲錦；那個誣陷人的小人，做事也太狠毒。」

第一〇章

晉獻公❶之時，有士焉曰狐突❷，傅太子申生❸。公立驪姬❹為夫人，而國多憂，狐突稱疾不出。六年❺，獻公以譖誅太子。太子將死，使人謂狐突曰：「吾君老矣，國家多難，傅一出以輔吾君，申生受賜以死不恨。」再拜稽首❻而死。狐突乃復事獻公。三年❼，獻公卒，狐突辭於諸大夫曰：「突受太子之詔，今事終矣。與其久生亂世也，不若死而報太子。」乃歸自殺。

【注釋】❶晉獻公　見前章。❷狐突　字伯行，晉大夫，重耳的外祖父。❸申生　見前章。❹驪姬　見前章。❺六年　《左傳》稱太子申生死於魯僖公四年。❻再拜稽首　古代行跪拜禮時，拜了又拜，叩頭至地，表示高度尊敬。❼三年　《左傳》稱晉獻公卒於魯僖公九年。

【語譯】晉獻公的時候，有個士人叫狐突，做太子申生的師傅。獻公立驪姬做夫人，因而國家多憂患，狐突稱病不出。過了六年，獻公聽信讒言要殺太子。太子自殺之前派人對狐突說：「我們的國君老了，國家多患難，師傅若能出來輔佐國君，申生死而無恨。」拜了兩拜，自刎而死。狐突於是再出來事奉獻公，過了三年，獻公逝世，狐突辭別諸大夫說：「突接受太子的命令，現在事情已經結束，與其久生亂世，不如以死報答太子。」回去以後，就自殺而死。

第一一章

楚平王❶使奮揚❷殺太子建，未至而遣之，太子奔宋。王召奮揚❸，使城父人❹執己以至。王曰：「言出於予口，入於爾耳，誰告建也？」對曰：「臣告之。王初命臣曰：『事建如事余。』臣不佞❺，不能貳也。奉初以還❻，故遣之，已而悔之，亦無及也。」王曰：「而❼敢來，何也？」對曰：「使而失命，召而不來，是重過也，逃無所入。」王乃赦之。

【注　釋】❶楚平王　春秋時楚國國君，西元前五二八～前五一六年在位。亦稱荊平王，名棄疾，為楚共王的第五子，曾將兵滅陳定蔡，封陳蔡公。即位後，改名熊居。他為太子建娶於秦，發現秦女美，便自取為姬，生子壬，愛之，疏太子建，派建居城父禦邊。後信費無忌之讒，派人殺建及其傅伍奢父子。太子建及伍員逃脫。伍員逃到吳國後，遊說吳王伐楚，遂為楚患。❷奮揚　楚大夫，時為城父司馬，故命其就便殺太子。❸王召奮揚　《左傳》昭公二十年重「奮揚」二字，是也，當從之。❹城父人　謂城父大夫也。城父，春秋時楚邑，地在今河南寶豐。❺不佞　不才，自謙之詞。❻奉初以還　「奉初以還」下，《左傳》昭公二十年有「不忍後命」四字，文義較完。還，周旋；對待。❼而　汝。

【語　譯】楚平王派城父司馬奮揚去殺太子建，奮揚還沒有到，先派人通知太子建逃走，太子建逃到宋國。平王召回奮揚，奮揚讓城父大夫拘捕自己送到郢都。王說：「話從我的嘴裡說出去，進到你的耳朵裡，誰告訴太子建的？」奮揚回答說：「臣下告訴他的。君王當初命令臣下說：『事奉建要像事奉我一樣。』臣下不才，不能反覆。奉了君王當初的命令去事奉太子，就不忍心執行後來的命令，所以讓他逃走。後來雖然後悔，但是已經來不及了。」王說：「你為什麼還敢回來？」回答說：「接受派遣而沒有完成使命，被召又不回來，這是雙重罪過，就算想逃亡也沒有地方可去。」王於是赦免了他。

第一二二章

晉靈公❶暴，趙宣子❷驟❸諫，靈公患之，使鉏之彌賊之❹。鉏之彌晨往，則寢門闢矣❺。宣子盛服將朝，尚早，坐而假寢❻。之彌退，歎而言曰：「不忘恭敬，民之主也！賊民之主，不忠；棄君之命，不信。有一於此，不如死也！」遂觸❼槐而死。

【注　釋】❶晉靈公　名夷皋。西元前六二〇～六〇七年在位。❷趙宣子　即趙盾。見〈建本〉第二九章。❸驟　多次。❹鉏之彌賊之　鉏之彌，之為語助詞，《左傳》宣公二年作鉏麑，《呂氏春秋．過理》作沮麑，晉國力士。賊，殺。❺寢門闢矣　寢門，臥室的門。闢，開。❻坐而假寢　猶言坐著閉目養神，坐著打瞌睡。假寢，不脫衣而睡。❼觸　碰；撞。

【語　譯】晉靈公暴虐，趙盾多次進諫，靈公覺得討厭，派鉏之彌去暗殺趙盾。鉏之彌一大早去到趙家，看見臥室的門已經打開了，趙盾已把朝服穿得整整齊齊準備上朝，因為時間還早，正坐著打瞌睡。鉏之彌退了出來，感歎地說：「對於國事這樣地恭謹慎重，真是百姓的好領袖啊！殺掉百姓的好領袖，就是不忠；不執行國君的命令，就是失信。兩件事情犯了任何一件都不好，不如死了吧！」於是撞在槐樹上死了。

第一二三章

齊人有子蘭子者，事白公勝❶。勝將為難❷，乃告子蘭子曰：「吾將舉大事於國，願與子共之。」子蘭子曰：「我事子而與子殺君，是助子之不義也；畏患而去子，是遁子於難也。故不與子殺君，以成吾義；契領❸於庭，以遂吾行。」

【注釋】❶白公勝　楚太子建之子王孫勝，幼時在吳國，子西召還，使為白公。白公因為鄭人曾殺其父太子建，請伐鄭以報父讎。子西既許之，未起師，晉伐鄭，楚又救之，與之盟。白公怒，遂作亂，殺子西、子期於朝。詳參《左傳》哀公十六年。❷難　《渚宮舊事·二》作「亂」。❸契領　契，斷。領，項。

【語譯】齊國有個叫子蘭子的人，事奉白公勝。勝將在楚國發難，告訴子蘭子說：「我將在國內發動大事，希望你一同參加。」子蘭子說：「我事奉你而和你一同殺君，是幫助你做不義的事；害怕禍患而離開你，是不和你共患難。所以決定不和你一同殺君來保全我的忠義，自殺於庭來成全我的義行。」

第一四章

楚有士申鳴者，在家而養其父，孝聞於楚國。王欲授之相，申鳴辭不受。其父曰：「王欲相汝，汝何不受乎？」申鳴對曰：「舍父之孝子而為王之忠臣，何也？」其父曰：「使有祿於國，立義於庭❶，汝樂吾無憂矣，吾欲汝之相也。」申鳴曰：「諾。」遂入朝，楚王因授之相。居三年，白公為亂，殺司馬子期，申鳴將往死之。父止之曰：「棄父而死，其可乎？」申鳴曰：「聞夫仕者，身歸於君而祿歸於親。今既去子❷事君，得無死其難乎？」遂辭而往，因以兵圍之。白公謂石乞❸曰：「申鳴者，天下之勇士也，今以兵圍我，吾為之奈何？」石乞曰：「申鳴者，天下之孝子也。往劫❹其父以兵，申鳴聞之必來，因與之語。」白公曰：「善。」則往取其父，持之以兵，告申鳴曰：「子與吾，吾與子分楚國；子不與吾，子父則死矣❺。」申鳴流涕而應之曰：「始吾父之孝子也，今吾君之忠臣也。吾聞之也，食其食者死其事，受其祿者畢其能。今吾已不得為父之孝子矣，乃君之忠臣也，吾何得以全身？」援桴❻鼓之，遂殺白公，其父亦死。王賞之金百斤。申鳴曰：「食君之食，避君之難，非忠臣也；定君之國，殺臣之父，非孝子也。名不可兩立，行不可兩全也。如是而生，何面目立於天下？」遂自殺也。

【注　釋】❶立義於庭　當作「有立於庭」，立，古位字。說詳《說苑集證》。❷子　當從宋本作「父」。❸石乞　事見《左傳》哀公十六年。❹劫　挾持。❺子與吾四句　「子與吾」、「子不與吾」二「與」字，助也。❻桴　鼓槌。

【語　譯】楚國有個士人叫申鳴的，在家奉養他的父親，孝順聞名於全國。楚王想請他為相，申鳴辭謝不接受。他的父親說：「王要任命你做相，你為什麼不接受呢？」申鳴回答說：「為什麼放棄做父親的孝子而做王的忠臣呢？」他的父親說：「假如能在國家享有俸祿，在朝廷有官位，你快樂，我也沒有什麼憂愁了。我希望你答應做楚國的相。」申鳴說：「好的。」於是到朝廷去，楚王就任命他做楚國的相。過了三年，白公勝作亂，殺了司馬子期，申鳴要去拚死，他的父親阻止他說：「拋棄父親而去死，難道可以嗎？」申鳴說：「聽說做官的人，身體歸國君所有，而俸祿歸雙親所有。現在我既然離開您去事奉國君，能夠不為國君的災難去犧牲嗎？」於是辭別父親而去，就用兵包圍白公勝。白公勝對石乞說：「申鳴是天下的勇士，現在用兵包圍我，我該怎麼辦？」石乞說：「申鳴是天下的孝子。用武力去挾持他的父親，申鳴知道了，一定會親自來，就趁機跟他商談。」白公說：「好主意。」就劫持申鳴的父親，用刀加以脅迫，告訴申鳴說：「你若幫助我，我和你平分楚國；如果你不幫助我，你的父親就死定了。」申鳴流著淚回答說：「當初我是父親的孝子，如今我是君王的忠臣。我聽說：吃誰的飯就要為誰的事去犧牲，拿誰的俸祿就要為誰盡力。如今我已經不能做父親的孝子，而是君王的忠臣，我怎麼還能保全自身呢？」於是敲鼓進攻，就殺了白公，然而他的父親也被殺死了。楚王賞他黃金百斤。申鳴說：「吃君王的俸祿，卻逃避君王的危難，不是忠臣；安定君王的國家，卻害死自己的父親，不是孝子。兩種名分不能同時樹立；忠和孝兩種行為，不能兩全其美。像這樣子活下去，還有什麼臉見天下人呢？」於是自殺而死。

第一五章

齊莊公❶且伐莒，為車五乘之賓❷，而杞梁、華舟❸獨不與焉，故歸而不食。其母曰：「汝生而無義，死而無名，則雖非❹五乘，孰不汝笑也。汝生而有義，死而有名，則五乘之賓，盡汝下也。」趣食乃行。杞梁、華舟同車侍於莊公而行，至莒，莒人逆❺之。杞梁、華舟下鬭，獲甲首❻三百。莊公止之曰：「子止，與子同齊國。」杞梁、華舟曰：「君為五乘之賓，而舟、梁不與焉，是少吾勇也；臨敵涉難，止我以利，是污吾行也。深入多殺者，臣之事也，齊國之利非吾所知也。」遂進鬭，壞軍陷陣，三軍弗敢當。至莒城下，莒人以炭置地，二人立有間，不能入。隰侯重為右曰：「吾聞古之士，犯患涉難者，其去遂於物也❼。來，吾踰子。」隰侯重仗楯伏炭，二子乘而入，顧而哭之。華舟後息，杞梁曰：「汝無勇乎，何哭之久也？」華舟曰：「吾豈無勇哉，是其勇與我同也，而先吾死，是以哀之。」莒人曰：「子毋死，與子同莒國。」杞梁、華舟曰：「去國歸敵，非忠臣也；去長受賜，非正行也。且雞鳴而期，日中而忘之，非信也。深入多殺者，臣之事也，莒國之利，非吾所知也。」遂進鬭，殺二十七人而死。其妻聞之而哭，城為之阤而隅為之崩❽。此非❾所以起也。

【注釋】❶齊莊公　春秋時齊國國君，靈公之子，名光，西元前五五三～前五四八年在位。❷為車五乘之賓　「為」下「車」字衍，當據《後漢書・袁紹傳注》引刪。乘，軍賦的計算單位。古井田制，九夫為井，十六井為丘，四丘為甸，一甸土地所出的軍賦叫乘（包括戰車、甲士和步卒）。五乘之賓，謂受到五乘賞賜的賓客。《左傳》襄公二十一年：「莊公為勇爵。」五乘之賓，即勇爵之高者。❸杞梁華舟　杞梁，齊國大夫，名殖。華舟，齊國大夫，名旋。舟一作周、作州。❹非　或疑衍字，或疑為「在」字形誤。❺逆　迎，這裡指迎戰。❻甲首　甲士的首級。古代戰車，車前三人，中間的駕車，左邊的執弓，右邊的執戈（即下文車右），車中載穿甲戰士十人，稱甲士。❼其去遂於物也　去，亡；滅。遂，成就。物，事；職責。❽城為之阤而隅為之崩　小的塌壞稱阤，大的塌壞稱崩。❾非　疑「琴曲」二字之誤。按《琴操》有〈芑梁妻歎〉。

【語譯】齊莊公將要攻打莒國，任命五乘之賓，可是杞梁、華舟卻不在其內，所以回到家裡吃不下飯。他們的母親說：「你活著不講道義，死後沒有名聲，那麼即使在五乘之列，誰不恥笑你。你活著講道義，死後有名聲，那麼五乘之賓都及不上你了。」趕緊吃完飯，就上路了。杞梁、華舟同乘一輛戰車侍從莊公出發，到了莒國，莒人迎戰齊軍，杞梁、華舟下車戰鬥，殺死莒國三百個甲士。莊公勸阻他們說：「你們停止戰鬥，和你們共有齊國。」杞梁、華舟說：「君王任命五乘之賓，我們卻不在其內，這是輕視我們的勇敢；面對敵人經歷危險，用厚利來阻止我們，這是汙辱我們的品行。深入敵陣，多殺敵人，是為臣的本分；共有齊國的利益，不是我們所知道的。」於是繼續戰鬥，摧毀軍壘，攻陷敵陣，敵軍沒有敢抵擋的。攻到莒國城下，莒人用燒紅的炭鋪在地上，杞梁、華舟站了很久不能進去。隰侯重擔任車右，說：「我聽說古時候的武士，冒險犯難，他的視死如歸是為了成就功業。來吧，我讓你們過去。」隰侯重持著盾牌伏在炭上，兩個人踩著他攻進城去，回頭看都哭了起來。華舟比杞梁後停止哭泣，杞梁說：「你缺乏勇氣嗎，為什麼哭這麼久？」華舟說：「我那裡是沒有勇氣，隰侯重的勇氣和我一樣，卻比我先死，所以我哀悼他。」莒人說：「你們不要拚死，和你們共有莒國。」杞梁、華舟說：「背棄祖國，歸順敵人，不是忠臣；背叛君長，受別人的賞賜，不是正當的行為；況且雞叫的時候和人相約，到中午就忘掉了，不是守信的行為。深入敵陣，多殺敵人，是為臣的本分；共有莒國的利益，不是我們所知道的。」於是繼續戰鬥，殺死二十七個敵人後戰死。他們的妻子聽到消息後悲哭，哭得城牆倒塌，城角也整個崩塌了。這就是有關杞梁妻琴曲的起源。

第一六章

越甲❶至齊，雍門子狄❷請死之。齊王曰：「鼓鐸❸之聲未聞，矢石未交，長兵❹未接，子何務死之？為人臣之禮邪？」雍門子狄對曰：「臣聞之：昔者王田❺於囿，左轂❻鳴，車右請死之，而王曰：『子何為死？』車右對曰：『為其鳴吾君也。』王曰：『左轂鳴者，工師之罪也。子何事之有焉？』車右曰：『臣不見工師之乘，而見其鳴吾君也。』遂刎頸而死。知❼有之乎？」齊王曰：「有之。」雍門子狄曰：「今越甲至，其鳴吾君也，豈左轂之下哉？車右可以死左轂，而臣獨不可以死越甲也？」遂刎頸而死。是日，越人引甲而退七十里，曰：「齊王有臣鈞❽如雍門子狄，擬❾使越社稷不血食❿。」遂引甲而歸。齊王葬雍門子狄以上卿之禮。

【注釋】❶甲　本指古代軍人所服革製護身衣，引申指軍隊。❷雍門子狄　雍門，春秋齊國城門。子狄，人名，其人未詳，或以居住雍門而以之為姓。❸鐸　古樂器，形如大鈴。文事用木鐸，金鈴木舌；武事用金鐸，金鈴鐵舌。❹長兵　謂弓矢，《史記·匈奴列傳》：「其長兵則弓矢，短兵則刀鋋。」❺田　打獵。❻轂　車輪中間車軸貫入處的圓木，安裝在車輪兩側軸上，使輪保持直立不至內外傾斜。❼知　衍字，當刪。❽鈞　同「均」。❾擬　假借為「疑」，恐也。❿血食　古時殺牲取血，用以祭祀，故名。

【語譯】越國軍隊進犯齊國，雍門子狄請求一死。齊王說：「鼓鐸的聲音都還沒有聽到，箭及弩石尚未發射，士兵們都還沒有交戰，你為什麼一定要死？這是人臣應守的禮法嗎？」雍門子狄回答說：「臣聽說：從前王在園囿打獵，車子的左邊車轂發出響聲，車右請求一死，王問：『你為什麼要死？』車右回答說：『為了車轂發出響聲騷擾了王。』王說：『左邊車轂發出響聲，是製造車子的工師的過失，關你什麼事？』車右說：『我沒有看到工師的製造車子，祇聽到車轂聲騷擾君王。』於是自刎而死。不曉得有這回事沒有？」齊王說：「有的。」雍門子狄說：「現在越軍攻來了，驚擾君王，影響要比車轂發出響聲大得多了。車右能為左轂響而死，難道我不能為越兵來犯而死嗎？」於是自刎而死。這一天越人率領甲兵退回七十里，說：「齊王的臣子如果都像雍門子狄一樣，恐怕要使越國社稷斷絕祭祀了。」於是撤兵回國。齊王用上卿的禮節埋葬雍門子狄。

第一七章

楚人將與吳人戰，楚兵寡而吳兵眾。楚將軍子囊❶曰：「我擊此國必敗。辱君虧地，忠臣不忍為也。」不復❷於君，黜兵而退。至於國郊，使人復於君曰：「臣請死。」君曰：「子大夫之遁❸也，以為利也，而今誠利，子大夫毋死。」子囊曰：「遁者無罪，則後世之為君臣者，皆入不利之名而効臣遁。若是則楚國終為天下弱矣，臣請死。」退而伏劍❹。君曰：「誠如此，請成子大夫之義。」乃為桐棺❺三寸，加斧質❻其上，以徇❼於國。

【注釋】❶子囊　楚莊王子公子貞之字，楚共王二十三年為楚令尹，楚康王元年伐吳失敗，卒。見《左傳》襄公五年及十四年。❷復　報告。❸遁　逃走。❹伏劍　以劍自殺。❺桐棺　桐木做的棺材，指質地樸素的棺木。❻斧質　質，鍖也。古時刑人，使身伏鍖上，以斧砍之。❼徇　向眾宣示。

【語譯】楚國人將跟吳國人打仗，楚國兵少而吳國兵多。楚國將軍子囊說：「我去打吳國必定會失敗。玷辱國君又喪失土地，作為一個忠臣不忍心這樣做。」於是沒有向國君報告就罷軍撤兵。退到京城郊野，派人報告國君說：「臣請求賜死。」國君說：「大夫這次迴避吳國軍隊，是以為對國家有利，而今確實有利，大夫不要死。」子囊說：「逃跑如果沒有罪，那麼後代做臣子的人，都要以進兵不利為藉口，而仿效我的逃避做法；如果這樣，那麼楚國最終要成為天下的弱國了，我請求賜死。」子囊離開朝廷後就舉劍自殺。國君說：「果真如此，讓我來成全大夫的義節。」於是做了三寸桐棺，把斧質加在上面，巡行宣示於國人。

第一八章

宋康公攻阿，屠單父。成公趙曰：「始吾不自知，以為在千乘則萬乘不敢伐，在萬乘則天下不敢圖。今趙在阿，而宋屠單父，則是趙無以自立也，且往誅宋。」趙遂入宋，三月不得見。或曰：「何不因鄰國之使而見之？」成公趙曰：「不可。吾因鄰國之使而刺之，則使後世之使不信，荀❶節之信不用。皆曰：『趙使之然也。』不可。」或曰：「何不因群臣道徒處之士而刺之❷？」成公趙曰：「不可，吾因群臣道徒處之士而刺之，則後世之忠臣不見信，辯士不見顧。皆曰：『趙使之然也。』不可。吾聞古之士，怒則思理，危不忘義，必將正行以求之耳。」期年，宋康公病死。成公趙曰：「廉士不辱名，信士不惰❸行。今吾在阿，宋屠單父，是辱名也；事誅宋王，期年不得，是惰行也。吾若是而生，何面目而見天下之士？」遂立槁於彭山之上。

【注　釋】❶荀　疑「符」字之誤。❷道徒處之士而刺之　道，導也；薦也。徒處之士，有道藝而未仕者。❸惰　借為「憜」，敗壞。

【語　譯】宋康公攻阿，屠滅單父。成公趙說：「當初我不了解自己，以為自己在千乘之國，萬乘之國就不敢來攻伐；在萬乘之國，天下就沒人敢來圖謀。現在我在阿而宋國竟然來屠滅單父，這樣子，就使我沒有面目自立於天下了。我要去誅滅宋君。」於是成公趙到宋國去，等了三個月，見不到宋康公。有人說：「何不趁鄰國使者晉見的機會去見他？」成公趙說：「不可以。我趁鄰國使者晉見的機會而刺殺他，就會使後代的使臣不被相信，符節失去了代表驗證的作用。都說：『是成公趙造成這樣的惡果。』不可以這樣做。」有人說：「何不趁群臣引薦徒處之士的機會去刺殺他？」成公趙說：「不可以。我趁群臣引薦徒處之士而刺殺他，那麼後世的忠臣不被信任，遊說之士不被眷顧。都說：『是成公趙弄成這樣的結果。』不可以這樣做。我聽說古代的士人，忿怒的時候就思考道理，危急的時候不忘正義。一定要循正途去達到目的。」過了一年，宋康公病死。成公趙說：「方正的人不辱沒自己的名譽，信義的人不敗壞自己的行為。現在我在阿，宋國竟然屠滅單父，這是辱沒了我的名譽；想誅殺宋王，一年都不能成功，這是敗壞了我的行為。我像這樣活著，有什麼臉見天下之士？」於是就站在彭山上枯羸而死。

第一九章

佛肸❶用中牟❷之縣畔，設祿邑、炊鼎❸，曰：「與我者受邑，不與我者其烹。」中牟之士皆與之。城北餘子❹田基獨後至，袪衣❺將入鼎，曰：「基聞之：義者軒冕❻在前非義弗乘；斧鉞❼於後，義死不避。」遂袪衣將入鼎，佛肸播而❽之。趙簡子屠中牟，得而取之。論有功者，用田基為始。田基曰：「吾聞廉士不恥人，如此而受中牟之功，則中牟之士終身慚矣。」襁負❾其母，南徙於楚。楚王高其義，待以司馬。

【注釋】❶佛肸　晉大夫趙簡子的中牟邑宰。❷中牟　春秋晉地，戰國屬趙，地在今河南湯陰西。❸祿邑炊鼎　祿邑，食祿之邑。炊鼎，烹煮之鼎。❹餘子　弱齡未壯者。❺袪衣　舉起衣袖或撩起衣服。❻軒冕　卿大夫的軒車和冕服，亦謂官位爵祿。❼斧鉞　本為兩種兵器，也泛指刑罰、殺戮。❽播而　下脫「止」字，當補。說詳《說苑集證》。播，遷；棄。此謂改變主意。❾襁負　用布幅把人兜負在背上。襁，背負嬰兒用的布兜。

【語譯】佛肸在中牟縣反叛，設置食邑和烹人的鼎鑊說：「順從我的封給他食邑，不順從我的將他烹煮死。」中牟的士人都投靠他，唯獨城北少年田基最後到，他撩起衣服準備跳入炊鼎說：「我田基聽說：堅守正義的人，官位爵祿在前，不合乎正義不接受；刑罰在後，合乎正義就是死亡也不躲避。」於是撩起衣服要跳入鼎中，佛肸改變了主意阻止了他。趙簡子平滅了中牟的叛亂，拿下了中牟。論功行賞，以田基為首功。田基說：「我聽說方正的人不使別人感到羞辱。像我這樣而接受獎賞，那麼中牟的士人將終身感到慚愧。」於是背著他的母親南遷到楚國去。楚王敬重他的為人高義，以對待司馬的禮遇對待他。

第二〇章

齊崔杼❶弒莊公，邢蒯聵❷使晉而反，其僕曰：「崔杼弒莊公，子將奚如❸？」邢蒯聵曰：「驅之，將入死而報君。」其僕曰：「君之無道也，四鄰諸侯，莫不聞也，以夫子而死之，不亦難乎？」邢蒯聵曰：「善，能❹言也，然亦晚矣。子早言我，我能諫之。諫不聽，我能去。今既不諫，又不去。吾聞食其祿者死其事。吾既食亂君之祿矣，又安得治君而死之？」遂驅車入死。其僕曰：「人有亂君，人猶死之；我有治長，可毋死乎？」乃結轡自刎於車上。君子聞之曰：「邢蒯聵可謂守節死義矣。死者人之所難也，僕夫之死也，雖未能合義，然亦有志士之意矣。」《詩》云：「夙夜匪懈，以事一人❺。」邢生之謂也。孟子曰：「勇士不忘喪其元❻。」僕夫之謂也。

【注　釋】❶崔杼　春秋齊大夫。齊棠邑大夫棠公死，杼往弔喪，見棠公妻棠姜美好，娶歸。齊莊公與棠姜私通，杼弒莊公，擁立景公，任右相。後被左相慶封所殺。❷邢蒯聵　齊臣，即申蒯，見《左傳》襄公二十五年。❸如　往。❹能　通「而」。猶「爾」也。❺夙夜匪懈二句　見《詩經・大雅・烝民》。❻勇士不忘喪其元　見《孟子・滕文公下》。元，頭。

【語　譯】齊國大夫崔杼殺了莊公，邢蒯聵出使晉國回來，他的僕人說：「崔杼弒殺了莊公，你何去何從？」邢蒯聵說：「趕車前進，我將回國死難，以報國君。」他的僕人說：「國君的無道，四鄰諸侯沒有不知道的。以夫子的品德，要為他犧牲，不是很難說得通嗎？」邢蒯聵說：「好，你說得對，但是嫌晚了。你早點說，我會向國君進諫；進諫不聽，我可以離去。現在既沒有進諫，又沒有離開。我聽說享受人家俸祿的要為人家的事犧牲，我既然享受了亂君的俸祿，又從何得到一位治世之君而為他犧牲呢？」於是趕車進城，為君犧牲。他的僕人說：「人家為亂君尚且犧牲，我有一位好的長官，能不以死報答嗎？」於是拴好了馬韁，在車上自刎而死。君子聽到了這件事，評論說：「邢蒯聵可以說是堅守節操為道義犧牲了。死是一般人很難做得到的，僕夫的死，雖然未能合義，但也算是有志氣的人了。」《詩經》上說：「早晚都不敢懈怠，專心一意地事奉國君。」就是說的像邢先生這樣的人。《孟子》上說：「勇士不忘記奉獻自己的頭顱。」大概說的就是僕夫這樣的人了。

第二一章

燕昭王❶使樂毅❷伐齊，閔王❸亡。燕之初入齊也，聞蓋邑人王歜賢，令於軍曰：「環蓋三十里，毋入」，以歜之故。已而使人謂歜曰：「齊人多高子之義，吾以子為將，封子萬家。」歜固謝燕人。燕人曰：「子不聽，吾引三軍而屠蓋邑。」王歜曰：「忠臣不事二君，貞女不更二夫。齊王不聽吾諫，故退而耕於野。國既破亡，吾不能存，今又劫之以兵為君將，是助桀❹為暴也。與其生而無義，固不如烹。」遂縣其軀於樹枝，自奮絕脰❺而死。齊亡大夫聞之曰：「王歜布衣，義猶不背齊向燕，況在位食祿者乎？」乃相聚如莒，求諸公子，立為襄王❻。

【注釋】❶燕昭王　見〈君道〉第二〇章。❷樂毅　同前。❸閔王　（西元前？～前二八四年）戰國時齊國國君，即齊湣王，名田地，西元前三〇〇～前二八四年在位。即位不久，與秦昭王聯好，並稱東西帝。自恃國力強大，凌暴諸侯，南割楚之淮北，西侵「三晉」，欲以併周室，自為天子。西元前二八四年，秦與「三晉」合謀，推舉燕將樂毅為主將，大破齊軍於臨淄，他倉惶奔莒，為楚將淖齒所殺。❹桀　見〈君道〉第一八章。❺脰　頸項。❻襄王　戰國時齊國國君，閔王子，名法章，西元前二八三～前二六五年在位。燕樂毅破齊，齊湣王出亡於莒。淖齒殺湣王，法章變姓名傭於莒太史家。淖齒離莒後，莒人及齊亡臣共立法章為國君。齊襄王在莒五年，田單破燕軍，盡復齊國故地，迎齊襄王入都城臨淄。

【語譯】燕昭王派樂毅攻伐齊國，閔王逃亡被殺。燕軍初到齊國時，聽說蓋邑人王歜賢能，就命令三軍說：「環繞蓋邑三十里的地方不准進去。」這是因為王歜的緣故。不久燕國又派人對王歜說：「齊國人都推崇你的行為高義，我們要任命你為將軍，封給你萬戶。」王歜堅決拒絕燕人的封賞。燕人說：「你要是不聽從，我們要率領三軍屠平蓋邑。」王歜說：「忠臣不事奉兩個君主，貞婦不再嫁第二個丈夫。齊王不聽我的勸諫，所以我隱居山野種田。國家既然滅亡，我不能保全它，現在你們又用武力脅逼我做你們的將軍，這是助桀為暴啊！與其沒有道義地活著，不如被烹煮而死倒好。」於是在樹上上吊，奮力掙斷脖子而死。齊國出亡的大夫們知道後就說：「王歜是平民，尚且堅持道義，不肯背叛齊國投向燕國，何況我們在位吃俸祿的人呢？」於是大家一道到莒城，尋找到公子，立他為齊襄王。

第二二章

左儒友於杜伯❶，皆臣周宣王❷。宣王將殺杜伯而非其罪也。左儒爭之於王，九復之而王弗許也。王曰：「別君而異❸友，斯汝也！」左儒對曰：「臣聞之：君道友逆，則順君以誅❹友；友道君逆，則率友以違君。」王怒曰：「易而言則生，不易而言則死。」左儒對曰：「臣聞古之士不枉義以從死❺，不易言以求生。故臣能明君之過，以死杜伯之無罪。」王殺杜伯，左儒死之。

【注釋】❶杜伯　顏介《冤魂志》引《周春秋》：「周杜國之伯名恒，為宣王之大夫，宣王之妾曰女鳩，欲通之，杜伯不可，女鳩訴之於王曰『恒竊與妾交。』宣王信之，囚杜伯於焦。其友左儒爭之，王不許。」❷周宣王　西周國王，名靜，一作靖，厲王之子，西元前八二七～前七八二年在位。❸異　疑當作「黨」。❹誅　責。❺死　當作「邪」。

【語譯】左儒和杜伯是很要好的朋友，都是周宣王的臣子。杜伯沒有犯什麼罪而宣王卻要殺他，左儒極力向王勸止，九次進言而王都不答應。王說：「把國君撇在一邊，卻對朋友好，這就是你！」左儒回答說：「臣聽說：君王對而朋友不對，就順著君王的意思譴責朋友；朋友對而君王不對，就和朋友一同違抗君王。」王生氣地說：「收回你的話就饒你一命，不收回就處死。」左儒回答說：「臣聽說古代的士人不枉屈正義以順從邪道，不改變自己說過的話以換取生存，所以臣能用死保證杜伯的無罪，並且指明君王的錯誤。」宣王殺了杜伯，左儒也跟著死了。

第二三章

莒穆公有臣曰朱厲附❶，事穆公，不見識焉。冬處於山林，食杼栗❷；夏處洲澤，食菱藕。穆公以難死，朱厲附將往死之。其友曰：「子事君而不見識焉，今君難，吾子死之，意者其不可乎！」朱厲附曰：「始我以為君不吾知也，今君死而我不死❸，是果不知我也。吾將死之，以激天下不知其臣者。」遂往死之。

【注釋】❶莒穆公有臣曰朱厲附　《列子・說符》、《呂氏春秋・恃君》俱作「柱厲叔事莒敖公」，朱駿聲曰：「莒無敖公，亦無穆公。」❷杼栗　即橡實、橡子。❸今君死而我不死　句中「不」字當刪，文義始前後相應。說詳拙作《說苑集證》。

【語譯】莒穆公有個臣子叫朱厲附，事奉穆公，但並未受到賞識。他冬天住在山林裡吃橡實，夏天住在水邊吃菱藕。穆公遭難而死，朱厲附要去為穆公殉難，他的朋友說：「你事奉國君，他連你都不知道，如今國君遭難而死，你卻要為他犧牲，恐怕不必這樣做吧！」朱厲附說：「當初我以為國君不了解我，現在國君死難我卻跟著犧牲，這就證明他果真不了解我。我要為他殉難，用這個來激發天下不了解臣子的國君。」於是前去為穆公殉難而死。

第二四章

楚莊王❶獵於雲夢❷，射科雉❸得之。申公子倍攻而奪之，王將殺之，大夫諫曰：「子倍自好也，爭王雉必有說，王姑察之。」不出三月，子倍病而死。邲之戰❹，楚大勝晉。歸而賞功，申公子倍之弟進，請賞於王曰：「人之有功也，賞於車下❺。」王曰：「奚謂也？」對曰：「臣之兄讀故記❻曰：『射科雉者，不出三月必死。』臣之兄爭而得之，故夭死也。」王命發乎府❼而視之，於記果有焉，乃厚賞之。

【注釋】❶楚莊王　見〈君道〉第二一章。❷雲夢　澤名，此泛指楚國遊獵區。❸科雉　雉名，不詳。❹邲之戰　晉、楚邲之戰，見《左傳》宣公十二年。❺人之有功也賞於車下　義不可通，《太平御覽．四一七》引《呂氏春秋》作「人之有功也於軍旅，臣兄之有功也於車下」。❻故記　古書。❼府　古時國家收藏文書的地方。

【語　譯】楚莊王在雲夢打獵，射中一隻科雉，申公子倍搶前奪去。莊王將要殺他，大夫勸諫說：「子倍是一個自愛的人，爭奪王雉一定有他的道理，大王姑且看看再說。」不到三個月，子倍生病死去了。楚、晉在邲作戰，楚國大勝晉國，回國獎賞有功之臣。申公子倍的弟弟向王請求獎賞說：「別人有功，是因為在軍旅作戰；臣的兄長有功，是在車下奪雉。」王問：「你這話是什麼意思？」回答說：「臣的兄長讀古書，上面說：『射得科雉的人，不到三個月必定會死。』臣的兄長搶先奪到科雉，所以才早夭而死。」莊王叫人翻查府藏的圖書，在古書中果然有這條記載，於是就優厚地獎賞他。

卷五

貴德

【題解】貴是貴重、重視；德不是指一個人的道德修養，而是指君王能夠施行恩惠給臣民。貴德，就是說天子諸侯治理國家應當重視施行恩惠給人民。本卷共三十章，所論多為君主施行恩惠給臣民之事，故可以和〈君道〉篇合觀。一個國君統治全國的臣民，他的恩惠就要能推廣到四海，所以說「大仁者恩及四海，小仁者止於妻子」；而能不能推恩，就是國家興亡的關鍵，「故桀、紂以不仁失天下，湯、武以積德有海土。是以聖王貴德而務行之。」（見第七章）這就是〈貴德〉篇的宗旨所在。天子統治天下萬民，故把恩惠推廣到天下百姓身上是首要之務。第一章謂「聖人之於天下百姓也，其猶赤子乎」，第二章謂仁人之「治天下也，如救溺人」，第四章謂「聖人之於天下也，譬猶一堂之上」，第六章周公答武王問，第一六章趙簡子取消築臺等等，皆是發揮這一層意思。聖王的「布德施惠」，「非求報於百姓」，「非求報於鬼神」，但是福祿自然來歸，因為「有陰德者，必有陽報；有隱行者，必有昭名」，所以「三后之後，無不王者」（第三章）。治民既以推恩愛民為主，故對人民不可以嚴刑重罰，「德不施則民不歸，刑不緩則百姓愁」（第一五章），第一四章記路溫舒上書言尚德緩刑，第二三章記于公決獄公平，一以理論一以實例說明刑罰應當寬緩公平的道理。其他尚論及治國「在德不在險」（第五章），與民同樂（第八章），仁愛禽獸為聖王之道（第一〇章），「王者盛其德而遠人歸」（第一七章），「務施而不腐餘財」（第二〇章）等等。

第一章

聖人之於天下百姓也，其猶赤子❶乎！飢者則食之，寒者則衣之，將❷之養之，育之長之，唯恐其不至於大也。《詩》曰：「蔽芾甘棠，勿翦勿伐，召伯所茇❸。」《傳》曰：「自陝❹以東者，周公❺主之；自陝以西者，召公❻主之。」召公述職❼，當桑蠶之時，不欲變民事，故不入邑中，舍於甘棠之下而聽斷焉。陝間之人，皆得其所，是故後世思而歌詠之。善之故言之；言之不足，故嗟嘆之；嗟嘆之不足，故詠歌之。夫詩思然後積，積然後滿，滿然後發，發由其道而致其位焉。百姓歎其美而致其敬。甘棠之不伐也，政教惡乎不行？孔子❽曰：「吾於《甘棠》，見宗廟之敬也甚❾。尊其人，必敬其位。」順安萬物，古聖之道幾哉。

【注　釋】❶赤子　嬰兒。❷將　亦養也。❸蔽芾甘棠三句　見《詩經‧召南‧甘棠》。蔽芾，樹木茂盛掩覆之貌。甘棠，棠梨。翦，謂翦其枝葉。伐，謂伐其條幹。召伯，召穆虎（屈萬里先生《詩經釋義》有說）；然據下文「《傳》曰」云云，《說苑》此文作者蓋以為是召公奭，此三家詩之舊說也。茇，草中止息也。❹陝　地名，今河南陝縣。周初為周、召二公分治處。❺周公　見〈君道〉第八章。❻召公　周文王庶子，名奭，因采邑在召，故稱召公。佐武王滅商後，受封於北燕，稱燕召公。❼述職　諸侯向天子陳述職守。❽孔子　見〈君道〉第五章。❾甚　下當據《孔子家語‧好生》補「矣思其人必愛其樹」八字。

【語　譯】聖人對待天下百姓，大概就像對待嬰孩吧！餓了就給他飯吃，凍了就給他衣穿，養育他，使他成長，唯恐他長不大。《詩經》上說：「茂盛的甘棠樹啊，不要砍伐它，召伯曾經在下邊停留。」《公羊傳》說：「從陝縣以東的地方，由周公治理；陝縣以西的地方，由召公治理。」召公在百姓採桑養蠶的時候述職，不想影響百姓的農事，所以不入城邑，就在甘棠樹底下聽取百姓的意見，評斷他們的紛爭，使得當地的百姓皆能安居樂業，所以後世的人懷念他，歌頌他。認為召公仁聖，所以想用言語讚美；覺得言語不足以表達，於是再三讚歎；覺得讚歎還不夠，所以作詩歌歌頌他。那作詩的人必須經過深思，然後才能累積情思，累積多了自然就充沛，充沛了就要宣洩出來。宣洩時得依循正道，於是發為詩歌呈獻在召公神位前歌頌。這是因為百姓發自內心的讚美、感念召公的仁政，故而對他表達了無比的崇敬。連他曾經休憩的甘棠樹也不忍心砍伐，做到這樣的地步，政治教化還有什麼行不通的呢？孔子說：「我從〈甘棠〉這一篇詩，了解到為什麼宗廟那樣受到後人的追思和崇敬了。追念他的人，就一定愛他的樹；尊敬他的人，就一定崇敬他的神位。」能夠謹慎安定萬物，古代聖王的理想就不遠了。

第二章❶

仁人之德教也，誠惻隱❷於中，悃愊❸於內，不能已於其心。故其治天下也，如救溺人。見天下強凌弱，眾暴寡，幼孤羸露❹，死傷係虜❺，不忍其然。是以孔子歷七十二君❻，冀道之一行而得施其德。使民生於全育❼，烝庶❽安土，萬物熙熙❾，各樂其終。卒不遇，故睹麟而泣❿，哀道不行，德澤不洽⓫，於是退作《春秋》，明素王⓬之道，以示後人；思施其惠，未嘗輟忘；是以百王尊之，志士法焉⓭，誦其文章，傳今不絕，德及之也。《詩》曰：「載馳載驅，周爰咨謀⓮。」

此之謂也。

【注釋】❶第二章　原與上章相連，今從盧文弨說別為一章。❷惻隱　同情。❸悃愊　至誠。❹羸露　疲病瘦弱。❺係虜　俘虜。❻孔子歷七十二君　《莊子・天運》：「孔子謂老聃曰：丘治《詩》、《書》、《禮》、《樂》、《易》、《春秋》六經，自以為久矣，孰知其故矣，以奸（同干）者七十二君，一君無所鉤用。」歷七十二君，即本此說。七十二，是一種誇大的寫法，不必實指。❼生於全育　「生」下「於」字當刪。❽烝庶　人民。❾熙熙　和樂貌。❿睹麟而泣　《公羊傳》哀公十四年：「春西狩獲麟。……麟者，仁獸也，有王者則至，無王者則不至。有以告者曰：『有麕而角者。』孔子曰：『孰為來哉！孰為來哉！』反袂拭面涕沾袍。」⓫洽　周遍；廣博。⓬素王　言無位而空王之也。素，空也。⓭焉　猶之也。⓮載馳載驅二句　見《詩經・小雅・皇皇者華》。周，遍。爰，語助詞，無義。咨諏，訪問商量。

【語譯】仁人的德教，真能在心中充滿同情、至誠和不能遏止的為民服務的熱忱，所以他治理天下，如同拯救快被淹死的人。看見天下強大的欺侮弱小的，人多的侵凌人少的，以及幼小無依的，疲病瘦弱的，瀕死傷殘的，作為奴隸的，都不忍心他們受到這樣的痛苦。因此孔子遊說許多國君，希望自己的政治理想一旦能夠實現而施行德政，能使人民的生活受到周全的保護，每個人都能安居樂業，萬物都和樂安康，各得其所。可是始終沒有遇到這種機會，所以看到麒麟出現而忍不住哀泣，悲歎自己的政治理想不能實行，德惠恩澤無法普及天下。於是回到魯國纂述《春秋》，彰明素王的道理，以垂示後人；他這種造福人民的想法，沒有一天忘記；所以後代的帝王尊崇他，仁人志士效法他，誦讀他的文章，一直傳到今天沒有斷絕；這是由於他道德崇高，才能達到這個地步。《詩經》上說：「到處奔走馳驅，廣泛聽取人民的意見。」說的就是像孔子這樣的人啊。

第三章❶

聖王布德施惠，非求報於百姓也；郊望禘嘗❷，非求報於鬼神也。山致其高，雲雨起焉；水致其深，蛟龍生焉；君子致其道而福祿歸焉。夫有陰德者，必有陽報；有隱行者，必有昭名。古者溝防不修，水為人害。禹❸鑿龍門❹，闢伊闕，平治水土，使民得陸處。百姓不親，五品不遜❺。契❻教以君臣之義，父子之親，夫婦之辨，長幼之序。田野不修，民食不足。后稷❼教之，闢地墾草，糞❽土樹穀，令百姓家給人足。故三后❾之後，無不王者，有陰德也。周室衰，禮義廢，孔子以三代之道教導於後世。繼嗣至今不絕者，有隱行也。

【注　釋】❶第三章　原連上，今從宋咸淳本分章。❷郊望禘嘗　《淮南子．人間》注：「郊祭天，望祭日月星辰山川，禘嘗祭宗廟也。」❸禹　見〈君道〉第七章。❹龍門　即伊闕，在今河南洛陽南。《漢書．溝洫志》賈讓奏：「昔大禹治水，山陵當路者毀之，故鑿龍門，辟伊闕。」《水經注．一五．伊水》：「伊水又北入伊闕，昔大禹疏以通水，兩山相對，望之若闕，伊水歷其間北流，故謂之伊闕矣。」❺五品不遜　五品即五倫，指君臣、父子、夫婦、長幼、朋友。遜，順也。❻契　見〈君道〉第一三章。❼后稷　見〈君道〉第一三章。❽糞　施肥。❾三后　謂夏禹、殷契、周稷。

【語　譯】聖王布施仁德和恩惠，並不是冀求老百姓的報答；舉行郊望禘嘗各種祭祀，也不是要求鬼神的福報。山高了就起雲雨，水深了就生蛟龍，君子修養他的道德，福祿就自然來了。那些有陰德的人一定有陽報，有隱行的人一定有顯著的名譽。古時候不修溝渠堤防，大水成災，為害人間，大禹開鑿龍門、伊闕，平治了水患，使百姓能夠在陸地安居。百姓不相親近，五倫不和諧，契就教導人際相處的道理，那就是君臣要有恩義，父子要相親愛，夫妻要有內外的分別，長幼要有尊卑的次序。田野荒蕪，人民糧食不足，后稷教人民開墾荒地，施肥種穀，使百姓家家戶戶豐衣足食。所以禹、契、后稷的後人沒有不稱王於天下的，這是因為有陰德。周朝衰頹，禮義廢棄，孔子用夏、商、周三代的典章制度教導後世，他的後代至今綿延不絕，這是因為有隱行啊。

第四章❶

〈周頌〉曰：「豐年多黍多稌，亦有高廩，萬億及秭。為酒為醴，烝畀祖妣，以洽百禮。降福孔偕。」❷《禮記》曰：「上牲損則用下牲，下牲損則祭不備物❸。」以其舛❹之為不樂也。故聖人之於天下也，譬猶一堂之上也。今有滿堂飲酒者，有一人獨索然❺向隅而泣，則一堂之人皆不樂矣。聖人之於天下也，譬猶一堂之上也，有一人不得其所者，則孝子不敢以其物薦進。

【注釋】❶第四章　原連上章，今從盧文弨說提行。❷周頌曰八句　所引〈周頌〉文，見《詩經・周頌・豐年》。稌，稻也。亦，語詞。高廩，高大之米倉也。萬億及秭，萬萬曰億，萬億曰秭，此蓋謂禾秉之數也。醴，甜酒。烝畀，謂祭祀享獻也。烝，進也。畀，予也。男祖曰祖，女祖曰妣。洽，合也。偕，《詩經》作皆，古通，嘉也。❸上牲損則用下牲二句　向宗魯《說苑校證》曰：「今兩《戴記》無此文，當在古《記》百三十一篇中。」上牲，上等的犧牲。指祭祀時用的豕和羊。下牲，指祭祀時用的等級較低的牲畜，如特豕、特豚之類。損，減；降。❹舛　困厄；不幸。❺索然　流淚貌。

【語譯】〈周頌〉上說：「豐收的年歲，多收黍和稻，盛滿高大的米倉，成萬上億，難以計算。做成甜酒，祭祀享獻列祖列宗，以合於多種禮儀。於是神靈降福，普遍而美好。」《禮記》上說：「上牲降等就用下牲；下牲降等就以不完備的品物祭祀。」這是因為凶年的困厄所造成的不快樂。所以聖人對於天下，就好像同處在一堂之上，現在有滿堂飲酒的人，只要有一個人獨自對著角落哭泣，那麼滿堂的人也因此而感到不快樂了。聖人對於天下，就好像在一堂之上，只要有一個人不得其所，孝子就不敢進獻祭品祭祀祖先。

第五章

魏武侯❶浮西河❷而下。中流，顧謂吳起❸曰：「美哉乎！河山之固也，此魏國之寶也。」吳起對曰：「在德不在險。昔三苗氏❹左洞庭，右彭蠡❺，德義不修而禹❻滅之。夏桀❼之居，左河、濟，右太華❽，伊闕❾在其南，羊腸❿在其北，修政不仁湯⓫放之。殷紂⓬之國，左孟門⓭而右太行，常山⓮在其北，大河經其南，修政不德武王⓯伐之。由此觀之，在德不在險。若君不修德，船中之人盡敵國也。」武侯曰：「善。」

【注釋】❶魏武侯　見〈建本〉第二章。❷西河　古稱西部地區南北流向的黃河為西河，在今山西、陝西界上自北而南一段。❸吳起　見〈臣術〉第五章。❹三苗氏　古族名。❺彭蠡　古澤藪名，即今江西鄱陽湖。❻禹　見〈君道〉第七章。❼夏桀　見〈君道〉第二八章。❽太華　即華山，在今陝西華陰南。❾伊闕　見本卷第三章。❿羊腸　阪名，在山西東南地區與河南林縣交界處。⓫湯　商湯。見〈君道〉第一四章。⓬殷紂　見〈君道〉第二八章。⓭孟門　古山名，當在太行山之東。⓮常山　本名恒山，漢避文帝劉恒諱，宋避真宗趙恒諱，改恒山為常山，是五嶽中的北嶽，在今河北曲陽西北。⓯武王　周武王。見〈君道〉第一五章。

【語譯】魏武侯順西河而下，中途回過頭來對吳起說：「多麼壯麗呀！河山是如此險要強固，這真是魏國的國寶。」吳起回答說：「魏國的國寶在於國君的德教，而不在於河山的險要。從前三苗氏，左邊有洞庭湖，右邊有彭蠡湖，但是不修德義，而被夏禹所滅。夏桀所處的地方，左邊是黃河和濟水，右邊是太華山，伊闕在它的南面，羊腸在它的北面，但由於施政不仁，終於被商湯所放逐。殷紂的地域，左邊是孟門山，右邊是太行山，常山在它的北面，黃河經過它的南面，但由於施政不德，終於被周武王所討伐。由此可見，魏國最寶貴的在於德而不在於山河的險要。如果國君不施行德政，這船中的人可能都是你的敵人。」武侯說：「講得好。」

第六章

武王克殷，召太公❶而問曰：「將奈其士眾何？」太公對曰：「臣聞愛其人者，兼屋上之烏；憎其人者，惡其餘胥❷，咸劉❸厥敵，使靡有餘，何如？」王曰：「不可。」太公出，邵公❹入，王曰：「為之奈何？」邵公對曰：「有罪者殺之，無罪者活之，何如？」王曰：「不可。」邵公出，周公❺入，王曰：「為之奈何？」周公曰：「使各居其宅，田其田，無變舊新，唯仁是親，百姓有過，在予一人。」武王曰：「廣大乎平天下矣。凡所以貴士君子者，以其仁而有德也。」

【注　釋】❶太公　見〈君道〉第一五章。❷餘胥　又作胥餘，籬落的角隅。❸劉　殺。❹邵公　即召公。見本卷第一章。❺周公　見〈君道〉第八章。

【語　譯】周武王滅商以後，召見太公問他說：「怎麼樣處理殷朝的士人和百姓？」太公回答說：「臣聽說愛某一個人，連他屋上的烏鴉也一起愛；恨某一個人，連他的籬落也討厭。把敵人全部殺死，一個不留，如何？」王說：「不可。」太公出來，邵公進去，王說：「怎麼做才好？」邵公回答說：「有罪的殺掉，無罪的赦免，如何？」王說：「使不得。」邵公出來，周公進去，王說：「怎麼做才好？」周公說：「使每一個人照舊安居耕種，不要有什麼改變，親近仁德的人，百姓如果有過失，都歸罪於自己。」武王說：「這樣的氣度真是恢弘，可以平治天下了。」凡所以貴重士君子的緣故，是因為他具有仁德。

第七章

孔子曰：「里仁為美，擇不處仁，焉得智❶？」夫仁者必恕然後行，行一不義，殺一無辜，雖以得高官大位，仁者不為也。夫大仁者，愛近以及遠，及其有所不諧，則虧小仁以就大仁。大仁者，恩及四海；小仁者，止於妻子。妻子者❷，以其知營利，以婦人之恩撫之，飾其內情，雕畫其偽，孰知其非真？雖當時蒙榮，然士君子以為大辱。故共工、驩兜❸、符里❹、鄧析❺，其智非無所識也，然而為聖王所誅者，以無德而苟利也。豎刁、易牙❻毀體殺子以干利，卒為賊於齊。故人臣不仁，篡弒之亂生；人臣而仁，國治主榮。明主察焉，宗廟大寧。夫人臣猶貴仁，況於人主乎？故桀、紂以不仁失天下，湯、武以積德有海土。是以聖王貴德而務行之。《孟子》曰：「推恩足以保妻子，不推恩不足以保妻子，古人所以大過人者無他焉，善推其所有而已❼。」

【注釋】❶里仁為美三句　見《論語・里仁》。❷妻子者　疑當作「止於妻子者」。❸共工驩兜　與檮杌、饕餮並稱四凶。

《尚書・舜典》：「流共工于幽州，放驩兜于崇山。」❹符里　即本書〈指武〉第二五章所謂「管仲誅史附里」是也。《孔子家語・始誅》作「付乙」，《荀子・宥坐》作「付里乙」，楊倞云：「付里乙事跡未詳。」❺鄧析　鄭人，與子產並時，《荀子・宥坐》、《淮南子・氾論》、《列子・力命》等並謂子產誅鄧析，然據《左傳》，子產卒於昭公二十年，定公九年駟歂殺鄧析而用其竹刑，則非子產所殺也。詳參拙作《說苑集證・指武》第二五章。❻豎刁易牙　皆齊桓公臣。易牙烹其子，豎刁自宮，以近桓公。〈尊賢〉第五章：「(桓公)任豎刁、易牙，身死不葬為天下笑。」第七章：「(桓公)任豎刁、易牙，身死不葬，蟲流出戶。」❼推恩足以及四海四句　見《孟子・梁惠王上》。「及」作「保」。「古」下有「之」字。「有」作「為」。

【語　譯】孔子說：「居處的地方風淳俗厚，是最好的事了。不選擇風淳俗美的地方來居住，怎麼稱得上明智？」一個仁人一定先設身處地為別人著想，然後才去做。做一件不義的事，殺一個無罪的人，即使可以獲得高官大位，仁人也絕對不肯去做。一個大仁者，從愛近處的人和物擴展到愛遠處的人和物；到他有不能全部和諧協調的時候，就犧牲小仁來成就大仁。大仁的人恩惠遍及四海，小仁的人恩惠僅限於自己的妻子。恩惠僅及於自己妻子的人，只會用他的智慧謀求利益，用婦人的小恩安撫別人，掩飾心中的真情，粉飾自己的虛偽，誰知道他不是真的？這種人雖然當時獲得名譽，可是士君子卻以為是大辱。所以共工、驩兜、符里、鄧析，他們的智慧並不是不懂事理，然而卻被聖王所殺的緣故，是因為他們只貪求利益而不懂得施行恩德。豎刁、易牙，不惜毀傷自己的身體，殺害自己的兒子，來謀求私利，終於成為齊國的禍害。所以做人臣的如果不仁，篡位弒君的禍亂就會發生；如果人臣仁德，國家就能平治，國君也得到尊榮。明主洞察明白這個道理，所以國家太平，宗廟安寧。那人臣尚且以具有仁德為貴，何況是一國之主呢？所以桀、紂因為不仁失去了天下，湯、武因為積德有了國土。所以聖明的君王注重恩德，而且身體力行。《孟子》上說：「推廣恩德，就能夠保有天下；不推廣恩德，連妻子也保不住。古時候的仁聖賢君，之所以能夠超群絕倫，並沒有什麼別的緣故，不過是善於把自己的恩德推廣到人民身上罷了。」

第八章

晏子❶飲景公❷酒，令器必新。家老❸曰：「財不足，請斂❹於民。」晏子曰：「止。夫樂者上下同之。故天子與天下，諸侯與境內，自大夫以下各與其僚，無有獨樂。今上樂其樂，下傷其費，是獨樂者也。不可。」

【注釋】❶晏子　見〈君道〉第一八章。❷景公　齊景公。同前。❸家老　家臣。❹斂　徵收。

【語譯】晏子請景公飲酒，吩咐酒器一定要新的。家臣說：「錢不夠，請准許向老百姓徵收。」晏子說：「不可以。娛樂必得要上下同樂。所以天子跟天下人民，諸侯跟境內百姓，自大夫以下各和他們的僚屬一道娛樂，沒有獨自娛樂的。現在在上的自己娛樂，卻要在下的百姓破費，這就是獨樂。不可以這樣做。」

第九章

齊桓公❶北伐山戎氏，其道過燕。燕君❷逆而出境。桓公問管仲❸曰：「諸侯相逆❹，固出境乎？」管仲曰：「非天子不出境。」桓公曰：「然則燕君畏而失禮也。寡人不道，而使燕君失禮。」乃割燕君所至之地，以與燕君。諸侯聞之，皆朝於齊。《詩》云：「靖恭爾位，好是正直，神之聽之，介爾景福❺。」此之謂也。

【注釋】❶齊桓公　見〈君道〉第一七章。❷燕君　據《史記・燕世家》是燕莊公，春秋時燕國國君，燕召公十七世孫，燕桓侯子，西元前六九〇～前六五八年在位。❸管仲　見〈君道〉第一七章。❹逆　迎。❺靖恭爾位四句　見《詩經・小雅・小明》。靖，通「靜」。審慎。位，職位。好，喜歡。「神之聽之」上「之」字，助詞，無義。介、景，皆大的意思。

【語譯】齊桓公到北邊去討伐山戎氏，經過燕國，燕君出了燕國國境來歡迎他。桓公問管仲說：「諸侯之間相迎，本來就應當出國境嗎？」管仲說：「不是天子，就不出境相迎。」桓公說：「這樣說來，燕君就是因為害怕而失禮。我真是無道，竟然使燕君失禮。」於是把燕君所到的地方割讓給燕君。諸侯們聽到了這件事，都到齊國去朝見。《詩經》上說：「審慎恭謹地在本位上工作，要愛護忠良正直的人，上帝聽到這些，會大大降福給你們。」說的就是這個道理。

第一〇章

景公❶探爵鷇❷，鷇弱，故反❸之。晏子❹聞之，不待請而入見，景公汗出惕然❺。晏子曰：「君胡為者也？」景公曰：「我探爵鷇，鷇弱，故反之。」晏子逡巡❻北面再拜而賀曰：「吾君有聖王之道矣！」景公曰：「寡人探爵鷇，鷇弱，故反之，其當聖王之道者何也？」晏子對曰：「君探爵鷇，鷇弱，故反之，是長幼也。吾君仁愛，禽獸之加焉，而況於人乎？此聖王之道也。」

【注釋】❶景公　見〈君道〉第一八章。❷爵鷇　待哺食的小雀鳥。爵，通「雀」。❸反　同「返」。❹晏子　見〈君道〉第一八章。❺惕然　戒懼的樣子。❻逡巡　恭謹後退貌。

【語譯】景公摸取待哺的小雀，小雀太弱，所以就把牠放回去了。晏子聽到了，不等請求批准就進來謁見，景公緊張得汗都出來了。晏子說：「君主您做什麼來著？」景公說：「我摸取小雀，小雀太弱，所以就放回去了。」晏子恭謹地面對君王拜了兩拜，祝賀說：「君王有聖王之道了啊！」景公說：「我去摸雀，因為雀小所以放了回去，這為什麼合於聖王之道呢？」晏子回答說：「君王摸雀，因為雀小，所以就放了回去，這是愛護幼小啊。君王的仁愛已經加到禽獸身上，何況對於人呢？這就是聖王之道。」

第一一章

景公覩嬰兒有乞於途者。公曰：「是無歸夫❶？」晏子對曰：「君存，何為無歸？使❷養之。可立而以聞。」

【注釋】❶夫　猶乎也。❷使　下《晏子春秋・雜下十》有「吏」字，當據補，文義始通。

【語譯】齊景公看見有一個幼童在路上乞討，景公說：「這個孩子無家可歸嗎？」晏子回答說：「有您在，怎麼會無家可歸？派個官吏養他。這件事可以立刻辦好並向您報告。」

第一二章

景公遊於壽宮❶，覩長年❷負薪而有飢色。公悲之，喟然嘆曰：「令吏養之。」晏子曰：「臣聞之：樂賢而哀不肖❸，守國之本也。今君愛老而恩無不逮，治國之本也。」公笑，有喜色。晏子曰：「聖王見賢以樂賢，見不肖以哀不肖。今請求老弱之不養，鰥寡之不室者，論而供秩❹焉。」景公曰：「諾。」於是老弱有養，鰥寡有室。

【注　釋】❶壽宮　即胡宮，本齊先君胡公之宮，胡公壽考，故亦稱壽宮。❷長年　即年長。❸不肖　不才。❹論而供秩　論，擇。秩，祿。

【語　譯】齊景公遊覽壽宮，看見有個老人背負柴薪，面有飢色。景公可憐他，歎息說：「叫官府供養他。」晏子說：「臣聽說：喜歡賢能的人，哀憐不才的人，這是守國的根本。現在國君憐恤老人而恩惠無所不及，這是治國的根本。」景公聽到晏子的稱讚很得意，面有喜色。晏子說：「聖明的君王看見有才能的人就喜歡他們，看見不才的人就哀憐他們。現在請訪求那些無人供養的老弱，沒有室家的鰥夫寡婦，根據情況加以供養。」景公回答說：「好。」於是老弱的人都有了供養，鰥寡無依的人也都有了室家。

第一三章

桓公❶之平陵❷，見家人❸有年老而自養者，公問其故，對曰：「吾有子九人，家貧無以妻之，吾使傭而未返也。」桓公取外御者❹五人妻之。筦仲入見曰：「公之施惠不亦小矣！」公曰：「何也？」對曰：「公待所見而施惠焉，則齊國之有妻者少矣。」公曰：「若何？」筦仲曰：「今國丈夫二十而室，女子十五而嫁。」

【注　釋】❶桓公　齊桓公。見〈君道〉第一七章。❷平陵　舊縣名，相傳為帝乙所都。春秋為譚國地，被齊吞併。漢置東平陵縣，屬濟南郡。因右扶風有平陵，故加東字。❸家人　猶言民家。❹外御者　謂不侍寢席者。

【語　譯】齊桓公到平陵，看見民家有一個老人獨自過活，桓公就問什麼緣故。回答說：「我有九個兒子，因為家裡貧窮都沒有娶妻，我叫他們出外替人幫工還沒有回來。」桓公把自己的五名侍女嫁給他們。管仲進來見桓公說：「公的施行恩惠給人民不是小了點嗎！」桓公說：「為什麼？」回答說：「等您看到了才施給恩惠，那麼齊國能夠娶妻的人就太少了。」桓公說：「那怎麼辦？」管仲說：「下令全國，讓男子二十歲成家，女子十五歲出嫁。」

第一四章

孝宣皇帝❶初即位，守廷尉吏路溫舒❷上書，言尚德緩刑。其詞曰：「陛下初即至尊，與天合符，宜改前世之失，正始受命❸之統，滌煩文，除民疾，存亡繼絕，以應天德，天下幸甚。臣聞往者秦有十失，其一尚存，治獄吏，是也。昔秦之時，滅文學，好武勇；賤仁義之士，貴治獄之吏；正言謂之誹謗，遏❹過謂之妖言。故盛服先王❺不用於世，忠良切言皆鬱於胸，譽諛之聲日滿於耳，虛美薰❻心，實禍蔽塞。此乃秦之所以亡天下也。方今海內賴陛下厚恩，無金革之危，飢寒之患，父子、夫婦勠力安家，天下幸甚；然太平之未洽❼者，獄亂之也。夫獄，天下之命，死者不可生，斷者不可屬❽。《書》曰：『與其殺不辜，寧失不經❾。』今治獄吏則不然，上下相驅❿，以刻為明；深⓫者獲公名，平者多後患。故治獄吏皆欲入死，非憎人也，自安之道在人之死。是以死人之血流離⓬於市，被刑之徒比肩而立，大辟⑬之計歲以萬數，此聖人所以傷，太平之未洽，凡以是也。人情安則樂生，痛則思死，捶楚之下，何求而不得？故囚人不勝痛，則飾誣詞以示之；吏治者利其然，則指道⑭以明之；上奏恐卻，則鍛鍊⑮而周內⑯之。蓋奏當之成，雖皋陶聽之，猶以為死有餘罪。何則？成鍊之者眾，而文致之罪明也。是以獄吏專為深刻⑰，殘賊而無極，偷⑱為一切⑲，不顧國患，此世之大賊也。故俗語云：『畫地作獄，議不可入；刻木為吏，期不可對⑳。』此皆疾吏之風，悲痛之辭也。故天下之患，莫深於獄；敗法亂政，離親塞道，莫甚乎治獄之吏。此臣所謂一尚存也。臣聞烏鳶之卵不毀，而後鳳凰集；誹謗之罪不誅，而後良言進。故《傳》曰：『山藪藏疾，川澤納污，國君含垢，天之道也㉑。』臣昧死上聞，願陛下察誹謗，聽切言；開天下之口，廣箴諫之路；改亡秦之一失，遵文、武之嘉德；省法制，寬刑罰，以廢煩獄；則太平之風可興於世，福履㉒和樂，與天地無極。天下幸甚。」書奏㉓，皇帝善之。後卒為㉔臨淮太守。

【注釋】❶孝宣皇帝 （西元前九〇～前四九年）西漢皇帝，西元前七四～前四九年在位。名詢，字次卿，武帝曾孫。幼育於祖母史氏家，居民間，少時出入三輔，俱知閭里奸宄，吏治得失。通達黃老刑名之學。昭帝死，霍光迎入為帝。在位期間，厲精圖治，任賢用能，賢相循吏輩出。親政十八年，平獄緩刑，輕徭薄賦，發展生產，廣開言路，使吏稱其職，民安其業。❷路溫舒　字長君，鉅鹿東里（今河北平鄉西南）人。少家貧，編蒲學書。稍長求為獄小吏，學律令，轉為縣獄吏。後習《春秋》，學識漸博，舉孝廉，為山邑丞。元鳳中，任廷尉奏曹掾。宣帝即位，上書反對酷刑，主張尚德緩刑，官至臨淮太守，卒於官。❸受命　諸本並無「命」字，此當刪。❹遏　止也。❺盛服先王　「王」當作「生」字，形近之誤。盛服先生，謂儒生，儒者褒衣大冠，故曰盛服先生。❻薰　灼。❼洽　周遍；廣博。❽屬　續也。❾與其殺不辜二句　見《偽古文尚書·大禹謨》。不辜，無罪。不經，言刑法失其常也。❿驅　逼迫。⓫深　苛細嚴峻。⓬流離　紛繁貌。⓭大辟　死刑。⓮指道　指畫引導。⓯鍛鍊　羅織罪名。⓰周內　使之周密而無遺漏。⓱深刻　嚴峻刻薄。⓲偷　苟且；馬虎草率。⓳一切　為達到目的的權宜之舉。⓴畫地作獄四句　議，議論；意見。期，必定。兩字意義互相補足。㉑山藪藏疾四句　見《左傳》宣公十五年。藪，大澤。疾，毒害之物，如毒蟲猛獸之類。㉒履　福祿。㉓奏　進；上。包括進言、上書、呈進財物等。㉔卒為「為」當作「於」。

【語　譯】孝宣皇帝初即位，守廷尉吏路溫舒就向皇帝上書，建議重視德化，緩用刑罰。上書說：「皇帝初即大位，符合天命；應該改革前代的缺失，端正剛剛承受的大統；滌除不需要的規章，消弭老百姓的疾苦，滅亡了的使它得以生存下去，斷絕了的使它延續下去，以順應天德，這樣天下的人就有福了。臣聽說：從前秦朝有十大缺失，其中有一項目前還存在著，那就是治獄的官吏。從前秦朝的時候，消滅文化，崇尚武勇；輕視仁義的人，貴重治獄的官吏；正直的言論被視為是誹謗，規過勸善的話認為是妖言。所以有學行的儒生不被世所重用，忠良切實的話都鬱積在胸中無從表達，而諂媚阿諛的聲音，卻每天充盈於耳；一心追求虛假的讚譽，對於災禍視而不見。這就是秦朝所以滅亡的原因。現今天下仰賴陛下的大恩，沒有戰爭的危險、飢寒的災患，父子夫婦努力安家，天下的人都託您的福；然而太平還不能普及天下，是獄政不善使它如此啊！那獄訟，關係到天下的人命，被處死了就不能復生，身體刑殘了就無法復原。《書經》上說：『與其濫殺無罪的人，寧可讓刑法喪失常度。』現在治獄的官吏就不是這樣，上下相逼迫，以苛刻為精明；苛細嚴峻的獲得公平的名聲，真正公平公正的人反而有後患。所以治獄的官吏都想判人死刑，並不是他特別憎恨人，而是由於保全自己的方法，就在於判人的死刑。因此死人的血流滿於市，被判刑的人比肩而立，每年被處死刑的人數以萬計，這就是聖人所以哀痛的原因，太平的未能普遍，也是由於這個。人的常情是快樂的時候就希望活下去，痛苦的時候就想死；酷刑之下有什麼口供得不到？所以囚犯因為忍受不了痛苦，就依照獄吏的要求捏造口供來搪塞；獄吏認為這樣對問案有利，所以又從旁指導犯人把案情編造得更明白；呈報上級的審案判詞，恐怕被駁回，就又羅織罪名使它周密而沒有遺漏。呈報上來的判罪處置，即使皋陶聽到了，也認為死有餘辜。為什麼？因為羅織成的罪名多，而援用法律條文致人於罪又非常明白。所以獄吏專門對囚犯嚴峻刻薄殘忍毒害，壞到極點，馬虎草率，為達目的不擇手段，不顧國家的禍患，這是社會上的大賊。故俗語說：『在地上畫一個圈子作為牢獄，公正的議論也一定進不去；刻一個木人作為獄吏，公平的意見也一定得不到回應。』這些都是痛恨獄吏的歌謠，悲痛的言辭啊。所以天下的禍患，沒有比獄政更嚴重的；敗壞法紀，攪亂政治，離間親情，阻塞正道，沒有比獄吏來得厲害的。這就是臣所說的到現在還存在的一種弊端。臣聽說鳥雀的卵不會被毀壞，然後鳳凰才會來集；批評進諫的人不會被殺掉，然後才有人敢進忠言。所以《左傳》上說：『大山大澤中藏著猛獸毒蟲，河水川澤中容納不潔汙穢，國君含垢忍辱，這是天道。』臣冒死向皇帝進言，希望陛下明察誹謗，採納忠言；讓天下的人敢於說話，廣開批評勸諫的路；改掉亡秦的一大缺失，遵守文王、武王的美德；減省法制，寬減刑罰，以廢除煩苛的刑獄；那麼太平的氣象，可以興盛於今世；福祿和樂，和天地永存。如此天下的人就有福了。」上書呈到皇帝那裡，皇帝非常嘉許。後來在臨淮太守任上去世。

第一五章

晉平公❶春築臺，叔向❷曰：「不可。古者聖王貴德而務施，緩刑辟而趨民時❸。今春築臺，是奪民時也。夫德不施則民不歸，刑不緩則百姓愁。使不歸之民，役愁怨之百姓，而又奪其時，是重竭❹也。夫牧百姓養育之而重竭之，豈所以定命安存，而稱為人君於後世哉！」平公曰：「善。」乃罷臺役。

【注　釋】❶晉平公　見〈君道〉第一章。❷叔向　春秋晉國卿大夫，即羊舌肸，因封邑在楊，又稱楊肸。晉悼公時，為太子彪傅。平公即位後，參與國政。❸緩刑辟而趨民時　辟，罪。趨，疾速。民時，猶農時。❹竭　竭盡的意思，引申為壓榨。

【語　譯】晉平公在春天要築臺。叔向說：「不可以。古時候的聖王注重恩德並極力施行，舒緩刑罰而不耽誤老百姓耕作的時間。現在春天築臺，這是耽誤農時。不施行恩德，人民就不會來歸附；不緩行刑罰，百姓就會愁苦。使用不誠心歸附的人民，役使愁苦怨恨的百姓，而又占奪他們耕作的時間，這是多重的壓榨。治理百姓，本來應當養育他們，現在卻反倒加倍壓榨，這那裡是安定人民生活、保障人民生存而被後世稱道的人君呢！」平公說：「你說得對。」於是就取消了徵民築臺的差役。

第一六章

趙簡子❶春築臺於邯鄲❷，天雨而不息，謂左右曰：「可無趨種乎？」尹鐸對曰：「公事急，措❸種而懸之臺，夫雖欲趨種，不能得也。」簡子惕然，乃釋臺罷役，曰：「我以臺為急，不如民之急也，民以不為臺，故知吾之愛也。」

【注　釋】❶趙簡子　見〈君道〉第三五章。❷邯鄲　古都邑，西元前三八六年趙敬侯自晉陽徙都於此，故址即今河北邯鄲。❸措　安置。

【語　譯】趙簡子春天在邯鄲築臺，天雨不停，問左右的人說：「可以不趕緊播種嗎？」尹鐸回答說：「公事要緊，已經把種子集中起來掛在臺上，這個時候雖然有人想播種，也辦不到了。」簡子這才猛然警惕，於是就放棄築臺，停止勞役，說：「我以為築臺緊急，其實不如百姓種田要緊。老百姓從我停止築臺這件事，就能了解我對他們的愛恤了。」

第一七章

中行獻子❶將伐鄭，范文子❷曰：「不可。得志於鄭，諸侯讎我，憂必滋長。」郤至❸又曰：「得鄭，是兼國也。兼國則王，王者固❹多憂乎？」文子曰：「王者盛其德而遠人歸，故無憂。今我寡德而有王者之功，故多憂。今子見無土而欲富者，樂乎哉？」

【注　釋】❶中行獻子　即中行偃、荀偃。春秋時晉國大夫。荀林父孫，字伯游。厲公時佐上軍，與大夫欒書殺厲公，立襄公曾孫為悼公。代荀罃將中軍，隨悼公伐齊。諡獻。❷范文子　春秋時晉國大夫，范武子之子，即士燮。晉景公七年（西元前五九三年），將上軍伐齊；厲公六年（西元前五七五年），隨厲公與楚戰於鄢陵，大敗楚軍，晉從此威震諸侯。卒諡文子。❸郤至　春秋時晉國大夫，又稱溫季。厲公時晉、楚戰於鄢陵，至言宜急擊勿失，遂敗楚師。後與郤錡、郤犨並侈而多怨，厲公謀去三郤，錡欲攻公，至言：信者不叛君，智者不害民，勇者不作亂。遂被殺。❹固　一定；必定。

【語　譯】中行獻子將要去討伐鄭國，范文子說：「不可以。如果伐鄭達到目的，諸侯就會以我國為仇敵，憂患必定增多。」郤至又說：「打敗鄭國是兼併別的國家，兼併別的國家就能稱王，稱王一定會多憂患嗎？」文子說：「稱王的人使自己的德澤盛大，遠方的人自動來歸，所以沒有憂患；現在我們的德澤不廣，卻妄想建立王者的功勞，所以一定會多憂患。你看到過沒有土地而想富有的人能夠快樂嗎？」

第一八章

季康子❶謂子游❷曰：「仁者愛人乎？」子游曰：「然。」「人亦愛之乎？」子游曰：「然。」康子曰：「鄭子產❸死，鄭人丈夫捨玦珮❹，婦人舍珠珥❺，夫婦巷哭，三月不聞竽瑟之聲。仲尼之死，吾不聞魯國之愛夫子，奚也？」子游曰：「譬子產之與夫子，其猶浸水❻之與天雨乎！浸水所及則生，不及則死。斯民之生也，必以時雨，既以生，莫愛其賜。故曰：譬子產之與夫子也，猶浸水之與天雨乎！」

【注　釋】❶季康子　姓季孫，名肥，春秋時魯國大夫，正卿。季桓子卒，他代立。時齊屢伐魯，康子用孔子弟子冉有將師與齊戰，有功，思孔子，以幣往迎孔子。孔子自衛返魯後，康子曾從孔子學禮問政，孔子教其「舉直錯諸枉，則枉者直」。❷子游　即言偃，春秋魯人，孔子弟子，習文學。仕魯為武城宰，以禮樂為教。❸子產　見〈臣術〉第四章。❹玦珮　玦，開口的玉環。珮，玉佩，佩帶的飾物。❺珥　耳飾。❻浸水　灌溉之水。

【語　譯】季康子問子游說：「仁者愛人嗎？」子游說：「當然。」「別人也愛他嗎？」子游說：「當然。」康子說：「鄭國子產死了以後，鄭國男人丟掉玦珮，婦人丟掉珠珥，夫婦在巷子裡痛哭，三個月聽不到音樂的聲音。仲尼的死，我沒有聽到魯國人哀悼他的哭聲，這是什麼緣故呢？」子游說：「拿子產和夫子來比，那就好像灌溉的用水和天雨啊！灌溉用水所到的地方，農作物就活，不到就死。而人類的生存，一定要靠雨水；但是人們時時受到雨水的露潤，反而不曉得感謝了。所以說，拿子產和夫子比，就像浸水和天雨啊！」

第一九章

中行穆子圍鼓❶，鼓人有以城反者，不許。軍吏曰：「師徒不勤，可得城，奚故不受？」曰：「有以吾城反者，吾所甚惡也，人以城來，我獨奚好焉？賞所甚惡，是失賞也，若所好何？若不賞，是失信也，奚以示民？」鼓人又請降，使人視之，其民尚有食也，不聽。鼓人告食盡力竭，而後取之。克鼓而反，不戮一人。

【注釋】❶中行穆子圍鼓　春秋晉大夫，荀偃之子。即荀吳，又稱中行伯、中行吳。嘗敗無終及群狄於太原，又伐鮮虞。圍鼓，待其食竭力盡而後取之。後又滅陸渾之戎。卒謚穆。鼓，白狄之別種。

【語譯】中行穆子圍攻鼓國，鼓國有人準備叛變，把鼓城獻給他，中行穆子不准許。軍吏說：「不必出動軍隊就可以得城，為什麼不接受？」回答說：「如果有人拿我們的城叛變，這是我非常厭惡的事；那麼別人拿城叛變來投靠，我為什麼偏要喜歡？獎賞自己非常厭惡的人，就是獎賞的失當，又該如何對待自己所喜歡的人？假若不賞，就是失信，如何做人民的表率？」鼓人又請求投降，派人去察看，他們的百姓還有飯吃，不答應；等到鼓人來告糧食吃完了，也沒有力量反抗了，這才進取鼓城，把它占領。戰勝鼓國回國，沒有殺一個人。

第二〇章

孔子❶之楚，有漁者獻魚甚強❷，孔子不受。獻魚者曰：「天暑市遠，賣之不售，思欲棄之，不若獻之君子。」孔子再拜受，使弟子掃除將祭之。弟子曰：「夫人將棄之，今吾子將祭之，何也？」孔子曰：「吾聞之：務施而不腐餘財者，聖人也。今受聖人之賜，可無祭乎？」

【注釋】❶孔子　見〈君道〉第五章。❷強　使用強力；堅持。

【語譯】孔子到楚國去，有個漁夫硬要把魚送給孔子，孔子不肯接受。漁夫說：「天氣熱，市場遠，賣又賣不掉，想把牠丟棄，倒不如獻給君子。」孔子拜了兩拜接受了下來，叫弟子打掃清潔，準備祭祀。弟子說：「人家想丟掉的，現在老師卻拿來祭祀，為什麼呢？」孔子說：「我聽說：盡力去施捨，不讓多餘的財物腐爛，這種人就是聖人。現在我接受聖人的賞賜，可以不舉行祭祀嗎？」

第二一章

鄭伐宋❶，宋人將與戰。華元❷殺羊食士，其御羊斟不與焉。及戰，曰：「疇昔之羊羹，子為政❸；今日之事，我為政。」與華元馳入鄭師，宋人敗績❹。

【注釋】❶鄭伐宋　《左傳》宣公二年春，鄭公子歸生受命於楚伐宋。❷華元　春秋時宋國大夫，歷事文、共、平三君凡四十餘年。❸為政　謂節制其事，猶作主也。❹敗績　軍隊潰散。

【語譯】鄭國攻打宋國，宋國將要迎戰，華元殺羊犒賞將士，替他駕車的羊斟卻沒有份。等到兩軍交戰的時候，羊斟說：「以前分羊羹的事你作主，今天的戰事我作主。」就駕車馳入鄭國軍中，華元被俘，宋軍因而潰敗。

第二二二章

楚王問莊辛曰：「君子之行奈何？」莊辛對曰：「居不為垣墻，人莫能毀傷；行不從周衛，人莫能暴害。此君子之行也。」楚王復問：「君子之富奈何？」對曰：「君子之富，假貸人，不德也，不責❶也；其食飲人，不使也，不役也。親戚愛之，眾人喜之，不肖者事之，皆欲其壽樂而不傷於患。此君子之富也。」楚王曰：「善。」

【注釋】❶責　索取。

【語譯】楚王問莊辛說：「君子的德行怎樣？」莊辛回答說：「住家的四周不築圍牆，沒有人傷害他；出行不須周密的護衛，沒有人對他施暴。這就是君子的德行。」楚王又問：「君子的富有怎樣？」回答說：「君子的富有，借錢財給人家，不要求感恩，也不要求償還；供給人家飲食，不因此使喚人家，役使人家；親戚喜歡他，大家愛戴他，不肖的人事奉他，都希望他長壽快樂，不受到傷害。這就是君子的富有。」楚王說：「好。」

第二二三章

丞相西平侯于定國❶者，東海下邳人也。其父號曰于公，為縣獄吏、決曹掾❷，決獄平法，未嘗有所寃。郡中離文法❸者，于公所決，皆不敢隱情。東海郡中為于公生立祠，命曰于公祠。東海有孝婦，無子，少寡，養其姑甚謹。其姑欲嫁之，終不肯。其姑告鄰之人曰：「孝婦養我甚謹，我哀其無子守寡，日久我老，累丁壯，奈何？」其後母自經死，母女告吏曰：「孝婦殺我母❹。」吏捕孝婦，孝婦辭不殺姑。吏欲毒治，孝婦自誣服❺。具獄以上府，于公以為養姑十年以孝聞，此不殺姑也。太守不聽，數爭不能得，於是于公辭疾去吏。太守竟殺孝婦。郡中枯旱三年。後太守至，卜求其故，于公曰：「孝婦不當死，前太守強殺之，咎當在此。」於是殺牛祭孝婦冢，太守以下自至焉。天立大雨，歲豐熟，郡中以此益敬重于公。于公築治廬舍，謂匠人曰：「為我高門，我治獄未嘗有所冤，我後世必有封者，令容高蓋駟馬車。」及子，封為西平侯。

【注釋】❶于定國（西元前？～前四〇年）西漢時大臣，字曼倩。少學法於父，父死，為獄吏，以才高補為廷尉史，遷御史中丞，宣帝時為廷尉。定國重經術，師受《春秋》，為人謙恭，治獄平恕，決疑平法，務哀鰥寡。時稱：「張釋之為廷尉，天下無冤民；于定國為廷尉，民自以不冤。」任廷尉十八年，遷御史大夫。甘露中代黃霸為丞相，封西平侯，永光初以災異乞休。❷決曹掾　上當據《漢書・于定國傳》補「郡」字。❸離文法　離，網羅；遭逢。此作觸犯解。文法，本謂法令條文，此作刑法解。❹孝婦殺我母　《漢書・于定國傳》無「孝」字。❺誣服　無辜服罪。

【語譯】丞相西平侯于定國，是東海下邳人。他的父親外號叫做于公，做縣獄吏，後來做郡決曹掾，判決案件公平合法，不曾冤枉過人。凡是郡中觸犯刑法的，由于公審判，都不敢隱瞞真情。東海郡中的人在他生前就為他建立一座祠堂，叫做于公祠。東海有一位孝婦，沒有兒子，年輕就做了寡婦，奉養婆婆非常恭謹孝順。她的婆婆想把她改嫁，始終不肯答應。婆婆告訴鄰居說：「媳婦奉養我非常孝順，我可憐她沒有兒子，守寡時間太長了，我老了，怎麼好拖累年輕的媳婦？」後來她的婆婆自縊死了，小姑向官吏告狀說：「我嫂子殺了母親。」官吏逮捕孝婦，孝婦辯解不曾殺婆婆。獄吏不相信，準備用毒刑拷打，孝婦只好認罪。獄吏把案子呈報到郡府，于公認為奉養婆婆十年，以孝順聞名鄉里，這樣的人是不會殺婆婆的。太守不聽，幾度爭論，都沒有結果，於是于公稱病辭職而去。太守終於殺了孝婦，郡中因此乾旱三年。後任太守到任以後，詢問原因，于公說：「孝婦不應當處死，前太守竟然把她殺了，天降乾旱的原因應當就是這個。」於是殺牛到孝婦墳上祭奠，從太守以下的官員都到了，天立刻下大雨，年歲豐收，郡中的人因此更加敬重于公。于公建造房子，向工人說：「把我的門造得高大些，我辦案子從來沒有冤枉人，後代一定有被封做大官的，讓它能夠通過四馬所拉的有高大車篷的車子。」後來兒子果然封為西平侯。

第二四章

孟簡子❶相梁並❷衛，有罪而走齊。管仲迎而問之曰：「吾子相梁並衛之時，門下使者幾何人矣？」孟簡子曰：「門下使者有三千餘人。」管仲曰：「今與幾何人來？」對曰：「臣與三人俱。」仲曰：「是何也？」對曰：「其一人父死無以葬，我為葬之；一人母死無以葬，亦為葬之；一人兄有獄，我為出之。是以得三人來。」管仲上車曰：「嗟茲乎！我窮必矣。吾不能以春風風人，吾不能以夏雨雨人，吾窮必矣！」

【注釋】❶孟簡子　盧文弨曰：「與下筦仲，皆非春秋時人，事勢俱不合。」顧炎武《日知錄・二五》：「其時未有梁，魯亦無孟簡子。」蓋後世不明世代之淺人所偽託，不可以實考之。❷並　及。

【語譯】孟簡子做梁國和衛國的相，因為有罪逃亡到齊國，管仲迎接他並且問道：「您在梁國和衛國做相的時候，門下客有多少人？」孟簡子說：「門下客有三千多人。」管仲說：「現在和您一塊來的有多少人？」回答說：「我同三個人一齊來。」管仲說：「是什麼樣的人？」回答說：「其中一人父親死了沒有力量下葬，我為他辦了喪事；一人的母親死了沒法埋葬，我也為他辦了喪事；另外一個人哥哥被關在監牢，我設法把他釋放出來。因此有這三個人追隨我。」管仲上車說：「唉呀！我的處境困窘是一定的了。我不能像春風吹拂大地似的給人以和煦的照拂，不能像夏雨滋潤萬物般的給人以及時的幫助，我將來的處境必定很困窘啊！」

第二五章

凡人之性，莫不欲善其德；然而不能為善德者，利敗之也。故君子羞言利名。言利名尚羞之，況居而求利者乎？周天子使家父、毛伯求金於諸侯❶，《春秋》譏之。故天子好利則諸侯貪，諸侯貪則大夫鄙，大夫鄙則庶人盜，上之變下，猶風之靡草也。故為人君者，明貴德而賤利以道❷下，下之為惡，尚不可止。今隱公❸貪利而身自漁❹濟上，而行八佾❺，以此化於國人，國人安得不解❻於義。解於義而縱其欲，則災害起而臣下僻❼矣。故其元年始書「螟」❽，言災將起，國家將亂云爾。

【注釋】❶周天子句　「周天子」以下原別為一章，今與上相合。說詳拙著《說苑集證》。家父，周桓王大夫，參桓公十五年《春秋經》及《傳》。毛伯，毛蓋其采邑，伯乃其家號，名衛，周頃王臣，參文公九年《春秋經》及《傳》。❷道　通「導」。❸隱公　魯隱公，春秋時魯國國君，名息（一作息姑），魯惠公長庶子。惠公卒，太子允年幼，息攝政為君。後為公子揮及太子允謀殺。西元前七七二～前七一二年在位。❹漁　捕魚。❺八佾　天子用的樂舞，排列成行，每行都是八人，共六十四人。佾，歌舞的行列。《左傳》隱公五年：「天子用八，諸侯用六，大夫四，士二。」❻解　同「懈」。❼僻　邪也；不正。❽元年始書螟　魯隱公元年無書螟事，「元年」當是「五年」之誤。螟，蛾屬，幼蟲曰螟，棲稻之葉液或莖中，蛀食稻莖之髓部，《爾雅・釋蟲》所謂「食苗心，螟」是也。

【語　譯】凡人的本性，沒有不想修養好自己的德行，然而不能做到的緣故，是一個「利」字敗壞了他；所以君子羞於說到「利」字。說到「利」字，尚且覺得羞恥，何況存心去求利呢？周天子派家父、毛伯向諸侯求金，《春秋》就譏刺他。所以天子好利，諸侯就貪財；諸侯貪財，大夫就鄙吝；大夫鄙吝，老百姓就盜竊了。上位的人影響下面的人，就像風一吹草就跟著倒一樣。所以做人君的，要明白就是自己看重德行輕視財利來引導下面的人，在下的人做壞事尚且無法禁絕；現在魯隱公貪財而親身到濟上去捕魚，而又自大，採用天子的八佾禮，憑這種做法來教化百姓，百姓怎麼能不鬆懈行義？鬆懈行義而放縱欲望，那麼災害就要發生，而臣下也就邪僻不正了。所以魯隱公元年《春秋經》開始記載「螟」，這是要表明災害將要發生，國家將有變亂罷了。

第二六章

孫卿❶曰：「夫鬥者，忘其身者也，忘其親❷者也，忘其君者也。行須臾之怒而鬥終身之禍，然乃為之，是忘其身也；家室離散，親戚被戮，然乃為之，是忘其親也；君上之所致惡，刑法之所大禁也，然乃犯之，是忘其君也。今❸禽獸猶知近父母，不忘其親也。人而忘其身，內忘其親，上忘其君，是不若禽獸之仁也。凡鬥者，皆自以為是，而以他人為非。己誠是也，人誠非也，則是己君子而彼小人也。夫以君子而與小人相賊害，是人之所謂以狐白補犬羊，身塗其炭❹，豈不過甚矣哉？以為智乎？則愚莫大焉；以為利乎？則害莫大焉；以為榮乎？則辱莫大焉。人之有鬥，何哉？比之狂惑疾病乎，則不可面目人也，而好惡多同❺。人之鬥，誠愚惑失道者也。」《詩》云：「式號式呼，俾晝作夜❻。」言鬥行也。

【注釋】❶孫卿　即荀子。見〈臣術〉第二一章。❷親　謂父母。❸今　猶夫也。❹身塗其炭　塗，沾汙。炭，灰。❺比之狂惑疾病乎三句　《荀子．榮辱》作「我欲屬之狂惑疾病邪，則不可，聖人誅之；我欲屬之鳥鼠禽獸邪，則不可，其形體又大，而好惡多同」，《說苑》此文恐有脫誤。❻式號式呼二句　見《詩經．大雅．蕩》。式，語詞，無義。俾，使。案《詩》云以下十四字，《荀子．榮辱》無，盧文弨、朱駿聲並言引用不切，是也。

【語譯】孫卿說：「那些喜歡鬥毆的人，是忘記了他的身體，忘記了他的父母，忘記了他的君上。逞一時的忿怒而去鬥毆，致使身體受到傷殘，惹來終身的禍害，然而竟然去做，這便是忘記了自己的身體；家人離散，父母被殺，然而竟然去做，這便是忘記自己的父母親；君上所厭惡的，刑法所嚴厲禁止的，然而竟然去違犯，這便是忘記自己的君上。那禽獸尚且知道親近父母，不忘記牠的雙親；一個人竟然忘記自己的身體，在內忘記了自己的父母，在上忘記了自己的君上，這是連禽獸的仁心都不如。凡是鬥毆的人，都以為自己對，而別人不對。自己真的對，別人真的不對，那自己就是君子，別人就是小人。以君子而去和小人互相殘害，這就是人所說的犬皮羊皮衣服破了而用名貴的白狐皮去補，乾淨的身子沾滿泥灰，這豈不是過分了嗎？自以為聰明嗎？其實是沒有比這更愚蠢的了；自以為有利嗎？其實是沒有比這害處更大的了；自以為光榮嗎？其實是沒有比這更可恥的了。人們有鬥毆的行為，這是為了什麼呢？比如他得了精神病，但外表又看不出來，而好惡和一般人大體相同。人們的互相鬥毆，真正是愚昧糊塗不明事理的事。」《詩經》上說：「不停地號呼，是非顛倒，竟把白晝當成了黑夜。」就是說的鬥毆的行為。

第二七章

子路❶持劍，孔子❷問曰：「由，安用此乎？」子路曰：「善古者，固以善之；不善古者，固以自衛❸。」孔子曰：「君子以忠為質❹，以仁為衛，不出環堵之內❺，而聞千里之外。不善以忠化，寇暴以仁圍，何必持劍乎？」子路曰：「由也，請攝齊❻以事先生矣。」

【注　釋】❶子路　見〈臣術〉第二四章。❷孔子　見〈君道〉第五章。❸善古者四句　兩「古」字，當作「吾」。❹質　留作保證的人、物。❺環堵之內　謂房屋之內。環堵，四圍土牆。❻攝齊　古時穿長袍，升堂時提起衣襬，防止跌倒，表示恭謹有禮。攝，提。齊，衣下之縫。

【語　譯】子路拿著劍，孔子問他說：「由，你拿劍幹什麼？」子路說：「對我好的我也對他好，對我不好的就可以用劍自衛。」孔子說：「君子以忠作為保證，以仁作為護衛，不出房屋，聲譽傳到千里之外。遇到壞人，就用忠誠去感化他，遇到仇敵強暴，就用仁愛來保衛自己，何必拿劍呢？」子路說：「請讓仲由今後恭謹地事奉先生。」

第二八章

樂羊❶為魏將，以攻中山❷。其子在中山，中山懸其子示樂羊。樂羊不為衰志，攻之愈急。中山因烹其子而遺之❸，樂羊食之盡一柸❹。中山見其誠也，不忍與其戰，果下之。遂為文侯開地。文侯賞其功而疑其心。孟孫❺獵得麑，使秦西巴持歸，其母隨而鳴。秦西巴不忍，縱而與之。孟孫怒而逐秦西巴。居一年，召以為太子傅❻。左右曰：「夫秦西巴有罪於君，今以為太子傅，何也？」孟孫曰：「夫以一麑而不忍，又將能忍吾子乎。」故曰：巧詐不如拙誠。樂羊以有功而見疑，秦西巴以有罪而益信，由仁與不仁也。

【注　釋】❶樂羊　見〈臣術〉第五章。❷中山　同前。❸遺之　下當補「羹」字。遺，送也。❹柸　當作「杯」。❺孟孫　春秋時魯國貴族，魯桓公之後，與叔孫、季孫合稱「三桓」。❻太子傅　「太」字當刪，孟孫是魯國大夫，其子不當稱太子，下同。說詳《說苑集證》。

【語　譯】樂羊做魏國將軍，帶兵攻打中山。樂羊的兒子那個時候正好在中山，中山的人就把他的兒子抓來懸掛在城上讓樂羊看到。但是樂羊進攻的意志不但不減退反而攻得更急。中山的人就把他的兒子烹煮了做成羹，並且送了一份給樂羊，樂羊喝了滿滿一杯。中山人看見樂羊這樣忠誠，不忍心再和他作戰，樂羊終於攻下了中山，為魏文侯開拓了疆土。魏文侯雖然獎賞他的功勞，但是懷疑他的真心。孟孫打獵捉到一隻小鹿，派秦西巴帶回去，母鹿一直跟隨在後面悲鳴，秦西巴心裡不忍，便把小鹿放還給了母鹿。孟孫發怒便把秦西巴趕走。過了一年，召回秦西巴做他兒子的師傅。左右的人說：「秦西巴得罪過您，現在卻叫他做公子的師傅，這是為什麼呢？」孟孫說：「連一頭小鹿都捨不得加害的人，又怎麼會忍心加害我的兒子。」所以說：奸巧偽詐，不如笨拙忠誠。樂羊因為有功反而被魏文侯疑心，秦西巴因為有罪反更加被孟孫信任，這都是由於仁愛和不仁愛的關係。

第二九章

智伯❶還自衛，三卿燕于藍臺❷。智襄子戲韓康子❸而侮段規❹。智果❺聞之，諫曰：「主弗備難，難必至。」曰：「難將由我，我不為難，誰敢興之？」對曰：「異於是。夫郤氏有車轅之難❻，趙有孟姬之讒❼，欒有叔祁之訴❽，范、中行有函冶之難❾，皆主之所知也。〈夏書〉有之曰：『一人三失，怨豈在明？不見是圖❿。』〈周書〉有之曰：『怨不在大，亦不在小⓫。』夫君子能勤小物⓬，故無大患。今主一謀⓭而愧人君相，又弗備，曰『不敢興難』，毋乃不可乎！嘻！不可不懼；蚋蟻蜂蠆⓮，皆能害人，況君相乎？」不聽。自是五年，而有晉陽之難，段規反⓯而殺智伯于師，遂滅智氏⓰。

【注釋】❶智伯　見〈建本〉第三〇章。❷三卿燕于藍臺　三卿，智襄子（即智伯）、韓康子、魏桓子。藍臺，地名。❸韓康子　春秋末晉卿，韓莊子之子。晉哀公時（西元前四五三年），晉國政事皆決於智伯，滅范、中行氏，欲盡併晉地。魏桓子與趙襄子、韓康子乃共殺智伯，分其地，形成韓、趙、魏的三晉勢力。❹段規　《國語・晉語九》韋昭《注》謂是魏桓子相，

《戰國策・趙策一》謂是韓康子臣。❺智果　晉大夫，智氏之族。❻郤氏有車轅之難　《國語・晉語九》韋昭《注》：「郤犨與長魚矯爭田，執而梏之，與其父母妻子同一轅。既，矯嬖厲公，而滅三郤。在魯成十七年。」❼趙有孟姬之讒　《國語・晉語九》韋昭《注》：「趙，趙同、趙括也。孟姬，趙文子之母莊姬也。莊姬通於趙嬰，嬰兄同、括放之。孟姬慚怒，讒之於景公，景公殺之。在魯成八年。」❽欒有叔祁之訴　《國語・晉語九》韋昭《注》：「欒，欒盈。叔祁，范宣子之女，盈之母。與老州賓通，盈患之。祁愬之於宣子，遂滅欒氏。」按事在魯襄公二十一年。❾范中行有函冶之難　函冶，《國語・晉語九》作「亟治」，韋昭注：「亟治，范皋夷之邑，皋夷無寵於范吉射而欲為亂於范氏。中行寅與范氏相睦，故皋夷謀逐二子，卒滅之。在魯定十三年。」❿一人三失三句　此《偽古文尚書・五子之歌》文。三失，三次過失，怨不怕在明處，宜圖謀防微所不能見的。⓫怨不在大二句　見《尚書・周書・康誥》。⓬物　事也。⓭謀　當從《國語・晉語九》作「宴」。⓮蚋蟻蜂蠆　蚋，蚊子。蠆，蠍子一類毒物。⓯段規反　《國語・晉語九》韋昭《注》：「言段規首為策作難反智伯者也。」⓰遂滅智氏　韓、魏合趙而亡智氏，事詳本書〈敬慎〉第一八章、〈權謀〉第八及第二四章。

【語　譯】智伯從衛國回來，三卿在藍臺舉行宴會，智襄子戲弄韓康子，又侮辱段規。智果聽到以後就規勸他：「人主不防備災難，災難一定會降臨。」智襄子回答說：「災難由我發動，我不發動，誰敢發動？」智果說：「我知道的不一樣。郤氏有車轅的災難，趙氏有孟姬的進讒，欒氏有叔祁的控訴，范、中行有函冶的災難，這些都是君主所知道的。〈夏書〉上說：『一個人不免有許多過失，別人的怨恨那裡一定在明處呢？在災難還沒有形成的時候就要預先圖謀。』〈周書〉上說：『怨恨不在於大，也不在於小。』君子能夠隨時注意小事，所以才能避免大的災患。現在君主在一次宴會上，竟然同時侮辱了人家的君和相，又不加以防備，還說別人不敢作難，這是不可以的呀！唉！實在不可以不戒懼；蚊、蟻、蜂、蠍子都能害人，何況是一國的君相呢？」智襄子不聽。五年以後智伯率領韓、魏圍攻趙襄子於晉陽，段規勸說韓、魏聯合趙襄子一同反抗智伯，把智伯殺死在軍中，於是滅亡了智氏。

第三〇章

智襄子❶為室美，士茁夕焉❷。智伯曰：「室美矣夫！」對曰：「美則美矣，抑臣亦有懼也。」智伯曰：「何懼？」對曰：「臣以秉筆事君。記有之曰：『高山浚原❸，不生草木；松柏之地，其土不肥❹。』今土木勝人，臣懼其不安人也。」室成三年，而智氏亡。

【注釋】❶智襄子　即智伯。見〈建本〉第三〇章。❷士茁夕焉　士茁，智襄子家臣。夕見曰夕。❸浚原　當作「峻原」，字之誤也。《國語・晉語九》韋昭注：「峻，峭也。原，陸也。言其高嶮不安，故不生草木。」❹其土不肥　《國語・晉語九》韋昭注：「言上茂盛，冬夏有蔭，故土不肥。」

【語譯】智襄子建造房子，非常華麗，士茁知道了，晚上趕著去晉見。智伯說：「房子夠漂亮吧！」回答說：「漂亮是漂亮了，可是臣有些恐懼。」智伯說：「恐懼什麼？」回答說：「臣靠著拿一枝筆事奉君主，古書上記載說：『山太高陸地太嶮峭，就不生草木；松樹柏樹下面，土壤就不肥沃。』現在土木建築這樣華美盛大，超過人所應該享有的，臣恐怕它不利於人居住。」房子造成三年，智氏就滅亡了。

卷六

復恩

【題解】復恩，就是報恩。本卷共二十八章，第一章為總綱，說明報恩的重要。文章先提出「夫施德者，貴不德；受恩者，尚必報。是故臣勞勤以為君而不求其賞，君持施以牧下而無所德」，但這不過是一種理想，事實上施恩的不求回報，受恩的必定報答，倒並不多見，所以「臣不復君之恩，而苟營其私門，禍之原也；君不能報臣之功，而憚行賞者，亦亂之基也。夫禍亂之源基，由不報恩生矣」。第二章以下列舉了許多春秋、戰國以及西漢初年的故事，說明了各種不同的報恩的例子。有的是君主賞報臣子的功勞，有的是臣子為了報答君主的恩惠而不惜犧牲自己的生命，也有長官和部屬以及朋友之間的報恩故事。第二一章以下情形又不同，第二一章淳于髡對齊王說的「祠田」的譬喻，是表明不可以對人付出的少卻要求的多；第二二章是說只有賢者能報恩，所以培植人、提拔人要選擇正確的對象；第二三章說明不能幫助人也一定得不到人的幫助；第二四和二五章對於用恩寵作為換取人心的手段作出了批判；第二六和二七章是說結怨報仇，是復恩的反面例子。

第一章

孔子❶曰：「德不孤，必有鄰❷。」夫施德者，貴不德；受恩者，尚必報。是故臣勞勤以為君而不求其賞，君持❸施以牧下而無所德。故《易》曰：「勞而不怨，有功而不德，厚之至也❹。」君臣相與以市道❺接，君懸祿以待之，臣竭力以報之。逮臣有不測之功，則主加之以重賞，如主有超異之恩，則臣必死以復之。孔子曰：「北方有獸，其名曰蟨，前足鼠，後足兔❻。是獸也，甚矣其愛蛩蛩、巨虛也，食得甘草，必齧以遺蛩蛩、巨虛，蛩蛩、巨虛見人將來，必負蟨以走。蟨非性之愛蛩蛩、巨虛也，為其假足之故也；二獸者，亦非性之愛蟨也，為其得甘草而遺之故也。夫禽獸昆蟲猶知比假而相有報也，況於士君子之欲與名利於天下者乎？」夫臣不復君之恩，而苟營其私門❼，禍之原也；君不能報臣之功，而憚行賞者，亦亂之基也。夫禍亂之源基，由不報恩生矣。

【注釋】❶孔子　見〈君道〉第五章。❷德不孤二句　見《論語・里仁》。按此借孔子語引起下文，德不孤之「德」，不是原來仁德的意思，而應解為恩德，即下文施德之「德」。❸持　借為「恃」。❹勞而不怨三句　見〈繫辭上傳〉，「怨」作「伐」。❺市道　謂市場買賣之道。《韓非子・外儲說右下》：「主賣官爵，臣賣智力。」❻前足鼠二句　謂前腳短後腳長也。❼私門　猶言家門。

【語　譯】孔子說：「能施行恩德的人不會孤獨，一定會有朋友。」施行恩德的貴在不求人報答，受人恩德的重在一定要回報。所以做臣子的辛勞勤苦為君服務，而不求君的賞賜；君憑藉賞賜恩惠來領導臣下，而不求臣下的感恩。《易經・繫辭》上說：「勤勞而不抱怨，有功而不求報賞，這是最厚道的人了。」君臣之間實際上是以市場買賣之道互相來往，君主出具祿位等待臣下的效力，臣下盡自己的力量來報效君主；等到臣下有意想不到的功勞，君主就賜給他重賞；假如君主有特別的恩賞，那麼臣下就一定以死來為君主效忠。孔子說：「北方有野獸，牠的名字叫蟨，前腳像鼠，後腳像兔。這種野獸特別喜歡蛩蛩和巨虛。蟨食得到了甘美的草，一定銜著去送給蛩蛩和巨虛。蛩蛩和巨虛看見有人來，一定背著蟨逃走。蟨不是生性愛護蛩蛩和巨虛，是因為要假借牠們的腳才能行走的緣故；蛩蛩和巨虛也不是生性愛護蟨，是因為蟨得到甘美的草送給自己的緣故。禽獸和昆蟲，尚且知道互相依存而彼此報答，何況士君子想要建立功業揚名天下的呢？」人臣不報答君主的恩賞，反而苟且營求他個人的勢力，是得禍的根源；君主不能回報臣下的功勞，捨不得獎賞，也是禍亂的根源。所以禍亂的根源，就是由於不報恩而產生的。

第二章

趙襄子見圍於晉陽❶，罷圍，賞有功之臣五人。高赫無功而受上賞，五人皆怒。張孟談❷謂襄子曰：「晉陽之中，赫無大功，今與之上賞，何也？」襄子曰：「吾在拘尼❸之中，不失臣主之禮，唯赫也。子雖有功，皆驕寡人。與赫上賞，不亦可乎？」仲尼❹聞之曰：「趙襄子可謂善賞士矣！賞一人，而天下之人臣，莫敢失君臣之禮矣。」

【注釋】❶趙襄子見圍於晉陽　趙襄子，見〈建本〉第三〇章。事見〈敬慎〉第一八章、〈權謀〉第八及第二四章。❷張孟談　趙襄子被智伯圍於晉陽時，派他去聯絡韓、魏二家，共滅智氏，有功於趙。❸拘尼　當作「拘厄」。危險；困窮。❹仲尼　即孔子。見〈君道〉第五章。

【語譯】趙襄子被圍困在晉陽，解圍以後，賞賜五個有功的臣子。高赫沒有功勞，卻受到最高的獎賞。五個人都非常氣憤。張孟談對趙襄子說：「晉陽被圍的這一次戰役，高赫沒有大功，現在給他最高獎賞，這是為什麼呢？」襄子說：「我在被圍困的艱難危險的時候，能夠保持臣子對君主禮節的，只有高赫一個人。你們雖然有功勞，可是都對我傲慢。給高赫最高的獎賞，不是很恰當嗎？」孔子聽說後說：「趙襄子可以說是懂得獎賞人的了！獎賞了一個人，卻可以使得天下做臣子的，不敢喪失君臣的禮節。」

第三章

晉文公❶亡時，陶叔狐從。文公反國，行三賞而不及陶叔狐。陶叔狐見咎犯❷曰：「吾從君而亡十有三年，顏色黧黑，手足胼胝。今君反國，行三賞而不及我也，意者君忘我與？我有大故與？子試為我言之。」咎犯言之文公，文公曰：「嘻，我豈忘是子哉！夫高明至賢，德行全誠，耽我以道，說我以仁，暴浣❸我行，昭明我名，使我為成人者，吾以為上賞；防我以禮，諫我以義，蕃援❹我使我不得為非，數引我而請於賢人之門，吾以為次賞；夫勇壯強禦，難在前則居前，難在後則居後，免我於患難之中者，吾又以為之次。且子獨不聞乎？死人者不如存人之身，亡人者不如存人之國。三行賞之後，而勞苦之士次之。夫勞苦之士，是子固為首矣。吾豈敢忘子❺哉？」周內史叔輿聞之曰：「文公其霸乎！昔聖王先德而後力，文公其當之矣！」《詩》云：「率禮不越❻。」此之謂也。

【注釋】❶晉文公　見〈君道〉第二二章及〈立節〉第九章。❷咎犯　春秋時晉國大夫。名狐偃，字子犯，為晉文公舅父，又稱舅犯。與兄狐毛跟隨重耳在外共患難十九年，極力佐文公回國即位。回國後幫助文公改革內政，整頓軍旅，親任上軍之佐，協助文公建立霸業。於晉襄公六年卒。❸暴浣　言日以暴，水以浣。《韓詩外傳・三》作「變化」。❹蕃援　蕃，通「藩」。屏障。援，救助。❺子　疑是「乎」字之形誤。說詳《說苑集證》。❻率禮不越　見《詩經・商頌・長發》，「禮」作「履」。

【語　譯】晉文公逃亡的時候，陶叔狐跟著他。文公回國，三次獎賞有功的人，都沒有輪到陶叔狐。陶叔狐去見咎犯說：「我跟隨君主在外流亡十三年，膚色變黑了，手腳也結了硬皮。如今國君回國，三次獎賞有功人員卻沒有輪到我，是國君忘了我呢？還是我有大過失呢？請您把我的情況向國君報告一下。」咎犯報告了文公，文公說：「唉，我怎麼會忘了這個人！凡是高明賢達，德行真誠，拿正道來讓我快樂，以仁德來讓我喜悅，變化我的行為，顯揚我的名聲，使我成為德行完美的人的，我把他們列為上等的獎賞。凡是拿禮來規範我，拿義來勸諫我，限制我幫助我，使我不能做壞事，常常引導我到賢人門前請教的，我把他們列為次等的獎賞。凡是勇敢強壯善於作戰的，危險在前就搶前抵擋，危險在後就殿後護衛，使我不至於遭到禍難的，我把他們列為又次一等的獎賞。你難道沒有聽說過嗎？為人家而死的，不如保全人家的生命；跟隨人家逃亡的，不如保存人家的國家。三次獎賞之後，就要輪到勞苦的人了。那勞苦的人，陶叔狐應當是第一個。我怎麼敢忘記他呢？」周內史叔輿聽說後說：「文公大概會稱霸吧！以前的聖王都是先重視德而後才談到力，文公大概可以跟聖王相當了！」《詩經》上說：「遵循禮而不逾越。」說的就是像晉文公這樣的人吧。

第四章

晉文公入國，至於河。令棄籩豆茵席❶；顏色黧黑、手足胼胝者，在後。咎犯聞之，中夜而哭。文公曰：「吾亡也十有九年矣，今將反國，夫子不喜而哭，何也？其不欲吾反國乎？」對曰：「籩豆茵席，所以官❷者也而棄之❸；顏色黧黑，手足胼胝，所以執勞苦❹而皆❺後之。臣聞國君蔽❻士，無所取忠臣；大夫蔽遊，無所取忠友。今至於國，臣在所蔽之中矣。不勝其哀，故哭也。」文公曰：「禍福利害不與咎氏同之者，有如白水。」祝之，乃沉璧而盟。介子推❼曰：「獻公之子九人，唯君在耳。天未絕晉，必將有主。主晉祀者，非君而何？唯❽二三子者以為己力，不亦誣乎？」文公即位，賞不及推。推母曰：「盍亦求之？」推曰：「尤❾而效之，罪又甚焉。且出怨言，不食其食。」其母曰：「亦使知之。」推曰：「言，身之文也，身將隱，安用文？」其母曰：「能如是，與若俱隱。」至死不復見。推從者憐之，乃懸書宮門曰：「有龍矯矯，頃失其所，五蛇從之，周徧天下。龍饑無食，一蛇割股。龍反其淵，安其壤土；四蛇入穴，皆有處所；一蛇無穴，號於中野。」文公出見書，曰：「嗟！此介子推也。吾方憂王室，未圖其功。」使人召之則亡，遂求其所在，聞其入綿上山中。於是文公表❿綿上山中而封之，以為介推田，號曰介山。

【注　釋】❶籩豆茵席　豆，古食肉之器，木豆謂之梪，竹豆謂之籩。茵席，褥墊；褥子。❷官　《太平御覽・四八七》引作「資」，語較明。❸棄之　上當據《韓非子・外儲說左上》補「君」字。❹勞苦　下當據《太平御覽・四八七》補「者也」二字。❺皆　疑當據《韓非子・外儲說左上》作「君」。❻蔽　猶屏。棄也。❼介子推　公子重耳家臣，從重耳出亡十九年。❽唯　猶而也。❾尤　責怪；歸咎。❿表　《史記・晉世家》作「環」，疑「表」是「環」的壞字。

【語　譯】晉文公回國，到了黃河邊，叫人把流亡時期用過的籩豆和墊褥等東西都丟掉，膚色黝黑、手腳長繭的人走在後頭。咎犯聽到了這個命令，在半夜裡痛哭起來。文公說：「我在外流亡了十九年，現在快要回國即位了，您不但不喜歡，反而痛哭，這是什麼緣故呢？難道是不希望我回國嗎？」咎犯回答說：「籩豆和墊褥等，都是平常生活所用的，您卻要拋棄它；皮膚黝黑、手腳長繭的人，都是因為操作勞苦，您卻要他們走在後頭。臣聽說：國君拋棄士人，就找不到盡忠的臣子；大夫拋棄交遊，就找不到忠誠的朋友。現在回到了祖國，我竟然在所拋棄的人當中了，不勝悲哀，所以哭泣。」文公發誓說：「禍福利害不和咎氏同當同享的，就像河水一樣，一去不回。」並且向河水祝禱，把璧沉入水中，作為盟證。介子推說：「獻公有九個兒子，祇有公子還在，老天沒有斷絕晉祀，一定會有君主的。主持晉國祭祀的，不是公子是誰？這些個人竟然以為是自己的力量，不是自欺欺人嗎？」文公即位以後，獎賜那些跟著流亡的有功人員，卻沒有賞賜介子推。子推的母親說：「何不去求他？」推說：「自己批評人家邀功的不是，卻去倣效，那就更惡劣了！而且口出怨言，就不應該再吃他的飯。」他的母親說：「也該讓他知道吧？」推說：「讚美一個人說的好聽的話，不過是一個人外表的光彩，人都要隱退了，要這個身外的光彩幹什麼？」他的母親說：「能夠這樣，我和你一同隱居。」於是母子一同隱居，準備到死都不再出來。跟隨介子推的人同情他的遭遇，就懸書在宮門上說：「有條龍很矯捷，突然間失去了住所，五條蛇跟隨著他，遊遍了天下。龍餓了沒有東西充飢，有一隻蛇割下肉給他吃。後來龍回到了深淵，安居在他的處所；四條蛇入了洞穴，也都有地方居住；只有一條蛇沒有洞穴，在野外號叫。」文公出宮看到這幅懸書，說：「唉！這隻蛇就是介子推啊！我正在憂心國事，沒有獎勵他的功勞。」派人召見介子推，已經隱居起來了。於是探訪他隱居的地方，聽說躲進綿上山中。於是文公把環繞綿上山的地方封給了介子推，作為他的祭田，號稱介山。

第五章

晉文公出亡，周流天下，舟之僑❶去虞而從焉。文公反國，擇可爵而爵之，擇可祿而祿之，舟之僑獨不與焉。文公酌諸大夫酒，酒酣❷，文公曰：「二三子盍為寡人賦乎？」舟之僑進曰：「君子為賦，小人請陳其辭。辭曰：『有龍矯矯，頃失其所，一蛇從之，周流天下。龍反其淵，安寧其處，一蛇耆乾❸，獨不得其所。』」文公瞿然❹曰：「子欲爵邪？請待旦日之期；子欲祿邪？請今命廩人。」舟之僑曰：「請而得其賞，廉者不受也；言盡而名至，仁者不為也。今❺天油然❻作雲，沛然❼下雨，則苗草興起，莫之能禦。今❽為一人言施一人，猶為一塊土下雨也，土亦不生之矣。」遂歷階❾而去。文公求之不得，終身誦〈甫田〉❿之詩。

【注　釋】❶舟之僑　春秋虢大夫。《左傳》閔公二年、《國語・晉語二》及本書〈辨物〉第二三章俱云舟之僑去虢適晉，此云去虞，非也。案舟之僑於魯僖公二十八年城濮之戰為文公所殺，此文所記，非其實也。❷酣　飲酒而樂。❸耆乾　耆，強。乾，通「健」。❹瞿然　驚視貌。❺今　猶言夫。❻油然　雲聚貌。❼沛然　充盛貌。❽今　猶言若。❾歷階　本謂登階，此當是步下臺階之意。❿甫田　《詩經》〈小雅〉及〈齊風〉俱有〈甫田〉，此蓋取〈齊風〉思遠人而勞心忉忉之意。

【語　譯】晉文公出國流亡，走遍天下，舟之僑從虞國來跟隨他。文公回國，挑那些可以封爵的就封爵，可以給予祿位的就給予祿位，舟之僑獨獨不在其內。有一天文公請諸大夫飲酒，酒喝得盡興的時候，文公說：「你們幾位何不為我賦詩？」舟之僑進前說：「君子賦詩，小人只會陳辭。」辭說：『有條龍很矯健，突然間失去了住所。一條蛇跟隨他，遊遍天下。龍回到了他的深淵，安寧地居住著。那一條蛇雖然強健，獨獨沒有居所。』文公很吃驚地看著舟之僑說：「你想要爵位嗎？請你等到明天；你想要俸祿嗎？現在我就下令主管倉廩的官吏。」舟之僑說：「請求才得到賞賜，廉潔的人不接受；話說盡了才得到名聲，仁德的人不肯做。那老天興起烏雲，立刻落下傾盆大雨，禾苗就興盛起來，沒有什麼能阻止得了。假若因為一個人講話就施恩給一個人，就好像老天只為一塊地方下雨，那麼廣大的土地是不會生長禾苗的。」就步下臺階而離去。文公再找他就找不到了，因此終身常常唸〈甫田〉這首詩，寄託對舟之僑的懷念。

第六章

邴吉❶有陰德於孝宣皇帝❷微時。孝宣皇帝即位，眾莫知，吉亦不言。吉從大將軍長史轉遷至御史大夫，宣帝聞之，將封之。會吉病甚，將使人加紳❸而封之，及其生也。太子太傅夏侯勝曰：「此未死也。臣聞之：有陰德者必饗其樂以及其子孫。今此未獲其樂而病甚，非其死病也。」後病果愈，封為博陽侯，終饗其樂。

【注釋】❶邴吉　字少卿，西漢魯國人。治律令，為魯獄史，遷廷尉右監。武帝末，詔治巫蠱郡邸獄。時宣帝生數月，以皇曾孫坐衛太子事繫。吉哀其無辜，擇謹厚女徒令保養之。後元二年，武帝疾，望氣者言長安獄中有天子氣，上遣使殺獄繫者。內謁者令到獄，吉閉門拒之，因劾奏吉。上寤，因赦天下。後遷大將軍長史，為光祿大夫給事中。漢宣帝即位，任太子太傅，遷御史大夫。元康三年，封博陽侯，代魏相為丞相。五鳳三年病卒。❷孝宣皇帝　即漢宣帝。見〈貴德〉第一四章。❸紼　《漢書·丙吉傳》作「紼」。紼，繫印之組。

【語譯】漢宣皇帝幼小在獄裡頭的時候，邴吉曾在暗中加以維護。孝宣皇帝即位後，大家都不曉得，邴吉自己也不講。後來邴吉從大將軍長史升遷御史大夫的時候，宣帝才聽說，準備封賞他。恰巧邴吉病重，就要叫人帶著印組趁他還在世的時候封他。太子太傅夏侯勝說：「這不會死的。臣聽說：有陰德的人，必定能夠享受福樂，直到他的子孫。現在邴吉還沒有享受他的福樂，雖然病重，不會是絕症。」後來病果然好了，被封為博陽侯，終於享受他的福樂。

第七章

魏文侯❶攻中山，樂羊將❷，已得中山，還反報文侯，有喜功之色。文侯命主書❸曰：「群臣賓客所獻書，操以進。」主書者舉兩篋❹以進，令將軍視之，盡難❺攻中山之事也。將軍還走，北面再拜曰：「中山之舉也，非臣之力，君之功也。」

【注釋】❶魏文侯　見〈君道〉第三八章。❷樂羊將　樂羊，見〈臣術〉第五章。樂羊為魏將攻中山事，已見〈貴德〉第二八章。❸主書　掌管文書的官吏。❹篋　小竹箱。❺難　詰責；非難。

【語譯】魏文侯攻打中山國，樂羊為將。已經攻下中山，回來向文侯報告，臉上露出有功自喜的神色。文侯命令主書說：「把群臣和賓客所上的奏書拿上來。」主書的官員抬了兩只箱子進來，叫樂羊觀看，全部是責難攻打中山的事的。樂羊轉身退後幾步，面向北再拜說：「中山國的能夠攻克，不是我的力量，是君主的功勞。」

第八章

平原君❶既歸趙，楚使春申君❷將兵救趙，魏信陵君❸亦矯奪❹晉鄙軍往救趙，未至，秦急圍邯鄲，邯鄲急且降，平原君患之。邯鄲傳舍❺吏子李談謂平原君曰：「君不憂趙亡乎？」平原君曰：「趙亡即勝虜，何為不憂？」李談曰：「邯鄲之民，炊骨易子而食之，可謂至困，而君之後宮❻百數，婦妾荷綺縠❼，廚餘粱肉。士民兵盡，或剡❽木為矛戟，而君之器物鐘磬自恣。若使秦破趙，君安得有此？使趙而全，君何患無有？君誠能令夫人以下編於士卒間，分功而作之，家所有盡散以饗❾食士。方其危苦時，易為惠耳。」於是平原君如其計，而勇敢之士三千人，皆出死，因從李談赴秦軍。秦軍為卻三十里。亦會楚、魏救至，秦軍遂罷。李談死，封其父為孝❿侯。

【注釋】❶平原君　即趙勝。趙惠文王之弟，封於東武（今山東武城），號平原君。任趙相，有食客數千人。趙孝成王七年（西元前二五九年），秦軍圍困趙都邯鄲，他用毛遂與楚定縱約，又求救於魏信陵君，經過三年努力，才擊破秦軍。❷春申君　即黃歇。楚頃襄王時任左徒，考烈王時任令尹，封於吳（今江蘇蘇州），號春申君，有食客三千人。❸信陵君　即魏無忌。魏安釐王之弟。封於信陵（今河南寧陵），號信陵君，有食客三千。魏安釐王二十年（西元前二五七年），設法竊得兵符，擊殺將軍晉鄙，奪取兵權，救趙勝秦。❹矯奪　強奪。❺傳舍　古時招待外賓的客館。❻後宮　古時妃嬪所居宮室，亦指妃嬪，即宮女。❼綺縠　絲織品。綺，有花紋的絲織品。縠，縐紗一類的絲織品。❽剡　削。❾饗　用酒食款待人。❿孝　當作「李」。說詳《說苑集證》。

【語譯】平原君回到趙國後，楚國派春申君帶兵去救趙國，魏國信陵君也強奪晉鄙的兵權領軍救趙國。楚、魏的軍隊還沒有到，秦軍加緊圍攻邯鄲，邯鄲危急，快要防守不住了，平原君非常憂慮。邯鄲傳舍吏的兒子李談對平原君說：「您不擔憂趙國滅亡嗎？」平原君說：「趙國如果滅亡，我就要當俘虜，怎麼不擔憂呢？」李談說：「邯鄲的百姓拿骨頭當柴燒，交換子女來吃，可以說艱苦到極點，可是您的宮女數以百計，婦妾都穿著絲綢的衣服，廚房裡有多餘的糧食和肉。士民們的武器都用光了，有的就削木頭作為矛戟；而您卻有許多鐘磬等器物自己縱情享樂。假若秦國滅亡了趙國，您怎麼能還有這些享受？如果能保全趙國，還怕什麼沒有？您如果真能叫夫人以下，都編進軍隊中去，分擔工作，把家裡所有一切都分給士兵去吃，在他們最艱難困苦的時候，也才最容易布施恩惠。」於是平原君就依照李談的辦法去做，因而就有三千個勇敢的士兵為他拼命，跟著李談到前線去和秦軍戰鬥，秦軍為之退卻三十里，剛好又碰上楚、魏救兵來到，秦軍於是撤兵。李談戰死後，封他的父親為李侯。

第九章

秦繆公❶嘗出而亡❷其駿馬，自往求之，見人已殺其馬，方共食其肉。繆公謂曰：「是吾駿馬也。」諸人皆懼而起，繆公曰：「吾聞食駿馬肉不飲酒者殺人。」即以次飲之酒，殺馬者皆慚而去。居三年❸，晉攻秦繆公圍之❹。往時食馬肉者相謂曰：「可以出死報食馬得酒之恩矣。」遂潰圍，繆公卒得以解難，勝晉，獲惠公❺以歸。此德出而福反也。

【注　釋】❶秦繆公　即秦穆公。見〈臣術〉第九章。❷亡　丟失。❸居三年　當作「居一年」。說見《集證》。❹晉攻秦繆公圍之　此次戰爭即著名的秦晉韓之戰，發生在西元前六四五年，事見《左傳》僖公十五年。❺惠公　春秋時晉國國君，晉獻公第三子，名夷吾。西元前六五〇～前六三七年在位。

【語　譯】秦繆公曾經在外出時走失了駿馬，親自去找，見到有人已經把他的馬殺了，正在一起吃馬肉。繆公向他們說：「這是我的駿馬。」那些人都驚恐地站了起來。繆公說：「我聽說：吃馬肉而不喝酒的話，會中毒死人。」就挨個兒給他們喝酒，殺馬的人都慚愧地離去。過了一年，晉軍攻打秦繆公，把他圍困起來。從前那些吃馬肉的人互相說：「可以出死力報答吃馬肉並且喝酒的恩惠了。」於是突破重圍，繆公終於得以解脫了危難，戰勝晉國，俘虜了晉惠公回去。這就是先以德待人，而後得到福報啊。

第一〇章

楚莊王❶賜群臣酒，日暮酒酣，燈燭滅，乃有人引美人之衣者。美人援絕其冠纓❷，告王曰：「今者燭滅，有引妾衣者，妾援得其冠纓持之矣，趣火來上，視絕纓者。」王曰：「賜人酒，使醉失禮，奈何欲顯婦人之節而辱士乎？」乃命左右曰：「今日與寡人飲，不絕冠纓者不懽。」群臣百有餘人，皆絕去其冠纓而上火，卒盡懽而罷。居二年，晉與楚戰，有一臣常在前，五合❸五獲首，卻敵，卒得勝之。莊王怪而問曰：「寡人德薄，又未嘗異子，子何故出死不疑如是？」對曰：「臣當死，往者醉失禮，王隱忍不暴而誅也。臣終不敢以蔭蔽之德，而不顯報王也。常願肝腦塗地❹，用頸血湔❺敵久矣。臣乃夜絕纓者也。」遂斥晉軍，楚得以強。此有陰德者，必有陽報也。

【注　釋】❶楚莊王　見〈君道〉第二一章。❷援絕其冠纓　援絕，拉斷。冠纓，帽帶。❸合　古稱兩軍交鋒一次為一合。❹肝腦塗地　比喻盡力，不惜犧牲一切。❺湔　通「濺」。

【語　譯】楚莊王賞賜群臣飲酒。到了晚上，正喝得暢快時，燈燭突然熄滅，於是有人拉美人的衣服。美人把這個人的帽帶拉斷，告訴王說：「剛才燈燭熄滅時，有人拉我的衣服，我拉斷了他的帽帶拿在手裡，趕快點起火來，看誰的帽帶斷了。」王說：「賞賜人喝酒，使他醉後失禮，何必為了要顯示婦女的貞節而侮辱士人呢？」於是就命令群臣們說：「今天和我一同飲酒，不拉斷帽帶就不算盡歡。」群臣一百多人，都把自己的帽帶拉斷，然後才點上燈燭，大家終於盡歡而散。過了兩年，晉國和楚國打仗，楚國有一個武臣常常在前衝殺，五次交鋒五次殺死敵人打敗敵軍，終於戰勝晉國。楚王覺得奇怪，就問他說：「寡人德行微薄，又不曾特別厚待你，你為什麼這樣毫不猶豫地出死力呢？」回答說：「我早就該死了，從前酒醉失禮，大王寬容掩蓋不加誅殺。我始終不敢因為您這種不為人知的德惠就不公開地報答大王啊。長久以來，一直希望能為您犧牲，用鮮血濺向敵人。我就是那天晚上被扯斷帽帶的人。」於是擊敗晉軍，楚國因此強盛。這就是在暗中行德惠的人，一定會有公開的報答。

第一一章

趙宣孟將上之絳❶，見翳桑❷下有臥餓人不能動。宣孟止車為之下飧❸，自含而餔❹之，餓人再咽而能視。宣孟問：「爾何為飢若此？」對曰：「臣宦於絳，歸而糧絕，羞行乞而憎自取，以故至若此。」宣孟與之壺飧，脯二朐❺，再拜頓首受之，不敢食❻。問其故，對曰：「向者食之而美，臣有老母，將以貢之。」宣孟曰：「子斯❼食之，吾更與汝。」乃復為之簞食以❽脯二束與錢百。去之絳，居三年，晉靈公欲殺宣孟，置伏士於房中，召宣孟而飲之酒。宣孟知之，中飲❾而出，靈公令房中士疾追殺之。一人追疾，先及宣孟，見宣孟之面，曰：「吁，固是君耶！請為君反死。」宣孟曰：「子名為誰？」反走，且對曰：「何以名為，臣是夫桑下之餓人也。」還鬥而死，宣孟得以活。此所謂德惠也。故惠君子，君子得其福；惠小人，小人盡其力。夫德一人活其身，而況置惠於萬人乎。故曰：「德無細，怨無小。」豈可無樹德而除怨，務利於人哉？利出者福反，怨往者禍來，刑❿於內者應於外，不可不慎也，此《書》之所謂「德無小⓫」者也。《詩》

云：「赳赳武夫，公侯干城⑫。」「濟濟多士，文王以寧⑬。」人君胡可不務愛士乎！

【注釋】❶趙宣孟將上之絳　趙宣孟，即趙盾。見〈建本〉第二九章。絳，晉都，在今山西翼城東南。❷翳桑　猶言桑蔭。❸飱　俗飧字，熟食也。❹餔　通「哺」。吐所含以食之也。❺脯二朐　脯，乾肉。朐，彎曲的肉脯。❻不敢食　盧文弨謂「敢」下當有「盡」字，是也。❼斯　猶盡也。❽以　與也。❾中飲　猶今人言半席，即席未終也。凡事之半曰中。❿刑　通「形」。⓫德無小　此佚《書》文，今《偽古文尚書・伊訓》曰：「爾惟德罔小，萬邦惟慶。」⓬赳赳武夫二句　見《詩經・周南・兔罝》。干是盾牌，城是城牆，都是用來保衛的器物。干城連用，就是保衛者的意思。⓭濟濟多士二句　見《詩經・大雅・文王》。濟濟，眾多貌。

【語譯】趙宣孟將上絳都去，看到桑樹蔭底下躺著一個人，已經餓得不能動。宣孟停車，為他準備熟食，親自嚼碎了餵他吃。那個飢餓的人吞嚥了兩口才張開眼睛。宣孟問他：「你為什麼餓成這樣子？」回答說：「我在絳做官，住在那兒，現在回去，沒有了糧食，因為羞於乞討，又不願意自行強取，所以才餓成這樣子。」宣孟給他一壺熟食，兩塊乾肉。他拜了兩拜，叩頭接受了，但是吃了一半就不吃了。問他為什麼，回答說：「剛才吃的時候覺得很好吃，我有老母，準備帶回去獻給她吃。」宣孟說：「你全吃掉，我另外再給你。」於是又給他盛了一籃子飯，另外再給他兩塊乾肉和一百個錢。宣孟離開了餓人到了絳都，過了三年，晉靈公要殺他，在房中埋伏了武士，召宣孟來飲酒。宣孟知道了，席未終就辭去。靈公命令房中武士趕快追去殺他。其中有一名武士追得快，先追到宣孟，看到宣孟的臉說：「唉，果然是您呀！讓我轉身去為您拚命。」宣孟說：「你叫什麼名字？」那個人一面回頭走一面回答說：「何必問名字，我就是桑蔭底下挨餓的人。」回過身去格鬥而死，宣孟得以活命。這就是所謂的能施行德惠的了。所以施行恩惠給君子，君子就能夠廣為造福；施行恩惠給小人，小人就能夠為你盡力。對一個人有恩德，就能夠保全生命，何況把恩德給萬眾。所以說，無論是德還是怨，都不在於大小，怎麼可以不多積恩德而消除怨恨，務必多做對人有利的事呢？對別人做好事，一定有好報；和別人結怨，一定有惡報。存心怎麼樣，在外面一定有報應，不可以不小心啊！這就是《書經》上說的「行德不在於大小」啊！《詩經》上說：「雄赳赳的武士，是公侯的保衛者。」又說：「賢士人才眾多，文王因此安寧。」人君怎麼可以不竭心盡力地重愛士人啊！

第一二章

孝景時，吳、楚反。袁盎❶以太常使吳。吳王欲使將，不肯。欲殺之，使一都尉以五百人圍守盎。盎為吳相時，從史與盎侍兒私通，盎知之，不泄，遇之如故。人有告從史，從史懼亡歸。盎自追，遂以侍兒賄之，復為從史。及盎使吳見圍守，從史適為守盎校司馬。夜引盎起曰：「君可以去矣，吳王期旦日斬君。」盎不信，曰：「公何為者也？」司馬曰：「臣故為君從史盜侍兒者也。」盎乃敬❷謝曰：「公有親，吾不足以累公。」司馬曰：「君去，臣亦且亡，避吾親，君何患！」乃以刀決帳，醉從卒道出❸，分背去。盎遂歸報。

【注釋】❶袁盎　（西元前？～前一四八年）亦作爰盎，字絲。漢文帝時為中郎將，數直言極諫。景帝時與鼂錯不睦，錯使吏告其受吳王財利，獲罪，免為庶人。吳、楚反，說景帝殺錯以謝天下。❷敬　《史記》及《漢書》〈袁盎傳〉並作「驚」。❸醉從卒道出　當從《漢書・袁盎傳》作「道從醉卒出」。盧文弨曰：「《漢書》作『道從醉卒直出』，此無『買醇醪，醉守卒』事，略欠明。『醉從』舊作『率徙』，宋本作『醉從』，亦誤倒。」

【語　譯】漢景帝的時候，吳、楚兩國造反，袁盎以太常的身分奉使到吳國去；吳王想用他做將軍，他不肯；吳王要殺他，派一名都尉率領五百人把他圍困起來。起初袁盎做吳相的時候，從史和袁盎的侍女私通，袁盎雖然知道，但是並沒有揭露，還是如常地對待他。有人告訴從史，從史害怕就逃走了。袁盎親自追他回來，並且把侍女送給他，仍然叫他做從史。等到袁盎奉使吳國被圍困時，從史剛好就是監守他的校司馬，晚上拉袁盎起來，說：「您可以走啦，吳王預定明天早上殺您。」袁盎不相信，說：「你是什麼人？為什麼這樣做？」司馬說：「我本來是您的從史，和侍兒私通的那個人。」袁盎這才吃驚，但是辭謝說：「你有家人，我不可以連累你。」司馬說：「您走後，我也要逃了，和家人躲起來，您何必擔心！」就用刀把帳幕割破，引導袁盎從已經醉了的士兵中出去，分別逃走。袁盎於是回去向朝廷報告。

第一二三章

智伯與趙襄子❶戰於晉陽下而死。智伯之臣豫讓者怒，以其精氣能使襄子動心，乃漆身變形，吞炭更聲。襄子將出，豫讓偽為死人，處於梁下。駟馬驚不進，襄子動心，使使視梁下得豫讓。襄子重其義，不殺也。又盜❷為抵罪被刑人，赭衣❸入繕❹宮。襄子動心，則曰：「必豫讓也。」襄子執而問之曰：「子始事中行君❺，智伯殺中行君，子不能死，還反事之。今吾殺智伯，乃漆身為厲，吞炭為啞，欲殺寡人，何與先行異也？」豫讓曰：「中行君眾人畜臣，臣亦眾人事之；智伯朝士待臣，臣亦朝士為之用。」襄子曰：「非義也，子壯士也。」乃自置車庫中，水漿毋入口者三日，以禮豫讓，讓自知，遂自殺也。

【注　釋】❶智伯與趙襄子　見〈建本〉第三〇章。❷盜　詐；假裝。❸赭衣　囚犯之服。❹繕　修治。❺中行君　指中行文子，即荀寅，又稱中行寅，春秋晉國卿大夫。

【語　譯】智伯和趙襄子在晉陽城下作戰，結果被趙襄子所殺。智伯的一個臣子叫豫讓的非常憤怒，想替智伯報仇，由於他的精氣能使趙襄子動心，於是就用漆塗在身上使皮膚腫癩以改變形狀，吞炭使自己的聲音嘶啞。趙襄子將要出門，豫讓假裝成死人，躺在橋下。趙襄子來到的時候，拉車的馬受驚不肯前進，襄子動心，派人到橋下探察，捉住了豫讓。襄子敬重豫讓的義氣，不殺他。豫讓又冒充服勞役抵罪的受刑人，穿上罪犯的衣服，混入宮中修治宮室。襄子又心動，就說：「一定又是豫讓。」襄子把豫讓抓來問他說：「你最初追隨中行君，智伯殺中行君，你不但不殺他，卻反而事奉他；現在我殺智伯，你就漆身變成癩子，吞炭變成啞子，一心想殺我，為什麼和先前的行為不一樣呢？」豫讓說：「中行君把我看做一般人，我也就像一般人事奉他；智伯把我看做國士，特別禮遇我，我也就要做一個國士來為他效忠。」襄子說：「道理雖然不對，但是你實在是個壯士。」於是襄子自己置身在車庫中，斷絕飲食三天，以表示對於豫讓堅決要替智伯報仇的敬意。豫讓知道襄子的用心，就自殺了。

第一四章

晉逐欒盈❶之族，命其家臣有敢從者死。其臣曰辛俞，從之。吏得而將殺之。君曰：「命女無得從，敢從何也？」辛俞對曰：「臣聞三世仕於家者君之，二世者主之。事君以死，事主以勤，為其賜之多也。今臣三世於欒氏，受其賜多矣，臣敢畏死而忘三世之恩哉？」晉君釋之。

【注　釋】❶欒盈　春秋晉國大夫，《史記・晉世家》及〈田敬仲完世家〉俱作欒逞，古通。《左傳》襄公二十一年：「秋，欒盈出奔楚。」

【語　譯】晉國驅逐欒盈的家族，告訴他的家臣，有敢跟隨一起走的要處死。欒氏的一個家臣叫辛俞的跟著一起逃亡，被官吏捉到，將要處死。國君問他：「叫你不要去，竟然還敢去，為了什麼？」辛俞回答說：「我聽說：三代都在一家做家臣的，要把他的主人當成『君』，兩代的要把主人當成『主』。事奉『君』，要能夠為君犧牲；事奉『主』，要能夠為主勤勞，這是因為平日得到的賞賜多的緣故。現在我家三代都是欒氏的家臣，受到的賜予太多了，我怎敢因害怕死亡而忘記三世所受到的恩惠呢？」晉君就放了他。

第一五章

留侯張良之大父開地❶，相韓昭侯、宣惠王、襄哀王。父平相釐王、悼惠王。悼惠王二十三年平卒，二十歲秦滅韓❷。良年少未宦事韓，韓破，良家童❸三百人，弟死不葬，良悉以家財求刺客，刺秦王❹，為韓報仇；以大父、父五世相韓故。遂學禮淮陽，東見滄海君，得力士，為鐵椎百二十斤。秦皇帝東游，良與客狙擊❺秦皇帝於博浪沙，誤中副車。秦皇帝大怒，大索天下，求購，購甚急❻。良更易姓名深亡匿，後卒隨漢報秦。

【注釋】❶留侯張良之大父開地　張良（西元前？～前一八六年），字子房，西漢開國功臣，高祖謀士。《史記・留侯世家》：「漢六年正月，封功臣，封張良為留侯。」大父，祖父。開地，為張良祖父的名。❷悼惠王二十三年二句　《史記・留侯世家》、《漢書・張良傳》並疊一「卒」。❸童　古僮僕字作童，童子作僮，《說苑》此處正用本字，謂僮僕。❹秦王　指秦始皇（西元前二五九～前二一〇年），秦朝建立者，開國皇帝，西元前二四六～前二一〇年在位。姓嬴名政，莊襄王之子。年十三立為秦王，即位二十六年，盡滅六國，建立中國歷史上第一個統一的封建集權國家。❺狙擊　伺人不備，突然襲擊。❻求購二句　「購」字不當重。購，懸賞也。

【語譯】留侯張良的祖父開地，做韓昭侯、宣惠王、襄哀王的相；父親平做釐王、悼惠王的相，在悼惠王二十三年去世。韓平死後二十年，秦滅韓國。張良因為年紀輕，沒有趕上在韓國做官。韓國被滅亡，張良雖然家有僮僕三百人，但是弟弟死了也不安葬，就用所有家財徵求刺客刺殺秦王，替韓王報仇，因為祖父和父親曾經做過五代韓國國君的相的緣故。於是到淮陽學禮，並且到東方去求見滄海君。後來尋訪到一位大力士，能夠舞弄重一百二十斤的鐵椎。秦始皇東遊，張良和大力士在博浪沙加以狙擊，誤中副車，沒有成功。秦始皇大怒，下令全國搜索，懸賞緝捕，非常緊急。張良改變姓名，隱密躲藏，後來終於追隨漢王劉邦滅了暴秦。

第一六章

鮑叔❶死，管仲❷舉上衽❸而哭之，泣下如雨。從者曰：「非君❹父子也，此亦有說乎？」管仲曰：「非夫子所知也。吾嘗與鮑子負販於南陽，吾三辱於市，鮑子不以我為怯，知我之欲有所明也。鮑子嘗與我有所說王者，而三不見聽，鮑子不以我為不肖，知我之不遇明君也。鮑子嘗與我臨財分貨，吾自取多者三，鮑子不以我為貪，知我之不足於財也。生我者父母，知我者鮑子也。士為知己者死，而況為之哀乎？」

【注　釋】❶鮑叔　見〈立節〉第四章。❷管仲　見〈君道〉第一七章。❸衽　衣襟。❹非君　下當補「臣」字。說詳《說苑集證》。

【語　譯】鮑叔去世，管仲拉起衣襟痛哭，淚下如雨。跟隨的人說：「你們並不是君臣父子的關係，卻這樣悲痛是什麼緣故呢？」管仲說：「這不是先生所能了解的。我曾經和鮑子到南陽去做買賣，三次在市場上受人侮辱，鮑子不認為我懦弱，知道我志向遠大，一時忍耐是想要將來有所表現。鮑子曾經和我一起遊說諸侯，可是三次都不被採用，鮑子不認為我無能，知道我沒有遇到明君。鮑子曾經和我分攤財物，三次我自己取的都比他多，鮑子不認為我貪婪，知道我生活艱難。生育我的是父母，但真正了解我的卻是鮑子。士可以為了解自己的人而死，更何況為他哀痛呢？」

第一七章

晉趙盾❶舉韓厥❷，晉君以為中軍尉。趙盾死，子朔嗣為卿。至景公❸三年，趙朔為晉將。朔取成公❹姊❺為夫人。大夫屠岸賈欲誅趙氏。初，趙盾在時，夢見叔帶❻持龜要❼而哭，甚悲；已而笑，拊手❽且歌。盾卜❾之，占兆❿絕而後好。趙史援占⓫曰：「此甚惡，非君之身，及君之子，然亦君之咎也。」至子趙朔世益衰。屠岸賈者，始有寵於靈公⓬，及至於晉景公而賈為司寇，將作難，乃治靈公之賊以致趙盾⓭，偏告諸將曰：「趙穿⓮弒靈公，盾雖不知，猶為首賊。臣殺君，子孫在朝，何以懲罪？請誅之。」韓厥曰：「靈公遇賊，趙盾在外，吾先君以為無罪，故不誅。今諸君將誅其後，是非先君之意而後妄誅。妄誅謂之亂臣。有大事而君不聞，是無君也。」屠岸賈不聽。厥告趙朔趨⑮亡。趙朔不肯，曰：「子必⑯不絕趙祀，朔死且不恨。」韓厥許諾，稱疾不出。賈不請而擅與諸將攻趙氏於下宮，殺趙朔、趙括、趙嬰齊，皆滅其族⑰。朔妻成公姊有遺腹，走公宮匿。後生男乳。朔客程嬰持亡匿山中⑱。居十五年。晉景公疾，卜之曰：「大業之後不遂者為祟。」景公疾問韓厥，韓厥知趙孤在，乃曰：「大業之後在晉絕祀者，其趙氏乎。夫自中衍⑲皆嬴姓也。中衍人面鳥喙，降佐殷帝大戊，及周天子，皆有明德，下及幽、厲無道，而叔帶去周適晉，事先君文侯。至於成公，世有立功，未嘗有絕祀。今及吾君獨滅之趙宗。國人哀之，故見龜策。唯君圖之。」景公問云：「趙尚有後子孫乎？」韓厥具以實對。於是景公乃與韓厥謀立趙孤兒，召而匿之宮中。諸將入問疾，景公因韓厥之眾以脅諸將而見趙孤，孤名曰武。諸將不得已，乃曰：「昔下宮之難，屠岸賈為之，矯以君令，並命群臣，非然，孰敢作難？微君之疾，群臣固且請立趙後。今君有令，群臣之願也。」於是召趙武、程嬰徧拜諸將，將軍遂返與程嬰、趙武攻屠岸賈，滅其族。復與趙武田邑如故。

故人安可以無恩？夫有恩於此，故復於彼。非程嬰則趙孤不全，非韓厥則趙後不復，韓厥可謂不忘恩矣。

【注釋】❶趙盾　見〈建本〉第二九章。❷韓厥　春秋時晉國卿大夫。韓萬玄孫，即韓獻子。晉景公時與楚師戰於河，他任司馬。後晉作六卿，他在一卿之位，號為獻子。晉悼公立，他執政，救宋伐鄭，使晉復霸於諸侯。後告老，卒。❸景公　春秋時晉國國君。成公之子，名據。晉至景公始作六卿。在位時以鄭、宋故，與楚交惡，在河上救鄭之役被楚擊敗，自此楚強於晉。後會魯、衛之師伐齊，大敗齊師於鞍。西元前五九九～前五八一年在位。❹成公　春秋時晉國國君。晉文公少子，名黑臀，一名公子黑臀。他的母親是周女，趙穿殺晉靈公後，至周迎之回國立為晉君。西元前六〇六～前六〇〇年在位。❺姊　或當作「女」字。參拙著《說苑集證》。❻叔帶　西周時趙造父七世孫，原在周，因周幽王無道，離周如晉，事晉文侯，始建趙氏於晉。❼龜要　「龜」字衍。要，同「腰」。❽拊手　拍手。❾卜　古人用火灼龜甲取兆，以預測吉凶，叫卜。❿占兆　「占」字涉下文衍，當刪。兆，古代占卜，在龜板或獸骨上鑽刻，再用火灼，看裂紋來定吉凶。預示吉凶的裂紋叫兆。⓫占　視兆以知吉凶。⓬靈公　晉靈公。見〈建本〉第二九章。⓭乃治靈公之賊以致趙盾　《新序・節士》：「晉趙穿弒靈公，趙盾時為大夫，亡不出境，還不討賊，故春秋責之，以盾為弒君。屠岸賈者，幸於靈公，晉景公時賈為司寇，欲討靈公之賊。盾已死，欲誅盾之子趙朔（「趙朔」原誤作「時朔」）。」⓮趙穿　趙盾之侄。西元前六〇七年，穿殺靈公於桃園，趙盾使穿迎公子黑臀於周，立為君（晉成公）。⓯趨　通「趣」。疾也。⓰必　猶如也。⓱殺趙朔二句　趙括、趙嬰齊，皆趙盾異母弟。按趙朔、趙括、趙嬰齊非同時死，說詳拙著《說苑集證》。⓲朔客程嬰持亡匿山中　屠岸賈殺趙朔全家，朔婦有遺孤，嬰以曾受趙氏恩惠，與朔家臣公孫杵臼相約保存趙氏孤兒，杵臼詐以他人嬰兒為趙孤，藏匿山中。程嬰向屠岸賈出首，殺杵臼及孤兒。程嬰撫養真孤成人，是為趙武。⓳中衍　大廉之後，傳說人面鳥喙。商帝太戊任用他駕車，並為之娶妻，後世佐殷有功。

【語譯】晉國趙盾推舉韓厥，晉君任命他做中軍尉。趙盾死，子朔繼承做晉國的卿，到景公三年，做晉將。朔娶成公姊為夫人。大夫屠岸賈想要誅殺趙氏。起初趙盾還在世的時候，夢見叔帶雙手叉腰哭得很傷心，後來又笑，並且拍手唱歌。趙盾占卜吉凶，兆紋前面斷絕後頭完好。趙氏史官援觀看兆紋後說：「非常不好，雖然不應驗在你身上，而應驗在你兒子身上，但也是你的罪過。」到了兒子趙朔的時代，趙氏更加衰敗。屠岸賈這個人，原先受到靈公的寵愛，到了晉景公時做司寇，將要對趙氏發難，就追究弒殺靈公的禍首，一直追究到趙盾的身上。屠岸賈遍告諸將說：「趙穿弒殺靈公，趙盾雖然說事先不知道，但仍然推脫不了縱容默許的責任，是罪魁禍首。臣子弒殺君主，子孫還在朝為官，將怎麼樣懲罰有罪的人？請誅滅趙氏。」韓厥說：「靈公遇害的時候，趙盾在外，我們的先君認為他無罪，所以不加以誅殺。現在諸位要誅殺他的後人，這是不合先君的意旨而任意殺人，任意殺人叫做亂臣。有大事而國君不知道，這是心目中沒有君主啊！」屠岸賈不聽。韓厥叫趙朔趕緊逃亡，趙朔不肯，說：「你假如答應不讓趙氏後代斷絕，我就是死也沒有遺恨了。」韓厥應許，假託有病不出。屠岸賈沒有請准君命而擅自和諸將到下宮進攻趙氏，殺了趙朔、趙括和趙嬰齊，並且屠滅全族。趙朔的妻子是成公的姐姐，已經懷有身孕，跑到景公的宮中藏匿起來，後來生下一個男孩。趙朔的門客程嬰帶著孤兒逃亡藏匿山中。過了十五年，晉景公生病，占卜，說是建立大功業者的後代，因為不順遂而作祟。景公趕緊去問韓厥，韓厥知道趙氏孤兒還活著，就說：「大業的後人在晉國斷絕祭祀的大概是趙氏吧！趙氏的祖先自中衍都是嬴姓，中衍人面鳥喙，降生來輔佐殷帝太戊，後來周朝繼殷而起，天子都有明德，往下傳到幽王、厲王，昏庸無道，叔帶就離開周到晉國來，事奉先君文侯，一直傳到成公，世世代代都有立功，從來不曾絕祀。現在到了您的手裡，偏偏滅絕了趙宗，國人普遍都寄以同情，所以才表現在龜策上。希望您好好考慮，看看能不能補救。」景公問道：「趙氏還有後代子孫嗎？」韓厥把實情詳細告訴景公，於是景公就和韓厥計畫立趙氏孤兒，把他叫來藏在宮中。諸將入宮問候景公的疾病，景公就利用韓厥的部眾脅迫諸將，讓趙孤來見他們，孤兒名叫武。諸將不得已，就說：「以前下宮的禍難，是屠岸賈一手造成的，他假託君命，命令群臣，不然誰敢發難？就算不是因為您生病，我們本來也想請求立趙氏的後人。現在君主有令，正符合我們的期盼。」於是召趙武和程嬰，遍拜諸將軍。將軍們就回去，和程嬰、趙武一同進攻屠岸賈，消滅了他的宗族。重新封給趙武田邑，和從前一樣。所以人怎麼可以不施恩於人呢？這邊對人有恩，那邊就會得到報答。沒有程嬰，趙孤就無法保全；沒有韓厥，趙氏的後人無法復興。韓厥可說是不忘恩的人了。

第一八章

蘧伯玉❶得罪於衛君，走而之晉。晉大夫有木門子高者，蘧伯玉舍其家。居二年，衛君赦其罪而反之。木門子高使其子送之至於境，蘧伯玉曰：「鄙夫之子反矣。」木門子高後得罪於晉君，歸蘧伯玉。伯玉言之衛君曰：「晉之賢大夫木門子高得罪於晉君，願君禮之。」於是衛君郊迎之，竟以為卿。

【注　釋】❶蘧伯玉　春秋時衛賢大夫。名瑗。為人內寬而外直，急切求仁，深受孔子敬重。

【語　譯】蘧伯玉得罪衛君，逃到晉國。晉國大夫有個名叫木門子高的人，蘧伯玉住在他家裡。過了二年，衛君赦免了蘧伯玉的罪叫他回去。木門子高叫他的兒子送蘧伯玉，一直送到邊境。蘧伯玉說：「你回去吧。」木門子高後來得罪晉君，來投靠蘧伯玉。伯玉向衛君說：「晉國的賢大夫木門子高得罪了晉君，希望君主能夠禮遇他。」於是衛君親自到郊外迎接，竟然任命他做卿。

第一九章

北郭騷踵見晏子❶曰：「竊悅先生之義，願乞所以養母者。」晏子使人分倉粟府金而遺❷之，辭金而受粟。有間，晏子見疑於景公，出奔。北郭子召其友而告之曰：「吾悅晏子之義，而嘗乞所以養母者。吾聞之曰：『養及親者，身更❸

其難。』今晏子見疑，吾將以身白之。」遂造❹公庭，求復者❺曰：「晏子，天下之賢者也。今去齊國，齊國必侵矣。方必見國之侵也❻，不若先死，請絕頸以白晏子。」逡巡❼而退，因自殺也。公聞之，大駭。乘馳❽而自追晏子，及之國郊，請而反之。晏子不得已而反，聞北郭子之以死白己也。太息而歎曰：「嬰不肖，罪過固其所❾也，而士以身明之，哀哉！」

【注釋】❶踵見晏子　晏子，見〈君道〉第一八章。《呂氏春秋・士節》、《晏子春秋・雜上》「踵」下並有「門」字，當據補。踵門，親至其門。❷遺　贈送。❸更　通「伉」。當也。❹造　至。❺復者　指向君報告事情的人。復，告也。❻方必見國之侵也　俞樾謂當作「與見國之必侵也」，是也。❼逡巡　後退貌。❽馳　當從《呂氏春秋・士節》、《晏子春秋・雜上》作「馹」。馹，傳車。❾所　猶宜也。

【語譯】北郭騷親自登門見晏子，說：「我一向敬佩先生的道義，希望得到您的救濟以奉養母親。」晏子就派人分一些倉中的米糧和庫中的金錢給他，北郭騷辭卻了金錢，只接受了糧食。過了一些日子，晏子受到景公的懷疑而出奔。北郭騷召來他的好友告訴他說：「我仰慕晏子的道義，曾經向他請求救濟奉養母親。我聽過：『對於能養活自己父母的人，應該身當其難。』現在晏子被國君懷疑，我將以身死來表明晏子的忠貞。」於是來到國君的宮庭，請求傳令稟事的官員轉告景公說：「晏子，是天下的賢士，現在離開了齊國，齊國一定會受到侵略。與其眼看國家受到侵略，不如先死。請讓我斷頭來表白晏子的忠貞。」於是退而刎頸自殺。景公聽說了這件事，大為驚駭，親自乘驛車追趕晏子，追到國都郊外追上了，請求晏子回來。晏子不得已就回來了。晏子回來後聽說北郭騷用死替自己表白，感歎地說：「是我自己不好，我是罪有應得，而賢士竟然犧牲自身來替我表白，真是太令人難過了啊！」

第二〇章

吳赤市使於智氏❶，假道於衛。寧文子具紵絺三百製❷，將以送之。大夫豹曰：「吳雖大國也，不壤交假之道，則亦敬矣，又何禮焉？」寧文子不聽，遂致之。吳赤市至於智氏，既得事，將歸吳。智伯命造舟為梁。吳赤市曰：「吾聞之：天子濟於水，造舟為梁，諸侯維舟為梁，大夫方舟❸。方舟，臣之職也。且敬大甚，必有故。」使人視之，視則用兵在後矣，將以襲衛。吳赤市曰：「衛假吾道，而厚贈我，我見難而不告，是與為謀也。」稱疾而留，使人告衛，衛人警戒，智伯聞之乃止。

【注　釋】❶智氏　即智伯。見〈建本〉第三〇章。❷紵絺三百製　紵絺，麻布叫紵，細葛布叫絺。製，布匹長度，一丈八尺。❸造舟為梁三句　造舟為梁，比舟為梁也，蓋比併其船，加板於上，即今之浮橋是也。維舟，四舟相連，使不動搖，以平穩浮水；此非浮梁，與比舟成梁不同，故「維舟」下「為梁」二字當刪。方舟，二船相併。

【語　譯】吳國赤市出使智氏，向衛國借路經過。寧文子準備了紵絺三百製，將要贈送給赤市。大夫豹說：「吳雖然是大國，但和我國並不接壤相交，借路已經表示敬意了，又何必送禮？」寧文子不聽，就送禮給赤市。赤市到了智氏，事情辦完，將回吳國，智伯下令建造浮橋送他。赤市說：「我聽說：天子渡河，搭建浮橋，諸侯四船相連，大夫二船相併。用兩條船相併浮水而渡，才合乎我的身分。況且恭敬太過分了，一定有別的緣故。」派人探察，發現智氏軍隊已經跟在後頭，準備襲擊衛國。赤市說：「衛國借路給我，又贈我厚禮，我發現衛國有難而不加警告，這就是與智氏合謀了。」稱病留下來不走，派人警告衛國，衛國就加強警戒，智氏知道了就停止行動。

第二一章

楚、魏會於晉陽，將以伐齊。齊王患之，使人召淳于髡❶曰：「楚、魏謀欲伐齊，願先生與寡人共憂之。」淳于髡大笑而不應。王復問之，又復大笑而不應。三問而不應。王怫然作色曰：「先生以寡人國為戲乎？」淳于髡對曰：「臣不敢以王國為戲也，臣笑臣鄰之祠田也，以奩❷飯與一鮒魚❸，其祝曰：『下田洿邪❹，得穀百車，蟹堁❺者宜禾。』臣笑其所以祠者少，而所求者多。」王曰：「善。」賜之千金，革車百乘，立為上卿。

【注釋】❶淳于髡　戰國齊人，滑稽多辯，數使諸侯，未嘗屈辱，嘗以飲酒諷齊威王罷長夜之飲。❷奩　上當有「一」字。奩，盛物的小盒子。❸鮒魚　即鯽魚。❹洿邪　低窪的下等田。❺蟹堁　高地。

【語譯】楚、魏兩國在晉陽會合，將要一同攻打齊國。齊王耽憂，派人請淳于髡來，對他說：「楚、魏兩國計畫共同攻打齊國，請先生和我一起想想對策。」淳于髡大笑而不回答。齊王又問他，又大笑而不回答。這樣問了三次都沒有回答。齊王臉色大變，很生氣地說：「先生把寡人的國家當兒戲嗎？」淳于髡回答說：「臣不敢把王的國家當兒戲，臣是笑臣附近的那些祭田的人，用一小盒子飯和一條鯽魚作為祭品，他的禱告說：『希望下等的低田能收穫一百車穀子，高地能生長禾粟。』臣笑他用來供奉的祭品少，而所祈求的多。」齊王說：「好。」賜給淳于髡千金，兵車一百輛，並且立他為上卿。

第二二章

陽虎❶得罪於衛，北見簡子❷曰：「自今以來，不復樹人矣。」簡子曰：「何哉？」陽虎對曰：「夫堂上之人，臣所樹者過半矣；朝廷之吏，臣所立者，亦過半矣；邊境之士，臣所立者，亦過半矣。今夫堂上之人，親卻❸臣於君；朝廷之吏，親危臣於法；邊境之士，親劫臣於兵。」簡子曰：「唯賢者為能報恩，不肖者不能。夫樹桃李者，夏得休息，秋得食焉；樹蒺藜者，夏不得休息，秋得其刺焉。今子之所樹者，蒺藜也，非桃李也。自今以來，擇人而樹，毋已樹而擇之。」

【注釋】❶陽虎　又名陽貨，春秋後期魯國季孫氏家臣，一度掌握魯國大權，後逃齊、晉。❷簡子　趙簡子。見〈君道〉第三五章。❸卻　退卻，引申為排斥。

【語譯】陽虎在衛國獲罪，北去投靠趙簡子，說：「從今以後，我不再栽培人材了。」簡子說：「為什麼？」陽虎回答說：「朝堂上的人，我栽培的超過半數；政府的官吏，我栽培的也超過半數；邊境的將士，我栽培的也超過半數。現在朝堂上的人，親自使君主排斥我；政府的官員，親自用法令危害我；邊境的將士，親自用武力脅迫我。」簡子說：「只有賢德的人才會報恩，不賢德的人是做不到的。那栽培桃李的，夏天可以在樹蔭下休息，秋天可以得到果實吃；種下蒺藜的，夏天沒有樹蔭可供休息，秋天只能收到棘刺。現在你所栽培的都是蒺藜，不是桃李。從今以後，要選擇人材加以栽培，不要栽培好了再選擇。」

第二三章

東閭子嘗富貴而後乞。人問之曰：「公何為如是？」曰：「吾自知。吾嘗相六七年，未嘗貴一人也；吾嘗富三千萬者再，未嘗富一人也。不知士出身之咎❶然也。」孔子曰：「物之難矣，小大多少，各有怨惡，數❷之理也。人而❸得之，在於外假❹之也。」

【注釋】❶咎　罪過。❷數　天數；自然。❸而　借為能。❹假　假託；幫助。

【語譯】東閭子曾經富貴，後來卻向人乞討。人家問他說：「你怎麼會這樣呢？」回答說：「我自己知道。我曾經做過六、七年的相，卻沒有使一個人顯貴；我曾經兩次有三千萬的財富，卻沒有使一個人富裕；這是由於我不了解士人出身艱難的罪過所造成的結果。」孔子說：「事物很難使人全部滿意，小大多少都各有所怨惡，這是自然的道理。人能得到富貴，在於能得到外在的幫助。」

第二四章

魏文侯❶與田子方❷語，有兩僮❸子衣青白❹衣而侍於君前。子方曰：「此君之寵子乎？」文侯曰：「非也。其父死於戰，此其幼孤也，寡人收之。」子方曰：「臣以君之賊心為足矣，今滋甚。君之寵此子也，又且以誰之父殺之乎？」文侯愍然曰：「寡人受令矣。」自是以後，兵革不用。

【注釋】❶魏文侯　見〈君道〉第三八章。❷田子方　見〈臣術〉第五章。❸僮　童之本字。❹青白　二字當作「錦」字。說詳《說苑集證》。

【語譯】魏文侯和田子方談話，有兩個男孩穿著錦衣侍立在文侯前面。子方說：「這是君主的愛子嗎？」文侯說：「不是。他們的父親在戰爭中犧牲，這兩個孩子是他們的遺孤，我將他們收養下來。」子方說：「我原本以為君主賊害仁義的心已經夠嚴重了，如今卻變本加厲。君主寵愛這兩個孩子，不曉得將來他們又是誰的父親而被殺呢？」文侯哀憐地說：「我接受你的指教了。」從此以後，魏國不再發動戰爭。

第二五章

吳起❶為魏將，攻中山。軍人有病疽❷者，吳子自吮❸其膿，其母泣之。旁人曰：「將軍於而子如是，尚何為泣？」對曰：「吳子吮此子父之創，而殺之於注水之戰，戰不旋踵❹而死。今又吮之，安知是子何戰而死，是以哭之矣。」

【注釋】❶吳起　見〈臣術〉第五章。❷疽　惡瘡。❸吮　用口含吸。❹旋踵　轉足之間，形容迅速。

【語譯】吳起做魏國將軍，將要攻打中山。軍隊中有一個兵長毒瘡，吳起親自給他吸膿，他的母親在一旁哭泣。旁邊的人說：「將軍這樣對待你的兒子，為什麼還哭？」回答說：「吳將軍曾經替我兒子的父親吮吸傷口，但卻讓他在注水之戰被殺，作戰不久就犧牲了。現在又替我兒子吮吸毒瘡，不曉得這個孩子又將在那一場戰爭中犧牲，所以忍不住哭泣。」

第二六章

齊懿公❶之為公子也，與邴歜之父爭田不勝。及即位，乃掘而刖之，而使歜為僕；奪庸織之妻，而使織為參乘❷。公游於申池，二人浴於池，歜以鞭抶❸織，織怒。歜曰：「人奪女妻而不敢怒，一抶女，庸何傷？」織曰：「孰與刖❹其父而不病奚若？」乃謀殺公，納之竹中。

【注釋】❶齊懿公　春秋齊國國君，齊桓公（小白）之子，名商人。西元前六一二～前五九二年在位。❷參乘　陪乘的人。古代乘車，尊者在左，御者在中，又一人在右，稱參乘或車右。❸抶　擊。❹孰與刖　「孰」字與下文「奚若」意複，當刪。刖，砍；斷。

【語譯】齊懿公做公子的時候，和邴歜的父親爭奪獵物失敗，等到即位做國君，就挖出邴歜父親的屍體，砍斷雙足，並且叫邴歜作為侍臣；又占奪庸織的妻子，而叫庸織做參乘。齊懿公到申池遊玩，邴歜和庸織兩個人就在池中洗浴。邴歜用鞭子敲打庸織，庸織生氣，邴歜說：「人家奪走你的妻子你不敢發怒，打一下有什麼了不起？」庸織說：「這和砍斷他父親雙腳而不懷恨相比怎麼樣？」於是就殺死齊懿公，把屍體藏在竹林裡。

第二七章

楚人獻黿❶於鄭靈公❷，公子家見❸。公子宋之食指動，謂子家曰：「我如是，必嘗異味。」及食大夫黿，召公子宋而不與，公子宋怒，染指於鼎，嘗之而出。公怒，欲殺之。公子宋與公子家謀先❹，遂弒靈公。

【注釋】❶黿　大甲魚。❷鄭靈公　春秋時鄭國國君，名子夷，西元前六〇五年在位。❸公子家見　有脫文，當作「公子宋與子家將見」。說詳拙著《說苑集證》。❹公子宋與公子家謀先　下「公」字當刪，子家蓋公子歸生之字，上不當有「公」字。

【語譯】楚國人獻給鄭靈公一隻大甲魚。公子宋和子家將要進見。公子宋的食指忽然自己動了起來，就對子家說：「我每次這樣，一定會吃到異味。」等到鄭靈公賜甲魚給大夫們吃的時候，召公子宋來卻偏不給他吃。公子宋很生氣，就用手指在鼎裡蘸了一下，嘗了嘗味道才出去。鄭靈公發怒，要殺他。公子宋和子家商量先動手，就殺了鄭靈公。

第二八章

子夏❶曰：「《春秋》者記君不君，臣不臣，父不父，子不子者也。此非一日之事也，有漸以至焉。」

【注釋】❶子夏　見〈臣術〉第五章。

【語譯】子夏說：「《春秋》這一部書是記載君不像君，臣不像臣，父不像父，子不像子的，這些都不是一天的事，實在是慢慢演變而成的。」

卷七

政理

【題解】理者，治也。政理，就是政治。本卷共四十八章，內容是揭示理想的政治，以及人君和人臣在施政的時候應該奉行的原則和應該避免的事項。第一章指出政治有三類：王者之政用教化，霸者之政用威權，彊者之政用脅迫，而用教化的王政，是政治的最高理想。第二章說明德化和刑罰是治國的兩個關鍵，但是王政以德化為主，儘量少用刑罰。這兩章是全篇的綱領（第八章和第一〇章也是說教化的重要）。第三章以後到第一八章（第四章除外），講的都是國君如何治國施政的事，主要說到這幾方面：政令不可以太煩苛（第三章）；治理人民要戒懼小心，如果失掉民心，人民就會反抗了（第六、一六章）；要使人民富裕（第一一、一二章）；要愛民利民（第一三章）；要遵守法律（第一五章）。第一九到三二章則記人臣如何施政，所舉都屬於春秋、戰國期間的政治人物，如子產、董安于、西門豹、宓子賤、晏子、子路、子貢等。第三三章以後又是講國君怎麼樣治國，但特別提到幾種應當防範的弊端，如國家有淫民（第三三章），國君的左右好像社鼠、猛狗（第三四章），國君不能分辨善惡（第三五章），國君不能把土地和財物分封給臣民（第三七、三八章）等等。

第一章

政有三品：王者之政化之，霸者之政威之，彊者之政脅之。夫此三者，各有所施，而化之為貴矣。夫化之不變而後威之，威之不變而後脅之，脅之不變而後刑之。夫至於刑者則非王者之所貴也。是以聖王先❶德教而後刑罰，立榮恥而明防禁，崇禮義之節以示之，賤貨利之弊❷以變之。修近理內，政橛機之禮❸，壹妃匹之際❹，則莫不慕義禮之榮，而惡貪亂之恥，其所由致之者，化使然也。

【注釋】❶先　原誤作「光」，他本俱不誤。❷弊　通「幣」。財物。❸政橛機之禮　政，通「正」。橛與機同義，皆是門橛，此文橛機蓋謂門戶之內也。❹壹妃匹之際　壹，整飭齊一。妃匹，猶配偶。

【語　譯】政治有三個品級：王道的政治教化人民，霸道的政治威服人民，強橫的政治脅迫人民。這三種各有實行的階段和方法，而教化是最可貴的了。教化不能達到改變人民的目的，然後威服他；威服無效，然後脅迫他；脅迫無效，然後用刑罰處置。到了要動用刑罰，就不是推行王道的君主所樂意的了。所以聖王先實行德教，然後才講求刑罰。訂定榮辱的標準，明示犯法違禁的行為。崇尚禮義的節度，向人民昭示它的重要；看輕貨利財物，改變人民貪婪的心理。從近身自家做起，修正宮廷之內的禮節，整飭夫婦之間的分際。這樣那麼就沒有人不喜歡禮義的尊榮，而厭惡貪亂的恥辱了。所以能達到這樣的原因，是教化的結果。

第二章

季孫❶問於孔子❷曰：「如殺無道，以就❸有道，何如？」孔子曰：「子為政，焉❹用殺。子欲善而民善矣。君子之德風也，小人之德草也，草上之風必偃❺。」言明其化而已也。治國有二機❻，刑、德是也。王者尚其德而希❼其刑，霸者刑德並湊❽，強國先其刑而後德。夫刑、德者，化之所由興也。德者，養善而進闕❾者也；刑者，懲惡而禁後者也。故德化之崇者至於賞，刑罰之甚者至於誅。夫誅、賞者所以別賢、不肖，而列❿有功與無功也。故誅、賞不可以繆，誅、賞繆則善、惡亂矣。夫有功而不賞則善不勸，有過而不誅則惡不懼。善不勸⓫，而能以行化乎天下者，未嘗聞也。《書》曰：「畢力賞罰⓬。」此之謂也。

【注釋】❶季孫　即季桓子，春秋時魯國大夫，名斯。魯定公十二年接受齊國女樂，君臣廢朝共觀三日，孔子於是去魯。❷孔子　見〈君道〉第五章。❸就　成也。❹焉　何也。❺偃　仆。❻機　猶要也。❼希　稀之古字。❽湊　通「輳」。聚也。❾進闕　謂使有過失的人改進其缺點。闕，過失。❿列　分列。今字作裂。⓫善不勸　下疑脫「惡不懼」三字。參拙著《說苑集證》。⓬畢力賞罰　見《尚書．康王之誥》，「力」作「協」。畢力，盡力。

【語譯】季孫問孔子說：「如果殺掉無道的壞人，以成就有道的善人，怎麼樣呢？」孔子說：「你施行政事，何必用殺戮的辦法。你自己想為善，老百姓也就跟著向善了。在位者的德行好比風，老百姓的德行好比草，風加在草上，草必定會隨風仆倒的。」這是說明為政一定要德化罷了。治理國家有兩個要點：就是刑罰和德化。行王道的君主崇尚德化而少用刑罰，行霸道的君主刑罰和德化並用，強國的君主先用刑罰而後用德化。刑罰和德化是教化興起的根本。德化，培養好人並使有過失的改進缺點；刑罰，懲罰壞人並禁絕後來的犯同樣的罪。所以德化的極致在於賞賜，而刑罰的終極在於誅殺。誅殺和賞賜，是用來分別賢和不肖、有功和無功的。所以誅罰和賞賜不可以錯亂，誅罰和賞賜一發生錯亂，那善惡就分不清了。有功勞的人而不給予賞賜，好人就得不到勸勉；有罪過的人而不加以誅罰，壞人也就無所畏懼。好人不受到勸勉，壞人無所畏懼，而能用德行感化天下的，從來沒有聽說有這樣的事。《尚書》上說：「盡力施行賞罰。」就是說的這個道理。

第三章

水濁則魚困，令苛則民亂，城峭❶則必崩，岸竦❷則必阤❸。故夫治國譬若張琴，大絃急則小絃絕矣❹。故曰：「急轡銜❺者，非千里御也。」有聲之聲，不過百里；無聲之聲，延及四海。故祿過其功者損，名過其實者削。情行合而民副之❻，禍福不虛至矣。《詩》云：「何其處也？必有與也；何其久也？必有以也❼。」此之謂也。

【注　釋】❶峭　陡峭。❷竦　聳立。❸阤　倒塌。❹大絃急則小絃絕矣　大絃，古琴、瑟、琵琶等絃樂器的粗絃，也叫老絃。小絃，絃樂器的細絃。❺轡銜　轡，馬韁。銜，馬嚼子，在馬口中，用以制馭馬之行止。❻情行合而民副之　情，指內在的真實。行，指外在的行為。「民」當作「名」。❼何其處也四句　見《詩經・邶風・旄丘》。處，謂安處不動。與，相與的國家，猶盟國。以，緣故。

【語　譯】水太混濁，魚就難生存；政令煩苛，人民就會騷動叛亂；城牆陡峭，就一定會崩倒；崖岸矗立，就一定會倒塌。治理國家好像彈奏琴瑟，大絃太急，小絃就容易斷。所以說：「趕馬趕得太快的，不是一個能馳驅千里的好的御者。」有聲的聲音，不會超過百里；無聲的聲音，能夠傳遍四海。所以俸祿超過功勞，一定會受到損害；名聲超過實際，一定會受到貶削。內外合一而名實相符，禍福是不會憑空而來的。《詩經》上說：「為什麼能安處不動啊？一定有盟國一起來；為什麼能那麼久啊？一定有他的緣故。」說的就是這個意思。

第四章

公叔文子❶為楚令尹三年，民無敢入朝。公叔子見曰：「嚴矣。」文子曰：「朝廷之嚴也，寧云妨國家之治哉？」公叔子曰：「嚴則下喑❷，下喑則上聾，聾、喑不能相通，何國之治也？蓋聞之也，順針縷者成帷幕，合升斗者實倉廩，并小流而成江海。明主者有所受命而不行，未嘗有所不受也。」

【注　釋】❶公叔文子　參〈臣術〉第二一章。春秋衛國大夫，未嘗為楚令尹，未知本文所據。又本章所言，與〈正諫〉第二六章大同小異。❷喑　通「瘖」。默也；啞也。

【語　譯】公叔文子做楚國的令尹，整整三年，百姓沒有敢到朝堂上的。公叔子晉見說：「太嚴厲了。」文子說：「朝廷嚴厲，能說妨礙了國家的治理嗎？」公叔子說：「太嚴厲，下面就不敢說話；下面不敢說話，上面就聽不到意見。上面聾，下面啞，不相溝通，怎麼能治理好國家呢？曾經聽說過：順著一針一線縫紉的能夠製成帳幕，累積一升一斗的糧食的能夠充實倉庫，合併小的河流能夠成為江海。明智的君主有聽取意見而不實行的，從來沒有不聽取意見的。」

第五章

衛靈公❶謂孔子❷曰：「有語寡人為國家者，謹之於廟堂❸之上，而國家治矣，其可乎？」孔子曰：「可。愛人者則人愛之，惡人者則人惡之，知得之己者，亦知得之人。所謂不出於環堵之室❹而知天下者，知反之己者也。」

【注釋】❶衛靈公　春秋時衛國國君，名元，衛獻公之孫，西元前五三四～前四九三年在位。❷孔子　見〈君道〉第五章。❸廟堂　宗廟明堂。古代帝王遇大事，告於宗廟，議於明堂，故也以廟堂指朝廷。❹環堵之室　猶方丈之室，形容居室隘陋。牆長高各一丈為堵，周環各一堵，謂之環堵。

【語譯】衛靈公對孔子說：「有人對寡人說，治理國家，只要在朝廷裡謹言慎行，國家政治就能上軌道了，這樣行得通嗎？」孔子回答說：「可以。愛護人的人，別人也會愛護他；憎惡人的人，別人也會憎惡他；懂得怎樣對待自己，也就懂得怎樣對待別人。所謂不離開自己的斗室，卻能夠知道天下事的，就在懂得反省自己的緣故。」

第六章

子貢❶問治民於孔子，孔子曰：「懍懍焉❷如以腐索御奔馬。」子貢曰：「何其畏也？」孔子曰：「夫通達之國皆人也，以道導之則吾畜❸也，不以道導之則吾讎也，若何而毋畏？」

【注 釋】❶子貢 見〈臣術〉第四章。❷懔懔焉 危懼貌。❸畜 好也。

【語 譯】子貢向孔子請教如何治理人民。孔子說：「要戒懼小心，好像用腐朽的繩子駕馭奔跑的馬一樣。」子貢說：「怎麼這樣戒懼啊？」孔子說：「全國走得到的地方都是人，如果用正道引導他們，就都會擁護我；如果不用正道引導他們，就都將視我為仇人，怎麼能不戒懼呢？」

第七章

齊桓公❶謂管仲❷曰：「吾欲舉事於國，昭然如日月，無愚夫愚婦皆曰善，可乎？」仲曰：「可，然非聖人之道。」桓公曰：「何也？」對曰：「夫短綆❸不可以汲深井，知鮮不可以與聖人之言。慧士可與❹辨物，智士可與辨無方❺，聖人可與辨神明。夫聖人之所為，非眾人之所及也。民知十己，則尚與之爭，曰：『不如吾也。』百己，則疵其過，千己，則誰而不信。是故民不可稍而掌❻也，可并而牧也；不可暴而殺也，可麾❼而致也；眾不可戶說也，可舉而示也。」

【注 釋】❶齊桓公 見〈君道〉第一七章。❷管仲 見〈君道〉第一七章。❸綆 汲井所用的繩子。❹可與 猶可以。❺無方 謂不限於一事一物。❻稍而掌 義不可解，疑「稍」為「稱」誤，「掌」為「賞」誤。❼麾 指揮；招手。

【語 譯】齊桓公對管仲說：「我想在國內行事像日月般的光明，讓人人都知道，不論愚夫愚婦都說好，你看可以嗎？」管仲說：「可以，然而不是聖人之道。」桓公說：「為什麼？」回答說：「短的井繩不能夠汲取深井中的水，知識淺薄的人不能夠和他談論聖人的道理。聰慧的人可以辨別一般事物，明智的人可以辨別一切道理，聖人可以辨別神妙靈明的宇宙法則。聖人的作為，不是一般人所能了解的。一般老百姓明明知道別人高明自己十倍，還要和人爭辯說：『他不如我。』別人高明自己一百倍，就想盡辦法挑人家的毛病。若說高明自己一千倍，那是誰也不肯相信的。所以人民不可輕易給予稱賞，但是可集中起來加以教導；不可以暴虐殘殺，但是可以指揮招致。對於老百姓，不必挨家挨戶去勸說，只要提出來告訴他們就可以了。」

第八章

衛靈公❶問於史鰌❷曰：「政孰為務❸？」對曰：「大理❹為務。聽獄不中，死者不可生也，斷者不可屬也。故曰大理為務。」少焉，子路❺見公，公以史鰌言告之，子路曰：「司馬為務。兩國有難，兩軍相當，司馬執枹❻以行之，一鬥不當，死者數萬。以殺人為非也，此其為殺人亦眾矣。故曰司馬為務。」少焉，子貢❼入見，公以二子言告之，子貢曰：「不識哉！昔禹❽與有扈氏戰，三陳而不服。禹於是脩教一年，而有扈氏請服。故曰：去民之所事❾，奚獄之所聽？兵革之不陳，奚鼓之所鳴？故曰：教為務也。」

【注釋】❶衛靈公　見本卷第五章。❷史鰌　字子魚，衛國太史。❸務　致力；從事。❹大理　掌刑法之官。❺子路　見〈臣術〉第二四章。❻枹　同「桴」。鼓槌。❼子貢　見〈臣術〉第四章。❽禹　見〈君道〉第七章。❾事　當作「爭」。

【語譯】衛靈公問史鰌說：「政事當中那樣最重要？」回答說：「司法最重要。如果審理案件不當，處死的人不能復生，身體受刑殘缺的不能復原。所以說司法最重要。」過了一會兒，子路來見，靈公把史鰌的話告訴子路，子路說：「司馬最重要。當兩國有戰爭的時候，兩國軍隊相對抗，司馬拿著鼓槌擊鼓指揮軍隊進攻廝殺；如果一仗指揮不當，死的人就好幾萬。如果認為殺人是不對的，那麼這種因司馬指揮不當而被殺死的人也就夠多了。所以說司馬最重要。」不久，子貢來見，靈公又把史鰌、子路的話告訴子貢，子貢說：「真沒有見識啊！從前夏禹和有扈氏作戰，打了三仗有扈氏仍不降服，夏禹於是修明教化一年，而有扈氏就請求歸順了。所以說：除去百姓間的紛爭，還有什麼案件要審？戰爭都停止了，還有什麼戰鼓好鳴？所以說教化最重要。」

第九章

齊桓公❶出獵，逐鹿而走入山谷之中，見一老公而問之曰：「是為何谷？」對曰：「為愚公之谷。」桓公曰：「何故？」對曰：「以臣名之。」桓公曰：「今視公之儀狀，非愚人也，何為以公名？」對曰：「臣請陳之：臣故畜牸❷牛，生子而大，賣之而買駒❸。少年曰：『牛不能生馬。』遂持駒去。傍鄰聞之，以臣為愚，故名此谷為愚公之谷。」桓公曰：「公誠愚矣！夫何為而與之？」桓公遂歸。明日朝，以告管仲❹。管仲正衿再拜曰：「此夷吾之愚也。使堯❺在上，咎繇❻為理❼，安有取人之駒者乎？若有見暴如是叟者，又必不與也。公知獄訟之不正，故與之耳。請退而脩政。」孔子❽曰：「弟子記之：桓公，霸君也，管仲，賢佐也，猶有以智為愚者也，況不及桓公、管仲者也。」

【注釋】❶齊桓公 見〈君道〉第一七章。❷特 訛字，正字作「牸」，母牛。❸駒 少壯之馬。❹管仲 見〈君道〉第一七章。❺堯 見〈君道〉第六章。❻咎繇 即皋陶。見〈君道〉第一三章。❼理 大理，治獄之官。❽孔子 見〈君道〉第五章。

【語譯】齊桓公外出打獵，因追鹿而進入了山谷裡。看見一個老翁，就問他說：「這裡是什麼山谷？」回答說：「叫做愚公之谷。」桓公說：「為什麼叫這名字？」回答說：「是因我而得名的。」桓公說：「看你的儀態模樣，不像個愚人，為什麼因你而得名呢？」回答說：「請讓我說明經過：我過去養了一頭母牛，生了隻個子特別大的牛犢子，便賣了牠而買回一匹小馬。一個少年說：『牛不能生馬。』就把馬牽走了。鄰居們聽說了，認為我愚蠢，所以把這山谷叫做愚公之谷。」桓公說：「你果真是愚人啊！為什麼把馬給他呢？」桓公就回去了。第二天上朝的時候，把這事情告訴管仲，管仲整了整衣襟拜了兩拜說：「這是我夷吾的愚蠢。假如堯在上為君，咎繇主管司法，那會有人奪取別人的馬呢？即使有像這位老翁般遭到欺凌的，也一定不會讓馬任人搶走。老翁知道司法不公正，所以才給他的啊。請允許我回去整飭政事。」孔子說：「弟子們記住：桓公是諸侯的霸主，管仲是一位賢能的輔佐，在他們的治理下，還有把智者當做愚人的情況發生，何況那些不如桓公、管仲的人。」

第一〇章

魯有父子訟者，康子❶曰：「殺之。」孔子曰：「未可殺也。夫民不知子父訟之不善者久矣，是則上過也；上有道，是人亡矣。」康子曰：「夫治民以孝為本，今殺一人以戮❷不孝，不亦可乎？」孔子曰：「不孝❸而誅之，是虐殺不辜也。三軍大敗，不可誅也；獄訟不治❹，不可刑也。上陳之教而先服之，則百姓從風矣。躬行不從，而後俟之以刑，則民知罪矣。夫一仞❺之牆，民不能踰；百仞之山，童子升而遊焉，凌遲❻故也。今是仁義之凌遲久矣！能謂民弗踰乎？《詩》曰：『俾民不迷❼。』昔者，君子導其百姓不使迷，是以威厲❽而不至，刑錯❾而不用也。」於是訟者聞之，乃請無訟。

【注　釋】❶康子　季康子。見〈貴德〉第一八章。❷戮　懲罰。❸孝　當作「教」，字誤。❹獄訟不治　謂法令不當也。❺仞　古代長度單位，周制為八尺，漢制為七尺，東漢末則為五尺六寸。❻凌遲　斜平，言山勢逐漸低平。或引申為衰頹。❼俾民不迷　見《詩經·小雅·節南山》。俾，使。❽厲　嚴厲。❾錯　借為「措」，設置。

【語　譯】魯國有父子二人打官司的，季康子說：「殺掉那個不孝的兒子。」孔子說：「不可以殺。百姓不知道父子打官司不好，已經很久了。這是在上位的人的過失；若在上位的人治理有方，就沒有這種人了。」季康子說：「治理百姓以孝順作為根本，現在殺掉一個人來懲罰不孝子，不也是可以的嗎？」孔子說：「不教誨就把人殺掉，這是濫殺無罪的人。三軍大敗，不可以行殺戮；刑獄沒有治理好，不可以用刑罰。在上位的人宣揚教化，如果能夠自己先去實行，百姓就都順從教化了。親身這樣做了，百姓還不順從，然後才用刑罰對待他們，這樣百姓就知道是自己犯罪了。一仞高的牆，人是不能夠跨越過去的；但是百仞的高山，童子卻可以攀登上去遊覽。這是由於高山坡度逐漸傾斜的緣故。現在仁義衰落已經很久了啊！能自欺說百姓不敢逾越嗎？《詩經》上說：『使人民不要迷惑。』從前君子引導他的百姓，不使他們迷惑。所以雖然威權嚴厲，但不會加在百姓身上；設置了刑罰，但是不會用它。」於是打官司的人聽到了這些話，都請求撤消訴訟。

第一一章

魯哀公❶問政於孔子，對曰：「政有❷使民富且壽。」哀公曰：「何謂也？」孔子曰：「薄賦斂則民富，無事則遠罪，遠罪則民壽。」公曰：「若是則寡人貧矣。」孔子曰：「《詩》云：『凱悌君子，民之父母❸。』未見其子富而父母貧者也。」

【注　釋】❶魯哀公　見〈君道〉第五章。❷有　當作「在」。❸凱悌君子二句　見《詩經・大雅・泂酌》。凱悌，和樂貌。

【語　譯】魯哀公向孔子請教如何施政。孔子回答說：「為政之道，在於使人民不但富裕，而且長壽。」哀公說：「這是什麼道理呢？」孔子說：「減少賦稅，人民就會富裕起來；不滋事擾民，人民就不會犯罪；不犯罪，人民就自然長壽了。」哀公說：「如果像這樣，我就要貧窮了。」孔子說：「《詩經》上說：『和樂的君子，是人民的父母。』從來沒有見過兒子富裕而父母貧窮的。」

第一二章

文王❶問於呂望❷曰：「為天下若何？」對曰：「王國富民，霸國富士，僅存之國富大夫，亡道之國富倉府，是謂上溢而下漏。」文王曰：「善。」對曰：「宿善❸不祥。」是日也，發其倉府以賑鰥寡孤獨。

【注　釋】❶文王　見〈君道〉第一一章。❷呂望　即姜太公。見〈君道〉第一五章。❸宿善　謂對於某種言論或主張表示讚賞，卻不儘快實行。宿，停止；留住。

【語　譯】周文王問呂望說：「怎麼樣治理天下？」回答說：「用王道治國的使人民富足，用霸道治國的使士人富足，勉強存在的國家使大夫富足，無道的國家只使倉庫富足，這叫做上面多得往外溢，下面少得快漏光了。」文王說：「講得好。」回答說：「心裡知道好而不立刻去做，是不吉祥的。」於是當天就打開倉庫，救濟鰥夫、寡婦、孤兒、孤老等可憐的人。

第一三章

武王❶問於太公曰：「治國之道若何？」太公對曰：「治國之道，愛民而已。」曰：「愛民若何？」曰：「利之而❷勿害，成之勿敗，生之勿殺，與之勿奪，樂之勿苦，喜之勿怒。此治國之道，使民之義也，愛之而已矣。民失其所務，則害之也；農失其時，則敗之也；有罪者重其罰，則殺之也；重賦斂者，則奪之也；多徭役以罷❸民力，則苦之也；勞而擾之，則怒之也。故善為國者遇民如父母之愛子，兄之愛弟，聞其飢寒為之哀，見其勞苦為之悲。」

【注　釋】❶武王　周武王。見〈君道〉第一五章。❷而　衍字，當刪，以與「成之勿敗」等五句一律。❸罷　通「疲」。

【語　譯】周武王問太公說：「怎麼樣治理國家？」太公回答說：「治理國家的方法，無非是愛護百姓罷了。」武王說：「怎麼樣愛護百姓呢？」太公回答說：「要對他們有利而不要妨害，幫助他們成功而不要使他們失敗，使他們生存而不要殘殺，給他們東西而不要向他們奪取，讓他們快樂而不要使他們受苦，讓他們歡喜而不要使他們生氣。這就是治國的方法，役使人民的原則，不過是盡心愛護百姓罷了。百姓沒辦法做本來應該做的事務，就是損害他們；農民喪失耕種的時間，就是毀敗農事；有罪的人加重刑罰，就是殺害他們；加重稅收，就是剝削他們；增加勞役兵役，使他們疲累不堪，就是折磨他們；勞苦而又擾亂百姓，就是激怒他們。所以善於治理國家的，對待百姓好像父母愛護自己的子女，哥哥愛護自己的弟弟。聽說百姓飢餓寒冷，就為他們感到哀憐；看見百姓勞累辛苦，就替他們感到悲傷。」

第一四章

武王問於太公曰：「賢君治國何如？」對曰：「賢君之治國，其政平，其吏不苛，其賦斂節，其自奉薄，不以私善害公法。賞賜不加於無罪；不因喜以賞，不因怒以誅；害民者有罪，進賢舉過者有賞。後宮不荒❶，女謁❷不聽；上無淫慝❸，下不陰害；不幸❹宮室以費財，不多觀游臺池以罷❺民，不雕文刻鏤以逞❻耳目。官無腐蠹之藏，國無流餓之民。此賢君之治國也。」武王曰：「善哉！」

【注釋】❶荒　享樂過度。❷女謁　謂婦言。❸淫慝　邪惡不正。❹幸　或為「華」字之誤，或為「辛」字之誤。辛，通「新」。說詳《說苑集證》。❺罷　通「疲」。❻逞　快意。

【語譯】周武王問太公說：「賢明的君主怎麼樣治理國家？」回答說：「賢明的君主治理國家，他的施政平正，官吏不苛刻，賦稅抽得少，自奉很節儉，不因為個人的私好而妨害到國法；不賞賜對國家沒有貢獻的人，也不懲罰無罪的人；不因為個人喜歡就賞賜某人，也不因為自己生氣就誅殺某人；賊害人民的人有罪，進薦賢人或者舉發罪人的人有獎賞；後宮不荒淫，不聽信寵幸的婦人的話；在上位的沒有邪惡不正，在下的人也不會暗箭傷人；不建造新的宮室，以免浪費金錢；不多遊賞臺池，以免百姓疲憊，也不雕刻花紋圖案來愉悅耳目；官府中沒有收藏太久以致生蟲腐爛的東西，國內沒有流離飢餓的人民。這就是賢明的君主治理國家的情形。」武王說：「好極啦！」

第一五章

武王問於太公曰：「為國而數更法令者，何也？」太公曰：「為國而數更法令者，不法法，以其所善為法者也。故令出而亂，亂則更為法，是以其法令數更也。」

【語　譯】武王問太公說：「治理國家而常常改變法令，這是為什麼？」太公說：「治理國家而常常改變法令，就因為不守法，而以個人的喜好作為法令的緣故。所以命令一頒布就造成混亂，混亂了就再頒布法令，因此就常常更改法令。」

第一六章

成王❶問政於尹逸❷曰：「吾何德之行，而民親其上？」對曰：「使之以時而敬順之，忠而愛之，布令信而不食言。」王曰：「其度安至？」對曰：「如臨深淵，如履薄冰❸。」王曰：「懼哉！」對曰：「天地之間，四海之內，善之則畜❹也，不善則讎也。夏、殷之臣，反讎桀、紂❺而臣湯❻、武；夙沙❼之民，自攻其主而歸神農氏❽。此君之所明知也，若何其無懼也？」

【注釋】❶成王　周成王。見〈君道〉第三章。❷尹逸　周武王、成王臣，一作尹佚。❸如臨深淵二句　見《詩經・小雅・小旻》。❹畜　好也。❺桀紂　見〈君道〉第二八章。❻湯　見〈君道〉第一四章。❼夙沙　古國名。❽神農氏　上古時期傳說中的帝王。相傳他教民製作耒耜，從事原始農業生產。又傳說他曾嘗百草，教民治病。

【語　譯】周成王向尹逸問怎麼樣為政：「我要實行怎樣的德政，人民才會親附呢？」回答說：「差使百姓要選擇適當的時間，並且要尊重他們、順著他們的意思，誠心對待他們、愛護他們，發布命令要守信，不要說話不算話。」成王說：「要做到什麼程度？」回答說：「如同臨近深淵般謹慎，如同腳踩薄冰般小心。」成王說：「真是太可怕了！」回答說：「天地之間、四海之內的百姓，你對他們好，他們就擁護你；對他們不好，他們就反對你。夏、殷的臣民，反而仇視桀、紂而臣服湯、武；夙沙的人民攻擊自己的君主而歸順神農氏。這些您都知道得很清楚，怎麼能不戒懼呢？」

第一七章

仲尼見梁君❶，梁君問仲尼曰：「吾欲長有國；吾欲列❷都之得；吾欲使民安不惑；吾欲使士竭其力；吾欲使日月當時；吾欲使聖人自來；吾欲使官府治。為之奈何？」仲尼對曰：「千乘之君，萬乘之主，問於丘者多矣，未嘗有如主君問丘之術也，然而盡可得也。丘聞之：兩君相親則長有國；君惠臣忠則列都之得；毋殺不辜，毋釋罪人，則民不惑；益士祿賞則竭其力；尊天敬鬼則日月當時；善為刑罰則聖人自來；尚賢使能則官府治。」梁君曰：「豈有不然哉！」

【注釋】❶仲尼見梁君　仲尼，即孔子。見〈君道〉第五章。春秋無梁國，《孔子家語・賢君》「梁」作「宋」，然孔子亦無見宋君問答之事，蓋後世附會之言。說詳《說苑集證》。❷列　眾多。

【語　譯】孔子見梁君，梁君問他說：「我想長久保有國家，我想得到許多都城，我想使百姓安定不亂，我想使士人為我盡力，我想日月運行當時，我想使聖人不請自來，我想使政府治理良好，該怎麼辦呢？」孔子回答說：「各國的君主曾經向我問為政之道的很多，但是從來沒像主君問我這些的，不過都是可以做得到的。丘聽說：兩國之君互相親近，不彼此侵略，就能長久保有國家；君給臣恩惠，臣對君盡忠，就能得到許多城市；不殺無罪的人，不釋放有罪的人，人民就不會作亂；增加士的俸祿賞賜，士就會竭力效忠；尊天敬鬼，日月就運行當時；刑罰運用恰當，聖人就會自來；尊敬賢人，任用能幹的人，政府就能治理良好。」梁君說：「難道有不是這樣的嗎！」

第一八章

子貢❶曰：「葉公❷問政於夫子，夫子曰：『政在附❸近而來遠。』魯哀公❹問政於夫子，夫子曰：『政在於諭❺臣。』齊景公❻問政於夫子，夫子曰：『政在於節用。』三君問政於夫子，夫子應之不同，然則政有異乎？」孔子曰：「夫荊之地廣而都狹，民有離志焉，故曰在於附近而來遠。哀公有臣三人，內比周公❼以惑其君，外鄣距❽諸侯賓客以蔽其明，故曰政在諭臣。齊景公奢於臺榭❾，淫於苑囿❿，五官之樂不解⓫，一旦而賜人百乘之家者三，故曰政在於節用。此三者政也。《詩》不云乎：『亂離斯瘼，爰其適歸⓬。』此傷離散以為亂者也；『匪其止共，惟王之邛⓭。』此傷姦臣蔽王以為亂者也；『相亂蔑資，曾莫惠我師⓮。』此傷奢侈不節以為亂者也。察此三者之所欲，政其同乎哉！」

【注釋】❶子貢　見〈臣術〉第四章。❷葉公　春秋楚大夫。姓沈，名諸梁，字子高。楚左司馬沈尹戌之子。食邑於葉，僭稱公。《荀子・非相》謂其「微小短瘠，行若將不勝衣。」❸附　歸附；順從。❹魯哀公　見〈君道〉第五章。❺諭　諭臣無義，「諭」當為「論」之訛字，論借為掄，擇也。❻齊景公　見〈君道〉第一八章。❼內比周公　比周連讀，「公」字衍，當刪。❽鄣距　阻塞；遮隔。❾榭　建在臺上的房屋。❿苑囿　畜養禽獸及種植林木的地方，多為帝王及貴族遊玩和打獵的風景園林。⓫解　同「懈」。⓬亂離斯瘼二句　見《詩經・小雅・四月》。瘼，病。爰，何。其，語詞。適，往。⓭匪其止共二句　見《詩經・小雅・巧言》。匪，彼。止共，猶足恭，言過恭也。惟，是。邛，病，謂災禍。⓮相亂蔑資二句　見《詩經・大雅・板》。蔑，無。資，財物。曾，乃。師，眾。

【語　譯】子貢說：「葉公向老師問怎麼樣為政，老師說：『為政在於使近處的人歸附，遠處的人來歸。』魯哀公向老師問怎麼樣為政，老師說：『為政在於選擇臣下。』齊景公向老師問怎麼樣為政，老師說：『為政在於節省費用。』三位君主向老師問為政之道，老師的回答不一樣，那麼為政之道有不同嗎？」孔子回答說：「那楚國土地廣大，但都城狹小，百姓有離心，所以說為政在於使近處的人歸附，遠處的人來歸。哀公有三個臣子，對內互相勾結來迷惑他們的國君，對外阻攔諸侯賓客來遮蔽國君的耳目，所以說為政在於選擇臣下。

齊景公奢侈享樂，廣建臺榭苑囿，耳目之樂不斷，一天裡頭三次把百乘之家賞賜給人，所以說為政在於節省費用。這是三種不同的為政之道。《詩經》上不是說嗎：『亂離使人痛苦，可是我能到那兒去。』這是傷痛離散所造成的禍亂；『那個小人過分恭敬，是王的禍害。』這是哀傷姦臣蒙蔽君主所造成的禍亂；『相互作亂，民窮財盡，竟然不肯愛護我們眾人。』這是傷痛奢侈浪費所造成的禍亂。了解到這三種禍亂要有不同的處理方式，就知道處理政事怎麼能夠一樣呢！」

第一九章

公儀休❶相魯，魯君死，左右請閉門。公儀休曰：「止！池淵吾不稅，蒙山❷吾不賦，苛令吾不布，吾已閉心矣，何閉於門哉！」

【注釋】❶公儀休　戰國時魯穆公相，執法遵循正道。❷蒙山　山名。

【語譯】公儀休做魯國的相，魯君死了，左右的人請他把門關起來。公儀休說：「沒這個必要！池淵我沒有收稅，蒙山我沒有徵賦，我也沒有頒布過苛刻的法令，我已經緊閉心門了，還要關什麼門！」

第二〇章

子產❶相鄭，簡公❷謂子產曰：「內政毋出，外政毋入。夫衣裘之不美，車馬之不飾，子女之不潔，寡人之醜也。國家之不治，封疆之不正❸，夫子之醜也。」子產相鄭，終簡公之身，內無國中之亂，外無諸侯之患也。子產之從政也，擇能而使之。馮簡子❹善斷事。子太叔❺善決而文。公孫揮❻知四國之為，而辨於其大夫之族姓變而立至❼，又善為辭令。裨諶❽善謀，於野則獲，於邑則否。有事，乃載裨諶，與之適野，使謀可否，而告馮簡子斷之，使公孫揮為之辭令，成乃受❾子太叔行之，以應對賓客，是以鮮有敗事也。

【注釋】❶子產　見〈臣術〉第四章。❷簡公　春秋時鄭國君，名嘉。即位時年僅五歲，國家多亂，後任子產為相，得以安定。西元前五六五～前五三〇年在位。❸封疆之不正　謂不能敦睦鄰國。封疆，疆界。❹馮簡子　鄭大夫，畢公高之後。❺子太叔　鄭大夫。❻公孫揮　鄭大夫。❼變而立至　當作「變立而至」，而借為「能」，「至」為「否」字之訛，「變立而否」即《左傳》襄公三十一年之「班位能否」。❽裨諶　鄭大夫。❾受　同「授」。

【語譯】子產做鄭國的相，簡公對他說：「內政不干涉外政，外政也不干涉內政。如果衣裘不美觀，車馬不修飾，子女不整潔，這是我的不好；如果國家沒有治理好，鄰國的邦交不能敦睦，那就是先生的責任了。」子產做鄭國的相，一直到簡公去世，國中沒有內亂，國外也沒有諸侯紛爭的憂患。子產的治理政事，選擇賢能而任用他們：馮簡子長於決斷事情；子太叔善於判斷，言辭又有文采；公孫揮能了解四方諸侯的政令，而且能辨明他們大夫的家族姓氏、官職爵位、才能高低，又善於辭令；裨諶善於出謀策劃，不過在野外就能想出好計畫，在城裡就不行。鄭國有事情，子產就用車子載著裨諶一同到野外去，讓他考慮可行不可行；然後告訴馮簡子，讓他去判斷；然後再叫公孫揮草擬成外交辭令文稿；計畫完成，就交給子太叔執行，和賓客交往應對，因此很少把事情搞砸了的。

第二一章

董安于❶治晉陽❷，問政於蹇老，蹇老曰：「曰忠，曰信，曰敢。」董安于曰：「安忠乎？」曰：「忠於主。」曰：「安信乎？」曰：「信於令。」曰：「安敢乎？」曰：「敢於不善人。」董安于曰：「此三者足矣！」

【注釋】❶董安于　見〈臣術〉第一〇章。❷晉陽　春秋晉邑，故城在今山西太原。

【語譯】董安于治理晉陽，向蹇老問為政之道。蹇老說：「要忠，要信，要敢。」董安于說：「向誰效忠？」答說：「忠於君主。」又問：「向誰守信？」答說：「對於君主的命令要信守不渝。」又問：「向誰勇敢？」答說：「敢於不姑息壞人。」董安于說：「有了這三樣就夠了啊！」

第二二章

魏文侯❶使西門豹❷往治於鄴❸，告之曰：「必全功、成名、布義。」豹曰：「敢問全功、成名、布義，為之奈何？」文侯曰：「子往矣，是無邑不有賢豪、辯博者❹也；無邑不有好揚人之惡、蔽人之善者也。往必問豪賢者，因而親之；其辯博者，因而師之；問其好揚人之惡、蔽人之善者，因而察之。不可以特聞❺從事。夫耳聞之，不如目見之；目見之，不如足踐之；足踐之，不如手辨之。人始入官，如入晦室，久而愈明，明乃治，治乃行。」

【注釋】❶魏文侯 見〈君道〉第三八章。❷西門豹 見〈臣術〉第七章。❸鄴 戰國魏都，故城在今河北臨漳北。❹辯博者 明察博學的人。辯，通「辨」。明察。❺特聞 徒聞。

【語譯】魏文侯派西門豹去治理鄴縣，告訴他說：「一定要克竟全功，成就名聲，施行仁義。」西門豹說：「請問怎麼樣才能克竟全功，成就名聲，施行仁義？」文侯說：「你去吧。沒有那一個城邑沒有賢明豪傑之士和明察博學的人，也沒有那一個城邑沒有喜歡宣揚別人的缺點、隱蔽別人優點的人。去到之後，一定要訪問豪傑賢明之士而親近他們，訪求那些明察博學的人而師法他們，也要訪問那些喜歡宣揚別人的缺點、隱蔽別人優點的人而加以審察，不可以僅僅以傳聞就去處理。那耳朵聽到，不如親眼看到；眼睛看到，不如親自走一回；親身走一回，不如實際動手加以分辨。一個人初到一個地方做官，好像走進一間黑暗的屋子，時間越久，越能看得清周遭的環境情勢，了解了周遭情勢就可以進行治理，進行治理就可以實行上面所說的三個目標。」

第二三章

宓子賤❶治單父❷，彈鳴琴，身不下堂，而單父治。巫馬期❸亦治單父，以星出，以星入，日夜不處，以身親之，而單父亦治。巫馬期問其故於宓子賤，宓子賤曰：「我之謂任人，子之謂任力。任力者固勞，任人者固佚。」人曰：「宓子賤則君子矣，佚四肢，全耳目，平心氣，而百官治，任其數而已矣。巫馬期則不然，弊性事情❹，勞煩教詔，雖治，猶未至也。」

【注　釋】❶宓子賤　（西元前二五一～？年）名不齊，孔子弟子。曾為單父宰。❷單父　春秋魯國邑名，一作亶父，故城在今山東單縣南。❸巫馬期　姓巫馬，名施，字期，孔子弟子。❹弊性事情　弊，敗壞。事，猶勞也。情，通「精」。

【語　譯】宓子賤治理單父，只管彈琴，連公堂也不下，卻把單父治理得很好。巫馬期也治理單父，早出晚歸，日夜不休息，親自處理政事，也把單父治理得很好。巫馬期向宓子賤請問他治理單父這麼輕鬆的緣故，宓子賤說：「我的方式叫做任用別人，你的方式叫做親自操勞。事事躬親，自然辛苦；任用別人，當然輕鬆。」有人評論說：「宓子賤是個君子，四肢安逸，不勞耳目，平心靜氣，而手下的官員都已經把事情辦好，這是順應為政之道罷了。巫馬期就不是這樣，敗壞天性，勞苦精神，煩勞自己親自教化百姓，雖然也治理了單父，但是沒有達到最高的境界。」

第二四章

孔子❶謂宓子賤曰：「子治單父而眾說，語丘所以為之者。」曰：「不齊父其父，子其子，恤❷諸孤而哀喪紀❸。」孔子曰：「善，小節也，小民附矣，猶未足也。」曰：「不齊也所父事者三人，所兄事者五人，所友者十一人。」孔子曰：「父事三人，可以教孝矣；兄事五人，可以教弟❹矣；友十一人，可以教學❺矣。中節也，中民附矣，猶未足也。」曰：「此地民有賢於不齊者五人，不齊事之，皆教不齊所以治之術。」孔子曰：「欲其大者，乃於此在矣。昔者堯、舜清微❻其身，以聽觀❼天下，務來賢人。夫舉賢者，百福之宗也，而神明之主也。不齊之所治者小也，不齊所治者大，其與堯、舜繼矣。」

【注釋】❶孔子 見〈君道〉第五章。❷恤 顧惜。❸紀 事。❹弟 同「悌」。指敬重兄長。❺教學 教民學習，指切磋勸勉。❻清微 卑小。❼觀 字當刪，《孔子家語・辯政》無。

【語譯】孔子對宓子賤說：「你治理單父，民眾都很高興，告訴我是怎麼辦到的。」回答說：「我像對待自己的父親一樣對待百姓的父親，像愛護自己的子女一樣愛護百姓的子女，撫恤孤兒，哀憫喪事。」孔子說：「好，不過這是小節，百姓能夠親附了，但還不夠。」子賤說：「我在單父時，當作父親侍奉的有三個人，當作兄長侍奉的有五個人，作為朋友結交的有十一個人。」孔子說：「像父親樣的侍奉三個人，可以教導人民孝順父母了；像兄長樣的侍奉五個人，可以教導人民尊敬兄長了；當作朋友結交的十一個人，可以教導人民互相學習了。這已經是中等的法度了，中等程度的民眾可以親附了，但還不夠。」子賤說：「單父有五個比我賢能的人，我尊奉他們，都教給我如何治理的方法。」孔子說：「為政要想達到偉大的地步，就在這裡了。從前，堯、舜謙卑地聽治天下，以招求賢人為要務。能夠為國家舉拔賢人，是百福中最重要的事，也是神明庇護的根本。不齊所治理的只是一個小地方，如果治理的大，那就可以上繼堯、舜了。」

第二五章

宓子賤為單父宰，辭於夫子❶。夫子曰：「毋迎而距也，毋望而許也❷。許之則失守，距之則閉塞，譬如高山深淵，仰之不可極，度❸之不可測也。」子賤曰：「善，敢不承命乎！」

【注釋】❶夫子　孔子。❷毋迎而距也二句　迎謂迎風，望謂望風，義同。❸度　測度。

【語譯】宓子賤做單父宰，向孔子辭行，孔子說：「事情沒有弄清楚，不要一接觸就拒絕別人，也不要一見面就答應人家。輕易地答應，就失去了自己的立場；隨便拒絕，就容易使自己陷入窒礙困窘的境地。要像高山深淵，高得叫人抬頭看不到頂，深得叫人量也量不到底。」子賤說：「好，敢不接受您的指教嗎！」

第二六章

宓子賤為單父宰，過於陽晝，曰：「子亦有以送僕乎？」陽晝曰：「吾少也賤，不知治民之術，有釣道二焉，請以送子。」子賤曰：「釣道奈何？」陽晝曰：「夫扱綸錯餌❶，迎而吸之者陽橋❷也，其為魚薄❸而不美；若存若亡，若食若不食者魴也，其為魚也博而厚味。」宓子賤曰：「善。」於是未至單父，冠蓋迎之者，交接於道。子賤曰：「車驅之，車驅之！夫陽晝之所謂陽橋者至矣。」於是至單父，請其耆老❹尊賢者，而與之共治單父。

【注釋】❶扱綸錯餌　扱，當作「投」。說詳《說苑集證》。綸，釣絲。錯，同「措」。安放。❷陽橋　魚名。即白鰷魚。❸魚薄　《萬花谷・一四》引「薄」上有「肉」字。❹耆老　老人。六十曰耆，七十曰老。

【語譯】宓子賤做單父宰，拜訪陽晝說：「您有什麼話贈送給我的嗎？」陽晝說：「我從小就貧賤，不懂得治理百姓的方法，只有兩個釣魚的訣竅，用來奉贈給您吧。」子賤說：「釣魚的方法是怎樣的呢？」陽晝說：「投下釣絲，布下魚餌，迎上來吞食的，是白鰷魚，這種魚肉薄而不鮮美；若隱若現，似食不食的，是魴魚，這種魚肥大而且鮮美。」子賤說：「說得好。」於是還沒有到單父，路上來迎接他的官吏貴人接連不斷。子賤說：「快趕車！快趕車！這就是陽晝所說的白鯈魚來了。」於是到達單父，請教當地年高望重受尊敬有才幹的人，和他們一起治理單父。

第二七章

孔子弟子有孔蔑者❶，與宓子賤皆仕。孔子往過孔蔑問之曰：「自子之仕者，何得何亡？」孔蔑曰：「自吾仕者未有所得，而有所亡者三：曰，王事若襲❷，學焉得習，以是學不得明也，所亡者一也；奉祿少，鬻鬻❸不足及親戚，親戚益疏矣，所亡者二也；公事多急，不得弔死視病，是以朋友益疏矣，所亡者三也。」孔子不說，而復往見子賤曰：「自子之仕，何得何亡？」子賤曰：「自吾之仕，未有所亡，而所得者三：始誦之文，今履而行之，是學日益明也，所得者一也；奉祿雖少，鬻鬻得及親戚，是以親戚益親也，所得者二也；公事雖急，夜勤弔死視病，是以朋友益親也，所得者三也。」孔子謂❹子賤曰：「君子哉若人！君子哉若人！魯無君子也❺，斯焉取斯❻！」

【注釋】❶孔子弟子有孔蔑者　孔子，見〈君道〉第五章。弟，《孔子家語・子路初見》作「兄」。《史記・仲尼弟子列傳》有孔忠，《孔子家語・七十二弟子解》云：「忠字子蔑，孔子兄之子。」❷襲　衣上加衣，引申為重疊、煩重。❸鬻鬻　當作

「鬻鬻」，下同。鬻鬻，即饘粥，古今字。❹謂　評論。❺也　當作「者」。詳拙著《說苑集證》。❻斯焉取斯　上斯字，指子賤這個人；下斯字，指這樣的美德。孔子謂子賤之語，又見《論語・公冶長》、《史記・仲尼弟子列傳》。

【語　譯】孔子的侄兒叫孔蔑的，和宓子賤都做了官。孔子到孔蔑那裡，問他說：「自從你做官以後，有什麼收穫？有什麼損失？」孔蔑說：「自從我做官以後，沒有什麼收穫，卻有三點損失：公事一件接著一件，學到東西那有時間溫習，因此學問不能通達，這是第一點損失；官俸很少，連稀飯都不能照顧到親戚，親戚對我越來越疏遠了，這是第二點損失；公事多很急迫，沒有時間悼問死者探望病人，因此朋友對我也越來越疏遠了，這是第三點損失。」孔子聽了很不高興，就再去看望宓子賤，說道：「自從你做官以後，有什麼收穫？有什麼損失？」宓子賤說：「自從我做官以後，沒有什麼損失，卻有三點收穫：當初讀過的書，現在能夠親身加以實踐，所以學問越來越通達，這是第一點收穫；官俸雖然少，稀飯還能夠供應親戚，所以親戚對我越來越親密了，這是第二點收穫；公事雖然急迫，夜間辛苦一些，去哀悼死者，看望病人，所以朋友對我也越來越親密了，這是第三點收穫。」孔子評論子賤這個人說：「這個人真是個君子！這個人真是個君子！不過假如魯國沒有君子的話，他又從那裡學得這樣的美德呢！」

第二八章

晏子❶治東阿❷，三年，景公❸召而數❹之曰：「吾以子為可，而使子治東阿，今子治而亂，子退而自察也，寡人將加大誅❺于子。」晏子對曰：「臣請改道易行而治東阿，三年不治，臣請死之。」景公許之。於是明年上計❻，景公迎而賀之曰：「甚善矣！子之治東阿也。」晏子對曰：「前臣之治東阿也，屬託❼不行，貨賂❽不至，陂池❾之魚，以利貧民。當此之時，民無飢者，而君反以罪臣。今臣後之治東阿也，屬託行，貨賂至，并會❿賦斂，倉庫少內⓫，便⓬事左右，陂池之魚，入於權家。當此之時，飢者過半矣，君乃反迎而賀，臣愚⓭不能復治東阿，願乞骸骨⓮，避賢者之路。」再拜便僻⓯。景公乃下席而謝之曰：「子強復治東阿。東阿者，子之東阿也，寡人無復與焉。」

【注釋】❶晏子　見〈君道〉第一八章。❷東阿　地名。在今山東省西部，南臨黃河。❸景公　齊景公。見〈君道〉第一八章。❹數　責。❺誅　責。❻上計　謂入所收賦稅於君也。❼屬託　請託。❽貨賂　以財貨賄賂人。❾陂池　池沼。❿會　《晏子春秋・外篇》第二〇章作「重」。⓫內　同「納」。⓬便　阿諛逢迎。⓭愚　上當更有一「臣」字。說詳《說苑集證》。⓮願乞骸骨　是辭官引退的客套話。骸骨，身體的代稱。⓯便僻　舉止恭謹貌。

【語譯】晏子治理東阿三年，景公召他來責備說：「我認為你能幹，才叫你治理東阿，現在你沒有治理好，回去好好反省一下，我要加重處罰你。」晏子回答說：「請准許我改變方法去治理東阿，如果三年治理不好，我請求處死。」景公允許他。於是明年上繳賦稅，景公親迎並且慶賀說：「你治理東阿治理得真好啊！」晏子回答說：「上次我治理東阿，沒有人情請託的事，也沒有人敢行賄賂，池塘裡的魚用來貼補貧民，當時百姓沒有一個飢餓的，君主反而責罰我。現在我再治理東阿，有人託人情，有人行賄賂，並且加重賦稅，但是繳到倉庫裡的很少，有的官員只會阿諛逢迎君主所寵幸的人，池塘裡的魚被有權勢的人家霸占，這時候百姓挨餓的已經超過半數了，君主反而親迎並且慶賀我。我很愚昧，不能再治理東阿，請您准許我辭職引退，以免擋住賢人的路。」晏子說完，恭敬地拜了兩拜。景公就起身離座向晏子道歉說：「你再盡力治理東阿吧，東阿是你的東阿，我不再干預東阿的事了。」

第二九章

子路❶治蒲❷，見於孔子❸曰：「由願受教。」孔子曰：「蒲多壯士，又難治也。然吾語汝：恭以敬，可以攝❹勇；寬以正，可以容眾；恭以潔，可以親上。」

【注釋】❶子路　見〈臣術〉第二四章。❷蒲　見同前。❸孔子　見〈君道〉第五章。❹攝　收攬。

【語譯】子路治理蒲地，去見孔子說：「由願意接受教訓。」孔子說：「蒲地多壯士，又難治理。可是我告訴你：謙恭而尊敬，可以收攬勇士；寬大而正直，可以容納眾人；恭謹而操守清白，可以獲得上位者的青睞。」

第三〇章

子貢❶為信陽❷令，辭孔子而行，孔子曰：「力之順之❸，因子❹之時，無奪無伐，無暴無盜。」子貢曰：「賜少而事君子，君子固有盜者耶？」孔子曰：「夫以不肖伐賢，是謂奪也。以賢伐不肖，是謂伐也。緩其令，急其誅，是謂暴也。取人善以自為己，是謂盜也。君子之盜，豈必當財幣乎？吾聞之曰：知為吏者，奉法利民❺；不知為吏者，枉法以侵民。此皆怨之所由生也。臨官莫如平，臨財莫如廉，廉、平之守，不可攻❻也。匿人之善者，是謂蔽賢也；揚人之惡者，是謂小人也；不內相教而外相謗者，是謂不足親也。言人之善者，有所得而無所亡❼

傷也；言人之惡者，無所得而有所傷也。故君子慎言語矣，毋先己而後人，擇言出之，令口如耳。」

【注　釋】❶子貢　見〈臣術〉第四章。❷信陽　楚邑。❸力之順之　力，當為「勤」。順，通「慎」。詳見《說苑集證》。❹子　為「天」字之訛。❺奉法利民　當作「奉法以利民」，方與下文「枉法以侵民」一律。❻攻　《孔子家語・辯政》作「改」。❼亡　衍字，當刪。

【語　譯】子貢做信陽令，臨上任向孔子辭行。孔子說：「要勤勉謹慎，順應天時，不要強奪，不要攻伐，不要施暴，不要劫盜。」子貢說：「我年輕時就事奉君子，君子也有為盜的嗎？」孔子說：「那沒有才德的人攻伐有才德的人，這叫做奪；賢能的人攻伐沒有才能的人，這叫做伐；命令鬆弛，誅責急切，這叫做暴；把別人的好處或者所做的好事竊為己有，說成是自己的，這叫做盜。君子的偷盜，那裡是一定針對財物說的呢？我聽說：懂得做官的人，一定奉行法令，做對人民有益的事；不懂得做官的人，一定違法而侵害人民的權益。這都是怨恨產生的由來。做官要平實，對於錢財要廉潔，廉潔和平實的操守不可以更改。埋沒別人的長處，這就叫做蔽賢；宣揚人家的缺點，這叫做小人；在裡頭不互相規勸教導，而到了外頭卻互相誹謗，這叫做不足親。稱讚別人的長處，一定有收穫而沒有損害；宣揚別人的缺點，一定無所得而有損害。所以君子說話一定要小心，不要儘顧著張揚自己的好處而不顧別人，選擇該講的話講，叫嘴巴像耳朵一樣能分辨是非。」

第三一章

楊朱❶見梁王，言治天下如運諸掌然。梁王曰：「先生有一妻一妾不能治，三畝之園不能芸❷，言治天下如運諸手掌，何以？」楊朱曰：「臣有之。君不見夫羊乎？百羊而群，使五尺童子荷杖而隨之，欲東而東，欲西而西。君且使堯牽一羊，舜荷杖而隨之，則亂之始也。臣聞之：夫吞舟之魚不游淵❸，鴻鵠高飛不就汙池，何則？其志極遠也。黃鍾大呂，不可從繁奏之舞，何則？其音疏也。將治大者不治小，成大功者不小苛，此之謂也。」

【注釋】❶楊朱　戰國魏人，後於墨子。其學說主張愛己，不拔一毛以利天下，與墨子相反。❷芸　通「耘」。除草。❸淵　下疑脫「流」字。

【語譯】楊朱去見梁王，說治理天下就好像把它放在手掌中轉動那樣容易。梁王說：「先生有一妻一妾還管不好，三畝的田地還不能把草除盡，為什麼說治理天下像放在手掌中轉動那樣容易？」楊朱說：「我這樣說是有道理的。您沒有看到那羊群嗎？一百隻羊群，叫一個小孩子帶著棍子跟在後面，想到東邊就到東邊去，想到西邊去就到西邊去；您如果讓唐堯牽著一隻羊，虞舜拿著棍子跟在後面，這樣馬上就產生混亂。我聽說：那吞舟的大魚，不會在淵流中游；高飛的鴻鵠，不會停留在池塘裡。為什麼呢？這是由於牠們的志向非常高遠。黃鍾、大呂，不能配合節奏繁密的舞蹈。為什麼呢？這是由於它們的音節疏闊。將要辦大事的人，不過問小事；成大功的人，不專注小處。說的就是這個道理。」

第三二章

景差相鄭，鄭人有冬涉水者，出而脛❶寒。後景差過之，下陪乘而載之❷，覆以上衽。叔向❸聞之曰：「景子為人國相，豈不固哉！吾聞良吏居之三月而溝渠脩，十月而津梁成，六畜且不濡❹足，而況人乎？」

【注釋】❶脛　小腿。❷下陪乘而載之　下，作動詞用，使之下的意思。陪乘，即參乘。古代乘車，尊者在左，御者在中，又一人在右，稱參乘或車右。❸叔向　晉國大夫。見〈貴德〉第一五章。❹濡　沾濕。

【語譯】景差在鄭國做相，鄭國有一個人在冬天涉水過河，出水後小腿受了寒不能行走。後來景差經過，叫陪乘下車讓這個人乘坐，並且用上衣蓋在他身上。叔向聽到後說：「景子做一國的相，豈不是太鄙陋了！我聽說賢能的官員在位，三個月修理好河道溝渠，十個月建好渡口橋梁，牲口過河尚且不會濕腳，何況是人呢？」

第三三章

魏文侯❶問李克❷曰：「為國如何？」對曰：「臣聞為國之道，食有勞而祿有功，使有能而賞必行，罰必當。」文侯曰：「吾賞罰皆當而民不與❸，何也？」對曰：「國其有淫民❹乎？臣聞之曰：奪淫民之祿，以來四方之士。其父有功而祿，其子無功而食之。出則乘車馬，衣美裘，以為榮華；入則修竽瑟鍾石❺之聲，而安其子女❻之樂，以亂鄉曲❼之教。如此者奪其祿，以來四方之士，此之謂奪淫民也。」

【注釋】❶魏文侯　見〈君道〉第三八章。❷李克　見〈臣術〉第五章。❸與　親附。❹淫民　過分享樂之民。❺竽瑟鍾石　皆樂器。鍾石，與鐘石同，石謂磬。❻子女　指女子。❼鄉曲　本謂窮鄉僻壤之處，以其偏處一隅，所以叫鄉曲。此即指鄉里。

【語　譯】魏文侯問李克說：「怎樣治國？」回答說：「我聽說治國的方法，賞賜俸祿給有功勞的人，任用有能力的人，有功一定行賞，有罪一定懲罰。」文侯說：「我賞罰都很妥當，而人民仍然不親附，這是為什麼？」回答說：「國內大概有淫民吧？我聽說：應該剝奪淫民的俸祿，以招來四方的人士。父親因為有功而享受俸祿，他的兒子卻無功受祿，出門乘坐車馬、穿華美的衣裘以為榮耀，回來就演奏竽瑟鐘磬等樂器，安享聲色的快樂，以此擾亂鄉里純樸的教育。像這樣的，就剝奪他的俸祿，以招來四方的人士。這就叫做奪淫民。」

第三四章

齊桓公❶問於管仲❷曰：「國何患❸？」管仲對曰：「患夫社鼠❹。」桓公曰：「何謂也？」管仲對曰：「夫社束木而塗之，鼠因往託焉，燻之則恐燒其木，灌之則恐敗其塗。此鼠所以不可得殺者，以社故也。夫國亦有社鼠，人主左右是也。內則蔽善惡於君上，外則賣權重❺於百姓，不誅之則為亂，誅之則為人主所察據，腹而有之，此亦國之社鼠也❻。人有酤酒者，為器甚潔清，置表❼甚長，而酒酸不售，問之里人其故，里人云：『公之狗猛，人挈❽器而入，且酤公酒，狗迎而噬❾之，此酒所以酸不售之故也。』夫國亦有猛狗，用事者是也。有道術之士，欲明萬乘之主，而用事者迎而齕❿之，此亦國之猛狗也。左右為社鼠，用事者為猛狗，則道術之士不得用矣。此治國之所患也。」

【注釋】❶齊桓公 見〈君道〉第一七章。❷管仲 見同前。❸國何患 《晏子春秋・問上》、《韓非子・外儲說右上》「國」上並有「治」字，當據補。❹社鼠 託身於神廟的老鼠，比喻仗勢作惡的人。❺權重 即權勢。❻不誅之則為亂四句 「察」當作「案」，形近而誤。案據，猶言把持。腹，通「覆」。有，通「育」。張純一《晏子春秋校注》曰：「言不誅之則為亂無已時，誅之則為人主所把持而不能誅，人主非惟不罪其亂法也，并覆翼而長育之，正如社鼠之不可熏灌同，故曰此亦國之社鼠也。」❼置表 懸掛酒旗。❽挈 持也。❾噬 咬。❿齓 為誤字，當作「齕」，咬也。

【語　譯】齊桓公問管仲說：「治理國家擔心什麼？」管仲回答說：「擔心土地廟裡的老鼠。」桓公說：「這怎麼說？」管仲回答說：「土地廟的牆壁是用一束束木材排列好，再用泥塗抹而成的，老鼠因而就藏身在裡面，若用煙火燻牠，就恐怕燒壞木材，若用水灌牠，又怕沖壞了牆壁上的泥土，老鼠所以不能殺死的原因，就因為有土地廟。國家也有社鼠，人主身邊的近侍就是。他們在內蒙蔽君主，使君主善惡不分，在外就依仗權勢，取利於民。不誅殺他們，國家就要混亂；要誅殺他們，君主又堅持不允，庇護他們，這也是國家的社鼠啊！有個賣酒的人，釀酒的器具很清潔，酒旗高懸，然而酒酸了也賣不出去，詢問同里的人這是什麼緣故，同里的人說：『你家的狗太兇，有人提著酒器進來要買酒，狗迎面就咬，這就是酒酸了也賣不出去的緣故。』國家也有猛狗，那些當權的人就是。有道德有學術的人士，要想來遊說大國的君主，而那些當權的人就迎上去破壞，這也就是國家的猛狗。身邊的近侍是社鼠，當權的人是猛狗，有道德有學問的人士就沒有機會為君主所用了，這就是治理國家所擔心的事。」

第三五章

齊侯❶問於晏子❷曰：「為政何患？」對曰：「患善惡之不分。」公曰：「何以察之？」對曰：「審擇左右。左右善則百僚各得其所宜，而善惡分。」孔子聞之曰：「此言也信矣！善言進，則不善無由入矣；不進善言，則善亦無由入矣。」❸

【注釋】❶齊侯 《晏子春秋‧內篇‧問上》作景公。齊景公，見〈君道〉第一八章。❷晏子 見同前。❸孔子聞之曰六句 「善言進」、「不進善言」兩「言」字俱衍，當作「善進」、「不進善」。說詳拙著《說苑集證》。

【語譯】齊侯問晏子說：「為政擔心什麼？」回答說：「擔心好人壞人不分。」齊侯說：「憑什麼去考察好人和壞人呢？」回答說：「要慎重地選擇左右大臣，如果左右大臣好，那麼文武百官各得其所，各盡其能，好人壞人也就能分得清。」孔子聽到後說：「這話講得確實對！進用好人，壞人就進不去了，如果進用壞人，好人也就進不去了。」

第三六章

復槀之君朝齊，桓公問治民焉。復槀之君不對，而循口❶，操衿，抑心。桓公曰：「與民共甘苦飢寒乎？夫以我為聖人也，故不用言而諭。」因禮之千金。

【注釋】❶循口 循，疑借為「揗」。揗口，以手拊口。

【語譯】復槀的君主朝見齊桓公，齊桓公問他怎麼樣治理人民，復槀的君主不回答，而摀住嘴，提起衣襟，按著胸口。桓公說：「和人民共甘苦同飢寒嗎？以為我是聖人，所以不用言語就能使我明白了。」於是贈送他千金之禮。

第三七章

晉文公❶時，翟人有封狐❷、文豹之皮者。文公喟然嘆曰：「封狐、文豹何罪哉！以其皮為罪也。」大夫欒枝❸曰：「地廣而不平❹，財聚而不散，獨❺非狐、豹之罪乎？」文公曰：「善哉！說之。」欒枝曰：「地廣而不平，人將平之；財聚而不散，人將爭之。」於是列❻地以分民，散財以賑貧。

【注釋】❶晉文公 見〈君道〉第二二章。❷翟人有封狐 翟，通「狄」。「封」上當有「獻」字。說詳《說苑集證》。封，通「豐」。大也。❸欒枝 晉大夫，即欒貞子。秦穆公發兵送重耳歸國時，枝為內應。文公作三軍，趙衰舉枝將下軍。❹平 整治。❺獨 猶豈也。❻列 同「裂」。

【語譯】晉文公時，狄人有向文公進獻大狐和文豹的皮的，文公歎息說：「大狐和文豹有什麼罪過！是因為牠們的皮才有罪的。」大夫欒枝說：「土地廣大而不整治，財物聚集而不分散給人民，豈不是也像狐、豹一樣有罪嗎？」文公說：「好！再說下去。」欒枝說：「土地廣大而不整治，別人將要來整治；財物聚集而不分散，別人將來爭奪。」於是分配土地給人民，發放財物救濟窮人。

第三八章

晉文侯❶問政於舅犯❷，舅犯對曰：「分熟不如分腥❸，分腥不如分地。割❹以分民而益其爵祿，是以上得地而民知富，上失地而民知貧，古之所謂致師而戰❺者，其此之謂也。」

【注釋】❶晉文侯 即晉文公。見〈君道〉第二二章。❷舅犯 即狐偃，亦作咎犯，晉文公舅。見〈復恩〉第三章。❸腥 生肉。❹割 上當重「地」字。❺致師而戰 出動軍隊作戰。

【語譯】晉文侯向舅犯問為政之道，舅犯回答說：「分熟的肉給人民不如分生的，分生的肉給人民又不如分土地。把土地分給人民，而增加他們的爵位和俸祿，因此君上得到土地，人民就知道要富裕起來；君上失掉土地，人民就知道要貧窮了。古時候所說的出動軍隊作戰，大概說的就是爭奪土地這件事吧。」

第三九章

晉侯問於士文伯❶曰：「三月朔❷，日有食之。寡人學惛❸焉，《詩》所謂『彼日而蝕，于何不臧❹』者，何也？」對曰：「不善政之謂也。國無政，不用善，則自取讁❺於日月之災，故❻不可不慎也。政有三而已。一曰：因民❼；二曰：擇人；三曰：從時。」

【注　釋】❶晉侯問於士文伯　晉侯，《晉文春秋・四五》作「文公」。士文伯，即伯瑕，《左傳》襄公三十年杜《注》：「文伯，士弱之子也。」❷三月朔　昭公七年《左氏春秋》經、傳俱作「夏四月甲辰朔」，此西元前五三五年三月十八日之日全蝕。「三」當作「四」。❸惛　不明白。❹彼日而蝕二句　見《詩經・小雅・十月之交》。臧，善。❺讁　譴責；懲罰。❻故　下《左傳》昭公七年有「政」字。❼因民　因民所利而利之也。

【語　譯】晉侯問士文伯說：「三月初一有日蝕，我學業荒疏不明白其間的道理，《詩》所說的『那天發生日蝕，是有什麼不好』，是什麼意思？」回答說：「這說的是不能辨好政事。國家政治不清明，不用善人，那就從日月的災害受到譴責，所以政事是不能不謹慎的。處理政事有三條準則：第一叫做便利百姓，第二叫做選擇人材，第三叫做順從時令。」

第四〇章

延陵季子游於晉❶，入其境，曰：「嘻，暴❷哉國乎！」入其都，曰：「嘻，力屈❸哉國乎！」立其朝，曰：「嘻，亂哉國乎！」從者曰：「夫子之入晉境未久也，何其名之不疑也？」延陵季子曰：「然。吾入其境，田畝荒穢而不休❹，雜增❺崇高，吾是以知其國之暴也。吾入其都，新室惡而故室美，新牆卑而故牆高，吾是以知其民力之屈也。吾立其朝，君❻能視而不下問，其臣善伐而不上諫，吾是以知其國之亂也。」

【注釋】❶延陵季子游於晉　延陵季子即季札，春秋吳王壽夢之子。本書〈至公〉第二章：「吳王壽夢有四子，長曰謁，次曰餘祭，次曰夷昧，次曰季札，號曰延陵季子，最賢。」《史記・吳世家》：「季札封於延陵，故號延陵季子。」《左傳》襄公二十九年：「吳公子札來聘，……故遂聘於齊，……聘於鄭，……適衛，……自衛如晉，……」❷暴　殘暴；虐害。❸屈　竭盡。❹休　當作「秼」，與「薅」同，除草。❺雜增　雜謂雜草。增，通「橧」，又通「榛」。叢木也。❻君　上當有「其」字。

【語譯】延陵季子到晉國去，剛一入境就說：「唉，是一個殘暴虐害人民的國家！」走進都城就說：「唉，是一個竭盡民力的國家！」到了朝廷上說：「唉，是一個混亂的國家！」跟隨他的人說：「夫子到晉國時間沒有多久，為什麼能立刻批評而一點不遲疑呢？」延陵季子說：「是這樣的。我走進它的國境，看到田地荒蕪沒有整理，雜草叢木長得很高，我因此知道這是一個殘暴虐害人民的國家。我走進它的都城，看到新造的房子不如舊房子好，新牆不如舊牆高大，我因此知道它已經民窮財盡。我到了它的朝廷上，看到國君只看而不向臣下發問，他的臣子只曉得自誇，而不對君主有所進諫，所以我知道這個國家的混亂。」

第四一章

齊之所以不如魯者，太公❶之賢不如伯禽❷。伯禽與太公俱受封而各之國。三年，太公來朝，周公問曰：「何治之疾也？」對曰：「尊賢，先疏後親，先義後仁也，此霸者之迹也。」周公曰：「太公之澤及五世。」五年，伯禽來朝，周公問曰：「何治之難？」對曰：「親親者❸，先內後外，先仁後義也，此王者之迹也。」周公曰：「魯之澤及十世。」故魯有王迹者，仁厚也；齊有霸迹者，武政也。齊之所以不如魯也，太公之賢不如伯禽也。

【注釋】❶太公　見〈君道〉第一五章。❷伯禽　見〈君道〉第三章。❸者　字應刪。

【語譯】齊國不如魯國的原因，是齊太公的賢德不如伯禽。伯禽和太公都接受分封而各到自己的封國去。三年之後，太公就來朝廷述職，周公問他說：「怎麼治理得這樣快？」回答說：「尊敬賢人，先從較遠的做起，然後才到親近的；先行義，後行仁，這是霸者的事業。」周公說：「太公的恩澤可以延續到五代。」過了五年，伯禽來朝廷述職，周公問他說：「怎麼治理得這麼困難？」回答說：「敬愛親人，由內而外；先行仁，後行義，這是王者的事業。」周公說：「魯國的恩澤可以延續到十代。」所以魯國有王者的事業，這是因為仁厚；齊國有霸者的事業，這是因為武政。齊國之所以不如魯國，就因為太公的賢德不如伯禽。

第四二章

景公❶好婦人而丈夫飾者，國人❷盡服之。公使吏禁之，曰：「女子而男子飾者，裂其衣，斷其帶。」裂衣斷帶相望而不止。晏子見，公曰：「寡人使吏禁女子而男子飾者，裂其衣斷其帶相望而不止者，何也？」對曰：「君使服之於內，而禁之於外，猶懸牛首於門，而求買❸馬肉也。公胡不使內勿服，則外莫敢為也。」公曰：「善。」使內勿服，不旋月❹，而國❺莫之服也。

【注　釋】❶景公　齊景公。見〈君道〉第一八章。❷國人　居於國都的人民。❸求買　二字疑為「賣」字之訛。❹不旋月　不到一個月。❺國　下應有「人」字。

【語　譯】齊景公喜歡女扮男裝的婦人，於是都城裡的婦女都作男子打扮。景公派官吏禁止，下令說：「凡是女扮男裝的，撕破她的衣服，扯斷她的腰帶。」結果雖然看到很多被撕破衣服、扯斷腰帶的婦女，但是女子作男子打扮的風氣依然不改。晏子來晉見景公，景公說：「我派官吏制止女子作男子的打扮，撕破她們的衣服，扯斷她們的腰帶，結果雖然裂衣斷帶的婦女到處可見，仍然制止不住這種風氣，這是為什麼？」回答說：「您讓宮內的婦女服男裝，在宮外卻加以禁止，這就好像在門口掛著牛頭卻賣馬肉一樣。您為什麼不叫宮內婦女不穿，那麼外邊的女子也就不敢穿了。」景公說：「好。」於是就禁止宮內的婦女穿男裝。不到一個月，都城裡的婦女沒有再這樣打扮的了。

第四三章

齊人甚好轂❶擊相犯❷以為樂，禁之不止。晏子患之，乃為新車良馬，出與人相犯也，曰：「轂擊者不祥，臣其祭祀不順❸，居處不敬乎！」下車棄而去之。然後國人乃不為。故曰：「禁之以制❹而身不先行也，民不肯止。故化其心，莫若教❺也。」

【注　釋】❶轂　車輪中間車軸貫入處的圓木。安裝車輪兩側軸上，使輪保持直立不致內外傾斜。❷犯　撞擊。❸順　通「慎」。❹制　命令。❺教　上疑脫「身」字。

【語　譯】齊國人特別喜歡以車轂相互碰撞來取樂，雖下令也不能制止。晏子為此事很感頭痛，就造了一輛新車，套上駿馬，外出時故意與人相撞，就說：「撞擊車轂不吉祥，我大概祭祀不虔誠，日常生活不謹慎吧！」下車丟下車馬就走了，從此以後國人也就不這樣取樂了。所以說：「用法令禁止而不以身作則，百姓是不肯聽從的。要想使人心悅誠服，沒有比以身作則來得更有效了。」

第四四章

魯國之法，魯人有贖臣妾於諸侯者，取金於府。子貢❶贖人於諸侯而還其金。孔子❷聞之曰：「賜失之矣！聖人之舉事也，可以移風易俗，而教導可施於百姓，非獨適其身之行也。今魯國富者寡而貧者眾，贖而受金則為不廉，不受則後莫復贖。自今以來，魯人不復贖人矣。」孔子可謂通於化矣。故老子曰：「見小曰明❸。」

【注　釋】❶子貢　見〈臣術〉第四章。❷孔子　見〈君道〉第五章。❸見小曰明　見《老子》第五二章。

【語　譯】魯國的法律規定，有人把流落在外國做臣妾的魯國人贖回來，可以向官府取回贖金。子貢從外國贖人回來，而不要官府的贖金。孔子聽後說：「賜錯了！聖人的行事，不僅要合乎個人的處事原則，還必須能移風易俗，以教導百姓，成為他們學習的模範。現在魯國富人少，窮人多，贖人而接受官府的贖金，就是不廉潔；如果不向官府收回贖金，那以後就沒有人去贖人了。從今以後，魯國人不會再贖回流落在國外的同胞了。」孔子可以說是通達教化的了。所以老子說：「能觀察到小處，就叫做明。」

第四五章

孔子見季康子❶，康子未說，孔子又見之。宰予❷曰：「吾聞之夫子曰：『王公不聘，不動。』今吾子之見司寇也少數❸矣。」孔子曰：「魯國以眾相凌、以兵相暴之日久矣，而有司不治。聘我者孰大乎於是？」魯人聞之曰：「聖人將治，何以不先自為❹刑罰乎？」自是之後，國無爭者。孔子謂弟子曰：「違山十里，螻蛄之聲猶尚存耳，政事無如膺之矣。」❺

【注　釋】❶季康子　見〈貴德〉第一八章。❷宰予　字子我，春秋魯人，孔子弟子。❸數　頻密。❹為　《孔子家語・子路初見》作「遠」。❺孔子謂弟子曰四句　螻蛄，蟬的一種。膺，受。按孔子云云，文意不可解，「政事無如膺之矣」一句，《孔子家語・子路初見》作「故政事莫如應之」，依此則可釋作「為政之道，不外因民之困而救之」。

【語　譯】孔子見季康子，康子沒有說話，孔子又去見他。宰予說：「我聽老師說過：『王公不聘請不動身。』現在老師去見司寇次數稍稍多了點。」孔子說：「魯國有以多壓少、以武力互相陵暴的情形已經很久了，而有關官吏也不加治理。聘請我出來的理由還有什麼比這個更大的呢？」魯國人民聽到後說：「聖人將要出來治理國家，可以不自己先行檢點遠離刑罰嗎？」從此以後，魯國沒有相爭的人。孔子向弟子們說：「離開山頭十里，蟪蛄的聲音還在耳邊縈繞。出仕從政，沒有比了解民間疾苦而採取相關因應的措施來得更重要的了。」

第四六章❶

古之魯俗，塗里之閭，羅門之羅，収❷門之漁，獨得於禮，是以孔子善之。夫塗里之閭，富家為貧者出；羅門之羅，有親者取多，無親者取少；収門之漁，有親者取巨，無親者取小。

【注　釋】❶第四六章　舊連上章，今別為一條。說見《說苑集證》。本章文字多不可解，姑以己意譯之。❷収　疑當作「魰」，即漁之假借字。

【語　譯】古時候的魯國風俗，塗里的住家，羅門的打獵的，漁門的捕魚的，獨獨能合乎禮，所以孔子讚美他們。塗里的住家，有錢的人家替窮人出錢建房子。羅門人打來的獵物，有親人要撫養的拿得多，沒有親人要撫養的就拿得少。漁門人撈得來的漁獲，有親人要撫養的拿大的，沒有親人要撫養的就拿小的。

第四七章

《春秋》曰：「四民均則王道興而百姓寧，所謂四民者，士農工商也❶。」

【注釋】❶所謂四民者二句 《穀梁傳》成公元年：「古者有四民：有士民，有商民，有農民，有工民。」

【語譯】《春秋》上說：「四民均平，王道就能興盛，而百姓就能安寧。所謂四民，就是士農工商。」

第四八章❶

婚姻之道廢，則男女之道悖❷，而淫佚之路興矣。

【注釋】❶第四八章 原與上連，從盧文弨說別為一章。❷悖 亂。

【語譯】婚姻的制度破壞，男女的關係就混亂，而淫蕩的風氣也就隨之興起。

卷八

尊賢

【題解】尊賢，就是尊敬、信用有德行才能的人。尊賢是儒家政治上的一大重點，和法家、道家不同。本卷共三十七章，不但在理論上闡述了儒家這一重要的主張，並詳舉史實為例來加以證明。第一章是全卷的總綱，一開頭就指出一個國君如果要想治理天下，揚名於後世，一定要尊重賢士。下面並引《易經・益卦》彖辭和〈屯卦〉彖辭來作為這一理論的根據。在第一到七章裡，引用了許多因為用賢得榮和不用賢受辱的相反實例，反覆說明任用賢人的重要。「國無賢佐俊士而能以成功立名、安危繼絕者，未嘗有也。」「故無常安之國，無恆治之民，得賢者則安昌，失之者則危亡。自古及今，未有不然者也。」（第五章）這是從歷史上無數的實例所得到結論。所以「得賢失賢，其損益之驗如此，而人主忽於所用，甚可疾痛也。夫智不足以見賢，無可奈何矣，若智能見之而強不能決，猶豫不用，而大者死亡，小者亂傾，此甚可悲哀也。」（第二章）國君固然應當在行政上任用賢人，但是首先要能夠得到賢人。怎樣才能得到賢人來歸呢？就要國君真能好賢，並且能夠不以自己的富貴驕人，用謙虛禮敬的態度來交接賢士。如果在位者對賢士驕傲自大，即使是周公，賢士也不肯投奔他的（第一一章）。同時國君的賞罰要公正合理，如果賞賜不可以功及，誅罰不可以理避，則士不至（第一六章）。得到賢人之後，就要信用他，如果得賢而不能信用，賢人在實際政治不能發揮良好的作用，那不過徒具好賢的虛名，無補於事。所以范、中行氏尊賢而不能用，賤不肖而不能去，孔子以為雖欲無亡，不可得也（第三六章）。

第一章

人君之欲平治天下而垂榮名者，必尊賢而下士。《易》曰：「自上下下，其道大光❶。」又曰：「以貴下賤，大得民也❷。」夫明王之施德而下下也，將懷遠而致近也。夫朝無賢人，猶鴻鵠之無羽翼也，雖有千里之望，猶不能致其意之所欲至矣。是故游江海者託於船，致遠道者託於乘，欲霸王者託於賢。伊尹❸、呂尚❹、管夷吾❺、百里奚❻，此霸王之船、乘也。釋父兄與子孫，非疏之也；任庖人❼、釣屠❽與仇讎❾、僕虜❿，非阿⓫之也；持社稷、立功名之道，不得不然也。猶大匠之為宮室也，量小大而知材木矣，比功校而知人數矣。是故呂尚聘而天下知商將亡而周之王也；管夷吾、百里奚任而天下知齊、秦之必霸也。豈特船、乘哉！夫成王霸固有人，亡國破家亦固有人。桀⓬用有莘⓭，紂⓮用惡來⓯，宋用唐鞅⓰，齊用蘇秦⓱，秦用趙高⓲，而天下知其亡也。非其人而欲有功，譬其若夏至⓳之日而欲夜之長也，射魚指天而欲發之當也，雖舜、禹⓴猶亦困，而又況乎俗主哉！

【注　釋】❶自上下二句　見〈益卦・彖傳〉。❷以貴下賤二句　見〈屯卦・象傳〉。❸伊尹　見〈君道〉第一四章。❹呂尚　見〈君道〉第一五章。❺管夷吾　見〈君道〉第一七章。❻百里奚　見〈臣術〉第九章。❼庖人　謂伊尹也，伊尹為有莘氏媵臣，負鼎俎以滋味說湯。❽釣屠　指呂尚，以漁釣干周西伯，嘗屠牛於朝歌，賣飯於孟津。❾仇讎　指管夷吾，謂其射齊桓公之鉤。❿僕虜　謂百里奚，自以養牛干秦穆公。⓫阿　親近。⓬桀　見〈君道〉第一八章。⓭有莘　當作「干莘」，桀之邪臣。說詳《說苑集證》。⓮紂　見〈君道〉第二八章。⓯惡來　《史記・殷本紀》曰：「紂又用惡來，惡來善毀讒，諸侯以此益疏。」《索隱》曰：「惡來，秦之祖蜚廉子。」⓰唐鞅　宋康王相，勸王無論其臣善與不善一律罪之。見《呂氏春秋・淫辭》及《論衡・雷虛》。⓱蘇秦　（西元前？～前二八四年）戰國時策士。東周洛陽人，字季子，師鬼谷子，習縱橫家言。遊說燕、趙、韓、魏、齊、楚等國，合縱抗秦，並相六國，為縱約長。後縱約為張儀所敗，客居於齊，為齊大夫使刺客刺死。⓲趙高　秦朝宦官。秦始皇時任中車府令。始皇死，與李斯合謀，偽造遺詔，逼始皇長子扶蘇自殺，立胡亥為秦二世皇帝。後又殺李斯，任中丞相，專擅朝政。秦二世三年，又殺二世，立子嬰為秦王，不久為子嬰所殺。⓳夏至　二十四節氣之一，此時起白天長而黑夜短。⓴舜禹　並見〈君道〉第七章。

【語　譯】人君想要平治天下，留名後代，一定要尊重賢人，禮遇士人。《易經》上說：「在上位的人，禮遇在下位的人，他的政治事業就能光明遠大。」又說：「以尊貴的人，禮遇微賤的人，就能大得民心。」一個英明的君主，施恩德於天下，而又禮遇在下位的人，將會使遠方的人懷德而又可招致跟前的人。如果朝廷裡沒有賢能的大臣，就好像鴻鵠沒有翅膀一樣，雖有翱翔千里的願望，還是不能完成自己的意願，達到自己所想要達到的目的。所以游江海要靠船隻，走遠路要靠車子，想稱霸做王要靠賢人。伊尹、呂尚、管夷吾、百里奚，這些人就是稱霸做王的船隻和車子。不用自己的父兄和子孫，並不是故意疏遠他們；任用廚師、漁夫、屠夫和仇人、僕虜，也不是故意親近他們。這是為了達到治理天下、成就功名的目的，不得不這樣的。這就好像匠人建造房子，量度房子的大小，而決定木材的使用，比較效率的高低，而決定用人多少。所以由呂尚的任用，而天下人就知道商朝將亡而周朝將興；由管夷吾、百里奚的任用，而天下人就知道齊、秦必將稱霸。又那裡僅限於船隻和車子才有這樣的作用！要成王稱霸固然要有人才，而亡國破家也離不開人的因素。夏桀用干莘，商紂用惡來，宋用唐鞅，齊用蘇秦，秦用趙高，而天下人就知道他們要亡國了。不是立功的人而想要立功，就好像在夏至那一天而希望夜長，對著天射魚而想要把魚射中一樣，就是舜和禹也辦不到，又何況一般平庸的人主啊！

第二章

春秋之時，天子微弱，諸侯力政❶，皆叛不朝；眾暴寡，強劫弱；南夷與北狄交侵，中國之不絕若線。桓公❷於是用管仲、鮑叔❸、隰朋❹、賓胥無❺、甯戚❻，三存亡國，一繼絕世，救中國，攘戎、狄，卒脅荊、蠻，以尊周室，霸諸侯。晉文公❼用咎犯❽、先軫❾、陽處父❿，強中國，敗強楚，合諸侯，朝天子，以顯周室。楚莊王⓫用孫叔敖⓬、司馬子反⓭、將軍子重⓮，征陳從鄭，敗強晉，無敵於天下。秦穆公⓯用百里子⓰、蹇叔子⓱、王子廖⓲及由余⓳，據有雍州，攘敗西戎。吳用延州來季子⓴，并冀州，揚威於雞父㉑。鄭僖公㉒富有千乘之國，貴為諸侯，治義㉓不順人心，而取弒於臣者，不先得賢也。至於簡公㉔用子產㉕、裨諶、世叔、行人子羽㉖，賊臣除，正臣進，去強楚，合中國，國家安寧，二十餘年無強楚之患。故虞有宮之奇㉗，晉獻公㉘為之終夜不寐。楚有子玉得臣㉙，文公為之側席㉚而坐。遠乎賢者之厭難折衝㉛也。夫宋襄公㉜不用公子目夷㉝之言，大辱於楚。曹不用信負羈之諫，敗死於戎㉞。故共維五始之要㉟，治亂之端，存乎審己而任賢也。國家之任賢而吉，任不肖而凶，案往世而視己事，其必然也如合符，此為人君者不可以不慎也。國家惛亂而良臣見，魯國大亂，季友㊱之賢見。僖公即位而任季子，魯國安寧，外內無憂，行政二十一年。季子之卒後，邾擊其南，齊伐其北，魯不勝其患，將乞師於楚，以取全耳。故《傳》曰：「患之起必自此始也㊲。」公子買不可使戍衛㊳，公子遂不聽君命而擅之晉㊴，內侵於臣下，外困於兵亂，弱之患也。僖公之性非前二十一年常賢，而後乃漸變為不肖也，此季子存之所益，亡之所損也。夫得賢失賢，其損益之驗如此，而人主忽於所用，甚可疾痛也。夫智不足以見賢，無可奈何矣，若智能見之而強不能決，猶豫不用，而大者死亡，小者亂傾，此甚可悲哀也。以宋殤公㊵不知孔父㊶之賢乎？安知孔父死，己必死，趨而救之。趨而救之者，是知其賢也。以魯莊公不知季子之賢乎？安知疾將死，召季子而授之國政。授之國政者，是知其賢也。此二君知能見賢而皆不能用，故宋殤公以殺死，魯莊公以賊嗣。使宋殤蚤任孔父，魯莊素用季子，乃將靖鄰國，而況自存乎！

【注 釋】❶政 通「征」。❷桓公 見〈君道〉第一七章。❸鮑叔 見〈臣術〉第四章。❹隰朋 春秋齊大夫，助管仲相齊桓公，輔佐齊桓公稱霸。死諡成子。❺賓胥無 春秋齊大夫，桓公時賢臣。❻甯戚 見〈君道〉第一七章。❼晉文公 見〈君道〉第二二章。❽咎犯 即狐偃。見〈復恩〉第三章。❾先軫 春秋晉國大夫，一作原軫。晉文公時，城濮之戰，他將中軍，大敗楚師。文公卒，秦師伐鄭，晉襄公用其計，敗秦師於崤。❿陽處父 春秋時晉國太傅，曾罷黜賈季，季怒，將其殺死。⓫楚莊王 見〈君道〉第二一章。⓬孫叔敖 春秋楚臣。初任楚國令尹，楚莊王相虞丘舉薦他代之為相。他為楚相，三得三去，不喜不悔，施教導民，民樂其生，有治績。⓭司馬子反 春秋時楚將。曾隨楚莊王伐宋。楚、晉鄢陵之戰，楚共王被晉軍射中目，召之，酒醉不能起，被共王射死。⓮將軍子重 春秋時楚將。楚共王時，受命伐吳。⓯秦穆公 見〈臣術〉第九章。⓰百里子 即百里奚。⓱蹇叔子 春秋時秦國上大夫。與百里奚為友，百里奚為秦相，薦之於穆公，穆公厚幣迎之至秦，拜為上大夫。穆公將襲鄭，他以為勞師襲遠不可，穆公不聽，兵敗於崤。⓲王子廖 春秋時秦穆公內史，姓廖，《史記．秦本紀》作內史廖。穆公用其計使由余降秦。⓳由余 其先晉人，亡入戎，遂為戎臣。戎王聞秦穆公賢，使之去秦觀察。穆公知其賢，欲留之。用內史廖計，贈送戎王女樂，以奪其志，留由余，以誤歸期，使戎王君臣猜疑。由余遂降秦，為秦謀伐戎之策，益國十二，開地千里，秦遂霸西戎。⓴延州來季子 春秋吳王壽夢四子名季札，有賢名，壽夢欲立之，辭不受，封於延陵，故號延陵季子，又稱延陵子，後復封州來，故稱延州來季子。㉑楊威於雞父 楊，當作「揚」。雞父，古地名，亦稱雞備亭，在今河南固始東南。㉒鄭僖公 春秋時鄭國國君，成公子，名惲。因不以禮待鄭相子駟，子駟使廚人用毒藥毒死僖公。西元前五七〇～前五六六年在位。㉓義 合宜的事情。此指一般事情。㉔簡公 即鄭簡公。見〈政理〉第二二章。㉕子產 見〈臣術〉第四章。㉖裨諶句 世叔即子太叔，子羽即公孫揮。裨諶、世叔、子羽，並鄭大夫。參〈政理〉第二〇章。㉗宮之奇 春秋時虞國大夫。晉獻公二十二年向虞國借道伐虢，宮之奇勸諫虞公不可借道予晉，否則晉必滅虞。虞公不聽，宮之奇即率領全族去虞。同年冬，晉滅虢後，還軍時終於順道滅虞。㉘晉獻公 見〈立節〉第九章。㉙子玉得臣 春秋楚人，即成得臣，字子玉，官至令尹。與晉兵戰於城濮，兵敗自殺。㉚側席 不正坐，即坐不安穩的意思。㉛厭難折衝 克服困難，禦敵決勝。㉜宋襄公 見〈立節〉第八章。㉝公子目夷 《左傳》僖公二十一年：「春，宋人為鹿上之盟，以求諸侯於楚，楚人許之。公子目夷曰：『小國爭盟，禍也。宋其亡乎！幸而後敗。』秋，諸侯會宋公于盂，楚執宋公以伐宋。」㉞不用僖負羈之諫二句 《史記．晉世家》：「重耳過曹，曹共公不禮，欲觀重耳騈脅，曹大夫僖負羈曰：『晉公子賢，又同姓，窮來過我，奈何不禮？』共公不從其謀。後晉公入曹，執曹伯畀宋人。」此云敗死於戎，未詳何據。僖負羈，曹大夫。㉟共維

五始之要　《漢書．王褒傳．聖主得賢臣頌》：「共惟《春秋》法五始之要。」《注》：「元者氣之始，春者四時之始，王者受命之始，正月者政教之始，公即位者一國之始；是為五始。共，讀曰恭。」㊱季友　春秋魯國大夫，上卿。魯莊公之弟，名友。莊公卒，受莊公命，誓以死立公子班。後慶父亂魯，殺班而立閔公，復殺閔公欲自立，國人欲誅慶父。季友奔陳，乃奉莊公少子申歸魯，立之為魯君，是為僖公。其後嗣季孫氏，為魯之三桓之一。㊲患之起必自此始也　見《公羊傳》僖公二十六年。㊳公子買不可使戍衛　見《春秋經》僖公二十六年。㊴公子遂不聽君命而擅之晉　見《春秋經》僖公三十、三十一年。㊵宋殤公　春秋時宋國國君，名與夷，宋宣公子。時鄭及諸侯數伐宋，民苦於戰，宋太宰華督見大司馬孔父嘉之妻美，乃宣言責在孔父嘉，遂殺孔父嘉，取其妻。殤公怒，華督遂殺之。西元前七一九～前七一一年在位。㊶孔父　春秋時宋湣公五世孫。字孔父，名嘉，亦稱孔父嘉。任大司馬。太宰華督謀奪其妻，將他殺死，其子奔魯，五傳而生孔子。

【語　譯】春秋的時候，天子的權力微弱，諸侯用武力征伐，都背叛不服從天子。人多的欺凌人少的，勢力強大的劫奪勢力弱小的，南夷和北狄交互侵略，中國瀕臨滅亡的邊緣。齊桓公於是任用管仲、鮑叔、隰朋、賓胥無、甯戚等人，三次保存了快要滅亡的國家，一次繼續了行將斷絕的世代，挽救了中國，趕走了戎狄，最後制服了荊蠻，尊奉周天子，稱霸諸侯。晉文公用咎犯、先軫、陽處父等人，使中國強大，擊敗了強楚，聯合諸侯，朝奉天子，以光顯周室。楚莊王用孫叔敖、司馬子反、將軍子重等人，征討陳國，降服鄭國，打敗強晉，無敵於天下。秦穆公用百里子、蹇叔子、王子廖及由余等人，就占據了雍州，擊敗西戎。吳國任用延州來季子，就併吞了冀州，揚威雞父。鄭僖公擁有兵車千輛，貴為諸侯，治事不順從民心，而被臣下所殺，是因為沒有先任用賢臣的緣故。到了簡公的時候，任用子產、裨諶、世叔、子羽等人，奸賊的臣子被清除掉了，正直的臣子因而被進用，擊敗了強楚，鞏固了中國，國家得以安寧，二十多年都沒有楚國為患。所以虞國有了宮之奇，晉獻公就因此感到終夜不能安眠；楚國有子玉得臣，晉文公因此就坐立不安。賢人的能夠克服困難禦敵決勝，真是影響深遠。宋襄公不聽公子目夷的話，就被楚國所侮辱；曹共公不接受僖負羈的進諫，最後被戎所敗而死。所以仔細思考那五始的要領和治亂的關鍵，就在於能審察自己而能用賢。國家能任用賢人就吉，任用不賢的人就凶，查考過去的歷史，察看當今的世事，那必然的結果就和合符一樣，這是做人君的不能不謹慎的地方。每當國家昏亂的時候，就可以看出忠臣來。魯國大亂，才看出季友的賢能。僖公即位以後任用季子，魯國安寧，內外無憂，一共行政了二十一年。季子死後，邾國攻擊它的南方，齊國攻擊它的北方，魯國受不了這種禍患，要向楚國求援，來保全自己。所以《公羊傳》上說：「禍患的產生，一定從這裡開始。」公子買不可派去保衛衛國，公子遂不聽國君的命令而擅自到晉國去。僖公內被臣下侵權，外被戰爭所困，這都是國勢衰弱所帶來的禍患。僖公的本性，並不是前二十一年賢能，以後才漸漸變為不肖，這是季子活著的好處以及死後所帶來的損害。一個人主得賢或者失賢所產生的得失利弊就是這樣靈驗，而人主往往忽略任用賢能，實在叫人傷痛。那智力不足以辨別賢能，是無可奈何的事；假若智力能夠辨識賢能，而不能下決心去用他，就大的方面說，足以亡國喪身，小的方面說，足以造成不安，這些都是很可悲的事。像宋殤公難道不知道孔父的賢能？他怎麼知道孔父死他也一定會跟著死而趕快去救他？趕快去救他，就是知道他的賢能。魯莊公難道不知道季子的賢能？他怎麼知道生病將死，把季子召來授給他國政？授給國政就是知道他賢能。這兩位君主的智慧都足以認識賢能，可惜都不能用，所以宋殤公被人殺死，魯莊公的繼嗣也被人所殺。假如宋殤公早任用孔父，魯莊公也早用季子，就可以綏靖鄰國，何況是自存呢！

第三章

鄒子❶說梁王❷曰：伊尹❸故有莘氏之媵臣❹也，湯❺立以為三公，天下之治太平。管仲故成陰之狗盜❻也，天下之庸夫也，齊桓公得之為仲父。百里奚道之❼於路，傳賣五羊之皮，秦穆公委之以政。甯戚故將車人也，叩轅行歌於康之衢，桓公任以國❽。司馬喜髕腳❾於宋，而卒相中山。范睢❿折脅拉齒於魏，而後為應侯。太公望⓫故老婦之出夫也，朝歌⓬之屠佐也，棘津⓭迎客之舍人也，年七十而相周，九十而封齊。故《詩》曰：「綿綿之葛，在於曠野，良工得之，以為絺紵，良工不得，枯死於野⓮。」此七士者不遇明君聖主，幾行乞丐，枯死於中野，譬猶綿綿之葛矣。

【注釋】❶鄒子　鄒陽，西漢臨淄人。景帝時與枚乘、嚴忌仕吳。曾上書諫吳王，不聽，旋往梁。為梁孝王上客，為羊勝等人所嫉，被讒下獄，於獄中上書辨白，孝王感動，釋之，待為上客。❷梁王　謂梁孝王劉武，漢文帝子，景帝同母弟。竇太后之愛子。景帝嘗與飲宴，謂將傳位於武，武心喜，太后亦然。平吳楚等七國之亂有功，以竇太后愛故，賞賜不可勝道。及栗太子廢，太后欲以武為嗣，大臣袁盎等勸說景帝，太后之議不行。武怒，使人刺殺盎及議臣十餘人。帝由是遠之。後北獵良山，病卒。❸伊尹　見〈君道〉第一四章。❹媵臣　諸侯嫁女，派大夫隨行，稱為媵臣。《列女傳・辨通篇・齊管妾婧傳》：「夫伊尹，有㜪氏之媵臣也，湯立以為三公，天下之治太平。」❺湯　見〈君道〉第一四章。❻狗盜　原指披狗皮作為狗形以盜物的人，後泛指偷盜者。❼道之　當作「乞食」。詳《說苑集證》。❽甯戚故將車人也三句　將車，駕車。四達謂之衢，五達謂之康，「之」字疑衍。「任」下當有「之」字。《呂氏春秋・舉難》：「甯戚欲干齊桓公，窮困無以自進，於是為商旅，將任車以至齊，暮宿於郭門之外，桓公郊迎客，夜開門，辟任車，爝火甚盛，從者甚眾。甯戚飯牛居車下，望桓公而悲，擊牛角疾歌。桓公聞之，撫其僕之手曰：『異哉，之歌者非常人也。』命後車載之。」❾司馬喜髕腳　司馬喜，戰國時人，三相中山。髕腳，古代剔去膝蓋骨的一種酷刑。❿范雎　戰國魏人，魏相魏齊疑其以國陰事告齊，乃掠笞數百，拉脅折齒。後入秦為相，封為應侯。拉，摧也。⓫太公望　見〈君道〉第一五章。⓬朝歌　古邑名。在今河南淇縣。⓭棘津　渡津名。在今河南省境內。⓮綿綿之葛六句　逸《詩》。紵，當作「綌」。絺，細葛布。綌，粗葛布。

【語譯】鄒陽對梁王說：伊尹本來是有莘氏陪嫁的臣子，商湯立他為三公，天下的政治太平。管仲本來是成陰地方的盜賊，天下的一名凡夫俗子，齊桓公得到他以後，就尊奉他為仲父。百里奚在路邊討飯，販賣五羊皮，秦穆公把國家的政事交託給他。甯戚本來是趕車的人，在大路上一面敲擊車轅一面唱歌，齊桓公任命他治理國政。司馬喜在宋國遭受髕腳的酷刑，最終成為中山國的相。范雎在魏國被人打斷肋骨和牙齒，後來到了秦國被封為應侯。太公望本來是老婦的棄夫，朝歌地方屠夫的幫手，棘津渡口迎接客人的舍人，七十歲做了周朝的相，九十歲被封在齊國。所以《詩經》上說：「連綿不斷的葛，生在曠野裡，好的工匠得到它，把它織成各種葛布，否則就枯死在曠野裡了。」這七個人，如果不遇到英明的君主，幾乎要去當乞丐，就好像那連綿不斷的葛一樣，枯死在曠野之中了。

第四章

眉睫之微，接而形於色；聲音之風，感而動乎心。甯戚擊牛角而商歌❶，桓公聞而舉之；鮑龍跪石而登嵯❷，孔子為之下車。堯、舜相見，不違桑陰❸；文王舉太公，不以日久。故賢聖之接也，不待久而親；能者之相見也，不待試而知。故士之接也，非必與之臨財分貨乃知其廉也；非必與之犯難涉危乃知其勇也。舉事決斷，是以知其勇也；取與有讓，是以知其廉也。故見虎之尾而知其大於狸也；見象之牙而知其大於牛也。一節見則百節知矣。由此觀之，以所見可以占未發，覩小節固足知大體矣。

【注釋】❶商歌　《史記・魯仲連鄒陽列傳・索隱》：「商歌，謂為商聲而歌也；或云，商旅之歌也；二說並通。」❷鮑龍跪石而登嵯　事未詳。或謂「登嵯」當作「咨嗟」，疑是。❸不違桑陰　違，移也。陰，同「蔭」。桑蔭未移，喻時之極短也。

【語　譯】從一個人的眉毛和眼睫毛的神態，可以看出他的臉色；從一個人講話的聲調，就可以感覺他內心的思想。甯戚敲擊牛角而悲歌，齊桓公聽到後就任用他；鮑龍跪在石頭上嗟歎，孔子為他而下車；堯、舜相見，桑樹影子還沒有移動，堯就決定把天下禪讓給舜；周文王舉用姜太公，並不是因為時間久。所以賢聖相接觸，不需要長時間相處才親近；賢能的人相見，也不需要試驗才知道是人才。所以士人相接觸，不一定要跟對方分錢財，才知道對方廉潔；不一定要跟對方冒險犯難，才知道對方勇敢。辨事決斷，因此知道他勇敢；取予能夠禮讓，因此知道他廉潔。所以看到老虎的尾巴，就知道牠比野貓大；看到象的牙，就知道牠比牛大。一節顯露出來，那麼一百節都知道了。由此看來，憑著看到的就可以推測還沒有發現的，看到一個人的小節就足以知道他的大體了。

第五章

禹以夏王，桀以夏亡；湯以殷王，紂以殷亡。闔廬❶以吳戰勝無敵於天下，而夫差❷以見禽於越；文公❸以晉國霸，而厲公以見弒於匠麗之宮❹；威王❺以齊強於天下，而湣王❻以弒死於廟梁；穆公以秦顯名尊號，而二世❼以劫於望夷。其所以君王者同，而功跡不等者所任異也。是故成王處襁褓而朝諸侯，周公用事也；趙武靈王年五十而餓於沙丘，任李兌故也❽。齊桓公得管仲，九合諸侯，一匡天下；失管仲，任豎刁、易牙，身死不葬為天下笑。一人之身，榮辱俱施焉，在所任也。故魏有公子無忌❾，削地復得。趙任藺相如❿，秦兵不敢出。鄢陵任唐雎[11]，國獨特立。楚有申包胥而昭王反位。齊有田單，襄王得國[12]。由此觀之，國無賢佐俊士而能以成功立名、安危繼絕者，未嘗有也。故國不務大而務得民心；佐不務多而務得賢俊。得民心者民往之，有賢佐者士歸之。文王請除炮烙之刑而殷民從[13]，湯去張網者之三面而夏民從[14]，越王不隳舊冢而吳人服[15]，以其所為之順於民心也。故聲同則處異而相應，德合則未見而相親。賢者立於本朝，則天下之豪，相率而趨之矣。何以知其然也？曰：管仲，桓公之賊也，鮑叔以為賢於己而進之為相，七十言而說乃聽，遂使桓公除報讎之心而委國政焉。桓公垂拱無事而朝諸侯，鮑叔之力也。管仲之所以能北走桓公，無自危之心者，同聲於鮑叔也。紂殺王子比干，箕子[16]被髮而佯狂；陳靈公殺泄冶而鄧元去陳；自是之後，殷兼於周，陳亡於楚，以其殺比干、泄冶而失箕子與鄧元也。燕昭王得郭隗，而鄒衍、樂毅以齊、趙至，蘇子、屈景以周、楚至；於是舉兵而攻齊，棲閔王於莒。燕校地計眾，非與齊鈞也，然所以能信意至於此者，由得士也。故無常安之國，無恆治之民，得賢者則安昌，失之者則危亡。自古及今，未有不然者也。明鏡所以照形也，往古所以知今也。夫知惡往古之所以危亡而不務襲跡於其所以安昌，則未有異乎卻走而求逮前人也。太公知之，故舉微子[17]之後，而封比干之墓。夫聖人之於死，尚如是其厚也，況當世而生存者乎？則其弗失可識矣！

【注 釋】❶闔廬 春秋時吳國國君，姓姬，名光，號闔廬，一作闔閭。即位後，任用伍子胥、孫武，增強國力。聯合陳、蔡伐楚，攻破楚都。後與越王句踐戰於檇李，兵敗重傷而死。西元前五一四～前四九六年在位。❷夫差 春秋吳國國君，吳王闔廬子。即位後，不忘父仇，以報越為志，一年後，大敗越師，接受越國求和並許越為屬國。後不聽伍子胥勸告，忘記越為腹心之患，終為越王句踐所敗，自殺死。西元前四九五～前四七三年在位。❸文公 晉文公。見〈君道〉第二二章。❹而厲公句 春秋時晉國國君。晉景公之子，名壽曼。即位後，對外敗秦楚。對內，專橫驕侈。欲殺大夫郤至，欒書、中行偃遂聯合諸人將他擊殺。西元前五八〇～前五七三年在位。「巨麗」當作「匠麗」，字誤，晉國大夫。❺威王 戰國時齊國國君。齊桓公（田午）之子，名因齊。即位初不理政事，後進行修政整軍，國勢強盛。西元前三五六～前三二〇年在位。❻湣王 齊湣王。見〈立節〉第二一章。❼二世 （西元前二三〇～前二〇七年）秦朝皇帝。秦始皇少子，名胡亥。西元前二一〇～前二〇七年在位。始皇死，中車府令趙高與丞相李斯合謀，詐為始皇詔書，得為太子，繼位為二世皇帝。在位期間，趙高專權，徭役賦稅較始皇時更重。後為趙高所迫，自殺於望夷宮。❽趙武靈王二句 趙武靈王，戰國時趙國國君。西元前三二五～前二九九年在位。名雍，趙肅侯子。即位後，奮發圖強，教民胡服騎射，國勢強盛。立子何為王，封長子章為代安陽君，自號主父，故又稱趙主父。後章爭位作亂，逃入主父宮，公子成、李兌將兵圍主父宮，殺章，主父被圍，三月不得出，餓死於沙丘宮。❾公子無忌 （西元前？～前二四三年）戰國時魏國宗室大臣。魏昭王少子，安釐王異母弟，名無忌，封信陵君，門下有食客三千，是戰國四公子之一。曾竊兵符刺殺將軍晉鄙，率兵救趙，乃留趙十餘年。後歸國為上將軍，曾率五國之兵敗秦軍於河外，聲名大振。後秦使用反間於魏，誣他謀反，魏王果使人代將，從此稱病不朝，與賓客為長夜飲，四年竟病酒而卒。❿藺相如 戰國時趙國大臣。以完璧歸趙有功，西元前二七九年，隨趙惠文王與秦王會於澠池，面斥強秦，不辱國體，以功拜上卿，位居廉頗之上，由於他善自謙抑，相忍為國，使廉頗受到感動，登門謝罪，遂為刎頸之交。⓫唐雎 戰國魏人。時齊楚攻魏，魏求救於秦，秦救不至，雎時年九十餘，西說秦王，秦王果發兵救魏。⓬齊有田單二句 田單，戰國齊將。少習兵法。齊湣王時，任臨淄市掾。燕昭王使樂毅伐齊，連下七十餘城，唯莒、即墨未下，他率領宗人走保即墨，被推為將軍，據城抗燕。燕昭王死，他施行反間計，使燕以騎劫代樂毅為將，乘燕兵懈怠，夜用火牛襲擊燕軍，一舉收復七十餘城，迎齊襄王於莒復位。任齊相，封安平君。後又入趙，任相國，封平都君。⓭文王句　《史記・周本紀》：「西伯乃獻洛西之地，以請紂去炮烙之刑，紂許之。」「炮烙」當是「炮格」之訛，《呂氏春秋・過理》高誘《注》：「格，以銅為之，布火其下，以人置上，人爛墮火而死。」⓮湯去張網句　《史記・殷本紀》云：「湯出，見野張網四面，祝曰：『自天下四方，皆入吾網。』湯曰：『嘻，盡之矣！』乃去其三面，祝曰：『欲左左，欲右右，不用命，乃入吾網。』諸侯聞之，曰：『湯德至矣，及禽獸。』」⓯越王句　未聞越王不隳舊冢事。⓰箕子　名胥餘。商朝貴族，紂王諸父（一說紂王庶兄）。任太師，封國於箕。諫紂王不聽，乃假裝狂人，被紂王囚禁為奴，後被釋放，隱居不出。周武王滅殷，封之於朝鮮，不作周臣看待。⓱微子　商紂王庶兄，名啟，一作開。受封於微，爵為子。為紂王朝卿士。屢次諫紂，不聽，遂離商出走。周武王滅商，他肉袒面縛持祭器到周武王軍門請罪。武庚作亂後，以商嗣受封於宋，為春秋時宋國始祖。

【語　譯】禹由於夏朝而王天下，桀卻亡了夏朝；湯由於殷朝而王天下，紂卻亡了殷朝。吳王闔廬用吳兵出戰，無敵於天下，而夫差卻被越國所擒。晉文公使晉國稱霸諸侯，而厲公卻在匠麗氏的宮中被殺。齊威王使齊國稱強天下，而湣王卻被臣下所殺，懸屍於廟梁。秦穆公由於秦國而名號尊顯，而二世卻被持劫而自殺於望夷宮。他們都同樣是君王，可是功績不一樣的原因，是所任用的人不同。所以周成王還在孩提時期，而諸侯就來朝見，是因為周公主政；趙武靈王五十歲，卻餓死在沙丘，這是任用李兌的結果。齊桓公任用管仲，多次會合諸侯匡正天下；管仲過世，任用豎刁、易牙，結果自己死去都無人埋葬，被天下人所笑。同是一個人，或得榮，或得辱，就在於用人的不同。所以魏國有公子無忌，失地能夠收復。趙國用藺相如，秦兵不敢再出函谷關。鄢陵君任用唐雎，國家得以獨立。楚國有申包胥，昭王終於能夠復位。齊國有田單，襄王得以復國。由此看來，國家沒有賢能的輔佐和俊傑的才士，而能夠成功立名、轉危為安延續亡國的，是從來沒有的事。所以國家不在大，而在於贏得民心；輔佐的人不在多，而在於得到賢俊的才士。得到民心，人民自然會擁護他；有賢能的輔佐，士人自然來歸附他。周文王向商紂請求除去炮格的酷刑，而殷民來歸附；商湯去掉張網的三面，而夏民來歸附；越王不破壞舊的墳墓，而吳國人來歸附。這是因為他們所做的順乎民心。所以只要聲同，即使地方不同，仍然能夠相應；道德的觀念一致，就算沒有見過面，仍然彼此相仰慕；賢能的人在朝廷上，那麼天下的豪傑之士，都爭相來投靠他。根據什麼知道是這樣呢？譬如說：管仲，是桓公的敵人，鮑叔認為他比自己高明，就向桓公推薦他做齊國的相，說了七十次才被接納，使得桓公除去報仇的心理，而把國家大政交給他；桓公拱著手，無為而治，天下諸侯來朝，這是鮑叔的功勞；管仲所以能夠效忠桓公，不必為自己的安全擔心，這是和鮑叔同聲相應的結果。商紂殺了王子比干，箕子就披散頭髮，假裝瘋狂；陳靈公殺了泄冶，鄧元就離開陳國；自此以後，殷被周所滅亡，陳被楚所滅亡，這是因為殺死比干、泄冶，而失去箕子和鄧元的緣故。燕昭王得到郭隗，而鄒衍、樂毅分別從齊、趙來，蘇子、屈景分別從周、楚來，於是發兵進攻齊國，把齊閔王圍困在莒城。比較燕國的土地和人口，不能和齊國相等，然而所以能夠照著自己的意圖達到如此地步，是由於得到士人的幫助。所以沒有常治久安的國家和人民，得到賢人就安定昌盛，沒有賢人就危險，從古至今，沒有不是如此的。明鏡是用來照出形像的，從過去的事情可以幫助了解現在。大家都知道厭惡歷史上那些造成危亡的因素，卻不肯專心學習跟著那些所以得到安定昌明的道路走，這和那些倒著往後走卻希望趕上前人沒有什麼不同。太公懂得這個道理，所以薦舉微子的後代而封比干的墳墓，聖人對於死人尚且這樣的厚待，何況當代還活著的人呢？可以知道那是一定不會遺棄的呀！

第六章

齊景公❶問於孔子❷曰：「秦穆公❸其國小，處僻而霸，何也？」對曰：「其國小而志大，雖處僻而其政中。其舉果，其謀和，其令不偷❹。親舉五羖大夫於係縲之中❺，與之語三日而授之政。以此取之，雖王可也，霸則小矣。」

【注釋】❶齊景公　見〈君道〉第一八章。❷孔子　見〈君道〉第五章。❸秦穆公　見〈臣術〉第九章。❹不偷　不苟且。偷，通「媮」。苟且。❺親舉句　五羖大夫，即百里奚。係縲，綑綁；拘囚。

【語　譯】齊景公問孔子說：「秦穆公的國家狹小，土地又偏僻，卻能稱霸，這是為什麼？」孔子回答說：「他的國家雖然狹小，但他的志向很大；地方雖然偏僻，但他的施政正確。他的行動果斷，他的謀略和平，他的政令不苟且。他親自舉用被拘囚的百里奚，和他談了三天的話，就把國政交給他。用這種方法取得天下，即使王天下也可以達到，稱霸還是小事。」

第七章

或曰：將謂桓公❶仁義乎？殺兄❷而立，非仁義也。將謂桓公恭儉❸乎？與婦人同輿馳於邑中，非恭儉也。將謂桓公清潔❹乎？閨門之內無可嫁者❺，非清潔也。此三者亡國失君之行也，然而桓公兼有之，以得管仲❻、隰朋❼，九合諸侯，一匡天下，畢朝周室，為五霸長，以其得賢佐也。失管仲、隰朋，任豎刁、易牙❽，身死不葬，蟲流出戶，一人之身榮辱俱施者，何者？其所任異也。由此觀之，則士佐急矣。

【注　釋】❶桓公　齊桓公。見〈君道〉第一七章。❷兄　指公子糾，為桓公庶兄。❸恭儉　恭，肅敬；有禮貌。儉，恭謹。❹清潔　指私生活方面清白。❺閨門之內句　《管子．小匡》：「桓公曰：寡人有污行，不幸而好色，而姑姊有不嫁者。」說詳《說苑集證》。❻管仲　見〈君道〉第一七章。❼隰朋　見本卷第二章。❽豎刁易牙　並見〈貴德〉第七章。

【語　譯】有人說：要說桓公仁義嗎？殺掉哥哥而自立，不能算是仁義；要說桓公恭謹有禮嗎？和婦女同車在城中疾馳，不能算是恭謹有禮；要說桓公私生活清白嗎？閨門內沒有可以出嫁的女子，不能算是私生活清白。

這三件都是滅亡國家、喪失君位的行為，可是桓公都有了。桓公因為得到管仲、隰朋，多次會合諸侯，一舉匡正天下，使諸侯都來朝拜周天子，成為五霸的領袖，這是因為他能得到賢能的輔佐；失去管仲、隰朋，任用豎刁、易牙，結果自己死了，不得埋葬，屍體長蟲，爬出戶外。同樣是桓公這一個人，或者享受榮耀，或者受到汙辱，這是為什麼呢？所任用的人不同罷了。由此看來，任用好的輔佐是非常重要的。

第八章

周公旦白屋之士❶，所下者七十人，而天下之士皆至。晏子❷所與同衣食者百人，而天下之士亦至。仲尼❸脩道行，理文章，而天下之士亦至矣。伯牙子❹鼓琴，鍾子期聽之，方鼓而志在太山，鍾子期曰：「善哉乎鼓琴！巍巍乎若太山。」少選之間，而志在流水，鍾子期復曰：「善哉乎鼓琴！湯湯乎❺若流水。」鍾子期死，伯牙破琴絕絃，終身不復鼓琴，以為世無足為鼓琴者。非獨鼓琴若此也，賢者亦然。雖有賢者而無以接之，賢者奚由盡忠哉！驥不自至千里者，待伯樂❻而後至也。

【注釋】❶周公句　周公，見〈君道〉第八章。「旦」字疑是「一日」二字之訛，下又脫「見」字。白屋，茅草所蓋之屋。白屋之士，謂貧賤的士人。❷晏子　見〈君道〉第一八章。❸仲尼　孔子。見〈君道〉第五章。❹伯牙子　即伯牙。相傳生於春秋時代，善彈琴。《荀子．勸學》有「伯牙鼓琴，而六馬仰秣」的記載。據《樂府解題》：「伯牙學琴於成連先生，三年不成。後隨成連至東海蓬萊山，聞海水澎湃、群鳥悲鳴之聲，心有所感，乃援琴而歌，從此琴藝大進。」伯牙子與鍾子期為知音之交。❺湯湯乎　流水貌。❻伯樂　見〈建本〉第一〇章。

【語譯】周公一天接見的貧賤的士人當中，被他所禮遇的就有七十人之多，天下的士人知道了就聞風而至。晏子的士人和他同樣衣食的有一百多人，天下的士人也聞風而至。孔子修養德行，整理文章，而天下的士人也聞風而至。伯牙子彈琴，鍾子期聽賞。伯牙彈琴時，他的心想到太山，鍾子期說：「琴彈得好啊！像太山那樣偉大。」一會兒，伯牙的心想到流水，鍾子期又說：「琴彈得好啊！像流水那樣浩瀚。」後來鍾子期死了，伯牙把琴摔破，從此一輩子不再彈琴，認為世間再也沒有人值得為他彈琴了。不僅彈琴，賢人也是這樣。雖然有賢能的人，但是沒有途徑接近君主而受到任用，他從那兒去效忠！千里馬不能自行千里，要等待會相馬的伯樂發現了，才能夠日行千里。

第九章

周威公問於甯子❶曰：「取士有道乎？」對曰：「有。窮者達之，亡者存之，廢者起之，四方之士則四面而至矣。窮者不達，亡者不存，廢者不起，四方之士則四面而畔矣。夫城固不能自守，兵利不能自保，得士而失之，必有其間❷。夫士存則君尊，士亡則君卑。」周威公曰：「士壹至如此乎？」對曰：「君不聞夫楚平王有士曰楚傒胥、丘負客❸，王將殺之，出亡之晉，晉人用之，是為城濮之戰❹。又有士曰苗賁皇❺，王將殺之，出亡走晉，晉人用之，是為鄢陵之戰❻。又有士曰上解于❼，王將殺之，出亡走晉，晉人用之，是為兩堂之戰❽。又有士曰伍子胥❾，王殺其父兄，出亡走吳，闔閭❿用之，於是興師而襲郢。故楚之大得罪於梁、鄭、宋、衛之君，猶未遽至于此也。此四得罪於其士，三暴其民骨，一亡其國。由是觀之，士存則國存，士亡則國亡。子胥怒而亡之，申包胥⓫怒而存之，士胡可無貴乎？」

【注釋】❶周威公問於甯子　周威公，見〈建本〉第二〇章。甯子，即甯越。❷間　間隙；缺點。❸君不聞句　「平」字當作「乎」，「王有士」云云屬下讀。楚傒胥、丘負客，二人未詳。❹城濮之戰　《左傳》僖公二十八年，晉與楚戰於城濮。城濮，衛地。❺苗賁皇　《左傳》宣公十七年「苗賁皇」下杜《注》：「楚鬥椒之子，楚滅鬥氏而奔晉，食邑于苗地。」❻鄢陵之戰　《左傳》成公十六年，晉侯及楚子、鄭伯戰於鄢陵。鄢陵，鄭地。❼上解于　未詳。❽兩堂之戰　向宗魯《說苑校證》曰：「兩堂即邲。惟此非宣十二年事，彼則楚莊勝晉，此則所載皆楚敗事。又此敘在鄢陵之戰後，則事在恭王後，或晉楚兩戰於邲也。」❾伍子胥　春秋時吳國大臣。名員，又簡稱伍胥。楚平王殺其父兄，遂逃吳，事吳王闔廬為行人，佐吳伐楚。吳軍破楚入郢時，楚平王已死，他掘平王墓鞭屍三百，報殺父之仇。後諫吳王夫差許越和，又諫吳伐齊，吳太宰伯嚭讒之，吳王賜劍令自殺。❿闔閭　闔廬。見本卷第五章。⓫申包胥　見〈立節〉第二章。

【語譯】周威公問甯越說：「招攬賢士有方法嗎？」回答說：「有。窮困的使他發達，危亡的使他生存，廢敗的使他興起，那麼四方的賢士就從四方來了。窮困的不能使他發達，危亡的不能使他生存，廢敗的不能使他興起，那麼四方的賢士就在四方離你而去了。那城牆雖然堅固，不能自守；武器雖然鋒利，不能自保。得到賢士而又失去，一定是有某些缺點。得到賢士就會尊顯，失去賢士就會卑弱。」周威公說：「賢士竟然這樣重要嗎？」回答說：「您難道沒有聽說過楚平王有賢士叫楚傒胥和丘負客，王將要殺他們，就逃亡到晉國，晉國人重用他們，打敗了楚國，這就是城濮之戰。又有一個賢士叫苗賁皇，王將要殺他，就逃亡到晉國，晉國人重用他，打敗了楚國，這就是鄢陵之戰。又有一個賢士叫上解于，王將要殺他，就逃亡到晉國，晉國人重用他，打敗了楚國，這就是兩堂之戰。又有一個賢士叫伍子胥，楚王殺了他的父兄，他就逃亡到吳國，闔閭用了他，於是發兵攻擊楚國郢都。所以楚國即使大大得罪了梁、鄭、宋、衛等國的君主，還不會一下子就到這種地步。這四次得罪了他的賢士，結果三次使得民眾暴骨荒野，一次亡了國家。由此看來，有了賢士國家就能保全，沒有賢士國家就會敗亡。伍子胥一怒而亡了楚國，申包胥也一怒而保存了楚國，賢士怎麼可以不尊貴呢？」

第一〇章

哀公問於孔子❶曰：「人何若而可取也？」孔子對曰：「毋取拑❷者，毋取健者❸，毋取口銳者。」哀公曰：「何謂也？」孔子曰：「拑者大給利❹，不可盡用；健者必欲兼人，不可以為法也；口銳者多誕而寡信，後恐不驗也。夫弓矢和調而後求其中焉；馬愨愿順❺然後求其良材焉；人必忠信重厚，然後求其知能焉。今人有不忠信重厚而多知能，如此人者譬猶豺狼與，不可以身近也。是故先其仁信之誠者，然後親之；於是有知能者，然後任之。故曰：親仁而使能。夫取人之術也，觀其言而察其行。夫言者所以抒其胸而發其情者也。能行之士，必能言之。是故先觀其言而揆❻其行。夫以言揆其行，雖有姦軌之人，無以逃其情矣。」哀公曰：「善。」

【注釋】❶哀公問於孔子　魯哀公、孔子，並見〈君道〉第五章。❷拑　脅持。❸健者　謂雄心太大的人。❹大給利　謂太急於獲利也。大，通「太」。給，急也。❺馬慤愿順　慤，同「愨」。謹慎。愿，善良。順，馴服。❻揆　測度；度量。

【語譯】魯哀公問孔子：「怎麼樣的人才可取？」孔子回答說：「不要取好脅持別人的人，不要取雄心太大的人，不要取口才銳利的人。」哀公說：「這怎麼講？」孔子說：「喜歡脅持人的人，太急於取利，不可盡用；雄心太大的人，喜歡做多人的事，不足為法；口才銳利的人，言辭多虛妄，後來恐怕不能應驗。就像弓箭調整好了，然後才求其命中；馬先要善良馴服，然後才能求其能負重致遠；人一定要忠信敦厚，然後才求其有才智能力。假若一個人不忠信敦厚，卻多才智能力，像這樣的人，就像豺狼一樣，不可以接近他。因此先要求他是一個具有仁信的忠誠之士，然後再親近他；如果有才智能力的話，然後任用他。所以說：親近仁義的人，任用有才能的人。選拔人才的方法，先聽他的說話，然後觀察他的行為。言語是抒發一個人胸中的情意的，能做到的人一定能用言語表達出來。所以先觀察他的言語，再審度他的行為。用言語來審度一個人的行為，即使是作奸犯法的人，也無法隱藏逃遁他的真情。」哀公說：「好。」

第一一章

周公❶攝❷天子位七年，布衣之士執贄❸所師見者十二人，窮巷白屋❹所先見者四十九人，時進善者百人，教士者千人，官朝者萬人。當此之時，誠使周公驕而且悋❺，則天下賢士至者寡矣。苟有至者，則必貪而尸祿❻者也。尸祿之臣，不能存君矣。

【注釋】❶周公　見〈君道〉第八章。❷攝　代理。❸贄　初見尊者時所送的禮品。❹窮巷白屋　下疑脫「之士」二字。

❺悋　同「吝」。❻尸祿　《文選・曹子建求自試表》：「虛受謂之尸祿。」注：「尸祿者，頗有所知，善惡不言，默然不語，苟欲得祿而已，譬若尸矣。」

【語　譯】周公在代理天子七年當中，帶著禮物像拜見老師一樣去拜見的平民有十二人，先行接見的窮困的士人有四十九人，隨時向自己提供善言的上百人，受到他教化的士人上千人，被選拔在官府朝廷服務的上萬人。當這個時候，假使周公既驕傲又鄙吝，那天下肯來的賢士就少了；縱然有來的，也一定是些尸位素餐的臣子，不能保全君王。

第一二章

齊桓公❶設庭燎❷為士之欲造見❸者，期年❹而士不至。於是東野鄙人有以九九之術❺見者，桓公曰：「九九何足以見乎？」鄙人對曰：「臣非以九九為足以見也。臣聞主君設庭燎以待士，期年而士不至。夫士之所以不至者，君天下賢君也，四方之士，皆自以論而不及君❻，故不至也。夫九九薄能耳，而君猶禮之，況賢於九九乎？夫太山不辭壤石，江海不逆小流，所以成大也。《詩》云：『先民有言，詢於芻蕘❼。』言博謀也。」桓公曰：「善。」乃因禮之。期月，四方之士相攜而並至。《詩》曰：「自堂徂基，自羊徂牛❽。」言以內及外，以小及大也。

【注　釋】❶齊桓公　見〈君道〉第一七章。❷庭燎　庭中燃燒堆積著的木柴，用以照明。❸造見　前來謁見。造，往。❹期

年　一整年。❺九九之術　古代一種算法名稱。❻皆自以論而不及君　「論」為「謂」之字誤，謂與為同。而，通「能」。❼先民有言二句　見《詩經・大雅・板》。先民，指古代賢人。蒭蕘，割草打柴的人，用以指草野鄙陋之人。蒭，割草。蕘，柴草。❽自堂徂基二句　見《詩經・周頌・絲衣》。徂，往。基，牆始也。

【語譯】齊桓公設置庭燎，用來接待想來進見的士人。整整一年，沒有士人前來求見。這時齊國東野有個鄉下人用九九算法來求見。桓公說：「九九算法那裡值得來見我呢？」鄉下人回答說：「我不是以為九九算法值得來見您。我聽說君主設置庭燎用來接待士人，整整一年而沒有士人來見。士人之所以不來，是因為您是天下賢明的君主，四方的士人都自以為能力不及君主，所以不敢來見。那九九算法不過是淺薄的技能，如果君主還能加以禮遇，更何況勝過九九算法的呢？太山不推辭泥土礫石，江海不拒絕小河細流，因此才能成為高山大河。《詩經》上說：『先輩賢人曾有名言：要向割草打柴的請教。』就是說要廣為諮詢。」桓公說：「講得好。」於是就以禮接待他。一個月以後，四方的士人都跟著來了。《詩經》上說：「從堂內看到牆基，從羊牲查到牛牲。」這是說從內到外，由小到大。

第一三章

齊景公❶伐宋，至於岐隄之上，登高以望，太息而歎曰：「昔我先君桓公長轂❷八百乘以霸諸侯。今我長轂三千乘而不敢久處於此者，豈其無管仲❸歟？」弦章對曰：「臣聞之：水廣則魚大，君明則臣忠。昔有桓公，故有管仲。令❹桓公在此，則車下之臣，盡管仲也。」

【注釋】❶齊景公　見〈君道〉第一八章。❷長轂　兵車。❸管仲　見〈君道〉第一七章。❹令　當作「今」。

【語　譯】齊景公討伐宋國，來到岐隄上，登高而望，歎息著說：「從前我的先君桓公只有戰車八百輛而稱霸諸侯，現在我有戰車三千輛卻不敢長久停留在這裡，難道是因為沒有管仲嗎？」弦章回答說：「我聽說：水廣魚就大，君明臣就忠。從前因為有桓公，所以有管仲；現在如果桓公在此，那麼車下的臣子就全是管仲了。」

第一四章

趙簡子❶游於河而樂之，歎曰：「安得賢士而與處❷焉？」舟人古乘跪而對曰：「夫珠玉無足，去此數千里而所以能來者，人好之也。今士有足而不來者，此是吾君不好之乎！」趙簡子曰：「吾門左右客千人，朝食不足，暮收市征；暮食不足，朝收市征。吾尚可謂不好士乎？」舟人古乘對曰：「鴻鵠高飛遠翔，其所恃者六翮❸也。背上之毛，腹下之毳❹，無尺寸之數，去之滿把，飛不能為之益卑，益之滿把，飛不能為之益高。不知門下左右客千人者，有六翮之用乎？將盡毛毳也？」

【注　釋】❶趙簡子　見〈君道〉第三五章。❷與處　相處；共事。❸六翮　六根羽莖，用作鳥翼的代稱。❹毳　腹下細毛。

【語　譯】趙簡子在黃河遊覽很快樂，感歎地說：「怎麼得到賢士而和他們相處呢？」船夫古乘跪著回答說：「珠玉沒有腳，離開此地幾千里遠卻能夠來的緣故，是因為人們喜歡它們；如今賢士有腳卻不來，這是君主不喜歡他們吧！」趙簡子說：「我門下有賓客上千人，早飯供給不夠，晚上去市場收稅；晚飯供給不夠，早上去市場收稅。我還可以說是不喜愛士人嗎？」船夫古乘回答說：「鴻鵠飛得又高又遠，牠所依仗的是翅膀上強勁的羽毛。背上的羽毛，腹下的細毛，多得不得了，但是拔去一大把，不會因此飛得更低；增加一大把，也不會因此飛得更高。不曉得您門下成千的賓客，有像翅膀上強勁羽毛的作用呢？或者全是些背上腹下的細毛呢？」

第一五章

齊宣王❶坐，淳于髡❷侍。宣王曰：「先生論寡人何好？」淳于髡曰：「古者所好四，而王所好三焉。」宣王曰：「古者所好，何與❸寡人所好？」淳于髡曰：「古者好馬，王亦好馬；古者好味，王亦好味；古者好色，王亦好色；古者好士，王獨不好士。」宣王曰：「國無士耳，有則寡人亦說之矣。」淳于髡曰：「古者❹驊騮、騏驥❺，今無有，王選於眾，王好馬矣。古者有豹、象之胎，今無有，王選於眾，王好味矣。古者有毛廧、西施❻，今無有，王選於眾，王好色矣。王必將待堯、舜、禹、湯之士而後好，則堯、舜、禹、湯之士，亦不好王矣。」宣王嘿❼然無以應。

【注釋】❶齊宣王　見〈君道〉第二章。❷淳于髡　見〈復恩〉第二一章。❸何與　何如。❹古者　下當有「有」字。❺驊騮騏驥　皆指良馬。《莊子．秋水》：「騏驥、驊騮，一日而馳千里。」❻毛廧西施　皆古之美人名。❼嘿　同「默」。

【語譯】齊宣王坐，淳于髡在旁陪侍。宣王說：「先生說說寡人喜歡什麼？」淳于髡說：「古人愛好的有四種，大王所喜歡的有三樣。」宣王說：「古人的愛好和我的愛好相比怎麼樣？」淳于髡說：「古人喜歡馬，大王也喜歡馬；古人喜歡美味，大王也喜歡美味；古人喜歡美女，大王也喜歡美女；古人喜歡賢士，大王偏偏不喜歡賢士。」宣王說：「國內沒有賢士罷了，如果有賢士，我也會喜歡的。」淳于髡說：「古代有驊騮、騏驥，現在沒有，大王在許多馬中挑選，大王是真正愛好馬的了；古代有豹胎、象胎，現在沒有，大王在許多美味中挑選，大王是真正愛好美味的了；古代有毛嬙、西施，現在沒有，大王在許多美女中挑選，大王是真正愛好美女的了；大王一定要等到像輔佐堯、舜、禹、湯一樣的賢士才愛好他們，那麼像輔佐堯、舜、禹、湯一樣的賢士也不會喜歡大王的了。」宣王默然無言可對。

第一六章

衛君問於田讓❶曰：「寡人封侯盡千里之地，賞賜盡御府繒帛❷，而士不至何也？」田讓對曰：「君之賞賜，不可以功及也；君之誅罰，不可以理避也。猶舉杖而呼狗，張弓而祝❸雞矣，雖有香餌而不能致者，害之必也。」

【注釋】❶田讓　不詳。❷御府繒帛　御府，國君府庫。繒帛，絲織品總名，古謂之帛，漢謂之繒。❸祝　通「喌」。呼雞。

【語譯】衛君問田讓說：「我封賞給人的土地有一千多里，所賞賜的都是國家府庫中的絲織品，而士人並不因此而來，這是為什麼？」田讓回答說：「您的賞賜不可以憑功勞獲得，您的誅罰也不可以憑道理避免，就好像拿起棍子喚狗，張開弓箭喚雞，雖然有再香的餌，也不能引誘牠們來，這是因為一定有後患的緣故。」

第一七章

宗衛相齊，遇逐，罷歸舍，召門尉田饒等二十有七人而問焉。曰：「士大夫誰能與我赴諸侯者乎？」田饒等皆伏而不對。宗衛曰：「何士大夫之易得而難用也？」饒對曰：「非士大夫之難用也，是君不能用也。」宗衛曰：「不能用士大夫何若？」田饒對曰：「廚中有臭肉則門下無死士。今夫三升之稷不足於士，而君鴈鶩❶有餘粟；紈素綺繡❷，靡麗堂楯❸，從風雨弊而士曾不得以緣❹衣；果園梨栗，後宮婦人摭以相擿❺而士曾不得一嘗。且夫財者，君之所輕也；死者，士之所重也。君不能用所輕之財，而欲使士致所重之死，豈不難乎哉！」於是宗衛面有慚色，逡巡避席而謝曰：「此衛之過也。」

【注　釋】❶鴈鶩　鴈，鵝。鶩，鴨。❷紈素綺繡　紈，白色細絹。素，白色生絹。綺，素地織紋起花的絲織物。繡，繡花的衣物。❸靡麗堂楯　靡麗，猶美麗，漢人常語。楯，欄干的橫木。❹緣　沿其邊而飾之也。❺摭以相擿　摭，拾。擿，同「擲」。

【語　譯】宗衛做齊國的相，遭到斥逐，罷相歸家，召集門尉田饒等二十七人問他們說：「有那一位士大夫能和我一同去投奔諸侯？」田饒等人都俯伏在地上不回答。宗衛說：「為什麼士大夫容易得到卻難任用呢？」田饒回答說：「不是士大夫難以任用，是您不能用。」宗衛說：「怎麼樣不能用士大夫？」田饒回答說：「廚房裡有放臭了的肉，那麼門下就沒有肯捨命的勇士。現在一個士人連三升糧食都沒有，而您所飼養的鵝鴨卻有剩餘的糧食。紈素綺繡非常精緻，連堂上受風吹雨淋的欄干都刻畫得非常美麗，而士人連縫補衣服的材料竟然都沒有。果園裡的梨栗，後宮婦人拾來互相投擲作耍，而士人連一口都嘗不到。財物是君主所輕視的東西，而為人犧牲生命卻是士人所最重視的，君主不能把他所輕視的財物用來與士人分享，卻想士人為他犧牲寶貴的生命，這豈不是太難了！」於是宗衛現出慚愧的表情，恭敬起身向大家謝罪說：「這是我宗衛的過失。」

第一八章

魯哀公❶問於孔子❷曰：「當今之時君子❸誰賢？」對曰：「衛靈公❹。」公曰：「吾聞之：其閨門之內，姑姊妹無別。」對曰：「臣觀於朝廷，未觀於堂陛之間也。靈公之弟曰公子渠牟，其知足以治千乘之國，其信足以守之，而靈公愛之。又有士曰王林，國有賢人必進而任之，無不達也；不能達，退而與分其祿，而靈公尊之。又有士曰慶足，國有大事則進而治之，無不濟❺也，而靈公說之。史鰌❻去衛，靈公邸舍三月，琴瑟不御❼，待史鰌之入也而後入。臣是以知其賢也。」

【注　釋】❶魯哀公　見〈君道〉第五章。❷孔子　見同前。❸子　衍字，當刪。❹衛靈公　見〈政理〉第五章。❺濟　成。❻史鰌　春秋時衛國大夫，字子魚，亦稱史魚。有賢名。衛靈公不用蘧伯玉而用彌子瑕，鰌數諫不聽，病將卒，謂己生不能正君，死無以成禮，命其子將其屍置於牖下。靈公往弔知之，即進伯玉而退子瑕。孔子讚史鰌直，既死猶以死諫其君。❼御　進。

【語　譯】魯哀公問孔子說：「當今的國君裡頭誰最賢德？」回答說：「衛靈公。」哀公說：「我聽說他的後宮之內，姑姊妹沒有分別。」回答說：「我觀察的是朝廷中的公事，而不是後宮堂階間的私事。靈公的弟弟叫做公子渠牟，他的才智足以治理千乘的大國，他的信義也足以守得住他的國家。對於渠牟，靈公很喜愛他。又有一個士人叫做王林，國內有賢人一定推薦給靈公，沒有不被靈公重用的，如果不被任用，就退而和他分享自己的俸祿。對於王林，靈公很尊敬他。又有一個士人叫做慶足，國家有大的事情，由他前來治理，沒有不成功的。對於慶足，靈公很賞識他。史鰌離開衛國，靈公住進館舍，三個月不聽音樂，等到史鰌回來才回宮。我是從這些方面知道他的賢德的。」

第一九章

介子推行年十五而相荊❶，仲尼聞之，使人往視。還曰：「廊下有二十五俊士，堂上有二十五老人。」仲尼曰：「合二十五人之智，智於湯武❷；並二十五人之力，力於彭祖❸，以治天下，其固免矣乎！」

【注　釋】❶介子推行年十五而相荊　孫詒讓曰：「《家語・六本篇》：『荊公子行年十五而攝相事。』此蓋楚之公子，非晉之介子推明矣。」❷湯武　湯，見〈君道〉第一四章。武，周武王。見〈君道〉第一五章。❸彭祖　傳說中人，姓籛名鏗，為顓頊玄孫，相傳活八百餘歲，未聞以力見稱。

【語　譯】介子推十五歲就做了楚國的相，孔子聽說後，派人去視察，回報說：「廊下有二十五個才智出眾的士人，堂上有二十五個老人。」孔子說：「集中二十五個人的智慧，智慧勝過商湯和周武王；併合二十五個人的力量，力量勝過彭祖。以此來治理天下，那一定可以免於災禍了啊！」

第二〇章

孔子閒居，喟然而歎曰：「銅鞮伯華而無死，天下其有定矣❶！」子路❷曰：「願聞其為人也何若。」孔子曰：「其幼也，敏而好學；其壯也，有勇而不屈；其老也，有道而能以下人。」子路曰：「其幼也，敏而好學則可；其壯也，有勇而不屈則可。夫有道又誰下哉？」孔子曰：「由，不知也，吾聞之：以眾攻寡而無不消也；以貴下賤無不得也。昔者，周公旦制天下之政，而下士七十人，豈無道哉？欲得士之故也。夫有道而能下於天下之士，君子乎哉！」

【注　釋】❶銅鞮伯華而無死二句　銅鞮伯華，名赤，字伯華，食邑於銅鞮。春秋時人，早於孔子，孔子甚稱述其人。《大戴禮・衛將軍文子》：「孔子曰：『國家有道，其言足以生；國家無道，其默足以容，蓋銅鞮伯華之行也。』」而，猶若也。其，猶則也。❷子路　見〈臣術〉第二四章。

【語　譯】孔子閒居無事，歎息地說：「銅鞮伯華假若不死，天下差不多就可以安定下來了。」子路說：「我希望聽聽他為人怎麼樣。」孔子說：「他小時候聰敏好學；壯年的時候勇敢不屈；老年的時候既有道德又能對人恭敬謙卑。」子路說：「他小時候聰敏好學是好的；壯年的時候勇敢不屈也是好的；至於說有了道德，那還要對誰恭敬呢？」孔子說：「由，你不知道。我聽說以眾攻少，沒有不消滅的；以尊貴的地位對地位低的人謙卑恭敬，沒有不得民心的。從前周公主理天下大政，對七十個士人恭敬謙卑。周公難道無道嗎？這是為了要得到賢士的緣故。那有道而又能禮敬天下賢士的人，真是君子啊！」

第二一章

魏文侯❶從中山奔命❷安邑，田子方❸後，太子擊遇之，下車而趨❹，子方坐乘如故，告太子曰：「為我請君待我朝歌。」太子不說，因謂子方曰：「不識貧窮者驕人❺？富貴者驕人乎？」子方曰：「貧窮者驕人，富貴者安敢驕人？人主驕人而亡其國，吾未見以國待亡者也；大夫驕人而亡其家，吾未見以家待亡者也。貧窮者若不得意，納履而去。安往不得貧窮乎？貧窮者驕人，富貴者安敢驕人？」太子及文侯，道田子方之語。文侯歎曰：「微吾子之故，吾安得聞賢人之言？吾下子方以行❻，得而友之。自吾友子方也，君臣益親，百姓益附，吾是以得友士之功。我欲伐中山，吾以武下樂羊❼，三年而中山為獻於我。我是以得友武之功。吾所以不少進於此者，吾未見以智驕我者也。若得以智驕我者，豈不及古之人乎？」

【注釋】❶魏文侯　見〈君道〉第三八章。❷奔命　本為奔走應命，此用為匆忙奔走的意思。❸田子方　見〈臣術〉第五章。❹趨　疾走。❺貧窮者驕人　下當有「乎」字。❻行　疑當作「仁」。❼樂羊　見〈臣術〉第五章。

【語譯】魏文侯從中山匆忙到安邑去，田子方落在後頭，太子擊遇到他，連忙下車快步向前和他打招呼，子方仍然安坐在車上不動，向太子說：「替我轉告君王，請他在朝歌等我。」太子不高興，就向子方說：「不曉得是貧窮的人驕傲？還是富貴的人驕傲？」子方回答說：「當然是貧窮的人驕傲，富貴的人怎敢對人驕傲？人主對人驕傲，就要亡國，我沒有見過等著亡國的；大夫對人驕傲，就要亡家，我沒有見過等著亡家的；貧窮的人如果不得意，穿了鞋子就走，到那裡去不是貧窮呢？貧窮的人驕傲，富貴的人怎敢對人驕傲？」太子趕上文侯，轉述了田子方講的話，文侯歎息說：「不是你告訴我，我怎麼會聽到賢人的言語啊？我自以為仁道不如子方而尊敬他，和他交朋友。自從我和子方做朋友以後，君臣更加親近，百姓更加親附，我因此得到和賢士為友的益處。我想攻中山，自以為在作戰方面不如樂羊因而尊敬他，三年，樂羊把中山攻下來奉獻給我，我因此得到和武人為友的益處。我所以不能比現在再稍稍有所進步，是因為我還沒有遇到在智慧上對我驕傲的人，假如我能夠遇到這樣的人，我的成就難道會比不上古人嗎？」

第二二章

晉文侯❶行地登隧，大夫皆扶之，隨會❷不扶。文侯曰：「會，夫為人臣而忍其君者，其罪奚如？」對曰：「其罪重死。」文侯曰：「何謂重死？」對曰：「身死，妻子為戮焉。」隨會曰：「君奚獨問為人臣忍其君者，而不問為人君而忍其臣者邪？」文侯曰：「為人君而忍其臣者，其罪何如？」隨會對曰：「為人君而忍其臣者，智士不為謀，辨士不為言，仁士不為行，勇士不為死。」文侯援綏❸下車，辭諸大夫曰：「寡人有腰髀❹之病，願諸大夫勿罪也。」

【注　釋】❶晉文侯　即晉文公。見〈君道〉第二二章。❷隨會　春秋時晉國大夫，即士會。❸綏　上車時挽手的繩索。❹髀　大腿。

【語　譯】晉文公坐車下坡或者上坡時，大夫都上前去扶穩車子，只有隨會不扶。文公說：「隨會，做人臣而忍心不顧君主的安危的，該當何罪？」隨會回答說：「雙重的死罪。」文公說：「什麼叫做雙重的死罪？」回答說：「自身處死，妻子也連同誅殺。」隨會又說：「您為什麼只問做人臣忍心不顧君主，而不問做人君忍心不顧臣下呢？」文公說：「做人君而忍心不顧臣下，他的罪怎麼樣？」隨會回答說：「做人君而忍心不顧臣下的，才智之士不替他圖謀，雄辯之士不替他說話，仁士也不再為他做事，勇士也不再替他犧牲。」文公拉住車繩下車，辭謝大夫們說：「我有腰腿的毛病，請你們不要見怪。」

第二三章

齊將軍田瞶出將，張生郊送曰：「昔者堯讓許由以天下，洗耳而不受❶，將軍知之乎？」曰：「唯然知之。」「伯夷、叔齊❷辭諸侯之位而不為，將軍知之乎？」曰：「唯然知之。」「於陵仲子辭三公之位而傭為人灌園❸，將軍知之乎？」曰：「唯然知之。」「智過去君弟，變姓名，免為庶人❹，將軍知之乎？」曰：「唯然知之。」「孫叔敖❺三去相而不悔，將軍知之乎？」曰：「唯然知之。」「此五大夫者名辭之而實羞之。今將軍方吞一國之權，提鼓擁旗，被堅執銳，旋回十萬之師，擅斧鉞之誅，慎毋以士之所羞者驕士。」田瞶曰：「今日諸君皆為瞶祖道❻具酒脯，而先生獨教之以聖人之大道，謹聞命矣。」

【注　釋】❶昔者堯讓許由以天下二句　《莊子．逍遙遊》成玄英《疏》：「許由，隱者也。姓許名由，字仲武，潁川陽城人也。隱於箕山，師於齧缺，依山而食，就河而飲。堯知其賢，讓以帝位。許由聞之，乃臨河洗耳。巢父飲犢，牽而避之，曰：『惡吾水也。』死後，堯封其墓，謚曰箕公。」❷伯夷叔齊　見〈立節〉第二章。❸於陵仲子辭三公之位而傭為人灌園　於陵仲子，《史記・鄒陽傳》作於陵子仲，《漢書・鄒陽傳》同，顏《注》：「於陵，地名也。子仲，陳仲子也。其先與齊同族，兄載為齊相，仲子以為不義，乃將妻子適楚，居於於陵，自謂於陵子仲。楚王聞其賢，使使者持金百鎰聘之，欲以為相。仲子不許，遂夫妻相與逃而為人灌園，終身不屈其節。」❹智過去君弟三句　智過，《戰國策・趙策一》：「張孟談因朝知伯而出，遇知過轅門之外。知過入見知伯曰：『二主將有變。』……知過見君之不用也，言之不聽，出，更其姓為輔氏，遂去不見。」君弟，猶言君家也，弟為宅第之第。❺孫叔敖　見本卷第二章。❻祖道　古人於出行前祭祀路神稱祖道，後因稱餞行為祖道。

【語　譯】齊將軍田瞶率兵出征，張生送他到郊外說：「從前堯把天下讓給許由，許由覺得很恥辱，洗耳不接受，將軍知道嗎？」回答說：「是的，我知道。」「伯夷、叔齊辭去諸侯的名位不要，將軍知道嗎？」回答說：「是的，我知道。」「於陵仲子辭謝三公的名位，替人家幫傭灌園，將軍知道嗎？」回答說：「是的，我知道。」「智過離開君家，改變姓名，免官做一個庶人，將軍知道嗎？」回答說：「是的，我知道。」「孫叔敖三度被免去相位而不懊悔，將軍知道嗎？」回答說：「是的，我知道。」「這五位大夫，表面上是辭謝，實際上是覺得羞恥。現在將軍正擁有一國大權，掌握旗鼓號令，穿著戰袍，執著武器，指揮十萬大軍，獨攬誅殺之權，千萬不要把士人感到羞恥的事來向士人驕傲。」田瞶說：「今天大家都來為田瞶送行，具備了酒肉，而只有先生您教給我聖人的道理，謹接受您的教誨。」

第二四章

魏文侯❶見段干木❷，立倦而不敢息；及見翟黃❸，踞堂而與之言，翟黃不說。文侯曰：「段干木官之則不肯，祿之則不受。今汝欲官則相至，欲祿則上卿。既受吾賞，又責吾禮，毋乃難乎？」

【注釋】❶魏文侯　見〈君道〉第三八章。❷段干木　見〈臣術〉第五章。❸翟黃　見〈臣術〉第五章。

【語譯】魏文侯見段干木，站累了還不敢休息；等到見翟黃，高坐堂上和他談話，翟黃不高興。文侯說：「段干木請他做官他不肯，給他俸祿他不要。現在你要做官就給你做相，要俸祿就給你上卿的俸祿。既然受到我的賞賜，又要求我對你禮敬，豈不是太難了嗎？」

第二五章

孔子❶之郯❷，遭程子於塗，傾蓋❸而語終日。有間，顧子路❹曰：「取束帛一❺，以贈先生。」子路不對。有間，又顧曰：「取束帛一，以贈先生。」子路屑然❻對曰：「由聞之也：士不中❼而見，女無媒而嫁，君子不行也。」孔子曰：「由，《詩》不云乎：『野有蔓草，零露溥兮；有美一人，清揚婉兮；邂逅相遇，適我願兮❽。』今程子天下之賢士也，於是不贈，終身不見。大德毋踰閑，小德出入可也。」

【注釋】❶孔子　見〈君道〉第五章。❷郯　古國名，己姓，故地在今山東郯城境。❸傾蓋　謂行道相遇，停車而語，車蓋接近，因稱初交相得一見如故為傾蓋。蓋，車蓋。❹子路　見〈臣術〉第二四章。❺束帛一　一束帛也。帛五匹為一束，即五匹絲綢。❻屑然　輕率的樣子。❼中　中間；紹介也。❽野有蔓草六句　見《詩經．鄭風．野有蔓草》。蔓草，蔓延之草也。零，落也。溥，團團然圓也。清揚，目清明也。婉，美也。邂逅，不期而遇也。適，合也。

【語譯】孔子到郯國去，在路上遇到程子，兩人一見如故，談了一整天。過了一會兒，孔子回頭對子路說：「取五匹絲綢來送給先生。」子路沒有回答。過了一會兒，又回頭說：「取五匹絲綢來送給先生。」子路輕率地回答說：「我聽說：士人沒有經過中間人介紹就相見，女子沒有媒人就嫁出去，這是君子不做的。」孔子說：「由，《詩經》上不是說：『曠野裡長著蔓草，露珠兒沾在草葉上；有一位美好的君子，目光清明；不期而遇，正合了我的心願。』程先生是天下的賢士，現在不贈送禮物給他，怕將來再也沒有機會相見了。大事情上不可逾越原則，小事情上有些兒出入是可以的。」

第二六章

齊桓公❶使管仲❷治國，管仲對曰：「賤不能臨❸貴。」桓公以為上卿而國不治。桓公曰：「何故？」管仲對曰：「貧不能使富。」桓公賜之齊國市租一年而國不治。桓公曰：「何故？」對曰：「疏不能制親。」桓公立以為仲父❹。齊國大安而遂霸天下。孔子曰：「管仲之賢，不得此三權者，亦不能使其君南面❺而霸矣。」

【注釋】❶齊桓公　見〈君道〉第一七章。❷管仲　見同前。❸臨　本義為居高視下，引申為上對下的管理。❹仲父　齊桓公尊管仲為仲父。仲，夷吾之字。父，事之如父。❺南面　古代以面向南為尊位，帝王之位南向，故稱居王位為南面。《易經．說卦》：「聖人南面而聽天下，向明而治。」

【語譯】齊桓公讓管仲治理國家，管仲說：「地位低賤的人不能管理地位高貴的人。」桓公任命他做上卿，可是齊國仍然沒有治理好。桓公說：「這是什麼緣故？」管仲回答說：「貧窮的人不能差使富有的人。」桓公賜給他齊國一年的市租，可是齊國仍然沒有治理好。桓公說：「這是什麼緣故？」管仲回答說：「疏遠的人不能控制親近的人。」桓公就立他為仲父，於是齊國十分安定，而稱霸天下。孔子說：「以管仲的賢能，得不到這三種權力的話，也不能使他的國君稱霸。」

第二七章

桓公問於管仲曰：「吾欲使爵腐於酒，肉腐於俎❶，得毋害於霸乎？」管仲對曰：「此極非其貴者耳。然亦無害於霸也。」桓公曰：「何如而害霸？」管仲對曰：「不知賢，害霸；知而不用，害霸；用而不任，害霸；任而不信，害霸；信而復使小人參之，害霸。」桓公曰：「善。」

【注釋】❶爵腐於酒二句　「爵腐於酒」當乙正為「酒腐於爵」。酒腐於爵，肉腐於俎，極言其侈費也。

【語譯】桓公問管仲說：「我想讓杯中的酒變壞，俎上的肉變臭，這樣做能不妨害我的霸業嗎？」管仲回答說：「這種事絕非君子所應該做的，不過也並不妨害霸業。」桓公問：「怎麼樣才有害霸業呢？」管仲回答說：「不知道賢人，有害於霸業；知道卻不用，有害於霸業；用了卻不委以重任，有害於霸業；重用了卻不信任，有害於霸業；信任卻又派小人干預其事，有害於霸業。」桓公說：「講得好。」

第二八章

魯人攻鄪❶，曾子❷辭於鄪君曰：「請出，寇罷而後復來。請姑毋使狗豕入吾舍。」鄪君曰：「寡人之於先生也，人無不聞。今魯人攻我而先生去我，我胡守先生之舍？」魯人果攻鄪而數之罪十，而曾子之所爭者九。魯師罷，鄪君復脩曾子舍而後迎之。

【注釋】❶鄪　春秋魯邑名，在今山東費縣西北。❷曾子　見〈建本〉第七章。

【語譯】魯人攻打鄪，曾子向鄪君辭行說：「請准許我離開，等敵人退了以後我再回來，請暫且不要讓豬狗跑到我家裡去。」鄪君說：「我對待先生，沒有人不曉得。現在魯人來攻打，先生竟然離開我，我為什麼還要替先生看守房舍？」魯人果然來攻鄪，提出十條罪狀責備鄪君，其中九條都是曾子平日向鄪君力爭要改善的。魯國軍隊撤退以後，鄪君把曾子的房舍修好，然後去迎接他。

第二九章

宋司城子罕❶之貴子韋❷也，入與共食，出與共衣。司城子罕亡，子韋不從。子罕來，復召子韋而貴之。左右曰：「君之善子韋也，君亡不從，來又復貴之，君獨不愧於君之忠臣乎？」子罕曰：「吾唯不能用子韋，故至於亡。今吾之得復也，尚是子韋之遺德餘教也，吾故貴之。且我之亡也，吾臣之削迹拔樹❸以從我者，奚益於吾亡哉？」

【注釋】❶司城子罕　司城，即司空，避宋武公諱改。子罕，見〈君道〉第四六章。❷子韋　宋景公司星之官。❸削迹拔樹　削迹，滅蹤也。「拔樹」與「削迹」對言，義當相同。削迹、拔樹，皆匿其形跡之謂。

【語　譯】宋國司城子罕很尊重子韋，入則有飯同吃，出則有衣同穿。司城子罕逃亡的時候，子韋沒有跟從；子罕回來，又召回子韋，仍然尊重他。左右的人說：「您尊重子韋，但是您逃亡時他並沒有跟從，您回來仍然尊重他，您對於其他的忠臣難道不慚愧嗎？」子罕說：「我就是因為沒有聽用子韋的話以至於逃亡。我今天能夠回來，還是蒙受子韋的遺德餘教，所以我仍然尊重他。並且我逃亡外出，我的臣子們藏匿形跡來跟隨我的，對於我的逃亡又有什麼幫助呢？」

第三〇章

楊因見趙簡主❶曰：「臣居鄉三逐，事君五去。聞君好士，故走來見。」簡主聞之，絕食❷而歎，跽而行。左右進諫曰：「居鄉三逐，是不容眾也；事君五去，是不忠上也。今君有士見過八矣。」簡主曰：「子不知也。夫美女者，醜婦之仇也；盛德之士，亂世所疏也；正直之行，邪枉所憎也。」遂出見之。因授以為相而國大治。由是觀之，遠近之人，不可以不察也。

【注　釋】❶趙簡主　即趙簡子。見〈君道〉第三五章。❷絕食　止食也。

【語　譯】楊因見趙簡主說：「我在鄉裡三次被逐，事奉君主五次被撤職。聽說您喜愛士人，所以趕來覲見。」簡主聽到了，停止進食，深深歎了口氣，膝行向前迎接。左右的人勸諫說：「在鄉裡三次被逐，這說明不能為人所容；事奉君主五次被撤職，這說明對君主不忠誠。看來您要見的這位士人已經有了八次過失了。」簡主說：「你們不了解。美女是醜婦的仇敵，有品德的人是亂世所疏忽的，行為正直的人是邪枉的人所憎惡的。」於是出見楊因，就任命他做國相，國家因此大治。從這裡看來，應該親近或者疏遠的人，是不可以不明察的。

第三一章

應侯❶與賈于子坐，聞其鼓琴之聲。應侯曰：「今日之琴，一何❷悲也！」賈于子曰：「夫張急調下，故使之悲耳。張急者，良材也；調下者，官卑也。取夫良材而卑官之，安能無悲乎？」應侯曰：「善哉！」

【注釋】❶應侯　即范雎。見本卷第三章。❷一何　多麼。

【語譯】應侯和賈于子同坐，聽到他彈琴的聲音。應侯說：「今天的琴聲多麼悲傷啊！」賈于子說：「因為琴絃繃得緊而調子低沉，所以聽來使人覺得悲傷罷了。繃得緊，說明是良材；調子低沉，表示地位低下。取來良材卻給他低下的官位，怎麼能不悲傷呢？」應侯說：「講得好啊！」

第三二章

十三年❶，諸侯舉兵以伐齊。齊王聞之，惕然而恐，召其群臣大夫告曰：「有智為寡人用之。」於是博士淳于髡❷仰天大笑而不應；王復問之，又大笑不應；三問三笑不應。王艴然❸作色不悅曰：「先生以寡人語為戲乎？」對曰：「臣非敢以大王語為戲也。臣笑臣鄰之祠❹田也，以一奩❺飯、一壺酒、三鮒魚❻，祝曰：『蟹堁❼者宜禾，洿邪❽者百車，傳之後世，洋洋❾有餘。』臣笑其賜鬼薄而請之厚也。」於是王乃立淳于髡為上卿，賜之千金，革車❿百乘，與平⓫諸侯之事。諸侯聞之，立罷其兵，休其士卒，遂不敢攻齊，此非淳于髡之力乎？

【注釋】❶十三年　未詳何王十三年，錢穆先生疑為齊威王十三年或周顯王二十三年。說詳《說苑集證》。事又見〈復恩〉第二一章。❷淳于髡　見〈復恩〉第二一章。❸艴然　惱怒貌。❹祠　祭祀。❺奩　小盒子。❻鮒魚　鯽魚。❼蟹堁　高地。❽洿邪　亦作汙邪，低窪的下等田地。❾洋洋　豐盛貌。❿革車　兵車。⓫平　疑當作「乎」。

【語譯】齊威王十三年，諸侯出兵攻打齊國。齊王聽說這消息，大為驚恐，召集群臣對他們說：「有智謀的為我出主意吧！」其時博士淳于髡仰天大笑卻不回答，齊王再次問他，仍大笑不回答，三次問三次笑而不回答。齊王惱怒得變了臉色，不高興地說：「先生把我的話當兒戲嗎？」回答說：「臣不敢把大王的話當兒戲，臣是笑臣的鄰居祭祀田神的情形。他用一小盒子飯、一壺酒、三條鯽魚，禱告說：『高地上長滿禾粟，低窪的濕地收穫一百車，代代相傳，豐盛有餘。』臣笑他奉獻給鬼神的少而要求的卻多。」於是齊王就任命淳于髡做上卿，賜給他千金，兵車一百輛，參與和各國諸侯有關的事務。諸侯們聽到以後，立即撤回軍隊，讓士兵休息，從此不敢攻打齊國。這不是淳于髡的力量嗎？

第二三章

田忌❶去齊奔楚，楚王郊迎至舍，問曰：「楚，萬乘之國也；齊，亦萬乘之國也。常欲相并，為之奈何？」對曰：「易知耳。齊使申孺將，則楚發五萬人使上❷將軍將之，至禽將軍首而反耳。齊使田居❸將，則楚發二十萬人使上將軍將之，分別而相去也。齊使眄子❹將，楚發四封之內，王自出將而忌從，相國、上將軍為左、右司馬，如是則王僅得存耳。」於是齊使申孺將，楚發五萬人，使上將軍至禽將軍首反。於是齊王忿然，乃更使眄子將，楚悉發四封之內，王自出將，田忌從，相國、上將軍為左、右司馬，益王車屬九乘，僅得免耳。至舍，王北面正領齊袪❺，問曰：「先生何知之早也？」田忌曰：「申孺為人，侮賢者而輕不肖者，賢、不肖者俱不為用，是以亡也。田居為人，尊賢者而賤不肖者，賢者負任，不肖者退，是以分別而相去也。眄子之為人也，尊賢者而愛不肖者，賢、不肖俱負任，是以王僅得存耳。」

【注　釋】❶田忌　戰國齊將，知孫臏有才，薦於齊威王。先後在桂陵（今河南長洹西北）、馬陵（今山東莘縣西南）大敗魏軍。❷上　疑當作「次」。❸田居　即田期、田居思、田期思、田巨思。〈臣術〉第八章成侯卿對齊威王曰：「忌舉田居子為西河而秦、梁弱。」即其人。❹眄子　「眄」當作「盼」，盼子即田盼。《戰國策・齊策一》：「盼子有功於國，百姓為之用。」〈魏策二〉：「田盼，宿將也。」❺袪　袖口。

【語　譯】田忌離開齊國投奔楚國，楚王到城外迎接他到賓館，問他說：「楚國是有兵車萬乘的大國，齊國也是，這兩個國家常想互相兼併，應該怎麼辦才好？」回答說：「這很容易了解。齊國派申孺為將，楚國就發兵五萬人，派次將軍率領，到了陣前，擒獲對方將軍的首級而返。齊國派田居為將，楚國就發兵二十萬人，派上將軍率領，兩軍對敵，不分勝負，分別罷兵而去。齊國派盼子為將，楚國就出動四境以內的軍隊，由大王親自率領，我田忌追隨左右，相國和上將軍分別為左右司馬，這樣子，大王也僅僅能自保而已。」於是齊國派申孺為將，楚國發兵五萬人，派次將軍率領，到了陣前，果然擒獲對方將軍的首級而返。於是齊王非常生氣，就改派盼子為將，楚國就把四境以內的軍隊都調動出來，楚王親自率領，田忌隨同出發，相國和上將軍為左右司馬，增加王的侍衛車隊為九乘，結果才僅僅得以自保而已。回到官舍，楚王整頓好衣服面朝北問田忌說：「先生怎麼早就知道了？」田忌回答說：「申孺為人，既侮慢賢能的人，又輕視不肖的人，因此賢能和不肖的人都不肯為他所用，所以才敗亡。田居為人，尊敬賢能的人，而輕視不肖的人，因此賢能的人盡忠負責而不肖的人後退，所以兩軍相遇不分勝負，分別而去。盼子為人，既尊敬賢能的人，也愛護不肖的人，因此賢能和不肖的人都能盡忠負責，所以大王才僅僅能自保而已。」

第三四章

魏文侯觴大夫於曲陽❶。飲酣，文侯喟焉歎曰：「吾獨無豫讓❷以為臣！」蹇重舉酒進曰：「臣請浮❸君。」文侯曰：「何以？」對曰：「臣聞之：有命❹之父母，不知孝子；有道之君，不知忠臣。夫豫讓之君，亦何如哉？」文侯曰：「善。」受浮而飲之，釂❺而不讓，曰：「無管仲、鮑叔❻以為臣，故有豫讓之功也。」

【注釋】❶魏文侯觴大夫於曲陽　魏文侯，見〈君道〉第三八章。飲人以酒曰觴。曲陽，地名，在今河北定縣境。❷豫讓　見〈復恩〉第一三章。❸浮　罰也。❹命　道也。❺釂　飲酒盡曰釂。❻管仲鮑叔　管仲，見〈君道〉第一七章。鮑叔，見〈臣術〉第四章。

【語譯】魏文侯在曲陽宴請大夫，酒喝得正在興頭上時，文侯大聲歎息說：「我為什麼單單沒有像豫讓那樣的人做我的臣子！」蹇重舉起酒杯向文侯說：「臣要罰您一杯。」文侯說：「為什麼？」回答說：「臣聽說：有福的父母，不知道什麼是孝子；有道的君主，不知道什麼是忠臣。那豫讓的君主又怎樣了呢？」文侯說：「好。」接受罰酒，乾杯而不推辭，又說：「沒有管仲、鮑叔作為臣子，所以才有豫讓的功勞。」

第三五章

趙簡子❶曰：「吾欲得范、中行氏❷之良臣。」史黶曰：「安用之？」簡子曰：「良臣，人所願也，又何問焉？」曰：「君以為無良臣故也。夫事君者，諫過而薦可，章善而替否❸，獻能而進賢，朝夕誦善敗而納之，聽則進，否則退。今范、中行氏之良臣也，不能匡相其君，使至於難❹，出在於外❺，又不能入，亡而棄之，何良之為？若不棄，君安得之？夫良，將營其君，使復其位，死而後止，何曰以來❻？若未能，仍非良也。」簡子曰：「善。」

【注釋】❶趙簡子　見〈君道〉第三五章。❷范中行氏　即范吉射（范昭子）和中行寅（荀寅、中行文子），二人俱春秋時晉國大夫，晉定公十五年（西元前四九七年）共伐趙鞅，後被定公命荀櫟擊敗，俱奔朝歌，後逃亡齊國。❸諫過而薦可二句　「薦可」當與「章善」互乙，疑為傳鈔誤倒。說詳《說苑集證》。❹今范中行氏之良臣也三句　指二子敗奔朝歌事，事見《左傳》定公十三年。❺出在於外　魯哀公三年趙鞅圍朝歌，二子奔邯鄲，魯哀公五年又奔齊。❻何曰以來　「曰」當從《國語・晉語・九》作「日」。以，猶能也。謂二氏之良臣，方將勤營其君，使復其位，死而後止，何日能來之乎？

【語譯】趙簡子說：「我想要得到范氏和中行氏的良臣。」史黶說：「用他們做什麼？」簡子說：「良臣是人人所希望得到的，又有什麼好問？」回答說：「是您自己以為沒有良臣的緣故。事奉君主，要規勸他的過失，推薦可行的政策，宣揚推廣善行好事，消除不利的措施，貢獻自己的才能，推舉賢能的人，隨時陳述成敗的道理使他明白，君主採納就留下，否則就離去。現在范、中行氏的所謂良臣，不能匡正扶持他們的君主，使他們遭受災難，逃亡到國外，又不能設法使他們回國。君主逃亡了，就背棄君主，這算什麼良臣？假若不背棄原來的君主，您又怎樣得到他們？那些范、中行氏的臣如果是良臣，將要營救他們的君主，使他們復位，一直奮鬥到死為止，什麼時候能來投靠您？假若不能為他們的君主效忠奮鬥，也就不是良臣了。」簡子說：「講得好。」

第三六章

子路❶問於孔子❷曰：「治國何如？」孔子曰：「在於尊賢而賤不肖。」子路曰：「范、中行氏尊賢而賤不肖，其亡何也？」曰：「范、中行氏尊賢而不能用也，賤不肖而不能去也，賢者知其不己用而怨之，不肖者知其賤己而讎之。賢者怨之，不肖者讎之。怨讎並前，中行氏雖欲無亡，得乎？」

【注釋】❶子路　見〈臣術〉第二四章。❷孔子　見〈君道〉第五章。

【語譯】子路問孔子說：「怎樣治理國家？」孔子說：「在於尊重賢能的人而輕視不才的人。」子路說：「范、中行氏尊重賢能的人而輕視不才的人，為什麼還會滅亡呢？」回答說：「范、中行氏尊重賢能卻不能用，輕視不才卻不能排除；賢能的人知道自己不被任用就怨恨他，不才的人知道自己被輕視就仇恨他。賢能的人怨恨他，不才的人仇恨他；怨恨和仇恨交集而來，中行氏即使想不滅亡，可能嗎？」

第三七章

晉、荊戰於邲❶，晉師敗績❷。荀林父將歸請死❸，昭公❹將許之。士貞伯❺曰：「不可，城濮之役❻，晉勝于荊，文公猶有憂色❼，曰：『子玉猶存，憂未歇也，困獸猶鬥，況國相乎？』及荊殺子玉，乃喜曰：『莫予毒也。』今天或者大警晉也。林父之事君，進思盡忠，退思補過，社稷之衛也。今殺之，是重荊勝也。」昭公曰：「善。」乃使復將。

【注釋】❶晉荊戰於邲　即邲之戰，事詳《左傳》宣公十二年及《史記・晉世家》。邲，鄭地，在今河南滎陽東北。❷敗績　軍隊潰散。❸荀林父句　荀林父，春秋時晉國正卿。字伯，即中行桓子。晉作三行（步兵）以禦狄，他將中行，故以官為氏。晉景公三年（西元前五九七年）率師與楚戰於邲，因諸將意見不合，晉師大敗，請死，景公不許。❹昭公　當是「景公」，下同。詳《說苑集證》。❺士貞伯　《左傳》宣公十二年作士貞子，文公十二年杜《注》：「貞子，士渥濁。」《史記・晉世家》作隨會，非也。❻城濮之役　晉敗楚於城濮，見《左傳》僖公二十八年。❼文公猶有憂色　文公，晉文公。見〈君道〉第二二章。本卷第二章：「楚有子玉得臣，文公為之側席而坐。」

【語譯】晉、楚兩國在邲地交戰，晉國軍隊潰敗。荀林父是晉軍的主將，戰敗回去請求處死，景公將要允許，士貞伯說：「不可以。城濮之戰，晉國大勝楚國，文公尚且有憂慮的神色，說：『子玉還活著，晉國的憂患還沒有結束。被圍困的野獸尚且還要搏鬥，何況是一國的相呢？』等到楚國殺掉子玉，才高興地說：『沒有人能再危害晉國了。』現在這一次失敗，或許就是老天給我們晉國的一個大警惕。荀林父事奉國君，晉升時就想到為國盡忠，斥退時就想到補救自己的過失，真是一個捍衛國家的忠臣。現在如果把他殺掉，不啻是加重楚國的勝利。」景公說：「好。」仍叫荀林父繼續做晉軍的主將。

卷九

正諫

【題解】正，通「證」，《說文》：「證，諫也。」《晏子春秋・外篇・上三》：「君居處無節，衣服無度，不聽正諫。」正諫，就是勸諫。一個國君是不是賢明的君主，就看他能不能尊賢；而一國臣子是不是賢能的臣子，就看他能不能進諫。所以前一卷講尊賢，主要是對君主說的；這一卷講正諫，主要是對臣子說的。本卷共二十六章。第一章是全卷綱領，主要指出三點：第一、忠臣不可不進諫其君。因為臣子進諫其君，不是為了自己，而是為了要匡正君主的過失；君主有過失，就是危亡的徵兆；看見君主有過失而不進諫，就是忽視君主的危亡；忽視君主的危亡，忠臣是不忍心做的。第二、忠臣雖然應該向君主進諫，但三次進諫不被接受就應該離去，因為不離去就可能遭殺身之禍，這是仁人所不願做的。第三、進諫的方式有五種：一叫正諫，二叫降諫，三叫忠諫，四叫戇諫，五叫諷諫。五諫之中，諷諫是最好的。全卷二十六章，除第二五章記孔子的言論外，其餘二十五章記載了春秋到秦漢間的各種臣子向君主進諫的故事。

第一章

《易》曰：「王臣蹇蹇，匪躬之故❶。」人臣之所以蹇蹇為難而諫其君者，非為身也，將欲以匡君之過，矯君之失也。君有過失者，危亡之萌也。見君之過失而不諫，是輕君之危亡也。夫輕君之危亡者，忠臣不忍為也。三諫而不用則去，不去則身亡，身亡者仁人所不為也。是故諫有五：一曰正諫，二曰降諫❷，三曰忠諫，四曰戇諫❸，五曰諷諫。孔子曰：「吾其從諷諫矣乎！」夫不諫則危君，固諫則危身，與其危君，寧危身，危身而終不用，則諫亦無功矣。智者度君權時，調其緩急而處其宜，上不敢危君，下不以危身，故在國而國不危，在身而身不殆。昔陳靈公不聽泄冶之諫而殺之，曹羈三諫曹君不聽而去❹，《春秋》序義雖俱賢而曹羈合禮。

【注釋】❶王臣蹇蹇二句　見《易經・蹇・六二爻辭》。蹇蹇，艱難。❷降諫　《孔子家語・辯政》王肅《注》：「降諫，卑降其體所以諫也。」❸戇諫　《家語》王肅《注》：「戇諫，無文飾也。」戇，愚直。❹曹羈三諫曹君不聽而去　戎侵曹，曹羈諫曹君毋自敵，三諫不從，遂去之。見《公羊傳》莊公二十四年。

【語譯】《易經》上說：「王臣不避艱難地盡忠於王室，並不是為著自身。」人臣所以艱難地盡忠於王室，而諍諫他的君主，並不是為了自身，是想要匡正君主的過錯，糾正君主的缺失。君主有過失，是國家危亡的肇始。看見君主的過失而不加以諍諫，是忽視君主的危亡。忽視君主的危亡，是忠臣所不忍心做的。諍諫三次而不被採納，就應該離去；如果不離去，可能遭到殺身之禍。自身被殺，是仁人所不忍心做的。所以諍諫有五種：一叫正諫，二叫降諫，三叫忠諫，四叫戇諫，五叫諷諫。孔子說：「我贊成諷諫啊！」君主有過失不諍諫，就要危害君主；君主不納諫而堅持諍諫，就要危害自身。與其危害君主，寧可危害自身。雖然冒著危害自身的危險，而諍諫始終不被採納，那諍諫也就沒有用處了。聰明人權衡君主和時勢，調整緩急而處置適中，對上不敢危害君主，對下不致危害自身。所以無論對國家還是對個人，都不會發生危害。從前陳靈公不聽泄治的進諫而殺掉他，曹羈三次勸諫曹君不接受就離去，《春秋》雖認為他們在君臣之義上都可以說是賢臣，但是曹羈更合乎禮。

第二章

齊景公❶遊於海上而樂之，六月不歸，令左右曰：「敢有先言歸者致死不赦。」顏燭趨❷進諫曰：「君樂治海上而六月不歸，彼儻❸有治國者，君且安得樂此海也？」景公援戟將斫之。顏燭趨進，撫衣待之，曰：「君奚不斫也？昔者桀殺關龍逄❹，紂殺王子比干❺。君之賢非此二主也，臣之材亦非此二子也。君奚不斫？以臣參此二人者，不亦可乎？」景公說，遂歸。中道聞國人謀不內❻矣。

【注釋】❶齊景公 見〈君道〉第一八章。❷顏燭趨 齊大夫。❸儻 若。❹桀殺關龍逄 桀，見〈君道〉第二八章。「逄」亦作「逢」。《韓詩外傳・四》：「桀為酒池，可以運舟，糟丘足以望十里，而牛飲者三十人，關龍逄進諫，桀因而殺之。」❺紂殺王子比干 紂，見〈君道〉第二八章。比干，見〈立節〉第二一章。❻內 通「納」。

【語　譯】齊景公在海上遊玩，十分快樂，一連玩了六個月都不回去，並且下令左右的人說：「有敢先說要回去的，一定處死，絕不寬赦。」顏燭趨上前勸諫說：「君主喜歡在海上遊玩，六個月都不回去，假若有人趁機取代您治國，您還能在海上遊樂嗎？」景公拿起戟要砍他，顏燭趨上前拉起衣服等待說：「您為什麼不砍呢？從前夏桀殺關龍逄，商紂殺王子比干，您的賢德不是桀、紂可比，我的才能也比不上關龍逄和王子比干，您為什麼不把我殺死和他們湊成三個呢？」景公聽了，這才恍然大悟，欣然接受顏燭趨的意見，於是就回去，半路上聽說國人正在計畫不讓他進城了。

第三章

楚莊王❶立為君，三年不聽朝，乃令於國曰：「寡人惡為人臣而遽諫其君者。今寡人有國家，立社稷❷，有諫則死無赦。」蘇從❸曰：「處君之高爵，食君之厚祿，愛其死而不諫其君，則非忠臣也。」乃入諫。莊王立鍾鼓之間，左伏楊姬，右擁越姬，左裯衽❹，右朝服，曰：「吾鍾鼓之不暇，何諫之聽！」蘇從曰：「臣聞之：好道者多資，好樂者多迷；好道者多糧，好樂者多亡。荊國亡無日矣，死臣敢以告王。」王曰：「善。」左執蘇從手，右抽陰刀，刎鍾鼓之懸。明日，授蘇從為相。

【注　釋】❶楚莊王　見〈君道〉第三章。❷社稷　社，土神。稷，穀神。歷代封建王朝必先立社稷壇墠；滅人之國，必變置滅國的社稷。因以社稷為國家政權的標誌。❸蘇從　楚大夫。❹裯衽　裯，床帳。衽，臥席。

【語譯】楚莊王即位以後，三年不處理政事，卻對國人下令說：「我討厭做臣子的老是勸諫他的國君。現在我有了國家，立了社稷，有誰膽敢勸諫，一定處死，絕不赦免。」蘇從說：「處身於國君所賜給的高等爵位，吃著國君所賜給的豐厚俸祿，卻愛惜自己的生命不勸諫國君，那就不是忠臣了。」就進去勸諫。莊王站在鼓、鐘之間，左邊俯伏著楊姬，右邊擁抱著越姬，左邊是床帳和臥席，右邊擺著朝服，說：「我聽鼓鐘的音樂都來不及，那有時間聽你的勸諫！」蘇從說：「臣聽說：喜歡道理的人多資助，喜歡音樂的人多沉迷；喜歡道理的人多糧食，喜歡音樂的人多危亡。楚國快要滅亡了，死臣特來向王報告。」王說：「好。」左手握住蘇從的手，右手抽出暗藏的刀子，割斷懸掛鐘鼓的繩子。第二天就任命蘇從做國相。

第四章

晉平公❶好樂，多其賦斂，下❷治城郭，曰：「敢有諫者死。」國人憂之。有咎犯❸者，見門大夫曰：「臣聞主君好樂，故以樂見。」門大夫入言曰：「晉人咎犯也，欲以樂見。」平公曰：「內之。」止坐殿上，則出鐘磬竽瑟。坐有頃，平公曰：「客子為樂。」咎犯對曰：「臣不能為樂，臣善隱❹。」平公召隱士十二人。咎犯曰：「隱臣竊顧昧死御❺。」平公曰：「諾。」咎犯申其左臂而詘五指。平公問於隱官曰：「占❻之為何？」隱官皆曰：「不知。」平公曰：「歸❼之。」咎犯則申其一指曰：「是一也，便游赭盡而峻城闕❽；二也，柱梁衣繡，士民無褐；三也，侏儒❾有餘酒而死士渴❿；四也，民有飢色而馬有粟秩⓫；五也，近臣不敢諫，遠臣不得達。」平公曰：「善。」乃屏鍾鼓，除竽瑟，遂與咎犯參治國。

【注　釋】❶晉平公　見〈君道〉第一章。❷下　當作「不」。❸咎犯　此非晉文公之舅，當是異人同名。❹隱　謎語。下文隱士、隱官，是以善說隱語任職的人。❺顧昧死御　「顧」當作「願」，形近而誤。御，進。❻占　本為視兆以知吉凶，引申為審度、猜測的意思。❼歸　結局，這裡是說出謎底的意思。❽便游赭盡而峻城闕　「盡」當作「畫」，「而」當作「不」。並詳《說苑集證》。赭，赤色。❾侏儒　身材矮小，古代宮廷供君主調笑取樂的人。❿而死士渴　疑本作「而士有渴死」。⓫秩　當作「秼」。秼，飼馬的草料。

【語　譯】晉平公愛好音樂，加重賦稅，但是不整修城郭。下令說：「敢來進諫的人處死。」國人為此憂慮。有個名叫咎犯的人，見門大夫說：「我聽說主君愛好音樂，所以用音樂求見。」門大夫進去報告說：「晉國人咎犯，想用音樂求見。」平公說：「叫他進來。」讓咎犯進來坐在殿上，擺好鐘、磬、竽、瑟等樂器。坐了一會兒，平公說：「請客人奏樂。」咎犯回答說：「我不會奏樂，我會說隱語。」平公召來隱官十二人。咎犯說：「隱臣願意冒死進獻。」平公說：「好。」咎犯伸出他的左臂卻拳曲五指。平公問隱官說：「猜猜是什麼？」隱官都說：「不知道。」平公說：「說出謎底吧。」咎犯就伸出一個指頭說：「這第一點是：遊覽的地方都加以彩繪，但是城門卻不修建。第二點是：柱梁上都披著錦繡，而士民連粗麻衣都穿不上。第三點是：侏儒們有喝不完的酒，而士人卻有渴死的。第四點是：人民面帶飢色，而馬匹卻有糧草吃。第五點是：親近的臣子不敢進諫，疏遠的臣子的建議無從傳達。」平公說：「講得好。」於是撤除鐘、鼓、竽、瑟，就和咎犯一起治理國家。

第五章

孟嘗君❶將西入秦，賓客諫之百通，則不聽也。曰：「以人事諫我，我盡知之；若以鬼道諫我，我則殺之。」謁者入曰：「有客以鬼道聞。」曰：「請客入。」客曰：「臣之來也，過於淄水❷上，見一土耦人方與木梗人語❸，木梗謂土耦人曰：『子先土也，持子以為耦人，遇天大雨，水潦❹並至，子必沮❺壞。』應曰：『我沮乃反吾真耳。今子東園之桃也，刻子以為梗，遇天大雨，水潦並至，必浮子，泛泛乎不知所止。』今秦四塞之國❻也，有虎狼之心，恐其有木梗之患。」於是孟嘗君逡巡❼而退而無以應，卒不敢西嚮秦。

【注　釋】❶孟嘗君　戰國時齊國宗室大臣，姓田名文，為田嬰之子，襲封於薛，稱薛公，號孟嘗君。他輕財禮士，招致天下賢士，門下食客三千。❷淄水　今名淄河。源出山東萊蕪，東北流經臨淄東，北上合小清河出海。❸土耦人方與木梗人語　土耦，同「土偶」。木梗，木偶。❹潦　同「澇」。因雨積水。❺沮　敗壞。❻四塞之國　指四境險要的國家。❼逡巡　後退貌；恭順貌。

【語　譯】孟嘗君將要西去秦國，賓客向他進諫超過百次，就是不聽，說：「用人情世故來諫阻我，我都知道了；如果用鬼神的道理來諫阻我，我就殺了他。」通報的人進來說：「有個賓客想用鬼神的道理陳說。」孟嘗君說：「請客人進來。」客說：「我來的時候，經過淄水，看見一個泥人正在和一個木偶說話。木偶對泥人說：『你本是泥土，把你做成泥人，遇到天下大雨，積水橫流，你一定要垮掉。』泥人回答說：『我垮掉不過恢復我本來面貌罷了。可是你原來是東園的桃樹，把你刻成木偶，遇到天下大雨，積水橫流，一定會把你浮起來，隨波逐流不知會漂到那裡去。』那秦國是地勢險要的國家，懷著虎狼般侵略的野心，恐怕您也會有像木偶那樣漂浮不知所終的禍患。」於是孟嘗君恭謹地後退，無話可說，終究不敢西去秦國。

第六章

吳王欲伐荊，告其左右曰：「敢有諫者死。」舍人❶有少孺子者欲諫不敢，則懷操彈於後園❷，露沾其衣，如是者三旦。吳王曰：「子來，何苦沾衣如此？」對曰：「園中有樹，其上有蟬。蟬高居悲鳴飲露❸，不知螳螂在其後也。螳螂委身曲附❹欲取蟬，而不知黃雀在其傍也。黃雀延頸欲啄螳螂，而不知彈丸在其下也。此三者皆務欲得其前利而不顧其後之有患也。」吳王曰：「善哉！」乃罷兵。

【注　釋】❶舍人　戰國至漢初，王公貴官的侍從賓客、親近左右，通稱舍人。❷懷操彈於後園　「懷」下當有「丸」字。「彈」下當有「遊」字。❸飲露　古人以為蟬飲露水過活。❹附　當作「跗」。跗，腳背，這裡就指腳。

【語　譯】吳王準備攻打楚國，告誡他的身邊左右的人說：「誰敢進諫就處死。」舍人當中有個少孺子的，想進諫又不敢，就揣著彈丸拿著彈弓在後園遊走，露水沾濕了他的衣裳，這樣子一連三個早晨。吳王說：「你來，何苦把衣服沾濕成這樣？」回答說：「後園中有棵樹，樹上有蟬，蟬在高枝上飲露水，高聲鳴叫，不知道螳螂就在牠的身後；螳螂正低下身子，曲起腳想捕捉蟬，卻不知道黃雀就在牠的旁邊；黃雀伸長脖子想啄螳螂，卻不知道彈丸就在牠的下面。這蟬、螳螂、黃雀三者，都是一心想獲得眼前的利益而不顧後來的禍患。」吳王說：「說得對啊！」就取消對楚國用兵。

第七章

楚莊王欲伐陽夏❶，師久而不罷，群臣欲諫而莫敢。莊王獵於雲夢❷，椒舉❸進諫曰：「王所以多得獸者，馬也。而王國亡，王之馬豈可得哉？」莊王曰：「善。不穀知詘強國❹之可以長諸侯也，知得地之可以為富也，而忘吾民之不用也。」明日，飲諸大夫酒，以椒舉為上客。罷陽夏之師。

【注　釋】❶楚莊王欲伐陽夏　楚莊王，見〈君道〉第二一章。疑「欲」字當刪。陽夏，地名，在今河南太康。❷雲夢　澤名，大致包括今湖南益陽、湘陰以北，湖北江陵、安陸以南，武漢以西地區。❸椒舉　即伍舉，子胥祖父。考伍舉在康靈之世，事莊王者乃其父伍參，此誤。❹不穀知詘強國　不穀，不善，古代王侯自稱的謙詞。詘，通「屈」。

【語　譯】楚莊王出兵攻打陽夏，作戰時間很長久，卻沒有停止的意思，群臣想要進諫卻不敢說。莊王到雲夢打獵，椒舉趁機進諫說：「大王所以能獵獲許多野獸，是因為有良馬的緣故；假若大王的國亡了，大王那裡還能得到良馬呢？」莊王說：「好。我知道征服強國可以做諸侯的首領，知道獲得土地可以增加國家的財富，卻忘記我的人民不可以長期役使。」第二天，宴請諸大夫，以椒舉為上客，於是撤回進攻陽夏的軍隊。

第八章

秦始皇帝❶太后不謹，幸郎嫪毐，封以為長信侯，為生兩子。毐專國事，浸益驕奢，與侍中左右貴臣俱博，飲酒，醉，爭言而鬥，瞋目❷大叱曰：「吾乃皇帝之假父也，窶人子何敢乃與我亢❸？」所與鬥者走行白皇帝，皇帝大怒。毐懼誅，因作亂，戰咸陽宮，毐敗。始皇乃取毐四支車裂之；取其兩弟囊撲殺之；取皇太后遷之於萯陽宮。下令曰：「敢以太后事諫者，戮而殺之，從蒺藜其脊❹，肉幹四支❺而積之闕下。」諫而死者二十七人矣。齊客茅焦乃往上謁曰：「齊客茅焦願上諫皇帝。」皇帝使使者出問：「客得無❻以太后事諫也？」茅焦曰：「然。」使者還白曰：「果以太后事諫。」皇帝曰：「走往告之，若不見闕下積死人耶？」使者問茅焦，茅焦曰：「臣聞之，天有二十八宿，今死者已有二十七人矣，臣所以來者，欲滿其數耳。臣非畏死人也，走入白之。」茅焦邑子同食者，盡負其衣物行亡。使者入白之，皇帝大怒曰：「是子故來犯吾禁，趣炊鑊湯煮之，是安得積闕下乎？趣召之入！」皇帝按劍而坐，口正沫出。使者召之入，茅焦不肯疾行，足趣相過耳❼。使者趣❽之，茅焦曰：「臣至前則死矣，君獨不能忍吾須臾乎？」使者極哀之。茅焦至前，再拜謁起，稱曰：「臣聞之：夫有生者不諱死，有國者不諱亡；諱死者不可以得生，諱亡者不可以得存。死生存亡，聖主所欲急聞也，不審陛下欲聞之不？」皇帝曰：「何謂也？」茅焦對曰：「陛下有狂悖之行，陛下不自知邪？」皇帝曰：「何等也？願聞之。」茅焦對曰：「陛下車裂假父，有嫉妒之心；囊撲兩弟，有不慈之名；遷母萯陽宮，有不孝之行；從蒺藜於諫士，有桀、紂之治。今天下聞之，盡瓦解無嚮秦者，臣竊恐秦亡，為陛下危之。所言已畢，乞行就質❾。」乃解衣伏質。皇帝下殿，左手接之，右手麾左右曰：「赦之！先生就衣，今願受事。」乃立焦為仲父，爵之為上卿。皇帝立駕千乘萬騎，空左方，自行迎太后萯陽宮，歸於咸陽。太后大喜，乃大置酒待茅焦，及飲，太后曰：「抗枉令直，使敗更成，安秦之社稷，使妾母子復得相會者，盡茅君之力也。」

【注釋】❶秦始皇帝　見〈復恩〉第一五章。❷瞋目　張目怒視。❸窶人句　窶，貧而無禮。亢，通「抗」。❹從蒺藜其脊　謂以蒺藜縱貫其脊。❺肉幹四支　「肉」當作「井」。井幹，井垣也。井幹四支，謂割斷四肢，駕積作井幹形。❻得無　莫非；是不是。❼足趣相過耳　《太平御覽．四五五》引「趣」作「輒」。❽趣　催促。❾質　同「櫍」、「鑕」。即椹。古刑具，鍘刀的墊座。

【語譯】秦始皇的母親行為不檢點，私通郎官嫪毐，封他做長信侯，為他生了兩個兒子。嫪毐把持國家大事，越來越驕縱奢侈。和侍中及左右顯貴大臣一起賭博飲酒，喝醉了發生言語爭執，嫪毐瞪眼發怒大叫說：「我是皇帝的假父，你們這些鄙陋無禮的傢伙怎麼敢跟我相抗？」和他口角的人跑去報告皇帝，皇帝大怒。嫪毐怕被殺，就乘機作亂，攻咸陽宮。嫪毐失敗，始皇就綁住他的四肢加以車裂，把兩個弟弟裝進袋中打死，又把皇太后遷往萯陽宮，下令說：「誰敢用太后的事來進諫，處死，用蒺藜貫穿背脊，砍斷四肢駕成井垣的形狀，堆積在宮闕前面。」因為進諫被殺的有二十七個人了。齊客茅焦於是前往晉見皇帝，說：「齊客茅焦希望進諫皇帝。」皇帝派使者出來問他：「你是不是來進諫太后的事啊？」茅焦說：「是的。」使者回去報告皇帝說：「果然是為了太后的事來進諫的。」皇帝說：「去告訴他：『你沒有看到宮闕下面堆積的死人嗎？』」使者問茅焦，茅焦說：「我聽說：天上有二十八星宿，現在已經死了二十七個人了，我之所以來，是想湊滿這個數目。我不是怕死的人。請你回去報告皇帝。」茅焦同鄉住在一起的，都帶著衣物逃亡了。使者回去報告，皇帝大怒說：「這個人故意來違犯我的禁令，快燒一鍋湯烹煮他，怎能讓他的屍體堆積在闕下？趕快叫他進來。」皇帝按住寶劍坐在那裡，氣得唾沫都流出來了。使者召茅焦進來，茅焦不肯快走，只一步一步挨著走。使者催他，茅焦說：「我一走到皇帝前面就要被處死，你難道不能為我忍耐片刻嗎？」使者非常同情他。茅焦走到皇帝面前，拜了兩拜，起來說：「我聽說：活著的人不要怕提到死，有國家的不要怕提到亡國。怕死的未必就能夠生，怕亡國的未必就能夠存。死生存亡，是一個聖明的君主所急於想知道的，不知道陛下是不是也想知道？」皇帝說：「這怎麼說？」茅焦回答說：「陛下有狂妄悖逆的行為，陛下自己不知道嗎？」皇帝說：「是那些？我願意聽聽。」茅焦回答說：「陛下車裂假父，有嫉妒的心理；用袋子撲殺兩弟，背著不慈的罪名；把母親遷往萯陽宮，犯著不孝的罪行；把諫士用蒺藜穿背，有桀、紂的暴虐。現在天下的人知道，人心都瓦解了，不再心向秦國，我是恐怕秦國將要亡國，為陛下擔心啊！所要說的話已經說完，請把我處死。」於是就解開衣服，伏在鍘刀上。皇帝走下殿，左手拉住茅焦，右手指揮左右的人說：「赦免他！」又對茅焦說：「先生請穿衣，現在我願意接受你諫正太后的事。」於是立茅焦為仲父，爵位列為上卿。皇帝立刻上車，率領千乘萬騎，空著車子左邊的位子，親自到萯陽宮迎接太后回咸陽。太后大喜，就準備豐盛的酒宴款待茅焦，飲酒的時候，太后說：「反抗邪曲使它回復正直，把失敗扭轉為成功，安定秦國的政權，使我們母子再能相會，這都是茅先生的功勞。」

第九章

楚莊王❶築層臺，延石千里，延壤百里，士有反❷三月之糧者。大臣諫者七十二人皆死矣。有諸御己者，違楚百里而耕，謂其耦曰：「吾將入見於王。」其耦曰：「以身乎？吾聞之：說人主者皆閒暇之人也，然且至而死矣。今子特草茅之人耳！」諸御己曰：「若與予同耕則比力也，至於說人主不與子比智矣。」委其耕而入見莊王，莊王謂之曰：「諸御己來，汝將諫邪？」諸御己曰：「君有義之用，有法之行。且己聞之：土負水者平，木負繩者正，君受諫者聖。君築層臺，延石千里，延壤百里，民之釁咎❸血成於通塗，然且未敢諫也，己何敢諫乎？顧臣愚，竊聞昔者虞不用宮之奇❹而晉并之；陳不用子家羈而楚并之❺；曹不用僖負羈❻而宋并之；萊不用子猛而齊并之❼；吳不用子胥❽而越并之；秦不用蹇叔❾之言而秦國危；桀殺關龍逢而湯得之；紂殺王子比干而武王得之；宣王殺杜伯❿而周室卑。此三天子、六諸侯皆不能尊賢用辯士之言，故身死而國亡。」遂趨而出。楚王遽而追之曰：「己，子反矣！吾將用子之諫。先日說寡人者，其說也不足以動寡人之心，又危加諸寡人，故皆至而死。今子之說，足以動寡人之心，又不危加諸寡人，故吾將用子之諫。」明日，令曰：「有能入諫者吾將與為兄弟。」遂解層臺而罷民。楚人歌之曰：「薪乎萊乎，無諸御己，訖無子乎！萊乎薪乎，無諸御己，訖無人乎！」

【注釋】❶楚莊王 見〈君道〉第二一章。❷反 疑本作「㞋」，形近而訛為反。㞋，經典通作「服」。服，負也。❸釁咎 罪過，這裡指被認為有罪而遭受刑罰、責打。釁，罪。❹宮之奇 見〈尊賢〉第二章。❺陳不用子家羈而楚并之 未詳其事。❻僖負羈 見〈尊賢〉第二章。❼萊不用子猛而齊并之 猛，《荀子・堯問》作「馬」，楊倞《注》謂子馬即《左傳》襄公六年之正輿子，字子馬。其不被任用，未聞此事原委。❽子胥 見〈尊賢〉第九章。❾蹇叔 見〈尊賢〉第二章。❿宣王殺杜伯 事見〈立節〉第二二章。

【語譯】楚莊王建築高臺，從千里以外搬運石頭，從百里以外搬運泥土，人民甚至有攜帶三個月糧食上路的。大臣進諫的有七十二人，都被處死了。有個名諸御己的人，住在距離楚都百里遠的地方，耕田維生，對他的同伴說：「我將要去見楚王。」同伴說：「就憑你嗎？我聽說：勸諫人主的，都是那些閒暇無事的人，然而尚且一到就被處死，何況你現在只不過是一名耕田的百姓罷了。」諸御己說：「你和我同耕，是比力氣；至於勸諫人主，是要用智慧，那就不和你比了。」丟下農事去見莊王。莊王對他說：「諸御己進來，你要勸諫我嗎？」諸御己說：「人主以義為用，依法行事。並且我聽說：土地經水流過就平坦，木受繩墨校正就正直，君主接受諍諫就聖明。現在您建築高臺，從千里以外搬運石頭，從百里以外搬運泥土，老百姓遭受刑罰，血流滿路，這樣都沒有人敢進諫，我諸御己那裡敢進諫啊！只是我聽說：以前虞國不用宮之奇，因而被晉國所滅；陳國不用子家羈，因而被楚國所滅；曹國不用僖負羈，因而被宋國所滅；萊國不用子猛，因而被齊國所滅；吳國不用伍子胥，因而被越國所滅；秦人不聽蹇叔的話，秦國就發生危險；夏桀殺關龍逢，商湯就把他滅掉；商紂殺王子比干，武王就把他滅掉；周宣王殺杜伯，周室從此衰微。以上這三位天子、六位諸侯，都不能尊敬賢人採納辯士的意見，所以身死國亡。」說完就趕快走出去。楚王立刻追他回來，說：「先生請回吧！我將採納先生的意見。先前那些勸諫我的，他們所說的並不能打動我的心，對我的態度也不好，所以才都來了就被殺掉。現在先生勸諫我的話，能夠打動我的心，態度又好，所以我將接受你的勸諫。」第二天，下令說：「有人能夠進諫，我將和他結為兄弟。」於是取消建築高臺，讓人民回去。楚人歌頌諸御己說：「先割薪呢？先割萊呢？沒有諸御己，就沒有你了！先割薪呢？先割萊呢？沒有諸御己，就沒有人了！」

第一〇章

齊桓公❶謂鮑叔❷曰：「寡人欲鑄大鐘，昭寡人之名焉。寡人之行豈避堯、舜哉？」鮑叔曰：「敢問君之行。」桓公曰：「昔者吾圍譚三年，得而不自與者，仁也❸。吾北伐孤竹，剗令支而反者，武也❹。吾為葵丘之會以偃天下之兵者，文也❺。諸侯抱美玉而朝者九國，寡人不受者，義也。然則文武仁義寡人盡有之矣，寡人之行豈避堯、舜哉？」鮑叔曰：「君直言，臣直對。昔者公子糾在上位而不讓，非仁也❻。背太公之言而侵魯境，非義也❼。壇場之上詘於一劍，非武也❽。姪娣不離懷衽，非文也❾。凡為不善遍於物不自知者，無天禍必有人害。天處甚高，其聽甚下，除君過言，天且聞之。」桓公曰：「寡人有過，乎❿幸記之，是社稷之福也。子不幸教，幾有大罪以辱社稷。」

【注　釋】❶齊桓公　見〈君道〉第一七章。❷鮑叔　見〈臣術〉第四章。❸昔者吾圍譚三年三句　《春秋》莊公十年：「齊師滅譚。」山東濟南東南舊有譚城，抗戰前曾發掘出遺址，見《城子崖》一書。❹吾北伐孤竹三句　孤竹、令支，皆古國名。剗，鏟除；消滅。❺吾為葵丘之會二句　《左傳》僖公九年：「齊侯盟諸侯于葵丘。」葵丘，春秋宋地，在今河南蘭考東。偃，停止。❻昔者公子糾在上位而不讓二句　初齊亂將作，鮑叔奉公子小白奔莒，及公孫無知弒襄公，管夷吾、召忽奉公子糾奔魯。齊人殺無知，小白自莒先入，乃殺公子糾。事詳《左傳》莊公八年及九年。❼背太公之言而侵魯境二句　《左傳》僖公二十六年：「齊伐我北鄙，公使展喜犒師。展喜對齊侯曰：『昔周公、太公股肱周室，夾輔成王。王賜之盟曰：「世世子孫無相害也。」載在盟府。』」本書〈奉使〉第八章亦載齊伐魯之事，魯使柳下惠使齊，對齊侯曰：「臣之君所以不懼者，以其先人出周封於魯，君之先君亦出周封於齊，相與出周南門，刳羊而約曰：『自後子孫敢有相攻者，令其罪若此刳羊矣！』今齊侵魯，是背太公之約，故非義也。❽壇場之上詘於一劍二句　《史記・刺客列傳》：「桓公與莊公既盟於壇上，曹沬執匕首劫齊桓公，乃許盡歸魯之侵地。」詘，屈服；折服。❾姪娣不離懷衽二句　〈尊賢〉第七章謂齊桓公「閨門之內無可嫁者，非清潔也」。懷衽，懷抱。❿乎　當作「子」，形近而誤。

【語　譯】齊桓公對鮑叔說：「我想鑄造一口大鐘，來顯揚我的聲名。我的德行難道會比不上堯、舜嗎？」鮑叔說：「請問君的德行。」桓公說：「從前我圍攻譚國三年，攻下來並不占為己有，這是仁；我北伐孤竹，消滅令支，獲勝而回，這是武；我召集葵丘的盟會，消弭天下的戰爭，這是文；諸侯抱著美玉來朝拜的有九國，我都不接受，這是義。這樣看來，文、武、仁、義我都具備了，我的德行難道不如堯、舜嗎？」鮑叔說：「您直言，我也就直說。從前公子糾以兄長的身分，而您不讓位給他，這是不仁；違背太公的誓言而入侵魯國，這是不義；在壇場之上屈服於一劍，這是不武；姪娣不離懷抱，這是不文。凡是處處做壞事而自己還不曉得的，就是沒有天禍，也一定有人害。天雖然高高在上，但卻能聽到下面的意見，改正您這些錯誤的說法，不然天將會聽到。」桓公說：「我有過錯，幸而你記得告訴我，這是國家的福氣；假若你不教導我，我幾乎犯了大罪，辱沒了國家社稷。」

第一一章

楚昭王❶欲之荊臺游，司馬子綦❷進諫曰：「荊臺之游，左洞庭之陂❸，右彭蠡❹之水，南望獵山，下臨方淮❺，其樂使人遺老而忘死，人君游者盡以亡其國，願大王勿往游焉。」王曰：「荊臺乃吾地也，有地而游之，子何為絕我游乎？」怒而擊之。於是令尹子西❻駕安車❼四馬徑於殿下，曰：「今日荊臺之游，不可不觀也。」王登車而拊❽其背曰：「荊臺之游，與子共樂之矣。」步馬十里，引轡而止曰：「臣不敢下車，願得有道，大王肯聽之乎？」王曰：「第言之。」令尹子西曰：「臣聞之：為人臣而忠其君者，爵祿不足以賞也；為人臣而諛其君者，刑罰不足以誅也。若司馬子綦者，忠臣也；若臣者，諛臣也。願大王殺臣之軀，罰臣之家，而祿司馬子綦。」王曰：「若我能止，聽公，子獨能禁我游耳，後世游之，無有極時，奈何？」令尹子西曰：「欲禁後世易耳，願大王山陵崩阤❾，為陵於荊臺。未嘗有持鍾鼓管絃之樂，而游於父❿之墓上者也。」於是王還車，卒不游荊臺，令罷先置⓫。孔子從魯聞之曰：「美哉！令尹子西諫之於十里之前，而權之於百世之後者也。」

【注　釋】❶楚昭王　見〈君道〉第二九章。❷司馬子綦　楚公子結也。《左傳》、《國語》並作子期，《史記》作子綦，與本書同。與其兄令尹子西，俱以賢名，哀公十六年，楚惠王十年，與子西俱死於白公之亂。事詳《左傳》哀公十六年、《國語・楚語下》、《史記・楚世家》。❸陂　當作「波」，字誤。❹彭蠡　湖名，即鄱陽湖。❺方淮　水名。❻令尹子西　楚平王庶弟，公子申也。楚太子建在鄭被殺，其子勝在吳，子西欲召之，葉公止之，子西弗從，召勝為白公。後勝怨子西救鄭，殺子西及其弟子期。事詳《左傳》哀公十六年、《國語・楚語下》、《史記・楚世家》。❼安車　古車立乘，此為坐乘，故稱安車。❽拊　拍；撫摩。❾山陵崩阤　山陵，喻帝王。崩阤，謂帝王去世。❿父　下當有「祖」字。⓫先置　供食飲之具。

【語　譯】楚昭王打算到荊臺遊玩，司馬子綦進諫說：「到荊臺去玩，那兒左邊有洞庭，右邊是彭蠡，南邊遙望獵山，向下可以看到方淮，快樂得使人忘記老和死，人君到此遊玩的，都亡了國，希望大王不要去遊玩。」王說：「荊臺是我的地方，有這樣的地方去遊玩一趟，你為什麼阻止？」一氣之下就去打他。於是令尹子西就駕著四馬安車到殿下說：「今天大王要到荊臺去遊玩，我們不可不去看看。」楚王上車，拍著子西的背說：「今天到荊臺遊玩，要和你同樂一番。」車子走了十里，子西拉住韁繩停下來說：「我不能下車，願意向有道的君主建言，大王肯聽嗎？」王說：「只管說好了。」令尹子西說：「我聽說：做人臣而能對他的君主盡忠，賞賜他爵祿也還不夠；做人臣而向他的君主阿諛，即使處以刑罰殺戮也還不足。像司馬子綦，就是忠臣；像我，就是諛臣。希望大王把我殺了，抄我的家，而優遇司馬子綦。」王說：「假若我聽你的，不到荊臺去玩，你也不過只是禁止我去罷了。後代去遊玩的無有止時，你又能怎麼樣？」令尹子西說：「要禁止後代的人去遊玩，很容易的。希望大王百年之後，把陵墓建在荊臺，從來不曾有人拿著鐘鼓管絃的樂器而到父祖的陵墓上去遊玩的。」於是王把車子轉回頭，終於不到荊臺去遊玩，下令取消早先準備的食飲等器具。孔子在魯國聽到後說：「好啊！令尹子西在十里之前諫止楚王，而可以作為百世之後的鑑戒。」

第一二章

荊文王得如黃之狗❶，箘簬之矰❷，以畋於雲夢❸，三月不反；得舟之姬，淫，期年不聽朝。保申❹諫曰：「先王卜❺以臣為保，吉。今王得如黃之狗，箘簬之矰，畋於雲夢，三月不反；及得舟之姬，淫，期年不聽朝；王之罪當笞❻。」匍伏將笞王。王曰：「不穀免於襁褓❼，託於諸侯矣，願請變更而無笞。」保申曰：「臣承先王之命不敢廢。王不受笞，是廢先王之命也。臣寧得罪於王，無負於先王。」王曰：「敬諾。」乃席王，王伏。保申束細箭五十，跪而加之王背，如此者再，謂王起矣。王曰：「有笞之名，一也。」遂致❽之。保申曰：「臣聞之：君子恥之，小人痛之；恥之不變，痛之何益？」保申趨出，欲自流，乃請罪於王。王曰：「此不穀之過，保將何罪？」王乃變行從保申，殺如黃之狗，折箘簬之矰，逐舟之姬，務治乎荊，兼國三十。今荊國廣大至於此者，保申敢極言之功也。蕭何、王陵❾聞之曰：「聖主能奉先世之業而以成功名者，其唯荊文王乎！故天下譽之至今，明主、忠臣、孝子以為法。」

【注釋】❶荊文王得如黃之狗　荊文王，即楚文王。見〈君道〉第三四章。如黃，狗名。❷箘簬之矰　箘簬，地名。矰，用生絲繫住，用來射鳥雀的箭。❸雲夢　澤名，大致包括今湖南益陽、湘陰以北，湖北江陵、安陸以南，武漢以西地區。❹保申　保，太保，官名。申，人名。❺卜　古人用火灼龜取兆，以預測吉凶。❻笞　用鞭、杖、竹板抽打。❼不穀免於襁褓　不穀，不善，王侯自謙之稱。襁褓，喻孩提時代。❽致　意態；情致。此謂做痛苦的樣子。❾蕭何王陵　蕭何（西元前？～前一九三年），西漢沛人，佐高祖定天下，後為丞相，封酇侯。王陵（西元前？～前一八一年），西漢沛人，封安國侯，惠帝六年拜右丞相。

【語　譯】楚文王得到如黃狗和箘簬箭，到雲夢去打獵，三個月不回來；得到舟地的美女，放縱淫樂，一整年不上朝。保申進諫說：「先王占卜以臣為保，很吉利。現在王得到如黃狗和箘簬箭，到雲夢去打獵，三個月不回來；得到舟地的美女，放縱淫樂，一整年不上朝。王的罪過應當受鞭笞。」匍伏在地，將要鞭笞王。王說：「我現在已經列位諸侯，不是孩子了，請通融一下，不要鞭笞了。」保申說：「我奉行先王的命令，不敢廢棄；如果王不接受鞭笞，這是廢棄先王的命令。我寧可得罪您，也不敢辜負先王。」王說：「是的。」於是讓王伏在席子上，保申捆起五十根細箭，跪著加在王的背上，這樣做了兩次，請王起來。王說：「雖然不痛，但是有鞭笞之名，應該是一樣的。」於是做出痛苦的樣子。保申說：「我聽說：君子覺得羞恥，小人覺得疼痛；如果覺得羞恥而不加以改正，光疼痛又有什麼用？」保申趕快走出去，想自行流放，就向王請罪。王說：「這是我的罪過，保有什麼罪？」王就改變行為，聽從保申的諫正，殺掉如黃狗，折斷箘簬箭，趕走舟地的美女，一心要把楚國治理好，兼併了三十個國家。使楚國的疆域廣大到如此的地步，是保申敢極言直諫的功勞。蕭何、王陵聽到這段史事後說：「聖明的君主能夠繼承祖先的事業而成功立名的，大概只有楚文王吧！所以天下人都讚譽他，一直到今天，明主、忠臣、孝子都拿他作為榜樣。」

第一三章

晉平公使叔嚮聘於吳❶，吳人拭舟以逆❷之，左五百人，右五百人，有繡衣而豹裘者，有錦衣而狐裘者。叔嚮歸以告平公。平公曰：「吳其亡乎！奚以敬❸舟？奚以敬民？」叔嚮對曰：「君為馳底❹之臺，上可以發千兵，下可以陳鍾鼓，諸侯聞君者亦曰：『奚以敬臺？奚以敬民？』所敬各異也。」於是平公乃罷臺。

【注釋】❶晉平公使叔嚮聘於吳　晉平公，見〈君道〉第一章。叔嚮，即叔向。見〈貴德〉第一五章。聘，古代國家與國家之間遣使訪問。❷拭舟以逆　拭，通「飾」。逆，迎。❸敬　慎；重視。❹馳底　臺名。

【語　譯】晉平公派叔向到吳國報聘，吳人把船裝飾得很華麗來迎接他，左邊五百人，右邊五百人，有的穿著繡衣豹裘，有的穿著錦衣狐裘。叔向回來告訴平公，平公說：「吳國大概要亡國吧！是裝飾船重要呢？還是百姓重要呢？」叔向回答說：「您建造馳底之臺，上面可以發動千兵，下面可以陳列鐘鼓，諸侯聽到您這種做法的，也會說：『是築臺重要呢？還是百姓重要？』所重視的不過是船和臺的不同罷了。」於是平公就停止築臺。

第一四章

趙簡子❶舉兵而攻齊，令軍中有敢諫者，罪至死。被甲之士名曰公盧，望見簡子大笑。簡子曰：「子何笑？」對曰：「臣有宿笑。」簡子曰：「有以解之則可，無以解之則死。」對曰：「當桑之時，臣鄰家夫與妻俱之田。見桑中女，因往追之，不能得，還及❷，其妻怒而去之。臣笑其曠❸也。」簡子曰：「今吾伐國失國，是吾曠也。」於是罷師而歸。

【注　釋】❶趙簡子　見〈君道〉第三五章。❷及　當作「反」。❸曠　空也。

【語　譯】趙簡子發兵攻打齊國，下令軍中有敢進諫的，其罪要處死。一個穿著鎧甲，叫做公盧的人，看著簡子大笑，簡子說：「笑什麼？」回答說：「我有一件從前的事想起來覺得好笑。」簡子說：「你若能自圓其說就算了，否則就判處死刑。」回答說：「當採桑的時候，鄰居夫婦都到桑田去採桑，那個男的看見桑田中一位女子，就去追她，追不到，回來，他的妻子一怒之下也走了。我笑他兩頭落空。」簡子說：「現在我攻伐別人的國家，失去自己的國家，這是我的兩頭落空。」於是撤兵回去。

第一五章

景公❶為臺，臺成，又欲為鍾。晏子❷諫曰：「君不勝欲為臺，今復欲為鍾，是重斂於民，民之哀矣❸。夫斂民之哀而以為樂，不祥。」景公乃止。

【注　釋】❶景公　見〈君道〉第一八章。❷晏子　見同前。❸民之哀矣　「之」當作「必」。

【語　譯】齊景公築臺，臺築成了，又想鑄鐘，晏子進諫說：「君主不能克制自己的欲望而築臺，現在又想鑄鐘，這要向人民加重賦稅，人民必定很痛苦了。把人民的痛苦作為自己的快樂，不吉。」於是景公打消鑄鐘的計畫。

第一六章

景公有馬，其圉人殺之❶，公怒，援戈將自擊之。晏子曰：「此不知其罪而死，臣請為君數❷之，令知其罪而殺之。」公曰：「諾。」晏子舉戈而臨之曰：

「汝為吾君養馬而殺之，而❸罪當死；汝使吾君以馬之故殺圉人，而罪又當死；汝使吾君以馬故殺人，聞於四鄰諸侯，汝罪又當死。」公曰：「夫子釋之，夫子釋之，勿傷吾仁也。」

【注　釋】❶其圉人殺之　不是說圉人把馬殺了，而是說照顧不周，使馬生病而死。《晏子春秋‧諫上》作「暴病死」。圉人，官名。掌管養馬放牧等事。❷數　數說；責備。❸而　汝。

【語　譯】齊景公有匹馬，圉人照顧不周，馬死掉了，景公生氣，拿起戈來要親自擊殺他。晏子說：「這樣是他自己還不知道犯什麼罪就被處死，讓我替您數說他的罪，使他自己知道犯什麼罪再殺他。」公說：「好的。」晏子舉起戈對圉人說：「你為我們的君王養馬，馬竟然死掉了，你的罪該死；你使我們的君王因為馬的緣故而殺圉人，你的罪又該死；你使我們的君王因為一匹馬殺人而聞名於四鄰諸侯，你的罪又該死。」公說：「夫子放了他，夫子放了他，不要毀損我的仁德。」

第一七章

景公好弋❶，使燭雛主鳥而亡之❷，景公怒而欲殺之。晏子曰：「燭雛有罪，請數❸之以其罪，乃殺之。」景公曰：「可。」於是乃召燭雛數之景公前，曰：「汝為吾君主鳥而亡之，是一罪也；使吾君以鳥之故殺人，是二罪也；使諸侯聞之，以吾君重鳥而輕士，是三罪也。」數燭雛罪已畢，請殺之。景公曰：「止。」勿殺而謝之。

【注釋】❶弋　以繩繫箭而射。❷使燭雛主鳥而亡之　燭雛，即本卷第二章之顏燭趨，齊大夫。亡，逃亡；飛了。❸數　數說；責備。

【語　譯】齊景公愛好弋射，派燭雛負責養鳥，卻把鳥給養飛了。景公生氣，要殺燭雛。晏子說：「燭雛有罪，讓我來數說他的罪然後再殺他。」景公說：「好。」於是召燭雛來，在景公面前責備他說：「你為我們的君王養鳥，卻給鳥飛了，這是第一條罪過；使我們的君王因為鳥的緣故殺人，這是第二條罪過；使諸侯們知道了這件事，以為我們的君主重視鳥而看輕士，這是第三條罪過。」指摘燭雛的罪過完畢，請景公把他殺掉。景公說：「算了。」不殺燭雛並向他致歉。

第一八章

景公正晝❶被髮，乘六馬，御❷婦人，以出正閨❸，刖跪❹擊其馬而反之，曰：「爾非吾君也。」公慚而不朝。晏子睹裔敖❺而問曰：「君何故不朝？」對曰：「昔者君正晝被髮，乘六馬，御婦人出正閨，刖跪擊其馬而反之，曰：『爾非吾君也。』公慚而反，不果出，是以不朝。」晏子入見，公曰：「昔者寡人有罪，被髮，乘六馬，以出正閨，刖跪擊其馬而反之，曰：『爾非吾君也。』寡人以天子大夫❻之賜，得率百姓以守宗廟，今見戮❼於刖跪，以辱社稷，吾猶可以齊❽於諸侯乎？」晏子對曰：「君無惡焉。臣聞之：下無直辭，上有隱君❾；民多諱言，君有驕行。古者明君在上，下有直辭；君上好善，民無諱言。今君有失行，而刖跪有直辭，是君之福也。故臣來慶。請賞之，以明君之好善；禮之，以明君之受諫。」公笑曰：「可乎？」晏子曰：「可。」於是令刖跪倍資無正❿，時朝無事。

【注　釋】❶正晝　大白天。❷御　謂用車載。❸閨　宮中小門。❹刖跪　指被砍掉腳的看守宮門的人。刖，古代砍掉腳的一種酷刑。跪，足。❺裔敖　景公近侍，故晏子問之。❻天子大夫　「子」上「天」字當刪，王念孫《讀書雜志》有說。❼見戮　被侮辱。❽齊　通「躋」。❾隱君　當作「隱惡」。❿正　力役。

【語　譯】齊景公在大白天披頭散髮，駕著六匹馬拉的車子，載著婦人要出宮門。被砍掉腳的看門人打馬趕了回去，說：「你不是我們的國君。」景公感到很羞慚而不上朝。晏子看見裔敖就問他說：「國君為什麼不上朝？」回答說：「前些天國君在大白天披頭散髮，駕著六匹馬拉的車子，載著婦人要出宮門，被砍了腳的看門人打馬趕了回去，並且說：『你不是我們的國君。』國君羞慚而回，終究沒有出去，因此不上朝。」晏子入宮進見景公，景公說：「前些時我有過錯，披頭散髮，駕著六匹馬拉的車子要出宮門，被砍了腳的看門人打馬趕了回來，並且說：『你不是我們的國君。』我因為有您大夫的輔佐，才能率領百姓守衛宗廟，現在被一個砍了腳人侮辱，使社稷蒙羞，我還能躋身於諸侯之列嗎？」晏子回答說：「國君不必懊惱。我聽說：臣下如果沒有正直的言辭，君上就有隱惡；人民如果多諱忌而不言，國君就會有驕縱的行為。古時明君在位，臣下有正直的言辭；君上接受勸諫多行善事，人民就沒有不敢說的話。現在國君有了過失，守門人直言加以禁止，這是國君的福氣，所以我來慶賀。請賞賜他，以表明國君的好善；禮敬他，以表明國君接受勸諫。」景公笑著說：「這樣做可以嗎？」晏子說：「可以的。」於是下令給刖足守門人加倍的薪俸，免除力役，即使無事也可以隨時朝見。

第一九章

景公飲酒，移❶於晏子家，前驅報閭❷曰：「君至。」晏子被玄端❸，立於門曰：「諸侯得微有故❹乎？國家得微有故乎？君何為非時而夜辱❺？」公曰：「酒醴之味，金石❻之聲，願與夫子樂之。」晏子對曰：「夫布薦席陳簠簋❼者有人，臣不敢與焉。」公曰：「移於司馬穰苴❽之家。」前驅報閭曰：「君至。」司馬穰苴介冑操戟❾立於門曰：「諸侯得微有兵乎？大臣得微有叛者乎？君何為非時而夜辱？」公曰：「酒醴之味，金石之聲，願與夫子樂之。」對曰：「夫布薦席陳簠簋者有人，臣不敢與焉。」公曰：「移於梁丘據之家。」前驅報閭曰：「君至。」梁丘據左操瑟，右挈竽，行歌而至。公曰：「樂哉！今夕吾飲酒也。微彼二子者，何以治吾國？微此一臣者，何以樂吾身？」賢聖❿之君皆有益友，無偷樂之臣，景公弗能及，故兩用之，僅得不亡。

【注　釋】❶移　《晏子春秋・內篇・雜上》「移」上有「夜」字，是也。❷報閭　《晏子》作「款門」，疑本文「報」為「款」之字誤。閭，里巷之門，此泛指家門。❸被玄端　被，披。玄端，一種黑色禮服。❹故　事故；事變。❺辱　謂辱臨。❻金石　指鐘磬等樂器。❼布薦席陳簠簋　薦，席。簠簋皆食器，簠方而簋圓。❽司馬穰苴　田完之後，晏嬰薦之，敗晉、燕之師，景公尊為大司馬。事詳《史記》本傳。❾介冑操戟　披甲戴盔拿著戟。介，甲。冑，頭盔。此均作動詞用。❿賢聖　《晏子》「賢」上有「君子曰」三字。

【語譯】齊景公飲酒，一直飲到入夜，想轉移到晏子家繼續飲宴，衛士到晏子家敲門說：「國君到了。」晏子身著朝服，站在門口說：「諸侯莫非有什麼變故嗎？國家莫非有什麼大事嗎？國君為什麼在這個深夜時候駕臨呢？」公說：「美酒的滋味，金石的樂聲，願意和夫子共享。」晏子回答說：「鋪陳薦席，陳列食器，自有人侍候，臣不敢參與。」公說：「移到司馬穰苴家。」衛士敲門說：「國君到了。」司馬穰苴披甲戴盔手裡拿著戟說：「諸侯莫非發兵入侵嗎？大臣莫非有反叛的嗎？國君為什麼在這個深夜時候駕臨呢？」公說：「美酒的滋味，金石的樂聲，願意和夫子共享。」回答說：「鋪陳薦席，陳列食器，自有人侍候，臣不敢參與。」公說：「移到梁丘據家。」衛士敲門說：「國君到了。」梁丘據左手拿著瑟，右手拿著竽，邊走邊唱地迎了出來。公說：「今天晚上飲酒真快樂啊！要是沒有那兩位先生，靠誰來治理國家？沒有這一位侍臣，又有誰令我快樂？」賢能聖明的君主都只有益友而沒有苟且行樂的臣子，景公比不上，所以兩種人都用，僅僅能夠不致亡國而已。

第二〇章

吳以伍子胥❶、孫武❷之謀，西破強楚，北威齊、晉。南伐越，越王句踐❸迎擊之，敗吳於姑蘇，傷闔廬❹指，軍卻。闔廬謂太子夫差❺曰：「爾忘句踐殺而父乎？」夫差對曰：「不敢。」是夕，闔廬死。夫差既立為王，以伯嚭❻為太宰，習戰射。三年，伐越，敗於夫湫。越王句踐乃以兵五千人棲❼於會稽山上，使大夫種❽厚幣遺吳太宰嚭以請和，委國為臣妾。吳王將許之。伍子胥諫曰：「越王為人能辛苦。今王不滅，後必悔之。」吳王不聽，用太宰嚭計，與越平。其後五年，吳王聞齊景公死而大臣爭寵，新君弱，乃興師北伐齊。子胥諫曰：「不可。句踐食不重味，弔死問疾，且能用人，此人不死，必為吳患。今越腹心之疾，齊猶疥癬耳，而王不先越，乃務伐齊，不亦謬乎？」吳王不聽，伐齊，大敗齊師於艾陵，遂與鄒、魯之君會以歸，益疏子胥之言。其後四年，吳將復北伐齊。越王句踐用子貢之謀，乃率其眾以助吳，而重寶以獻遺太宰嚭。太宰嚭既數受越賂，其愛信越殊甚，日夜為言於吳王。王信用嚭之計。伍子胥諫曰：「夫越，腹心之疾，今信其游辭偽詐而貪齊，譬猶石田無所用之。〈盤庚〉曰：『古人有顛越不恭[9]。』是商所以興也。願王釋齊而先越；不然，將悔之無及也已。」吳王不聽，使子胥於齊，子胥謂其子曰：「吾諫王，王不我用，吾今見吳之滅矣！女與吾俱亡，無為也。」乃屬其子於齊鮑氏而歸報吳王。太宰嚭既與子胥有隙，因讒曰：「子胥為人剛暴少恩，其怨望[10]猜賊，為禍也深，恨前日王欲伐齊，子胥以為不可，王卒伐之而有大功。子胥計謀不用，乃反怨望。今王又復伐齊，子胥專愎強諫，沮毀[11]用事，徼幸[12]吳之敗以自勝其計謀耳。今王自行，悉國中武力以伐齊，而子胥諫不用，因輟[13]佯病不行。王不可不備，此起禍不難。且臣使人微伺之，其使齊也，乃屬其子於鮑氏。夫人臣內不得意，外交諸侯。自以先王謀臣，今不用，常怏怏。願王蚤圖之。」吳王曰：「微子之言，吾亦疑之。」乃使使賜子胥屬鏤⓮之劍，曰：「子以此死。」子胥曰：「嗟乎！讒臣宰嚭為亂，王顧⓯反誅我。我令若父霸，又若立時，諸子弟爭立，我以死爭之於先王，幾不得立。若既立，欲分吳國與我，我顧不敢當。然若之何聽讒臣殺長者！」乃告舍人⓰曰：「必樹吾墓上以梓，令可以為器⓱；而抉⓲吾眼著之吳東門，以觀越寇之滅吳也。」乃自刺殺。吳王聞之，大怒，乃取子胥尸盛以鴟夷⓳革，浮之江中。吳人憐之，乃為立祠於江上，因名曰胥山。後十餘年，越襲吳，吳王還與戰，不勝。使大夫行成⓴於越，不許。吳王將死曰：「吾以不用子胥之言至於此。令死者無知則已，死者有知，吾何面目以見子胥也！」遂蒙絮覆面而自刎。

【注釋】❶伍子胥　見〈尊賢〉第九章。❷孫武　即孫子。本齊國人，流寓吳國，以諳兵法得見吳王闔廬。吳王知其能，用為將，西破強楚，北威齊、晉，顯名於諸侯。所著《兵法》十三篇，被譽為兵學聖典，置於《武經七書》之首。❸越王句踐　見〈君道〉第二二章。❹闔廬　見〈尊賢〉第五章。❺夫差　春秋時吳國國君，闔廬子，西元前四九五～前四七二年在位。❻伯嚭　又稱太宰嚭。原為楚國人，為楚大夫伯州犁之孫。為人諂佞，極受夫差寵信。吳亡，被殺。❼棲　鳥所止宿曰棲。越為吳敗，依託於山林，故以鳥棲為喻。❽大夫種　越國大夫，姓文名種，原為楚國郢人，字伯禽。句踐滅吳，多得力於其謀劃。後為句踐所逼自殺。❾古人有顛越不恭　見《尚書・盤庚中》。「恭」下，當據《史記・伍子胥列傳》補「劓殄滅之，俾無遺育，無使易種于茲邑」十五字。顛，隕；墜落。越，越軌；違法。劓，割。殄，絕。俾，使。遺，遺留。育，通「冑」。後裔；後代。易，延續。又「古人」二字，〈伍子胥列傳〉無，當刪。❿怨望 心懷不滿。⓫沮毀 詆毀；誹謗。⓬徼幸 希望獲得意外的成功。⓭輟 下當據《史記・伍子胥列傳》補「謝」字。輟謝，辭謝也。⓮屬鏤 劍名。⓯顧 猶「乃」。竟然。⓰舍人 古王公貴官的侍從賓客、親近左右。⓱器 謂棺也。⓲抉 挖；挑出。⓳鴟夷 革囊。⓴行成 謀和；求和。

【語譯】吳國用伍子胥、孫武的計謀，西邊攻破了強楚，北邊威服了齊、晉。南邊討伐越國，越王句踐出兵迎戰，在姑蘇打敗吳國，闔廬的手指受傷，吳軍敗退。闔廬對太子夫差說：「你會忘記句踐殺了你的父親嗎？」夫差回答說：「不敢。」這天晚上，闔廬就死了。夫差繼承吳國王位以後，任用伯嚭為太宰，教民戰射，三年，討伐越國，在夫湫把越國打敗。越王句踐就率領敗軍五千人駐守在會稽山上，派大夫文種攜帶豐厚的禮物贈送吳國太宰嚭以求和，願意舉國降服為臣。吳王將要答應，伍子胥進諫說：「越王為人肯吃苦，現在大王不消滅他，將來一定要後悔。」吳王不聽，採納太宰嚭的建議，與越王締和。此後五年，吳王聽說齊景公死，大臣們互相爭寵，而新君又懦弱，就出兵北伐齊國。子胥進諫說：「不可以。句踐生活極為刻苦簡樸，和人民共甘苦，安慰喪家，探訪病人，並且又能用人，這個人一天不死，吳國的禍患就一天不能解除。現在越國才是心腹大患，齊國只不過像疥瘡，大王不先去攻滅越國，反而一心要伐齊，這不是錯誤嗎？」吳王不聽，還是去攻伐齊國，在艾陵大敗齊軍，於是同鄒國和魯國的國君會盟，回來以後，更加不重視子胥的意見。此後四年，吳國又要北伐齊國，越王句踐用子貢的計謀，率領他的軍隊去幫助吳國，並且送給太宰嚭貴重的寶物。太宰嚭既然多次接受越國的賄賂，對於越國也就更加相信愛護，日夜在吳王面前替越國講好話，吳王就相信採用太宰嚭的計畫。伍子胥進諫說：「那越國是吳國的心腹大患，現在相信那些無根無據騙人的話而去攻占齊國，齊國對於吳國就好像石田，一點用處也沒有。〈盤庚〉上說：『有狂亂違法不恭的，就滅絕他們，使他們沒有遺留下來的後代，不要使他們在這裡留下逆種。』這就是商朝所以興起的原因。希望大王放開齊國而先攻越國，不然後悔也來不及了。」吳王不聽，派子胥出使齊國。子胥對他的兒子說：「我勸諫君王，君王不接受我的意見，我現在就要看到吳國的滅亡了！你和我同死也沒有什麼道理。」於是就把他的兒子託付給齊國鮑氏，而自己回吳國向吳王覆命。太宰嚭既然和子胥有怨隙，就向吳王進讒言說：「子胥為人剛強急躁，刻薄少恩，他心懷不滿，懷疑忌害，一定造成很大的禍患。懷恨前些時大王想去攻伐齊國，子胥認為不可以，大王最後還是攻伐了，卻成了大功。子胥的計謀不被採用，反而心生不滿。現在大王又要伐齊，子胥專橫剛愎，強行進諫，詆毀當權的人，希圖吳國失敗，以顯示自己的計謀正確。現在大王自己集中全國的武力來攻伐齊國，而子胥因為勸諫不被採納，就假裝有病辭謝不去，大王不可以不防備，這種情況下很容易發生禍亂。並且我派人暗中監視他，他在出使到齊國的時候，竟然把兒子託付給鮑氏，留在齊國。作為國家大臣，在國內不得意，就和外國諸侯的人來往，自己以為是先王的謀臣，現在不被重用，心中常怏怏不樂。希望大王早作打算。」吳王說：「就是你不說，我也懷疑他了。」於是就派人賜給子胥屬鏤劍，說：「你用這把劍自殺。」子胥說：「唉！讒臣宰嚭作亂，大王反而殺我。我輔佐你的父親成就霸業，又當你被立為太子時，許多兄弟爭立，若不是我在先王面前以死力爭，你幾乎不得立。你既被立為太子，後來繼位，要把吳國分一部分給我，我卻不敢接受。然而你為什麼聽讒臣的話要殺掉老臣啊！」於是就告訴舍人說：「一定要在我的墓上種植梓樹，使之長大可以作棺；挖出我的眼睛掛在吳國東門上，以觀看越兵來滅亡吳國。」於是自殺而死。吳王知道了，非常生氣，就把子胥的屍體盛在皮囊裡，投進江中。吳國人同情他，就為他在江邊山上建一座祠堂，取名叫胥山。其後十多年，越國襲擊吳國，吳王回師同越兵作戰，戰敗，派大夫向越王求和，越王不許。吳王將死的時候說：「我因為不聽子胥的話才弄到這個地步，假如死者無知也就罷了，假若有知，我有什麼面目去見子胥啊！」就用棉絮蒙住自己的臉，自殺而死。

第二一章

齊簡公❶有臣曰諸御鞅，諫簡公曰：「田常❷與宰予❸，此二人者甚相憎也。臣恐其相攻，相攻雖叛而危之❹，不可。願君去一人。」簡公曰：「非細人之所敢議也。」居無幾何，田常果攻宰予於庭，賊簡公於朝，簡公喟然太息曰：「余不用鞅之言，以至此患也！」故忠臣之言，不可不察也。

【注釋】❶齊簡公　春秋時齊國國君，姓呂名壬，悼公子，一說為景公子。西元前四八四～前四八一年在位。❷田常　春秋時齊國正卿，即田成子，一作陳恒、陳成子。齊簡公時與闞止為左右相，不能相容，乃以大斗出貸小斗收還收攬人心。後攻闞止殺簡公。三傳至太公和，遂正式代齊。❸宰予　按與田常相爭被殺者，《左傳》哀公十四年作闞止，《史記・齊世家》作監止，闞止字子我，與孔子弟子宰予之字相同，遂誤為宰予也。說詳《說苑集證》。❹相攻雖叛而危之　疑「雖」當作「離」，「之」當作「上」。

【語譯】齊簡公有個臣子叫諸御鞅，勸諫簡公說：「田常和宰予這兩個人彼此憎恨，我恐怕他們互相攻擊。互相攻擊背離叛變而危害君上，這是不可以的。希望你在兩人當中去掉一個。」簡公說：「這不是小人應該議論的。」沒有過多久，田常果然在朝廷上擊殺宰予和殺害簡公。簡公歎息說：「我因為不聽諸御鞅的話才遭受這個禍患啊！」所以忠臣的話，不可以不察納。

第二二章

魯襄公❶朝荊，至淮，聞荊康王❷卒，公欲還，叔仲昭伯❸曰：「君之來也，為其威也，今其王死，其威未去，何為還？」大夫皆欲還，子服景伯❹曰：「子之來也，為國家之利也，故不憚勤勞，不遠道塗而聽於荊也，畏其威也。夫義人者，固將慶其喜而弔其憂，況畏而聘焉者乎？聞畏❺而往，聞喪而還，其誰曰非侮也？芈姓是嗣，王太子又長矣，執政未易，事君任政，求說❻其侮，以定嗣君而示後人，其讎滋大，以戰小國，其誰能止之？若從君而致患，不若違君以避難。且君子計而後行，二三子其計乎？有御楚之術，有守國之備則可，若未有也，不如行。」乃遂行。

【注 釋】❶魯襄公 見〈君道〉第四二章。❷荊康王 即楚康王，春秋時楚國國君，名招，一作昭。西元前五五九～前五四五年在位。❸叔仲昭伯 魯大夫叔仲惠伯之孫，叔仲帶也。❹子服景伯 當作「子服惠伯」，魯大夫仲孫佗之子子服椒也。❺聞畏 「畏」上「聞」字當刪，王引之《國語述聞》有說。❻說 通「脫」。猶除也。

【語 譯】魯襄公去朝見楚王，到了淮水，聽說楚康王去世，襄公想回頭不去了，叔仲昭伯說：「君此次前來，是懼怕楚王的威勢，現在楚王雖然去世，楚國的威權仍在，為什麼回去？」大夫們都想回去，子服景伯說：「你們來朝楚，為的是國家的利益，所以不怕辛苦，不嫌路遠，來聽命於楚王，是畏懼他的威勢啊！一個講義氣的人，本來就應該慶賀人家的喜事而弔慰人家的喪事，何況是因為害怕而聘問的呢？因為畏懼而去朝見，聽說人家國君去世就中途折返，有誰不認為是一種侮辱呢？繼承王位的還姓芈，太子又年長，執政也沒有換人，他們事奉楚王負責國政，想解除國家的恥辱，來安定新即位的國君並昭示後人，就會把魯國朝楚中途折返這個仇恨看得很嚴重，以大國來攻打小國，有誰能夠阻止？假若順從君意而招致禍患，不如違背君意以避過災難。並且君子行事，是先計畫好了然後再做，你們諸位都計畫好了嗎？有抵禦楚國的方法，有防守國家的準備倒還可以，假如沒有，不如還是去的好。」於是繼續前行。

第二三章

孝景皇帝❶時，吳王濞❷反。梁孝王中郎枚乘字叔聞之，為書諫王❸。其辭曰：

「君王之外臣❹乘，竊聞得全❺者全昌，失全者全亡。舜無立錐之地，以有天下；禹無十戶之聚，以王諸侯。湯、武之地方不過百里，上不絕三光❻之明，下不傷百姓之心者，有王術也。故父子之道，天性也；忠臣不敢避誅以直諫，故事無廢業而功流於萬世也。臣誠願披腹心而效愚忠，恐大王不能用之，臣誠願大王少加意念惻怛❼之心於臣乘之言。夫以一縷之任係千鈞之重，上懸之無極之高，下垂之不測之淵。雖甚愚之人，且猶知哀其將絕也。馬方駭而重驚之，係方絕而重鎮之；係絕於天不可後結，墜入深淵難以復出。其出不出，間不容髮。誠能用臣乘言，一舉必脫❽。必若所欲為，危如重卵❾，難於上天；變所欲為，易於反掌，安於太山。今欲極天命之壽，弊❿無窮之樂，保萬乘之勢，不出反掌之易，以居太山之安，乃欲乘重卵之危，走上天之難，此愚臣之所大惑也。人性有畏其影而惡其跡者，卻背而走無益也，不如就陰而止，影滅跡絕。欲人勿聞，莫若勿言；欲人勿知，莫若勿為。欲湯之冷，令一人炊之，百人揚之，無益也，不如絕薪止火而已。不絕之於彼，而救之於此，譬猶抱薪救火也。養由基⓫，楚之善射者也，去楊葉百步，百發百中。楊葉之小而加百中焉，可謂善射矣。所止乃百步之中耳，比於臣，未知操弓持矢也。福生有基⓬，禍生有胎⓭；納其基，絕其胎，禍何從來哉！泰山之溜⓮穿石，引繩久之乃以挈⓯木。水非石之鑽，繩非木之鋸也，而漸靡使之然。夫銖銖⓰而稱之，至石⓱必差，寸寸而度之，至丈必過。石稱丈量，徑而寡失。夫十圍之木，始生於蘖⓲，可引而絕，可擢⓳而拔，據其未生，先其未形。磨礱⓴砥礪，不見其損，有時而盡；種樹畜長，不見其益，有時而大；積德修行，不知其善，有時而用；行惡為非，棄義背理，不知其惡，有時而亡。臣誠願大王熟計而身行之，此百王不易之道也。」吳王不聽，卒死丹徒。

【注釋】❶孝景皇帝　漢景帝，名啟，文帝子，西元前一五七～前一四一年在位。即位後，對內繼續實行與民休養生息政策，重農抑商，興辦水利，發展農業生產；對外反擊匈奴侵擾。社會經濟呈現繁榮景象，海內殷富。❷吳王濞　（西元前二一五～前一五四年）高祖兄劉仲之子。高祖十一年，封沛侯。十二年，立於沛為吳王。景帝三年，濞以誅鼂錯為名，聯合楚、越等七國反，後被人刺死。❸梁孝王中郎枚乘字叔聞之二句　梁孝王，見〈尊賢〉第三章。中郎，官名，秦置，漢沿用，擔任宮中護衛、侍從。枚乘（西元前?～前一四〇年），字叔，淮陰人，西漢辭賦家。景帝時為吳王郎中，吳王謀反，上書諫阻，不聽，與鄒陽等去梁，梁孝王尊為上客。吳、楚七國反時，又上書諫吳王，又不聽。七國亂平，從此知名。景帝召拜為弘農都尉，後以病去官。武帝時復召之，卒於途中。❹外臣　古代大夫和士人對別國的君主自稱，此時枚乘任梁孝王中郎，故對吳王劉濞自稱外臣。❺得全　謂人臣事君之禮，周全無失。❻三光　指日、月、星。❼惻怛　同情；哀憐。惻，傷痛。怛，悲傷。❽脫　謂免於禍。❾危如重卵　危險得像疊起的蛋極易倒塌打碎。比喻情況非常危險。如，猶於也。❿弊　猶盡也。⓫養由基　春秋楚國大夫，善射，百步射柳葉，百發百中。晉、楚戰於鄢陵，養由基蹲甲而射，穿透七札。⓬基　始也。⓭胎　事物的基始、根由。⓮溜　水流。⓯絜　通「契」、「鍥」。刻也。⓰銖　古代重量單位。漢代以一百黍的重量為一銖。《漢書．律曆志》：「二十四銖為兩，十六兩為斤。」⓱石　百二十斤。⓲蘖　樹木的嫩芽。⓳擢　抽；拔。⓴礱　磨。

【語　譯】孝景皇帝時吳王濞造反，梁孝王中郎枚乘聽到了，就上書諫吳王，其辭說：「君王的外臣乘聽說：人臣事君的禮節如果周全無失，聲名地位就都能昌盛；人臣事君的禮節如果不能周全無失，聲名地位那就都失去了。舜當初連立錐之地都沒有，結果有了整個天下；禹當初沒有十戶人家，結果統治諸侯各國。商湯和周武王的土地縱橫不超過百里，但是上面沒有斷絕過日月星辰的光明，下面沒有傷害過老百姓的心，這是因為統治有方啊！所以父子之情是一種天性。忠臣不敢逃避誅戮而用直言勸諫，因而事業不廢棄，功業流傳萬代。臣實在願意披肝瀝膽報效愚忠，但恐怕大王不能採用；臣非常希望大王能對臣所說的話稍加留意同情。用一根細線繫上千萬斤重的東西，上端懸掛在極高極高之處，下端垂到很深很深的深淵，就是再愚笨的人也知道擔心它將要斷了。馬正在受驚駭，卻再加以驚擾；繫東西的線正要斷了，卻再加重它的壓力。在極高的上頭線斷了，不可能再接上；下頭的東西掉進了深淵，也難以再把它弄出來。它能出或者不能出，只是毫髮之差啊！如果真能採納臣乘的話，一舉就必能免於災禍。一定如你所想的去做，比重疊的雞蛋還危險，比登天還困難；改變你的想法做法，那就比反轉手掌還容易，比太山還安穩。如今你想獲得最高的年壽，享盡無窮的快樂，保住萬乘之國的威勢，這不超出像反轉手掌那樣容易，並且也像處於太山那樣安穩；可是你竟然選擇那如同累卵的危險，走比上天還難的道路，這是愚臣我所大惑不解的。有人厭惡自己的影子，倒退著走路，沒有用處，不如停在陰處，影子自然就沒有了。想叫別人聽不到，不如不說；想叫別人不知道，不如不做。想開水冷卻，卻叫一個人去燒火，就是叫一百個人去扇也不能使水冷卻，不如抽掉薪柴，把火熄掉，水就自然冷了。不在鍋底下抽薪斷火，卻在鍋面上揚湯止沸，這就好像抱著薪柴去救火一樣。養由基是楚國一位善於射箭的人，距離楊樹葉子一百步，百發百中。以楊葉那樣細小，而能夠百發百中，可以說是善於射箭的了；但也只不過在百步之內罷了，比起臣乘每言必中來，他可以說是還不懂得拉弓射箭呢！幸福之所以產生，有它的開始，災禍之所以發生，也有它的根由，如果接納它的開始，斷絕它的根由，那麼災禍還從那兒來！泰山上的水流，可以把石頭滴穿，繩子來回不停拉，可以將木頭拉斷。水不是鑿石的鑽子，繩子也不是斷木的鋸子，是逐漸磨損使它們變成這樣的。東西一銖一銖地去稱它，到一石的時候必定有差錯；東西一寸一寸地去量它，到一丈的時候必定會失誤。如果整石來稱，整丈來量，既直接了當，又很少有差失。那十圍粗的大樹，由小芽開始生長，可以把它拉斷，可以把它拔起，這是當它還沒有長大，還沒有成形的時候。磨石的使用，看不出它的損耗，但總有一天會損耗光；栽種樹苗培養它，看不出它的增長，但總有一天會長大；累積善德、修養品行，看不出它的好處，但總有用得著的時候；為非作歹、背棄理義，看不出它的罪惡，但總有敗亡的一天。臣誠心希望大王仔細考慮，然後身體力行，這是歷代帝王行事不變的法則。」吳王不聽，終於死在丹徒。

第二四章

吳王欲從民飲酒，伍子胥❶諫曰：「不可。昔白龍下清泠❷之淵化為魚，漁者豫且射中其目，白龍上訴天帝，天帝曰：『當是之時，若安置而形？』白龍對曰：『我下清泠之淵化為魚。』天帝曰：『魚固人之所射也，若是，豫且何罪？』夫白龍，天帝貴畜也，豫且，宋國殘臣也。白龍不化，豫且不射。今棄萬乘之位，而從布衣之士飲酒，臣恐其有豫且之患矣。」王乃止。

【注釋】❶伍子胥　見〈尊賢〉第九章。❷清冷　冷，當作「泠」。清泠，水名。

【語譯】吳王想跟老百姓一起去飲酒，伍子胥勸諫說：「不可以。從前白龍下降到清泠之淵，變化成一條魚，漁夫豫且射中了牠的眼睛，白龍向天帝申訴，天帝說：『當那個時候，你是怎樣安置你的形體呢？』白龍回答說：『我下降到清泠之淵，變化成魚。』天帝說：『魚本來就是人射殺的目標，像這樣，豫且有什麼罪呢？』那白龍，是天帝的貴畜；豫且，是宋國的卑賤臣子。白龍不變化成魚，豫且不會射牠。現在您拋棄一國之君的地位而跟老百姓去飲酒，我擔心您將有像白龍被豫且所射一樣的災難了。」吳王於是放棄了想跟老百姓一起飲酒的計畫。

第二五章

孔子曰：「良藥苦於口利於病，忠言逆於耳利於行。」故武王諤諤❶而昌，紂嘿嘿❷而亡。君無諤諤之臣，父無諤諤之子，兄無諤諤之弟，夫無諤諤之婦，士無諤諤之友，其亡可立而待。故曰：君失之，臣得之；父失之，子得之；兄失之，弟得之；夫失之，婦得之；士失之，友得之。故無亡國破家，悖❸父亂子，放兄棄弟，狂夫淫婦，絕交敗友。

【注釋】❶諤諤　直言貌。❷嘿嘿　同「默默」。❸悖　逆亂。

【語譯】孔子說：「良藥苦得難於進口，但有利於治病；忠言聽起來不順耳，但有利於行事。」所以周武王因為有直言不諱的臣子，國家才得以昌盛；商紂因為大臣們默默不敢講話，國家才因此滅亡。國君沒有直言不諱的大臣，父親沒有直言不諱的兒子，哥哥沒有直言不諱的弟弟，丈夫沒有直言不諱的妻子，士人沒有直言不諱的朋友，他們的失敗馬上就會來到。所以國君有失誤，大臣去匡正；父親有失誤，兒子去匡正；哥哥有失誤，弟弟去訂正；丈夫有失誤，妻子去訂正；士人有失誤，朋友去糾正。因此才不會有滅亡的國和破敗的家、悖亂的父親和忤逆的兒子、放縱的哥哥和可厭的弟弟、狂亂的丈夫和淫蕩的婦人、應該斷絕的交誼和有害的朋友。

第二六章

晏子復於景公曰❶：「朝居嚴乎？」公曰：「朝居嚴，則曷害於治國家哉？」晏子對曰：「朝居嚴則下無言，下無言則上無聞矣。下無言則謂之喑❷，上無聞則謂之聾。聾喑，則非害治國家如何也？且合菽❸粟之微，以滿倉廩，合疏縷❹之緯，以成幃幕；太山之高，非❺一石也，累卑然後高也。夫治天下者非用一士之言也，固有受而不用，惡有距❻而不入者哉？」

【注　釋】❶晏子復於景公曰　晏子、景公，並見〈君道〉第一八章。本章晏子所言與〈政理〉第四章公叔文子所言類似。❷喑　通「瘖」。默也；啞也。❸菽　豆的總稱。❹疏縷　一條條絲線。❺非　下當補「用」字。❻距　同「拒」。

【語　譯】晏子問景公說：「君王在朝廷上很嚴厲嗎？」景公說：「在朝廷上嚴厲，那麼對於治理國家有什麼害處呢？」晏子回答說：「在朝廷上很嚴厲，那麼臣下就不敢講話；臣下不敢講話，那麼君上就什麼也聽不到了。臣下不敢講話叫做啞，君上聽不到叫做聾。聾和啞那不是有害於治理國家是什麼呢？況且聚合微少的豆米，可以堆滿倉庫；聚合一條條的絲線，可以織成帳幕。高大的太山不是一塊石頭堆積成的，從低處堆起，然後越堆越高。治理天下，不能只聽一個人的話，固然有接受而不用的，但那有拒絕人家不讓人家講話的呢？」

卷一〇

敬慎

【題解】《釋名・釋言語》：「敬，警也。」敬是警惕、戒懼；慎是謹慎、慎重。敬慎，就是戒懼謹慎。本卷共三十三章，直接的理論說明和教訓約占四分之一，其餘的則為歷史人物的言行和軼事。主要的內容在兩方面：第一是論述「敬慎」的重要和應該遵守的行為準則，如第一章開宗明義即指出一個人的存亡禍福，最重要的關鍵就在於他本身的行為，所以聖人重視警惕自己的言行，尤其是那些容易疏忽的事。第八章說：「戒之慎之」，又說：「日夜慎之，則無害災」。第九章則指出懈怠疏忽常常產生在事情接近成功之際，所以要「慎終如始」。第二四章記孔子在周廟見金人三緘其口，因而告誡弟子要行身戒懼。第三〇章又引孔子告顏回「恭、敬、忠、信，可以為身」。在行為方面則主張謙下，不可驕傲自滿（第三、四、二〇章）；要守柔道，避免剛強（第五、六、七章）；第二九和三一章則指出許多具體的行為準則。第二是指出無論是天子、諸侯治理天下國家，或者是官員任官行政，或者是一般人的立身處世都要戒懼謹慎。如果能夠戒懼警惕，雖然有禍，也可能消災弭禍，轉禍為福；不然的話，必然招致災禍。文中列舉許多歷史人物的行事作為實證。

第一章

存亡禍福，其要在身。聖人重誡，敬慎所忽。〈中庸〉曰：「莫見❶乎隱，莫顯乎微。故君子能慎其獨也。」諺曰：「誡無詬，思無辱。」夫不誡不思而以存身全國者亦難矣。《詩》曰：「戰戰兢兢，如臨深淵，如履薄冰❷。」此之謂也。

【注釋】❶見　現也。❷戰戰兢兢三句　見《詩經・小雅・小旻》。戰戰，恐懼貌。兢兢，戒謹貌。

【語譯】存亡禍福，最重要的在一個人的本身。聖人重視自我警戒，對於可能疏忽的事特別警惕謹慎。〈中庸〉上說：「沒有比隱暗處更容易顯現，也沒有比細微的事物更顯著，所以君子在獨處時要特別謹慎。」諺語說：「警戒就沒有詬病，慎思才沒有恥辱。」如果不警戒不慎思而能夠保全自己和國家，實在是很難的。《詩經》上說：「小心謹慎，好比走近深淵，好比踩在薄冰上面。」就是說的這個道理。

第二章

昔成王❶封周公❷，周公辭不受，乃封周公子伯禽❸於魯。將辭去，周公戒之曰：「去矣，子其無以魯國驕士矣！我，文王之子也，武王之弟也，今王之叔父也，又相天子，吾於天下亦不輕矣，然嘗一沐❹而三握髮，一食而三吐哺❺，猶恐失天下之士。吾聞之曰：『德行廣大而守以恭者，榮；土地博裕而守以儉者，安；祿位尊盛而守以卑者，貴；人眾兵強而守以畏者，勝；聰明叡❻智而守以愚者，益；博聞多記而守以淺者，廣。』此六守者皆謙德也。夫貴為天子，富有四海，不謙者先❼天下，亡其身，桀、紂❽是也，可不慎乎？故《易》曰：『有一道，大足以守天下，中足以守國家，小足以守其身❾。』謙之謂也。夫天道毀滿而益謙，地道變滿而流謙，鬼神害滿而福謙，人道惡滿而好謙❿。是以衣成則缺衽，宮⓫成則缺隅，屋成則加錯⓬，示不成者天道然也。《易》曰：『謙，亨，君子有終，吉⓭。』《詩》曰：『湯降不遲，聖敬日躋⓮。』其戒之哉，子其無以魯國驕士矣！」

【注釋】❶成王　見〈君道〉第三章。❷周公　見〈君道〉第八章。❸伯禽　見〈君道〉第三章。❹沐　洗髮。❺哺　口中所含食物。❻叡　明智。❼先　當作「失」，形誤。❽桀紂　並見〈君道〉第二八章。❾有一道四句　《周易》無此文。❿夫天道四句　見《易經・謙卦・彖傳》。「滿」字皆作「盈」，本書蓋避漢惠帝諱而改也。⓫宮　廟也。⓬加錯　不詳其義。⓭謙四句　《易經・謙卦》卦辭。⓮湯降不遲二句　見《詩經・商頌・長發》。鄭《箋》：「湯之下士尊賢甚疾，其聖敬之德日進。」躋，升；進。

【語　譯】從前周成王封周公，周公辭謝不接受，於是封周公的兒子伯禽到魯國。伯禽辭行要走的時候，周公告誡他說：「去吧，可是你千萬不要仗著自己是魯國國君就對士人驕傲啊！我是文王的兒子，武王的弟弟，當今成王的叔父，又輔佐天子，我在天下的地位不算輕了，然而我曾經洗一次頭而多次握著髮會客，吃一頓飯而多次吐出食物去見客，這樣，還唯恐失去天下的賢士。我聽說：『德行廣大而持守恭敬的會得到榮耀；土地博大富裕而持守節儉的會得到安定；俸祿名位豐厚崇高而持守謙卑的會得到尊貴；人眾兵強而持守戒懼的會得到勝利；聰敏明智而持守愚拙的會得到好處；博聞多記而持守淺薄的會得到廣博的知識。』這『六守』，都是謙虛的德行。一個人即使尊貴為天子，富有四海，如果不謙虛，將會失去天下滅亡自己，桀、紂就是例子，能不謹慎嗎？所以《易經》上說：『有一種道，大可以守住天下，中可以守住國家，小可以守住自己。』這說的就是謙虛。那天道毀損盈滿的，幫助謙遜的；地道缺損盈滿的，增多謙遜的；鬼神降災盈滿的，降福謙遜的；人道厭惡盈滿的，喜好謙遜的。所以衣服成了就缺衣襟，廟宇成了就缺一角，屋子成了就加錯，這是表示不圓滿本來就是天道如此啊。《易經》上說：『謙虛謹慎，萬事皆通，君子能保持長久，吉。』《詩經》上說：『商湯非常注重下士尊賢，所以他的聖明莊敬的德行，天天進步。』要以此為戒啊，你千萬不要仗著魯國向士人驕傲！」

第三章

孔子❶讀《易》至於「損」、「益」，則喟然而歎。子夏避席而問曰：「夫子何為歎？」孔子曰：「夫自損者益，自益者缺❷，吾是以歎也。」子夏曰：「然則學者不可以益乎？」孔子曰：「否。天之道，成者未嘗得久也。夫學者以虛受之，故曰：『得❸，苟接知持滿，則天下之善言不得入其耳矣。』昔堯❹履天子之位，猶允恭以持之，虛靜以待下，故百載以逾盛，迄今而益章。昆吾❺自臧而滿意，窮高而不衰，故當時而虧敗，迄今而愈惡。是非損益之徵與？吾故曰：『謙也者，致恭以存其位者也。』夫豐明而動故能大❻，苟大則虧矣，吾戒之。故曰：『天下之善言不得入其耳矣。』日中則昗❼，月盈則食❽，天地盈虛，與時消息❾。是以聖人不敢當盛升輿，而遇三人則下，二人則軾❿，調其盈虛，故能長久也。」子夏曰：「善，請終身誦之。」

【注　釋】❶孔子　見〈君道〉第五章。❷夫自損者益二句　「缺」字《孔子家語．六本》作「決」，缺、決皆通「夬」。《易經》「損」卦後是「益」卦，「益」卦後是「夬」卦，故曰「自損者益，自益者缺」。❸故曰二句　「故曰」下「得」字疑涉下文「不得」字衍，當刪。❹堯　見〈君道〉第六章。❺昆吾　陸終氏生六子，長曰昆吾，名樊，己姓，封昆吾，故以為號。昆吾氏夏朝時嘗為侯伯，帝桀時為湯所滅。❻夫豐明句　「豐」卦下卦是「離」，表示明；上卦是「震」，表示動；光明而活躍，所以能豐盛。❼昗　同「昃」。側也；日偏西。❽食　通「蝕」。日月虧損叫蝕。❾消息　消長。❿軾　車前橫木，乘車者表示敬禮，則俯而憑之。亦作「式」。

【語　譯】孔子讀《易》讀到「損」卦和「益」卦的時候，就長聲歎息。子夏起身離座問孔子說：「老師為什麼歎息？」孔子說：「那自以為不足的人會得益，自滿的人會有缺失。我因此歎息啊。」子夏說：「這樣的話，那麼求學也不可以因為得到知識而感到滿足嗎？」孔子說：「不是這樣說。自然之道，凡是成功的事物，從來不曾長久的。那求學的，一定要用虛心去接受。所以說：『一個人如果用自滿的態度去接受知識，那麼他就聽不到天下的善言了。』從前堯即天子之位，仍然持身誠實恭敬，虛靜待下，所以他的德行，即使過了百年卻逾加昌盛，到了今天格外彰明。昆吾自己說自己好，對自己非常滿意，認為自己會永遠處在顛峰狀態而不衰竭，所以當時就遭到虧敗，到今天更加被人所憎惡。這不就是是非損益的表徵嗎？所以我說：『謙虛是用恭敬謹慎來保存自己的地位。』那『豐卦』光明而活躍，所以能豐盛；但是如果太豐盛，就要虧損了。我以此為戒。所以說：『天下的善言不能進入他的耳中了。』太陽到了正中就要偏西，月亮圓了就要虧缺。天地之間的盈虛，跟隨時間在消長。所以聖人不敢當著很多人面前上車，碰到三個人就下車致敬，碰到兩個人就憑軾行禮，這是調和它的盈虛，所以能夠長久。」子夏說：「好，我一定終身記得它。」

第四章

孔子觀於周廟而有欹器❶焉，孔子問守廟者曰：「此為何器？」對曰：「蓋為右坐之器❷。」孔子曰：「吾聞右坐之器，滿則覆，虛則欹，中則正，有之乎？」對曰：「然。」孔子使子路取水而試之，滿則覆，中則正，虛則欹。孔子喟然歎曰：「嗚呼，惡有滿而不覆者哉！」子路曰：「敢問持滿有道乎？」孔子曰：「持滿之道，挹❸而損之。」子路曰：「損之有道乎？」孔子曰：「高而能下，滿而能虛，富而能儉，貴而能卑，智而能愚，勇而能怯，辯而能訥❹，博而能淺，明而能闇，是謂損而不極。能行此道，唯至德者及之。《易》曰：『不損而益之，故損；自損而終，故益❺。』」

【注釋】❶欹器　古代的一種傾斜不正，容易傾覆的器具。古人置此器以自我警惕。欹，傾斜。❷右坐之器　言人君可置於坐右以為戒也。❸挹　與「抑」同。❹訥　出言遲頓。❺不損而益之四句　《易經・損》九二：「弗損益之。」又〈序卦〉：「損而不已，必益。」《困學紀聞・一》謂此是《易經》佚文。

【語 譯】孔子到周廟參觀看到有件攲器，孔子問守廟的人說：「這是什麼器物？」守廟的人說：「乃是右坐之器。」孔子說：「我聽說右坐之器滿了就翻覆，空了就傾斜，適中就不偏不斜，是這樣嗎？」回答說：「是的。」孔子叫子路拿水來試驗，果然滿了就翻覆，適中就不偏不倚，空了就傾斜。孔子歎息說：「唉，那有滿了能不傾覆的！」子路說：「請問保持盈滿有方法嗎？」孔子說：「保持盈滿的方法就是貶抑減損。」子路說：「減損有方法嗎？」孔子說：「高的能低一點，滿的能空一點，富裕的能節儉一點，尊貴的能卑賤一點，聰明的能愚昧一點，勇敢的能膽怯一點，善辯的能遲頓一點，淵博的能淺薄一點，明察的能糊塗一點；這就是說凡事加以損抑不要太滿，能按這個辦法做的，只有德行最好的人才達得到。《易經》上說：『不減損而增益，所以受到損失；自行減損，又能始終如一，所以得益。』」

第五章

常摐❶有疾，老子❷往問焉，曰：「先生疾甚矣，無遺教可以語諸弟子者乎？」常摐曰：「子雖不問，吾將語子。」常摐曰：「過故鄉而下車，子知之乎？」老子曰：「過故鄉而下車，非謂其不忘故邪？」常摐曰：「嘻！是已❸。」常摐曰：「過喬木❹而趨，子知之乎？」老子曰：「過喬木而趨，非謂❺敬老耶？」常摐曰：「嘻！是已。」張其口而示老子曰：「吾舌存乎？」老子曰：「然。」「吾齒存乎？」老子曰：「亡。」常摐曰：「子知之乎？」老子曰：「夫舌之存也，豈非以其柔耶？齒之亡也，豈非以其剛耶？」常摐曰：「嘻！是已。天下之事已盡矣，何以復語子哉！」

【注釋】❶常摐 老子師。❷老子 相傳為春秋時思想家，道家的創始人。一說即老聃，姓李名耳，字伯陽。❸是已 是矣。❹喬木 高大的樹木。❺非謂 下當有「其」字，與上文一律。

【語譯】常摐有病，老子去問候，說：「先生的病很重了，沒有遺教交代給我們這些弟子嗎？」常摐說：「就是你不問，我也會交代你們的。」常摐說：「經過故鄉要下車，你知道為什麼嗎？」老子說：「經過故鄉要下車，不是說人應該不忘本嗎？」常摐說：「啊！對了。」常摐說：「經過高大的樹木要小步急行，你知道為什麼嗎？」老子說：「經過高大的樹木要小步急行，不是說人應該尊敬老人嗎？」常摐說：「啊！對了。」常摐張開了嘴對老子說：「我的舌頭還在嗎？」老子說：「在。」「我的牙齒還在嗎？」老子說：「沒有了。」常摐說：「你知道為什麼嗎？」老子說：「舌頭的能存在，豈不是因為它柔軟嗎？牙齒的脫落，豈不是因為它剛強嗎？」常摐說：「啊！對了。天下的事理全都在這裡了，沒有什麼要再告訴你們的了！」

第六章

韓平子問於叔向❶曰：「剛與柔孰堅？」對曰：「臣年八十矣，齒再墮而舌尚存。老聃有言曰：『天下之至柔，馳騁乎天下之至堅。』❷又曰：『人之生也柔弱，其死也剛強；萬物草木之生也柔脆，其死也枯槁。因此觀之，柔弱者，生之徒也；剛強者，死之徒也❸。』夫生者毀而必復，死者破而愈亡，吾是以知柔之堅於剛也。」平子曰：「善哉！然則子之行何從？」叔向曰：「臣亦柔耳，何以剛為？」平子曰：「柔無乃脆❹乎？」叔向曰：「柔者，紐❺而不折，廉❻而不缺，何為脆也？天之道，微者勝。是以兩軍相加，而柔者克之；兩仇爭利，而弱者得焉。《易》曰：『天道虧滿而益謙，地道變滿而流謙，鬼神害滿而福謙，人道惡滿而好謙❼。』夫懷謙不足之柔弱而四道❽者助之，則安往而不得其志乎？」平子曰：「善。」

【注釋】❶叔向 見〈貴德〉第一五章。❷老聃有言曰三句 見《老子》第四三章。老聃，老子。見前章。馳騁，是攻擊貫穿的意思。❸人之生也柔弱九句 見《老子》第七六章。枯槁，乾燥。徒，類也。❹脆 易斷易碎。❺紐 與「扭」同。擰也；轉動。❻廉 借為貶。《說文》：「貶，損也。」❼天道虧滿而益謙四句 見《易經．謙卦．彖傳》。❽四道 指上文天道、地道、鬼神、人道。

【語譯】韓平子問叔向說：「剛強的和柔弱的那一個比較堅固？」回答說：「我年紀已經八十歲了，牙齒一再的掉落，而舌頭還存在，老聃有言說：『天下最柔弱的能夠貫穿天下最堅強的。』又說：『人活著時候是柔弱的，死了以後就變得僵硬；萬物草木活著的時候也是柔脆的，死了以後就變得乾燥堅硬。由此看來，柔弱的是生存的一類，剛強的是死亡的一類。』那有生命力的受毀壞一定會恢復，死了的受毀壞就更加壞了，我因此知道柔弱的比剛強的更加堅固。」平子說：「講得好啊！然而你的行為何去何從呢？」叔向說：「我用的也是柔弱之道，何必要剛強呢？」平子說：「柔弱不是容易斷容易碎嗎？」叔向說：「柔弱的東西擰它不斷，弄它不壞，怎麼會容易斷容易碎呢？微弱的獲勝，這是天道。所以兩軍相遇，柔弱的一方獲勝；兩仇相爭，柔弱的一方獲利。《易經》上說：『天道毀損盈滿的，幫助謙遜的；地道缺損盈滿的，增多謙遜的；鬼神降災盈滿的，降福謙遜的；人道厭惡盈滿的，喜好謙遜的。』抱著謙虛不足的柔弱，而天地鬼神和人都幫助他，那麼無論他到那裡去還能不得志嗎？」平子說：「是的。」

第七章

桓公曰：「金剛則折，革剛則裂，人君剛則國家滅，人臣剛則交友絕。」夫剛則不和，不和則不可用。是故四馬不和，取道不長；父子不和，其世破亡；兄弟不和，不能久同；夫妻不和，家室大凶。《易》曰：「二人同心，其利斷金❶。」由不剛也。

【注釋】❶二人同心二句　見《易經・繫辭上》。

【語譯】桓公說：「金屬太堅硬就容易折斷，皮革太堅硬就容易裂開；人君太剛強，國家就容易被滅亡；人臣太剛強，朋友就容易絕交。」因為太剛強，就不和順，不和順就不能用。所以四馬不和順，車子就走不遠；父子不和順，他們的世系就要破亡；兄弟不和順，不能長久相處；夫妻不和順，家庭就要破敗。《易經》上說：「兩個人同心一德，就像利刃可以割斷金屬。」這就是由於他們能夠不剛強。

第八章

《老子》曰：「得其所利，必慮其所害；樂其所成，必顧其所敗❶。」人為善者，天報以福；人為不善者，天報以禍也。故曰：「禍兮福所倚，福兮禍所伏❷。」戒之慎之。君子不務，何以備之？夫上知天則不失時，下知地則不失財。日夜慎之，則無害災。

【注釋】❶得其所利四句　今本《老子》無此語。❷禍兮福所倚二句　見《老子》第五八章。

【語譯】《老子》說：「得到它的利益，一定也要想到它的害處；喜見它的成功，也一定要想到它的失敗。」一個人做好事，老天會降福給他；一個人做壞事，老天也一定降禍給他。所以說：「禍，可能就是得福的憑藉；福，可能正埋伏著禍端。」要戒懼謹慎。君子不專心致力於這一方面，怎麼去防備災禍呢？上知天道，就不會失時；下知地利，就不會失財；日夜戒慎，就沒有災害。

第九章

曾子❶有疾，曾元抱首，曾華抱足❷。曾子曰：「吾無顏氏❸之才，何以告汝？雖無能，君子務益。夫華多實少者，天也；言多行少者，人也。夫飛鳥以山為卑而層❹巢其巔，魚鱉以淵為淺而穿穴其中，然所以得者，餌也。君子苟能無以利害身，則辱安從至乎？」官怠於宦成，病加於少愈，禍生於懈惰，孝衰於妻子。察此四者，慎終如始。《詩》曰：「靡不有初，鮮克有終❺。」

【注釋】❶曾子　見〈建本〉第七章。❷曾元抱首二句　曾元、曾華，曾子之子。❸顏氏　指顏淵，孔子弟子，博學高材。❹層　借為「增」。❺靡不有初二句　見《詩經・大雅・蕩》。

【語譯】曾子有病，曾元抱著他的頭，曾華抱著他的腳，曾子說：「我沒有顏淵那樣的才學，拿什麼告訴你們呢？我雖然沒有才能，但君子務必有益於人。開花多而果實少，那是自然；說得多做得少，那是人。飛鳥以為山低，在山頂上築巢；魚鱉以為淵淺，在泥裡穿洞；然而還是被人捕獲，是因為貪吃餌食的緣故。君子假如能夠不拿利益來害自己，那麼恥辱從那裡來呢？」做官的人，剛剛有些成就就懈怠了；生病的人，病剛剛好些就可能更加重了；災禍的產生，由於懈惰；孝道的衰退，由於有了妻子。細心體會這四點，謹慎而行，有始有終。《詩經》上說：「當初沒有不好善道的，但是很少能夠貫徹始終。」

第一〇章

單快曰：「國有五寒，而冰凍不與焉。一曰政外❶，二曰女厲❷，三曰謀泄，四曰不敬卿士而國家敗，五曰不能治內而務外。此五者一見，雖祠無福，除禍必得，致福則貸❸。」

【注釋】❶外 外變，謂帝王寵幸的臣子。❷女厲 厲，災禍。女禍，謂寵信女子而敗壞國事。❸貸 差錯。

【語譯】單快說：「國家有五寒，而冰凍不在其內：一是政事被寵幸的臣子所把持，二是女禍，三是計謀外洩，四是不敬重大臣而國家敗亡，五是不理內政而勤於向外攻伐。這五樣只要有其中一樣，縱使祭神也不會得福，除掉這個禍，仍會有別的禍，求福也會發生差錯。」

第一一章

孔子曰：「存亡禍福，皆在己而已。天災地妖亦不能殺也。昔者殷王帝辛❶之時，爵❷生烏於城之隅，工人占之曰：『凡小以生巨，國家必祉❸，王名必倍。』

帝辛喜爵之德，不治國家，亢❹暴無極，外寇乃至，遂亡殷國。此逆天之時，詭❺福反為禍。至殷王武丁之時❻，先王道缺，刑法弛，桑穀❼俱生於朝，七日而大拱。工人占之曰：『桑穀者野物也，野物生於朝，意朝亡乎？』武丁恐駭，側身❽修行，思昔先王之政，興滅國，繼絕世，舉逸民，明養老之道。三年之後，遠方之君重譯而朝者六國。此迎天時，得禍反為福也。故妖孽者，天所以警天子諸侯也；惡夢者，所以警士大夫也。故妖孽不勝善政，惡夢不勝善行也。至治之極，禍反為福。故太甲❾曰：『天作孽，猶可違，自作孽，不可逭❿。』

【注　釋】❶帝辛　即商紂。見〈君道〉第二八章。❷爵　通「雀」。❸祉　福。❹亢　大；極。《太平御覽・九二〇》引作「凶」。❺詭　求也。❻至殷王武丁之時　武丁在前，不得言「至」。《孔子家語・五儀解》云：「又其先世太戊之時。」雖太戊、武丁不同，於文為順。❼桑穀　二木名。穀又名楮、構。古時迷信，以桑穀二木生於朝為不祥之兆。說詳《集證》。❽側身　戒慎恐懼，不能安其身。❾太甲　商湯嫡孫，太丁之子，即位後不遵湯法，縱欲敗德，伊尹放之於桐宮。三年，悔過自責，努力向善，伊尹迎歸，復位於亳。❿天作孽四句　見《古文尚書・太甲中》。逭，逃也。

【語　譯】孔子說：「存亡禍福，都取決於自己的作為，縱有天災地妖，也不能殺害你。從前商紂的時候，麻雀在城角生出一隻烏鴉，工人占卜說：『凡是小動物生出較大的動物，國家一定得福，王的名聲一定更好。』帝辛相信雀生烏將會得福，就荒廢國事，兇暴到極點，外患於是來了，就滅亡了殷國。這是違背天時，求福反而得禍。殷王武丁的時候，先王的大道不行，刑法廢弛，桑穀都生長在朝廷裡，七天就長成合手粗。工人占卜說：『桑穀都是野木，卻生長在朝廷裡，看來朝廷要亡了吧？』武丁聽了以後，非常恐懼，於是戒懼警惕，修養自己的行為，思慕先王完美的政治。對外主持公義，復興滅亡的國家，繼續斷絕的世系；對內舉用隱逸的人，提倡尊老敬賢，彰明養老的道理。三年以後，遠方的君主經過輾轉翻譯而來朝貢的有六國。這是順應天時，得禍反而變成得福。所以妖孽災異是上天用來警惕天子和諸侯的，惡夢是用來警惕士大夫的。所以妖孽不能勝過仁政，惡夢不能勝過善行。政治完美，禍會變成福。所以太甲說：『上天造成的災禍，還可以避開；自己造成的災禍，就不可逃脫了。』」

第一二章

石讎曰：「《春秋》有忽然❶而足以亡者，國君不可以不慎也。妃妾不一❷足以亡，公族❸不親足以亡，大臣不任足以亡，國爵不用❹足以亡，親佞近讒❺足以亡，舉百❻事不時足以亡，使民不節足以亡，刑罰不中足以亡，內失眾心足以亡，外嫚❼大國足以亡。」

【注釋】❶忽然　輕忽貌。❷妃妾不一　謂後宮爭寵。❸公族　諸侯的同族。❹國爵不用　謂國爵不足以為榮也。❺親佞近讒　佞，善於以巧言諂媚的人。讒，說別人壞話的人。❻百　疑衍，前後句當一律。❼嫚　與「慢」同。侮慢。

【語譯】石讎說：「《春秋》裡記載有因為輕忽而亡國的，國君不能不小心。後宮爭寵，足以亡國；公族不親近，足以亡國；大臣不能承擔政事，足以亡國；國家的爵位不能使人覺得榮耀，足以亡國；親近讒佞小人，足以亡國；行事不順應時勢，足以亡國；使用民力不知道節制，足以亡國；刑罰不合理，足以亡國；對內失去民心，足以亡國；對外侮慢大國，足以亡國。」

第一三章

夫福生於隱約❶，而禍生於得意，齊頃公❷是也。齊頃公，桓公之子孫也，地廣民眾，兵強國富，又得霸者之餘尊，驕蹇❸怠傲，未嘗肯出會同❹諸侯，乃興師伐魯，反敗衛師于新築❺，輕小嫚❻大之行甚。俄而晉、魯往聘，以使者戲，二國怒❼，歸求黨與助，得衛及曹，四國相輔，期戰於鞍❽，大敗齊師，獲齊頃公，斬逢丑父。於是戄然大恐。賴逢丑父之欺，奔逃得歸❾。弔死問疾，七年不飲酒，不食肉，外金石絲竹之聲，遠婦女之色。出會與盟，卑下諸侯。國家內得行義，聲問震乎諸侯。所亡之地，弗求而自為來，尊寵不武而得之，可謂能詘免❿變化以致之。故福生於隱約，而禍生於得意，此得失之効也。

【注釋】❶隱約　窮困。❷齊頃公　春秋時齊國國君，惠公之子，桓公之孫，名無野。西元前五九八～前五八二年在位。❸驕蹇　傲慢不順。❹會同　列國會盟。❺乃興師伐魯二句　事見《春秋經》成公二年。新築，衛地，今河北大名。❻嫚同「慢」。侮慢。❼俄而晉魯往聘三句　《公羊傳》成公二年：「前此者，晉郤克與臧孫許同時而聘於齊。蕭同姪子者，齊君之母也，踊于棓而窺，則客或跛或眇，於是使跛者迓跛者，使眇者迓眇者。大夫出，相與踦閭而語，移日然後相去。齊人皆曰『患之起必自此始。』二大夫歸，相與率師為鞌之戰，齊師大敗。」❽四國相輔二句　事見《春秋經》成公二年。鞍，齊地。❾賴逢丑父之欺二句　《公羊傳》成公二年：「逢丑父者，頃公之車右也。面目與頃公相似，衣服與頃公相似，代頃公當左，使頃公取飲，頃公操飲而至，曰：『革取清者。』頃公用是佚而不反。」❿詘免　猶屈俯也。免，通「俛」。

【語譯】福生於窮困，禍生於得意，齊頃公就是一個例子。齊頃公，是桓公的孫子，土地廣大，人民眾多，兵力強大，國家富有，又得到桓公的餘蔭，驕傲怠惰，從來不肯出去和列國諸侯會盟，竟然出兵攻伐魯國，在新築打敗衛國軍隊，這種輕視小國、侮慢大國的行為不勝枚舉。不久，晉、魯兩國派使者來訪問，竟然拿兩國的使者開玩笑，兩國使者一怒而回，求盟國幫助，得到衛國和曹國響應。四國約定在鞍和齊國作戰，大敗齊軍，俘獲了齊頃公，砍殺逢丑父。於是這才驚恐起來。靠著逢丑父的欺騙敵軍，才奔逃回來。從此發憤圖強，慰問喪家，問候病患；七年之內不飲酒不吃肉，不聽絲竹的音樂，遠離婦女的美色；出國參與會盟，對待各國諸侯非常謙卑，在國內實行仁義，聲望震動於諸侯之間；失去的土地不必去求，諸侯自動歸還；不須憑藉武力，而尊寵榮耀就自動來了。齊頃公可以說是能夠委屈變化而得到後來的結果。所以說福生於窮困，而禍生於得意，這是得失不同的效果。

第一四章

大功之效，在於用賢積道，浸❶章浸明；衰滅之過，在於得意而怠，浸蹇❷浸亡。晉文公❸是其效也。晉文公出亡，修道不休，得至于饗國❹。饗國之時，上無明天子，下無賢方伯，強楚主會，諸侯背畔，天子失道，出居于鄭❺。文公於是憫中國之微，任咎犯❻、先軫❼、陽處父❽，畜愛百姓，厲養❾戎士。四年，政治內定，則舉兵而伐衛，執曹伯，還敗強楚，威震天下❿。明王法，率諸侯而朝天子，莫敢不聽，天下曠然⓫平定，周室尊顯。故曰：大功之效，在於用賢積道，浸章浸明。文公於是霸功立，期至意得，湯、武之心作而忘其眾。一年三用師，且弗休息，遂進而圍許⓬，兵亟弊，不能服，罷諸侯而歸。自此而怠政事，為狄泉之盟⓭，不親至，信衰義缺，如羅不補，威武詘折不信，則諸侯不朝，鄭遂叛，夷狄內侵，衛遷于商丘⓮。故曰：衰滅之過，在於得意而怠，浸蹇浸亡。

【注　釋】❶浸　漸。❷蹇　困苦。❸晉文公　見〈君道〉第二章。❹饗國　饗，同「享」。享國，有國。❺天子失道二句　天子，謂周襄王也。魯僖公二十四年，王以大叔帶之亂，出適鄭，居於氾。明年，晉文公殺大叔帶於隰城，定周之亂，王復入於成周。詳見《左傳》僖公二十四、二十五年及《國語》〈周語中〉、〈晉語四〉。❻咎犯　見〈復恩〉第三章。❼先軫　見〈尊賢〉第二章。❽陽處父　見〈尊賢〉第二章。❾厲養　訓練培養。厲，磨礪。❿舉兵而伐衛四句　《春秋經》僖公二十八年：「春，晉侯侵曹，晉侯伐衛。……三月丙午，晉侯入曹，執曹伯，畀宋人。夏四月己巳，晉侯、齊師、宋師、秦師及楚人戰于城濮，楚師敗績。」⓫曠然　廣大貌。⓬一年三用師三句　圍許事在僖公二十八年十月。一年三用師，謂伐曹衛、敗楚、圍許三事。⓭狄泉之盟　在僖公二十九年。⓮鄭遂叛三句　「商丘」當作「帝丘」。《左傳》僖公三十年：「春，晉人侵鄭，以觀其可攻與否。狄間晉之有鄭虞也，夏，狄侵齊。」又三十一年《經》：「狄圍衛。十有二月，衛遷於帝丘。」杜《注》：「避狄難也。帝丘，今東郡濮陽縣也，故帝顓頊之虛，故曰帝丘。」

【語　譯】大功的效果，在於任用賢人，多積道德，漸漸彰明；衰滅的過失，在於得意而懈怠，漸漸困苦滅亡。晉文公就是一個例子。晉文公逃亡的時候，不停地修養道德，終於能夠回國即位。在位的時候，上面沒有英明的天子，下面沒有賢能的諸侯，強大的楚國主持會盟，諸侯互相背叛，天子不受尊重，逃亡到鄭國。文公於是傷痛中國的衰弱，任用咎犯、先軫、陽處父等人，愛護百姓，訓練培養戰士。經過四年，內部政治安定，就出兵討伐衛國，抓到曹伯回來，又擊敗強楚，聲威震驚天下。昌明王法，率領諸侯去朝見天子，沒有人敢不聽，天下全然平定，使得周天子得到了尊顯。所以說：大功的效果，在於任用賢人，多積道德，漸漸彰明。文公於是建立了霸業，由於期望的都已經得到，內心非常得意，自以為不讓湯、武，就忘記了人民群眾，一年之內三次用兵，並且沒有休息，就進而圍攻許國，因此士兵非常疲弊，不堪使用，只好放棄諸侯而回國。從此荒怠政事，在狄泉結盟的時候，不親自參加；信義衰缺，好像羅網破敗了沒有修補；威武屈曲不伸，諸侯就不來朝見；鄭國於是反叛，夷狄也來侵略，衛國被狄滅亡遷到了帝丘。所以說：衰滅的過失，在於得意而懈怠，漸漸困苦滅亡。

第一五章

田子方❶侍魏文侯❷坐，太子擊趨而入見，賓客群臣皆起，田子方獨不起，文侯有不說之色，太子亦然。田子方稱曰：「為子起歟？無如禮何！不為子起歟？無如罪何！請為子誦楚恭王❸之為太子也。將出之雲夢❹，遇大夫工尹❺，工尹遂趨避家人❻之門中，太子下車，從之家人之門中，曰：『子大夫何為其若是？』工尹曰：『吾聞之：敬其父者不兼其子，兼其子者不祥莫大焉。子大夫何為其若是？』太子曰：『向吾望見子之面，今而後記子之心。』審❼如此，汝將何之？」文侯曰：「善。」太子擊前，誦恭王之言，誦三遍而請習之。

【注釋】❶田子方　見〈臣術〉第五章。❷魏文侯　見〈君道〉第三八章。❸楚恭王　見〈建本〉第二八章。❹雲夢　澤名。❺大夫工尹　大夫之為工尹者。❻家人　百姓。❼審　楚恭王名。

【語譯】田子方陪侍魏文侯坐，太子擊走進來晉見文侯，賓客和群臣都站起來，只有田子方依然坐著，文侯表情不高興，太子也是一樣。田子方對太子說：「為你站起來嗎？無奈沒有這個禮！不站起來嗎？又好像犯了什麼罪啊！我為你說一下楚恭王為太子時的事。有一天他將要到雲夢去，在路上遇見大夫工尹，工尹就急忙躲進一家老百姓的門內，太子下車跟到老百姓門內說：『大夫，您何必這樣呢？我聽說：尊敬那個父親，不必連他的兒子也一起尊敬；連兒子也一起尊敬的，沒有比這個更不好的事了。大夫您何必這樣？』工尹說：『從前我只看到你的外表，今後我真正了解您的為人了。』審是這樣做的，你將怎麼樣？」文侯說：「講得好。」太子擊上前複誦楚恭王的話，複誦了三遍，並且照著演習。

第一六章

子贛❶之承，或❷在塗見道側巾弊布擁蒙而衣衰❸，其名曰舟綽。子贛問焉❹，曰：「此至承幾何？」嘿然不對。子贛曰：「人問乎己而不應，何也？」屏其擁蒙而言曰：「望而黷❺人者，仁乎？覩而不識者，智乎？輕侮人者，義乎？」子贛下車曰：「賜不仁，過問，三言可復聞乎？」曰：「是足於子矣，吾不告子。」於是子贛三偶❻則軾，五偶則下。

【注釋】❶子贛　即子貢。見〈臣術〉第四章。❷或　疑衍字。❸巾弊布擁蒙而衣衰　巾，覆蓋。擁蒙，遮蔽其面。衰，喪服。❹焉　之也。❺黷　褻慢也。❻偶　通「遇」。下同。

【語譯】子贛到承去，在路上看見路邊有一個蓋著破布遮著臉身穿喪服的人，他的名字叫做舟綽。子贛問他說：「從這裡到承還有多遠？」那人默然沒有回答。子贛說：「人家問你而不回答，為什麼呀？」那人拿掉蒙在臉上的破布說：「看見人而褻慢的，算是仁嗎？見到一個人卻不認識，算是智嗎？瞧不起人，算是義嗎？」子贛下車說：「我不仁，冒昧問你真是失禮了，剛才你講的三句話可以再說一遍嗎？」回答說：「這對你已經夠了，我不再告訴你了。」從此以後子贛遇見三個人就伏軾行禮，遇見五個人就下車表示敬意。

第一七章

孫叔敖❶為楚令尹，一國吏民皆來賀。有一老父衣麤❷衣，冠白冠，後來弔。孫叔敖正衣冠而出見之，謂老父曰：「楚王不知臣不肖，使臣受吏民之垢❸，人盡來賀，子獨後❹來弔，豈有說乎？」父曰：「有說。身已貴而驕人者，民去之；位已高而擅權者，君惡之；祿已厚而不知足者，患處之。」孫叔敖再拜曰：「敬受命，願聞餘教。」父曰：「位已高而意益下，官益大而心益小，祿已厚而慎不敢取❺。君謹守此三者，足以治楚矣。」

【注　釋】❶孫叔敖　見〈尊賢〉第二章。❷麤　同「粗」。❸受吏民之垢　接受吏民的指責。是「治理吏民」的一種謙虛的說法。垢，垢病；指責。❹後　衍字。「人盡來賀」、「子獨來弔」相對成文，句法一律。❺位已高而意益下三句　二「已」字並當作「益」。說詳《說苑集證》。

【語　譯】孫叔敖做楚國的令尹，全國的官吏和人民都來祝賀，有一位老人穿著粗布衣服，頭戴白帽，最後來作弔。孫叔敖穿戴整齊出來接見，向他說：「大王不知道我不賢，派我來治理吏民，大家都來祝賀，只有你來作弔，難道有什麼指教嗎？」老父說：「是有些淺見。自身地位已經尊貴，卻對別人驕傲的，老百姓將要離開他；地位已經很高，卻把持大權的，人主將會厭惡他；俸祿已經豐厚，卻還不知足的，將會遭受災患。」孫叔敖再拜說：「敬受教訓，希望再接受其他的教誨。」老父說：「地位越高，意氣卻要越謙卑；官越大，卻要越加小心；俸祿越多，卻要越謹慎不多取。你能夠謹慎地守住這三條，就能夠把楚國治理好了。」

第一八章

魏安釐王十一年❶，秦昭王❷謂左右曰：「今時韓、魏與秦孰強？」對曰：「不如秦強。」王曰：「今時如耳❸、魏齊❹與孟嘗❺、芒卯❻孰賢？」對曰：「不如孟嘗、芒卯之賢。」王曰：「以孟嘗、芒卯之賢，率強韓、魏以攻秦，猶無奈寡人何也。今以無能之如耳、魏齊而率弱韓、魏以伐秦，其無奈寡人何，亦明矣！」左右皆曰：「然。」申旗❼伏瑟而對曰：「王之料天下過矣。當六晉之時，智氏最強，滅范、中行氏❽。又率韓、魏之兵以圍趙襄子❾於晉陽，決晉水以灌晉陽之城，不滿者三板❿。智伯行水⓫，魏宣子御⓬，韓康子為驂乘⓭。智伯曰：『吾始不知水可以亡人國也，乃今知之。汾水可以灌安邑⓮，絳水可以灌平陽⓯。』魏宣子肘韓康子，康子⓰履魏宣子之足。肘足接於車上而智氏分⓱，身死國亡為天下笑。今秦雖強，不過智氏；韓、魏雖弱，尚賢⓲其在晉陽之下也。此方其用肘足之時。願王之必勿易也！」於是秦王恐。

【注釋】❶魏安釐王十一年　魏安釐王，戰國時魏國國君，昭王子，名圉。西元前二七六～前二四三年在位。即位後累為強秦所敗，後齊、楚相約攻魏，魏求救於秦，秦畏齊、楚強大，乃發兵救魏，使魏國復定，因欲親秦伐韓，為信陵君諫止。

案以下為秦昭王與左右相問答之事，此著魏王年號，非也。此事太史公採入〈魏世家〉，繫於魏安釐王十一年下，疑此涉彼文而誤也。事又見《韓非子・難三》、《戰國策・秦策四》，並無此七字。❷秦昭王　戰國時秦國國君，武王異母弟，名稷，又作側，亦稱秦昭襄王，西元前三〇六～前二五一年在位。即位後，以宣太后弟魏冉為相，後用范雎為相，司馬錯、白起為將，推行東進政策，屢敗六國之師，破六國合縱勢力，奪取許多戰略要地，開黔中、巫郡、南陽、上黨等郡，國勢強盛，奠定秦滅六國之基礎。❸如耳　戰國時策士。魏哀侯伐衛國拔兩城，如耳用離間計罷魏兵。後仕魏為大夫。此時蓋仕於韓，故昭王有此說。❹魏齊　戰國時魏國公族大臣。魏昭王相。誤信須賈言，笞擊范雎幾死。及范雎為秦相，亡走趙國，後自殺。❺孟嘗　即孟嘗君，嘗奔魏。❻芒卯　戰國時魏國大臣。一作孟卯。魏昭王時，卯以智謀見重，為魏相，有賢名。❼中旗　《史記・魏世家》作「中旗」，《戰國策・秦策四》、《韓非子・難三》作「中期」。旗、期古通。本書作「申」，乃「中」之形誤。中期，秦之辯士。❽滅范中行氏　事在周定王十五年，詳《史記・六國年表》及晉、韓、趙、魏〈世家〉。❾趙襄子　見〈建本〉第三〇章。❿不滿者三板　「滿」當作「沒」。說詳《說苑集證》。古一板長八尺，高二尺。此云「三板」，蓋就其高度而言。古一尺約為今零點二三一公尺，三板則為今一點三八公尺。⓫智伯行水　智伯，見〈建本〉第三〇章。行，視察。⓬魏宣子御　魏宣子，又作魏桓子，戰國時晉卿。與趙襄子、韓康子共殺智伯，盡分其地，形成趙、韓、魏的三晉勢力。御，車御也。⓭韓康子為驂乘　韓康子，見〈貴德〉第二九章。驂乘，古乘車之法，尊者居左，御者居中，又一人居車之右，以備傾側，是戎車則稱車右，其餘則曰驂乘。⓮安邑　魏宣子邑。⓯平陽　韓康子邑。⓰康子　上當有「韓」字。⓱分　上當有「地」字。⓲賢　猶「勝」也。

【語　譯】魏安釐王十一年，秦昭王對他的左右說：「現在韓、魏和秦國相比，那一國強？」回答說：「不如秦國強。」昭王說：「現在如耳、魏齊和孟嘗、芒卯相比，那一個賢能？」回答說：「不如孟嘗、芒卯的賢能。」昭王說：「以孟嘗、芒卯的賢能，率領強大的韓、魏來攻打秦國，還對我無可奈何；現在以無能的如耳、魏齊率領弱小的韓、魏來攻打秦國，更加對我無可奈何是很明顯的了啊！」左右的大臣都大表贊同，申旗伏在瑟上說：「大王判斷天下事情過分樂觀了。當晉國智、范、中行、魏、韓、趙六卿當權的時候，智氏最強，滅掉范氏和中行氏，又率領韓、魏的兵圍攻趙襄子於晉陽，決開晉河的水來淹晉陽，晉陽城只差六尺就淹沒了。智伯巡視水淹的情況，魏宣子駕車，韓康子為驂乘。智伯說：『我起先不曉得水可以滅亡人的國家，現在才知道。汾水可以淹沒安邑，絳水可以淹沒平陽。』」魏宣子碰了碰韓康子的胳膊，韓康子踩了踩魏宣子的腳，胳膊和腳在車上暗中相碰示意，於是智氏土地被分了，自己死了，國家亡了，被天下人所恥笑。現在秦國雖然強大，還比不過智氏；韓、魏雖然衰弱，還勝過當初在晉陽城下的時候。現在正是他們密謀聯合的時候，希望大王千萬不要掉以輕心啊！」於是秦王方才心存恐懼。

第一九章

魏公子牟❶東行，穰侯❷送之曰：「先生將去冉之山東❸矣，獨無一言以教冉乎？」魏公子牟曰：「微君言之，牟幾忘語君。君知夫官不與勢期而勢自至乎？勢不與富期而富自至乎？富不與貴期而貴自至乎？貴不與驕期而驕自至乎？驕不與罪期而罪自至乎？罪不與死期而死自至乎？」穰侯曰：「善，敬受明教。」

【注　釋】❶魏公子牟　即魏牟，又稱中山公子牟。好與賢人遊，悅趙人公孫龍。遊秦東歸，辭應侯，戒其勿以富貴驕奢，平原君嘗道其事。見《戰國策・趙策三》。❷穰侯　戰國時秦臣，姓魏名冉，秦昭王母宣太后異父長弟。冉自秦惠王、秦武王時開始任職用事。秦昭王即位，年少，宣太后用事，任冉主持國政，封於穰，號穰侯。他曾四登相位，舉白起為將，先後攻伐齊、楚、韓、魏等國，為秦向東擴張了大片土地。後被昭王免相，令出關，就封邑。《戰國策・趙策三》作「應侯」，應侯即范雎，見〈尊賢〉第三章。穰侯較應侯稍前，亦無不合，然固當從〈趙策〉為是。❸山東　戰國時秦國稱崤山以東為山東，指秦以外的六國領土。

【語　譯】魏公子牟要離秦東返，穰侯魏冉送他說：「先生將要離開我到山東去了，難道沒有一句臨別贈言來教導我嗎？」魏公子牟說：「不是您說起，我差點忘記告訴您了。您知道那官不必和勢相約而勢自己就來到嗎？勢不必和富相約而富自己就來到嗎？富不必和貴相約而貴自己就來到嗎？貴不必和驕相約而驕自己就來到嗎？驕不必和罪相約而罪自己就來到嗎？罪不必和死相約而死自己就來到嗎？」穰侯說：「對極了，謹接受您高明的教導。」

第二〇章

高上尊賢❶，無以驕人；聰明聖智，無以窮❷人；資給❸疾速，無以先人；剛毅勇猛，無以勝人。不知則問，不能則學。雖智必質❹，然後辯❺之；雖能必讓，然後為之。故士雖聰明聖智，自守以愚；功被天下，自守以讓；勇力距❻世，自守以怯；富有天下❼，自守以廉。此所謂高而不危，滿而不溢者也。

【注釋】❶賢　《荀子・非十二子》、《韓詩外傳・六》並作「貴」，於義為長。❷窮　困阨。❸資給　資，通「齊」。齊給，敏捷。❹質　諮詢。❺辯　通「辨」。❻距　抗也。❼富有天下　《太平御覽・四五九》引「天下」作「四海」，是也。《荀子・宥坐》、《孔子家語・三恕》正並作「四海」。

【語譯】高尚尊貴，不要對人驕傲；聰明聖智，不以這個使人難堪；敏捷快速，不以這個超越人；剛毅勇猛，不以這個勝過人。不知道就問，不會做就學。雖然聰明，一定多所諮詢，然後加以分辨；雖然能幹，一定謙讓，然後再去做。所以一個士雖然聰明聖智，仍以愚昧自我持守；功蓋天下，而以謙讓自我修持；勇力不可一世，以柔怯自居；富有四海，以清廉自持。這就是所謂地位高能夠不招致危險、盈滿能夠不外溢的道理。

第二一章

齊桓公❶為大臣具酒，期以日中，管仲❷後至，桓公舉觴以飲之。管仲半棄酒。桓公曰：「期而後至，飲而棄酒，於禮可乎？」管仲對曰：「臣聞酒入者舌出，舌出者言失，言失者身棄。臣計棄身，不如棄酒。」桓公笑曰：「仲父起就坐。」

【注釋】❶齊桓公　見〈君道〉第一七章。❷管仲　見同前。

【語譯】齊桓公為大臣們準備了酒宴，約定在中午舉行。管仲後到，桓公拿起酒杯罰他飲酒，管仲喝了一半把酒倒掉了。桓公說：「約會晚到，酒不喝完就倒掉，這樣做合乎禮嗎？」管仲回答說：「臣聽說：喝了酒舌頭就大了，舌頭大說話就可能出錯，話說錯了可能危害自身。臣以為與其危害自身，不如不喝酒。」桓公笑著說：「仲父請起就座。」

第二二章

楚恭王與晉厲公戰於鄢陵❶之時，司馬子反❷渴而求飲，豎❸穀陽持酒而進之。子反曰：「退，酒也。」穀陽曰：「非酒也。」子反又曰：「退，酒也。」穀陽又曰：「非酒也。」子反受而飲之，醉而寢。恭王欲復戰，使人召子反，子反辭以心疾。於是恭王駕往，入幄❹聞酒臭，曰：「今日之戰，所恃者司馬；司馬至醉如此，是亡吾國而不恤吾眾也❺，吾無以復戰矣。」於是乃誅子反以為戮❻，還師。夫穀陽之進酒也，非以妒子反，忠愛之而適足以殺之。故曰，小忠，大忠之賊也；小利，大利之殘❼也。好戰之臣，不可不察也：羞小恥以構大怨，貪小利以亡大眾，《春秋》有其戒，晉先軫❽是也。先軫欲要功❾獲名，則以秦不假道之故，請要❿秦師。襄公曰：「不可，夫秦伯⓫與吾先君⓬有結，先君一日薨而與師擊之，是孤之負吾先君，敗鄰國之交，而失孝子之行也。」先軫曰：「先君薨而不弔贈⓭，是無哀吾喪也；興師徑吾地而不假道，是弱吾孤也；且柩畢尚薄屋⓮，無哀吾喪也。興師。」卜曰：「大國師將至，請擊之。」則聽先軫興兵，要之殽，擊之，匹馬隻輪無脫者。大結怨構禍於秦，接刃流血，伏尸暴骸，糜爛國家十有餘年，卒喪其師眾，禍及大夫，憂累後世。故好戰之臣，不可不察也。

【注釋】❶楚恭王與晉厲公戰於鄢陵　事在魯成公十六年，西元前五六五年。楚恭王，見〈建本〉第二八章。晉厲公，見〈尊賢〉第五章。❷司馬子反　見〈尊賢〉第二章。❸豎　童僕。❹幄　帳篷。❺亡吾國而不恤吾眾也　亡，借為「忘」。恤，愛惜。❻戮　懲罰。❼殘　害也。❽先軫　見〈尊賢〉第二章。❾要功　求功。要，通「徼」。❿要　攔截。⓫秦伯　謂秦穆公。見〈臣術〉第九章。⓬先君　謂晉文公。見〈君道〉第二二章。⓭贈　謂贈送賻襚，即贈送財物衣服，作為助喪之禮。⓮柩畢尚薄屋　未詳其義。或曰：柩畢，謂大殮；薄屋，謂倚廬。

【語譯】楚恭王和晉厲公在鄢陵作戰的時候，司馬子反口渴想飲水，童僕穀陽拿酒送上去，子反說：「拿走，這是酒嘛。」穀陽說：「不是酒。」子反又說：「拿走，這是酒嘛。」穀陽又說：「這不是酒。」子反接過來喝了下去，酒醉就睡著了。恭王準備再戰，派人去叫子反，子反推說心臟不舒服不去。恭王就親自駕車來探視，走進帳篷聞見酒味，說：「這一次戰爭，所仗恃的就是司馬；司馬竟然醉到這個地步，這是忘記國家而不愛惜士眾啊。我不能再作戰了。」於是殺了子反作為懲罰，就退兵回去了。穀陽進酒並不是忌恨子反，是忠心愛護他，卻反而害了他。所以說：小忠是大忠的賊，小利是大利的害。好戰的臣子不可不明白：因為羞惡小恥結果釀成大禍患，貪圖小利結果滅亡了大眾。《春秋》中有這樣值得警戒的例子，晉國的先軫就是。先軫想求取功勞獲得名譽，就利用秦國沒有事先借道就擅自通過的緣故，請求攔截秦軍，晉襄公說：「不可以。秦伯和先君有結盟的關係，先君一過世就出兵去攻擊他，這是我辜負先君，敗壞鄰國的交誼，而失去孝子應有的行為。」先軫說：「先君去世而不來弔贈，是不為我們的喪事哀悼；出兵經過我國而不事先借路，是瞧不起剛即位的新君；況且是靈柩還沒有下葬就不為我們的喪事哀悼，所以一定要出兵。」占卜說：「大國的軍隊將到，請趕快迎擊。」就聽任先軫出兵，在殽山攔截襲擊秦軍，秦軍大敗，一匹馬、一輛車都沒有逃脫。於是和秦國結下了深仇大恨，兩國交戰，兵刃相接，血流滿地，死屍遍野，傷害國家十多年，最後還是喪師損眾，禍害延及大夫，憂患連累後代。所以好戰的臣子，是不可以不明白這些的。

第二三章

魯哀公❶問孔子曰：「予聞忘之甚者，徙而忘其妻，有諸乎？」孔子對曰：「此非忘之甚者也，忘之甚者忘其身。」哀公曰：「可得聞與？」對曰：「昔夏桀貴為天子，富有天下，不修禹之道，毀壞辟法❷，裂絕世祀，荒淫于樂，沈酗于酒。其臣有左師觸龍者，諂諛不止。湯誅桀，左師觸龍者，身死四支不同壇而居，此忘其身者也。」哀公愀然變色曰：「善。」

【注釋】❶魯哀公　見〈君道〉第五章。❷辟法　即法律。辟，法。

【語　譯】魯哀公問孔子說：「我聽說最健忘的人是搬家的時候把妻子忘記了，有這種事情嗎？」孔子回答說：「這不是最健忘的人，最健忘的人是忘記了他自己。」哀公說：「可以聽一聽嗎？」回答說：「從前夏桀貴為天子，富有天下，卻不照著禹的道理去做，敗壞法紀，滅絕世祀，縱情享樂，沉迷於酒。他的臣子有個左師叫觸龍的，不停地阿諛獻媚。最後商湯誅滅夏桀，左師觸龍也被殺，身首異處。這就是忘記自身的了。」魯哀公變了臉色說：「說得好。」

第二四章

孔子之周，觀於太廟。右陛之前，有金人焉，三緘其口❶，而銘其背曰：「古之慎言人也。戒之哉，戒之哉！無多言，多言多敗；無多事，多事多患。安樂必戒，無行所悔。勿謂何傷，其禍將長；勿謂何害，其禍將大；勿謂何殘❷，其禍將然；勿謂莫聞，天妖伺人。熒熒❸不滅，炎炎❹奈何；涓涓❺不壅，將成江河；緜緜❻不絕，將成網羅；青青❼不伐，將尋斧柯❽。誠❾不能慎之，禍之根也。口是何傷❿？禍之門也。強梁者不得其死，好勝者必遇其敵。盜怨主人，民害其貴。君子知天下之不可蓋也，故後之下之，使人慕之。執雌持下，莫能與之爭者。人皆趨彼，我獨守此；眾人惑惑，我獨不從；內藏我知，不與人論技；我雖尊高，人莫害我。夫江河長百谷者，以其卑下也⓫。天道無親，常與善人⓬。戒之哉！戒之哉！」孔子顧謂弟子曰：「記之，此言雖鄙而中事情。《詩》曰：『戰戰兢兢，如臨深淵，如履薄冰。』⓭行身如此，豈以口遇禍哉！」

【注 釋】❶三緘其口 謂緘其口者凡三處也。緘，封也。❷殘 害也。❸熒熒 火小光也。❹炎炎 熾盛。❺涓涓 小流也。❻緜緜 連續不斷。❼青青 謂顏色青青之萌芽。❽將尋斧柯 尋，使用。斧柯，斧柄，這裡指斧頭、砍刀。❾誠 如果。❿口是何傷 口謂口過、失言。⓫江河長百谷者二句 《老子》第六六章：「江海所以能為百谷王者，以其善下之。」《淮南子・說山》：「江河所以能長百谷者，能下之也。」⓬常與善人 常，猶「唯」也。與，猶「親」也。⓭戰戰兢兢三句 見《詩經・小雅・小旻》。戰戰，恐懼貌。兢兢，謹慎貌。

【語 譯】孔子到周去，參觀太廟，看見右邊臺階的前面，有一個銅人，嘴部有三處被封了起來，背上有銘文說：「這是古時候說話小心的人。警戒啊！警戒啊！不要多說話，多說話就多敗事；不要多事，多事就多禍患。雖然身處安樂，一定要警惕戒慎，不要做後悔的事情。不要說這有什麼傷害，它的禍害將會很長；不要說這有什麼禍害，它的禍害將會很大；不要說這有什麼殘害，它的殘害將會像火般的燃燒；不要說沒有人知道，天妖正在一旁窺伺。熒熒的小火不熄滅，將會蔓延成熾盛的大火；涓涓的細流不堵塞，將會匯集成江河；長線連綿不斷，將會織成網羅；青青的萌芽不割掉，將會用得著斧頭砍刀。如果不能謹慎，將是一切的禍源。說錯話有什麼損傷？它實在是招惹禍患的門戶。強橫的人不得好死，好勝的人一定遭遇到對手；盜賊憎恨主人，人民厭惡權貴。君子知道天下不可能由一個人完全遮蓋，所以後退謙下，使別人愛慕自己；抱持柔弱卑下的原則，就沒有人能同自己爭奪。人家都向那邊去，我獨守在這裡；大家都迷惑，我獨和他們不一樣；內心藏有智慧，不和人家比較技藝；我雖然地位高，但是沒有人害我。江河所以能夠做百谷的長上，因為它卑下。老天不一定親近什麼人，只親近善人。警戒啊！警戒啊！」孔子回頭對弟子們說：「你們要記住，這些話雖然鄙俗，卻很切合情理。《詩經》上說：『要小心謹慎，好像接近深淵一樣，好像走在薄冰上一樣。』一個人能夠這樣立身行事，怎麼會因為失言遭遇災禍呢！」

第二五章

魯哀侯棄國而走齊❶。齊侯❷曰：「君何年之少而棄國之蚤？」魯哀侯曰：「臣始為太子之時，人多諫臣，臣受而不用也；人多愛臣，臣愛而不近也。是則內無聞而外無輔也，是猶秋蓬❸惡於根本而美於枝葉，秋風一起，根且拔矣。」

【注釋】❶魯哀侯棄國而走齊　魯哀侯，《晏子春秋．雜上》作「魯昭公」，是也。事見《左傳》昭公二十五年。魯昭公，春秋時魯國國君，名裯，一作稠，襄公子。西元前五四一～前五一〇年在位。昭公十九歲即位，猶有童心。在位第二十五年，因欲誅季平子，為季氏、叔孫氏、孟氏三大家族所攻，遂去國奔齊。後請求入晉，晉不納，使客居於乾侯，卒於乾侯。❷齊侯　《晏子春秋．雜上》「齊侯」作「景公」。齊景公，見〈君道〉第一八章。❸蓬　蓬草，乾枯後根易斷。

【語譯】魯昭公喪失君位逃往齊國，齊侯說：「為什麼您年紀這麼輕失掉君位卻這麼快呢？」魯昭公說：「我當初做太子的時候，人們都規諫我，我接受後卻不實行；人們都愛護我，我也愛他們，卻不親近。因此在宮內聽不到規諫而在宮外沒有人輔佐。這就好像秋天的蓬草，根本脆弱而枝葉茂盛，秋風一颳，就連根拔起了。」

第二六章

孔子行遊，中路聞哭者聲，其音甚悲。孔子曰：「驅之！驅之！前有異人音。」少進，見之，丘吾子也，擁鐮帶索而哭。孔子辟車而下，問曰：「夫子非有喪也？何哭之悲也？」丘吾子對曰：「吾有三失。」孔子曰：「願聞三失。」丘吾子曰：

「吾少好學問，周遍天下，還後，吾親亡，是一失也；事君奢驕，諫不遂，是二失也；厚交友而後絕，三失也。樹欲靜乎風不定，子欲養乎親不待。往而不來者，年也；不可得再見者，親也。請從此辭。」則自刎而死。孔子曰：「弟子記之，此足以為戒也！」於是弟子歸養親者十三人。

【語譯】孔子外出，在路上聽到有人哭的聲音，那哭聲非常悲哀。孔子說：「快些趕車，快些趕車！前面有不同常人的哭聲。」稍稍前進，看見是丘吾子，拿著鐮刀，帶著繩子，在那兒哭。孔子下車問他說：「先生莫非有喪事嗎？怎麼哭得這樣悲傷？」丘吾子回答說：「我有三件過失。」孔子說：「願意聽聽您的三件過失。」丘吾子說：「我年輕的時候喜歡求學，遊遍天下，回來後我的雙親去世了，這是第一件過失。事奉君主自大驕傲，所以勸諫君主不被採納，這是第二件過失。和朋友很要好，後來卻因小事絕交了，這是第三件過失。樹想靜止下來，風卻不停地吹；子女想要奉養雙親，雙親卻去世不能等待了。過去了不再回頭的是年齡，不能再見面的是去世的雙親。請從此訣別。」就自刎而死。孔子說：「弟子們記住，這大可以作為警惕啊！」於是弟子有十三人回去奉養雙親。

第二七章

孔子論《詩》，至於〈正月〉之六章❶，懼然❷曰：「不逢時之君子，豈不殆哉？從上依世則廢道，違上離俗則危身。世不與❸善，己獨由之，則曰非妖則孽也。是以桀殺關龍逄❹，紂殺王子比干❺。故賢者不遇時，常恐不終焉。《詩》曰：

『謂天蓋高，不敢不跼❻；謂地蓋厚，不敢不蹐❼。』此之謂也。」

【注釋】❶正月之六章 《詩經・小雅・正月》第六章：「謂天蓋高，不敢不局；謂地蓋厚，不敢不蹐。維號是言，有倫有脊。哀今之人，胡為虺蜴？」❷懼然 驚歎貌。❸與 親。❹關龍逄 見〈正諫〉第二章。❺王子比干 見〈立節〉第二章。❻跼 彎曲。❼蹐 小步而行也。

【語譯】孔子評論《詩》，評論到〈正月〉這一首詩的第六章，驚歎地說：「不逢時的君子，豈不是太危險了嗎？順從人主，依從世俗，就廢棄了原則；違背人主，擺脫世俗，又使自身遭受危險。世人不親近善道，只有自己單獨跟著做，人家就批評你不是妖就是孽。因此桀殺關龍逄，紂殺王子比干。所以賢人不遇時，常常恐怕自己不能善終。《詩經》上說：『都說天高，可是不敢不彎下身子；都說地大，可是不敢不小心走路。』就是說的這種情形。」

第二八章

孔子見羅者❶，其所得者皆黃口❷也。孔子曰：「黃口盡得，大爵❸獨不得，何也？」羅者對曰❹：「黃口從大爵者不得❺，大爵從黃口者可得。」孔子顧謂弟子曰：「君子慎所從，不得其人，則有羅網之患。」

【注釋】❶孔子見羅者 《孔子家語・六本》「羅」下有「雀」字。羅，捕鳥的網，這裡作動詞捕講。❷黃口 雛鳥。❸爵 通「雀」。❹羅者對曰 「對曰」下《家語》有「大雀善驚而難得，黃口貪食而易得」十四字。❺黃口從大爵者不得 《春秋別典・一四》引「不」下有「可」字。

【語譯】孔子看見一個捕鳥的人，他所捕到的都是小鳥。孔子說：「捉到的都是小鳥，大鳥卻捉不到，為什麼？」捕鳥的人說：「小鳥跟著大鳥的就捉不到，大鳥跟著小鳥的就捉得到。」孔子回頭對弟子們說：「君子要謹慎選擇他所跟隨的人，如果跟隨不當，就有被網羅的災難。」

第二九章

修身正行，不可以不慎。嗜欲使行虧，讒諛❶亂正心，眾口使意回。憂患生於所忽，禍起於細微，污辱難湔灑❷，敗事不可復追。不深念遠慮，後悔當幾何？夫徼幸者，伐性之斧也；嗜欲者，逐禍之馬也❸；謾❹諛者，窮辱之舍也；取虐於人❺者，趨禍之路也。故曰：去徼幸，務忠信，節嗜欲，無取虐於人，則稱為君子，名聲常存。怨生於不報，禍生於多福；安危存於自處；不困在於蚤豫❻；存亡在於得人；慎終如始，乃能長久。能行此五者，可以全身。己所不欲，勿施於人，是謂要道也。

【注釋】❶讒諛　讒，讒毀；說別人的壞話。諛，阿諛；奉承諂媚人。❷湔灑　洗刷汙穢。湔，洗滌。灑，通「洗」。❸夫徼幸者四句　當作「夫嗜欲者，伐性之斧也；徼幸者，逐禍之馬也」。說詳《說苑集證》。徼幸，同「僥倖」。求利不止。❹謾　欺騙。❺取虐於人　謂對人苛酷殘暴。虐，苛酷殘暴。❻蚤豫　同「早預」。早作準備。

【語譯】修養身心，端正行為，是不能不謹慎的。欲望會使一個人的行為虧損，讒毀阿諛會擾亂一個人的公正心理，眾口一辭會改變一個人的意向。憂患產生於疏忽，禍害起源於小事，汙點恥辱難以洗刷，失敗的事不可重頭再來。不深思遠慮，後悔的事真不知會有多少？嗜好欲望，好比砍伐天性的斧頭；求利不止，好比追逐災禍的馬匹；欺騙奉承，好比窮困恥辱的館舍；待人苛虐，好比步向災禍的道路。所以說：除掉僥幸，務行忠信，節省嗜欲，不苛虐待人，就稱為君子，名聲永遠存在。怨恨產生於有恩不報，災禍起源於多福；安全和危險取決於自己的作為；不陷身困境在於早作準備；生存和滅亡在於是否得到人才；如果始終如一地謹慎小心，那麼就能保持長久。能夠做到以上五條，就可以保全自身。自己所不願意的，不要強加於人，這是重要的道理。

第三〇章

顏回❶將西游，問於孔子曰：「何以為❷身？」孔子曰：「恭、敬、忠、信，可以為身。恭則免於眾❸，敬則人愛之，忠則人與❹之，信則人恃之。人所愛，人所與，人所恃，必免於患矣。可以臨國家，何況於身乎？故不比數❺而比疏，不亦遠乎？不修中而修外，不亦反乎？不先慮事，臨難乃謀，不亦晚乎？」

【注　釋】❶顏回　（西元前五二一～前四九〇年）春秋魯人，字子淵。孔子弟子。小孔子三十歲。貧而好學，雖簞食瓢飲在陋巷，不改其樂。以德行著稱。早死，後人尊為復聖。❷為　治也。❸免於眾　《孔子家語・賢君》作「遠於患」。❹與　親附；幫助。❺數　近；親密。

【語　譯】顏回將要西去遊學，問孔子說：「怎麼樣立身？」孔子說：「恭、敬、忠、信可以立身。對別人謙恭，就會免除眾人給你的憂患；對別人敬重，別人就會愛護你；對別人忠誠，別人就會親附你；對別人信實，別人就會依靠你。眾人敬重你、愛護你、親附你，一定可以免於憂患了，國家也可以治理好，何況是立身呢？所以不比親密卻比疏遠，不是遠了嗎？不修養內心卻整治外表，不是反了嗎？不在事先多考慮，到了危難時才謀劃，不是晚了嗎？」

第三一章

凡司❶其身，必慎五本。一曰柔以仁，二曰誠以信，三曰富而貴毋敢以驕人，四曰恭以敬，五曰寬以靜。思此五者，則無凶命。曰❷能治敬以助天時，凶命不至而禍不來。敬人者，非敬人也，自敬也；貴人者，非貴人也，自貴也。昔者，吾嘗見天雨金石與血；吾嘗見四月、十日並出，有與天滑❸；吾嘗見高山之崩，深谷之窒，大都王宮之破，大國之滅；吾嘗見高山之為裂，深淵之沙竭，貴人之車裂❹；吾嘗見稠林之無木，平原為谿谷，君子為御僕；吾嘗見江河乾為坑，正冬采榆葉，仲夏雨雪霜，千乘之君、萬乘之主，死而不葬。是故君子敬以成其名，小人敬以除其刑。奈何無戒而不慎五本哉！

【注　釋】❶司　管理；掌管。❷曰　一本作「用」，當從之。❸吾嘗見四月十日並出二句　與，如也。滑，壞也。言四月十日並出，如天之壞亂也。❹車裂　古代酷刑之一，以車撕裂人體。

【語　譯】凡是修養自身，必須注意五件根本的事情：一是柔和而仁厚，二是誠實而有信，三是富貴而不敢向別人驕傲，四是恭敬，五是寬厚而沉靜。能常想到這五件，就不會有凶事發生。任用賢能、行事謹慎來幫助天時，壞的命運不會發生，禍事也不會來到。敬愛別人，不是敬愛別人而是敬愛自己；尊重別人，也不是尊重別人而是尊重自己。以前我曾經看到老天降下金石和血；我曾經看到四個月亮、十個太陽同時出現，好像老天已經壞亂了；我曾經看到高山的崩塌，深谷的堵塞，大都王宮的破壞，大國的滅亡；我曾經看到高山的破裂，深淵中的沙沒有了，貴人的被車裂；我曾經看到稠密的森林變得沒有樹木，平原變作谿谷，君子成為車夫；我曾經看到江河乾涸變成了坑，在最寒冷的冬天採榆樹葉子為食，盛夏降下霜雪，擁有千輛兵車的君主和擁有萬輛兵車的君主死後無人埋葬。所以一個君子恭敬而成就好的名聲，小人恭敬而免於刑罰，怎麼可以自己不警戒，不注重這五件重要的事務啊！

第三二章

魯有恭士名曰机氾，行年七十，其恭益甚。冬日行陰，夏日行陽，市次不敢不行參❶，行必隨，坐必危，一食之間，三起不羞❷，見衣裘褐之士則為之禮。魯君問曰：「机子年甚長矣，不可釋恭乎？」机氾對曰：「君子好恭以成其名，小人學恭以除其刑。對君之坐，豈不安哉？尚有差跌；一食之上，豈不美哉？尚有哽噎❸。今若氾所謂幸者也，固未能自必。鴻鵠飛沖天，豈不高哉？矰繳❹尚得而加之；虎豹為猛，人尚食其肉，席其皮。譽人者少，惡人者多。行年七十，常恐斧質❺之加於氾者，何釋恭為？」

【注釋】❶市次不敢不行參　謂行走於市，不敢不相隨於眾人之後也。參，參譚也。參譚，相隨貌。❷羞　進也。❸哽噎　食物塞在喉部下不去。骨梗為哽，飯塞為噎。❹矰繳　繫有絲繩用以射鳥的短箭。❺斧質　古刑具，置人於鑕上以斧砍之。質，通「鑕」。

【語 譯】魯國有一位恭士，名叫机汜，年紀已經七十，卻更加恭謹。冬天走在陰處，夏天走在太陽底下，走在街上不敢不跟著眾人，行走時一定走在別人後面，坐的時候一定正坐，一餐飯中多次起身示敬而不能進餐，看見不管是穿著皮裘或者粗麻短衣的人士就向前行禮招呼。魯國國君問他說：「机先生年紀大了，可以不要這樣恭敬嗎？」机汜回答說：「君子注重恭謹來成就他的名聲，小人注意恭謹來免除刑罰。對著您坐，豈不是很安全嗎？但是還可能跌倒。在一桌宴席上，難道沒有美味嗎？但是還可能哽噎。現在像我机汜，是所謂的幸運人了，但是不能說一定會怎麼樣。一飛沖天的鴻鵠，豈不是飛得很高嗎？但是弓箭還能把牠射下來。虎豹非常兇猛，但是人還能吃牠的肉，以牠的皮為席。稱讚別人的人少，詆毀別人的人多。年紀七十，還常常恐怕遭受刑罰，我怎能不恭謹呢？」

第三三章

成回學於子路三年，回恭敬不已。子路問其故何也？回對曰：「臣聞之：行者比於鳥，上畏鷹鸇❶，下畏網羅。夫人為善者少，為讒者多。若身不死，安知禍罪不施？行年七十，常恐行節之虧。回是以恭敬待大命❷。」子路稽首曰：「君子哉！」

【注 釋】❶鷹鸇 並猛禽名。❷大命 天命。

【語 譯】成回跟子路求學三年，始終恭敬不已，子路問他為什麼這樣呢？成回回答說：「我聽說：一個人的立身行事，就好比鳥，上面怕鷹鸇，下面怕網羅。做好事的人少，詆毀人的人多，人還活在世上，怎麼能預知不會遭受禍罪呢?年紀已經七十,常常恐怕自己的行為有所欠缺,因此我恭敬地等待天命。」子路叩頭說:「你真是一位君子啊!」

卷一

善說

【題解】善說，善於用言辭說服別人，說音稅。本卷共二十八章。第一章引孫卿、鬼谷子、子貢和主父偃的話，說明談說的重要、談說的方法和條件。這是一卷的綱領。以後二十七章則列舉了許多歷史上能言善辯的故事，內容十分豐富，而言簡意賅，生動有趣。

第一章

孫卿❶曰：「夫談說之術，齊莊以立之❷，端誠以處之，堅強以持之，譬稱以諭之，分別以明之，歡欣憤滿以送之❸，寶之珍之，貴之神之，如是則說常無不行矣。夫是之謂能貴其所貴。傳曰：『唯君子為能貴其所貴也。』《詩》云：「無易由言，無曰苟矣❹。」鬼谷子❺曰：「人之不善而能矯之者，難矣。說之不行，言之不從者，其辯之不明也；既明而不行者，持之不固也；既固而不行者，未中其心之所善也。辯之明之，持之固之，又中其人之所善，其言神而珍，白而分，能入於人之心，如此而說不行者，天下未嘗聞也。此之謂善說。」子貢曰：「出言陳辭，身之得失，國之安危也❻。」《詩》云：「辭之繹矣，民之莫矣❼。」夫辭者，人之所以自通也。主父偃❽曰：「人而無辭，安所用之？」昔子產脩其辭，而趙武致其敬❾；王孫滿明其言，而楚莊以慚❿；蘇秦行其說，而六國以安⓫；蒯通陳其說而身得以全⓬。夫辭者，乃所以尊君、重身、安國、全性者也。故辭不可不脩，而說不可不善。

【注釋】❶孫卿　即荀子，避漢宣帝諱，改荀為孫。見〈臣術〉第二一章。❷齊莊以立之　齊莊，恭敬莊重。齊，通「齋」。立，通「蒞」。臨也。❸憤滿以送之　憤滿，鬱悶；怨恨。滿，通「懣」。送，引也。❹無易由言二句　見《詩經‧大雅‧抑》。由，於也。苟，且也，今語所謂馬馬虎虎也。❺鬼谷子　戰國時縱橫家，楚人，姓名傳說不一。隱於鬼谷，號稱鬼谷子或鬼谷先生。長於養性持身縱橫捭闔之術。蘇秦、張儀曾隨之學習。❻出言陳辭三句　語未詳所出。❼辭之繹矣二句　見《詩經‧大雅‧板》。繹，尋究事理。莫，定也。❽主父偃　（西元前？～前一二六年）西漢時大臣。臨淄人。主父為複姓。早年習縱橫家說，晚年學《易經》、《春秋》和諸子百家學術。元光年間上書武帝，受到重用。後任齊相，揭發齊王淫亂，致使齊王自殺。後為御史大夫公孫弘告發，族滅。❾昔子產脩其辭二句　《左傳》襄公二十五年載鄭子產獻捷於晉，答晉人問陳之罪，士莊伯不能詰，復於趙文子，文子曰：「其辭順，犯順不祥。」乃受之。文子，趙武之諡。趙武，趙盾之孫，屠岸賈滅趙氏，武為遺腹子，賴程嬰、公孫杵臼救活，後復立。晉平公十二年趙武為晉國正卿，十七年卒。子產，見〈臣術〉第四章。❿王孫滿明其言二句　《左傳》宣公三年載楚莊王問鼎之大小輕重，王孫滿答以在德不在鼎，周德雖衰，天命未改，鼎之輕重，未可問也。王孫滿，周大夫。楚莊王，見〈君道〉第二一章。⓫蘇秦行其說二句　事詳《史記‧蘇秦列傳》。蘇秦，見〈尊賢〉

第一章。⓬蒯通陳其說而身得以全　蒯通，漢初策士。本名徹，史家避漢武帝諱追書為通。善言辭，有權變。嘗勸韓信反漢自立，信不聽。後韓信被殺，高祖欲烹通，通曰：「跖之狗吠堯，堯非不仁，狗固吠非其主。當是時，臣唯獨知韓信，非知陛下也。且天下銳金持鋒欲為陛下所為者甚眾，顧力不能耳，又可盡烹之邪?」高祖乃赦之。

【語譯】孫卿說：「那談說的方法，對人要恭敬莊重，對事要端正誠懇，對自己的見解要堅持，運用譬喻使對方知曉，分別比較使對方明白，或者用歡欣的表情或者用怨恨的語氣來引導對方，要寶重自己的談說，要珍視自己的談說，要尊貴自己的談說，要神化自己的談說，如果能做到這樣，那麼談說就沒有行不通的了。這就叫能夠貴重自己所貴重的。古書上說：『只有君子才能貴重他所貴重的。』」《詩經》上說：「不要隨便說話，不要馬馬虎虎。」鬼谷子說：「一個人心裡所不喜歡的，是很難改變的。所說的不能通行，所談的不被人採納，那是說得不夠明白；說得已經夠明白了對方還是不接受，那是對自己的觀點不能堅持；對自己的觀點已經非常堅持了對方還是不肯接受實行，那是所說的還沒有符合對方心中的愛好。辯說得很清楚了，觀點堅持得很牢固了，又能符合對方的愛好，那麼你的言談神奇而珍貴，明白而能分辨，能夠講到對方心裡去，像這樣而談說不生效的，天下從來不曾聽說過。這就叫做善於談說。」子貢說：「講出去的話，陳述的言辭，關係到自己的得失，更關係到國家的安危。」《詩經》上說：「講話入情入理，能使百姓安定。」那言辭，是人用來表達自己的工具。主父偃說：「一個人如果不善言辭，還有什麼用呢?」從前鄭子產能修飾他的言辭，就得到趙武的致敬；王孫滿話說得明白，楚莊王聽了自覺慚愧；蘇秦善於遊說，六國因此得到安定；蒯通善於陳說，因而保全了性命。那言辭是用來尊奉君主、提高身分、安定國家和保全性命的。因此言辭不可以不講究，而遊說之道也不可以不擅長。

第二章

趙使人謂魏王❶曰：「為我殺范痤❷，吾請獻七十里之地。」魏王曰：「諾。」

使吏捕之，圍而未殺。痤自上屋騎危❸，謂使者曰：「與其以死痤市❹，不如以生痤市。有如❺痤死，趙不與王地，則王奈何？故不若與定割地，然後殺痤。」魏王曰：「善。」痤因上書信陵君❻曰：「痤，故魏之免相也，趙以地殺痤而魏王聽之，有如強秦亦將襲趙之欲❼，則君且奈何？」信陵君言於王而出之。

【注釋】❶魏王　魏安釐王。見〈敬慎〉第一八章。❷范痤　戰國時人，曾任魏相。❸危　屋脊。❹市　交易。❺有如　如也。有字無義。❻信陵君　見〈復恩〉第八章。❼襲趙之欲　襲，因；仿效。欲，求也。

【語譯】趙國派人對魏王說：「替我們殺掉范痤，我們願意奉獻七十里的土地。」魏王說：「好的。」派差吏捕捉范痤，把他圍住了還沒有殺害。范痤自己爬上屋頂，騎在屋脊上，對差吏說：「與其拿死的范痤和趙國交易，不如用活的范痤做交易。假如我范痤已死，趙國不給君王土地，那麼君王怎麼辦呢？所以不如和趙國完成割地的手續，然後再殺我。」魏王說：「好的。」范痤就上書給信陵君說：「我范痤原來是魏國的免相，現在趙國用土地賄賂魏國，想殺我，魏王同意了；假如將來強秦也仿效趙國提出同樣的要求要殺你，那你怎麼辦？」於是信陵君就勸諫魏王，救出了范痤。

第三章

吳人入荊，召陳懷公❶。懷公召國人曰：「欲與❷荊者左，欲與吳者右。」逢滑當公❸而進曰：「吳未有福，荊未有禍。」公曰：「國勝君出❹，非禍而奚？」對曰：「小國有是猶復，而況大國乎？楚雖無德，亦不斬艾其民。吳日弊❺兵，暴骨如莽❻，未見德焉。天其或者正訓荊也，禍之適吳，何日之有！」陳侯從之。

【注　釋】❶陳懷公　春秋時陳國國君，姓媯，名柳，惠公子，西元前五〇五～前五〇二年在位。懷公元年，吳破楚，在郢召懷公，大夫以吳新得意，楚雖亡與陳有故，不可背，乃以疾推辭未去。後吳復召懷公，懷公恐，至吳。吳怒其未奉召至楚，留之，卒於吳。❷與　親附。❸當公　正對著公，謂不左不右也。❹國勝君出　國勝，言楚為吳所勝。君出，謂楚昭王奔隨。❺弊　敗壞。❻莽　叢生的草木。

【語　譯】吳國人攻進了楚國，派人召見陳懷公。懷公召集國人商議說：「想要親附楚國的站到左邊，想要親附吳國的站到右邊。」逢滑正對著懷公走上前去說：「現在吳國還沒有福德，楚國還沒有災禍。」懷公說：「國家被別國戰勝，國君逃亡，這不是災禍是什麼？」回答說：「小國有這樣的情況，尚且能夠恢復，何況大國呢？楚國縱使沒有大德，也不致殘害它的百姓。吳國每天窮於用兵，暴露屍骨多得像雜草一樣，又沒有見到建立什麼德行。上天或許正在給楚國一次教訓吧。災禍降臨吳國，恐怕是指日可待的！」陳侯聽從了逢滑的意見。

第四章

桓公立仲父❶，致大夫曰：「善吾者入門而右，不善吾者入門而左。」有中門而立者。桓公問焉，對曰：「管子之知可與謀天下，其強可與取天下。君恃其信乎？內政委焉，外事斷焉，驅民而歸之，是亦可奪也。」桓公曰：「善。」乃謂管仲：「政則卒歸於子矣，政之所不及，唯子是匡。」管仲故築三歸之臺❷，以自傷於民。

【注釋】❶桓公立仲父　立管仲為仲父。仲者夷吾之字，父者事之如父。齊桓公，見〈君道〉第一七章。❷三歸之臺　不見他書，未詳其義。

【語譯】齊桓公立管仲為仲父，召集大夫們說：「贊成我的進門站在右邊，不贊成我的進門站在左邊。」有一個人在門中間站著。桓公問他緣故，回答說：「管子的智慧可以和他謀取天下，他的力量可以和他奪取天下。您仗恃對他的信任嗎？內政全交給他，外面的事務也全由他裁斷，驅使百姓歸附於他，這樣他就能輕易地奪取政權了。」桓公說：「有道理。」就對管仲說：「政事就全歸你管了，若政事有辦理得不周到的地方，我就唯你是問。」管仲於是築三歸之臺，藉以向百姓表示自己的憂傷。

第五章

齊宣王❶出獵於社山，社山父老十三人相與勞❷王。王曰：「父老苦矣！」謂左右賜父老田不租。父老皆拜，閭丘先生不拜，王曰：「父老以為少耶？」謂左右復賜父老無徭役❸。父老皆拜，閭丘先生又不拜，王曰：「拜者去，不拜者前。」曰：「寡人今日來觀，父老幸而勞之，故賜父老田不租，父老皆拜，先生獨不拜。寡人自以為少，故賜父老無徭役，父老皆拜，先生又獨不拜。寡人得無有過乎？」閭丘先生對曰：「惟聞大王來遊，所以為勞大王，望得壽於大王，望得富於大王，望得貴於大王。」王曰：「天殺生有時，非寡人所得與也，無以壽先生；倉廩雖實，以備災害，無以富先生；大官無缺，小官卑賤，無以貴先生。」

閭丘先生對曰：「此非人臣所敢望也。願大王選良富家子有修行者以為吏，平其法度，如此，臣少可以得壽焉❹；春秋冬夏振❺之以時，無煩擾百姓，如是，臣可少得以富焉；願大王出令，令少者敬長，長者敬老，如是，臣可少得以貴焉。今大王幸賜臣田不租，然則倉廩將虛也；賜臣無徭役，然則官府無使焉。此固非人臣之所敢望也。」齊王曰：「善。願請先生為相。」

【注　釋】❶齊宣王　見〈君道〉第二章。❷勞　慰勞。❸徭役　勞役；力役。❹臣少可以得壽焉　當作「臣可少得以壽焉」，與下文「臣可少得以富焉」、「臣可少得以貴焉」一律。❺振　同「賑」。救濟。

【語　譯】齊宣王到社山打獵，社山的父老十三個人一起來慰問宣王。宣王說：「父老們辛苦了啊！」吩咐左右的官吏賞賜父老們田地不必納稅，父老們都拜謝，獨閭丘先生不拜。宣王說：「父老們嫌少嗎？」吩咐左右的官吏再賞賜父老們不必服勞役。父老們都拜謝，閭丘先生又不拜。宣王說：「拜謝的離開，不拜謝的上前。」宣王又說：「寡人今天來到這裡，很榮幸地得到父老們的慰問，所以賞賜父老們田地不必納稅。父老們皆拜謝，先生獨獨不拜，寡人自以為賞賜太少，所以又賞賜父老們不必服勞役。父老們皆拜謝，先生又獨獨不拜。寡人是不是有過失呢？」閭丘先生回答說：「聽說大王來遊獵，所以來慰勞大王，是希望大王能讓我長壽，希望大王能讓我富有，希望大王能讓我尊貴。」宣王說：「老天給人的壽夭有一定的時限，不是寡人所能給與的，沒法子叫先生長壽；倉廩雖然充實，是用來防備災害的，沒法子叫先生富有；朝中大官沒有缺額，小官又地位低，沒法子叫先生尊貴。」閭丘先生回答說：「這些不是我所敢奢望的。希望大王選擇善良有修養的富家子弟做官吏，使法律制度公平合理，這樣我就可以稍稍長壽了；春夏秋冬四季，按時救濟，不要煩擾百姓，這樣我就可以稍稍富有了；希望大王頒布命令，命令年少的人尊敬年長的人，年長的人尊敬年老的人，這樣我就可以稍稍尊貴了。現在大王賞賜我的田地不必納稅，這樣倉廩就空虛了；賞賜我不必服勞役，那麼官府就沒有人可用了。這本來就不是我所敢奢望的。」宣王說：「講得好。希望請先生為相。」

第六章

孝武皇帝❶時，汾陰得寶鼎❷而獻之於甘泉宮。群臣賀，上壽❸，曰：「陛下得周鼎。」侍中虞丘壽王獨曰非周鼎。上聞之，召而問曰：「朕得周鼎，群臣皆以為周鼎，而壽王獨以為非，何也？壽王有說則生，無說則死。」對曰：「臣壽王安敢無說！臣聞夫周德始產於后稷❹，長於公劉❺，大於大王❻，成於文、武，顯於周公。德澤上洞❼天，下漏❽泉，無所不通。上天報應，鼎為周出，故名曰周鼎。今漢自高祖❾繼周，亦昭德顯行，布恩施惠，六合❿和同。至陛下之身逾盛，天瑞並至，徵祥畢見。昔始皇帝親出鼎於彭城而不能得⓫。天昭有德，寶鼎自至，此天之所以予漢，乃漢鼎，非周鼎也。」上曰：「善。」群臣皆稱萬歲。是日賜虞丘壽王黃金十斤。

【注釋】❶孝武皇帝　即漢武帝，西漢皇帝，名劉徹，景帝子。西元前一四〇～前八七年在位。即位後，繼承文、景基業，在政治和軍事上都有許多建樹，使漢朝國勢隆盛，版圖益廓。徹雄才大略，文功武治，允稱英主。❷鼎　古代的一種烹飪器，三足兩耳。相傳夏禹收九州之金鑄成九鼎，遂以鼎為傳國的重器。❸上壽　謂向尊者敬酒，祝頌長壽。❹后稷　見〈君道〉第一三章。❺公劉　商朝時周國國君，后稷後代不窋之孫，鞠之子。公劉身處戎狄之間，重修后稷事業，致力耕種，利用地力，伐木取材，使居無定所者有資財，定居者有積蓄。百姓歸附，周室從此興盛。❻大王　亦作太王，即古公亶父，商朝時周國國君，周文王祖父。初居豳，受戎狄侵犯，遷至岐山下，營築城郭居室，開荒種植，使周族逐漸興盛壯大。周武王追尊為太王。❼洞　通也。❽漏　潤澤。❾高祖　西漢開國皇帝，西元前二〇六～前一九五年在位。姓劉，名邦，字季，沛人。初為秦泗水亭長，陳勝、吳廣起義，與蕭何、曹參等起兵響應，稱沛公。陳勝死，與項羽分兵進擊秦都，邦先入咸陽，項羽不悅，封之為漢王。後與項羽爭奪天下，經過四年苦戰，終破項羽於垓下，於西元前二〇六年統一中國。建立西漢，即皇帝位於長安。❿六合　四方上下也。⓫昔始皇帝親出鼎於彭城而不能得　《史記・秦始皇本紀》：「始皇還過彭城，齋戒禱祠，欲出周鼎泗水，使千人沒水求之，弗得。」始皇帝，見〈復恩〉第一五章。

【語　譯】漢武帝的時候，汾陰地方得到一個寶鼎，進獻到甘泉宮，文武百官都來慶賀，向皇帝祝頌說：「陛下得到了周鼎。」只有侍中虞丘壽王說不是周鼎。皇帝聽說就召他來問：「我得到周鼎，文武百官都認為是周鼎，只有你壽王以為不是，什麼道理呢？能解釋就饒你活命，沒有就死。」回答說：「壽王怎麼敢沒有解釋！我聽說：那周朝的德行，起初產生於后稷，發展於公劉，壯大於太王，完成於文王、武王，顯揚於周公。周朝的恩德惠澤上通達高天，下潤澤泉穴，真是無所不通，上天為了報應周朝的德行，鼎器就為周朝而出，所以叫做周鼎。現在漢朝從高祖繼承周朝德行以來，也光大顯揚德行，布施恩德惠澤，天下和睦一統，到了陛下更加興旺發達，上天的祥瑞一起到來，吉利的預兆全都顯現出來。從前秦始皇親自到彭城希望得到周鼎卻不能得到，如今上天為了昭示有德之君，寶鼎自己出現，這是上天所要給漢的，這是漢鼎，不是周鼎。」皇帝說：「講得好。」文武百官都歡呼萬歲。這一天賞賜壽王黃金十斤。

第七章

晉獻公❶之時，東郭民有祖朝者，上書獻公曰：「草茅臣東郭民祖朝，願請聞國家之計。」獻公使使出告之曰：「肉食者❷已慮之矣，藿食者❸尚何與焉？」

祖朝對曰：「大王獨不聞古之將曰桓司馬者？朝朝其君，舉而晏❹，御呼車，驂亦呼車❺。御肘❻其驂曰：『子何越云為乎❼？何為藉❽呼車？』驂謂其御曰：『當呼者❾呼，乃❿吾事也。子當御，正子之轡銜耳。子今不正轡銜，使馬卒然驚，妄轢道中行人，必逢大敵⓫。下車免劍⓬，涉血履肝⓭者，固吾事也，子寧能辟⓮子之轡下佐我乎？其禍亦及吾身，與有深憂，吾安得無呼車乎？』今大王曰：『食肉者已慮之矣，藿食者尚何與焉？』設使食肉者一旦失計於廟堂⓯之上，若臣等之藿食者，寧得無肝膽塗地⓰於中原之野與？其禍亦及臣之身，臣與有其憂深，臣安得無與國家之計乎？」獻公召而見之，三日與語，無復憂者，乃立以為師也。

【注釋】❶晉獻公　見〈立節〉第九章。❷肉食者　謂在位者。❸藿食者　謂貧賤者，指在野百姓。❹舉而晏　舉，謂動身。晏，晚。❺御呼車二句　御，車御；駕車者。驂，指驂乘，隨車陪乘保護乘車者的人，站在車子的右邊，戎車叫做車右。呼車，在車上呼喝行人讓道。一般情況下只是御者呼車，驂乘不呼車。❻肘　用肘碰。❼子何越云為乎　越，超出本分。云，無義。❽藉　助。❾者　猶「則」也。❿乃　猶「固」也。⓫子今不正轡銜四句　謂被車衝撞壓倒的人，或者他們的家屬親友，一定會尋仇報復，所以說必逢大敵。⓬免劍　解劍。⓭涉血履肝　形容戰鬥流血肢體破碎。⓮辟　避開；拋棄。⓯食肉者一旦失計於廟堂　「食肉者」當作「肉食者」，下同。廟堂，本指宗廟明堂。古代帝王遇大事，告於宗廟，議於明堂，故也以廟堂指朝廷。⓰肝膽塗地　形容在戰亂中死亡慘烈。

【語譯】晉獻公的時候，城東有一個叫祖朝的人上書給獻公說：「草茅臣城東的居民祖朝，希望能聽聽國家的大計。」獻公派人出來告訴他說：「政府官員已經考慮周詳了，老百姓還何必參與呢？」祖朝回答說：「大王難道沒有聽說過古代有位將軍叫做桓司馬的嗎？早晨去朝見君王，動身晚了。駕車人吆喝行人讓路，陪乘的人也吆喝行人讓路。駕車人用胳臂肘碰陪乘的人說：『你為什麼超越職責？為什麼幫著我吆喝？』陪乘的人對駕車人說：『應當吆喝就吆喝，這本來也是我的事。你在駕車的時候，好好拉住馬匹的韁繩和勒口就行了。現在你不好好拉住馬匹的韁繩和勒口，如果馬突然受驚，胡亂地壓著路上的行人，一定會有人上前報復尋仇，下車拔劍，戰鬥流血以致肢體破碎的，該是我的事了，你能夠丟開馬韁繩下車幫助我嗎？馬驚車軼的災禍也要落到我的身上，同樣非常擔心，我哪能不吆喝呢？』現在大王說：『政府官員已經考慮周到了，老百姓還何必參與？』假使官員一旦在朝廷上處置失策，像我們這些老百姓難道能不血肉模糊於中原的草野嗎？這個災禍也同樣會落到我的身上，我也一樣非常擔心，我怎麼能不關心國家大事呢？」獻公就召見他，和他談了三天，感到沒有什麼再值得憂慮了，於是立他為師。

第八章

客謂梁王曰：「惠子❶之言事也善譬，王使無譬，則不能言矣。」王曰：「諾。」明日見，謂惠子曰：「願先生言事則直言耳，無譬也。」惠子曰：「今有人於此而不知彈❷者，曰彈之狀何若？應曰彈之狀如彈，則諭乎？」王曰：「未諭也。」「於是更應曰：『彈之狀如弓，而以竹為弦。』則知乎？」王曰：「可知矣。」惠子曰：「夫說者，固以其所知，諭其所不知，而使人知之。今王曰無譬，則不可矣。」王曰：「善。」

【注釋】❶惠子　惠施。戰國時人，曾任魏相，先秦名家學派代表人物之一。他擅長議論，荀子認為「惠子蔽于辭而不知實。」（《荀子・解蔽》）❷彈　彈弓。

【語　譯】有賓客對梁王說：「惠子談說事情擅長打比方，您叫他不要打比方，就不會能言善辯了。」梁王說：「好吧。」第二天惠子來朝見，梁王對他說：「希望先生有話就直說，不要打比方。」惠子說：「假若有個人不知道什麼是『彈』，說：『彈的形狀像什麼？』回答說：『彈的形狀像彈。』那麼他明白嗎？」梁王說：「不明白。」惠子說：「如果換一種回答說：『彈的形狀像弓，而用竹片做弦。』那他懂得嗎？」梁王說：「能懂了。」惠子說：「談說本來就是用人們已經了解的事物來說明人們所不了解的事物，而使人了解。現在大王說不準打比方，那就不行了。」梁王說：「說得對。」

第九章

孟嘗君❶寄❷客於齊王，三年而不見用，故客反，謂孟嘗君曰：「君之寄臣也，三年而不見用，不知臣之罪也？君之過也？」孟嘗君曰：「寡人聞之：縷因針而入，不因針而急❸；嫁女因媒而成，不因媒而親。夫子之材必薄矣，尚何怨乎寡人哉！」客曰：「不然。臣聞周氏之嚳，韓氏之盧❹，天下疾狗也。見菟而指屬❺，則無失菟矣；望見而放狗也，則累世不能得菟矣。狗非不能，屬之者罪也❻。」孟嘗君曰：「不然，昔華舟、杞梁❼戰而死，其妻悲之，向城而哭，隅為之崩，城為之阤。君子誠能刑❽於內則物應於外矣。夫土壤且可為忠，況有食穀之君乎。」客曰：「不然。臣見鷦鷯巢於葦苕❾，著之髮毛建之，女工不能為也，可謂完堅矣。大風至，則苕折卵破子死者何也？其所託者使然也。且夫狐者，人之所攻也；鼠者，人之所燻也。臣未嘗見稷狐見攻，社鼠見燻❿也。何則？所託者然也。」於是孟嘗君復屬之齊，齊王使為相。

【注　釋】❶孟嘗君　見〈正諫〉第五章。❷寄　託付。這裡作推薦講。❸急　疑是「㥯」的誤字。㥯借為「[illegible]」，縫衣也。說詳《說苑集證》。❹周氏之嚳二句　嚳、盧，並狗名。❺見菟而指屬　菟，同「兔」。指屬，謂指示使之屬目也。❻狗非不能二句　「非」下脫「不疾」二字，二句當作「狗非不疾，不能屬之者罪也」。❼華舟杞梁　見〈立節〉第一五章。❽刑　通「形」。❾鷦鷯巢於葦苕　鷦鷯，小鳥名。葦，草名。葉狹長，即蘆葦。苕是葦花。❿社鼠見燻　參〈政理〉第三四章。

【語　譯】孟嘗君推薦一個賓客給齊王，經過三年都沒有得到任用，所以這個賓客就回來了，向孟嘗君說：「您把我推薦給齊王，經過三年都不被任用，不曉得是我的錯？還是您的不是？」孟嘗君說：「寡人聽說：絲線依賴針而穿入，但不是僅僅靠針就能縫衣的；嫁女兒要依賴媒人才能成功，但不能靠媒人使夫妻感情親密。先生的才能一定有所不足，還抱怨寡人做什麼？」賓客說：「不是這樣的。臣聽說：周氏的嚳和韓氏的盧，都是天下善跑的狗，看見兔子而指給牠們看，那麼兔子一定跑不掉；如果遠遠望見，就放開狗，那麼幾世也捉不到兔子。狗不是跑不快，而是不能叫牠看清楚的錯誤。」孟嘗君說：「不是這樣的。從前華舟、杞梁作戰犧牲，他們的妻子悲傷地對著城牆痛哭，結果城角被她們哭塌，城牆被她們哭倒。所以一個君子果真內在充實，那麼外物一定會有所感應的。那土壤尚且可被忠誠感動，何況吃穀子的人主呢？」賓客說：「不是這樣。我看見鷦鷯在蘆葦上結巢，用毛髮黏結在上面建成，連編織精巧的女工也做不到，可以說是堅固的了；但是大風吹來，蘆葦折斷，蛋摔破了，小鳥死了，為什麼呢？是託身的地方使它這樣的。那狐狸是人所要捕殺的，老鼠是人所要燻除的，可是我從來沒有看見穀神廟裡的狐狸被捕殺，土地廟裡的老鼠被火燻。為什麼呢？這也是託身的地方使它這樣的。」於是孟嘗君再推薦他到齊國去，齊王任他為相。

第一〇章

陳子說梁王，梁王說而疑之，曰：「子何為去陳侯之國，而教小國之孤於此乎？」陳子曰：「夫善亦有道，而遇亦有時。昔傅說衣褐帶劍而築於秕傅之城❶，武丁夕夢旦得之，時王也。甯戚飯牛康衢，擊車輻而歌顧見❷，桓公得之，時霸也。百里奚❸自賣五羊之皮，為秦人虜，穆公得之，時強也。論若三子之行，未得為孔子駿徒也。今孔子經營❹天下，南有陳、蔡之阨❺，而北干景公，三坐而五立❻，未嘗離❼也。孔子之時不行，而景公之時怠也。以孔子之聖，不能以時行說之怠❽，亦獨能如之何乎？」

【注釋】❶傅說衣褐帶劍而築於秕傅之城　傅說，商臣。商王武丁思中興未得其佐，三年不言。時傅說庸築於傅巖，武丁得之，以為賢，立為三公。「劍」字誤，當作「索」，說見《說苑集證》。本書〈雜言〉第一七章：「傅說負壤土，釋板築而立佐天子，則其遇武丁也。」亦用此事。❷甯戚飯牛康衢二句　飯牛，餵牛。「顧見」二字無義，當作「碩鼠」。說詳《說苑集證》。甯戚，見〈君道〉第一七章。擊車輻而歌事又見〈尊賢〉第三章。❸百里奚　見〈臣術〉第九章。〈尊賢〉第三章、〈雜言〉第一七章並載其事。❹經營　往來也。❺陳蔡之阨　詳見〈雜言〉第一六、一七兩章。❻三坐而五立　謂兩次坐著談論五次立著談論，蓋謂孔子向齊景公進言次數之多也。❼離　遇也。❽以時行說之怠　疑「時」下脫「不」字，「之」為「時」字之誤。

【語　譯】陳子遊說梁王，梁王雖然高興，卻有些疑慮，說：「你為什麼離開陳侯，來這裡教導我這小國的君主呢？」陳子說：「人與人的親善是有道理的，而一個人的遇合也是有時運的。從前傳說穿著粗布衣服腰間繫著繩索，在秖傳城做建築的苦工，商王武丁晚間夢見傳說早晨就找到他，這是時運在於當時要有一位統有天下的王者出現。甯戚替人餵牛，在大街上敲著車輻歌唱〈碩鼠〉，齊桓公得到他而加以重用，這是時運在於當時要有一位霸主出現。百里奚用五張羊皮賣了自己，做秦國的奴隸，秦穆公得到他而加以重用，這是時運在於當時要有一位強國的君主出現。要說這三位的德行，還不夠做孔子的高徒。孔子往來天下，南面遇上陳、蔡的厄運，北上干求齊景公，多次進說，都沒有遇合。這是孔子的時運不行，而景公的時運也不好的緣故。以孔子的聖明，都不能在時運不行的時候遊說那時運不好的君主，一般人又能怎麼樣呢？」

第一一章

林既衣韋衣而朝齊景公❶，齊景公曰：「此君子之服也，小人之服也？」林既逡巡❷而作色曰：「夫服事何足以端❸士行乎？昔者荊為長劍危冠，令尹子西❹出焉；齊短衣而遂偞之冠，管仲、隰朋❺出焉；越文身剪髮，范蠡、大夫種❻出焉；西戎左衽而椎結，由余❼亦出焉。即如君言，衣狗裘者當犬吠，衣羊裘者當羊鳴。且君衣狐裘而朝，意者❽得無為變乎？」景公曰：「子真為勇悍矣！今❾未嘗見子之奇辯也，一鄰之鬥也？千乘之勝也？」林既曰：「不知君之所謂者何也？夫登高臨危而目不眴而足不陵❿者，此工匠之勇悍也；入深淵，刺蛟龍，抱黿鼉⓫而出者，此漁夫之勇悍也；入深山，刺虎豹，抱熊羆而出者，此獵夫之勇悍也；不難斷頭裂腹，暴骨流血中野者，此武士之勇悍也。今臣居廣廷，作色端辯，以犯主君之怒，前雖有乘軒⓬之賞，未為之動也；後雖有斧質之威，未為之死也；此既之所以為勇悍也。」

【注　釋】❶齊景公　見〈君道〉第一八章。❷逡巡　迅速也。❸端　《太平御覽・四六四》引作「揣」。❹子西　見〈正諫〉第一一章。❺隰朋　見〈尊賢〉第二章。❻范蠡大夫種　范蠡，春秋末越國大夫。原楚宛人。字少伯。越被吳戰敗後，入吳作人質二年，歸國後與文種助越王句踐刻苦圖強，終於滅吳。後浮海出齊，變換姓名，自稱鴟夷子皮。定居於陶，以經商致富，號陶朱公。大夫種，即文種。❼由余　見〈尊賢〉第二章。❽意者　想來大概是。❾今　句首語氣詞，無義。❿目不眴而足不陵　眴，目搖也。陵，慄也。⓫黿鼉　黿，大鱉。鼉，爬蟲類動物，有鱗甲，狀如鱷魚。⓬乘軒　車有藩曰軒，春秋時只有大夫才能乘軒，因此後來用乘軒泛指官員。

【語　譯】林既穿著皮衣朝見齊景公，齊景公說：「這是君子的服裝？還是小人的服裝？」林既立刻不高興地說：「從服裝怎麼能忖度一個士人的行為呢？從前楚國人佩帶長劍，戴高帽子，卻出了令尹子西；齊國人穿短衣，戴遂偞冠，卻出了管仲、隰朋；越國人在身上畫花紋，剪斷頭髮，卻出了范蠡、大夫種；西戎人衣服左衽，髮結如椎，卻出了由余。假如像君上所說的，那麼穿狗裘的就應當像狗一般的吠，穿羊裘的就應當像羊一樣的鳴了。而且君上穿著狐裘上朝，想來大概是也要像狐一般的叫，能夠不變化嗎？」景公說：「你可真算得勇敢強悍了！以前不曾見過你的奇辯，不曉得你的勇敢足以和一鄰的人相鬥呢？還是足以和千輛兵車的敵軍相鬥呢？」林既說：「不知道君上所說到底指什麼？那登臨極高的危險地方而兩眼不眨、雙腿不害怕發抖的，這是工匠的勇敢強悍；潛入深淵，刺殺蛟龍，抱著黿鼉出來的，這是漁夫的勇敢強悍；進入深山，刺殺虎豹，抱著熊羆出來的，這是獵夫的勇敢強悍；不怕斷頭裂腹而暴骨流血在原野之上的，這是武士的勇敢強悍。現在臣在大庭廣眾之間，正色嚴辭地冒犯主君的威怒，前頭雖然有加官晉爵的賞賜不能叫我改變，後頭雖然有誅戮殺身的嚴刑不能叫我恐懼，這就是我林既的勇敢強悍了。」

第一二二章

魏文侯❶與大夫飲酒，使公乘不仁為觴政❷，曰：「飲不釂者浮以大白❸。」文侯飲而不盡❹釂，公乘不仁舉白浮君，君視而不應。侍者曰：「不仁退，君已醉矣。」公乘不仁曰：「《周書》曰：『前車覆，後車戒。』❺蓋言其危。為人臣者不易，為君亦不易。今君已設令，令不行可乎？」君曰：「善。」舉白而飲，飲畢曰：「以公勝❻不仁為上客。」

【注　釋】❶魏文侯　見〈君道〉第三八章。❷觴政　猶酒令。❸飲不釂者浮以大白　釂，飲酒盡也。浮，罰也。大白，大酒杯。❹盡　《太平御覽・四〇五》引無，當刪。❺周書三句　《周書》無此文。《賈子・連語》引作「周諺」。❻勝　當改正為「乘」。

【語　譯】魏文侯和大夫們飲酒，叫公乘不仁主持酒令，說：「飲酒不乾杯的，罰酒一大杯。」文侯喝酒沒有乾杯，公乘不仁舉起酒杯罰文侯，文侯雖然看見卻不理會。侍者說：「不仁退下，國君已經醉了。」公乘不仁說：「《周書》上說：『前面的車子翻覆了，後面的車子就要警戒。』這是說情況危險。做人臣不容易，做人君也不容易。現在主君已經定了酒令，令不實行可以嗎？」文侯說：「好。」拿起酒杯喝酒，喝完了說：「叫公乘不仁做上客。」

第一三章

襄成君始封之日，衣翠衣，帶玉劍，履縞舄❶，立於游水之上。大夫擁鍾錘，縣令執桴❷號令，呼誰能渡王者。於是也楚大夫莊辛過而說之，遂造託❸而拜謁，起立曰：「臣願把君之手，其可乎？」襄成君忿❹作色而不言。莊辛遷延沓手❺而稱曰：「君獨不聞夫鄂君子晳❻之汎舟於新波之中也？乘青翰❼之舟，極蔄芘❽，張翠蓋，而搨❾犀尾，班麗袿衽❿，會鍾鼓之音畢，榜枻⓫越人擁楫而歌。歌辭曰：『濫兮抃草濫予昌柂澤予昌州州䬸州焉乎秦胥胥縵予乎昭澶秦踰滲惿隨河湖。』鄂君子晳曰：『吾不知越歌，子試為我楚說之。』於是乃召越譯，乃楚說之曰：『今夕何夕兮，搴中洲流⓬。今日何日兮，得與王子同舟。蒙羞被好兮，不訾詬恥⓭。心幾頑⓮而不絕兮，知得王子。山有木兮木有枝，心說君兮君不知。』於是鄂君子晳乃搨⓯修袂行而擁之，舉繡被而覆之。鄂君子晳親楚王母弟也，官為令尹，爵為執珪⓰，一榜枻越人猶得交歡盡意焉。今君何以踰於鄂君子晳？臣何以獨不若榜枻之人？願把君之手其不可何也？」襄成君乃奉手而進之曰：「吾少之時，亦嘗以色稱於長者矣，未嘗遇僇⓱如此之卒也。自今以後，願以壯少之禮，謹受命。」

【注 釋】❶縞舄　縞，細白的生絹。單底為履，複底而著木者為舄。❷桴　鼓槌。❸造託　疑為「造詣」之誤，前往之意。❹忿　下當補「然」字。❺遷延沓手　遷延，退後。沓手，合手。❻鄂君子晳　觀下文「鄂君子晳親楚王母弟也，官為令尹，爵為執珪」，此人當即楚公子黑肱，字子晳，與公子圍、公子比、公子棄疾俱是楚康王之弟。公子圍殺康王父子自立，是為靈王。後觀從又殺靈王及太子祿，立公子比為王，公子黑肱為令尹，公子棄疾為司馬。時公子棄疾亦欲自立為王，公子黑肱與公子比在棄疾恐嚇下自殺而死。公子棄疾乃自立為平王。❼翰　羽毛。❽極𦱊芘　極，疑「插」字之誤。𦱊，通「幔」。芘，通「蔽」。車旁禦風塵者。❾揄　恐「撿」字之誤，舉也。❿班麗袿衽　班麗，即班蘭，與「斑斕」同。顏色錯雜鮮明。袿，衣袖。衽，衣襟。⓫榜枻　都是船槳。⓬搴中洲流　當作「搴舟中流」。搴，通「蹇」。本為行動遲緩，這裡作慢慢划行。⓭不訾詬恥　訾，怨恨。詬恥，侮辱。⓮幾頑　幾，何等；怎樣。表示感歎。頑，癡愚；愚妄。⓯揄　摺。⓰執珪　春秋時諸侯國爵位名。以珪賜給功臣，使持珪朝見，因稱執珪。⓱僇　羞辱。

【語 譯】襄成君開始受封的那一天，穿著翠綠色衣裳，佩帶玉劍，腳蹬白細絹鞋，站在水邊。大夫們抱著鐘錘，縣令拿著鼓槌召喚，大喊：「誰能夠渡王過去。」這個時候楚大夫莊辛從此經過，看見襄成君很歡喜他，就上前拜見，站起來說：「我想握一握您的手，可以嗎？」襄成君氣得臉色都變了，不願意和莊辛說話。莊辛就後退合著手說：「您難道沒有聽說過鄂君子晳在新波中汎舟的事麼？有一天鄂君子晳乘坐裝飾著青色羽毛的船，船兩邊掛著帷幔，張設翠羽的傘蓋，旌旗上插著犀牛尾巴，子晳穿著華麗的衣裳，鐘鼓的聲音剛剛一停，有一個划船的越國人就抱著槳唱歌，歌辭說：『濫兮抃草濫予昌枑澤予昌州州𩜾州焉乎秦胥胥縵予乎昭澶秦踰滲惿隨河湖。』鄂君子晳說：『我不懂越歌，請你替我用楚語解說。』於是召來懂得越語的人，用楚語說道：『今夕何夕啊，能夠在這水中汎舟；今日何日啊，能夠和王子同舟。含著羞愧承受好意，不因為別人的譏評而怨恨。我的心是多麼的癡愚啊，但是希望不絕，我知道一定會得到王子的愛護。山上有樹，樹上有枝；心中愛慕你，你卻不知。』於是鄂君子晳捲起長袖，走過去擁抱他，舉起繡被覆蓋他。鄂君子晳是楚王的同母親弟，官做到令尹，爵位是執珪，一個划船的越國人，尚且可以和他一同歡樂而竭情盡意。現在您憑什麼超過那鄂君子晳？而我又何獨不如一個划船的船夫？何以連握一握您的手都不可以呢？」襄成君就奉上雙手上前說：「我年少的時候也曾經以色貌受到長者的稱讚，未曾像今天這樣突然受到羞辱。從今以後願意以壯少者的禮節，恭謹地接受先生的教訓。」

第一四章

雍門子周❶以琴見乎孟嘗君❷，孟嘗君曰：「先生鼓琴，亦能令文悲乎？」

雍門子周曰：「臣何獨能令足下悲哉？臣之所能令悲者：有先貴而後賤，先富而後貧者也；不若❸身材高妙，適遭暴亂無道之主，妄加不道之理焉；不若處勢隱絕，不及四鄰，詘折儐厭❹，襲❺於窮巷，無所告愬；不若交歡相愛，無怨而生離，遠赴絕國，無復相見之時；不若少失二親，兄弟別離，家室不足，憂慼❻盈胸。當是之時也，固不可以聞飛鳥疾風之聲，窮窮焉固無樂已。凡若是者，臣一為之徽膠❼援琴而長太息，則流涕沾衿矣。今若足下，千乘之君也。居則廣廈邃房，下羅帷，來清風，倡優侏儒❽處前，迭進而諂諛；燕則鬥象棋而舞鄭女，激楚之切風❾，練❿色以淫目，流聲以虞⓫耳；水遊則連方舟⓬，載羽旗，鼓吹乎不測之淵；野遊則馳騁弋獵乎平原廣囿，格猛獸；入則撞鍾擊鼓乎深宮之中。方此之時，視天地曾不若一指，忘死與生，雖有善鼓琴者，固未能令足下悲也。」孟嘗君曰：「否否，文固以為不然。」雍門子周曰：「然，臣之所為足下悲者一事也。夫聲敵帝而困秦者，君也；連五國之約，南面而伐楚者，又君也。天下未嘗無事，不從則橫，從成則楚王，橫成則秦帝，楚王秦帝必報讎於薛⓭矣。夫以秦楚之強，而報讎於弱薛，譬之猶摩蕭斧⓮而伐朝菌⓯也，必不留行矣。天下有識之士，無不為足下寒心酸鼻者；千秋萬歲之後，廟堂必不血食⓰矣。高臺既以壞，曲池既以漸，墳墓既以下，而青廷⓱矣，嬰兒豎子樵採薪蕘者，躑躅⓲其足而歌其上，眾人見之，無不愀焉⓳為足下悲之，曰：『夫以孟嘗君尊貴，乃可使若此乎！』」於是孟嘗君泫然⓴泣涕，承睫㉑而未殞。雍門子周引琴而鼓之，徐動宮徵，微揮羽角，切終而成曲㉒。孟嘗君涕浪汗增欷㉓而就之㉔，曰：「先生之鼓琴，令文立若破國亡邑之人也。」

【注釋】❶雍門子周　《淮南子・覽冥》高誘《注》：「雍門子，名周，善彈琴，又善哭。雍門，齊西門也。」❷孟嘗君　見〈正諫〉第五章。❸不若　猶言否則、不然，下同。❹詘折儐厭　命運坎坷曲折，處處遭受厭棄。詘，通「屈」。儐，同「擯」。❺襲　淪落的意思。❻感　困窘。❼徽膠　將繫絃的繩子固定好，準備彈琴。繫絃的繩叫徽。膠是黏著、固定的意思。❽倡優侏儒　倡優，歌舞雜技藝人。倡指樂人，優指伎人。古本有別，後常並稱。侏儒，短人可供戲弄者。❾激楚之切風　「切風」當為「結風」。激楚、結風，皆是歌舞曲名。「激楚之切風」與上文「鬥象棋而舞鄭女」相對，疑「激楚」上脫一字，「之」

當作「而」，下又脫一字。⑩練 通「揀」。擇也。⑪虞 通「娛」。⑫方舟 兩船相併。⑬薛 孟嘗君的封邑。⑭蕭斧 剛利之斧。⑮朝菌 菌類植物，朝生暮死。⑯血食 古時殺牲取血，用以祭祀，故名。這裡作祭祀講。⑰廷 平也。⑱躑躅 徘徊不進也。⑲愀焉 即愀然，悲傷貌。⑳泫然 流淚貌。㉑睫 眼睫毛。㉒切終而成曲 《北堂書鈔・一〇九》引作「曲終而切嘆」。㉓涕浪汗增欷 《北堂書鈔・一〇九》、《藝文類聚・四四》、《太平御覽・五七九》引並作「涕泣增哀」，疑此文有衍誤。或謂浪汗猶闌干，縱橫散亂貌。㉔而就之 「而」上《類聚》、《御覽》引有「下」字，義長。

【語　譯】雍門子周以擅長琴藝來見孟嘗君，孟嘗君說：「先生彈琴能夠叫我悲傷嗎？」雍門子周說：「我怎麼能夠叫您悲傷呢？我能夠叫他們悲傷的：有那些起先貴盛一時而後來卑賤潦倒，起先豪富淩人而後來一貧如洗的人；不然就是一個人才能出眾不凡，恰巧遭逢暴亂無道的君主，妄加無理的罪名；不然就是一個人身處隱僻孤絕的環境，和四鄰不相來往，命運坎坷曲折，處處遭受厭棄，淪落於窮巷，沒有一個可以宣洩訴說的人；不然就是彼此歡喜相互愛慕的人，沒有怨隙卻要活生生地離別，到遙遠的外國，沒有再相見的時候；不然就是一個人從小失去雙親，兄弟離別，家室不全，憂愁困窘之情充滿在心頭。一個人在這種時候，當然不堪聽聞飛鳥疾風的聲音，窮愁潦倒得一點快樂沒有。凡是這樣的人，我一為他們拿起琴來彈奏而長聲歎息，他們就涕泗橫流，沾濕衣襟了。像您是千乘的主君，住的是寬廣的大廈，深邃的宮房，放下羅帷，清風徐來，歌舞雜技藝人輪流上來獻藝，調笑取悅；閒來無事就鬥玩象棋，叫鄭國女子跳舞，演唱激楚和結風的舞曲，揀選美女演奏音樂來愉悅自己的耳目；若要到水面遊覽，就連接方舟，船上豎著羽飾的旗子，鼓吹作樂於深不可測的淵流；若要到野外遊玩，就騎馬奔馳打獵於平坦的原野和廣闊的園林之中，格殺野獸；回到宮中，就在深宮中敲鐘打鼓為樂。在這個時候，看天地之大還不如一根手指，忘記了生死的煩惱，雖然有善於鼓琴的人，也不能叫您悲傷啊！」孟嘗君說：「不對，不對，我以為不像你說的那樣。」雍門子周說：「是的。我替您覺得悲傷的只有一件事。聲名足以和帝王匹敵，而使得秦國受困的，是您；締結五國的盟約，共同出兵向南攻伐楚國的，也是您。天下安定無事倒也罷了，如果有事，不是合縱，就是連橫。合縱成功，楚國就稱王，連橫成功，秦國就稱帝，但是不管是楚國稱王還是秦國稱帝，都一定會向薛報仇。以秦、楚兩國的強大，而向弱小的薛尋仇，就好像用利斧去砍伐朝菌，一點也不會遺留的。天下的有識之士，沒有不為您感到心寒鼻酸的；千秋萬歲之後，您的廟堂一定沒有人祭祀了。高大的樓臺頹壞了，曲折的池塘荒廢了，墳墓崩塌成為長滿青草的平地，兒童少年和採薪砍柴的在上面遊戲唱歌，眾人看到的沒有不為您悲傷的，說：『像孟嘗君那樣尊貴的人，竟然可以讓他像這樣！』」於是孟嘗君哭泣起來，眼淚掛在睫毛上還未落下，雍門子周拿起琴來彈奏，徐徐地撥動宮徵，微微地揮彈羽角，一曲終了，深深歎息，孟嘗君淚流滿面，欷歔不已，走下來對雍門子周說：「先生的彈琴，使我田文立刻像一個國亡家破的人。」

第一五章

蘧伯玉❶使至楚，逢公子皙❷濮水之上，子皙接草而待❸曰：「敢問上客將何之？」蘧伯玉為之軾車。公子皙曰：「吾聞上士可以託色❹，中士可以託辭，下士可以託財。三者固可得而託身耶？」蘧伯玉曰：「謹受命。」蘧伯玉見楚王，使事畢，坐，談語從容，言至於士，楚王曰：「何國最多士？」蘧伯玉曰：「楚最多士。」楚王大悅。蘧伯玉曰：「楚最多士而楚不能用。」王造然❺曰：「是何言也？」蘧伯玉曰：「伍子胥❻生於楚，逃之吳，吳受而相之，發兵攻楚，墮平王❼之墓，伍子胥生於楚，吳善用之。釁蚠黃❽生於楚，走之晉，治七十二縣，道不拾遺，民不妄得，城郭不閉，國無盜賊，蚠黃生於楚，而晉善用之。今者臣之來，逢公子皙濮水之上，辭言：『上士可以託色，中士可以託辭，下士可以託財。三者固可得而託身耶？』又不知公子晳將何治也？」於是楚王發使一駟，副使二乘，追公子晳濮水之上。子晳還，重於楚，蘧伯玉之力也。故《詩》曰：「誰能烹魚？溉之釜鬵；孰將西歸？懷之好音❾。」此之謂也。物之相得，固微甚矣。

【注釋】❶蘧伯玉　見〈復恩〉第一八章。❷公子晳　晳，誤字，別本作皙，是也。此公子皙，非公子黑肱字子皙者。按公子黑肱死於楚平王即位前，下文謂伍子胥發兵攻楚，墮平王之墓，時公子黑肱死已久矣，安得與蘧伯玉為此問答之言。此公子晳當別是一人。❸接草而待　接草，義不可通。疑「接」當為「捽」之形誤，是拔的意思。拔草而待，是說先把雜草拔掉，等待對方來席地而坐。❹可以託色　謂不需要言辭，對方僅從你的神情就可以知道你託付他的意思。❺造然　變色貌。❻伍子胥　見〈尊賢〉第九章。❼平王　楚平王。見〈立節〉第一一章。❽釁蚠黃　即〈尊賢〉第九章之苗賁皇。❾誰能烹魚四句　見《詩經・檜風・匪風》。溉，洗。釜、鬵，都是烹飪器。懷，念也，猶言盼望。好音，即今語好消息之謂。

【語譯】蘧伯玉出使到楚國，在濮水岸邊遇到公子晳，子晳先拔除了草等著說：「請問上客要到那裡去？」蘧伯玉俯身在車軾上向他行禮。公子晳說：「我聽說上士不需要言辭就可以向他有所託付，中士可以用言辭向他託付，下士可以用錢財向他託付。這三者之中我能用哪一種向您託付呢？」蘧伯玉說：「我恭謹地接受你的託付。」蘧伯玉晉見楚王，公事辦完以後，坐著聊天，從容不迫地談到士人，楚王說：「那一個國家的人才最多？」蘧伯玉說：「楚國最多。」楚王非常得意。蘧伯玉說：「楚國雖然人才多，楚國自己卻不會用。」楚王不高興地說：「這怎麼說？」蘧伯玉說：「伍子胥生在楚國，逃到吳國去，吳國收容他而且任命他做相，後來發兵攻楚，毀壞了平王的墓。伍子胥生在楚國，而吳國善於用他。釁蚠黃生在楚國，出走到晉國，治理七十二縣，結果道路上的行人不撿拾別人遺失的東西，老百姓不貪非分之財，城門不必關閉，國中沒有盜賊。蚠黃生在楚國，而晉國善於用他。現在我來的時候，在濮水岸邊遇見公子晳，他對我說：『我聽說上士不需要言辭就可以向他有所託付，中士可以用言辭向他託付，下士可以用錢財向他託付。這三者之中我能用哪一種向您託付呢？』不曉得公子皙又將要到哪一國去了？」於是楚王派一位正使、兩位副使駕著車子到濮水岸邊去把公子皙追回來。公子皙能夠回來並受到楚王的重用，這完全是蘧伯玉的力量啊！所以《詩經》上說：「誰能烹魚？我願意替他洗鍋；誰將西歸？我盼望能有好的消息。」說的就是這個意思。人與人的相知相得，本來就是非常微妙的啊。

第一六章

叔向❶之弟羊舌虎善欒達❷，達有罪於晉，晉誅羊舌虎，叔向為之奴❸。既而祁奚❹曰：「吾聞小人得位，不爭不義❺，君子所憂，不救不祥❻。」乃往見范桓子❼而說之曰：「聞善為國者賞不過，刑不濫。賞過則懼及淫人，刑濫則懼及君子。與不幸而過，寧過而賞淫人，無過而刑君子。故堯之刑也，殛鯀於羽山而用禹❽；周之刑也，僇管蔡而相周公❾，不濫刑也。」桓子乃命吏出叔向。救人之患者，行危苦而不避煩辱❿，猶不能免，今祁奚論先王之德，而叔向得免焉，學豈可已哉！

【注釋】❶叔向　見〈貴德〉第一五章。❷欒達　當作「欒逞」，字形相近而誤。其人即《左傳》之欒盈。襄公二十一年《傳》曰：「秋，欒盈出奔楚，宣子殺羊舌虎，囚叔向。」《史記・晉世家》作欒逞，文曰：「六年，晉欒逞有罪，奔齊。」「盈」作「逞」者，避漢惠帝諱也。《呂氏春秋・開春》高誘《注》：「欒盈，晉大夫，欒書之孫，欒黶之子懷子也。」❸奴　《呂氏春秋・開春》高誘《注》：「奴，戮人也（「人」字據陳奇猷《校釋》補）。律坐父兄沒入為奴。」奴就是罪人的意思。

❹祁奚　春秋晉大夫。晉悼公時任中軍尉，告老，悼公問誰可繼任，祁奚推薦仇人解狐；又問，推薦其子祁午。時人稱讚其外舉不避仇，內舉不避親。❺小人得位二句　《呂氏春秋・開春》高誘《注》：「當諫君退之，故不爭不義也（「義」原為「祥」，據陳奇猷說正）。」❻君子所憂二句　《呂氏春秋・開春》高誘《注》：「憂，阨也。當諫君免之，故不救不祥也。」❼范桓子　即范宣子，春秋時晉國正卿。范文子之子，即士丐。初任中軍之佐。曾攻滅欒氏，從此掌握國政，把過去所宣布法令制定為「刑書」，他死後，晉國將「刑書」鑄在鼎上公布。諡宣子。❽殛鯀於羽山而用禹　殛，誅也。鯀，堯之臣，姒姓，禹之父。原居於崇，號崇伯。治水無功，被堯所殺。❾僇管蔡而相周公　僇，通「戮」。殺也。管蔡，管叔鮮與蔡叔度，皆武王之弟。古史相傳，武王死，成王幼，周公攝政。二人流言於國中曰：「公將不利於孺子。」周公懼而避居於東都。其後，成王迎公歸，管、蔡遂挾紂子武庚叛。周公出兵，殺武庚、管叔，放蔡叔，亂始平。❿煩辱　猶言勞苦。

【語譯】叔向的弟弟羊舌虎和欒逞要好，欒逞在晉國犯了罪，晉國因此殺了羊舌虎，叔向也受牽連成了罪人。過後不久祁奚說：「我聽說：如果小人得了權位，不去向國君進諫阻止，這是不義；君子遭受困阨，不去援救，這是不祥。」就去見范桓子，勸諫他說：「聽說會治理國家的，賞賜不過分，刑罰不濫用。賞賜過分就恐怕那些邪惡小人也能受惠，刑罰濫用就恐怕連君子也受牽累。如果不幸刑賞不能恰當，寧願賞賜不當而賞及小人，也不要刑罰不當而罪及君子。所以堯的用刑，在羽山處死鯀，卻重用他的兒子禹。周朝的用刑，殺掉了管叔、蔡叔，卻用他們的兄弟周公為相。這就是不濫用刑罰。」桓子就命官吏放出叔向。救人患難的人，行事危險艱難而不避勞苦，有時還不能解救朋友的患難。現在祁奚只是談論先王的德行，就搭救了叔向。學習怎能夠停止呢！

第一七章

張祿掌門❶見孟嘗君❷曰：「衣新而不舊，倉庾❸盈而不虛，為之有道，君亦知之乎？」孟嘗君曰：「衣新而不舊，則是脩也，倉庾盈而不虛，則是富也，為之奈何？其說可得聞乎？」張祿曰：「願君貴則舉賢，富則振貧，若是則衣新而不舊，倉庾盈而不虛矣。」孟嘗君以其言為然，說其意，辯其辭。明日使人奉黃金百斤，文織百純❹，進之張先生，先生辭不受。後先生復見孟嘗君，孟嘗君曰：「前先生幸教文曰：『衣新而不舊，倉庾盈而不虛。為之有說❺，汝亦知之乎？』文竊說教，故使人奉黃金百斤，文織百純，進之先生，以補門內之不贍者，先生曷為辭而不受乎？」張祿曰：「君將掘君之偶錢❻，發君之庾粟以補士，則衣弊履穿而不贍耳，何暇衣新而不舊，倉庾盈而不虛乎？」孟嘗君曰：「然則為之奈何？」張祿曰：「夫秦者四塞國也，遊宦者不得入焉。願君為吾為丈尺之書❼，寄我與❽秦王。我往而遇乎，固君之入也；往而不遇乎，雖人求間謀，固不遇臣矣。」孟嘗君曰：「敬聞命矣。」因為之書寄之秦王。往而大遇，謂秦王曰：「自祿之來，入大王之境，田疇益辟，吏民益治，然而大王有一不得者，大王知之乎？」王曰：「不知。」曰：「夫山東❾有相，所謂孟嘗君者，其人賢人。天下無急則已，有急則能收天下英乂雄俊之士，與之合交連友者，疑獨此耳。然則大王胡不為我友之乎？」秦王曰：「敬受命。」奉千金以遺孟嘗君。孟嘗君輟食察之而寤曰：「此張生之所謂衣新而不舊，倉庾盈而不虛者也。」

【注釋】❶張祿掌門 張祿，或謂即范雎，然年代不相若；或謂范雎前另有一張祿。資料不足，待考。掌門，不成文，疑「掌」為「踵」字。❷孟嘗君 見〈正諫〉第五章。❸庾 露天的穀倉。❹純 絲棉布帛一匹曰純。❺說 當作「道」，上文可照。❻掘君之偶錢 未詳其義。❼丈尺之書 不成文，「丈」疑為「咫」字，咫尺之書猶尺書。❽與 猶「於」也。❾山東 戰國秦漢稱崤山或華山以東為山東。即關東。也指戰國秦以外的六國。

【語譯】張祿親自到門上求見孟嘗君說：「衣服常新而不舊，倉廩常滿而不空，要這樣是有方法的，您知道嗎？」孟嘗君說：「衣服常新而不舊，就是要修飾；倉廩常滿而不空，就是要富有。用什麼方法達到？你的高見可以說來聽聽嗎？」張祿說：「希望您貴顯了就提拔賢人，富有了就救濟窮人，這樣就能衣服常新而不舊、倉廩常滿而不空了。」孟嘗君認為他說得對，一方面欣賞他的意見，一方面覺得他的辭令富有辯才。第二天派人奉送黃金百斤和織有文彩的布帛百匹給張先生，先生辭謝不接受。後來先生再見孟嘗君，孟嘗君說：「前日先生教導我說：『衣服常新而不舊，倉廩常滿而不空，要做到是有方法的，您知道嗎？』我非常高興受到你的指教，所以派人奉送黃金百斤、文織百匹給先生，以彌補先生家中的不足，先生為什麼推辭不接受呢？」張祿說：「您要發掘您的偶錢，發放您倉廩中的米穀來貼補士人，那麼就是您自己忙得衣服破了鞋子壞了，也無法滿足大家的需要，那兒還能夠衣服常新不舊、倉廩常滿不空呢？」孟嘗君說：「那麼該怎樣辦呢？」張祿說：「那秦國是個國境四方險要的國家，想遊說求官的人不容易去，希望您能為我寫一封信，介紹我給秦王。假使我到秦國而受到秦王的賞識，這原是您推薦的力量；假若不被秦王賞識，即使有人要我陰謀出賣齊國，秦王也不會相信我的呀！」孟嘗君說：「我知道了。」就為他寫信，把他推薦給秦王。張祿到了秦國，大受秦王的重用，有一天對秦王說：「自從我張祿來到秦國，田地日益開闢，政治一天比一天治理得好，然而大王還有一件事沒有做到，大王知道嗎？」王說：「不知道。」張祿說：「六國有一個相叫做孟嘗君的，這個人是個賢人。天下沒有緊急的變故便罷了，假若有緊急的變故，能夠收納天下英雄豪傑和他結交為友的，我看只有這個人了。既然是這樣，那麼大王何不和他結交為友呢？」秦王說：「敬受你的指示。」派人贈送黃金千斤給孟嘗君，孟嘗君正在吃飯，停下來仔細想，恍然大悟說：「這就是張先生所說的衣服常新不舊、倉廩常滿不空。」

第一八章

莊周❶貧者，往貸粟於魏文侯，曰❷：「待吾邑❸粟之來而獻之。」周曰：「乃今者周之來，見道傍牛蹄中有鮒魚❹焉，大息謂周曰：『我尚可活也？』周曰：『須我為汝南見楚王，決江淮以溉汝。』鮒魚曰：『今吾命在盆甕之中耳，乃為我見楚王，決江淮以溉我，汝即求我枯魚之肆❺矣。』今周以貧故來貸粟，而曰須我邑粟來也而賜臣，即來亦求臣傭肆矣。」文侯於是乃發粟百鍾❻，送之莊周之室。

【注　釋】❶莊周　（約西元前三六九～前二八〇年）戰國時思想家，即莊子。宋國蒙（今河南商丘東北）人。著書十餘萬言，《漢書・藝文志》著錄《莊子》五十二篇，現存三十三篇。❷曰　上當據《初學記・六》、《太平御覽・六一》引重「文侯」二字。❸邑　古代稱國為邑。❹鮒魚　鯽魚。❺肆　市場。❻鍾　計量單位，一鍾合六斛四斗。或曰八斛，或曰十斛。

【語　譯】莊周家貧，去向魏文侯借糧，文侯說：「等我國百姓交糧來就派人送上。」莊周說：「今天我來的時候，看見路旁牛蹄腳印中有條鯽魚，歎著氣對我說：『我還可以活命嗎？』我回答他說：『等我替你到南方去見楚王，請楚王挖開長江、淮河的水來灌溉你。』鮒魚說：『我的生命就要完結在盆甕之中了，竟然要為我去見楚王，挖長江、淮河的水來灌溉我，等你引得水來，你乾脆到乾魚市場去找我好了。』現在我莊周因為貧窮來借糧，竟然說要等百姓交了糧來再賜給我，就是送來了糧食，也要到傭工市場來找我了。」文侯於是就拿出百鍾糧食來，叫人送到莊周家裡。

第一九章

晉平公❶問叔向❷曰：「歲饑民疫，翟❸人攻我，我將若何？」對曰：「歲饑來年而❹反矣，疾疫將❺止矣，翟人不足患也。」公曰：「患有大於此者乎？」對曰：「夫大臣重祿而不極諫，近臣畏罪而不敢言，左右顧寵於小官❻而君不知，此誠患之大者也。」公曰：「善。」於是令國中曰：「欲有諫者為隱，左右言及國吏，罪。」

【注　釋】❶晉平公　見〈君道〉第一章。❷叔向　見〈貴德〉第一五章。❸翟　通「狄」。古族名，長期活動於齊、魯、晉、衛、宋、邢等國之間，與諸侯國有頻繁的接觸。❹而　疑詞。與「或」同義。❺將　亦「或」也。❻顧寵於小官　言賣寵於小官之人，而收其金錢賄賂也。顧，通「雇」。是用金錢交換的意思。

【語　譯】晉平公問叔向說：「年成歉收，百姓多病，狄人攻我，我要怎麼辦呢？」回答說：「年成不好，明年或者就能恢復了；傳染病流行，或者就要停止了；狄人也不值得憂慮。」平公說：「有比這些更大的禍患嗎？」回答說：「大臣看重祿位而不極力進諫，親近的臣子害怕得罪而不敢講話，左右近侍收賄賂賣人情給小官而君主不知道，這些才是真正的大禍患。」平公說：「講得好。」於是下令國中說：「有關官員對想要進諫的加以隱瞞，左右近侍議論國家大臣的，都要論罪。」

第二〇章

趙簡子❶攻陶，有二人先登，死於城上，簡子欲得之，陶君不與。承盆疽謂陶君曰：「簡子將掘君之墓，以與君之百姓市曰：『踰邑梯城者將赦之，不者將掘其墓，朽者揚其灰，未朽者辜❷其尸。』」陶君懼，謂❸効二人之尸以為和。

【注釋】❶趙簡子　見〈君道〉第三五章。❷辜　分裂肢體。❸謂　當作「請」，字誤。

【語譯】趙簡子圍攻陶城，有兩個人先爬上去，死在城上，簡子想要回兩人的屍體，陶君不給。承盆疽向陶君說：「簡子將要挖掘您祖上的墳墓，並且和您的百姓約定說：『凡是逃離城邑爬牆出來的，就赦免他；否則就挖他們祖上的墳墓，已經朽壞的，就將骨灰撒在空中，沒有朽壞的就砍斷屍體。』」陶君恐懼，請求交出兩個人的屍體來講和。

第二一章

子貢❶見太宰嚭❷，太宰嚭問曰：「孔子何如？」對曰：「臣不足以知之。」太宰❸曰：「子不知，何以事之？」對曰：「惟不知，故事之。夫子其猶大山林也，百姓各足其材焉。」太宰嚭曰：「子增夫子乎？」對曰：「夫子不可增也。夫賜其猶一累❹壤也，以一累壤增大山，不益其高，且為不知。」太宰嚭曰：「然

則子有所酌也？」對曰：「天下有大樽，而子獨不酌焉，不識誰之罪也？」❺

【注釋】❶子貢 見〈臣術〉第四章。❷太宰嚭 見〈正諫〉第二〇章。❸太宰 下當有「嚭」字。❹累 借為「虆」。盛土籠。❺然則子有所酌也五句 與下章「簡子曰」以下七字更換，文義才通順，即本文當作：「太宰嚭曰：『善哉，子貢之言也。』」

【語譯】子貢見太宰嚭，太宰嚭問道：「孔子這個人怎麼樣？」回答說：「我不足以了解他。」太宰嚭說：「你不了解他，為什麼事奉他？」回答說：「就是因為不了解，所以事奉他。夫子就像廣大的山林一樣，人們可以分別從他那兒取得需要的材料。」太宰嚭說：「你誇飾夫子了嗎？」回答說：「夫子是無法誇飾的。我端木賜好比一筐土，拿一筐土加到大山上面，不但不能增加它的高度，只會顯出自己的笨拙。」太宰嚭說：「子貢的話說得真好啊！」

第二二章

趙簡子❶問子貢曰：「孔子為人何如？」子貢對曰：「賜不能識也。」簡子不說曰：「夫子事孔子數十年，終業而去之，寡人問子，子曰不能識，何也？」子貢曰：「賜譬渴者之飲江海，知足而已。孔子猶江海也，賜則奚足以識之？」簡子曰：「善哉，子貢之言也。」❷

【注釋】❶趙簡子 見〈君道〉第三五章。❷簡子曰三句 「簡子曰」以下當與前章「太宰嚭曰」以下數語對調，本文當作：「簡子曰：『然則子有所酌也？』對曰：『天下有大樽，而子獨不酌焉，不識誰之罪也？』」

【語　譯】趙簡子問子貢說：「孔子的為人怎麼樣？」子貢說：「我不能了解。」簡子不高興地說：「你事奉孔子幾十年，完成了學業才離開，我問你，你竟然說不能了解，為什麼？」子貢說：「我就像口渴的人飲江海的水，喝飽了就是了；孔子就像江海，我那裡足夠去了解他呢？」簡子說：「孔子既然像江海，那麼你一定飲得暢快了？」回答說：「天底下有個大酒樽，你卻獨獨不去飲，不曉得這是誰的過錯啊？」

第二三章

齊景公❶謂子貢曰：「子誰師？」曰：「臣師仲尼。」公曰：「仲尼賢乎？」對曰：「賢。」公曰：「其賢何若？」對曰：「不知也。」公曰：「子知其賢，而不知其奚若，可乎？」對曰：「今謂天高，無少長愚智皆知高，高幾何，皆曰不知也。是以知仲尼之賢，而不知其奚若。」

【注　釋】❶齊景公　見〈君道〉第一八章。

【語　譯】齊景公問子貢說：「你拜誰做老師？」子貢說：「我拜仲尼做老師。」景公說：「仲尼賢明嗎？」回答說：「賢明。」景公說：「怎樣賢明？」回答說：「不知道。」景公說：「你知道他賢明卻不知道他怎樣賢明，這說得過去嗎？」回答說：「譬如說天高，無論年少、年長、愚笨、或者聰明的人都知道它高，但是要問有多高，都說不知道；仲尼的高明就像天一樣，所以我知道他賢明，卻不知道他怎樣賢明。」

第二四章

趙襄子謂仲尼❶曰：「先生委質❷以見人主，七十君矣，而無所通。不識世無明君乎？意❸先生之道固不通乎？」仲尼不對。異日襄子見子路❹曰：「嘗問先生以道，先生不對。知而不對則隱也，隱則安得為仁？若信不知，安得為聖？」子路曰：「建天下之鳴鍾而撞之以挺❺，豈能發其聲乎哉？君問先生，無乃猶以挺撞乎？」

【注釋】❶趙襄子謂仲尼　趙襄子，見〈建本〉第三〇章。按孔子未嘗至趙，且趙襄子與孔子非同時人，不得有此相問答之事也。❷委質　謂人臣拜見人君時，屈膝而委體於地。質，謂形體。❸意　與「抑」同。❹子路　見〈臣術〉第二四章。❺挺　當作「梃」，形誤。梃，通「莛」。草莖也。

【語譯】趙襄子對仲尼說：「先生拜見過的人主已經有七十位了，但都沒有得到重用。不曉得是當今之世沒有明君呢？還是先生的學說本來就行不通呢？」仲尼不回答。過了幾天，襄子見子路說：「我曾經向先生請教一些道理，先生不回答。如果知道而不回答就是隱瞞，隱瞞道理怎麼能算是有仁德的人呢？假若真的不知道，那又怎麼能稱為聖人呢？」子路說：「安置一口天下最響亮的鐘，卻用草莖去敲擊它，那裡能發出聲音來呢？您問先生，不是就好像用草莖敲鐘嗎？」

第二五章

衛將軍文子❶問子貢曰：「季文子❷三窮而三通，何也？」子貢曰：「其窮事賢，其通舉窮，其富分貧，其貴禮賤。窮而事賢則不侮，通而舉窮則忠於朋友，富而分貧則宗族親之，貴而禮賤則百姓戴之。其得之固道也，失之命也。」曰：

「失而不得者，何也？」曰：「其窮不事賢，其通不舉窮，其富不分貧，其貴不理❸賤，其得之命也，其失之固道也。」

【注 釋】❶衛將軍文子 名木，字彌牟，衛靈公之孫。❷季文子 春秋時魯大夫，姓季孫，名行父，為人慎行好思，《論語．公冶長》稱其「三思而後行」，歷相宣、成、襄三君，時稱其忠。❸理 當作「禮」。

【語 譯】衛將軍文子問子貢說：「季文子三次遭時不遇，三次官運亨通，為什麼呢？」子貢說：「他窮困的時候事奉賢能的人，通達的時候提拔困窘的人，富有的時候布施貧窮的人，貴顯的時候禮遇卑賤的人。窮困的時候能夠事奉賢能的人，就不會遭受侮辱；通達的時候能夠提拔困窘的人，就是對朋友忠心；富有的時候能夠布施貧窮的人，宗族就會親近他；貴顯的時候能夠禮遇卑賤的人，百姓就會愛戴他。所以他的通達，是理當如此；他的失意，是命運不濟。」將軍文子又問：「一個人失敗了不能東山再起，是什麼原因呢？」回答說：「他窮困的時候不能事奉賢能的人，通達的時候不能提拔困窘的人，富有的時候不能布施貧窮的人，貴顯的時候不能禮遇卑賤的人。他的得意，是運氣；他的失敗，是理所當然。」

第二六章

子路問於孔子曰：「管仲❶何如人也？」子曰：「大人也。」子路曰：「昔者管子說襄公❷，襄公不說，是不辯也；欲立公子糾而不能❸，是無能也；家殘於齊而無憂色，是不慈也；桎梏而居檻車中無慚色❹，是無愧也；事所射之君❺，是不貞也；召忽死之，管仲不死❻，是無仁也。夫子何以大之？」子曰：「管仲說襄公，襄公不說，管子非不辯也，襄公不知說也；欲立公子糾而不能，非無能也，不遇時也；家殘於齊而無憂色，非不慈也，知命也；桎梏居檻車而無慚色，非無愧也，自裁也；事所射之君，非不貞也，知權也；召忽死之，管仲不死，非無仁也，召忽者人臣之材也，不死則三軍之虜也，死之，則名聞天下，夫何為不死哉？管子者，天子之佐，諸侯之相也，死之則不免為溝中之瘠，不死則功復用於天下，夫何為死之哉？由，汝不知也。」

【注釋】❶管仲　見〈君道〉第一七章。❷管子說襄公　事未聞。❸欲立公子糾而不能　齊亂，鮑叔牙奉公子小白奔莒，管仲、召忽奉公子糾奔魯。齊人殺公孫無知，小白自莒先入，乃殺公子糾。❹桎梏而居檻車中無慚色　本書〈雜言〉第一七章：「管夷吾束縛膠目，居檻車中，自車中起為仲父。」《韓非子．難一》：「桓公解管仲之束縛而相之。」❺事所射之君　管仲曾率兵欲阻止公子小白自莒回國，射中小白的帶鉤。後桓公用以為相。❻召忽死之二句　公子小白先入齊，得立為君，就是齊桓公。乃發兵距魯，敗魯兵於乾時。魯於是殺公子糾，召忽自殺，管仲請囚。

【語譯】子路問孔子說：「管仲是個什麼樣的人？」孔子說：「是一個偉大的人。」子路說：「從前管子遊說齊襄公，襄公不高興，這是沒有辯才；想立公子糾而做不到，這是沒有才能；自己的家在齊國遭受摧殘而不感傷，這是不仁慈；被綑綁囚禁在檻車裡而沒有慚愧的樣子，這是不知道羞恥；事奉自己要射殺的國君，這是不忠貞；召忽殉職而死，管仲卻不死，這是沒有仁心。夫子為什麼說他偉大呢？」孔子說：「管仲遊說齊襄公，襄公不高興，不是管子沒有辯才，而是齊襄公不了解管子所說的道理；想立公子糾而不能成功，不是沒有才能，而是時運不濟；家在齊國受到摧殘而不感傷，不是不仁慈，而是了解天命；被綑綁囚禁在檻車中而沒有慚愧的樣子，不是不知道羞恥，而是自己能度量情勢；事奉自己要射殺的國君，不是不忠貞，而是懂得權衡輕重；召忽殉職而死，管仲不死，不是沒有仁心，召忽是做人臣的才具，不死就成為三軍的俘虜，死了就名聞天下，為什麼不死呢？管子的才具可以作為天子的輔佐，諸侯的國相，死了不免成為溝壑中枯乾的屍體，不死就能夠在天下再建立偉大的功業，那為什麼要死呢？由，你還不了解這些道理。」

第二七章

晉平公❶問於師曠❷曰：「咎犯❸與趙衰❹孰賢？」對曰：「陽處父欲臣文公，因咎犯三年不達，因趙衰三日而達。智不知其士眾，不智也；知而不言，不忠也；欲言之而不敢，無勇也；言之而不聽，不賢也。」

【注釋】❶晉平公　見〈君道〉第一章。❷師曠　同前。❸咎犯　見〈復恩〉第三章。❹趙衰　春秋晉大夫。為趙夙之弟，字子餘。從晉文公出亡十九年，文公之立，多得從者之力，衰與狐偃稱首功。回國後，佐文公成就霸業。襄公時，佐中軍，敗秦師於彭衙。卒謚成子，稱趙成子。

【語譯】晉平公問師曠說：「咎犯和趙衰誰賢能？」回答說：「陽處父想做文公的臣子，藉著咎犯的關係，三年仍然沒有得到文公的任用；後來藉著趙衰的關係，三天就得到文公的任用。一個人的智慧不能夠了解他的士眾，這是不聰明；了解了卻不向君主推薦，這是不忠；想推薦卻不敢，這是無勇；向君主推薦君主卻不採納，這是不賢能。」

第二八章

趙簡子❶問於成摶❷曰：「吾聞夫羊殖者，賢大夫也，是行奚然？」對曰：

「臣摶不知也。」簡子曰：「吾聞之，子與友親，子而不知也何也？」摶曰：「其為人也數變❸。其十五年也，廉❹以不匿其過；其二十也，仁以喜義；其三十也，為晉中軍尉，勇以喜仁；其年五十也，為邊城將，遠者復親。今臣不見五年矣，恐其變，是以不敢知。」簡子曰：「果賢大夫也，每變益上矣。」

【注釋】❶趙簡子　見〈君道〉第三五章。❷成摶　《左傳》昭公二十八年有成鱄，晉大夫，疑即其人。❸數變　屢次變化。❹廉　品行端方。

【語譯】趙簡子問成摶說：「我聽說羊殖是位賢能的大夫，他的品行怎麼樣呢？」回答說：「我不了解。」簡子說：「我聽說你和他友誼親密，你卻說不了解，什麼緣故呢？」成摶說：「他的為人有好幾次改變：他十五歲時，正直而且不隱瞞自己的過錯；二十歲時，仁愛而且重義氣；三十歲時，擔任晉國中軍尉，勇敢而且愛人；五十歲時，擔任邊城守將，背離的人重來親附。現在我有五年沒見到他了，恐怕他又有改變，所以不敢說了解。」簡子說：「確實是個賢能的大夫，每次改變都更加高明啊！」

卷一二

奉使

【題解】奉使，就是奉命出使的意思。本卷共二十一章。第一章藉《春秋》、《公羊傳》幾處不同的記載，說明使臣出使，既有一定遵守的原則，也有權宜行事時候，總之，以國家利害為重。第二章則說明國君既派遣使臣出國，就要信任他，給他全權，不可從旁掣肘，以便使臣能夠審度時勢，靈活運用，為國家爭取最大的利益。其餘十九則，記載了從春秋、戰國到漢初的許多外交故事，描繪了眾多奉命出使的人物形象：有的不畏強暴，不惜犧牲，如霍揚的「雖死無二」（第三章）、唐且的「流血五步」（第四章）；有的曉以利害，使對方聽從或順服，如子貢的說吳（第五章）、陸賈的說服南越王（第九章）；有的動以先人的盟約、兩國的傳統友誼，使對方感動，如柳下惠的使齊（第八章）；有的辭色嚴正，又能委婉諷諭，因而達成圓滿的效果，如趙倉唐「一使，而文侯為慈父，而擊為孝子」（第六章）；有的出使敵國，觀察深刻，為國家獲取正確的情報，如豚尹觀晉（第七章）、史黯視衛（第二〇章）；有的不亢不卑，堅持立場，義正辭嚴，而使對方折服，如宋國使者不以天子禮見晉楚之君（第一〇章）、越使諸發「願無變國俗」（第一一章）；第一二到一六章五章記晏子出使吳國和楚國，面對不同的情況，皆能隨機應變，不但免於使自己和國家受辱，反而贏得對方的尊敬，生動地顯現出這位偉大外交家的風貌。從這些故事中，我們看到了古代那些外交使節的機智、巧辯、忠貞、不怕犧牲、不辱君命的優異表現。

第一章

《春秋》❶之辭，有相反者四。既曰大夫無遂事❷，不得擅生事矣；又曰出境可以安社稷利國家者，則專之可也❸。既曰大夫以君命出，進退在大夫矣❹；又曰以君命出，聞喪徐行而不反者❺。何也？曰：此義❻者各止其科，不轉移也。不得擅生事者，謂平生常經也；專之可者，謂救危除患也。進退在大夫者，謂將帥用兵也；徐行而不反者，謂出使道聞君親之喪也。公子子結擅生事❼，《春秋》不非，以為救莊公危也；公子遂擅生事❽，《春秋》譏之，以為僖公無危事也。故君有危而不專救，是不忠也；若無危而擅生事，是不臣也。傳曰：「《詩》無通詁❾，《易》無通吉，《春秋》無通義。」此之謂也。

【注釋】❶春秋　編年體史書，為孔子據魯史修訂而成，文字簡潔，寓有褒貶之意，後世稱為春秋筆法。❷大夫無遂事　見《公羊傳》莊公十九年及僖公三十年。遂事，謂專斷其事也。❸出境可以安社稷利國家者二句　見《公羊傳》莊公十九年。❹大夫以君命出二句　見《公羊傳》襄公十九年。❺聞喪徐行而不反者　見《公羊傳》宣公八年。何休《注》：「聞喪者，聞父母之喪。徐行者，不忍疾行，又為君當使人追代之。」❻義　當作「四」。說詳《說苑集證》。❼公子子結擅生事　衍一「子」字，當刪。公子結，魯大夫。其時衛國之女嫁與陳宣公為夫人，魯國以女陪嫁，使公子結往送女，本應送至衛國都城，使與陳侯夫人同行，但公子結送之鄄，聞齊侯、宋公有會，遂臨時變更計畫，使他人往送女，己則代表魯國參與盟會。事見《春秋經》莊公十九年。❽公子遂擅生事　公子遂，魯大夫。公子遂受命使京師，後來又擅自聘晉，故《春秋》非之。見《公羊傳》僖公三十年。❾通詁　適用一切的解釋。詁，解釋。

【語　譯】《春秋》的辭句，意思相違反的有四處：一方面說「大夫不可以專斷辦事，不可以自作主張惹起事端」；一方面又說「出國辦事，只要是可以安定社稷有利於國家的事，就可以獨自決斷」。一方面說「大夫奉君命出國，他的進退舉止就由大夫自己決定」；一方面又說「奉君命出國，聽說君主、父母親去世，可以慢慢地前進，而不可以返回」。為什麼呢？回答說：這四處是各就其不同的情況來說的，情況不同，做法也就可以不一樣了。所謂不可以自作主張惹起事端，是說通常情況下的一般原則；所謂的可以獨自決斷，是說解救危難，消除禍患。所謂進退由大夫決定，是說將帥用兵打仗的事；所謂慢慢地前進而不能返回，是說出使在路上聽到君主、父母去世的消息。公子結自作主張參加齊、宋的盟會，《春秋》不以為非，是認為他挽救了莊公的危難。公子遂擅自到晉國去，《春秋》加以譏刺，是認為僖公並沒有危難的事。所以君主有危難而不獨自決斷加以挽救，這是不忠；如果沒有危難卻擅自生事，這是沒有嚴守臣子的本分。古書上說：「《詩》沒有一成不變的解釋，《易》沒有都是吉祥的卦文，《春秋》沒有適用於一切情況的道理。」說的就是這個意思。

第二章

趙王遣使者之楚，方鼓瑟而遣之，誡之曰：「必如吾言。」使者曰：「王之鼓瑟，未嘗悲若此也。」王曰：「宮商❶固方調矣。」使者曰：「調則何不書其柱❷耶？」王曰：「天有燥濕，絃有緩急，宮商移徙不可知，是以不書。」使者曰：「臣聞明君之使人也，任之以事，不制以辭，遇吉則賀之，凶則弔之。今楚、趙相去千有餘里，吉凶憂患不可豫知，猶柱之不可書也。」《詩》云：「莘莘征夫，每懷靡及❸。」

【注釋】❶宮商　宮商與角徵羽為我國古時的五音。❷書其柱　謂在樂絃枕木的位置做上記號。《韓詩外傳．七》「書」作「記」。柱，樂器上的絃枕木。❸莘莘征夫二句　見《詩經．小雅．皇皇者華》。莘莘，眾多也。每，常常。靡及，不及。

【語譯】趙王派遣使者到楚國去，正在彈瑟的時候打發使者上路，就告誡他說：「一定要照著我的吩咐去做。」使者說：「大王彈瑟未曾如此悲傷。」王說：「一定是宮商諸絃調整得好的緣故吧。」使者問：「調整得好何不在絃柱的位置做上記號？」王說：「天氣有乾燥和潮濕的不同，絃也因此而有鬆緊的差異，宮商的變化不可預知，所以不做記號。」使者說：「英明的君主派遣使者到外國去，交給他任務，並不預先用命令限制他，所以使者到了外國，遇到吉事就去祝賀，遇到凶事就去弔慰。現在楚國和趙國相隔有千餘里，吉凶憂患不可預知，就好像琴瑟的絃柱不可做記號固定一樣。」《詩經》上說：「眾多使者奔走匆匆，經常擔心不能完成使命。」

第三章

楚莊王❶舉兵伐宋，宋告急，晉景公❷欲發兵救宋，伯宗❸諫曰：「天方開楚，未可伐也。」乃求壯士，得霍人解揚字子虎，往命宋毋降；道過鄭，鄭新與楚親，乃執解揚而獻之楚。楚王厚賜與約，使反其言❹，令宋趣降。三要，解揚乃許。於是楚乘揚以樓車❺，令呼宋使降；遂倍楚約，而致其晉君命曰：「晉方悉國兵以救宋，宋雖急，慎❻毋降楚，晉兵今❼至矣。」楚莊王大怒，將烹之。解揚曰：

「君能制命為義，臣能承命為信。受吾君命以出，雖死無二。」王曰：「汝之❽許我，已而倍之，其信安在？」解揚曰：「死以許王，欲以成吾君命，臣不恨也。」顧謂楚君❾曰：「為人臣無忘盡忠而得死者。」楚王諸弟皆諫王赦之，於是莊王卒赦解揚而歸之。晉爵之為上卿。故後世言霍虎。

【注釋】❶楚莊王　見〈君道〉第二一章。❷晉景公　見〈復恩〉第一七章。❸伯宗　晉大夫。❹使反其言　反言晉不救也。❺樓車　攻城之具，即雲車。車上設望樓，用以窺敵，故稱樓車。稱雲者，言其高也。❻慎　千萬，表示禁戒。❼今　猶「將」也。❽之　猶「已」也。❾君　《史記・鄭世家》作「軍」，義較長。

【語譯】楚莊王出兵攻伐宋國，宋國向晉國告急，晉景公想發兵援救宋國。伯宗進諫說：「上天正在開啟楚國的國運，不可以出兵討伐。」於是尋求壯士，得到霍國人解揚字子虎的，派他去叫宋國不要投降。解揚路過鄭國，鄭國剛剛和楚國親善，就捉住解揚獻給楚國。楚王厚賞解揚，和他約定，要他說反話，叫宋國趕快投降，要求了三次解揚才答應。於是楚人就讓解揚乘著樓車，叫他呼喚宋國投降。解揚就趁這個機會一反和楚王的約定而傳達晉君的命令說：「晉國正在調發全國的軍隊來救宋，宋國雖然危急，也千萬不要投降楚國，晉軍就快要到達了。」楚莊王大怒，要把他烹殺。解揚說：「君上能制定正確的命令，這叫做義；臣下能承受而完成使命，這叫做信。我接受君上的命令出來辦事，就是死也不會有二心。」楚王說：「你已經答應了我，後來卻違背，你的信在那裡呢？」解揚說：「豁出性命假裝答應大王的要求，就是想完成我君的使命，死無遺恨。」回過頭來對楚國的軍人們說：「做人臣的不要忘記我這個為國盡忠反而被殺的人。」楚王的幾位弟弟都勸楚王赦免他，於是楚王終於放了解揚，讓他回去。晉國於是封給他上卿的爵位。後世的人稱他叫霍虎。

第四章

秦王以五百里地易鄢陵❶，鄢陵君辭而不受，使唐且謝秦王。秦王曰：「秦破韓滅魏，鄢陵君獨以五十里地存者，吾豈畏其威哉？吾多其義耳。今寡人以十倍之地易之，鄢陵君辭而不受，是輕寡人也。」唐且避席對曰：「非如此也，夫不以利害為趣❷者鄢陵也。夫鄢陵君受地於先君而守之，雖復千里不得當❸，豈獨五百里哉？」秦王忿然作色，怒曰：「公亦嘗見天子之怒乎？」唐且曰：「王❹臣未曾見也。」秦王曰：「天子一怒，伏尸百萬，流血千里。」唐且曰：「大王亦嘗見夫布衣韋帶❺之士怒乎？」秦王曰：「布衣韋帶之士怒也，解冠徒跣以頭顙地耳，何難知者。」唐且曰：「此乃匹夫愚人之怒耳，非布衣韋帶之士怒也。夫專諸刺王僚❻，彗星襲月，奔星晝出；要離刺王子慶忌❼，蒼隼擊於臺上；聶政刺韓王之季父❽，白虹貫日。此三人皆夫布衣韋帶之士怒矣，與臣將四。士含怒未發，祲厲❾於天，士無怒即已，一怒伏尸二人，流血五步。」即案❿匕首起視秦王曰：「今將是矣！」秦王變色長跪曰：「先生就坐，寡人喻矣。秦破韓滅魏，鄢陵獨以五十里地存者，徒用先生之故耳。」

【注釋】❶隅陵　《戰國策・魏策四》作「安陵」。戰國時國名，本屬魏，其地在今河南鄢陵西北。❷趣　趨向。❸當　相當；相比。❹王　疑衍字。❺韋帶　古代貧賤之人所繫的無飾皮帶。❻專諸刺王僚　專諸，吳國人，為公子光刺殺吳王僚。事詳《左傳》昭公二十七年、《史記・刺客列傳》。❼要離刺王子慶忌　要離，吳人，吳王闔閭欲殺王子慶忌，要離詐以罪亡，令吳王焚其妻子，走見慶忌，以劍刺之。王子慶忌，吳王僚之子。事詳《呂氏春秋・忠廉》及《吳越春秋・三》。❽聶政刺韓王之季父　聶政，軹人。為嚴仲子刺殺韓君之季父俠累。事詳《戰國策・韓策二》、《史記・刺客列傳》。❾祲厲　祲，《說文》：「祲，精氣感祥也。」《戰國策・魏策四》鮑彪《注》：「祲，戾氣。」厲，猛烈。❿案　通「按」。撫也；摸也。

【語　譯】秦王要用五百里的地方交換隅陵，隅陵君推辭不接受，派唐且去向秦王致歉。秦王說：「秦國攻破韓國，滅亡魏國，隅陵君獨以五十里的地方存在，我難道是害怕他的威權嗎？我只是尊重他的道義罷了。現在寡人用十倍的土地來交換，隅陵君卻推辭不接受，這是輕蔑寡人啊！」唐且起身回答說：「不是這樣的。我們隅陵一向不為利害所左右。隅陵君承受祖先的土地，理應保守它，其他的地方就是千里大也不可以相比，豈獨五百里呢？」秦王憤怒起來，臉色變了，怒氣沖沖地說：「你曾經看到過天子發怒嗎？」唐且回答說：「臣不曾見過。」秦王說：「天子一生起氣來，殺人百萬，流血千里。」唐且說：「大王曾經看到過布衣韋帶之士的發怒嗎？」秦王說：「布衣韋帶之士的發怒，不過是脫掉帽子，光著腳，以頭撞地而已，有什麼難知的。」唐且說：「這個只是愚夫愚婦的發怒罷了，不是布衣韋帶之士的發怒。專諸刺殺吳王僚時，彗星衝擊月亮，流星白天出現；要離刺殺王子慶忌時，蒼鷹在臺上拍擊；聶政刺殺韓王季父時，白虹橫貫太陽。這三個人都是布衣韋帶之士的發怒，加上我就有四個了。當他們含著怒氣沒有發出時，精氣猛烈上感於天。士不怒就罷了，一怒就要伏屍二人，流血五步。」就握著短刀，起立看著秦王說：「現在就是了。」秦王臉色變了，抬起身說：「先生請坐，寡人明白了。秦國攻破了韓國，滅亡了魏國，惟獨隅陵以五十里的地方卻能保存自己，就是能重用先生的緣故啊！」

第五章

齊攻魯，子貢見哀公❶，請求救於吳。公曰：「奚先君寶之用？」子貢曰：「使吳責❷吾寶而與我師，是不可恃也。」於是以楊幹麻筋❸之弓六往。子貢謂吳王曰：「齊為無道，欲使周公之後不血食❹，且魯賦❺五百，邾❻賦三百，不識以此益齊，吳之利與非與？」吳王懼，乃興師救魯。諸侯曰：「齊伐周公之後，而吳救之。」遂朝於吳。

【注釋】❶哀公　魯哀公。見〈君道〉第五章。❷責　求也。❸麻筋　即麻的纖維。筋是「筋」的俗字。❹血食　古時殺牲取血，用以祭祀，故名。❺賦　國中出兵車甲士，以從大國諸侯也。❻邾　春秋諸侯國名，故地在今山東鄒縣境。

【語譯】齊國攻打魯國，子貢晉見哀公，請向吳國求救。哀公說：「先君的寶器當中什麼東西可用作禮物？」子貢說：「假使吳國是為了貪圖寶器而出兵幫助我國，那就靠不住了。」於是就帶了六副楊幹、麻筋做的弓前往。子貢對吳王說：「齊國無道，想滅亡周公的後代；況且魯國出兵車五百乘，邾國出兵車三百乘，來增加齊國的力量，對吳國有利呢？還是沒有利呢？」吳王恐懼，就出兵救魯。諸侯們稱讚說：「齊國攻伐周公的後代，而吳國卻出兵拯救。」於是都來朝見吳王。

第六章

魏文侯❶封太子擊於中山，三年，使不往來。舍人趙倉唐❷進稱曰：「為人子三年不聞父問，不可謂孝；為人父三年不問子，不可謂慈。君何不遣人使大國乎？」太子曰：「願之久矣，未得可使者。」倉唐曰：「臣願奉使。侯何嗜好？」太子曰：「侯嗜晨鳧❸，好北犬。」於是乃遣倉唐緤❹北犬，奉晨鳧，獻於文侯。倉唐至，上謁曰：「孽子擊之使者，不敢當大夫之朝，請以燕閒，奉晨鳧敬獻庖廚，緤北犬敬上涓人❺。」文侯悅曰：「擊愛我，知吾所嗜，知吾所好。」召倉唐而見之曰：「擊無恙乎？」倉唐曰：「唯，唯。」如是者三，乃曰：「君出太子而封之國，君名之，非禮也。」文侯怵然❻為之變容，問曰：「子之君無恙乎？」倉唐曰：「臣來時，拜送書於庭。」文侯顧指左右曰：「子之君長孰與是？」倉唐曰：「禮擬人必於其倫。諸侯毋偶，無所擬之。」曰：「長大孰與寡人？」倉唐曰：「君賜之外府之裘，則能勝之；賜之斥帶❼，則不更其造。」文侯曰：「子之君何業？」倉唐曰：「業《詩》。」文侯曰：「於《詩》何好？」倉唐曰：「好〈晨風〉、〈黍離〉。」文侯自讀〈晨風〉曰：「鴥彼晨風，鬱彼北林，未見君子，憂心欽欽，如何如何，忘我實多❽。」文侯曰：「子之君以我忘之乎？」倉唐曰：「不敢，時思耳。」文侯復讀〈黍離〉曰：「彼黍離離，彼稷之苗，行邁靡靡，中心搖搖。知我者謂我心憂，不知我者，謂我何求，悠悠蒼天，此何人哉❾！」

文侯曰：「子之君，怨乎？」倉唐曰：「不敢，時思耳。」文侯於是遣倉唐賜太子衣一襲⑩，勑⑪倉唐以雞鳴時至。太子起⑫拜受賜，發篋視衣盡顛倒。太子曰：「趣早⑬駕，君侯召擊也。」倉唐曰：「臣來時不受命。」太子曰：「君侯賜擊衣，不以為寒也。欲召擊，無誰與謀，故勑子以雞鳴時至。《詩》曰：『東方未明，顛倒衣裳，顛之倒之，自公召之⑭。』」遂西至謁文侯⑮，大喜，乃置酒而稱曰：「夫遠賢而近所愛，非社稷之長策也。」乃出少子摯，封中山；而復太子擊。故曰：「欲知其子視其友，欲知其君視其所使。」趙倉唐一使，而文侯為慈父，而擊為孝子。太子乃稱《詩》曰：『鳳凰于飛，噦噦其羽，亦集爰止，藹藹王多吉士，維君子使，媚于天子⑯。』舍人之謂也。」

【注釋】❶魏文侯　見〈君道〉第三八章。❷舍人趙倉唐　舍人，官名，當是太子屬官。趙倉唐，戰國時魏臣。魏文侯十七年（西元前四三〇年），伐中山，使太子擊留守，並派趙倉唐輔助擊。魏文侯既得中山，以之封太子擊，仍以趙倉唐為輔。❸晨鳧　野鴨。❹緤　繩子，這裡作動詞用。❺涓人　宮中主灑掃清潔的人，也泛指親近的內侍。❻怵然　吃驚的樣子。❼斥帶　蓋謂君之舊帶，屏之不復用者。斥，屏也。❽鴥彼晨風六句　晨風，《詩經·秦風》篇名。鴥，疾飛貌。晨風，鳥名，鸇也，似鷂。《說文》「晨」作「鷐」。鬱，茂盛貌。欽欽，憂貌。多，猶甚也。❾彼黍離離九句　黍離，《詩經·王風》篇名。離離，垂貌，或云分披茂盛之貌。邁，行也。行邁，猶言行路。靡靡，猶遲遲也。悠悠，遠貌。此何人哉，當是指「不知我者」。❿一襲　猶今言一套。⓫勑　通「敕」。告誡。⓬起　《太平御覽·六八四》、《事類賦·一二》、《天中記·四七》引並作「迎」，是也。⓭早　《太平御覽·四三二》、《事類賦·一二》、《天中記·四七》引並作「具」，是也。⓮東方未明四句見《詩經・齊風・東方未明》。顛倒衣裳，謂表裡相易，非上下倒置也。⑮文侯　二字當重。⑯鳳凰于飛六句　見《詩經・大雅・卷阿》。噦噦，羽聲。藹藹，盛多貌。吉士，善士。君子使，謂來朝諸侯之使臣也。媚，愛也。

【語　譯】魏文侯封太子擊到中山國去，經過三年，沒有互通使者。舍人趙倉唐進見說：「為人子的，三年沒聽到父親的信息，不可以叫做孝；為人父的，三年不派人探問子，不可以叫做慈。君主為什麼不派人到大國去呢？」太子說：「早就想了，沒有得到可派的人。」倉唐說：「我願意奉命出使。請問君侯有何嗜好？」太子說：「君侯喜歡野鴨和北犬。」於是就派倉唐帶著北犬和野鴨去獻給文侯。倉唐到達後，請求晉見文侯說：「孽子擊的使者不敢像大夫們一樣上朝去晉見，謹趁您空閒的時候，把帶來的野鴨敬獻給您的庖廚，牽來的北犬敬獻給您的近侍。」文侯高興地說：「擊愛我，知道我的嗜好。」於是召見倉唐說：「擊身體還好吧？」倉唐說：「嗯！嗯！」這樣一問一答了三次，才說：「君上把太子封出去做國君，您叫他的名字，這不合乎禮啊！」文侯聽了很吃驚，換了很莊重的臉色，問說：「你的君上身體還好吧？」倉唐說：「我來的時候，他親自在庭中拜送給您的書信。」文侯回過頭去指著左右的人說：「你的君上和他們誰高？」倉唐說：「按照禮，比擬一個人必須找適當的對象，諸侯無人可以匹敵，不可以比擬。」文侯說：「他的身長大小跟寡人如何？」倉唐說：「您賜給他外府的皮裘，可以穿得了；您給他的衣帶，不必改造了。」文侯說：「你的君上現在讀什麼書？」倉唐說：「讀《詩》。」文侯說：「《詩》裡頭喜歡什麼？」倉唐說：「喜歡〈晨風〉和〈黍離〉。」文侯自讀〈晨風〉，詩中說：「那疾飛的晨風，飛回到茂盛的北林。見不到君子，我的心中有無限的憂愁。為什麼呢？為什麼呢？真的全把我遺忘了！」文侯說：「你的君上以為我忘了他嗎？」倉唐說：「豈敢，時常想念罷了。」文侯又讀〈黍離〉，詩中說：「那黍稷的苗長得多茂盛啊！我行走在道路上徘徊憑弔，內心搖搖不定。知道我的，說我在這裡留戀悲傷；不了解的，說我有什麼奢求。高高的蒼天，這是個什麼人啊！」文侯說：「你的君上怨恨嗎？」倉唐說：「豈敢，時常想念罷了。」文侯於是派倉唐賜太子衣裳一套，命令倉唐在雞鳴時到達。太子迎拜，接受賞賜，打開衣篋，看見衣裳全顛倒了，太子說：「快些兒準備車子，君侯召見我。」倉唐說：「我來的時候，君侯並沒有給我這樣的命令。」太子說：「君侯賞賜我衣裳，不是為了寒冷的緣故，是想召見我，沒有人可以商議，所以命令你在雞鳴時候到達，《詩經》上說：『東方尚未破曉，就急忙地穿衣裳，以至於把衣裳都穿顛倒了。所以把衣裳穿顛倒，是因為國君來召見的緣故。』」於是就西去謁見文侯。文侯非常高興，就設置酒宴，並且說：「遠離賢人而親近自己寵愛的人，不是安定國家的長策。」就把少子摯外放，封到中山去，而召回太子擊。所以說：「想要了解那個兒子，就看他所結交的朋友；想要了解那個國君，就看他所派遣的使者。」趙倉唐一次出使，便使文侯成為慈父，使擊成為孝子。太子就引《詩》說：「『鳳凰飛來了，發出噦噦的聲音，牠們飛翔而下集，棲止在一起。周朝的王室，也有眾多的賢士，那些來朝的諸侯使臣，都能忠愛天子。』這就是說的舍人啊。」

第七章

楚莊王❶欲伐晉，使豚尹觀焉。反曰：「不可伐也。其憂在上，其樂在下，且賢臣在焉，曰沈駒。」明年，又使豚尹觀。反曰：「可矣。初之賢人死矣，諂諛多在君之廬者。其君好樂而無禮，其下危處以怨上。上下離心，興師伐之，其民必先反。」莊王從之，果如其言矣。

【注釋】❶楚莊王　見〈君道〉第二一章。

【語譯】楚莊王想要攻打晉國，派遣豚尹去探看虛實，豚尹回來說：「不可以攻打。因為在上位的憂慮國政，在下位的生活安樂；況且有賢臣沈駒在。」第二年又派豚尹去探看虛實，豚尹回來說：「可以打了。原先的賢臣已死，國君的宮中多是諂諛奉承的小人。他們的國君喜歡享樂而沒有禮義，在下位的處境危險而埋怨君上。上下離心離德，出兵去攻打，他的百姓一定會先起來反叛。」莊王聽從豚尹的意見，結果真的像他所說的一樣。

第八章

梁王贅❶其群臣而議其過，任座進諫曰：「主君國廣以大，民堅而眾，國中無賢人辯士奈何？」王曰：「寡人國小以狹，民弱臣少，寡人獨治之，安所用賢人辯士乎？」任座曰：「不然。昔者齊無故起兵攻魯，魯君患之，召其相曰：『為之奈何？』相對曰：『夫柳下惠❷少好學，長而嘉智，主君試召使於齊。』魯君曰：『吾千乘主也，身自使於齊，齊不聽。夫柳下惠特布衣韋帶❸之士也，使之又何益乎？』相對曰：『臣聞之：乞火不得，不望其炮矣。今使柳下惠於齊，縱不解於齊兵，終不愈益攻於魯矣。』魯君乃曰：『然乎！』相即使人召柳下惠來，入門袪衣❹不趨，魯君避席而立曰：『寡人所謂飢而求黍稷，渴而穿井者，未嘗能以歡喜見子。今國事急，百姓恐懼，願藉子大夫使齊。』柳下惠曰：『諾。』乃東見齊侯。齊侯曰：『魯君將懼乎？』柳下惠曰：『臣君不懼。』齊侯忿然怒曰：『吾望而魯城，芒若類失亡國❺，百姓發屋伐木，以救城郭，吾視若魯君類吾國，子曰不懼，何也？』柳下惠曰：『臣之君所以不懼者，以其先人出周封於魯，君之先君亦出周封於齊，相與出周南門，刳羊而約曰：「自後子孫敢有相攻者，今其罪若此刳羊矣！」臣之君固以刳羊不懼矣。不然，百姓非不急也。』齊侯乃解兵三百里。夫柳下惠特布衣韋帶之士，至解齊釋魯之難。奈何無賢士聖人乎！」

【注釋】❶贅　屬也，猶聚會也。❷柳下惠　春秋時魯國大夫。姓展名禽字季，柳下是其號，或曰食邑柳下，諡曰惠。魯僖公二十六年，齊伐魯，柳下惠出使齊國，勸齊退兵。❸韋帶　古代貧賤之人所繫的無飾皮帶。❹袪衣　提起衣裳。❺芒若類失亡國　芒若，疑為「芒芒」，芒芒猶茫茫，模糊不清。失，疑為「夫」字之誤。

【語譯】梁王召集群臣叫他們議論他的缺點。任座進諫說：「主君國家土地廣大，人民堅強而眾多，只是國中沒有賢人辯士，怎麼辦？」王說：「寡人國家土地狹小，人民衰弱，臣下不多，寡人自己治理，何必用賢人辯士呢？」任座說：「不是這樣。從前齊國無故起兵攻打魯國，魯君很耽心，召見他的相說：『怎麼辦呢？』相回答說：『柳下惠少時好學，長大後智慧高，主君試著召見他，叫他出使到齊國去。』魯君說：『我是千乘的君主，親自出使到齊國去，齊國都不聽。那柳下惠只是個布衣韋帶的士人，派他出使，有什麼好處？』相回答說：『臣聽說借不到火，也就燒不起來了。現在叫柳下惠出使齊國，就是無法解除齊兵，齊兵也終究不會更加緊進攻魯國的呀！』魯君才說：『就這樣吧。』相就派人召見柳下惠，柳下惠進得門來，提起衣裳，但並不快走，魯君離開座席站起來說：『寡人就是所謂飢餓才求黍稷、口渴了才挖井的人，不曾在平常歡樂的時候召見您，現在國事危急，百姓恐懼，希望借重您大夫出使到齊國去。』柳下惠說：『好的。』於是東見齊侯，齊侯說：『魯君要害怕了吧？』柳下惠說：『臣君不怕。』齊侯很生氣地說：『我看你們魯城，混亂恐慌像就要亡國了，百姓拆掉屋子，砍伐林木來搶救城郭。我看你們魯君就像已經在我國的掌握之中，你竟然說他不害怕，為什麼？』柳下惠說：『我們的國君所以不害怕，是因為他的先人出於周而封在魯，您的先人也出於周而封在齊，一起離開周的南門，剖羊約定說：「此後子孫如有敢於互相攻伐的，叫他的罪就像這條被剖的羊一樣啊。」我們的君主就是因為有這剖羊的盟約而不害怕的。若非如此，百姓也不會不著急啊。』齊侯於是就解除對魯國的進攻，退兵三百里。那柳下惠只是個布衣韋帶的士人，能夠做到解除齊兵、消除魯國的災難，一個國家怎麼可以沒有賢士聖人呢？」

第九章

陸賈❶從高祖定天下，名為有口辯士，居左右，常使諸侯。及高祖❷時，中國初定，尉佗❸平南越，因王之。高祖使陸賈賜尉佗印為南越王。陸生至，尉佗椎結箕踞❹見陸生，陸生因說佗曰：「足下中國人，親戚❺昆弟墳墓在真定。今足下棄反❻天性，捐冠帶，欲以區區之越與天子抗衡為敵國，禍且及身矣。且夫秦失其政，諸侯豪傑並起，惟漢王❼先入關，據咸陽。項籍❽倍約，自立為西楚霸王，諸侯皆屬，可謂至彊。然漢王起巴蜀，鞭笞天下，劫諸侯，遂誅項羽滅之。五年之間，海內平定，此非人力，天之所建也。天子聞君王王南越，不助天下誅暴逆，將相欲移兵而誅王，天子憐百姓新勞苦，且休之，遣臣授君王印，剖符❾通使。君王宜郊迎，北面稱臣。乃欲以新造未集之越，屈彊於此。漢誠聞之，掘燒君王先人冢墓，夷種宗族，使一偏將將十萬眾臨越，越則殺王以降漢，如反覆手耳。」於是尉佗乃蹶然起坐❿，謝陸生曰：「居蠻夷中久，殊失禮義。」因問陸生曰：「我孰與蕭何⓫、曹參⓬、韓信⓭賢？」陸生曰：「王似賢。」復問：「我孰與皇帝賢？」陸生曰：「皇帝起豐沛，討暴秦，誅強楚，為天下興利除害，繼五帝三王之業，統理中國。中國之人以億計，地方萬里，居天下之膏腴，人眾車輿，萬物殷富，政由一家，自天地剖判⓮未嘗有也。今王眾不過數十萬，皆蠻夷，踦嶇山海之間，譬若漢一郡，何可乃比於漢王！」尉佗大笑曰：「吾不起中國，故王此；使我居中國，何遽⓯不若漢？」乃大悅陸生，與留⓰飲數月。曰：「越中無足與語，至生來，令我日聞所不聞。」賜陸生橐⓱中裝直千金，佗送亦千金。陸生拜⓲尉佗為南越王，令稱臣奉漢約。歸報，高祖大悅，拜為太中大夫。

【注釋】❶陸賈　西漢初大臣，楚人，曾隨高祖定天下，有辯才。❷高祖　見〈善說〉第六章。❸尉佗　漢真定人，姓趙，高祖封為南越王，呂后時曾稱帝，文帝時廢其帝號。❹椎結箕踞　結，通「髻」。椎髻，謂一撮之髻，其形如椎。箕踞，謂伸其兩足而坐也。❺親戚　謂父母。❻反　疑衍字。❼漢王　即漢高祖。❽項籍　即楚霸王。字羽，一作子羽。戰國時楚將項燕之後。秦末時陳勝、吳廣起義抗秦，藉助叔父項梁起兵響應。項梁死後，即將項梁軍。會各路義軍攻秦，藉與劉邦分道進擊咸陽。入關後，殺秦降王子嬰，燒秦宮室，自立為西楚霸王，亦稱項王。後與漢王劉邦爭天下，歷時四年，史稱「楚漢戰爭」。後為漢王軍圍困垓下，突圍至烏江，以無面目見江東父老，自刎而死。❾剖符　符為古代帝王授與諸侯、功臣和外交使節的憑證，用金屬、玉石或木、竹製造，剖分為二，帝王與諸侯、功臣各執一半，故稱剖符。❿蹶然起坐　蹶然，驚起貌。起坐，謂直身而跪也。⓫蕭何　見〈正諫〉第一二章。⓬曹參　（西元前？～前一九〇年）西漢初大臣。沛人，曾為沛縣獄吏。秦二世元年，隨劉邦起兵，屢立戰功。高祖二年，拜假左丞相，屯兵關中。不久以右丞相身分隸屬韓信。為齊相九年，用黃老術，齊國安寧，時人稱為賢相。後繼蕭何為漢惠帝丞相，悉遵蕭何舊事，舉事無所更改，人稱「蕭規曹隨」，為西漢初期建立了一個較為穩定的生息局面。⑬韓信（西元前?~前一九六年）西漢初諸侯王。淮陰人。先從項羽，未被重用，後轉投劉邦，始獲重用，拜大將軍，封齊王。西元前二〇二年，率軍與劉邦會合，在垓下擊滅項羽。漢朝建立，改封為楚王，因陰謀叛亂，降為淮陰侯，後與陳豨勾結謀反，為呂后所殺。⑭剖判　猶開闢也。⑮何遽　猶何也。遽為語詞。⑯與留　《史記・陸賈列傳》、《漢書・陸賈傳》並作「留與」，當據乙正。⑰橐　囊也。大曰橐，小曰囊。⑱拜　《史記》、《漢書》「拜」上並有「卒」字。

【語　譯】陸賈隨從漢高祖平定天下，被稱為有口才的辯士，奉侍在皇帝左右，常出使到諸侯各國。等到高祖稱帝，中國剛剛安定，尉佗平定南越，便自立為王。高祖派陸賈出使到南越去，賜尉佗印信，正式封他為南越國王。陸賈到達的時候，尉佗頭上梳著椎髻，箕坐在那裡，接見陸賈。陸賈就乘機勸說尉佗說：「足下是中國人，父母兄弟的墳墓都在真定。現在足下違反天性，拋棄冠帶，想要以小小的南越和天子相抗成為敵對的國家，災禍就要降臨自身了。況且當初秦朝政事荒失，諸侯豪傑比肩而起，只有漢王首先入關，佔據咸陽；項籍違背盟約，自立為西楚霸王，諸侯都臣屬於他，可以說是最強大的了；但是漢王起兵巴蜀，征伐天下，威服諸侯，終於滅掉項羽；五年之間，海內平定，這不是人力所能達致，而是上天的建樹啊！天子聽說君王在南越稱王，不幫助天下的人誅滅暴逆，朝中的將相都想派兵討伐大王。天子憐憫百姓剛剛受過困苦，故而暫且讓他們休息，派遣我來授給君王印信，剖符為證，互通使節。君王應該親自到郊外迎接，面向北方，以臣下自居。如今卻想要以新締造尚未團結的南越，在此間倔強不服。漢朝如果知道了這種情況，挖掘焚燒君王先人的墳墓，夷滅君王的宗族，派一偏將軍，率領十萬兵眾，蒞臨南越，南越人就會殺王而向漢投降，就像反轉手掌那樣容易。」於是尉佗就吃驚地跪直身子向陸賈道歉說：「住在蠻夷的地方太久了，忘卻了道理禮儀。」就問陸生說：「我和蕭何、曹參、韓信相比，誰比較賢能？」陸生說：「君王好像比較賢能。」又問：「我和皇帝，那一個賢能？」陸生說：「皇帝興起於豐沛，討伐暴秦，誅滅強楚，為天下人興利除害，承繼五帝三王的功業，統治中國。中國的人口以億計算，地方有萬里之廣，位於天下最肥沃的地方，人口眾多，用車輿交通，萬物殷富，政權由一家掌握，自從天地開闢以來，還沒有過。現在君王的民眾不過數十萬，都是蠻夷未化之人，地勢崎嶇不平，處於高山大海之間，好比漢朝一個郡，怎麼能和漢王比較呢？」尉佗大笑說：「我不在中國興起，所以在此為王，假使我居住在中國，何嘗不如漢王呢？」因此對陸生特別喜愛，挽留陸生，和他飲酒數月，說道：「越國之中，沒有值得相談的人，到了你來，使我每天聽到一些前所未聞的事情。」賞賜陸生一個大囊，裡頭所裝價值千金，尉佗另外又贈送千金。陸生終於正式任命尉佗為南越國王，讓他向漢朝稱臣，遵奉和漢朝的約定。回國報告，高祖非常高興，任命他做太中大夫。

第一〇章

晉、楚之君，相與為好，會於宛丘❶之上。宋使人往之，晉、楚大夫曰：「趣❷以見天子禮見於吾君，我為見子焉。」使者曰：「冠雖弊，宜加其上；履雖新，宜居其下。周室雖微，諸侯未之能易也。師升宋城，猶不更臣之服也。」揖而去之。諸大夫瞿然，遂以諸侯之禮見之。

【注　釋】❶宛丘　在今河南淮陽，春秋時陳國都城。❷趣　從速。

【語　譯】晉、楚兩國的國君相互結為友好，在宛丘山上舉行盟會，宋國也派人參加。晉、楚的大夫說：「趕快用晉見天子的禮節晉見我們的國君，我們為你引見。」宋國使者說：「帽子雖然破，也應該戴在頭上；鞋子雖然新，也應該穿在腳下。周室雖然衰微，諸侯誰也不能代替它。即使軍隊登上宋國都城，我也不改變我的常服。」說完就作揖離去。諸大夫很驚訝，終於用諸侯的禮節接見他。

第一一章

越使諸發執一枝梅遺梁王❶，梁王之臣曰韓子，顧謂左右曰：「惡有以一枝梅以遺列國之君者乎？請為二三子慚之❷。」出謂諸發曰：「大王有命，客冠則以禮見，不冠則否。」諸發曰：「彼越亦天子之封也，不得冀、兗❸之州，乃處海垂❹之際，屏外蕃❺以為居；而蛟龍又與我爭焉，是以剪髮文身❻，爛然成章，以像龍子者，將避水神也。今大國其命冠則見以禮，不冠則否；假令大國之使，時過弊邑，弊邑之君，亦有命矣曰：『客必剪髮文身，然後見之。』於大國何如？意而❼安之，願假冠以見，意如不安，願無變國俗。」梁王聞之，被衣出以見諸發，令逐韓子。《詩》曰：「維君子使，媚於天子❽。」若此之謂也。

【注釋】❶諸發執一枝梅遺梁王　諸發，越國大夫。遺，贈送。❷為二三子慚之　二三子，各位，此泛指同列。慚之，使之羞慚。❸冀兗　古代中原地區兩個州名，在今山東、河北等地，這裡借指中原。❹海垂　海邊。❺外蕃　諸侯國之外。時越國僻處江南，遠離中原，故稱外藩。蕃，諸侯國。❻文身　即紋身，在人體上刺出花紋。❼而　猶如也。❽維君子使二句　見《詩經・大雅・卷阿》。媚，愛也。

【語　譯】越國使者諸發拿著一枝梅花贈送梁王。梁王的臣子有叫韓子的，回過頭來對同列的官員說：「那有用一枝梅花贈送給別國的君主的呢？讓我替諸位羞辱他。」就出去對諸發說：「大王有命令，客人戴帽子，就以禮相見，不戴帽子就不接見。」諸發說：「那越國也是周天子的封國，不能得到冀州、兗州的土地，就僻處在大海的邊際，退到諸侯國之外作為居住的地方；可是蛟龍又跟我們爭奪土地，因此我們剪斷頭髮，身上刺花，色彩斑斕，用來模仿小龍的樣子，為的要避免水神的侵害。現在大國竟然命令戴帽子才以禮見，不戴帽子就不接見；假使大國使臣有一天去到敝國，敝國國君也下命令說：『客人一定要剪斷頭髮身上刺花，然後才接見他。』大國又該怎麼辦呢？認為這樣妥當，我願意借頂帽子覲進；如果認為不妥當，希望不要改變敝國的國俗。」梁王聽到後，來不及穿好衣服立即出來接見諸發，下令趕走韓子。《詩經》上說：「唯有君子出使，才能愛戴天子。」就是說的像諸發這樣的人。

第一二章

晏子❶使吳，吳王謂行人❷曰：「吾聞晏嬰蓋北方之辯於辭，習於禮者也。」命儐者❸：「客見則稱天子。」明日，晏子有事，行人曰：「天子請見。」晏子憱然❹者三，曰：「臣受命弊邑之君，將使於吳王之所，不佞❺而迷惑入于天子之朝，敢問吳王惡乎存？」然後吳王曰：「夫差請見。」見以諸侯之禮。

【注釋】❶晏子　見〈君道〉第一八章。❷行人　官名。掌朝覲聘問之事。❸儐者　引導賓客的人。❹憱然　不安貌；不悅貌。❺不佞　沒有才幹，用為自謙之稱。

【語譯】晏子出使吳國，吳王告訴行人說：「我聽說晏嬰是北方有辯才而且熟習禮節的人。」命令儐者：「客人來見，就稱天子召見。」第二天，晏子有事將晉見，行人說：「天子召見你。」晏子一再面露不安的神色，說：「我奉敝國國君的命令，出使吳國，我很迷惑，來到天子的朝廷，請問吳王在那兒？」吳王聽了以後這才說：「夫差請見。」晏子以見諸侯的禮節晉見吳王。

第一三章

晏子使吳，吳王曰：「寡人得寄僻陋蠻夷之鄉，希❶見教君子之行，請私而毋為罪。」晏子憱然避位。吳王曰：「吾聞齊君蓋賊以慢❷，野以暴，吾子容❸焉，何甚也？」晏子逡巡❹而對曰：「臣聞之：微事不通，粗事不能者，必勞；大事不得，小事不為者，必貧；大者不能致人，小者不能至人之門者，必困。此臣之所以仕也。如臣豈能以道食人者哉？」晏子出，王笑曰：「今日吾譏晏子也，猶倮而訾高橛者❺。」

【注釋】❶希　同「稀」。❷賊以慢　賊，殘殺無辜。以，而。慢，輕侮。❸容　忍受。❹逡巡　迅速地。❺倮而訾高橛者　倮，同「裸」。赤體。訾，詆毀；非議。橛為「撅」字之誤。撅，掀起衣服。

【語譯】晏子出使吳國，吳王說：「寡人一向居住在偏僻簡陋的蠻夷地方，很少見識君子的德行，請私下教導我，不要見怪。」晏子不安地離開座位。吳王說：「我聽說齊君的為人，殘賊傲慢，粗野暴躁，你怎麼這樣容忍他呢？」晏子立即回答說：「臣聽說：精微的事不通，粗事又不能的人，一定勞苦；大事做不得，小事又不肯做的，一定貧窮；大的方面不能招致人才，好好用人，小的方面不肯傍人門下，為人所用的，一定困窘。我別無才華，這就是我出來做官的原因了。像我這樣人，怎麼能夠以道來事奉人呢？」晏子出去以後，吳王笑著說：「今天我譏笑晏子，就好像那自己裸露卻笑別人衣服不整的人啊。」

第一四章

景公使晏子使於楚。楚王進橘，置削❶。晏子不剖而并食之。楚王曰：「橘當去剖。」晏子對曰：「臣聞之：賜人主前者，瓜桃不削，橘柚不剖。今萬乘無教，臣不敢剖，然臣非不知也。」

【注釋】❶削　刀。

【語譯】齊景公派晏子出使楚國。楚王賞賜他橘子，還準備了一把削水果的刀子。晏子不剖而連皮吃了。楚王說：「橘子應當剖皮。」晏子回答說：「臣聽說：君主賜食，瓜桃不削，橘柚不剖。現在君王沒有命令，臣不敢剖，可是我不是不知道。」

第一五章

晏子將使荊，荊王聞之，謂左右曰：「晏子，賢人也。今方來，欲辱之，何以也？」左右對曰：「為其來也，臣請縛一人，過王而行。」於是荊王與晏子立語，有縛一人過王而行。王曰：「何為者也？」對曰：「齊人也。」王曰：「何坐❶？」曰：「坐盜。」王曰：「齊人固❷盜乎？」晏子反顧之曰：「江南有橘，齊王使人取之而樹之於江北，生不為橘乃為枳❸。所以然者何，其土地使之然也。

今齊人居齊不盜，來之荊而盜，得無土地使之然乎？」荊王曰：「吾欲傷子，而反自中也。」

【注　釋】❶坐　指犯罪的因由。❷固　《晏子春秋・雜下》、《韓詩外傳・一〇》「固」下並有「善」字，於義為長。❸枳　木如橘而小，春生白花，至秋成實，果小味酸，不能食，可入藥。

【語　譯】晏子將要出使到楚國，楚王聽到此事，對左右的人說：「晏子是個賢能的人，現在要來，我想羞辱他一下，用什麼法子呢？」左右的人回答說：「等他來的時候，讓我綑綁一個人從大王身邊經過。」於是當楚王和晏子站著講話的時候，有一個人被綑綁著經過王身邊。楚王問：「是什麼人？」回答說：「齊國人。」楚王又問道：「犯了什麼罪？」回答說：「犯了偷盜罪。」楚王又問道：「齊國人本來就喜歡偷盜嗎？」晏子回過頭來看著齊人說：「江南有橘，齊王派人取來種在江北，長大後變成了枳樹。為什麼會這樣呢？是因為土地不同使它變成這樣啊。現在這個齊國人住在齊國的時候不偷盜，來到楚國卻偷盜了，莫非也是土地使他變成這樣的嗎？」楚王說：「我想羞辱你一下，想不到反而羞辱了自己。」

第一六章

晏子使楚。晏子短，楚人為小門於大門之側而延晏子。晏子不入，曰：「使至狗國者，從狗門入。今臣使楚，不當從此門。」儐者更從大門入，見楚王。王曰：「齊無人耶？」晏子對曰：「齊之臨淄❶三百閭❷，張袂❸成帷，揮汗成雨，比肩繼踵❹而在，何為無人？」王曰：「然則何為使子？」晏子對曰：「齊命使各有所主，其賢者使賢主，不肖者使不肖主，嬰最不肖，故宜使楚耳。」

【注釋】❶臨淄　齊都。故址在今山東淄博東北。❷閭　周制五家為一比，五比為一閭，則一閭為二十五家。❸袂　衣袖。❹比肩繼踵　比，緊靠。踵，腳跟。

【語譯】晏子出使到楚國。晏子身材矮小，楚國人就在大門旁邊做了一扇小門，請晏子從小門進去。晏子不進去，說：「出使到狗國的就從狗門進入，現在我出使到楚國，不應該從這個門進去。」導引者改請晏子從大門進去晉見楚王。楚王說：「齊國沒有人了嗎？」晏子回答說：「齊國臨淄人家多到三百閭，張開衣袖便成帷幕，揮灑汗水就如下雨，肩膀靠著肩膀，腳尖接著腳跟，怎麼沒有人呢？」楚王說：「既然這樣，那為什麼派你來呢？」晏子回答說：「齊國任命使者根據出使國的君主而有所不同，那些賢明的人出使到賢明的君主那兒，不賢的人出使到不賢的君主那兒；我晏嬰最不賢，所以只能出使到楚國。」

第一七章

秦、楚轂兵❶，秦王使人使楚，楚王使人戲之曰：「子來亦卜❷之乎？」對曰：「然。」「卜之謂何？」對曰：「吉。」楚人曰：「噫！甚矣，子之國無良龜❸也！王方殺子以釁❹鍾，其吉如何？」使者曰：「秦、楚轂兵，吾王使我先窺。我死而不還，則吾王知警戒，整齊兵以備楚，是吾所謂吉也。且使死者而無知也，又何釁於鍾？死者而有知也，吾豈錯秦相楚❺哉？我將使楚之鍾鼓無聲，鍾鼓無聲，則將無以整齊其士卒而理君軍。夫殺人之使，絕人之謀，非古之通議也。子大夫試熟計之。」使者以報楚王，楚王赦之。此之謂造命❻。

【注　釋】❶觳兵　交戰。古時交戰時兵車車轂往往互相撞擊，所以稱交戰為觳兵。❷卜　占卜。古人遇有大事，每用占卜推測吉凶。❸良龜　龜，占卜用的龜甲。被認為特別靈驗的叫「良龜」或「神龜」。❹釁　古代鐘鼓等器物新製成時，殺牲以祭，以其血塗縫隙之處，這種血祭儀式稱為釁。❺錯秦相楚　錯，同「措」。放開。相，輔助；幫助。❻造命　完成使命。

【語　譯】秦、楚兩國交戰，秦王派人出使楚國，楚王派人戲弄他說：「你來的時候，曾經占過卜嗎？」回答說：「是的。」「占卜的結果怎麼說呢？」回答說：「吉利。」楚國人說：「咦！錯得太離譜了，你們國中缺少良龜啊！大王正準備殺了你用你的血祭鐘，這算什麼吉利呢？」秦國使者說：「秦、楚兩國交戰，我國國君先派我來察看，假若我死了不能回去，那麼我國國君就能加強警戒，整頓軍隊來防備楚國，這就是我所說的吉利了。並且假使死者無知，那用血祭鐘有什麼用？假使死者有知，難道我會拋開秦國而幫助楚國嗎？我將要讓楚國的鐘鼓沒有聲音；鐘鼓沒有聲音，那麼楚國將軍就不能指揮士卒統率君王的軍隊了。何況殺掉別國的使者，斷絕別國的謀劃，不符合古代通行的道義。大夫再仔細考慮考慮。」楚國官員把這番話報告楚王，楚王就赦免了秦使。這叫做能夠完成使命。

第一八章

楚使使聘於齊，齊王饗之梧宮。使者曰：「大哉梧乎！」王曰：「江海之魚吞舟，大國之樹必巨，使何怪焉？」使者曰：「昔燕攻齊❶，遵雒路，渡濟橋，焚雍門❷，擊齊左而虛其右，王歜絕頸而死於杜山❸，公孫差格死於龍門❹，飲馬乎淄澠，定獲乎琅邪，王與太后奔于莒，逃於城陽之山❺。當此之時，則梧之大何如乎？」王曰：「陳先生對之。」陳子曰：「臣不如刁勃❻。」王曰：「刁先生應之。」刁勃曰：「使者問梧之年耶？昔者荊平王❼為無道，加諸申氏❽，殺子胥❾父與其兄，子胥被髮乞食於吳，闔廬以為將相，三年將吳兵復讎乎楚，戰勝乎柏舉❿，級頭⓫百萬，囊瓦奔鄭⓬，王保於隨，引師入郢，軍雲行乎郢之都，子胥親射宮門，掘平王冢，笞其墳，數以其罪曰：『吾先人無罪而子殺之。』士卒人加百焉，然後止。當若此時，梧可以為其柎⓭矣。」

【注釋】❶燕攻齊　燕昭王二十八年，齊閔王四十年，燕以樂毅為上將軍，與秦、楚、三晉合謀伐齊，下齊七十餘城，不下者唯莒及即墨，閔王走莒。❷雍門　春秋齊城門名。❸王歜絕頸而死於杜山　事詳〈立節〉第二一章。❹公孫差格死於龍門　事未詳。❺王與太后奔于莒二句　《戰國策・齊策六》：「燕人興師而襲齊墟，王走而之城陽之山中。」《注》曰：「城陽，兗州國；莒，其縣也。」❻刁勃　即《戰國策・齊策六》齊襄王時之貂勃。齊人，有口辯，田單薦之於襄王，嘗使楚。❼荊平王　即楚平王。見〈立節〉第一一章。❽申氏　向宗魯《說苑校證》：「申氏，即伍氏。〈吳語〉屢稱子胥為申胥，韋《解》云：『申胥，楚大夫伍奢之子子胥，名員，魯昭二十年，奢誅於楚，員奔吳，吳與之申地，故曰申胥。』《越絕書》亦稱申胥。」❾子胥　即伍子胥。❿柏舉　古地名，在今湖北麻城境。⓫級頭　古代以斬敵首加爵，斬敵一首，加爵一級，因謂斬首為級。此法創始於秦商鞅。⓬囊瓦奔鄭　囊瓦，即子常，春秋時楚國大臣，為楚國令尹。楚平王卒，欲立令尹子西為君，不成。吳伐楚，攻入郢都，子常奔鄭。⓭柎　花萼。

【語譯】楚國派使者到齊國去報聘，齊王在梧宮設宴招待他。使者說：「好大的梧桐啊！」齊王說：「大江大海裡的魚，可以吞沒舟船；大國的樹木也一定是高大的，使者何必驚怪呢？」使者說：「從前燕國攻打齊國，軍隊循著雒路，渡過濟橋，燒毀雍門，攻擊齊國的左翼，而放開右翼；王歜在杜山吊死，公孫差在龍門戰死；燕兵在淄水和澠水放馬飲水，在琅邪獲得勝利；齊王和太后奔逃到莒地，亡命於城陽山中；不曉得在這個時候，梧桐有多大呢？」齊王說：「陳先生回答。」陳子說：「我口才不如刁勃。」王說：「刁先生回答他。」刁勃說：「使者問梧桐的年齡嗎？從前楚平王無道，加害申氏，殺了伍子胥的父親和兄長。子胥披散著頭髮在吳國討飯，吳王闔廬重用他做將相。三年之後，率領吳兵到楚國報仇，在栢舉戰勝，斬首百萬。楚國主帥囊瓦戰敗逃亡去鄭國，楚王逃亡到隨國。子胥率領吳軍進入郢都，軍隊如雲湧般在郢都行進。子胥親自射擊宮門，挖掘平王的墳墓，加以鞭笞，數責他的罪行說：『我的先人沒有罪，你竟然殺死他。』叫士兵每人鞭撻一百下，然後才停止。大概在這個時候，梧桐已經長出花萼來了。」

第一九章

蔡使師強、王堅使於楚❶。楚王聞之曰：「人名多章章❷者，獨為師強、王堅乎？趣見之，無以次。」視其人狀，疑其名而醜其聲，又惡其形。楚王大怒曰：「今蔡無人乎？國可伐也；有人不遣乎？國可伐也；端❸以此人試寡人乎？國可伐也。」故發二使，見三謀伐者，蔡也。

【注　釋】❶蔡使師強王堅使於楚　師強、王堅，蔡國二使者名。蔡國本無此二人，故意用此名，以告誡楚國。❷章章　昭著貌；顯明貌。❸端　果真。

【語　譯】蔡國派遣師強、王堅出使楚國。楚王聽到這兩個人的名字，說：「人的名字固然多半取得彰顯，但是為什麼獨獨叫做師強、王堅呢？趕快召見他們，不必按原來的次序。」等到楚王見到這兩個人，他們的形狀實在不配他們的名字，聲音難聽，像貌又醜。楚王大怒說：「今天蔡國沒有人才了嗎？其國可伐；有人才而不知道派遣，其國可伐；果真是派這兩個人來警誡我，其國也可伐。」所以派遣兩個使者出使楚國，卻造成楚王可以來攻伐三個理由，就是這個糊塗的蔡國。

第二〇章

趙簡子❶將襲衛，使史黯❷往視之。期以一月。六日❸而後反。簡子曰：「何其久也？」黯曰：「謀利而得害，由不察也。今蘧伯玉❹為相，史鰌❺佐焉，孔子為客，子貢使令於君前甚聽。《易》曰：『渙其群，元吉❻。』渙者，賢也；群者，象❼也；元者，吉之始也。渙其群元吉者，其佐多賢矣。」簡子按兵而不動耳。

【注釋】❶趙簡子　見〈君道〉第三五章。❷史黯　春秋時晉國太史。字墨。嘗言不及四十年吳當亡，越圍吳急，吳王夫差使問趙孟曰：「史黯何以得為君子？」對曰：「黯也進不見惡，退無謗言。」王曰：「宜哉！」❸六日　當是「六月」之誤。說詳《說苑集證》。❹蘧伯玉　見〈復恩〉第一八章。❺史鰌　見〈尊賢〉第一八章。❻渙其群二句　見《易經・渙卦・六四爻辭》。❼象　字當從《呂氏春秋・召類》作「眾」。

【語譯】趙簡子將要襲擊衛國，先叫史黯去衛國察看，給他一個月期限，卻過了六個月才回來。簡子問道：「為什麼去那麼久呢？」史黯說：「想要謀求好處，反而遭受損害，這是因為不仔細觀察的緣故。現在衛國蘧伯玉做相，史鰌輔佐他，孔子在那兒作客，子貢在衛君跟前聽候差遣，很得到衛君的信任。《易經》上說：『渙其群，元吉。』渙是賢的意思，群就是群眾，元是吉的開始。『渙其群元吉』就是說輔佐的都是賢人。」聽了史黯的話，趙簡子就取消了對衛國的軍事行動。

第二一章

魏文侯❶使舍人❷毋擇獻鵠於齊侯。毋擇行道失之，徒獻空籠，見齊侯曰：「寡君使臣毋擇獻鵠，道飢渴，臣出而飲食之，而鵠飛沖天，遂不復反。念思非無錢以買鵠也，惡有為其君使，輕易其弊❸者乎？念思非不能拔劍刎頸，腐肉暴骨於中野也，為吾君貴鵠而賤士也；念思非不敢走陳、蔡之間也，惡絕兩君之使。故不敢愛身逃死，來獻空籠，唯主君斧質❹之誅。」齊侯大悅曰：「寡人今者得茲言三，賢於鵠遠矣。寡人有都郊地百里，願獻子大夫以為湯沐邑❺。」毋擇對曰：「惡有為其君使而輕易其弊，而利諸侯之地乎？」遂出不反。

【注　釋】❶魏文侯　見〈君道〉第三八章。❷舍人　官名。始見《周禮・地官》。戰國及漢初王公貴官都有舍人。《漢書・高帝紀》顏師古《注》：「舍人，親近左右之通稱也。」❸弊　通「幣」。禮物。❹斧質　古刑具。置人於鍖上而以斧砍之。質，通「鑕」。❺湯沐邑　周制，諸侯朝見天子，天子賜以王畿以內的、供住宿和齋戒沐浴的封邑。後來凡貴族收取賦稅的私邑也稱湯沐邑，意謂以封邑的賦稅收入供作湯沐之用。

【語　譯】魏文侯派舍人毋擇進獻天鵝給齊侯。毋擇在路上將天鵝丟了，僅僅獻了一個空籠子，進見齊侯時說：「敝國國君派小臣毋擇進獻天鵝，因為路上天鵝飢渴，小臣把牠放出來餵牠飲食，不料天鵝一飛沖天，就不回來了。小臣心想自己並不是沒有錢再買隻天鵝，但那有為他的國君出使卻輕率掉換禮品的呢？心想自己並不是不能拔劍自殺，暴露屍骸在田野中，但是怕國君可能被批評為看重天鵝、輕視士人；心想自己並不是不敢逃跑到陳國、蔡國去，但是又恐怕斷絕了魏、齊兩國君主的交往。所以不敢惜生逃死，前來獻上空籠，聽憑您處以刑罰。」齊侯高興地說：「我今天得到你這三句話，比得到天鵝強多了。我有都城郊外的土地一百里，願意奉贈給您先生作為封邑。」毋擇回答說：「那有為他的國君出使卻輕忽地丟掉禮品，卻又為私利接受別國諸侯的土地呢？」於是離開齊國回去了。

卷一三

權謀

【題解】在這裡，「權謀」有兩個意思：一是權和謀同義，權謀就是謀略、計謀；另外一個意思是權術、陰謀。本卷大部分章節內容是前者的意思，但也有小部分講的是權術、陰謀。全卷共四十八章。第一章是全卷的綱領。首先指出謀略的重要，聖王行事，一定要先從謀略上仔細考慮，普遍地徵詢各種人的意見，然後慎重作出決斷，所以無論做什麼事，都可以穩操勝券，立於不敗之地。其次指出謀略有知命和知事兩種：能夠預先知道存亡禍福、盛衰廢興而防患於未然的，就是「知命」；見到事情能夠知道它的得失成敗及其最後結果的，就是「知事」。再次指出權謀有「正」、「邪」兩類：君子的權謀正，小人的權謀邪；那正的權謀，為的是公利，所以真誠地為百姓盡心；那邪的權謀，為的是私利，所以欺詐百姓；欺詐的一定失敗滅亡，真誠的一定興隆成功。其餘四十七章，除第一九章所記為西漢時事外，皆為春秋、戰國時故事。第二到一九章，主要屬於「知命」的範圍；第二〇到三七章，主要屬於「知事」的範圍；第三八章以後，則多屬於陰謀、權術的事。

第一章

聖王之舉事，必先諦❶之於謀慮，而後考之於蓍龜❷。白屋之士❸，皆關其謀；芻蕘之役❹，咸盡其心；故萬舉而無遺籌失策。傳曰：「眾人之智，可以測天；兼聽獨斷，惟在一人。」此大謀之術也。謀有二端：上謀知命，其次知事。知命者預見存亡禍福之原，早知盛衰廢興之始，防事之未萌，避難於無形。若此人者，居亂世，則不害於身；在乎太平之世，則必得天下之權。彼知事者亦尚矣，見事而知得失成敗之分，而究其所終極，故無敗業廢功。孔子曰：「可與適道，未可與權也。」❺夫非知命知事者，孰能行權謀之術？夫權謀有正有邪，君子之權謀正，小人之權謀邪。夫正者，其權謀公，故其為百姓盡心也誠；彼邪者，好私尚利，故其為百姓也詐。夫詐則亂，誠則平，是故堯之九臣❻誠而興於朝，其四臣❼詐而誅於野。誠者隆至後世，詐者當身而滅。知命知事而能於權謀者，必察誠詐之原而以處身焉，則是亦權謀之術也。夫知者舉事也，滿則慮溢，平則慮險，安則慮危，曲則慮直❽，由重其豫❾，惟恐不及，是以百舉而不陷也。

【注釋】❶諦　細察；注意。❷蓍龜　蓍是一種草，龜是龜甲，古時用這兩種東西占卜吉凶。《中庸》：「見乎蓍龜。」

《集注》：「著，所以筮；龜，所以卜。」❸白屋之士　指平民。白屋，古代平民住屋不施采，故稱白屋。❹蒭蕘之役　割草打柴的人，引申為草野之人。割草叫蒭，打柴叫蕘。❺可與適道二句　《論語・子罕》：「子曰：可與共學，未可與適道；可與適道，未可與立；可與立，未可與權。」❻九臣　就是舜、契、禹、后稷、夔、倕、伯夷、皋陶、益。❼四臣　指共工、驩兜、三苗、鯀。❽曲則慮直　當作「直則慮曲」，文義方順。❾由重其豫　當從《荀子・仲尼》作「曲重其豫」，謂委曲重多而備豫之也。

【語　譯】聖明君王的行事，一定先從謀略上仔細考慮，然後再用蓍龜進行筮卜，考察吉凶。一般平民都可以參加意見，草野之民也儘量提供他們的想法。所以無論做什麼事情，都不會有遺漏失算的地方。古書上說：「匯聚眾人的智慧，可以預測天意；而綜合各方的意見作成決策，就在於君王一個人的獨斷。」這是偉大謀略的方法。謀略有兩種：上等的謀略可以預知天命，其次的可以預知人事。知天命的謀略，就是可以預見存亡禍福的根源，早知盛衰廢興的端由，在禍事沒有發生之前加以預防，在災禍沒有形成之先設法避免。像這樣的人，生在亂世，不會危害自己的生命；生在太平盛世，就一定能得到國家的權位。那預知人事的謀略也是好的，遇到事情就能知道得失成敗的區別，並且能追究到事情的結果，所以沒有失敗荒廢的功業。孔子說：「一個可以和他一同向道的人，未必可以和他一樣通權達變。」如果不是能預知天命預知人事的人，誰能夠使用權謀的方法呢？權謀有正有邪，君子的權謀正，小人的權謀邪。那用心中正的人，他用權謀為了公眾，所以他為百姓盡心盡力，完全出於真誠；那用心邪惡的人，因為喜好私利，所以他為百姓做事，完全出於詐偽。詐偽就生亂，真誠就太平。所以堯的九個臣子辦事誠懇，就被朝廷重用；共工等四臣詐偽，就被殺於草野。真誠的人，可以興隆到後世子孫；詐偽的人，當世就被消滅了。知天命知人事而擅於權謀的人，必須審察誠詐的根源後果來立身處世，這也是權謀的方法之一。明智的人辦事，滿足時就要考慮多了就會外溢，平穩時就要考慮可能發生傾側，安全時就要考慮可能發生危險，順利時就要考慮可能產生曲折，多方面加以防範準備，還好像來不及，所以做任何事都不會失敗。

第二章

楊子❶曰：「事之可以之貧，可以之富者，其傷行者也；事之可以之生，可以之死者，其傷勇者也。」僕子❷曰：「楊子智而不知命，故其知多疑。」語曰：「知命者不惑」，晏嬰是也。

【注釋】❶楊子　見〈政理〉第三一章。❷僕子　未詳其人。僕，僕之本字。

【語譯】楊子說：「做一件事由於方法不同，可以貧窮，也可以富貴，人們往往取富貴一途，這就損害了品行；做一件事由於方法不同，可以活命，也可以死亡，人們往往取活命一途，這就損害了勇氣。」僕子說：「楊子聰明而不了解天命，所以他對事物的了解多懷疑。」古語說：「了解天命的人不迷惑。」晏嬰就是這樣的人。

第三章

趙簡子❶曰：「晉有澤鳴、犢犨❷，魯有孔丘，吾殺此三人，則天下可圖也。」於是乃召澤鳴、犢犨任之以政而殺之。使人聘孔子於魯，孔子至河，臨水而觀，曰：「美哉水！洋洋乎！丘之不濟於此，命也夫！」子路趨進曰：「敢問奚謂也？」孔子曰：「夫澤鳴、犢犨，晉國之賢大夫也，趙簡子之未得志也，與之同聞見；及其得志也，殺之而後從政。故丘聞之：刳胎焚夭則麒麟不至❸，乾澤而漁蛟龍❹不游，覆巢毀卵則凰鳳❺不翔。丘聞之：君子重傷其類者也。」

【注　釋】❶趙簡子　見〈君道〉第三五章。❷澤鳴犢犨　二人名，生平未詳。❸刳胎焚夭則麒麟不至　刳，剖開。胎，腹中嬰兒。夭，方長未成的草木。麒麟，傳說中仁獸名。《史記・司馬相如列傳・上林賦》：「獸則麒麟。」《索隱》引張揖曰：「雄曰麒，雌曰麟，其狀麇身，牛尾，狼蹄，一角。」❹蛟龍　上當有「則」字，方與上下文一律。蛟龍，即蛟，古代傳說中的一種動物。《山海經・中山經》：「貺水出焉，東流注于漢，其中少蛟。」《注》：「似蛇，而四腳小，頭細，頸有白癭，大者十數圍，卵如一二石甕，能吞人。」以其形似傳說中的龍，故稱蛟龍。❺凰鳳　傳說中的鳥名，雄曰鳳，雌曰凰。相傳天下太平才會出現。

【語　譯】趙簡子說：「晉國有澤鳴、犢犨，魯國有孔丘，我殺了這三個人，就可以謀取天下了。」於是就召見澤鳴、犢犨，任用他們擔任政府官員，然後找機會殺掉他們。接著派人去魯國聘請孔子。孔子到了黃河邊，面對河水觀望著說：「真壯美啊，黃河的水！浩浩蕩蕩氣勢盛大啊！我不從這裡渡過去，是天命吧！」子路上前問道：「請問老師，您說這話是什麼意思？」孔子說：「那澤鳴和犢犨是晉國的賢大夫，趙簡子在他還沒有得志時，跟他們同聞同見；等到他得志時，便殺掉他們，然後掌握了晉國的政權。所以我聽說過：剖腹挖出未出生的嬰兒，焚燒剛剛開始生長還沒有長成的草木，麒麟就不去到那裡；抽乾池塘的水捕魚，蛟龍就不游到那裡；傾覆鳥巢，毀壞鳥卵，鳳凰就不飛到那裡。我聽說：君子對於同類的人的不幸遭遇是非常傷痛的啊！」

第四章

孔子與齊景公❶坐，左右白曰：「周使來，言周廟燔❷。」齊景公出問曰：

「何廟也？」孔子曰：「是釐王❸廟也。」景公曰：「何以知之？」孔子曰：「詩云：『皇皇上帝，其命不忒。天之與人，必報有德❹。』禍亦如之。夫釐王變文武之制，而作玄黃宮室❺，輿馬奢侈，不可振❻也。故天殃其廟，是以知之。」景公曰：「天何不殃其身，而殃其廟乎？」子曰：「天以文王之故也，若殃其身，文王之祀，無乃絕乎？故殃其廟，以章其過也。」左右入報曰：「周釐王廟也。」景公大驚，起再拜曰：「善哉，聖人之智，豈不大乎！」

【注釋】❶齊景公　見〈君道〉第一八章。❷燔　燒。❸釐王　春秋時東周國王，姓姬，名胡齊，周莊王之子。西元前六八一～前六七七年在位。❹皇皇上帝四句　逸詩。皇皇，偉大貌。忒，差也。與，助也。❺而作玄黃宮室　《孔子家語・六本》作「而作玄黃華麗之飾，宮室崇峻」，本文疑有脫漏。玄黃，謂黑色和黃色。古代認為王朝興衰和金、木、水、火、土五行相關，而五行又和白、青、黑、赤、黃五色相配。周朝得火德而王，其色尚赤；而釐王改作黑色和黃色的服飾，所以是變文武之制。❻振　救也。

【語譯】孔子和齊景公坐著談論，左右的官吏來報告說：「周室派使者來，說周廟燒掉了。」齊景公出來問：「什麼廟？」孔子說：「是釐王的廟。」景公說：「你怎麼知道？」孔子說：「詩上說：『偉大的上帝，祂的命令不會有差錯。上天的幫助人，一定是回報有德行的人。』同樣的，上天的懲罰人，也一定降禍給無德的人。那周釐王改變文王、武王的制度，製作黑色和黃色的華麗服飾，宮室巍峨高大，輿車馬匹奢侈無度，種種無德的行為不可救藥，故此上天就降災給他的廟，所以我知道。」景公說：「上天為什麼不降災給他本身，卻殃害他的廟宇呢？」孔子說：「上天是因為文王的緣故。假使降災給他本身，文王的祭祀不是斷絕了嗎？所以降災給他的廟，來彰明他的罪過。」左右的官吏回報說：「是周釐王的廟。」景公大驚，起身向孔子拜了兩拜說：「聖人的智慧真是偉大啊！」

第五章

齊桓公❶與管仲❷謀伐莒❸，謀未發而聞於國❹。桓公怪之，以問管仲。管仲曰：「國必有聖人也。」桓公歎曰：「歖！日之役者，有執柘杵❺而上視者，意其是邪？」乃令復役，無得相代。少焉，東郭垂至，管仲曰：「此必是也。」乃令儐者延而進之，分級而立❻。管仲曰：「子言伐莒者也？」對曰：「然。」管仲曰：「我不言伐莒，子何故言伐莒？」對曰：「臣聞君子善謀，小人善意。臣竊意之也。」管仲曰：「我不言伐莒，子何以意之？」對曰：「臣聞君子有三色：優然❼喜樂者，鐘鼓之色；愀然❽清靜者，縗絰❾之色；勃然❿充滿者，此兵革之色也。日者臣望君之在臺上也，勃然充滿，此兵革之色；君吁而不吟⓫，所言者莒也；君舉臂而指，所當者莒也。臣竊慮小諸侯之未服者，其惟莒乎？臣故言之。」君子曰：「凡耳之聞以聲也。今不聞其聲，而以其容與臂，是東郭垂不以耳聽而聞也。桓公、管仲雖善謀，不能隱。聖人之聽於無聲，視於無形，東郭垂有之矣。」故桓公乃尊祿而禮之。

【注　釋】❶齊桓公　見〈君道〉第一七章。❷管仲　見同前。❸莒　春秋齊國東境小國。❹謀未發而聞於國　發，行。聞，知。❺柘杵　柘木所製之杵，杵為夯實泥土的工具。❻分級而立　《管子・小問・注》曰：「公以客禮待之，故與之分級而立，謂使之就賓階也。」❼優然　平和貌。❽愀然　悲傷貌。❾縗絰　麻布的喪服，此指代喪事。❿勃然　盛怒貌。⓫吁而不吟　即《管子・小問》「口開而不闔」、《韓詩外傳・四》「口張而不掩」之義。吁，古讀開尾韻，收音時雙唇不閉攏。吟，古讀收-m韻尾，收音時閉口。莒古讀亦為開尾韻，故口開而不閉，則知其言莒也。

【語　譯】齊桓公和管仲計畫攻打莒國，計畫還未實行而全國都曉得了。桓公覺得奇怪，就問管仲。管仲說：「國內一定有無事不知的聖人了。」桓公感歎地說：「哎！前日服勞役的人當中，有個拿著柘杵向上看的人，想必就是他吧？」就命令那些人再來服役，不得由別人代替。一會兒，東郭垂來到。管仲說：「這個人一定是了。」就讓接引賓客的人引導他進來，請他站在賓客的臺階上。管仲說：「你是說要攻打莒國的人吧？」回答說：「是的。」管仲說：「我沒有說要攻打莒國，你為什麼說要攻打莒國呢？」回答說：「我聽說地位高的人善於謀劃，地位低的人善於猜測。我是私下猜測出來的。」管仲說：「我沒有說要攻打莒國，你憑什麼猜測的呢？」回答說：「我聽說地位高的人有三種神色：態度平和欣愉的，是聽樂時的神色；態度悲傷清靜的，是居喪時的神色；態度充滿怒氣的，是用兵時的神色。那天，我遠遠望見主君在臺上，態度充滿怒氣，這是要用兵的神色；主君說話時口張而不闔，所談論的應該是莒國；主君舉起手臂作指示，所指示的方向是莒國。我私下考慮小諸侯當中尚未降服的，大概只有莒國了。所以我就說要攻伐莒國了。」君子說：「耳朵所以能聽見，因為有聲音。現在沒有聽到聲音，而僅憑臉色和手臂，這是東郭垂不用耳聽而能有所聞知。桓公和管仲雖然善於謀劃，卻無法隱藏。聖人能聽於無聲之處，見於無形之間，東郭垂能夠做到這樣了。」所以桓公才給他優厚的俸祿，並且禮敬他。

第六章

晉太史屠餘見晉國之亂，見晉平公之驕而無德義也，以其國法歸周❶。周威公見而問焉❷，曰：「天下之國其孰先亡？」對曰：「晉先亡。」威公問其說，對曰：「臣不敢直言，示晉公以天妖，日月星辰之行多不當，曰：『是何能然❸！』示以人事多不義，百姓多怨，曰：『是何傷❹？』示以鄰國不服，賢良不興，曰：『是何害？』是不知所以存，所以亡。故臣曰晉先亡。」居三年，晉果亡。威公又見屠餘而問焉，曰：「孰次之？」對曰：「中山次之。」威公問其故，對曰：「天生民，令有辨。有辨，人之義也，所以異於禽獸麋鹿也，君臣上下所以立也。中山之俗，以晝為夜，以夜繼日，男女切踦❺，固無休息，淫昏康樂❻，歌謳好悲❼，其主弗知惡，此亡國之風❽也。臣故曰中山次之。」居二年，中山果亡。威公又見屠餘而問曰：「孰次之？」屠餘不對。威公固請，屠餘曰：「君次之。」威公懼，求國之長者，得錡疇、田邑而禮之，又得史理、趙巽以為諫臣，去苛令三十九物❾，以告屠餘。屠餘曰：「其尚❿終君之身。臣聞國之興也，天遺之賢人，與之極⓫諫之士；國之亡也，天與之亂人，與善諛者。」威公薨，九月不得葬，周乃分而為二⑫。故有道者言，不可不重也。

【注釋】❶晉太史屠餘見晉國之亂三句　屠餘，《呂氏春秋・先識》作「屠黍」，餘、黍音近相通。考晉平公之時代前於屠餘甚遠，《呂氏春秋》高誘《注》謂是晉出公，亦非，當是晉幽公。說詳《說苑集證》。晉幽公，名柳，西元前四三三～前四一六年在位。即位後晉國除絳和曲沃外，皆入趙、魏、韓三晉，幽公畏三晉，反朝三晉之君。國法，當作「圖法」。說詳《說苑集證》。❷周威公見而問焉　周威公，戰國時東周封國國君，西周桓公之子。焉，猶之也。❸是何能然　《呂氏春秋・先識》「然」作「為」，《注》曰：「不敢直言其亂也，但語以日月星辰之行多不當其宿度也，而云是無能為也。」❹是何傷　《呂氏春秋・先識》「何」下有「能」字，與上文「是何能然」一律，疑本書脫，下文「是何害」同。❺切踦　「踦」《呂氏春秋・先識》作「倚」，古通。高誘《注》：「切，磨；倚，近也。」切倚，相依偎之意。❻淫昏康樂　謂以淫亂為安樂。昏，亂也。康，安也。❼歌謳好悲　謂歌唱則喜好哀悲之音。❽風　風俗。❾物　事也。❿其尚　尚也；庶幾也。⓫極　盡也。⓬周乃分而為二　《史記・周本紀》：「威公卒，子惠公代立，乃封其少子於鞏以奉王，號東周惠公。」《索隱》曰：「威公卒，子惠公立長子曰西周公，又封少子於鞏，仍襲父號曰東周惠公，於是有東、西二周也。」

【語譯】晉國太史屠餘看見晉國混亂，又看見晉平公的驕慢而無德義，因此就帶著圖法到周國去。周威公召見他，問他說：「天下的國家，那一國最先滅亡？」回答說：「晉國先亡。」威公問何以見得，回答說：「我不敢直接對晉公說，我只告訴晉公一些上天所顯現的奇怪現象，日月星辰的運行多不合軌道，晉公說：『這又能做什麼？』我告訴他人和事很多地方不恰當，老百姓多怨恨，他說：『這有什麼損傷？』我告訴他鄰國不肯歸服，賢良的不能起來為國家服務，他說：『這有什麼損害？』這是不知道國家怎樣生存怎樣滅亡。所以我說晉國最先滅亡。」過了三年，晉國果然滅亡。威公又召見屠餘問他說：「那一國接著滅亡？」回答說：「中山接著滅亡。」威公問它的緣故，回答說：「上天降生人民，都叫他們有所分別。有分別，是為人的根本道理，和禽獸麋鹿所以不同的地方，君臣上下的關係才能夠建立。中山國的風俗拿白天當黑夜，夜以繼日地男女依偎為樂，無休無止，把淫亂當作安樂，喜歡歌唱悲哀之音，他們的國君不知道厭惡。這是亡國的風俗。所以我說中山其次。」過了二年，中山果然滅亡。威公又召見屠餘問他：「接著又是那一國滅亡？」屠餘不回答。威公一直請求，屠餘才說：「您是其次。」威公恐懼，徵求國中年長有賢德的，得到錡疇和田邑，加以禮敬；又得到史理和趙巽，叫他們做諫臣，廢除苛刻的法令，共計三十九件。威公把這些措施告訴了屠餘，屠餘說：「差不多可以延續到您一生吧。我聽說國家要興盛時，上天會給他賢人和極諫之士；國家要滅亡時，上天會給他作亂和善於阿諛的人。」威公死後，九個月不能下葬，周國就分裂為二。所以有道的人所說的話，是不可以不重視的。

第七章

齊侯問於晏子曰：「當今之時，諸侯孰危？」對曰：「莒其亡乎！」公曰：「奚故？」對曰：「地侵於齊，貨竭於晉，是以亡也。」

【語譯】齊侯問晏子說：「當今的諸侯，那一個比較危險？」回答說：「莒國恐怕要滅亡吧！」公說：「為什麼？」回答說：「國土被齊國所侵佔，財貨被晉國取光，因此要亡國。」

第八章

智伯從❶韓、魏之兵以攻趙，圍晉陽之城而溉之❷，城不沒者三板❸。絺疵謂智伯曰：「韓、魏之君必反矣。」智伯曰：「何以知之？」對曰：「夫勝趙而三分其地，今城未沒者三板，臼竈生鼃❹，人馬相食，城降有日矣，而韓、魏之君無喜志而有憂色，是非反何也？」明日，智伯謂韓、魏之君曰：「疵言君之反也。」韓、魏之君曰：「必勝趙而三分其地。今城將勝矣，夫二家雖愚，不棄美利而偝❺約，為難不可成之事，其勢可見也。是疵必為趙說君，且使君疑二主之心，而解❻於攻趙也。今君聽讒臣之言，而離二主之交，為君惜之。」智伯出，欲殺絺疵，絺疵逃。韓、魏之君果反。

【注釋】❶智伯從　智伯，見〈建本〉第三〇章。從，率領。❷圍晉陽之城而溉之　晉陽，趙襄子邑。溉，猶灌也。❸三板　古一板長八尺，高二尺。此文云「三板」，當是就其高度言，古一尺約今零點二三一公尺，三板為六尺，則為今一點三八公尺。❹臼竈生鼃　臼，舂米的器具。竈，鍋竈。鼃，同「蛙」。❺偝　同「背」。❻解　借為「懈」。

【語譯】智伯率領韓、魏的軍隊攻打趙襄子，圍住了趙的都城晉陽，並且用水去灌，只差六尺城牆就全部淹沒了。絺疵向智伯說：「韓、魏的君主一定會反叛。」智伯說：「你怎麼知道？」回答說：「打敗了趙氏，就可以三家平分他的土地，現在晉陽城只差六尺就淹沒了，臼竈中都長出了青蛙，人民吃馬肉維生，眼看著晉陽就要投降了，而韓、魏的君主並不高興，反而有憂慮的顏色，這不是想造反是什麼？」第二天智伯對韓、魏之君說：「絺疵說你們要造反。」韓、魏之君說：「一定會打敗趙氏而三分他的土地，現在城快攻下來了，我們兩家就是再愚蠢也不會放棄這即將到手的好處，而違背盟約去做那不可能成功的事，這情勢是顯而易見的。這絺疵一定是替趙氏向您遊說，使您懷疑我們，而放鬆攻趙。現在您聽信讒臣的話而背棄我們，實在為您惋惜。」智伯出來，想殺絺疵，絺疵逃掉了。韓、魏的君主果然反叛。

第九章

魯公索氏將祭而亡其牲。孔子聞之曰：「公索氏比❶及三年必亡矣。」後一年而亡。弟子問曰：「昔公索氏亡牲，夫子曰比及三年必亡矣，今期年❷而亡，夫子何以知其將亡也？」孔子曰：「祭之為言索也，索也者盡也，乃孝子所以自盡於親也。至祭而亡其牲，則餘所亡者多矣，吾以此知其將亡也。」

【注　釋】❶比　近。❷期年　一年。

【語　譯】魯國公索氏將要祭祀，卻把犧牲丟掉了。孔子聽到這件事，說：「公索氏不到三年，一定會滅亡。」過了一年，果然滅亡。學生問道：「從前公索氏丟掉了犧牲，老師說不到三年一定會滅亡，現在才滿一年就滅亡了。老師怎麼知道他要滅亡呢？」孔子說：「祭祀的意思就是索，索的涵義就是盡，就是說孝子盡心盡意於雙親及祖先的意思。到了祭祀時還丟了犧牲，那麼其餘丟掉的一定更多，我因此知道他要滅亡。」

第一〇章

蔡侯、宋公、鄭伯朝於晉，蔡侯謂叔向❶曰：「子亦奚以語我？」對曰：「蔡言地計眾，不若宋、鄭，其車馬衣裘侈於二國，諸侯其有圖蔡者乎？」處期年，荊❷伐蔡而殘之。

【注釋】❶叔向 見〈貴德〉第一五章。❷荊 即楚國。

【語譯】蔡侯、宋公、鄭伯共同到晉國朝會，蔡侯對叔向說：「你有什麼話要告訴我？」回答說：「蔡國論土地，論人口，都不如宋、鄭二國，而車馬衣裘卻比二國奢侈。諸侯當中恐怕已經有人打蔡國的主意了吧？」過了一年，楚國攻打蔡國而滅亡了它。

第一一章

白圭❶之中山，中山王欲留之，固辭而去。又之齊，齊王亦欲留之，又辭而去。人問其辭❷，白圭曰：「二國將亡矣。所學❸者國有五盡：故莫之必忠，則言盡矣；莫之必譽，則名盡矣；莫之必愛，則親盡矣❹；行者無糧，居者無食，則財盡矣；不能用人，又不能自用，則功盡矣。國有此五者，毋幸必亡❺，中山與齊皆當此❻。」若使中山之與齊也❼，聞五盡而更之，則必不亡也，其患在不聞也，雖聞又不信也。然則人主之務，在乎善聽而已矣。

【注釋】❶白圭 魏文侯時周人，《史記．貨殖列傳》所謂「觀時變治生」，〈魯仲連鄒陽列傳〉所謂「為魏取中山」者也。❷人問其辭 人問其辭中山、辭齊之緣由也。❸所學 猶言所聞。❹故莫之必忠六句 《呂氏春秋．先識》作「莫之必則信盡矣，莫之譽則名盡矣，莫之愛則親盡矣」，第一句無「忠」字，「言」作「信」，第二、三兩句俱無「必」字。陳奇猷《呂氏春秋校釋》曰：「莫之必則信盡矣，謂言行反覆無常，使人不信，故曰信盡矣。莫之譽則名盡矣，謂不行賞譽則無榮名，故曰名盡矣。莫之愛則親盡矣，謂不愛人則人不親，故曰親盡矣。」疑本文有衍誤，當據《呂氏春秋》校正。❺毋幸必亡 乃倒句，言其國必亡，無可倖免也。❻當此 謂當此五盡。❼若使中山之與齊也 《呂氏春秋．先識》「中山」與「齊」下，並有「王」字，無「也」字。

【語譯】白圭到中山，中山的國王要挽留他，堅決告辭而去。又到齊國，齊國國君也想挽留他，也堅決告辭而去。人家問他堅決告辭的原因，白圭說：「這兩個國家快要滅亡了。據我所知，國家有『五盡』：言行反覆無常，就沒有人相信了；不行賞譽，就得不到榮名了；不愛人，就沒有人親近了；行路的人缺乏糧食，住家的人沒有食物，財貨就已經竭盡了；不能任用賢人，又不能發揮自己的才幹，一切的事功就全荒廢了。一個國家有這五種情形，一定會亡國，無可倖免。中山和齊國就正好有這五種缺點。」假使中山和齊國的國君聽到這「五盡」而能夠改善，就一定不會滅亡，毛病就在於他們不知道，即使知道了也不肯相信啊！如此說來，人主的要務，就在於善於聽納忠言了。

第一二章

下蔡❶威公閉門而哭，三日三夜，泣盡而繼以血。旁鄰窺牆而問之曰：「子何故而哭悲若此乎？」對曰：「吾國且亡。」曰：「何以知也？」應之曰：「吾聞病之將死也，不可為良醫；國之將亡也，不可為計謀。吾數諫吾君，吾君不用，是以知國之將亡也。」於是窺牆者聞其言，則舉宗❷而去之於楚。居數年，楚王果舉兵伐蔡，窺牆者為司馬，將兵而往，來虜甚眾。問曰：「得無有昆弟故人乎？」見威公縛在虜中，問曰：「若何以至於此？」應曰：「吾何以不至於此？且吾聞之也：言之者行之役也，行之者言之主也。汝能行，我能言；汝為主，我為役，吾亦何以不至於此哉？」窺牆者乃言之於楚王，遂解其縛，與俱之楚。故曰：「能言者未必能行，能行者未必能言。」

【注釋】❶下蔡　蔡本都上蔡（今河南上蔡），後遷都新蔡（今河南新蔡），蔡昭侯二十六年（西元前四九三年）又遷吳州來（今安徽鳳臺），亦曰下蔡。❷舉宗　整個宗族。

【語譯】下蔡威公閉起門來痛哭了三天三夜，眼淚流乾了便流出血來。隔鄰從牆外窺探並問他說：「你為什麼哭得這樣悲傷呢？」回答說：「我們的國家快要滅亡了。」問道：「怎麼知道呢？」回答說：「我聽說：病得要死的人，醫生雖然好也沒有用；國家要亡了，雖然用計謀也沒有效果。我好幾次勸諫我們的國君，國君都不採納，因此我知道國家要滅亡了。」於是那位在牆外窺探的鄰人聽了他的話，帶領全宗族的人都搬到楚國去。過了幾年，楚王果然發兵攻打蔡國，在牆外窺探的那位鄰人做了司馬，率領軍隊前去，抓來的俘虜很多，就問道：「俘虜當中有沒有我的親戚好友呢？」果然看見威公被綁在俘虜中，問他說：「你怎麼會落到這個地步呢？」回答說：「我為什麼不落到這個地步呢？我聽說：言語是行為的僕役，行為是言語的主人。你能夠實行，我卻能說不能做；所以你是主人，我是俘虜。我又怎麼不落到這個地步呢？」那在牆外窺探的鄰人告訴楚王，就釋放了他，和他一起到楚國。所以說：「能說的人未必能行，能行的人未必能說。」

第一三章

管仲有疾，桓公往問之，曰：「仲父若棄寡人，豎刁❶可使從政乎？」對曰：「不可，豎刁自刑以求入君，其身之忍，將何有於君❷？」公曰：「然則易牙❸可乎？」對曰：「易牙解其子以食君，其子之忍，將何有於君❹？若用之，必為諸侯笑。」及桓公歿，豎刁、易牙乃作難，桓公死六十日，蟲出於戶而不收。

【注釋】❶豎刁　見〈貴德〉第七章。❷豎刁自刑以求入君三句　《韓非子．十過》：「公妒而好內，豎刁自獖以為治內。」《注》：「獖，虧勢也。」《管子．小稱》：「公喜宮而妒，豎刁自刑而為公治內。人情非不愛其身也，於身之不愛，將何有於公？」❸易牙　見〈貴德〉第七章。❹易牙解其子以食君三句　《管子．小稱》：「易牙以調和事公，公曰惟烝嬰兒之未嘗，於是烝其子首（原誤作首子）而獻之公。人情非不愛其子也，於子之不愛，將何有於公？」

【語譯】管仲有病，桓公前往探問，問管仲說：「仲父假若不幸逝世，豎刁可以執掌政權嗎？」回答說：「不可以。豎刁殘害自己的身體以求得到君上的親用，他連自己的身體都忍心殘害，對於君上還有什麼不忍心做呢？」公說：「是的。那麼易牙可以嗎？」回答說：「易牙割自己兒子的頭煮給君上吃，他連兒子都忍心殺死，對於君上還有什麼不忍心做呢？如果重用他們，一定被諸侯們恥笑。」等到桓公去世，豎刁、易牙兩人就作亂，桓公死了六十天，屍蟲都爬出戶外，也沒有人為他收殮埋葬。

第一四章

石乞侍坐於屈建❶，屈建曰：「白公❷其為亂乎？」石乞曰：「是何言也？白公至於室無營，所下士者三人，與己相若臣者五人❸，所與同衣食者千人。白公之行若此，何故為亂？」屈建曰：「此建之所謂亂也。以君子行則可，於國家行過禮則國家疑之。且苟不難下其臣，必不難高其君矣。建是以知夫子將為亂也。」處十月，白公果為亂。

【注釋】❶屈建　楚恭王時人。見〈建本〉第二八章。白公，恭王幼子平王之孫，二人不得同時，蓋傳聞之訛。❷白公　見〈立節〉第一三章。❸與己相若臣者五人　《渚宮舊事・二》引無「臣」字。

【語譯】石乞陪侍屈建坐著，屈建說：「白公恐怕要作亂吧？」石乞說：「這是什麼話？白公為人甚至於連自己的居室都不營建，所尊敬的士人有三人，與自己的才能相等而被尊重的有五人，一塊兒生活甘苦與共的有千人。白公的行為如此，為什麼會作亂呢？」屈建說：「這就是我說他作亂的原因了。就一個君子的行為來說是可以的，對於國家如果行為超過禮制，國家的人民就要懷疑了。而且一個人假使不難對其臣子故示卑下，一定也不難凌駕於其君之上了。我因此知道這個人將要作亂。」過了十個月，白公果然作亂。

第一五章

韓昭侯❶造作高門，屈宜咎❷曰：「昭侯不出此門。」曰：「何也？」曰：「不時❸。吾所謂不時者，非時日也。人固有利不利，昭侯嘗利矣，不作高門。往年秦拔宜陽，明年大旱民飢，不以此時恤民之急也，而顧反益奢，此所謂福不重至，禍必重來者也。」高門成，昭侯卒，竟不出此門。

【注釋】❶韓昭侯　戰國時韓國國君。韓景侯之孫。以申不害為相，修行道術，國內安定，諸侯不敢侵伐。西元前三六二～前三三七年在位。❷屈宜咎　楚大夫，時亡在魏。「咎」亦作「臼」，古通。❸不時　謂時機不宜。

【語譯】韓昭侯建造高門。屈宜咎說：「昭侯不能走出這個門。」有人問：「為什麼？」回答說：「不是時候。我所說的不是時候，不是指時間日子，而是說時機不宜。一個人本來就有順利和不順利的時候，昭侯曾經很順利，卻不造高門。前年秦國攻陷了宜陽，去年大旱，鬧饑荒，不在這個時候體恤百姓的急難，反而更加奢侈，這叫做福無雙至，禍不單行。」高門做成了，昭侯便死去，竟然不能生出此門。

第一六章

田子顏自大術至乎平陵城下，見人子問其父，見人父問其子。田子方❶曰：「其以平陵反乎？吾聞行於內，然後施於外，子顏欲使其眾甚矣。」後果以平陵叛。

【注　釋】❶田子方　見〈臣術〉第五章。

【語　譯】田子顏從大術到平陵城下，見到年輕人就問候他的父親，見到中老年人就問候他的兒子。田子方說：「他大概要在平陵造反了吧？我聽說：一個人內心蓄志已久，就會表現到外面來。子顏想驅使他的百姓太明顯了。」後來果然在平陵造反。

第一七章

晉人已勝智氏❶，歸而繕甲砥兵❷。楚王恐，召梁公弘曰：「晉人已勝智氏矣，歸而繕甲兵，其以我為事乎？」梁公曰：「不患，害其在吳乎？夫吳君恤民而同其勞，使其民重上之令，而人輕其死以從上使。如虜❸之戰，臣登山以望之，見其用百姓之信。必也勿已乎❹，其備之若何？」不聽，明年，闔廬❺襲郢❻。

【注釋】❶智氏　即知伯。見〈建本〉第三〇章。❷繕甲砥兵　繕，整理；修補。甲，盔甲。砥，本是磨刀石，此當動詞用，是磨的意思。兵，兵器。❸如虜　疑地名。❹必也勿已乎　謂吳必有略楚之謀而不可已也。❺闔廬　見〈尊賢〉第五章。❻郢　楚都。

【語譯】晉國人已經打敗智氏，班師回去，便又修治武器，整頓軍備。楚王感到驚恐，召見梁公弘說：「晉國人已經打敗了智氏，得勝回去，便又修治武器，整頓軍備，大概是以我國為目標吧？」梁公說：「不要耽心，楚國的禍患大概在吳國吧？那吳國國君，撫恤人民，和人民同勞苦，使人民尊重長上的命令，人民不惜犧牲生命來服從上級的使命。如虜的那場戰役，我曾經爬到山上去觀望，看到吳王非常得到百姓的信賴。吳國一定有侵犯楚國的野心而不會放棄，我們應該加以防備，君王以為如何？」楚王不聽，隔了一年，吳王闔廬果然率兵攻擊郢都。

第一八章

楚莊王❶欲伐陳❷，使人視之。使者曰：「陳不可伐也。」莊王曰：「何故？」對曰：「其城郭高，溝壑❸深，蓄積多，其國寧也。」王曰：「陳可伐也。夫陳小國也而蓄積多，蓄積多則賦斂重，賦斂重則民怨上矣。城郭高，溝壑深，則民力罷❹矣。」興兵伐之，遂取陳。

【注釋】❶楚莊王　見〈君道〉第二一章。❷陳　古國名。嬀姓，建都宛丘（今河南淮陽），有今河南東部和安徽一部分。西元前四七八年為楚所滅。❸溝壑　城牆外圍的濠溝，用以防備敵人。❹罷　疲乏。

【語譯】楚莊王想攻伐陳國，派人去打探虛實。使者回來說：「陳國不可攻伐。」莊王說：「為什麼？」回答說：「他的城郭高，濠溝深，積蓄多，國家安寧。」莊王說：「陳國是可以攻伐的。陳國是一個小國，卻積蓄多，積蓄多就賦稅重，賦稅重人民就怨恨君上；城郭高，濠溝深，民力就疲乏了。」於是興兵攻伐，便攻佔了陳國。

第一九章

石益謂孫伯曰：「吳將亡矣，吾子亦知之乎？」孫伯曰：「晚矣，子之知之也。吾何為不知？」石益曰：「然則子何不以諫？」孫伯曰：「昔桀罪諫者，紂焚聖人，剖王子比干之心。袁氏之婦絡而失其紀❶，其妾告之，怒棄之，夫亡者豈斯❷人知其過哉！」

【注釋】❶絡而失其紀　絡，纏繞。紀，絲縷的頭緒。❷斯　疑「期」字之誤。

【語譯】石益對孫伯說：「吳國快要滅亡了，你知道嗎？」孫伯說：「你知道得也太晚了，我怎麼會不知道呢？」石益說：「既然知道，你為什麼不進諫？」孫伯說：「從前夏桀加罪進諫的人，商紂燒死聖人，挖王子比干的心。袁氏婦人繞絲時亂了頭緒，妾告訴她，竟然生氣地把她趕走了。那將要滅亡的人，那裡希望別人知道他的過失啊！」

第二〇章

孝宣皇帝❶之時，霍氏❷奢靡。茂陵徐先生曰：「霍氏必亡。夫在人之右❸而奢，亡之道也。孔子曰：『奢則不遜❹。』夫不遜者，必侮上，侮上者，逆之道也。出人之右，人必害之。今霍氏秉權，天下之人疾害之者多矣。夫天下害之，而又以逆道行之，不亡何時？」乃上書言：「霍氏奢靡，陛下即❺愛之，宜以時抑制，無使至於亡。」書三上，輒報聞。其後霍氏果滅。董忠❻等以其功封。人有為徐先生上書者❼曰：「臣聞客有過主人者，見竈直堗❽，傍有積薪。客謂主人曰：『曲其堗，遠其積薪，不者將有火患。』主人默然不應。居無幾何，家果失火，鄉聚❾里中人哀而救之，火幸息。於是殺牛置酒，燔髮灼爛者在上行❿，餘各用⓫功次坐，而反不錄⓬言曲堗者。向使主人聽客之言，不費牛酒，終無火患。今茂陵徐福數上書言霍氏且有變，宜防絕之。向使福說得行，則無裂地出爵之費，而國安平自如。今往事既已，而福獨不得與其功，惟陛下察客徙薪曲堗之策，而使居燔髮灼爛之右。」書奏，上使人賜徐福帛十匹，拜為郎。

【注釋】❶孝宣皇帝　見〈貴德〉第一四章。❷霍氏　此指霍光家族而言。霍光，漢平陽人，字子孟，驃騎將軍霍去病異母弟。漢武帝時任奉車都尉。與桑弘羊同受遺詔立昭帝為嗣，以大司馬、大將軍執政輔幼主，封博陸侯。昭帝卒，立昌邑王劉賀為帝，不久，因劉賀多淫行廢之，又迎立漢宣帝。地節初卒。前後執政出入宮禁二十餘年。卒後，漢宣帝親政，其後人以謀反被族滅。❸右　上也。❹奢則不遜　見《論語・述而》。遜，順也。❺即　若也。❻董忠　潁川陽翟（今河南禹縣）人。漢宣帝地節四年（西元前六六年）以揭發霍禹（大將軍霍光子）謀反，封高昌侯。❼者　字宜刪。❽堗　煙囪。❾聚村落。⑩燔髮灼爛者在上行　燔，燒。灼爛，為火燒傷。上行，上列；上位。⑪用　以也。⑫不錄　猶言不理。

【語譯】漢宣帝的時候，霍氏生活奢華靡爛，茂陵徐先生說：「霍氏必亡。在人之上而生活奢侈，這是敗亡之道。孔子說：『奢侈的人就不恭順。』不恭順就一定會侮慢長上，侮慢長上是叛逆的行為。居人之上的，別人一定想加害他。今霍氏掌握大權，天下嫉妒他想害他的不知有多少。天下的人都想害他，卻又以叛逆之道行事，不自取滅亡，還更待何時？」就上書給皇帝，說：「霍氏奢侈靡爛，陛下假使愛護他，應當隨時加以抑制，不要使他走上滅亡的道路。」奏書進呈三次，皇帝每次都批示「知道了」。後來霍氏果然滅族。董忠等人因為舉報有功受到封賞。有人替徐先生上書說：「臣曾經聽說：有一位賓客到主人家去拜訪，看見主人家的煙囪是直的，旁邊又放著一堆柴草。客向主人說：『要把煙囪彎曲，柴草放遠一些，不然會有火災。』主人不以為是，默不作聲。過不久，主人家果然失火，鄉里村落中的人都可憐他，跑去救火，火幸而救熄。於是主人就殺牛擺酒，燒掉頭髮灼傷肌膚的坐在上位，其餘各按功勞大小依次入座，反而不理那建議把煙囪改成彎曲的人。假使以前主人聽了那個客人的忠告，不必浪費牛酒，也不會有火災。現在茂陵徐福幾次上書說霍氏將要叛變，應當加以防範阻止。如果以前徐福的建議獲得實行，就沒有分封土地、頒發爵位的耗費，而國家也平安無事。現在事情既然過去了，而徐福獨獨不算有功。請陛下明察那個客人搬走柴草、彎曲煙囪建議的明智重要，而使他能夠坐在那些因為救火燒傷的人的上位。」奏書進呈，皇帝派人賞賜徐福十匹帛，並且任命他為郎官。

第二一章

齊桓公將伐山戎、孤竹❶，使人請助於魯。魯君進群臣而謀，皆曰：「師行數十❷里，入蠻夷之地，必不反矣。」於是魯許助之而不行。齊已伐山戎、孤竹，而欲移兵於魯。管仲曰：「不可。諸侯未親，今又伐遠而還誅近鄰，鄰國不親，非霸王之道。君之所得山戎之寶器者，中國之所鮮也，不可以不進周公之廟乎❸。」桓公乃分山戎之寶，獻之周公之廟。明年，起兵伐莒，魯下令丁男悉發，五尺童子皆至。孔子曰：「聖人轉禍為福，報怨以德❹。」此之謂也。

【注釋】❶山戎孤竹　山戎，古代北方民族名，也叫北戎，居於今河北省東部。春秋時代與齊、鄭、燕等國境界相接。孤竹，古國名，在今河北盧龍南。《史記・齊太公世家》齊桓公二十三年：「齊桓公救燕，伐山戎，至於孤竹而還。❷十　當作「千」。❸乎　猶「也」也。❹報怨以德　見《老子》第六三章，《論語・憲問》載孔子曰「以直報怨，以德報德」，此文「孔子」，疑「老子」之誤。

【語譯】齊桓公要討伐山戎和孤竹，派人請魯國幫助。魯君集合群臣計議，都說：「軍隊行幾千里路，進入蠻夷的地界，一定無法全師而返。」於是魯國答應援助，但是軍隊並不行動。齊國已經討伐了山戎和孤竹，就想調動軍隊攻打魯國，管仲說：「不可以。諸侯尚未親附，現在剛剛討伐了遠方，又想出兵攻打鄰國，鄰國不親附，這不是稱霸成王的途徑。君王所得到的山戎的寶器，是中國少有的，不可以不進獻到周公的宗廟。」桓公就分山戎的寶器，奉獻周公的宗廟。隔了一年，齊國又起兵伐莒，魯國下令所有男丁都要出發，連五尺童子也都到了。孔子說：「聖人轉變災禍成為幸福，用恩德回報仇怨。」就是說像這樣的事。

第二二一章

中行文子❶出亡至邊，從者曰：「為此嗇夫者，君人也❷，胡不休焉，且待後車者？」文子曰：「異日，吾好音，此子遺吾琴；吾好佩，又遺吾玉；是不非吾過者也，自容於我者也❸。吾恐其以我求容也。」遂不入。後車入門，文子問嗇夫之所在，執而殺之。仲尼聞之曰：「中行文子背道失義，以亡其國，然後得之，猶活其身。道不可遺也，若此。」

【注　釋】❶中行文子　即荀寅。春秋晉六卿之一。見〈復恩〉第一三章。❷為此嗇夫者二句　此，此地也。嗇夫，掌管獄訟、賦稅等事之地方官吏。君人也，謂是君之故人也。❸自容於我者也　容，寬容；容納。引申為好感、喜悅。自容，謂為自己博取別人的喜悅。

【語　譯】中行文子逃亡到邊境，隨從的人說：「這個地方的嗇夫是您的人，為什麼不在這裡休息一下，暫且等待後面車子啊？」文子說：「過去我愛好音樂，這個人就送給我琴；我喜歡佩飾，他又送給我美玉；這是個不指責我過失的人，是個想為自己博取我好感的人。我恐怕他又會用我來博取別人的喜悅啊。」於是不進去。等到後面車子一到，文子查問嗇夫的所在，便把他抓來殺掉。孔子聽到這件事，就說：「中行文子違背道德，喪失恩義，因而亡掉他的國家；但是後來遵照正道行事，還能夠保全自己的生命。正道的不可遺棄，就像這樣。」

第二三章

衛靈公❶襜被❷以與婦人游。子貢見公，公曰：「衛其亡乎？」對曰：「昔者夏桀、殷紂不任其過故亡，成湯、文武知任其過，故興。衛奚其亡也？」

【注　釋】❶衛靈公　見〈政理〉第五章。❷襜被　即襜褕。短衣。

【語 譯】衛靈公穿著短衣和婦人玩樂，子貢晉見靈公，靈公說：「衛國將會滅亡嗎？」回答說：「從前夏桀、商紂不承擔他們的過錯，所以滅亡；成湯和文王、周武王知道承擔過錯，所以興起。衛國如果也能效法成湯和文、武，怎麼會亡國呢？」

第二四章

智伯❶請地於魏宣子❷，宣子不與。任增❸曰：「何為不與？」宣子曰：「彼無故而請地，吾是以不與。」任增曰：「彼無故而請地者，無故而與之，是重欲無厭也。彼喜，必又請地於諸侯，諸侯不與，必怒而伐之。」宣子曰：「善。」遂與地。智伯喜，又請地於趙。趙不與，智伯怒，圍晉陽。韓、魏合趙而反智氏，智氏遂滅。

【注 釋】❶智伯 見〈建本〉第三〇章。❷魏宣子 見〈敬慎〉第一八章。❸任增 魏之謀臣。

【語 譯】智伯向魏宣子索取土地，宣子不給。任增說：「為什麼不給？」宣子說：「對方無緣無故索取土地，所以我不給。」任增說：「對方無緣無故索取土地，我們也無緣無故給他，這樣可以加重他貪得無厭的心理。對方高興了一定又會向別的諸侯要地，諸侯不給的話，他一定發怒攻伐諸侯。」宣子說：「好的。」就給了土地。智伯很高興，又向趙國索取土地；趙國不給，智伯生氣，圍攻趙都晉陽。韓、魏聯合趙國，反擊智氏，智氏就被滅亡。

第二五章

楚莊王❶與晉戰，勝之。懼諸侯之畏己也，乃築為五仞❷之臺。臺成而觴❸諸侯。諸侯請約❹。莊王曰：「我薄德之人也。」諸侯請為觴，乃仰而曰：「將將❺之臺，窅窅❻其謀，我言而不當，諸侯伐之。」於是遠者來朝，近者入賓❼。

【注釋】❶楚莊王　見〈君道〉第二一章。❷仞　八尺。❸觴　請人飲酒。❹請約　諸侯請盟約之言。❺將將　高大的樣子。❻窅窅　深遠的樣子。❼賓　歸服。

【語譯】楚莊王和晉國打仗，戰勝了，擔心諸侯們害怕自己，於是建築一座四丈的高臺，臺子建成了，在臺上宴請諸侯，諸侯們請楚莊王為盟約發言，莊王說：「我是一個薄德的人。」諸侯們向莊王敬酒，莊王仰面一飲而盡，就說：「樓臺多麼高大啊，謀慮多麼深遠啊，我說的話如果不恰當，諸侯們可以共同討伐我。」於是遠方的諸侯來朝貢，近處的來歸服。

第二六章

吳王夫差❶破越，又將伐陳。楚大夫皆懼，曰：「昔闔廬❷能用其眾，故破我於柏舉。今聞夫差又甚❸焉。」子西❹曰：「二三子恤❺不相睦也，無患吳矣。昔闔廬食不貳味，處不重席❻，擇不取費❼。在國，天有災，親戚乏困而供之❽。在軍，食熟者半而後食；其所嘗者，卒乘❾必與焉。是以民不罷勞，死知不曠❿。

今夫差次有臺榭陂池焉⓫，宿有妃嬙嬪御焉⓬；一日之行，所欲必成，玩好必從，珍異是聚。夫差先自敗己，焉能敗我？」

【注釋】❶夫差　見〈尊賢〉第五章。❷闔廬　見同前。❸夫差又甚　謂夫差軍旅之才過於闔廬也。❹子西　見〈正諫〉第一一章。❺恤　憂也。❻處不重席　處猶居，即今之坐。古人席地而坐，地面有席，唯士僅一層席，此闔廬亦一層席。❼擇不取費　《左傳》哀公元年「擇不取費」上有「衣服財用」四字，杜《注》：「選取堅厚，不尚細靡。」疑此文脫四字。❽親戚乏困而供之　劉正浩《兩漢諸子述左傳考》曰：「謂乏困親戚而供國人之急需也。」❾卒乘　步曰卒，車曰乘，此泛指軍隊。❿死知不曠　《左傳》哀公元年顧炎武《左傳杜解補正》曰：「曠，空也。言不為徒死，知上必有以恤之。」⓫次有臺榭陂池焉　積土四方而高曰臺。榭，建築在臺上的敞屋。陂，池邊的隄防。池，池塘，用以積水。哀公元年《左傳會箋》曰：「三宿以上皆可言次，數日遊觀之地，必有此設也。」⓬宿有妃嬙嬪御焉　宿，一宿也。《左傳》哀公元年杜《注》：「妃、嬙，貴者；嬪、御，賤者。皆內官。」

【語譯】吳王夫差打敗了越國，又將要攻打陳國。楚國的大夫們都很害怕，說：「過去闔廬能使用他的軍隊，所以在柏舉打敗了我們。現在聽說夫差比闔廬更厲害。」子西說：「你們幾位應該憂慮互相不能和睦，不必去憂慮吳國。過去闔廬用膳時不吃兩樣菜，坐的時候不用兩層席子，衣服物件選取實用耐用的，不浪費鋪張。在國內，如果有天災，寧願使親戚困乏而先供應國人的急需；在軍隊裡，多數人能吃到煮熟的飯菜後，他才吃；他能吃到的，小兵們也一定能吃到；所以百姓服役不怕困苦疲勞，自己雖然死了，知道家人一定會受到撫恤。現在夫差，雖然是短暫的停留，也一定要有臺榭陂池；在外住一個晚上也要帶著妃嬙嬪御；就是一天的行程，凡所想要的一定要滿足，珍寶奇玩的東西一定要帶著，珍貴奇異的寶物一定要聚集在身邊。夫差已經先腐化了自己，怎麼能打敗我們呢？」

第二七章

越破吳，請師於楚以伐晉，楚王與大夫皆懼，將許之。左史倚相曰：「此恐吾攻己，故示我不病。請為長轂❶千乘，卒三萬，與分吳地也。」莊王聽之，遂取東國❷。

【注釋】❶長轂　兵車也。❷莊王聽之二句　《考古質疑》曰：「楚莊王至越破吳時，相去凡一百八十年，莊王必誤。」按越滅吳在楚惠王十六年（西元前四七三年），此云莊王非也。又按左史倚相，始見《左傳》昭公十二年（西元前五三〇年），曾仕於楚靈、平、昭三王之時，至此時年齡已相當老耄矣。

【語譯】越國攻破了吳國，請求楚國派兵幫助攻打晉國。楚王和大夫都很害怕，想要答應越國。左史倚相說：「這是恐怕我們去攻打他，所以故意向我國顯示他尚未疲憊。請大王派遣兵車千輛，士兵三萬，和越國共同瓜分吳國的土地。」莊王採納了倚相的意見，於是攻取了東邊吳國的土地。

第二八章

陽虎為難於魯，走之齊❶，請師攻魯，齊侯許之。鮑文子❷曰：「不可也。陽虎欲齊師破，齊師破，大臣必多死，於是欲奮其詐謀。夫虎有寵於季氏，而將殺季孫，以不利魯國而容其求焉❸。今君富於季氏，而大於魯國，茲陽虎所欲傾覆也。魯免其疾❹而君又收之，毋乃害乎！」齊君乃執之，免❺而奔晉。

【注釋】❶陽虎為難於魯二句　陽虎，見〈復恩〉第二二章。按《左傳》定公八年（西元前五〇二年）陽虎攻三桓，九年奔齊。❷鮑文子　齊大夫鮑國也。❸容其求焉　謂求容於齊也。求容，謂博取喜悅。❹疾　謂災害。❺免　謂逃脫。

【語譯】陽虎在魯國作亂，後來逃到齊國，請求援兵攻打魯國，齊侯答應了。鮑文子說：「不可以的。陽虎想要齊國軍隊戰敗，齊國軍隊假若戰敗了，大臣一定死傷很多，因此他才可以從中施展陰謀詐術。那陽虎得到魯國季氏的寵信，尚且要殺季氏，不利魯國，來博取齊國的喜悅。現在君王比季氏富有，而比魯國強大，這就是陽虎所要顛覆的。魯國免掉了他的禍害，君王卻收容他，恐怕是禍害吧！」齊君就把陽虎抓起來，後來仍被他逃脫了，就逃到晉國去。

第二九章

湯欲伐桀，伊尹❶曰：「請阻❷乏貢職❸，以觀其動。」桀怒，起九夷❹之師以伐之。伊尹曰：「未可，彼尚猶能起九夷之師，是罪在我也。」湯乃謝罪請服，復入貢職。明年，又不供貢職，桀怒起九夷之師，九夷之師不起，伊尹曰：「可矣。」湯乃興師，伐而殘之，遷桀南巢氏❺焉。

【注釋】❶伊尹　見〈君道〉第一四章。❷阻　《藝文類聚・一二》、《太平御覽・八三》引並作「且」，義長。❸貢職　下對上所獻的禮品。❹九夷　古代稱東方的九種民族。《後漢書・東夷傳》：「夷有九種，曰：畎夷、于夷、方夷、黃夷、白夷、赤夷、玄夷、風夷、陽夷。」❺南巢氏　古國名。在今安徽巢縣西南，以位於古代華夏族活動地區的南方，故名。《書經・仲虺之誥》：「成湯放桀于南巢。」

【語譯】商湯想討伐夏桀。伊尹說：「請暫且斷絕對夏桀的進貢，來看看他的動靜。」於是夏桀發怒，就發動九夷的軍隊來攻打商湯。伊尹說：「不可以討伐夏桀，他還能調動起九夷的軍隊，這罪在我。」商湯就謝罪請求歸服，又向夏桀進貢禮物。第二年，商湯又不進貢，夏桀怒，又徵調九夷的軍隊，但九夷的軍隊已經調動不起來了。伊尹說：「現在可以攻伐夏桀了。」商湯於是起兵討伐夏桀滅了夏朝，把夏桀流放到南巢去。

第三〇章

武王伐紂，過隧斬岸❶，過水折舟，過谷發梁，過山焚萊❷，示民無返志也。至於有戎之隧，大風折旆，散宜生❸諫曰：「此其妖歟？」武王曰：「非也，天落❹兵也。」風霽而乘以大雨，水平地而嗇❺，散宜生又諫曰：「此其妖歟？」武王曰：「非也，天灑兵也。」卜而龜熸❻，散宜生又諫曰：「此其妖歟？」武王曰：「不利以禱祠，利以擊眾，是熸之已。」故武王順天地，犯三妖而禽紂於牧野❼，其所獨見者精也。

【注　釋】❶過隧斬岸　隧，道路，此指兩山間的小路。岸，指路兩邊的岩壁。斬岸，謂把路兩邊的山壁挖崩。❷萊　又名藜。是一種可以食用的野菜。❸散宜生　西周開國功臣。與閎夭、太顛同輔西伯姬昌。西伯被紂囚於羑里，他與閎夭等用美女寶物獻紂，營救西伯脫險，後佐武王滅商。❹落　古代用牲血塗新鑄的鐘叫落。此處引申作祭禱講。❺嗇　通「濇」。往來不便。❻熸　火滅也。❼牧野　地名。在今河南淇縣南。

【語　譯】周武王討伐商紂，經過通道，就把道路填塞起來；渡過河流，就把船毀棄；通過山谷，就把橋梁拆掉；走過山地，就把萊菜焚毀；向人民表示不勝不歸的意志。到了有戎國的隧道，大風吹斷軍旗。散宜生進諫說：「這是妖孽吧？」武王說：「不是的。這是上天為我們禱祭兵器。」風停止了，又繼以大雨，水流遍地，不利行軍。散宜生又進諫說：「這是妖孽吧？」武王說：「不是的。這是上天為我們清洗兵器。」占卜時，灼龜的火滅了。散宜生又進諫說：「這是妖孽吧？」武王說：「這不利於禱告神明，卻有利於攻擊敵人，這是消滅的意思。」所以武王順應天地之道，冒犯三種妖孽而能夠擒殺紂王於牧野，這是他的見地獨特而精闢。

第三一章

晉文公❶與荊人戰於城濮❷，君問於咎犯❸，咎犯對曰：「服義之君，不足❹於信；服戰之君，不足於詐；詐之而已矣。」君問於雍季❺，雍季對曰：「焚林而田，得獸雖多，而明年無復也；乾澤而漁，得魚雖多，而明年無復也；詐猶可以偷❻利，而後無報❼。」遂與荊軍戰，大敗之。及賞，先雍季而後咎犯，侍者曰：「城濮之戰，咎犯之謀也。」君曰：「雍季之言，百世之謀也；咎犯之言，一時之權也，寡人既行之矣。」

【注　釋】❶晉文公　見〈君道〉第二二章。❷城濮　春秋衛地。在今山東濮縣之南，晉文公敗楚兵於此。城濮之戰，詳《左傳》僖公二十八年。❸咎犯　見〈復恩〉第三章。❹不足　猶不厭。厭，憎惡；嫌棄。❺雍季　即《左傳》文公六年之公子雍，杜《注》：「公子雍。晉文公子，襄公庶弟，杜祁之子。」❻偷　苟且也。❼無報　謂無復得利也。報，猶復。

【語　譯】晉文公和楚人在城濮交戰。晉文公問計於咎犯，咎犯回答說：「信守道義的國君不嫌忠信，使用戰爭的國君不嫌欺詐，現在用詐術就是了。」晉文公又問雍季，雍季回答說：「焚燒山林來打獵，獲得野獸雖然多，明年就不能再有了；把池塘的水放乾再捕魚，得到的魚雖然多，明年就不能再有了；行使詐術雖然可一時苟且得利，後來卻不能再有了。」於是就跟楚軍交戰，大敗楚軍。到了行賞的時候，先賞雍季，後賞咎犯。侍從人員說：「城濮之戰，是咎犯的計謀。」晉文公說：「雍季的話是百世長久的策略，咎犯的話只是一時權宜的手段罷了，我就這麼辦了。」

第三二章

城濮之戰，文公謂咎犯曰：「吾卜戰而龜熸；我迎歲，彼背歲❶；彗星❷見，彼操其柄，我操其標；吾又夢與荊王搏，彼在上，我在下。吾欲無戰，子以為何如？」咎犯對曰：「卜戰龜熸，是荊人也；我迎歲，彼去我從之也；彗星見，彼操其柄，我操其標，以掃則彼利，以擊則我利；君夢與荊王搏，彼在上，君在下，則君見天而荊王伏其罪也。且吾以宋、衛為主，齊、秦輔我，我合天道，獨以人事，固將勝之矣。」文公從之，荊人大敗。

【注　釋】❶我迎歲二句　歲，歲星，即木星。迎歲是面對木星，背歲是背著木星，此皆就地理位置言。❷彗星　星體的一種，俗稱掃帚星。

【語　譯】城濮之戰，文公告訴咎犯說：「我占卜戰爭的吉凶，灼龜時火熄了。我軍面對歲星，楚軍卻背著歲星。彗星出現，他們拿著柄，我們卻拿著末端。我又夢見和楚王打架，他在上面，我在下面。我想不打了，你以為怎麼樣？」咎犯回答說：「卜問戰爭吉凶灼龜的火熄了，這是象徵楚人要被消滅。我軍面對歲星，楚軍背著歲星，這是表示楚軍敗走，我們在後面追。彗星出現，他們拿著柄，我們拿著末端，這是表示掃除對他們有利，攻擊就對我們有利。君王夢見和楚王打架，他在上面，您在下面，這是顯示君王仰望上天，楚王俯服請罪。並且我們以宋、衛兩國為主力，齊、秦輔助我們，不要說我們順合天道，就是單憑人事，也一定會獲勝的。」文公聽從咎犯的意見，楚人大敗。

第三三章

越饑，句踐❶懼，四水❷進諫曰：「夫饑，越之福也，而吳之禍也。夫吳國甚富而財有餘，其君好名而不思後患，若我卑辭重幣❸以請糴❹於吳，吳必與我，與我則吳可取也。」越王從之。吳將與之，子胥❺諫曰：「不可。夫吳越接地鄰境，道易通，仇讎敵戰之國也。非吳有越，越必有吳矣。夫齊、晉不能越三江五湖❻以亡吳、越，不如因而攻之，是吾先王闔廬❼之所以霸也。且夫饑何哉，亦猶淵也。敗伐之事，誰國無有？君若不攻而輸之糴，則利去而凶至，財匱而民怨，悔無及也。」吳王曰：「吾聞義兵不服❽，仁人不以餓餧而攻之，雖得十越，吾不為也。」遂與糴。三年，吳亦饑，請糴於越。越王不與而攻之，遂破吳。

【注釋】❶句踐　見〈君道〉第二二章。❷四水　人名，未詳其人。❸幣　本為繒帛。古時以束帛為祭祀或贈送賓客的禮物，曰幣。後來稱其他聘享的禮物，如車馬玉帛等，亦曰幣。❹糴　買入穀物。❺子胥　即伍員。見〈尊賢〉第九章。❻三江五湖　三江，一說為北江、中江、南江（見《史記・河渠書・索隱》）；一說為松江、錢塘江、浦陽江（見《吳越春秋・夫差內傳》徐天祐《注》。五湖，一說為貢湖、遊湖、胥湖、梅梁湖、金鼎湖；一說為胥湖、蠡湖、洮湖、滆湖、太湖；一說太湖之水通五道，謂之五湖（並見《吳越春秋・夫差內傳》徐天祐《注》）；一說太湖周五百里，故曰五湖（見《史記・河渠書・索隱》）。❼闔廬　見〈尊賢〉第五章。❽服　上脫「攻」字。說詳《說苑集證》。

【語譯】越國發生饑荒，句踐很恐懼。四水進諫說：「饑荒是越國的幸運，卻是吳國的災禍。那吳國非常富有，財物有餘，他的國君愛好虛名而不考慮後患。假若我們用謙卑的言辭和貴重的禮物向吳國請求購買糧食，吳國一定答應賣給我們；一旦賣糧食給我們讓我們渡過難關，那麼吳國就可以攻伐了。」越王接受了他的建議。吳國將要賣糧食給越國，伍子胥進諫說：「不可以。吳、越土地相鄰，道路互相銜接，向來是仇恨交戰的國家。最後不是吳國佔領越國，就是越國佔領吳國。那中原的齊、晉大國，絕不可能越過三江五湖來吞併吳、越的。現在不如趁著越國鬧饑荒的良機攻打它；這也就是我先王闔廬所以稱霸的緣故。況且那饑荒像什麼，那就像深淵一樣，是無法滿足的。吃敗仗的事，那一個國家保證沒有呢？君王如果不趁此良機攻擊，反而把他們想買的糧食輸送過去，那麼吉利就會跟著失去而災禍就會降臨，到時候弄得財物缺乏而百姓怨恨，再後悔就來不及了。」吳王說：「我聽說正義的軍隊不去攻打已經降服的人，不趁著人家飢餓時候去攻打他。即使這樣能得到十個越國，我也不幹。」於是賣糧食給越國。過了三年，吳國也發生饑荒，向越國請求買糧食，越王不但不給，反而乘機攻擊，終於滅亡了吳國。

第三四章

趙簡子❶使成何、涉他與衛靈公❷盟於鄟澤。靈公未喋盟❸，成何、涉他捘靈公之手而撙之❹。靈公怒，欲反趙❺。王孫商曰：「君欲反趙，不如與百姓同惡之。」公曰：「若何？」對曰：「請命臣令於國曰：『有姑姊妹女者，家一人質於趙。』百姓必怨，君因反之矣。」君曰：「善。」乃令之，三日，遂徵之，五日而令畢，國人巷哭。君乃召國大夫而謀曰：「趙為無道，反之可乎？」大夫皆曰：「可。」乃出西門，閉東門。趙氏聞之，縛涉他而斬之，以謝於衛，成何走燕。子貢曰：「王孫商可謂善謀矣！憎人而能害之，有患而能處之，欲用民而能附之，一舉而三物俱至，可謂善謀矣。」

【注釋】❶趙簡子　見〈君道〉第三五章。❷衛靈公　見〈政理〉第五章。❸喋盟　喋，通「唼」。「盟」疑當作「血」。唼血，即歃血。古人會盟時以牲血塗於口旁，表示誠信。❹捘靈公之手而撙之　捘，握；持。撙，壓。❺欲反趙　趙簡子為晉卿，此不當云「反趙」，《左傳》定公八年作「欲叛晉」是也。

【語譯】趙簡子派成何、涉他和衛靈公在鄟澤會盟。靈公還沒有唼血，成何、涉他就捉著靈公的手往下壓。靈公很憤怒，想要背叛趙國。王孫商說：「君王想要反趙，不如跟百姓一起憎恨它。」衛靈公說：「怎麼做呢？」回答說：「請您命令我下令全國說：『家中有姑姊妹女的，每家要送一人到趙國當人質。』這樣百姓一定會怨恨，君王就可以藉機反趙了。」靈公說：「好的。」就下達命令，三天以後開始徵召人質，一連五天徵召完畢，使得全國人民都在里巷中哭泣。靈公於是召集國內大夫們商量說：「趙國殘暴無道，背叛它好嗎？」大夫們都說：「好的。」於是靈公下令把通往趙國的東門關閉，只准西門出入。趙簡子聽到這件事，就逮捕涉他而把他殺掉，向衛國謝罪。成何逃到燕國去了。子貢說：「王孫商可以說是善於謀劃了啊！憎恨人而能害他，有禍患而能處置解決，想利用百姓就能夠使他們歸附；一舉而三件事都完成，可以說是善於謀劃了。」

第三五章

楚成王贊諸屬諸侯❶，使魯君為僕❷。魯君致❸大夫而謀曰：「我雖小，亦周之建國也，今成王以我為僕，可乎？」大夫皆曰：「不可。」公儀休❹曰：「不可。不聽楚王，身死國亡；君之臣乃君之有也，為民君也。」魯君遂為僕。

【注釋】❶楚成王贊諸屬諸侯　楚成王，春秋時楚國國君，楚文王之子，在位時曾與齊桓公盟，執宋襄公，城濮之戰敗於晉。西元前六七一～前六二六年在位。「贊」字當作「贅」。贅，聚也。「諸屬」二字衍。說詳《說苑集證》。❷僕　駕車的人。❸致　召集。❹公儀休　見〈政理〉第一九章。按公儀休不與楚成王同時，此有誤。《說苑引得‧序》曰：「楚成王與魯莊、閔、僖三公同時，文元年為太子商臣所弒。公儀休為魯穆公賢相；穆公上距僖公約二百年，其與楚成王年代之差，當亦不滅此數；則其不能生聚於一處，自亦不待辨明矣。」

【語譯】楚成王召集諸侯，叫魯君駕車。魯君召集大夫商議說：「我國雖小，也是周室所建立的國家。現在楚成王叫我駕車，可以嗎？」大夫們都說：「不可以。」公儀休說：「不可以。不聽楚王的命令，不但生命有危險，國家也會滅亡；如果能夠忍受一時的恥辱，接受楚王的命令做他的車御，君王的臣子還是君王的臣子，您還是人民的君主。」魯君於是為楚成王駕車。

第三六章

齊景公❶以其子妻闔廬❷，送諸郊，泣曰：「余死不汝見矣！」高夢子曰：「齊負海而縣山❸，縱不能全收天下，誰干我君？愛則勿行。」公曰：「余有齊國之固，不能以令諸侯，又不能聽，是生亂也❹。寡人聞之：不能令則莫若從。且夫吳若蜂蠆❺然，不棄毒於人則不靜，余恐棄毒於我也。」遂遣之。

【注釋】❶齊景公 見〈君道〉第一八章。❷闔廬 見〈尊賢〉第五章。❸負海而縣山 負海，依傍大海。縣山，謂有高山懸隔。❹不能以令諸侯三句 《孟子·離婁上》：「齊景公曰：『既不能令，又不受命，是絕物也。』涕出而女於吳。」❺蜂蠆 蜂與蠍。

【語譯】齊景公把他的女兒嫁給吳王闔廬為妻，出嫁時送行到郊外，哭泣著說：「我這一生再也見不到你了！」高夢子說：「齊國依山隔海，縱然不能佔有全天下，又有誰敢侵犯我國呢？您如果真的捨不得不讓她去就是了。」景公說：「我雖然有強固的齊國，既不能號令諸侯，又不能聽命於人，這是要產生禍亂的。我聽說：一個人要是不能號令別人，就不如聽從別人。而且那吳國就像蜂和蠍子一樣，若不把毒施給別人，就不會安靜。我恐怕吳國會施毒給我。」於是景公還是把女兒遣送走了。

第三七章

齊欲妻鄭太子忽❶，太子忽辭。人問其故。太子曰：「人各有偶，齊大，非吾偶也。《詩》云：『自求多福❷。』在我而已矣。」後戎伐齊，齊請師于鄭，鄭太子忽率師而救齊，大敗戎師。齊又欲妻之，太子固辭。人問其故。對曰：「無事於齊，吾猶不敢；今以君命救齊之急，受室以歸，人其以我為師婚乎？」終辭之。

【注釋】❶鄭太子忽　鄭莊公子，即鄭昭公，西元前六九六～前六九四年在位，後為高渠彌所弒。❷自求多福　見《詩・大雅・文王》。

【語譯】齊侯想把女兒嫁給鄭國的太子忽。太子忽辭謝。別人問為什麼，太子說：「人人各有他合適的配偶，齊國強大，齊君的女兒不是我的配偶。《詩經》上說：『自己多求福德。』靠我自己就是了。」後來戎軍侵略齊國，齊國請求鄭國派兵援助。太子忽率領軍隊援救齊國，大敗戎軍。齊侯又想把另外一個女兒嫁給他。太子忽堅決辭謝。別人問為什麼，回答說：「我為齊國沒有做什麼事情，尚且不敢娶齊國女子為妻。現在我奉國君的命令解救齊國的危急，娶了妻子回國，人們豈不是要認為我出師為了求婚嗎？」最後還是辭謝了。

第三八章

孔子問漆雕馬人曰：「子事臧文仲、武仲、孺子容❶，三大夫者孰為賢？」漆雕馬人對曰：「臧氏家有龜❷焉，名曰蔡❸。文仲立，三年為一兆❹焉；武仲立，三年為二兆焉；孺子容立，三年為三兆焉；馬人見之矣。若夫三大夫之賢不賢，馬人不識也。」孔子曰：「君子哉！漆雕氏之子！其言人之美也，隱而顯；其言人之過也，微而著。故智不能及，明不能見，得無數❺卜乎？」

【注釋】❶子事臧文仲武仲孺子容　臧文仲，春秋魯大夫臧孫氏，名辰。武仲，文仲之孫，名紇。孺子容，無考，意者武仲之子。錢穆《先秦諸子繫年考辨・一六三》：「漆雕馬人嘗事臧氏三世。文仲卒於魯文公十年，前孔子之生尚六十六年。及事文仲者，豈得與孔子相問答？《說苑》妄也。」❷龜　謂占卜所用之龜版。❸蔡　大龜叫做蔡。❹兆　古時占卜時，燒灼龜甲時所生的裂紋，依此裂紋占卜吉凶。這裡作占卜講。❺數　屢次。

【語譯】孔子問漆雕馬人說：「你事奉臧文仲、武仲、孺子容三位大夫，到底那一位賢能呢？」漆雕馬人回答說：「臧氏家裡有塊龜版，叫做蔡。文仲執政，三年占卜一次；武仲執政，三年占卜兩次；孺子容執政，三年占卜三次；這是我所見到的。至於說三位大夫的賢與不賢，我馬人就不知道了。」孔子說：「漆雕氏這個人真是君子啊！他說別人的優點，表面隱藏，實際卻很明顯；他說別人的缺點，表面幽微，實際卻很顯著。智慧達不到、聰明又不夠的人，能夠不常常占卜嗎？」

第三九章

安陵纏以顏色美壯得幸於楚共王❶。江乙往見安陵纏曰：「子之先人豈有矢石❷之功於王乎？」曰：「無有。」江乙曰：「子之身豈亦有乎？」曰：「無有。」江乙曰：「子之貴何以至於此乎？」曰：「僕不知所以。」江乙曰：「吾聞之：以財事人者，財盡而交疏；以色事人者，華落而愛衰。今子之華有時而落，子何以長幸無解於王乎？」安陵纏曰：「臣年少愚陋，願委智於先生。」江乙曰：「獨從為殉❸可耳。」安陵纏曰：「敬聞命矣。」江乙去，居朞年❹，逢安陵纏謂曰：「前日所諭❺子者，通之於王乎？」曰：「未可也。」居期年，江乙復見安陵纏曰：「子豈諭王乎？」安陵纏曰：「臣未得王之間❻也。」江乙曰：「子出與王同車，入與王同坐，居三年，言未得王之間，子以吾之說未可耳！」不悅而去。其年，共王獵江渚❼之野，野火之起若雲蜺❽，虎狼之嗥若雷霆，有狂兕❾從南方來，正觸王左驂⑩，王舉旃旄⑪而使善射者射之，一發，兕死車下。王大喜，拊手⑫而笑，顧謂安陵纏曰：「吾萬歲之後，子將誰與斯樂乎？」安陵纏乃逡巡⑬而卻，泣下沾衿，抱王曰：「萬歲之後，臣將從為殉，安知樂此者誰？」於是共王乃封安陵纏於車下三百戶。故曰：江乙善謀，安陵纏知時。

【注釋】❶安陵纏以顏色美壯得幸於楚共王　安陵纏，楚宣王幸臣，名纏，失其姓。安陵本地名，在今河南鄢城，因封為安陵君，故稱安陵纏。幸，為君王所寵愛曰幸。按事又見《渚宮舊事．三》，章首曰「安陵君有寵於宣王」，《戰國策》鮑本亦次此章於宣王，俱與本書作共王異。按下文「江乙往見安陵纏」，江乙見《戰國策．楚策一》，乃楚宣王臣，楚共王為春秋時王，在江乙前幾二百年，何由並世？本書作「共王」，非也。❷矢石　箭與石。古人作戰，發矢拋石以打擊敵人。此處謂作戰。❸殉　即陪葬。❹朞年　滿一年。❺諭　告訴。❻間　間隙，此處當機會講。❼渚　水邊或水中小洲。❽雲蜺　即雲霓，指雲和虹。此處以虹的顏色形容火光。❾兕　即犀牛。❿左驂　即左邊的馬。駕車時位於兩旁的馬叫驂。⓫旃旄　旗竿上用旄牛尾和彩色鳥羽作裝飾的旗子。⓬拊手　拍手。⓭逡巡　恭順貌。

【語譯】安陵纏因為容貌美麗、身材健美獲得楚共王的寵幸。江乙去見安陵纏說：「你的祖先難道有軍功於王上嗎？」回答說：「沒有。」江乙說：「你自己難道有功嗎？」回答說：「沒有。」江乙說：「那你為什麼這樣顯貴呢？」回答說：「我不知道為什麼。」江乙說：「我聽說：以錢財事奉別人的，錢財用完了，交情就跟著疏遠；以容貌事奉別人的，容華凋落，寵愛就跟著衰退。如今你美麗的容華，到時就會衰落，你怎能永遠得到君王的寵愛而不衰退呢？」安陵纏說：「我年紀輕不懂事，願意向先生求教。」江乙說：「只要向王表示願意為他殉死就行了。」安陵纏說：「我知道了。」江乙離去，過了一年，碰到安陵纏，問他說：「從前所告訴你的，向君王表白了嗎？」回答說：「還沒有。」過了一年，江乙又見到安陵纏，問他說：「已經告訴王了嗎？」安陵纏說：「我還沒有得到向王訴說的機會。」江乙說：「你出門和王坐一輛車子，回來和王同坐，經過三年，居然說沒有機會向王說。你大概認為我的方法行不通吧！」說完就很不高興地離開了。那一年，楚共王在江邊打獵，野火燒起來像彩虹一樣，虎狼的叫聲有如雷霆，有一隻瘋狂的犀牛從南方衝來，撞到共王的左驂。王舉起旗子，叫善射的人射牠，一箭就把犀牛射死在車下。王非常高興，拍手大笑。回頭向安陵纏說：「我死了以後，你和誰同享這種快樂呢？」安陵纏恭順後退，淌著眼淚，沾濕了衣襟，抱著王說：「大王萬歲之後，臣將殉死，怎知道享受這種快樂的是誰呢？」於是共王就在車下封了三百戶給安陵纏。所以說：「江乙善於計謀，安陵纏懂得把握時機。」

第四〇章

太子商臣怨令尹子上❶也。楚攻陳，晉救之，夾泜水而軍。陽處父❷知商臣之怨子上也，因謂子上曰：「少卻，吾涉而從子。」子上卻，因令晉軍曰：「楚遁矣。」使人告商臣曰：「子上受晉賂而去之。」商臣訴之成王，成王遂殺之。

【注　釋】❶太子商臣怨令尹子上　初楚成王將以商臣為太子，訪諸令尹鬥勃，鬥勃止之。商臣怨鬥勃止王立己。見《左傳》文公元年。子上，鬥勃之字。❷陽處父　晉將。見〈尊賢〉第二章。

【語　譯】楚國太子商臣怨恨令尹子上。當楚國進攻陳國的時候，晉國派兵來援救。兩軍夾著泜水佈陣。晉將陽處父知道商臣怨恨子上，因此就對子上說：「請你稍稍退卻，我渡過水來和你決戰。」子上命令楚軍稍退，陽處父就趁機對晉軍說：「楚軍逃走了。」派人告訴商臣說：「子上接受了晉國的賄賂，所以退兵。」商臣便向成王告密，成王就把子上殺了。

第四一章

智伯❶欲襲衛，故遺❷之乘馬，先之一璧。衛君大悅，酌酒。諸大夫皆喜，南文子❸獨不喜，有憂色。衛君曰：「大國禮寡人，寡人故酌諸大夫酒。諸大夫皆喜，而子獨不喜有憂色者何也？」南文子曰：「無方❹之禮，無功之賞，禍之先也。我未有往，彼有以來，是以憂也。」於是衛君乃修梁津而擬邊城，智伯聞衛兵在境上，乃還。

【注釋】❶智伯　見〈建本〉第三〇章。❷遺　贈送。❸南文子　即甯文子，衛大夫。❹方　當也。

【語譯】智伯打算攻擊衛國，所以派人送給衛國一塊玉璧，又送四匹馬。衛君非常高興，請諸大夫飲酒。諸大夫皆喜，只有南文子不但不高興，反而露出憂慮的神色。衛君說：「大國送禮給我，所以我請諸大夫飲酒。諸大夫都很高興，唯獨你不但不高興，反而露出憂戚的樣子。這是為什麼？」南文子說：「不正當的禮物，沒有功勞的賞賜，是禍患的先兆。我們沒有送禮去，對方卻送禮來。我因此憂慮。」於是衛君就整修橋梁渡口，籌劃修建邊城。智伯聽說衛兵駐守在邊境上，就撤兵回去了。

第四二章

智伯欲襲衛，乃佯❶亡其太子顏使奔衛。南文子曰：「太子顏之為其君子也，甚愛；非有大罪也，而亡之必有故。然人亡而不受，不祥。」使吏逆❷之，曰：

「車過五乘，慎勿內❸也。」智伯聞之，乃止。

【注釋】❶佯 假裝。❷逆 迎也。❸內 同「納」。

【語譯】智伯打算襲擊衛國，就讓他的太子假裝逃亡，叫他逃到衛國去。衛國大夫南文子說：「太子顏作為君主的兒子，很得智伯的寵愛；如果沒有大的罪過卻逃亡，內中一定有原因。但是人家逃亡到這裡，如果不接納，這就不好。」就派官吏去迎接太子顏，吩咐說：「車子如果超過五輛，就千萬不要放進來。」智伯知道了，就叫太子顏不要到衛國去了。

第四三章

叔向之殺萇弘❶也，數見萇弘於周，因佯遺書曰：「萇弘謂叔向：『子起晉國之兵以攻周，吾廢劉氏而立單氏❷。』」劉氏請之君曰：「此萇弘也。」乃殺之。

【注釋】❶叔向之殺萇弘 叔向，春秋晉國大夫。見〈貴德〉第一五章。萇弘，周敬王時大夫。考《左傳》昭公二十八年（西元前五一六年）載羊舌氏族滅，叔向死更在其前；而萇弘死於周敬王二十八年（西元前四九二年），即魯哀公三年，是叔向不得見萇弘之死，陰謀殺弘之計，實屬虛有。❷吾廢劉氏而立單氏 劉氏，謂劉文公。單氏，謂單穆公。並見《國語・周語下》。

【語譯】叔向想要殺萇弘，就常常去周室拜見萇弘。叔向偽造一封信並且故意遺失，信上說：「萇弘對叔向說：『你發動晉國的兵隊來攻周，我就廢掉劉氏而立單氏。』」劉氏撿到這封信，就報告周天子說：「這是萇弘的陰謀。」於是就殺掉了萇弘。

第四四章

楚公子午❶使於秦，秦囚之。其弟獻三百金❷於叔向❸。叔向謂平公❹曰：「何不城壺丘❺？秦、楚患壺丘之城，若秦恐而歸公子午以止吾城也，君乃止。難亦未構❻，楚必德❼君。」平公曰：「善。」乃城之。秦恐，遂歸公子午，使之晉。晉人輟城，楚獻晉賦❽三百車。

【注　釋】❶楚公子午　楚莊王子。❷金　古代計算貨幣單位。《史記・平準書》：「更令民鑄錢，一黃金一斤。」《索隱》：「秦以一鎰為一金，漢以一斤為一金。」❸叔向　春秋晉大夫。❹平公　晉平公。見〈君道〉第一章。❺城壺丘　城，活用為動詞。壺丘，古邑名，春秋陳地，在今河南新蔡東南。❻構　結成。❼德　感激。❽賦　兵也。古以田賦出兵，故謂之賦。這裡指武裝配備。

【語　譯】楚公子午出使到秦國，秦國將他扣留了。他的弟弟就奉獻三百鎰黃金給叔向，請叔向解救。叔向對晉平公說：「為什麼不在壺丘築城呢？秦國和楚國最怕我們在壺丘築城。假如秦國害怕，放回公子午以阻止我們築城，君上就答應停止築城，那麼戰禍並沒有造成，而楚國一定感激君王。」平公說：「好的。」就在壺丘築城。秦國害怕，就放回公子午讓他到晉國。晉國就停止築城。楚國贈送晉國三百車的軍備。

第四五章

趙簡子❶使人以明白之乘六，先以一璧，為遺❷於衛。衛叔文子曰：「見不意可以生故❸，此小之所以事大也。今我未以往而簡子先以來，必有故。」於是斬林除圍❹，聚斂蓄積，而後遣使者。簡子曰：「吾舉也，為不可知也，今既已知之矣。」乃輟圍衛也。

【注 釋】❶趙簡子 見〈君道〉第三五章。❷遺 贈送。❸見不意可以生故 「見」字《太平御覽・四五〇》引作「先」，義長。下文「我未以往而簡子先以來，必有故」，即說此句之義。不意，謂意想不到。故，事也。❹圍 依山谷所建之牛馬圈也。

【語 譯】趙簡子派人先以一塊璧，再加上六輛光澤鮮亮的車子作為禮物贈送給衛國。衛國的叔文子說：「先有意想不到的事，就要當心可能發生不測的事故，這是小國事奉大國的方法。現在我們沒有送禮去，簡子卻先送禮來，其中必有緣故。」於是砍伐林木，拆除山谷中所建的牛馬圈，積蓄貨財；然後打發使者去道謝。簡子說：「我舉兵攻衛，以為他們不知道，現在他們既然已經知道就算了。」於是取消圍攻衛國的計畫。

第四六章

鄭桓公將欲襲鄶❶，先問鄶之辨智果敢之士，書其名姓，擇鄶之良臣❷而與之，為官爵之名而書之，因為設壇❸於門外而埋之，釁之以猳❹若盟狀。鄶君以為內難也，盡殺其良臣。桓公因襲之，遂取鄶❺。

【注 釋】❶鄭桓公將欲襲鄶 鄭桓公，西周時鄭國國君，名友，周厲王少子，周宣王庶弟。宣王立二十二年，封於鄭，為鄭國之創始者。西元前八〇六～前七七一年在位。鄶，西周侯國，傳說為祝融之後，故地在今河南鄭州南。❷良臣 當據《韓非子・內儲說下》作「良田」。說詳《說苑集證》。❸壇 高而平之土堆叫壇。古時往往築壇作結盟的場所。❹釁之以猳 釁，血祭也。猳，即豬。❺桓公因襲之二句 按《史記・鄭世家》曰：「桓公曰善。於是卒言王。東徙其民雒東，而虢、鄶果獻十邑，竟國之。」《集解》引韋昭曰：「後武公竟取十邑地而居之，今河南新鄭也。」是滅鄶者是桓公子武公，此云桓公，與史實不合。

【語　譯】鄭桓公將要襲擊鄶國時，先打聽鄶國那些能明辨是非、聰明勇敢的人，寫好他們的姓名，選擇鄶國的良田分給他們，也寫下準備封賞的官爵的名稱，然後在門外建壇把這些埋起來，殺豬舉行血祭，好像結盟的樣子。鄶君以為內部會發生變亂，便把所有良臣都殺死了。桓公就乘機襲擊，於是佔領了鄶國。

第四七章

鄭桓公東會封❶於鄭，暮舍於宋東之逆旅❷，逆旅之叟從外來，曰：「客將焉之？」曰：「會封於鄭。」逆旅之叟曰：「吾聞之，時難得而易失也。今客之寢安，殆非封也！」鄭桓公聞之，援轡自駕，其僕接淅❸而載之，行十日夜而至，釐何與之爭封。故以鄭桓公之賢，微❹逆旅之叟，幾不會封也。

【注　釋】❶會封　會是朝會，封是天子以國土或爵位授其臣下。會封是臣下朝見天子，以接受封爵或封土。❷逆旅　即旅館。❸接淅　接猶承也。淅，漬米水也。漬米將炊，而欲去之速，故以手承水取米而行，不及炊也。❹微　沒有。

【語　譯】鄭桓公東行到鄭地去朝見天子，接受封土。晚上住在宋國東境的旅館。旅館裡的老人從外面回來，說：「客人要到那裡去呢？」回答說：「到鄭去會封。」旅館的老人說：「我聽說時機難得而容易失去。現在客人住在這裡悠閒安心，恐怕不是去會封吧！」鄭桓公聽到了，就拉著轡繩自己駕車，他的僕人捧著洗好的米上車。走了十天十夜才到達，恰逢釐何和他爭著受封。所以以鄭桓公的賢德，如果沒有旅館老人提醒，幾乎無法會封了。

第四八章

晉文公❶伐衛入郭，坐士令食，曰：「今日必傅❷大垣。」公子慮俛❸而笑之。文公曰：「奚笑？」對曰：「臣之妻歸，臣送之，反見桑者而助之。顧臣之妻，則亦有送之者矣。」文公懼，還師而歸。至國，而貉❹人攻其地。

【注釋】❶晉文公　見〈君道〉第二二章。❷傅　靠近；逼近。❸俛　同「俯」。❹貉　古代泛指居於北方的民族。

【語譯】晉文公攻衛，已攻進外城，叫兵士們坐著吃飯，說：「今天一定要迫攻大城。」公子慮低著頭發笑。文公說：「笑什麼？」回答說：「我的妻子回娘家，我去送她，回來時看見採桑女子就去搭訕幫忙她；再回看我妻也有男人送她了。」文公聽了很恐懼，就調動軍隊回國。回到晉國，而貉人正來進犯。

卷一四

至公

【題解】至公，就是大公；至是大的意思。公是私的反面，如不把天下看作一己私有，這就是天下為公，是儒家的政治最高理想；如為官辦事不結黨、不營私，這就是公正、公平。本卷共二十二章，包含了這兩個意思。第一章論述兩個主題：「人君之公」和「人臣之公」。「人君之公」的最高理想就是天下為公，文章中引孔子曰「巍巍乎，惟天為大，惟堯則之」及《易》「無首，吉」來讚美堯的「人君之公」，因為堯「貴為天子，富有天下，得舜而傳之，不私於其子孫也」。其次論及「人臣之公」，要點是「治官事則不營私家，在公門則不言貨利，當公法則不阿親戚，奉公舉賢則不避仇讎。忠於事君，仁於利下，推之以恕道，行之以不黨」，其原則就是不結黨、不營私、公正、公平。第二章以下，列舉許多歷史故事，都是能夠去私行公的實例。主要內容可以大別為三類：一、不以天下為私（第二到五章及第七章）。二、讚美孔子行說天下，既不是為了一己之私，也不僅僅是為了少數人，而是希望天下群生都能各得其所，因為懷著這樣大公無私的心，所以能進之以禮，退之以義，不怨天，不尤人（第八、九、一〇章）。三、司法公正（第一三、一四、一七、一八、一九、二二等章）。

第一章

《書》曰：「不偏不黨，王道蕩蕩❶。」言至公也。古有行大公者，帝堯是也。貴為天子，富有天下，得舜而傳之，不私於其子孫也。去天下若遺躧❷。於天下猶然，況其細於天下乎！非帝堯孰能行之？孔子❸曰：「巍巍乎，惟天為大，惟堯則之❹。」《易》曰：「無首，吉❺。」此蓋人君之公也。夫以公與天下，其德大矣！推之於此，刑❻之於彼，萬姓之所戴，後世之所則也。彼人臣之公，治官事則不營私家，在公門則不言貨利，當公法則不阿❼親戚，奉公舉賢則不避仇讎。忠於事君，仁於利下，推之以恕道，行之以不黨，伊、呂❽是也。故顯名存於今，是之謂公。《詩》云：「周道如砥，其直如矢，君子所履，小人所視❾。」此之謂也。夫公生明，偏生暗，端愨生達，詐偽生塞，誠信生神，夸誕生惑，此六者，君子之所慎也，而禹、桀之所以分也。《詩》云：「疾威上帝，其命多僻❿。」言不公也。

【注釋】❶不偏不黨二句　見《尚書・洪範》，「不」作「無」。偏，偏私。黨，結黨。蕩蕩，廣大貌。❷躧　鞋子。❸孔子　見〈君道〉第五章。❹巍巍乎三句　見《論語・泰伯》。則，效法。❺無首二句　見《易經・乾卦》。❻刑　同「型」。❼阿　偏私。❽伊呂　伊，伊尹。見〈君道〉第一四章。呂，呂尚，即姜太公。見〈君道〉第一五章。❾周道如砥四

句　見《詩經・小雅・大東》。周道，大道。砥，磨刀石，比喻平坦。矢是箭，以喻直。履，實踐。❿疾威上帝二句　見《詩經・大雅・蕩》。疾威，猶暴虐。僻，邪僻不正。

【語譯】《尚書》上說：「不偏私，不結黨，王道是非常廣大的。」這是說的大公無私。古代有實行大公的，那就是帝堯。他有天子顯貴的身分，又有天下那樣大的財富；可是一得到舜，就把王位傳給他，不私心傳給自己的子孫。放棄天下，就像脫掉鞋子一樣。對於天下尚且是這個樣子，更何況比天下還細小的啊！除了帝堯，誰能夠這樣做呢？孔子說：「偉大啊！只有天是這樣的偉大，只有堯能夠效法天。」《易經》上說：「不居首位，吉利。」這是說人君的大公。能夠實行大公於天下，真是偉大的德行啊！自己這樣做，使別人跟著效法，這是百姓所愛戴，可作為後人的準則的。至於人臣的大公：辦理公事的時候，就不考慮私事；身為公務員，就不談財貨利益；執行公家法令的時候，就不私下庇護自己的親戚；為公家推舉賢能，就不排斥自己的仇人；忠心事奉國君，愛護部下；依照恕道，推己及人，不結黨營私。伊尹、呂望就是這樣的人。所以他們顯赫的聲名流傳到現在。這就叫公。《詩經》上說：「大道像磨刀石一樣的平，像箭一樣的直。這是君子所走的，也是小人看得見的。」就是所說的大公之道。心如果公，就自然清明；心偏邪，就產生黑暗；端正誠實，就會通達；欺騙虛偽，就會蔽塞；誠信就會有感應；誇大虛妄就產生迷惑。這六條，是君子所非常注意的，也是禹和桀不同的所在。《詩經》上說：「暴虐的上帝，他的命令常常邪僻不正。」這是指不公說的。

第二章

吳王壽夢❶有四子，長曰謁，次曰餘祭，次曰夷昧，次曰季札，號曰延陵季子❷，最賢，三兄皆知之。於是王壽夢薨，謁以位讓季子，季子終不肯當，謁乃為約曰：「季子賢，使國及季子，則吳可以興。」乃兄弟相繼，飲食必祝❸曰：

「使吾早死，今國及季子。」謁死，餘祭立；餘祭死，夷昧立；夷昧死，次及季子❹。季子時使行，不在，庶兄僚曰：「我亦兄也。」乃自立為吳王。季子使還，復事如故。謁子光曰：「以吾父之意，則國當歸季子，以繼嗣之法，則我適也，當代之君，僚何為也？」於是乃使專諸刺僚，殺之，以位讓季子。季子曰：「爾殺吾君，吾受爾國，則吾與爾為共篡也。爾殺吾兄，吾又殺汝，則是昆弟父子相殺無已時也。」卒去之延陵，終身不入吳❺。君子以其不殺為仁，以其不取國為義。夫不以國私身，捐千乘而不恨，棄尊位而無忿，可以庶幾矣！

【注　釋】❶吳王壽夢　春秋時吳國國君。西元前五八五～前五六一年在位。姓姬，名壽夢。吳太伯之後。吳國自其即位後開始強大，稱王。❷延陵季子　《史記・吳世家》：「季札封於延陵，故號曰延陵季子。」延陵，春秋吳邑，季札所居，故址即今江蘇常州。❸飲食必祝　《公羊傳》襄公二十九年何休《注》：「祝，因祭祝也。《論語》曰：『雖疏食菜羹瓜，祭。』是也。」徐《疏》：「引之（謂《論語》），證飲食有祭之義，吳子因此祭而得自祝也。」❹謁死六句　春秋魯襄公二十五年（西元前五四八年）吳子謁卒，二十六年餘祭立，二十九年死，三十年夷昧立，魯昭公十五年（西元前五二七年）死。❺終身不入吳　《公羊傳》襄公二十九年何休《注》：「不入吳朝，既不忍討闔廬，義不可留事。」

【語　譯】吳王壽夢有四個兒子，長子叫謁，次子叫餘祭，三子叫夷昧，最小的叫季札。季札的號叫延陵季子，四兄弟當中他最賢能，三個哥哥都知道這一點。因此當吳王壽夢過世後，長子謁要把王位讓給季子，季子始終不肯接受。謁就立下約定說：「季子最賢能，把國家交給季子治理，吳國就可以興旺起來。」於是兄弟相繼為王，吃飯時必定禱告說：「讓我早點死去，使國家由季子來治理。」謁死後，餘祭立為王；餘祭死，夷昧立為王；夷昧死，應該輪到季子，但當時季子正出使外國，不在國內。庶兄僚說：「我也是兄長啊。」就自立為吳王。季子出使回來，照樣事奉吳王僚，像事奉過去的吳王一樣。謁的兒子光說：「依照我父親的意思，國家應該歸季子治理；根據王位繼承的禮法來看，我是嫡子，應當由我代為國君。僚怎麼能繼承王位呢？」於是就派專諸去行刺，殺死王僚，把王位讓給季子。季子說：「你殺我的國君，我接受你給的王位，就變成我和你共謀篡奪王位了。你殺死我的兄長，我如果又殺你，那麼就會演變成父子兄弟相互殘殺，沒有終結的時候。」季子終於離開到延陵去，一輩子不入吳朝。君子認為他不施行殺戮，是個仁愛的人；認為他不謀取王位，是個節義的人。那能夠不把國家當作個人的財產，拋棄千乘的國家而不覺得遺憾，放棄尊貴的地位而無忿恨，這樣的人差不多可以說是大公無私的人了啊！

第三章

諸侯之義死社稷，大王❶委國而去，何也？夫聖人不欲強暴侵陵百姓，故使諸侯死國，守其民。大王有至仁之恩，不忍戰百姓，故事勳育、戎氏❷以犬馬珍幣，而伐不止，問其所欲者土地也，於是屬其群臣耆老❸而告之曰：「土地者所以養人也，不以所以養而害其養❹也，吾將去之。」遂居岐山❺之下。邠人負幼扶老從之，如歸父母❻。三遷而民五倍其初者，皆興仁義趣上之事。君子守國安民，非特鬥兵罷殺士眾而已。不私其身，惟民足用，保民，蓋所以去國之義也，是謂至公耳。

【注釋】❶大王　又作太王，即古公亶父，公劉九世孫。初居豳，為戎狄所侵，乃遷居於岐山之下。❷勳育戎氏　勳育，北方少數民族名。夏曰獯鬻，周曰玁狁，漢曰匈奴。戎氏，古代泛指我國西部的少數民族。《禮記・王制》：「西方曰戎。」❸屬其群臣耆老　屬，聚集。耆老，老年人。六十曰耆，七十曰老。❹養　上當有「所」字。❺岐山　山名，在陝西岐山縣東北。❻邠人負幼扶老從之二句　邠，同「豳」。古國名。在今陝西旬邑、彬縣一帶。周代公劉始遷於豳。《孟子・梁惠王》：「去邠踰梁山，邑於岐山之下居焉。邠人曰：『仁人也，不可失也。』從之者如歸市。」

【語譯】當國家有難的時候，諸侯有殉國的義務，可是太王竟然拋棄他的國家離去，那是為什麼？因為聖人不要使強暴的人侵侮百姓，所以讓諸侯為國而死，以保護他的人民。太王有極仁慈的恩惠，不忍心使百姓戰死，所以用犬馬珍幣服事勳育、戎氏這些民族，但是這些民族的侵略並未因此停止；問他們所要的，是為了土地；於是太王就聚集群臣和長老們，告訴他們說：「土地是用來養人的，不可以為了用來養人的土地而損害所養的人民。我將離開這個地方。」於是遷居到岐山之下。邠地的人民都背著孩童、扶著老人跟從他，好像回到父母身邊一樣。遷徙了三次，人民反而超過從前的五倍，是因為人民都崇尚仁義，並且勤快地奉行長官交待的事的緣故。君子防守國家，安定人民，不僅僅是用兵作戰把人民弄得精疲力盡而已。而是能夠不自私，使人民富足，保護人民。這就是太王放棄原來國土的意義了。這就叫至公。

第四章

辛櫟見魯穆公❶曰：「周公❷不如太公❸之賢也。」穆公曰：「子何以言之？」

辛櫟對曰：「周公擇地而封曲阜，太公擇地而封營丘❹，爵土等，其地不若營丘之美，人民不如營丘之眾，不徒若是，營丘又有天固。」穆公心慚不能應也。辛櫟趨而出，南宮邊子入，穆公具以辛櫟之言語南宮邊子。南宮邊子曰：「昔周成王❺之卜居成周也，其命龜曰：『予一人兼有天下，辟就百姓❻，敢無中土乎？使予有罪，則四方伐之，無難得也。』周公卜居曲阜，其命龜曰：『作邑乎山之陽，賢則茂昌，不賢則速亡。』季孫行父❼之戒其子也，曰：『吾欲室之俠於兩社之間也，使吾後世有不能事上者，使其替之益速❽。』如是，則曰賢則茂昌，不賢則速亡。安在擇地而封哉？或示有天固也❾？辛櫟之言小人也，子無復道也。」

【注　釋】❶魯穆公　戰國時魯國國君。魯悼公孫，名顯，一作不衍。以公儀休為政，尊禮子思。西元前四〇七～前三七六年在位。❷周公　見〈君道〉第八章。❸太公　見〈君道〉第一五章。❹營丘　古地名，在今山東昌樂東南，周武王封太公望於齊，建都於此。❺周成王　見〈君道〉第三章。❻辟就百姓　謂與百姓往來，與百姓相處，即治理百姓之意。辟，通「避」。❼季孫行父　即季文子。見〈善說〉第二五章。❽吾欲室之俠於兩社之間也三句　章太炎《鎦子政左氏說》曰：「俠即夾字。……賈侍中云：『兩社，周社、亳社也。兩社之間，朝廷執政之臣所在。』夫外有九室，九卿朝焉；衰次言之，諸侯三卿，亦有三室。季氏本有此室在內，行父之意，特欲不為私室，惟兩社之地是居，使後世有不能事上者，則群聚誅之，陳尸闕下易也。本欲有罪速亡，與成王卜居同旨。」❾或示有天固也　不可解，疑有脫語。

【語　譯】辛櫟見魯穆公說：「周公沒有太公賢能。」穆公說：「你根據什麼這樣說？」辛櫟回答說：「周公選擇土地，受封在曲阜；太公選擇土地，受封在營丘。爵位和土地都一樣大，但土地沒有營丘好，人民也沒有營丘多。不但如此，營丘又有天然堅固的形勢。」穆公心裡感到慚愧，不能回答。辛櫟出去以後，南宮邊子進來，穆公把辛櫟的話告訴南宮邊子，南宮邊子說：「從前周成王占卜遷往成周的時候，對著龜甲禱告說：『我一個人擁有天下，治理人民，怎敢不住在中原呢？假使我有罪過，四方就來討伐我，沒有什麼困難。』

周公占卜往曲阜的時候，對著龜甲禱告說：『把城池建築在山南，如果君主賢明，國家就昌盛；否則，國家就很快滅亡。』季孫行父告誡他的兒子說：『我要把房舍建在兩社之間，假若我的後代有不能忠心事奉君上的，使他很快被滅亡。』能夠像這樣，就是說：『賢明就昌盛，不賢就快滅亡。』那裡在於選擇土地受封呢？或者顯示有堅固的自然形勢呢？辛櫟的話是小人之言，不值得再提了。」

第五章

秦始皇帝❶既吞天下，乃召群臣而議曰：「古者五帝❷禪賢❸，三王❹世繼，孰是？將為之。」博士❺七十人未對，鮑白令之對曰：「天下官則讓賢是也，天下家則世繼是也。故五帝以天下為官，三王以天下為家。」秦始皇帝仰天而歎曰：「吾德出于五帝，吾將官天下，誰可使代我後者？」鮑白令之對曰：「陛下行桀、紂之道，欲為五帝之禪，非陛下所能行也。」秦始皇帝大怒曰：「令之前，若❻何以言我行桀、紂之道也？趣說之，不解則死。」令之對曰：「臣請說之。陛下築臺干雲，宮殿五里。建千石之鍾，萬石之簴❼，婦女連百，倡優❽累千，興作驪山❾，宮室至雍❿，相繼不絕。所以自奉者，殫⓫天下，竭民力。偏駮⓬自私，不能以及人。陛下所謂自營僅存之主也，何暇比德五帝，欲官天下哉？」始皇闇然⓭無以應之，面有慚色，久之曰：「令之之言，乃令眾醜我。」遂罷謀，無禪意也。

【注　釋】❶秦始皇帝　見〈復恩〉第一五章。❷五帝　相傳古代有五帝，其說不一。大別有三：㈠伏羲、神農、黃帝、堯、舜；㈡黃帝、顓頊、帝嚳、堯、舜；㈢少昊、顓頊、高辛、堯、舜。❸禪賢　讓賢，王位由賢者接替。禪，以帝位讓人。❹三王　指夏、商、周三代開國之君，即夏禹、商湯、周武王。❺博士　官名，源於戰國，秦及漢初，博士所掌為古今史事待問及書籍典守。《漢書・百官公卿表上》：「博士，秦官，掌通古今。」❻若　你。❼簴　懸掛鐘、磬的木架，其兩側的柱叫簴。❽倡優　古代以樂舞戲謔為業的藝人。❾驪山　在陝西臨潼東南。❿雍　古九州之一，地在今陝西北部及甘肅西北大半，與青海額濟納之地。⓫殫　盡。⓬偏駮　偏是不正。駮，同「駁」。意為雜亂。⓭闇然　心神沮喪的樣子。

【語　譯】秦始皇既已吞併天下，就召集群臣會議，說：「古時候的五帝把王位讓給賢能的人，而三王則把王位世世代代傳下去，那一種是對的呢？我將照著做。」七十位博士中沒有人回答。鮑白令之回答說：「如果把天下當作是公家的，那麼讓賢就是對的；如果把天下當作是私人的，那麼世代相繼就是對的。所以，五帝的讓賢，是因為把天下當作是公的；三王的世襲，是因為把天下當作是私的。」秦始皇聽了，就仰首對天歎說：「秦國一統天下的德運來自五帝，我要公天下，誰能夠接替我呢？」鮑白令之回答說：「陛下做的是桀、紂的行為，卻想要模仿五帝的禪讓，這不是陛下您所能做得到的。」秦始皇大怒說：「令之到前面來，你為什麼說我做的是桀、紂的行為？快說，說不出道理就要處死。」令之回答說：「我請求解釋一下。陛下建造的樓臺高入青雲，宮殿的範圍有五里那麼大，建成千石重的鐘，萬石重的架子，宮中的婦女好幾百人，歌舞唱戲的將近千人，在驪山蓋宮室一直通到雍州，連綿不斷。您用來自己享受的，耗盡天下人民的財力物力。您的行為不正，又自私，不能推己及人。陛下是所謂專為自己打算，僅僅能夠保存自己的君主，那裡能夠跟五帝的德行相比，而想公天下呢？」始皇聽了，垂頭喪氣，答不出話來，臉色很慚愧，好久才說：「令之的話，是叫大家看我出醜。」於是停止這種打算，再沒有禪讓的意思了。

第六章

齊景公❶嘗賞賜及後宮❷，文繡被臺榭❸，菽粟食鳧鴈❹。出而見殣❺，謂晏子❻曰：「此何為死？」晏子對曰：「此餒❼而死。」公曰：「嘻！寡人之無德也，何甚矣！」晏子對曰：「君之德著而彰，何為無德也？」景公曰：「何謂也？」對曰：「君之德及後宮與臺榭；君之玩物，衣以文繡；君之鳧鴈，食以菽粟；君之營內自樂，延及後宮之族。何為其無德也？顧❽臣願有請於君，由君之意，自樂之心，推而與百姓同之，則何殣之有？君不推此，而苟❾營內好私，使財貨偏有所聚，菽粟幣帛腐於囷❿府，惠不遍加於百姓，公心不周乎國，則桀、紂之所以亡也。夫士民之所以叛，由偏之也。君如察臣嬰之言，推君之盛德，公布之於天下，則湯、武可為也，一殣何足恤⓫哉？」

【注　釋】❶齊景公　見〈君道〉第一八章。❷後宮　妃嬪所居住的地方，後來用以指妃嬪。❸文繡被臺榭　文繡，繡有彩色花紋的絲織品或衣服。可以居高臨下瞭望四方的建築物叫臺。臺上有屋的叫榭。❹菽粟食鳧鴈　菽，豆的通稱。粟，北方叫做小米。食，同「飼」。鳧，俗稱野鴨。鴈，即鵝。❺殣　餓死的人。❻晏子　見〈君道〉第一八章。❼餒　飢餓。❽顧　但。❾苟　苟且；不守禮法。❿囷　圓形的穀倉。⓫恤　憂。

【語　譯】齊景公曾經賞賜遍及後宮妃嬪，臺榭披上繡花的彩帛，鴨鵝吃的是米豆。景公外出，看見餓死的人，問晏子說：「這些人怎麼會死的呢？」晏子回答說：「這些人都是餓死的。」景公說：「唉！我是一個多麼沒有恩德的人啊！」晏子回答說：「君主的恩德顯著而明白，為什麼說沒有恩德呢？」景公說：「怎麼說？」回答說：「君主的恩德已經遍及宮中的妃嬪和臺榭，君主所喜愛的東西都披上繡花的彩帛，君主所飼養的鵝鴨都吃小米和豆子，君主在宮內所追求的快樂延伸到妃嬪的親戚，怎麼說沒有恩德呢？不過臣下對君主有一點建議，把君主的心意、自己享樂的願望，擴充出去而和百姓一道快樂，那怎麼會有餓死的人呢？君主如果不擴充這種恩惠，而只是苟且謀求宮內個人的享樂，使天下財貨都匯聚到您這兒，豆子、小米和各種財物在倉庫裡腐爛，而恩惠不能普遍加在百姓身上，公德心不能遍及全國，這正是夏桀、商紂所以滅亡的原因了。那士人和百姓所以會背叛，都是由於偏心不公平所引起的。君主如果能明察我晏嬰的話，擴充君主偉大的恩德，普及天下，那麼商湯、周武王的功業都可以做到，一個餓死的人又那裡值得憂慮呢？」

第七章

楚共王❶出獵而遺其弓，左右請求之，共王曰：「止，楚人遺弓，楚人得之，又何求焉？」仲尼聞之曰：「惜乎其不大。亦曰『人遺弓，人得之』而已，何必楚也？」仲尼所謂大公也。

【注釋】❶楚共王　見〈建本〉第二八章。

【語譯】有一次楚共王出去打獵，把弓丟了。左右的人要去尋找。共王說：「不要找了，楚國人遺失的弓，楚國人撿到，又何必找？」孔子知道了，說：「可惜他的胸襟還不夠大。應該說『人把弓丟了，由人撿得』罷了，何必限定楚國人呢？」孔子真是所謂大公無私的人了。

第八章

萬章❶問曰：「孔子於衛主雍雎，於齊主寺人脊環，有諸？」❷孟子❸曰：「否，不然，好事者為之也。於衛主顏讎由，彌子之妻與子路之妻兄弟也❹。彌子謂子路曰：『孔子主我，衛卿可得也。』子路以告。孔子曰：『有命。』孔子進之以禮，退之以義，得之不得，曰『有命』。而主雍雎與寺人脊環，是無命也。孔子不說於魯、衛，將適❺宋。遭桓司馬❻，將要❼而殺之，微服❽過宋。是孔子嘗阨❾，主司城貞子❿，為陳侯周⓫臣。吾聞之：觀近臣以其所為之主，觀遠臣以其所主。如孔子主雍雎與寺人脊環，何以為孔子乎？」

【注　釋】❶萬章　戰國齊人，孟子弟子。❷孔子於衛主雍雎二句　主，謂舍於其家以之為主人也。寺人，宮廷內的近侍。寺，通「侍」。雍雎、脊環，皆時君所近狎之人。❸孟子　見〈建本〉第一〇章。❹於衛主顏讎由二句　顏讎由，衛國賢大夫，是子路之妻兄。彌子，衛靈公幸臣彌子瑕。見〈雜言〉第四章。❺適　往；到。❻桓司馬　宋大夫向魋也。❼要　攔截。❽微服　為隱蔽身分而更換平民服裝，使人不識。❾阨　困窮。❿主司城貞子　《史記・孔子世家》：「孔子遂至陳，主於司城貞子家。」⓫陳侯周　即陳湣公，春秋時陳國最後一位君主，陳懷公之子，名越，又名周。西元前五〇一～前四七九年在位。楚惠王將兵北伐，殺湣公，滅陳。

【語　譯】萬章問道：「孔子在衛國的時候，住在雍雎家裡，以雍雎為主人；在齊國的時候，住在寺人脊環家裡，以脊環為主人。有這樣的事嗎？」孟子說：「不是這樣，這是好事之徒捏造出來的。孔子在衛國的時候，是住在顏讎由家裡，以這位衛國的賢大夫為主人，顏讎由是彌子瑕的妻子和子路的妻子的哥哥。彌子瑕對子路說：『如果孔子肯住在我家裡，以我為主人，要做衛國的卿是沒有問題的。』子路就把這話告訴孔子，孔子說：『人的富貴有天命。』由此看來，孔子進合乎禮，退合乎義，得到富貴與否，認為是有天命。如果以雍雎、脊環為主人，那是沒有天命了。孔子在魯、衛兩國不得志，將要到宋國去。宋國司馬向魋將要攔截殺他，孔子化裝逃出宋國。這表示孔子曾經在困阨的時候，他仍然在宋國以司城貞子為主人，到陳國做陳湣公的臣子，他怎麼會在無事的時候，在齊、衛兩國以脊環、雍雎為主人呢？我聽說：看近臣要看他是否有遠方來的賢者以他為主人，看遠臣要看他住的是否是賢者的家裡。如果孔子以雍雎和寺人脊環為主人，他還是孔子嗎？」

第九章

夫子❶行說七十諸侯無定處，意欲使天下之民各得其所，而道不行；退而修《春秋》。采毫毛❷之善，貶纖介❸之惡；人事浹❹，王道備；精和聖制，上通於天而麟至❺，此天之知夫子也。於是喟然而歎曰：「天以至明為不可蔽乎，日何為而食？地以至安為不可危乎，地何為而動？天地而尚有動蔽，是故賢聖說❻於世而不得行其道，故災異並作也。」夫子曰：「不怨天，不尤人，下學而上達，知我者其天乎❼！」

【注釋】❶夫子　師長的尊稱，此處指孔子。❷毫毛　細毛。喻細小。❸纖介　喻細微。❹浹　周遍。❺麟至　麟是麒麟，一種仁獸，魯哀公十四年西狩獲麟，所以說麟至。❻說　遊說。❼不怨天四句　見《論語・憲問》。尤，歸咎。

【語　譯】孔子曾周遊列國勸說七十國的國君，沒有固定的住處，他的目的想使天下的老百姓都能過正常的生活，可是他的理想無法推行，只得回老家去整理修訂魯國的歷史《春秋》。善事雖小，也加以採記褒揚；惡事雖細，也加以貶斥。無論人事和王道，都記載得非常完備。聖人的製作精純中正，感動上天，所以麒麟就出現了。這表示上天也是了解孔子的。於是歎息說：「以為上天至大光明是不可遮蔽的嗎，為什麼有日蝕？以為大地最安穩是沒有危險的嗎，為什麼有地震？天地尚有震動和被遮蔽的時候，所以聖賢遊說於世，卻不能推行他的大道，災害異變就一時並作了。」孔子說：「不怨恨天，也不責怪人，下學人事，上達天道，能了解我的，只有天了吧！」

第一〇章

孔子生於亂世，莫之能容也。故言行於君，澤❶加於民，然後仕；言不行於君，澤不加於民則處。孔子懷天覆❷之心，挾仁聖之德，憫時俗之污泥，傷紀綱之廢壞，服❸重歷遠，周流應聘，乃俟幸施道，以子百姓❹，而當世諸侯莫能任用。是以德積而不肆❺，大道屈而不伸，海內不蒙其化，群生不被其恩。故喟然歎曰：「而有用我者則吾其為東周乎❻！」故孔子行說，非欲私身運❼德於一城，將欲舒❽之於天下，而建之於群生者耳。

【注　釋】❶澤　恩惠。❷天覆　如上天覆蓋萬物。❸服　駕。❹俟幸施道二句　俟，等待。幸，希望。子百姓，愛百姓如子。❺肆　發揮。❻而有用我者則吾其為東周乎　見《論語・陽貨》，「而」作「如」。❼運　施行。❽舒　伸展。

【語　譯】孔子生於亂世，沒有人能夠容納重用他。所以建言能夠被國君採行，恩惠能夠加於百姓，然後出仕；如果建言不被國君採行，恩惠不能加於百姓，就退處在家。孔子懷著如上天覆蓋萬物的心，挾著仁聖的德行，憐憫時俗的汙穢，痛心紀綱的敗壞，駕著車子，經歷長途，應各國諸侯的邀請，周遊天下，等待機會，希望能施行大道來愛護治理百姓；可是當世諸侯沒有一個能任用他。因此雖然積蓄很深厚的道德卻不能實踐，偉大的理想被拘束而不能伸展，海內的人民不能受到他的教化，老百姓得不到他的恩惠。所以孔子歎息著說：「如果有人用我，我將行周道於東方啊！」所以孔子到處遊說，不是自己要把恩德實行在一個地方而已，而是要擴展到天下，使所有的人民都能受惠。

第一一章

秦、晉戰❶，交敵，秦使人謂晉將軍曰：「三軍之士皆未息❷，明日請復戰。」臾駢❸曰：「使者目動而言肆❹，懼我，將遁矣。迫之河，必敗之。」趙盾❺曰：「死傷未收而棄之，不惠也；不待期而迫人於險，無勇也。請待。」秦人夜遁。

【注　釋】❶秦晉戰　見《左傳》文公十二年。❷息　滅也；止也。❸臾駢　晉國趙盾屬下的大夫。❹目動而言肆　目動，表示心不安。言肆，言語失常。❺趙盾　見〈建本〉第二九章。

【語　譯】秦、晉兩國打仗，兩軍交戰，秦國派使者向晉國將軍說：「三軍將士鬥志未滅，明日請再戰。」臾駢說：「秦國使者目光閃爍，言語放肆，這是害怕我們，秦軍將要逃走了。把他們逼到河邊，一定能把他們打敗。」趙盾說：「死傷的戰士尚未收拾而拋棄不管，這是不仁的行為。不等待約定的日期就把人逼到險地，這不算勇敢。還是等到明天吧。」秦國軍隊果然在夜間逃走了。

第一二章

子胥❶將之吳，辭其友申包胥❷曰：「後三年❸，楚不亡，吾不見子矣。」申包胥曰：「子其勉之！吾未可以助子，助子是伐宗廟也，止子是無以為友；雖然，子亡之，我存之。於是乎觀楚一存一亡也。」後三年，吳師伐楚，昭王❹出走。申包胥不受命，西見秦伯❺曰：「吳無道，兵強人眾，將征天下，始於楚；寡君出走，居雲夢❻，使下臣告急。」哀公曰：「諾，固將圖之。」申包胥不罷朝，立於秦廷，晝夜哭，七日七夜不絕聲。哀公曰：「有臣如此，可不救乎？」興師救楚，吳人聞之，引兵而還。昭王反復，欲封申包胥，申包胥辭曰：「救亡，非為名也。功成受賜，是賣勇也。」辭不受，遂退隱，終身不見❼。《詩》云：「凡民有喪，匍匐救之❽。」

【注釋】❶子胥　伍子胥。見〈尊賢〉第九章。❷申包胥　見〈立節〉第二章。❸後三年　考子胥出亡在魯昭公二十年（西元前五二二年），及魯定公四年（西元前五〇六年）吳師入郢，前後凡十七年，此云「後三年」，誤。❹昭王　楚昭王。見〈君道〉第二九章。❺秦伯　謂秦哀公，西元前五三六～前五〇一年在位。❻雲夢　澤名。按古雲夢澤歷來說法不一，一說本二澤，雲在江北，夢在江南；一說雲夢實為一澤，可單言雲或夢。綜合古籍記載，先秦兩漢所稱雲夢澤，大致包括今湖南益陽、湘陰以北，湖北江陵、安陸以南，武漢以西地區。❼見　同「現」。❽凡民有喪二句　見《詩經・邶風・谷風》。匍匐，伏地膝行，引申為全力以赴。

【語　譯】伍子胥將要出奔吳國，辭別他的朋友申包胥說：「三年以後，如果楚國還不滅亡，我就不再見你了。」申包胥說：「你就好好努力吧！我不能幫助你，幫助你就是攻伐我的祖國；我也不能制止你，制止你就沒有朋友的情誼。即使這樣，你若要滅亡楚國，我必盡全力保存楚國，那麼讓我們看看楚國究竟是存在還是滅亡。」三年後，吳國的軍隊攻伐楚國，楚昭王逃離京城出走，申包胥沒有受到任命就自己前往晉見秦國的君主說：「吳國無道，仗恃著它的強大的軍隊和眾多的人民，將要征伐天下，先從我們楚國開始；我們的君主離京出走，暫住在雲夢，派我來向您報告情況危急，請求救援。」秦哀公說：「好，本來我們就打算救援的。」申包胥不肯離開朝廷，站在秦王的朝廷上，白天黑夜的哭，一連哭了七天七夜。哀公說：「有這樣的臣子，我們能不去解救嗎？」於是就發兵援救楚國。吳國人知道後就撤兵回去了。楚昭王回到京城，要封申包胥。申包胥推辭說：「挽救國家的危亡，不是為了個人的名望。功業完成就接受賞賜，這就變成出賣勇氣了。」推辭不受。於是就隱居起來，一輩子不再露面。《詩經》上說：「凡是百姓有了喪事和災禍，就全力以赴地去援救。」

第一三章

楚令尹虞丘子復❶於莊王❷曰：「臣聞奉公行法，可以得榮；能淺行薄，無望上位；不名仁智，無求顯榮；才之所不著，無當其處。臣為令尹十年矣，國不加治，獄訟不息，處士❸不升，淫禍不討，久踐高位，妨群賢路，尸祿素飡❹，貪欲無厭，臣之罪當稽於理❺。臣竊選國俊，下里之士曰孫叔敖❻，秀❼羸多能，其性無欲，君舉而授之政，則國可使治，而士民可使附。」莊王曰：「子輔寡人，寡人得以長於中國，令行於絕域❽，遂霸諸侯，非子如何？」虞丘子曰：「久固祿位者，貪也；不進賢達能者，誣❾也；不讓以位者，不廉也。不能三者，不忠也。為人臣不忠，君王又何以為忠？臣願固辭。」莊王從之，賜虞子采地三百❿，號曰「國老」，以孫叔敖為令尹。少焉，虞丘子家干法，孫叔敖執而戮之，虞丘子喜，入見於王曰：「臣言孫叔敖果可使持國政，奉國法而不黨，施刑戮而不骫⓫，可謂公平。」莊王曰：「夫子之賜也已！」

【注釋】❶復　當作「言」。❷莊王　楚莊王。見〈君道〉第二一章。❸處士　有才德而隱居不仕的人。❹尸祿素飡　謂居位食祿而不理事。飡，俗「餐」字。❺稽於理　稽，考察；查核。理，獄官；法官。❻孫叔敖　見〈尊賢〉第二章。❼秀　當作「禿」，形近而誤也。說詳《說苑集證》。❽絕域　絕遠的地方。❾誣　欺騙。❿賜虞子采地三百　虞子，《渚宮舊事》、《太平御覽・四二九》引並作「虞丘子」。采地，國君賜給卿大夫的封地。⓫骫　本謂骨彎曲，引申為枉曲。

【語譯】楚國令尹虞丘子對莊王說：「我聽說一心為公執行法令，可以得到榮耀；能力低下品行浮薄，不要指望高位；沒有仁愛和智慧，不要追求顯赫榮耀；才能不在那方面，不要佔據那個位置。我做令尹已經十年了，國家沒有比從前治理得更好，訴訟案件不斷發生，隱居的賢士不能提拔，淫邪作亂的人不能懲罰；長久佔據令尹高位，妨害群賢的進路，做官不做事，只享俸祿，貪求名利，永不知足，我的罪應該交由法官查辦。我私下發現國內才能出眾出身鄉里的士人，名叫孫叔敖，形貌雖然禿髮瘦弱，但是多才多藝十分能幹，他的性格不追求名利，大王提拔他主持政務，那麼我們的國家可以得到治理，而且士民定會親附。」莊王說：「你輔助我，我才能在中原稱雄，號令推行到絕遠地區，成為諸侯的霸主，要不是你怎麼能這樣呢？」虞丘子說：「長期保有俸祿和官位的，就是貪婪；不推薦賢士進用能人的，就是欺騙；不讓位給人的，就是不正直；做不到這三點，就是不忠。做臣子的不忠，君王又怎能以為他忠呢？我堅持辭職。」莊王同意了他的請求，賜給虞丘子三百里封地，號稱「國老」，任命孫叔敖為令尹。不多久，虞丘子家中有人犯法，孫叔敖抓來殺了。虞丘子很高興，晉見莊王說：「我推薦的孫叔敖，果然能夠讓他主持國家的政務。遵守國法毫不偏私，執行刑罰毫不枉曲，可稱得上公平了。」莊王說：「這都是拜先生之賜啊！」

第一四章

趙宣子❶言韓獻子❷於晉侯曰：「其為人不黨，治眾不亂，臨死不恐。」晉侯以為中軍尉。河曲之役❸，趙宣子之車干行❹，韓獻子戮其僕，人皆曰：「韓獻子必死矣。其主朝昇之而暮戮其僕，誰能待之？」役罷，趙宣子觴大夫，爵三行，曰：「二三子可以賀我。」二三子曰：「不知所賀。」宣子曰：「我言韓厥於君，言之而不當，必受其刑。今吾車失次而戮之僕，可謂不黨矣，是吾言當也。」二三子再拜稽首曰：「不惟晉國適享之，乃唐叔❺是賴之，敢不再拜稽首乎？」

【注釋】❶趙宣子　即趙盾。見〈建本〉第二九章。❷韓獻子　即韓厥。見〈復恩〉第一七章。❸河曲之役　魯文公十二年（西元前六一五年），秦、晉戰於河曲。河曲，在今山西永濟東。❹干行　擾亂了行列。干，衝犯。❺唐叔　名虞，晉國始祖。見〈君道〉第一二章。

【語譯】趙盾向晉侯推薦韓厥說：「這個人做人不偏私，管理部眾有條理，遇到危險不害怕。」晉侯就任命韓厥做中軍尉。河曲那場戰役，趙盾的車擾亂了行列，韓厥殺了趙盾的車夫。人們都說：「韓厥死定了。他的主人早上提拔了他，晚上就殺了主人的車夫，誰能容忍這樣的事呢？」戰爭結束之後，趙盾請大夫們飲酒，酒過三巡，說：「你們應該向我祝賀。」大夫們說：「不知道有什麼可賀之事。」趙盾說：「我向君主推薦韓厥，推薦得如果不恰當，一定會受到責罰。如今我的車子破壞行列，韓厥就殺了車夫，可以說是不偏私的了。這說明我推薦是正確的。」大夫們再拜叩頭說：「非但晉國受到好處，就是祖先唐叔也有依賴了。怎敢不再拜叩頭呢？」

第一五章

晉文公❶問於咎犯❷曰：「誰可使為西河❸守者？」咎犯對曰：「虞子羔可也。」公曰：「非汝之讎也？」對曰：「君問可為守者，非問臣之讎也。」羔見咎犯而謝之曰：「幸赦臣之過，薦之於君，得為西河守。」咎犯曰：「薦子者，公也；怨子者，私也。吾不以私事害公義。子其去矣，顧吾射子也。」

【注　釋】❶晉文公　見〈君道〉第二二章。❷咎犯　見〈復恩〉第三章。❸西河　地名，在今陝西東部黃河西岸地區。

【語　譯】晉文公問咎犯說：「什麼人可以派他做西河郡守呢？」咎犯回答說：「虞子羔可以。」文公說：「不是你的仇人嗎？」回答說：「君主問的是可以做郡守的人，不是問我的仇人啊！」子羔見咎犯道謝說：「承蒙赦免我的過失，把我推薦給國君，才能做西河郡守。」咎犯說：「所以推薦你，是公事；怨恨你，是私事。我不能因為個人私怨妨害公義。你快走吧，不然我要用箭射你了。」

第一六章

楚文王❶伐鄧❷，使王子革、王子靈共捃❸菜。二子出採，見老丈人載畚❹，乞焉，不與，搏而奪之。王聞之，令皆拘二子，將殺之。大夫辭❺曰：「取畚，信有罪，然殺之，非其罪也，君若何殺之？」言卒，丈人造❻軍而言曰：「鄧為無道故伐之，今君公之子之搏而奪吾畚，無道甚於鄧。」呼天而號。君聞之，群臣恐。君見之曰：「討有罪而橫奪，非所以禁暴也；恃力虐老，非所以教幼也；愛子棄法，非所以保國也。私二子，滅三行，非所以從政也，丈人舍❼之矣。謝之軍門之外耳。」

【注　釋】❶楚文王　見〈君道〉第三四章。❷鄧　古國名，近楚小國，其地在今河南鄧縣一帶。魯莊公十六年（西元前六七八年）為楚文王所滅。❸捃　摘取。❹畚　古代用草繩做成的盛器，後編竹為之，即畚箕。❺辭　指用言辭勸說。❻造　往。❼舍　赦免；寬恕。

【語　譯】楚文王攻打鄧國時，叫王子革和王子靈一道去摘菜。兩個人出去摘菜，看見一個老人帶著裝著菜的畚箕，就向老人討取，老人不給，王子就打他，並且搶了他的畚箕。文王知道了，就下令將兩個兒子抓起來，將要處死。大夫們都勸解說：「奪取畚箕確實有罪，但是罪不至死，君王為什麼要殺他們呢？」話剛講完，老人已到了軍營，並且說：「鄧國因為無道，所以討伐他。現在君王的兒子打我，並且搶了我的畚箕，這個比鄧國還要無道。」老人說完後就對著天號叫。文王聽到了，群臣都很害怕。文王召見老人說：「討伐有罪的人自己卻又粗暴地搶奪，這不是禁止暴行的行為；仗恃力量，虐待老人，這不是教導幼小的行為；愛兒子而不顧法律，這不是保衛國家的行為。偏愛自己兩個兒子，卻不顧上面三種行為，這不是從政的人所應當做的。老先生寬恕我。我將在軍門外殺掉他們向你道歉。」

第一七章

楚令尹子文❶之族有干法者，廷理❷拘之，聞其令尹之族也而釋之。子文召廷理而責之曰：「凡立廷理者，將以司犯王令而察觸國法也。夫直士持法，柔而不撓❸，剛而不折。今棄法而背令而釋犯法者，是為理不端，懷心不公也。豈吾營私之意也？何廷理之駮❹於法也？吾在上位以率士民，士民或怨，而吾不能免之於法。今吾族犯法甚明，而使廷理因緣吾心而釋之，是吾不公之心明著於國也。執一國之柄，而以私聞，與吾生不以義，不若吾死也。」遂致其族人於廷理曰：「不是刑也，吾將死。」廷理懼，遂刑其族人。成王❺聞之，不及履而至於子文之室曰：「寡人幼少，置理失其人，以違夫子之意。」於是黜廷理而尊子文，使及內政。國人聞之曰：「若令尹之公也，吾黨何憂乎！」乃相與作歌曰：「子文之族，犯國法程。廷理釋之，子文不聽。恤顧怨萌，方正公平。」

【注釋】❶令尹子文　即鬥穀於菟。楚成王八年（西元前六六四年）始為楚令尹，三十五年授政子玉，其為令尹凡二十八年。❷廷理　官名，掌刑獄。❸撓　彎曲。❹駮　乖舛。❺成王　楚成王。見〈權謀〉第三五章。

【語　譯】楚國令尹子文的親屬有觸犯國法的，廷理把他抓了起來，聽說是令尹的親屬，又把他放了。子文召見廷理，責備他說：「所以要設置廷理的官職，是用來掌管違反王令和檢察觸犯國法的。那正直的人執行法令，溫和但不背棄原則，威猛而不武斷。現在你拋棄國法違背王令，釋放犯法的人，這就是道理不正，存心不公了。難道我表現出營私的意思嗎？為什麼廷理這樣違法亂紀呢？我身居高位統率士民，士民有怨恨的，我不能不依法懲處他們。現在我的親屬明明犯了法，竟然讓廷理為了迎合我的私心而釋放他，這就是我的不公正的用心已經明顯地顯示於全國了。我執掌一國的權柄，卻以偏私著名，與其我不合道義地活著，倒不如我死了好。」就把他的親屬送到廷理那裡，說：「不處罰他，我就準備死。」廷理害怕，就處罰了他的親屬。成王聽到後，來不及穿鞋子就趕到子文家裡，說：「我年紀輕，任命的廷理不稱職，以致違背了先生的心意。」於是罷免廷理而尊崇子文，讓他兼管內政。楚國人聽到了後，說：「像令尹這樣的公正，我們還有什麼憂慮啊！」就共同作歌唱道：「子文的親屬，違犯國家的法令。廷理釋放他，子文不答應。憂慮百姓有怨恨，辦事正直又公平。」

第一八章

楚莊王❶有茅門者法❷曰：「群臣大夫諸公子入朝，馬蹄蹂霤❸者，斬其輈❹而戮其御。」太子入朝，馬蹄蹂霤，廷理斬其輈而戮其御。太子大怒，入為王泣曰：「為我誅廷理。」王曰：「法者所以敬宗廟，尊社稷。故能立法從令尊敬社稷者，社稷之臣也。安可以加誅？夫犯法廢令不尊敬社稷，是臣棄君，下陵上也。

臣棄君則主失威，下陵上則上位危。社稷不守，吾何以遺子？」太子乃還走避舍❺，再拜請死。

【注釋】❶楚莊王　見〈君道〉第二一章。❷茅門者法　「茅」字當作「弟」，形近而誤。弟門即雉門。《春秋經》定公二年：「夏五月壬辰，雉門及兩觀災。」杜《注》：「雉門，公宮之南門。」弟門者法，掌管弟門的法律。❸蹂霤　蹂，踐踏。霤，屋檐滴水之處。亦借指承檐霤之器。此處為後一義。❹輈　車轅。❺避舍　離開居處。《韓非子·外儲說右上》「避舍」下有「露宿三日」四字。此文疑脫。

【語譯】楚莊王有守衛雉門的法令，規定：「群臣大夫及諸公子入朝，馬蹄踐踏屋霤的，砍斷他的車杠，殺掉他的車夫。」太子入朝時，馬蹄踐踏到屋霤，廷理就砍斷太子的車杠，殺掉他的車夫。太子大怒，入朝對楚王哭訴說：「替我殺掉廷理。」莊王說：「法令是用來敬事宗廟、尊崇國家的。因此凡能創立法制服從命令尊敬國家的人，都是國家的良臣，怎麼可以誅殺呢？違反法制敗壞命令不尊敬國家的，就是臣子違背君主、下級侵陵上級了。臣子違背君主，君主就失掉權威；下級侵陵上級，那麼在上位的就有危險。國家如果保不住，我拿什麼遺留給你呢？」太子於是後退，離開住處，再拜自請死罪。

第一九章

楚莊王之時，太子車立於茅門之內，少師慶逐之。太子怒，入謁王曰：「少師慶逐臣之車。」王曰：「舍之。老君在前而不踰❶，少君在後而不豫❷，是國之寶臣也。」

【注釋】❶踰 謂踰越禮法。❷豫 遲疑不決。

【語譯】楚莊王的時候，太子的車停在雉門內，少師慶趕他走。太子很生氣，進去見莊王說：「少師慶趕我的車。」莊王說：「算了。老君在前不踰越禮法，少君在後不會猶豫不決，這是國家的寶臣啊。」

第二〇章

吳王闔廬❶為伍子胥❷興師復讎於楚。子胥諫曰：「諸侯不為匹夫興師。且事君猶事父也，虧君之義，復父之讎，臣不為也。」於是止。其後因事而後復其父讎也。如子胥可謂不以公事趨私矣。

【注釋】❶吳王闔廬 見〈尊賢〉第五章。❷伍子胥 見〈尊賢〉第九章。

【語譯】吳王闔廬要為伍子胥起兵伐楚報仇。子胥進諫說：「諸侯不應為個人起兵。況且事奉國君如同事奉父親一樣，虧損君主之義，來報父親之仇，這是我所不願做的。」於是停止這項計畫。後來因為別的事才報了父仇。像子胥這樣的人，可以說是不肯假公濟私的了。

第二一章

孔子為魯司寇❶，聽獄必師斷❷，敦敦然❸皆立，然後君子進曰：「某子以為何若，某子以為云云。」又曰：「某子以為何若，某子曰云云。」辯❹矣，然後君子幾❺當從某子云云乎。以君子之知，豈必待某子之云云，然後知所以斷獄哉？

君子之敬讓也。文辭有可與人共之者，君子不獨有也。

【注釋】❶司寇 官名，掌管刑獄、糾察等事。❷師斷 公眾判斷。師，眾也。❸敦敦然 聚集的樣子。❹辯 普遍。❺幾 考察。

【語譯】孔子做魯國司寇時，辦案一定由眾人判斷。大家聚集齊了，都站著，然後君子上前說：「某人以為如何如何，某人以為怎樣怎樣。」然後又說一遍：「某人以為如何如何，某人以為怎樣怎樣。」把所有的人的意見都說一遍了，然後君子仔細審察應當採納某人的意見。以君子的智慧，難道一定要等待某人的說法，才知道怎樣審判案件嗎？這是君子辦案慎重謙遜啊。凡是文辭都有可以跟大家一起討論的地方，君子是不會獨斷獨行的。

第二二章

子羔❶為衛政，刖❷人之足。衛之君臣亂，子羔走郭門，郭門閉，刖者守門，曰：「於彼有缺。」子羔曰：「君子不踰。」曰：「於彼有竇❸。」子羔曰：「君子不遂❹。」曰：「於此有室。」子羔入。追者罷，子羔將去，謂刖者曰：「吾不能虧損主之法令，而親刖子之足。吾在難中，此乃子之報怨時也，何故逃我？」刖者曰：「斷足固我罪也，無可奈何。君之治臣也，傾側法令❺，先後臣以法，欲臣之免於法也，臣知之。獄決罪定，臨當論刑，君愀然❻不樂，見❼於顏色，臣又知之。君豈私臣哉？天生仁人之心，其固然也，此臣之所以脫君也。」孔子聞之，曰：「善為吏者樹德，不善為吏者樹怨。公行之也，其子羔之謂歟！」

【注　釋】❶子羔　即高柴。春秋衛人，一作齊人。字子羔，亦作子皋。孔子弟子，小孔子三十歲。孔子認為他為人憨直忠厚。❷刖　斷足。古代的一種酷刑。❸竇　孔穴。❹遂　地道。此作動詞。❺傾側法令　反覆法令也。❻愀然　憂愁貌。❼見　同「現」。

【語　譯】子羔執掌衛國政權時，曾經判刑砍斷一個人的腳。後來衛國君臣內亂，子羔逃到外城城門，外城門已經關閉。那個曾被子羔砍斷腳的受刑人守著城門，卻指點子羔說：「在那兒有個缺口。」子羔說：「君子不爬牆。」那人又指點子羔說：「在那兒有個洞。」子羔說：「君子不鑽洞。」那人又指點子羔說：「這兒有個房間可以躲一躲。」子羔躲進房間，追的人找不到就罷手回去了。子羔將要離開，對被砍腳的人說：「我不能損害君主的法令，親自判刑砍斷你的腳。如今我處在危難中，這正是你報仇的時候，為什麼協助我逃走呢？」被砍腳的人說：「被砍腳，本來是我罪有應得，這是沒有法子的事。您在審判我的案子的時候，再三考慮法令，前後多次研究我的案子，希望能使我免於刑罰，這我是知道的。當案件已經裁決，罪行已經判定，臨到要行刑時，您的臉色變得憂愁不樂，這我也是知道的。您難道是偏愛我嗎？而是您天生的仁愛心腸，本來就是這樣。這就是我要幫助您逃走的原因。」孔子聽到這件事後說：「善於做官的樹立恩德，不善於做官的樹立怨仇。公正地為人行事，大概講的就是子羔這種人吧！」

卷一五

指武

【題　解】指是指示、指明，武是武備。指武，是闡明有關國防軍備的問題及用兵之道。第一章揭示國防軍備和用兵的基本原則：就是「好戰必亡」、「忘戰必危」、「兵不可玩，玩則無威；兵不可廢，廢則召寇」。指出一個國家如果窮兵黷武，喜好戰爭，一定會召致危亡的後果；但是也不可以忽視戰爭的可能性，如果不具備充分的武裝力量來保衛國家人民，就可能引起野心家的覬覦或外國的侵略。第三章徐偃王「賴於文德，而不明武備」以致被楚文王所滅，第四章吳起準備「厲甲兵以時爭於天下」而受到屈宜臼的責難，正是為第一章這個理論所舉的例證。其他重要的內容有：一、永遠消弭戰爭的禍患。這是顏淵的願望，也為孔子所嚮往（第一三章）。二、先文德而後武力（第二〇、二四章）。三、不可用兵的情況：士卒不親附（第五、八、九、一一章），國內未治理好（第六章），多方樹敵（第二三章）。四、可以攻伐的情況（第一五、一六、一七章）。五、誅殺奸惡，以消弭禍亂的根源（第二五、二七、二八章）。

第一章

《司馬法》曰：「國雖大，好戰必亡；天下雖安，忘戰必危❶。」《易》曰：「君子以除戎器戒不虞❷。」夫兵不可玩，玩則無威；兵不可廢，廢則召寇。昔吳王夫差好戰而亡，徐偃王無武亦滅❸。故明王之制國也，上不玩兵，下不廢武。《易》曰：「存不忘亡，是以身安而國家可保也❹。」

【注　釋】❶國雖大四句　見《司馬法・仁本篇》。❷君子以除戎器戒不虞　見《易經・萃卦》。除，治也。❸昔吳王夫差好戰而亡二句　徐偃王事，見後文第三章。《史記・酈生陸賈列傳》：「昔者吳王夫差、智伯極武而亡。」《帝範・閱武》：「徐偃棄武，終以喪邦。」吳王夫差，見〈尊賢〉第五章。❹存不忘亡二句　見《易經・繫辭》。

【語　譯】《司馬法》上說：「國家雖大，如果好戰，必定滅亡；天下雖安，如果忘記戰備，必定危險。」《易經》上說：「君子修整兵器，以戒備意外的危險。」兵事不可以當作兒戲，當作兒戲了就會失去威力；兵事也不可以廢置，廢置了就會招致他國的入寇。以前吳王夫差因為好戰而亡國，徐偃王則因為沒有武備而被滅。所以英明的國君統治國家，既不把兵事當作兒戲，也不廢置武備。《易經》上說：「國家安存的時候不忘記可能滅亡的危險，因此不獨己身生命安全，國家也可以長保。」

第二章

秦昭王❶中朝而歎曰：「夫楚劍利，倡優❷拙。夫劍利則士多慓悍，倡優拙則思慮遠也。吾恐楚之謀秦也。」此謂當吉念凶而存不忘亡也，卒以成霸焉。

【注釋】❶秦昭王　見〈敬慎〉第一八章。❷倡優　歌舞雜技藝人。倡指樂人，優指伎人。

【語譯】秦昭王在朝會中歎息說：「楚國的劍器銳利，歌舞雜技卻很拙劣。那劍器銳利，將士們就輕捷勇猛；歌舞雜技拙劣，那就表示楚國的國君不貪圖享樂而有深謀遠慮。我恐怕楚國要圖謀我們秦國啊！」這是說秦昭王能在國家安吉的情況下考慮到未來的災害，在國家生存時不忘記有滅亡的危險，終於因此而成就了霸業。

第三章❶

王孫厲謂楚文王❷曰：「徐偃王好行仁義之道，漢東諸侯三十二國盡服矣；王若不伐，楚必事徐。」王曰：「若信有道，不可伐也。」對曰：「大之伐小，強之伐弱，猶大魚之吞小魚也，若虎之食豚也。惡有其不得理？」文王遂興師伐徐，殘之。徐偃王將死，曰：「吾賴於文德，而不明武備；好行仁義之道，而不知詐人之心，以至於此。夫古之王者其有備乎！」

【注釋】❶滅徐偃王事，諸說不同，詳見《說苑集證》。❷楚文王　見〈君道〉第三四章。

【語譯】王孫厲對楚文王說：「徐偃王喜歡施行仁義之道，漢水以東三十二個諸侯國家都歸服於他了。大王假若不去攻打他，楚國也必定要事奉徐偃王了。」文王說：「假若確實有道，就不可以去攻打。」王孫厲回答說：「大國攻打小國，強國攻打弱國，好像大魚吞吃小魚，好像老虎吃掉小豬，那有攻不下的道理呢？」文王於是發兵攻打徐國，把他滅亡。徐偃王將死時說：「我依靠文德卻不修明戰備，喜歡實行仁義之道卻不知道欺詐之心，以至於落得這個結局。那古代的王者，大概都是有武備的吧！」

第四章

吳起為苑守，行縣適息❶，問屈宜臼❷曰：「王不知起不肖，以為苑守，先生將何以教之？」屈公不對。居一年，王以為令尹，行縣適息，問屈宜臼曰：「起問先生，先生不教。今王不知起不肖，以為令尹，先生試觀起為之也。」屈公曰：「子將奈何？」吳起曰：「將均楚國之爵而平其祿；損其有餘而繼其不足；厲甲兵以時爭於天下。」屈公曰：「吾聞昔善治國家者不變故，不易常。今子將均楚國之爵而平其祿，損其有餘而繼其不足，是變其故而易其常也。且吾聞兵者凶器也，爭者逆德也。今子陰謀逆德，好用凶器，殆人所棄，逆之至也，淫泆❸之事也，行者不利。且子用魯兵，不宜得志於齊而得志焉❹；子用魏兵，不宜得志於秦而得志焉❺。吾聞之曰：『非禍人不能成禍。』吾固怪吾王之數逆天道，至今無禍，嘻！且待夫子也。」吳起惕然曰：「尚可更乎？」屈公曰：「不可。」吳起曰：「起之為人謀❻。」屈公曰：「成刑之徒❼，不可更已。子不如敦處而篤行之，楚國無貴於舉賢。」

【注 釋】❶吳起為苑守二句 吳起，見〈臣術〉第五章。苑、息，並地名。行縣，巡行鄉縣。適，往；到。❷屈宜臼 按〈權謀〉第一五章「韓昭侯造作高門，屈宜咎曰」云云，錢穆《先秦諸子繫年考辨・六六》曰：「考韓昭侯築高門在昭侯二十九年，距此當五十年，疑不能為一人。……恐屈宜臼之告吳起，特後人模效趙良之告商君而造為之，屈子固不與吳起同時也。」❸淫泆 謂縱欲放蕩。❹子用魯兵二句 吳起為魯將而攻齊大破之，事見《史記・吳起列傳》。❺子用魏兵二句 吳起為魏將而擊秦，拔五城，事見《史記・吳起列傳》。❻屈公曰四句 此十三字 疑是衍文。❼成刑之徒 《淮南子・道應》許慎《注》：「成刑之徒，刑禍已成於眾。」之，於也，猶今語「在」。徒，眾。成刑之徒，謂災禍已經在民眾中形成。

【語 譯】吳起做苑守，巡行鄉縣，到了息，問屈宜臼說：「君王不知道我無能，叫我做苑守，先生怎麼樣教導我呢？」屈公不回答。過了一年，王任命吳起做令尹。吳起又去巡視鄉縣，到了息，又問屈宜臼說：「我以前問先生，先生不肯指教。現在君王不知道我無能，派我做令尹，先生請看我的表現吧。」屈公說：「你打算怎樣做？」吳起說：「我將平均楚國的爵祿，減損那些有餘的去補充不足的。整軍經武，等待時機爭雄天下。」屈公說：「我聽說從前善於治國的人不隨便改變原有的制度，不隨便更易常行的措施。現在你要平均楚國的爵祿，減損那些有餘的去補充不足的，這是改變原有的制度和通常的措施。而且我聽說：兵凶戰危是不吉利的，和他人爭奪是不道德的。現在你陰謀戰爭，喜歡爭鬥，這是人民所厭棄，違逆到極點的事，也是縱欲無度的事，做的人一定不利。況且你率領魯國軍隊，本不應該打勝齊國，結果卻打勝了；你指揮魏國的軍隊，本不應該打勝秦國，結果你也打勝了。我聽說：『不是禍害的人不會造成禍端。』我本來就奇怪，我王一再違逆天道，為什麼至今無禍，唉！這就是要等待你的。」吳起恐懼地說：「情勢還可能改變嗎？」屈公說：「災禍已經在民眾中形成，不可能改變了。你不如敦厚篤實地行事，楚國再沒有比優先舉用賢良更為重要的了。」

第五章

《春秋》❶記國家存亡以察來世。雖有廣土眾民、堅甲利兵、盛猛之將，士卒不親附，不可以戰勝取功。晉侯獲於韓❷，楚子玉得臣敗於城濮❸，蔡不待敵而眾潰❹。故語曰：「文王❺不能使不附之民，先軫❻不能戰不教之卒，造父❼、王良❽不能以弊車不作之馬趨疾而致遠，羿❾、逢蒙❿不能以枉矢弱弓射遠中微。」故強弱成敗之要，在乎附士卒，教習之而已。

【注　釋】❶春秋　孔子據魯史所修訂的史書。❷晉侯獲於韓　魯僖公十五年秦、晉戰於韓，秦獲晉侯以歸。韓，在今山西可津與萬榮之間。❸楚子玉得臣敗於城濮　魯僖公二十八年晉、楚戰於城濮，楚師敗績。楚殺其大夫得臣。城濮，衛地，今山東舊濮縣南七十里有臨濮城，當即古城濮地。子玉，姓成名得臣春秋楚令尹。❹蔡不待敵而眾潰　此蓋指魯僖公四年齊桓公侵蔡，蔡潰事。❺文王　周文王。見〈君道〉第二章。❻先軫　見〈尊賢〉第二章。❼造父　周穆王時人，善御。《史記．趙世家》：「繆王使造父御，西巡狩，見西王母，樂之忘歸，而徐偃王反。繆王日馳千里，攻徐偃王，大破之，乃賜造父以趙城，由此為趙氏。」❽王良　即郵無恤，趙簡子時之善御者。《左傳》哀公二年：「郵無恤御簡子。」杜《注》：「郵無恤，王良也。」❾羿　古之善射者。《淮南子．本經》：「堯乃使羿誅鑿齒於疇華之野。」高誘《注》：「羿善射，堯使羿射殺之。」❿逢蒙　嘗學射於羿，嫉天下惟羿為愈己，乃殺之。事見《孟子．離婁下》、《淮南子．說山》高誘《注》。

【語　譯】《春秋》記載國家存亡的事，用來作為後世的鑑察。一個國家雖然擁有廣大的領土、眾多的人民、堅固銳利的戰備、威猛善戰的將帥，如果士卒不親附服從的話，就不能打勝仗、立大功。晉惠公在韓原被秦所擒，楚國成得臣在城濮被晉軍打敗，蔡國軍隊不及和敵人交鋒就先行潰敗了。所以說：「賢明如周文王，也不能驅使不親附的人民；善戰如先軫，也不能率領沒有訓練過的士兵作戰；善於駕車如造父、王良，也不能駕著破車子和劣馬快馳而到達遠方；善射如羿、逄蒙，也不能用不直的箭和無力的弓射到遠距離而命中微小的目標。」所以國家強弱成敗的主要關鍵，就在於能否使士卒親附服從，並且在平時多教導、訓練他們罷了。

第六章

內治未得，不可以正❶外；本惠未襲❷，不可以制末。是以《春秋》先京師而後諸夏❸，先諸華而後夷狄❹。及周惠王❺，以遭亂世，繼先王之體，而強楚稱王❻，諸侯背叛。欲申先王之命，一統天下。不先廣養京師以及諸夏，諸夏以及夷狄，內治未得，忿則不料力權得失，興兵而征強楚❼，師大敗，撙辱❽不行，大為天下笑。幸逢齊桓公以得安尊。故內治未得，不可以正外；本惠未襲，不可以制末。

【注釋】❶正　通「征」。❷襲　覆蓋。❸諸夏　指中國境內的諸侯。❹夷狄　《禮記・王制》：「東方曰夷，北方曰狄。」此處泛指中國境外未開化民族。《公羊傳》成公十五年：「《春秋》內其國而外諸夏，內諸夏而外夷狄。」❺周惠王　春秋東周國王，名閬，釐王子。西元前六七六～前六五二年在位。在位時大夫邊伯、蔿國、詹父、子禽、祝跪等作亂，謀召燕、衛師伐惠王。惠王逃至鄭國，居於櫟。周大夫立王子頹為王。後鄭與虢聯軍伐周，殺王子頹，迎惠王復位。時諸侯中齊最強大，惠王賜齊桓公為伯。❻強楚稱王　《史記・楚世家》：「（楚武王）三十五年楚伐隨。隨曰：『我無罪。』楚曰：『我蠻夷也。今諸侯皆為叛相侵，或相殺。我有敝甲，欲以觀中國之政。請王室尊吾號。』隨人為之周，請尊楚。王室不聽。還報楚。三十七年，熊通怒曰：『吾先鬻熊，文王之師也，蚤卒。成王舉我先公，乃以子男田令居楚。蠻夷皆率服，而王不加位，我自尊耳。』乃自立為楚武王。」❼興兵而征強楚　惠王征楚事，未詳所出。❽摧辱　折辱也。

【語譯】國內的政治尚未安定，不可以征討外國；根本的恩惠還未普及全民，也不可以制裁敵人。因此《春秋》上說，先把京城治好，然後推及到把諸侯各國治好；先把諸侯各國治好，然後再推及到四方夷狄之地。到了周惠王時，因為遭逢亂世，而自己恰好在這個時候繼承先王做了國君，而強大的楚國僭號稱王，諸侯背叛王室，於是就想要申張先王的命令，統一天下。但是不先培養京師的力量，然後發展到諸侯各國，再靠各國諸侯發展到四方夷狄。國內政事尚未理好，一氣之下，不自量力，不權衡得失，就起兵征討強大的楚國，結果王師大敗，遭到挫折侮辱，王令無從施行，大為天下人所恥笑。幸而遇到齊桓公倡導「尊王攘夷」，才能重獲安定和諸侯的尊從。所以說國內的政治尚未安定，不可以征伐外國；根本的恩惠未能普及全民，也不可以制裁諸侯。

第七章

將師受命者，將率入，軍吏畢入，皆北面再拜，稽首受命；天子南面而授之鉞❶，東行，西面而揖之，示弗御也。故受命而出忘其國，即戎忘其家❷，聞枹鼓❸之聲，唯恐不勝，忘其身，故必死。必死不如樂死，樂死不如甘死，甘死不如義死，義死不如視死如歸，此之謂也。故一人必死，十人弗能待❹也；十人必死，百人弗能待也；百人必死，千人不能待也；千人必死，萬人弗能待也；萬人必死，橫行乎天下。令行禁止，王者之師也。

【注釋】❶鉞 古兵器，用於砍殺，狀如大斧，有穿，安裝長柄。❷受命而出忘其國二句 「國」當作「家」，「家」當作「親」。說詳《說苑集證》。❸枹鼓 擊鼓。枹，鼓槌，此用作動詞。❹待 謂抵禦。

【語譯】接受王命率領軍隊出征的時候，由主將率先進入朝廷，其他的部將也全部跟進，都面向北方再拜叩頭接受任命。天子面向南方，把鉞頒授給主將，然後向東行走，面向西方作揖，表示不再干涉兵權。所以將士們接受命令出征就忘記自己的家，在軍隊中就忘記親人，聽到擊鼓的聲音，唯恐不能戰勝，就奮不顧身，有必死的決心。有必死之心不如樂意而死，樂意而死不如甘心而死，甘心而死不如為正義而死，為正義而死不如視死如歸，就是這個道理。所以一個人存了必死之心，十個人都抵抗不了；十個人存了必死之心，一百個人都抵抗不了；一百個人存了必死之心，一千個人都抵抗不了；一千個人存了必死之心，一萬個人都抵抗不了；一萬個人存了必死之心，就能橫行天下，命令什麼立刻就能實行，禁止什麼立刻就能收效，這就是王者的軍隊。

第八章

田單❶為齊上將軍，興師十萬，將以攻翟❷。往見魯仲連子❸，仲連子曰：「將軍之攻翟必不能下矣。」田將軍曰：「單以五里之城，十里之郭，復齊之國，何為攻翟不能下？」去上車不與言，決攻翟，三月而不能下，齊嬰兒謠之曰：「大冠如箕，長劍拄頤，攻翟不能下，壘於梧丘❹。」於是田將軍恐駭，往見仲連子曰：「先生何以知單之攻翟不能下也？」仲連子曰：「夫將軍在即墨❺之時，坐則織蕢❻，立則杖臿❼，為士卒倡❽。曰：『宗廟亡矣，魂魄喪矣，歸何黨❾矣？』

故將有死之心，士卒無生之氣。今將軍東有掖邑⑩之封，西有淄⑪上之寶⑫，金銀黃帶⑬，馳騁乎淄、澠⑭之間，是以樂生而惡死也。」田將軍明日結髮，徑立⑮矢石之所，乃引枹⑯而鼓之，翟人下之。故將者士之心也，士者將之枝⑰體也，心猶與則枝體不用，田將軍之謂乎！

【注釋】❶田單 見〈尊賢〉第五章。❷翟 同「狄」。北方蠻族。❸魯仲連子 戰國齊人，善於策謀而不喜為官，是當時的賢者。❹梧丘 地名。❺即墨 戰國齊邑。在今山東平度北。❻織蕢 此謂編織草蕢，備盛土修城之用。蕢，盛土的草器。❼杖臿 杖，持也。臿，鍬也。謂持鍬以築牆也。❽倡 借為「唱」。唱導的意思。❾黨 所也。❿掖邑 今山東掖縣。⓫淄 水名。源出山東萊蕪，東北流經臨淄東，北上合小清河出海。⓬寶 疑當作「虞」，娛也。⓭金銀黃帶 當從《戰國策・齊策六》作「黃金橫帶」。⓮澠 水名。源出山東臨淄西北，注入時水。⓯徑立 直立。⓰枹 鼓槌。⓱枝 同「肢」。

【語譯】田單為齊國的上將軍。率十萬大軍，將要進攻翟國。去見魯仲連，魯仲連說：「將軍這一次攻打翟國，一定攻不下。」田將軍說：「我田單以五里之城、十里之郭的小小即墨，復興齊國，怎麼說攻翟國攻不下？」就上車而去，不再和魯仲連說話。決定攻打翟國，結果三個月都攻不下。齊國小孩子唱著童謠說：「戴了像簸箕的大帽子，佩了長可以支拄嘴巴的大寶劍，卻攻不下翟國，陣亡將士的骸骨堆積在梧丘。」於是田將軍害怕了，去見魯仲連說：「先生怎麼知道我攻翟國攻不下來呢？」魯仲連說：「將軍在防守即墨的時候，坐著就織蕢，站著就拿鍬，作為士卒的楷模。並且鼓舞士兵說：『宗廟已經滅亡了，祖先的魂魄喪失了，還能回到什麼地方去呢？』所以將帥有必死之心，士卒無偷生之意。現在將軍東邊有掖邑的封地，西邊有淄水的美景，腰上束著黃金之帶，往來馳騁在淄水、澠水之間，因此貪戀生存而厭惡死亡。」第二天田將軍就紮起頭髮，在矢石交加的戰場上直立著，拿起鼓槌擊鼓助陣，終於把翟國攻下。所以說將帥是士卒的靈魂，士卒是將帥的肢體，如果將帥猶豫不決，那麼士卒就不聽指揮。這就是說的田將軍啊！

第九章

晉智伯❶伐鄭，齊田恒❷救之。有登蓋❸必身立焉；車徒❹有不進者，必令助之。壘合❺而後敢處，井竈成而後敢食。智伯曰：「吾聞田恒新得國而愛其民，內同其財，外同其勤勞，治軍若此，其得眾也，不可待❻也。」乃去之耳。

【注釋】❶智伯　即知伯。見〈建本〉第三〇章。❷田恒　即田常。見〈正諫〉第二一章。❸有登蓋　本句疑有脫誤，登蓋姑且作登城解。❹車徒　戰車和步兵。❺壘合　謂防守工事建成。壘，防守工事。❻待　抵禦。

【語譯】晉國智伯攻打鄭國，齊國田恒去救援。如果登城攻打，田恒一定親自站立在那兒；如果戰車和士兵不能前進，田恒一定派人去幫助。防禦工事做好了，他才敢駐軍；井和竈建成了，他才敢進食。智伯說：「我聽說田恒剛掌握政權而愛護他的人民，在國內能把財物和士卒分享，出外打仗能和士卒共同操勞，像這樣治理軍隊，就一定能得到士眾的擁護，這樣的軍隊是不可抵擋的。」於是智伯就帶著軍隊回去了。

第一〇章

《太公兵法》曰：「致慈愛之心，立武威之戰，以畢❶其眾。練其精銳，砥礪其節，以高其氣。分為五選，異其旗章❷，勿使冒亂❸。堅其行陣，連其什伍❹，以禁淫非。」壘陳❺之次，車騎之處，勒兵❻之勢，軍之法令，賞罰之數❼，使士赴火蹈刃、陷陣取將、死不旋踵❽者，多異於今之將者也。

【注釋】❶畢　古代用以捕捉禽獸的長柄網。此作動詞用，獲取的意思。❷旗章　旗幟徽章。❸冒亂　混亂。❹連其什伍　古代軍隊編組，五人為伍，二伍為什。連其什伍，即以什伍為單位而行連坐法。按今本《六韜》無此文。❺陳　通「陣」。❻勒兵　調動軍隊。❼數　通「術」。❽旋踵　旋轉腳跟，比喻迅速。

【語譯】《太公兵法》上說：「給予慈愛的關懷，建立威武的戰功，以獲取將士的信心。訓練他們精銳的作戰技能，磨礪他們剛強的氣節，以提高他們的士氣。把軍隊分為五部，使他們的旗幟徽記不同，以免軍隊秩序混亂。堅固隊伍行陣，以什伍為單位實行連坐法，用來制止發生不正當的事情。」堡壘和陣地的次序，兵車馬匹停留的地方，統御軍隊的態勢，軍隊中的法令，賞罰的辦法，使士兵赴火海、踏白刃、衝鋒陷陣、襲敵斬將、迅速而不怕犧牲的策略，各方面多和現今的將領不同。

第一一章

孝昭皇帝❶時，北軍監御史為姦❷，穿北門垣以為賈區❸。胡建守北軍尉，貧無車馬，常步與走卒起居，所以慰愛走卒甚厚。建欲誅監御史，乃約其走卒曰：「我欲與公有所誅，吾言取之則取之，斬之則斬之。」於是當選士馬日，護軍諸校列坐堂皇❹上，監御史亦坐，建從走卒，趨至堂下拜謁，因上堂，走卒皆上，建跪指監御史曰：「取彼。」走卒前拽下堂。建曰：「斬之。」遂斬監御史。護軍及諸校皆愕驚，不知所以。建亦已有成奏在其懷，遂上奏以聞，曰：「臣聞軍法立武以威眾，誅惡以禁邪。今北軍監御史公穿軍垣以求賈利，買賣以與士市，不立剛武之心，勇猛之意，以率先士大夫，尤失理不公。臣聞《黃帝理法》❺曰：『壘壁已具，行不由路，謂之姦人，姦人者殺。』臣謹以斬之，昧死以聞。」制❻曰：「《司馬法》曰：『國容不入軍，軍容不入國也❼。』建有❽何疑焉？」建由是名興。後至渭城令，死。至今渭城有其祠也。

【注釋】❶孝昭皇帝　即漢昭帝（西元前九四～前七四年），西漢第六位皇帝，武帝少子，名弗陵。西元前八七～前七四年在位。按本章所記胡建誅監御史事，又見《漢書・胡建傳》，為漢武帝時。此作漢昭帝，非。❷北軍監御史為姦　北軍，漢代守衛京師的屯衛兵。未央宮在京城西南，其衛兵稱南軍；長樂宮在京城東面偏北，其衛兵稱北軍。文帝時合南北軍，其後宮室日增，南軍名沒，而北軍名存。監御史，官名。❸賈區　《漢書》顏《注》：「坐賣曰賈，為賣物之區也。區者，小室之名，若今小庵屋之類耳。」❹堂皇　亦作堂隍，官署的大堂。❺黃帝理法　《漢書》「理」作「李」，古通。理，是法官的名稱，掌征伐刑戮之事。理法，即刑罰之法。舊傳有《黃帝理法》十六篇。❻制　皇帝的命令。《史記・秦始皇本紀》：「命為制，令為詔。」❼國容不入軍二句　見《司馬法・天子之義》。❽有　借為「又」。

【語譯】漢昭帝的時候，北軍監御史胡作非為，穿毀北門的牆，作為買賣的場所。胡建當時做北軍尉，窮得沒有車馬，常常步行上班，跟士兵一道起居生活，非常愛護士兵。胡建想殺監御史，就和士兵們約定說：「我想和你們一同殺一個人。我說抓他，你們就抓他；我說殺他，你們就殺他。」於是在選練兵馬的那一天，護軍和眾校尉都在大堂上坐成一排，監御史也坐著。胡建帶著士兵走到堂下拜見，因此上堂，士兵們也都上堂。胡建跪著指向監御史說：「抓住他。」士兵們就上去把監御史拉下堂。胡建說：「殺掉他。」於是士兵們把監御史殺掉。護軍和眾校尉都驚呆了，不知道出了什麼事。胡建早已有寫好的奏章放在身上，於是上奏皇帝說：「臣聽說：軍法建立勇武的典範，以威服士眾；誅殺邪惡，以制止奸邪。現在北軍監御史公然穿毀軍中的牆垣以求利，和士兵們做買賣，不樹立剛強威武的心志和勇敢兇猛的精神，來做士大夫的表率，尤其喪失理義和不公正。臣聽說《黃帝理法》上記載：『營壘牆垣已經築好，不按規定的道路行走，這叫做姦人。姦人就該殺。』臣已經把姦臣斬殺，特來冒死報告。」皇帝批示說：「《司馬法》上說：『國家平時的措施不適用於軍中，軍中的措施不適用於國家。』胡建又何必疑懼呢？」胡建因此聲名大震，後來做到渭城縣令，死在任上。一直到現在，渭城還有他的祠堂。

第一二章

魯石公劍，迫則能應，感則能動。昒穆❶無窮，變無形像。復柔委從❷，如影與響。如尨❸之守戶，如輪之逐馬，響之應聲，影之像形也。閶不及鞈❹，呼不及吸。足舉不及集，相離若蟬翼。尚在肱北❺眉睫之微，曾不可以大息小，以小況大。用兵之道，其猶然乎！此善當敵者也。未及夫折衝❻於未形之前者，揖讓❼乎廟堂之上，而施惠乎百萬之民。故居則無變動，戰則不血刃，其湯、武之兵與！

【注　釋】❶昒穆　深微貌。❷復柔委從　「復」當作「優」。優柔，義同「優游」。寬舒也。委從，委曲順從。❸尨　狗。❹閶不及鞈　閶，通「闔」。闔鞈，鼓音。閶鞈，謂鼓聲有雌雄也。❺肱北　北與「臂」同。❻折衝　使敵人的戰車後撤，即擊敗敵軍。衝，戰車的一種。❼揖讓　賓主相見的禮儀。

【語　譯】魯石公的劍道，情勢緊迫時就有反應，有感應時就有行動。深微無窮，變幻無形。優游寬舒，委曲順從，就像物體和影子、呼喚和回聲一樣相隨。如狗看門，如車輪緊跟著馬蹄，如回響的折反聲波，如影子的映現物像。進擊的時候，如鼓聲閶鞈來不及相應，如呼氣來不及吸氣。如前後腳來不及相隨一樣迅速，勝負之間，薄如蟬翼。況且在胳臂和眉睫之間的微小空間運劍，就不能用更大的武器來制止它，也不能用較小的武器來比擬它的精微。用兵的方法，大概就像這樣吧！這是善於抵擋敵人的了。但是不如在未和敵人交戰之前就挫折他們的戰鬥意志，或者在廟堂上和敵人和平相見，用外交談判，消弭戰禍於無形之中。這樣更能施恩給千百萬的人民。所以在平常沒有變亂發生，戰爭的時候不需要流血，這大概就是商湯和周武王的用兵之道吧！

第一三章

孔子❶北遊，東上農山❷；子路、子貢、顏淵❸從焉。孔子喟然歎曰：「登高望下，使人心悲！二三子者，各言爾志，丘將聽之。」子路曰：「願得白羽若月，赤羽若日❹，鍾鼓之音，上聞乎天，旌旗翩翻，下蟠❺於地。由且舉兵而擊之，必也攘地千里。獨由能耳，使夫二子為我從焉。」孔子曰：「勇哉士乎！憤憤者乎！」子貢曰：「賜也願齊、楚合戰於莽洋❻之野，兩壘相當，旌旗相望，塵埃相接，接戰構兵。賜願著縞衣白冠❼，陳說白刃之間，解兩國之患。獨賜能耳，使夫二子者為我從焉。」孔子曰：「辯哉士乎！僊僊❽者乎！」顏淵獨不言。孔子曰：「回來，若獨何不願乎？」顏淵曰：「文武之事，二子已言之，回何敢與焉。」孔子曰：「若鄙心不與焉，第言之。」顏淵曰：「回聞鮑魚、蘭芷❾不同篋而藏，堯、舜、桀、紂不同國而治，二子之言與回言異。回願得明王聖主而相之，使城郭不脩，溝池不越❿，鍛⓫劍戟以為農器，使天下千歲無戰鬥之患。如此則由何憤憤而擊，賜又何僊僊而使乎？」孔子曰：「美哉德乎！姚姚⓬者乎！」子路舉手問曰：「願聞夫子之意。」孔子曰：「吾所願者，顏氏之計。吾願負衣冠而從顏氏子也。」

【注　釋】❶孔子　見〈君道〉第五章。❷農山　《韓詩外傳．九》作「戎山」，《爾雅．釋詁》：「戎，大也。」戎山、農山，即大山也。❸子路子貢顏淵　子路，見〈臣術〉第二四章。子貢，見〈臣術〉第四章。顏淵，見〈敬慎〉第三〇章。❹白羽若月二句　白羽、赤羽，古時旗幟上所插的白色和紅色羽毛。❺蟠　盤伏。❻莽洋　廣大空曠的樣子。❼縞衣白冠　縞，未經染色的絹，引申作白色講。戰爭是凶事，故著白衣白冠。❽僊僊　舞貌；從容的樣子。❾鮑魚蘭芷　鮑魚，鹽漬的魚，味臭。蘭芷，香草，即蘭茝。曹植〈與楊德祖書〉：「蘭茝蓀蕙之芳，眾人所好。」❿越　治也。⓫鍛　冶鍊。⓬姚姚　美盛貌。

【語　譯】孔子到北方遊歷，往東登上大山，子路、子貢和顏淵隨侍。孔子歎了口氣說：「在高處望低處，使人內心悲傷。你們不妨分別談一下你們的志向，讓我聽聽。」子路說：「希望有白色的羽毛像月亮，紅色的羽毛像太陽；鐘鼓的聲音，響徹天空，飄揚的旌旗，覆蓋地面。我將率領士兵出擊，一定能奪取千里的土地。只有我子由能做到，讓他們二位跟隨著我吧！」孔子說：「勇敢的武士啊！剛猛得很啊！」子貢說：「我的志願是齊、楚兩國交戰在廣大空曠的原野，兩軍勢均力敵，飄揚的旌旗彼此都看得到，揚起的塵埃混雜在一起，兵刃相接地交戰。我願意穿著白衣戴著白帽，在白刃交加之際陳說利害，解除兩國的災禍。只有我端木賜能做到，讓他們二位跟隨著我吧！」孔子說：「能言善辯的說士啊！從容得很啊！」只有顏淵不說話。孔子說：「顏回過來，你為什麼獨獨不講講你的志願呢？」顏淵說：「文德和武功的事，二位都已經談過了，我那裡敢參與議論呢？」孔子說：「你是心裡輕視才不參與的吧，但是還是說一說。」顏淵說：「回聽說鮑魚和蘭芷不可同在一個箱篋中收藏，堯、舜和桀、紂不可同在一個國度中治理。他們二位的話，和我的話不一樣。我希望有聖明的君主能夠輔佐他，讓城郭不必修整加固，溝池不必挖掘加深，熔鍊劍戟作為農具，使天下千秋萬世再沒有戰爭的禍患。如果這樣，子由又何必勇猛出擊，端木賜又何必從容遊說呢？」孔子說：「美好的有德之士啊！盛大得很啊！」子路舉手問孔子說：「願意聽聽老師的意見。」孔子說：「我所期望的，正是顏回的追求。我願意背負衣帽跟隨顏回。」

第一四章

魯哀公❶問於仲尼曰：「吾欲小則守，大則攻，其道若何？」仲尼曰：「若朝廷有禮，上下有親，民之眾皆君之畜❷也，君將誰攻？若朝廷無禮，上下無親，民眾皆君之讎也，君將誰與守？」於是廢澤梁❸之禁，弛關市之征，以為民惠也。

【注釋】❶魯哀公　見〈君道〉第五章。❷畜　借為「嬸」。好也。❸澤梁　湖泊魚梁。梁，水中築堰像橋梁一樣的捕魚設置。

【語譯】魯哀公問孔子說：「我想在國力微弱時就防守，國力強盛時就進攻，應該用什麼辦法？」仲尼說：「假如朝廷的措施合乎禮義，上下和諧相親，百姓都是君主所愛護的，君主將去進攻誰呢？假如朝廷的措施不合乎禮義，上下不和諧相親，百姓全成了君主的仇敵，君主將跟誰來防守國家呢？」於是魯哀公就廢除了湖泊魚梁的禁令，放寬道路關卡和市場的徵稅，以示惠於人民。

第一五章

文王曰：「吾欲用兵，誰可伐？」「密須氏疑於我❶，可先往伐。」管叔❷曰：「不可。其君天下之明君也，伐之不義。」太公望❸曰：「臣聞之：先王伐枉不伐順，伐險不伐易，伐過不伐不及。」文王曰：「善。」遂伐密須氏，滅之也。

【注釋】❶密須氏疑於我　上當有「太公望曰」四字。說詳《說苑集證》。密須氏，古國名，亦稱密，商時姞姓之國。故地在今甘肅靈臺西。❷管叔　周武王弟鮮，封於管，稱管叔鮮。管故地在今河南鄭縣北二里。❸太公望　見〈君道〉第一五章。

【語譯】周文王說：「我想對外用兵，誰可以討伐呢？」太公望說：「密須氏對我有二心，可以先去討伐。」管叔說：「不可以。密須氏的國君是天下的明君，討伐明君是不義的行為。」太公望說：「我聽說：先王用兵是討伐邪枉的國家，不討伐順從的國家；討伐地勢險峻的國家，不討伐容易進攻的國家；討伐行為過分的國家，不討伐不及的國家。」文王說：「好。」於是討伐密須氏，把它滅掉。

第一六章

武王將伐紂，召太公望而問之曰：「吾欲不戰而知勝，不卜而知吉，使非其人，為之有道乎？」太公對曰：「有道。王得眾人之心以圖不道，則不戰而知勝矣；以賢伐不肖，則不卜而知吉矣；彼害之，我利之，雖非吾民，可得而使也。」武王曰：「善。」乃召周公❶而問焉❷，曰：「天下之圖事者，皆以殷為天子，以周為諸侯，以諸侯攻天子，勝之有道乎？」周公對曰：「殷信天子，周信諸侯，則無勝之道矣，何可攻乎？」武王忿然曰：「汝言有說乎？」周公對曰：「臣聞之：攻禮者為賊，攻義者為殘。失其民制為匹夫。王攻其失民者也，何攻天子乎？」武王曰：「善。」乃起眾舉師，與殷戰於牧之野❸，大敗殷人。上堂見玉，曰：「誰之玉也？」曰：「諸侯之玉。」即取而歸之於諸侯。天下聞之曰：「武王廉於財矣。」入室見女，曰：「誰之女也？」曰：「諸侯之女也。」即取而歸之於諸侯，天下聞之曰：「武王廉於色也。」於是發巨橋❹之粟，散鹿臺之財金錢，以與士民❺，黜其戰車而不乘，弛其甲兵而弗用，縱馬華山❻，放牛桃林❼，示不復用。天下聞者咸謂武王行義於天下，豈不大哉！

【注釋】❶周公　見〈君道〉第八章。❷焉　猶之也。❸牧之野　即牧野，地名。古牧野，在今河南淇縣南。周武王二十三年與紂大戰於此。❹巨橋　亦作「鉅橋」，紂倉名，在今河北曲周東北。❺散鹿臺之財金錢二句　當作「散鹿臺之錢，以與士民」。說詳《說苑集證》。鹿臺，紂錢府。故址在今河南淇縣境。❻華山　五嶽中之西嶽，在今陝西華陰南。❼桃林　地名。又名桃林塞、桃原、桃園。其地約當於今河南靈寶以西、陝西潼關以東地區。

【語譯】周武王將要討伐商紂，召見太公望問他說：「我想在尚未交戰之前就知道必可得勝，不必占卜就知道吉利，使用不是本國的人民，有什麼方法可以做到嗎？」太公回答說：「有方法。君王能得到百姓的擁護，以討伐無道之君，那麼，不必交戰就知道勝利了。以賢德的君主討伐不賢的君主，那麼，不必占卜就知道吉利了。對方殘害百姓，我們造福百姓，雖然不是我國的人民，也可以使用他們。」武王說：「很有道理。」於是召見周公問他說：「天下的人，都認為殷是天子，周是諸侯，以諸侯攻伐天子，有辦法戰勝嗎？」周公回答說：「如果殷真是天子，周真是諸侯，那麼就沒有可以戰勝的道理了。怎麼可以進攻呢？」武王很生氣地說：「你說這話是什麼意思？說來聽聽。」周公回答說：「我聽說：進攻守禮的國家叫做賊，進攻守義的國家叫做殘，失去控制人民的力量的叫做匹夫。君王所進攻的是失掉人民擁護的匹夫，那裡是進攻天子呢？」武王說：「很有道理。」於是就動員全國軍民，和殷紂大戰於牧野，把殷人打敗了。武王登上廟堂，看見寶玉，便問道：「這是誰的寶玉？」回答說：「諸侯的寶玉。」就拿寶玉歸還給諸侯。天下人聽到這件事都說：「武王是不貪財的啊！」進到宮室，看見美女，便問道：「這是誰家的女子？」回答說：「諸侯的女子。」就把美女還給諸侯。天下人聽到這件事都說：「武王是不貪色的啊！」於是武王發放巨橋的米粟，散發鹿臺的金錢，以給天下的士民。廢棄戰車不乘，解除武器不用，戰馬放歸華山，牛群放入桃林，表示不再使用。天下的人聽到了，都稱說武王能行仁義於天下。這豈不是非常偉大！

第一七章

文王欲伐崇❶，先宣言曰：「予聞崇侯虎蔑侮❷父兄，不敬長老，聽獄不中，分財不均，百姓力盡不得衣食。予將來征之，唯為民。」乃伐崇，令毋殺人，毋壞室，毋填井，毋伐樹木，毋動六畜❸；有不如令者死無赦。崇人聞之，因請降。

【注釋】❶崇　又稱有崇氏，相傳在唐虞之時，為鯀之封國，在今河南嵩縣。舜殺鯀後，又將其國封給別的諸侯，成為商的與國，到崇侯虎為文王所滅。崇國在今陝西戶縣東五里。❷蔑侮　侮慢也。❸六畜　指馬牛羊雞狗豬。這裡泛指牲畜。

【語　譯】周文王想要討伐崇國，先向大家宣布說：「我聽說崇侯虎輕侮父兄，不敬重年老長輩，審判案件不公正，分配財物不平均，百姓使盡力氣卻得不到衣食，我將要征伐他，一切都是為了人民。」於是就討伐崇國。下命令說：不准隨意殺人，不准毀壞房屋，不准填塞水井，不准砍伐樹木，不准掠奪六畜；不遵守命令的，處以死罪，絕不赦免。崇國人聽到了，就請求投降。

第一八章

楚莊王❶伐陳，吳救之。雨十日十夜，晴，左史倚相❷曰：「吳必夜至，甲列壘壞❸，彼必薄❹我，何不行列，鼓出待之。」吳師至，楚見成陳而還❺。左史倚相曰：「追之。吳行六十里而無功，王罷卒寢❻。」果擊之，大敗吳師。

【注　釋】❶莊王　二字疑衍，《韓非子・說林下》作「荊伐陳」，不言莊王，下文左史倚相云，考倚相楚靈王時始見《左傳》，不得事莊王也。❷倚相　春秋楚左史，能讀三墳、五典、八索、九丘，楚靈王稱為良史。❸甲列壘壞　甲衣破裂，堡壘毀壞。列，同「裂」。❹薄　迫近。❺吳師至二句　「楚見」當作「見楚」，傳寫誤倒。陳，通「陣」。❻王罷卒寢　「王」當作「士」。罷，通「疲」。

【語　譯】楚莊王討伐陳國，吳國派兵來救，雨下了十天十夜才放晴。左史倚相說：「吳國軍隊今天夜裡一定會來偷襲，我軍甲衣破裂，堡壘損壞，吳軍一定會迫近進攻我們，我們為什麼不擺好行陣，打著軍鼓出去迎敵呢？」吳軍來到，看見楚軍已經擺好陣勢，就退兵回去。左史倚相說：「追擊他們。吳軍行軍六十里而無功，士卒都疲倦要睡覺了。」追擊吳軍，果然大獲勝利。

第一九章

齊桓公❶之時，霖雨❷十旬。桓公欲伐漅陵，其城之值雨也未合。管仲❸、隰朋❹以卒徒造於門，桓公曰：「徒眾何以為？」管仲對曰：「臣聞之：雨則有事。夫漅陵不能雨，臣請攻之。」公曰：「善。」遂興師伐之。既至，大卒間❺外士在內矣。桓公曰：「其有聖人乎！」乃還旗而去之。

【注釋】❶齊桓公　見〈君道〉第一七章。❷霖雨　久雨。下雨過三日以上叫做霖。❸管仲　見〈君道〉第一七章。❹隰朋　見〈尊賢〉第二章。❺間　蔽也。

【語譯】齊桓公的時候，有一次連續下了百天的雨。那個時候桓公正想攻伐漅陵，而漅陵的城因為下雨的關係尚未修築完成。管仲和隰朋帶著士兵到門前。桓公說：「這些士兵要幹什麼？」管仲回答說：「臣聽說：下雨的時候可以舉事。漅陵不能在雨中繼續築城，臣請出兵攻擊他們。」桓公說：「好的。」就派兵去攻打漅陵。齊軍到的時候，漅陵人已經把大軍堵截在外邊，精銳的部隊在內防守。桓公說：「大概有聖人在吧！」就倒轉旗幟撤兵回去了。

第二〇章

宋圍曹不拔，司馬子魚❶謂君曰：「文王伐崇，崇軍其城❷，三旬不降，退而脩教，復伐之，因壘而降❸。今君德無乃有所闕乎？胡不退脩德，無闕而後動。」

【注　釋】❶司馬子魚　即目夷。字子魚，宋襄公庶兄，時為司馬，故稱司馬子魚。❷文王伐崇二句　事見本卷第一七章。下「崇」字不當有，說詳《說苑集證》。❸因壘而降　因，依也；就也。因壘者，依前所築之壘，未曾修繕與增築，既示未嘗增兵，亦示決戰之速也。

【語　譯】宋軍包圍曹國，久久不能攻下。司馬子魚對國君說：「周文王討伐崇國的時候，軍隊攻打崇國都城三十天，崇軍都不肯投降。退兵回去，修明教化，再去攻打，並沒有增加軍隊，崇軍卻很快投降了。現在君王的德行恐怕還有所欠缺吧？為什麼不退兵修德，等到德行完美無缺然後再出兵呢？」

第二一章

吳王闔廬❶與荊人戰於柏舉❷，大勝之，至於郢❸郊，五敗荊人。闔廬之臣五人進諫曰：「夫深入遠報❹，非王之利也，王其返乎？」五將鍥頭❺，闔廬未之應，五人之頭墜於馬前。闔廬懼，召伍子胥而問焉。子胥曰：「五臣者懼也。夫五敗之人者，其懼甚矣。王姑少進。」遂入郢，南至江，北至方城❻，方三千里，皆服於吳矣。

【注　釋】❶闔廬　見〈尊賢〉第五章。❷柏舉　楚地，在今湖北麻城東北。❸郢　春秋楚都，在今湖北江陵西北。❹報　通「赴」。❺五將鍥頭　「五」下疑脫「人」字。鍥，斷也。❻方城　春秋時楚北的長城。古為我國九塞之一。其城由今之河南方城北至鄧縣。

【語　譯】吳王闔廬跟楚國人在柏舉交戰，大勝楚軍，一直打到郢都郊外，接連五次打敗楚人。闔廬的五個臣子進諫說：「這麼深入敵人境內，並不有利於大王，大王該回去了吧？」這五個人將要自刎以力諫，闔廬沒有理睬他們，於是五人之頭落於馬前。闔廬很害怕，召見伍子胥問他怎麼辦。伍子胥說：「這五個臣子害怕了。不過那五次戰敗的人，也一定更加害怕了，大王姑且稍稍前進。」於是吳國的軍隊攻入郢都。南邊到達長江，北邊到達方城，縱橫三千里，都臣服於吳國。

第二二二章

田成子常❶與宰我❷爭，宰我夜伏卒，將以攻田成子，令於卒中曰：「不見旌節毋起。」鴟夷子皮❸聞之，告田成子。田成子因為旌節以起宰我之卒以攻之，遂殘之也。

【注　釋】❶田成子常　即田常。又作田成子、陳恒、陳成子。見〈正諫〉第二一章。❷宰我　此闞止也，字子我。見同前。❸鴟夷子皮　此非范蠡。說見〈臣術〉第一六章。

【語　譯】田成子和宰我兩家發生爭戰，宰我趁夜間埋伏士兵，準備攻打田成子，對士兵下令說：「沒有看到我的旌旗和符節就不要動。」鴟夷子皮知道了，就告訴田成子。田成子就偽造了宰我的旌旗和符節，調動宰我的士兵，來攻打宰我，結果就把他消滅了。

第二二三章

齊桓公北伐山戎氏❶，請兵於魯。魯不與，桓公怒，將攻之。管仲曰：「不可，我已刑❷北方諸侯矣，今又攻魯，無乃不可乎？魯必事楚，是我一舉而失兩也。」桓公曰：「善。」乃輟攻魯矣。

【注　釋】❶齊桓公北伐山戎氏　按事已見〈權謀〉第二一章，所述較此為詳。❷刑　制裁。

【語　譯】齊桓公攻打北方的山戎氏，向魯國請求援兵。魯國不給，桓公生氣，將要攻打魯國。管仲說：「不可以。我們已經制裁了北方諸侯，現在又要攻打魯國，恐怕不可以吧！如果一定要這樣做，魯國一定會轉而去事奉楚國，這是我們一舉而兩失的蠢事。」桓公說：「講得對。」就停止攻打魯國。

第二四章

聖人之治天下也，先文德而後武力。凡武之興為不服也，文化不改，然後加誅。夫下愚不移，純德之所不能化，而後武力加焉。

【語　譯】聖人的治理天下，先施以文治教化，文治教化不從，然後才施用武力。凡是用武興兵，是為了平定不服從的人。如果用文德教化仍然不能改變他們，然後才加以誅伐。只有那些極端愚昧的人才無法感化。用至純的道德所不能感化的，那就只有用武力解決了。

第二五章

昔堯誅四凶以懲惡❶，周公殺管、蔡以弭亂❷，子產殺鄧析❸以威侈，孔子斬少正卯以變眾。佞賊❹之人而不誅，亂之道也。《易》曰：「不威小，不懲大，此小人之福也❺。」

【注　釋】❶堯誅四凶以懲惡　《書經・舜典》：「流共工于幽州，放驩兜于崇山，竄三苗于三危，殛鯀于羽山，四罪而天下咸服。」❷周公殺管蔡以弭亂　《淮南子・泰族》：「周公股肱周室，輔翼成王，管叔、蔡叔奉公子祿父而欲為亂，周公誅之以定天下。」周公，見〈君道〉第八章。管蔡，見〈善說〉第一六章。❸子產殺鄧析　《呂氏春秋・離謂》載之甚詳，然子產實無誅鄧析之事，據《左傳》，昭公二十年子產卒，定公九年駟歂殺鄧析而用其竹刑，是鄧析之誅在子產卒後二十年也。❹佞賊　巧諂善辯叫佞，心地陰險叫賊。❺不威小三句　見《易經・繫辭下》。原文為：「小人不恥不仁，不畏不義，不見利不動，不臨威不懲，小懲而大誡，此小人之福也。」

【語　譯】從前堯誅罰四凶，來懲治惡人；周公殺管叔、蔡叔，以平定內亂；子產殺鄧析，以嚇阻邪行；孔子斬少正卯，以改變民習。放任巧言諂媚心地陰險的人而不加以殺戮，就是禍亂的根源。《易經》上說：「不嚇阻小過，不懲治大惡，這是小人的運氣。」

第二六章

五帝❶三王❷教以仁義而天下變也。孔子亦教以仁義，而天下不從者何也？昔明王有紱冕❸以尊賢，有斧鉞❹以誅惡，故其賞至重而刑至深而天下變。孔子賢顏淵無以賞之，賤孺悲❺無以罰之，故天下不從。是故道非權不立，非勢不行，是道尊然後行。

【注　釋】❶五帝　相傳古代有五帝，其說不一。㈠伏羲、神農、黃帝、堯、舜。㈡黃帝、顓頊、帝嚳、堯、舜。㈢少昊、顓頊、高辛、堯、舜。❷三王　夏禹、商湯、周文王。❸紱冕　繫印的帶子叫綬，又叫紱。冕即冠。都是做官的象徵。❹斧鉞　殺戮的刑具。❺孺悲　孔子弟子。

【語　譯】五帝三王用仁義教化百姓，百姓就變化了；孔子也用仁義教化百姓，百姓卻不順從，這是什麼緣故呢？從前賢明的君王有官爵用來尊重賢能的人，有斧頭砍刀用來誅殺邪惡的人；所以賞賜非常優厚，刑罪也非常深重，因而百姓有所變化。孔子認為顏淵賢能，卻沒有什麼用來獎勵他；認為孺悲賤惡，卻沒有什麼用來懲罰他；所以老百姓不順從。由此可見，道義沒有權力就不能樹立，沒有勢位就不能實行。這是說，道義受到尊重，然後才能實行。

第二七章

孔子為魯司寇，七日而誅少正卯於東觀之下❶，門人聞之趨而進，至者不言，其意皆一也。子貢後至，趨而進曰：「夫少正卯者，魯國之聞人矣❷，夫子始為政，何以先誅之？」孔子曰：「賜也，非爾所及也。夫王者之誅有五，而盜竊不與焉：一曰心辨而險，二曰言偽而辯，三曰行辟而堅，四曰志愚而博，五曰順非而澤。此五者皆有辨知聰達之名，而非其真也。苟行以偽，則其知足以移眾，強足以獨立，此姦人之雄也，不可不誅。夫有五者之一，則不免於誅，今少正卯兼之，是以先誅之也。昔者湯誅蠋沐，太公❸誅潘阯，管仲誅史附里❹，子產誅鄧析，此五子❺未有不誅也。所謂誅之者非為其晝則攻盜，暮則穿窬也，皆傾覆之徒也。此固君子之所疑，愚者之所惑也。《詩》云：『憂心悄悄，慍於群小❻。』此之謂矣。」

【注　釋】❶孔子為魯司寇二句　司寇，官名，主管刑獄。魯定公十四年，孔子以大司寇攝行相事。東觀，闕名。《淮南子・氾論》：「孔子誅少正卯，而魯國之邪塞。」高誘《注》：「少正，官。卯，其名也。魯之諂人。孔子相魯七日，誅之於東觀之下。」❷矣　猶「也」也。❸太公　此文當作「文王」。說見《說苑集證》。❹史附里　〈貴德〉第七章作「符里」。❺五子　上文四，連孔子誅少正卯，共五。❻憂心悄悄二句　見《詩經・邶風・柏舟》。悄悄，憂貌。慍，怒也。群小，眾小人之在君側者。

【語　譯】孔子做魯國的司寇，第七天就在東觀下殺了少正卯。學生們聽到了，趕來見孔子，到的人雖然都不說話，但是心裡的疑慮卻是相同的。子貢後到，快步上前說：「少正卯是魯國的名人，老師剛剛執政，為什麼先殺他呢？」孔子說：「賜呀，這不是你所能了解的。講到君王所必須誅殺的，有五種人，而強盜和小偷都不在其內。第一種人是能辨明事理，卻居心險惡；第二種人是說話虛偽，卻能說會道；第三種人是行為邪僻，卻堅持不改；第四種人是志行愚劣，卻識見廣博；第五種人是行為不正，卻好施小惠於人。這五種人皆有富於思辨、知識豐富、聰明通達的聲名，而事實上卻不是真的如此。如果這種似是而非的虛偽之道得以實行，那麼他們的智巧足以惑亂民眾，他們的頑強足以獨行其是。這是姦人中的豪強，不可不殺。凡是這五種中的任一種人，就不能免於誅殺。現在少正卯兼有這五種惡行，因此先殺了他。以前商湯殺蠋沐，太公殺潘阯，管仲殺史附里，子產殺鄧析，這五個人沒有不該殺的。所以誅殺的緣故，不是為了他們白天做強盜打家劫舍，晚上穿牆壁偷雞摸狗，而是因為他們都是傾覆國家的敗類啊！這些敗類正是使君子感到疑慮而使一般人受到迷惑的啊！《詩經》上說：『我的內心多憂慮啊，為了惱怒那些小人。』就是說的這個意思。」

第二八章

齊人王滿生見周公，周公出見之，曰：「先生遠辱，何以教之？」王滿生曰：「言內事者於內，言外事者於外。今言內事乎？言外事乎？」周公導入。王滿生曰：「敬從布席❶。」周公不導坐。王滿生曰：「言大事者坐，言小事者倚❷。今言大事乎？言小事乎？」周公導坐，王滿生坐。周公曰：「先生何以教之？」王滿生曰：「臣聞聖人不言而知，非聖人者雖言不知。今欲言乎？無言乎？」周公俛念❸有頃不對。王滿生藉筆牘書之曰：「社稷且危」。傅之於膺❹。周公仰視見書曰：「唯唯，謹聞命矣！」明日誅管、蔡❺。

【注　釋】❶布席　敷設座位。❷倚　靠。這裡是說站在主事者之旁。❸俛念　低頭思考。俛，同「俯」。❹傅之於膺　謂放在胸前。傅，同「附」。膺，胸。❺管蔡　見〈善說〉第一六章。

【語　譯】齊人王滿生求見周公，周公走到門外接見他說：「先生不以為屈辱遠道而來，有什麼指教嗎？」王滿生說：「討論機密事要到裡面談，討論一般事在門外就可以了。現在是談機密事呢？還是談普通事呢？」周公引導他進入室內。王滿生說：「請安排座席。」周公不引導他入座。王滿生說：「談大事的要坐下談，談小事的站在旁邊說就可以了。現在是談大事呢？還是談小事呢？」周公引導他入座。王滿生坐下來。周公說：「先生有什麼指教呢？」王滿生說：「我聽說：聖人不必等人說話，就可預知；若不是聖人，雖然對他說了，他也不明白。現在要說呢？還是不說呢？」周公低下頭來考慮，過了一會兒，沒有回答。王滿生拿起筆來在木簡上寫了「國家將危」四個字，放在胸前。周公抬起頭來看見這幾個字，就說：「是，是，我知道了！」第二天就出兵討伐管叔和蔡叔的叛變。

卷一六

談　叢

【題　解】談叢，也作「叢談」、「說叢」，意思都是一樣，就是言談、論說的聚集。本卷全部為記言，和其他各卷以記事為主不同。所記言論有兩個特點，一是內容廣泛，涉及政治、哲學、經濟、人生修養、工作生活等各個方面；二是辭語精簡，而蘊義深刻。

第一章

王者知所以臨下而治眾，則群臣畏服矣；知所以聽言受事，則不蔽欺矣；知所以安利萬民，則海內必定矣；知所以忠孝事上，則臣子之行備矣。凡所以劫殺者，不知道術以御其臣下也。凡吏勝其職則事治，事治則利生；不勝其職則事亂，事亂則害成也。

【語　譯】君王如果知道怎樣駕御臣下和管理百姓，那麼群臣就敬畏服從了；如果知道怎樣聽取意見和處理事情，那麼就不會被蒙蔽欺騙了；如果知道怎樣使萬民安定而有利，那麼國家就一定太平了；如果知道怎樣用忠孝事奉君上，那麼臣子的品行就完備了。所有被劫持弒殺的君王，都是不知道用方法和手段來駕御臣民的人。凡是官吏能勝任他的職務，事情就能辦好；事情辦理得好，對國家就產生好處；如果不能勝任他的職務，事情就要搞亂；事情搞亂，就釀成國家的禍害。

第二章

百方之事，萬變鋒出❶。或欲持虛，或欲持實，或好浮遊，或好誠必❷。或行安舒，或為飄疾。從此觀之，天下不可一，聖王臨天下而能一之。

【注釋】❶鋒出　紛紛出現。鋒，通「蜂」。❷誠必　誠懇專一。

【語譯】世上的萬事萬物，充滿了層出不窮的各種變化。有的貴虛，有的務實。有的浮遊無根，有的誠懇專一。有的舉止舒泰，有的行為飄忽。由此看來，天下的事物本來不可以統一；只有聖王治理天下，才可以統一。

第三章

意不並銳，事不兩隆。盛於彼者，必衰於此；長於左者，必短於右；喜夜臥者，不能蚤起也。

【語譯】一心不能兩用，一隻手不能同時做好兩件事。顧到那一面好，一定顧不到這一面不好。長於左邊的，一定在右邊的比較差。喜歡晚睡的人，一定不能早起。

第四章

鸞設於鑣，和設於軾❶。馬動而鸞鳴，鸞鳴而和應，行之節也❷。

【注　釋】❶鸞設於鑣二句　鸞與和，都是鈴。古人把繫在馬口兩旁馬嚼子（即鑣）或衡（車轅前端的橫木）上的叫鸞，把繫在軾上的叫和。軾，車前橫木，人可以依憑的地方。❷馬動而鸞鳴三句　《大戴禮．保傅》：「在衡為鸞，在軾為和，馬動而鸞鳴，鸞鳴而和應，……此御之節也。」

【語　譯】鸞鈴，繫在馬口兩旁的鑣上；和鈴，繫在車前橫木上。這樣，馬一走動，鸞鈴便響起來；鸞鈴響起，和鈴便隨著相應和。這是節制行動，能使步調和諧。

第五章

不富無以為大，不予無以合親，親疏則害，失眾則敗。不教而誅謂之虐，不戒責成❶謂之暴也。

【注　釋】❶不戒責成　不戒，謂不事先告誡。責成，要求成果。

【語　譯】不富足就不能強大，不施捨就不能得人親近。親近的人和你疏遠，便是你的禍害；失去眾人的擁護，便要失敗。不事先教導，只知道誅罰，這叫做殘虐；不事先告誡，就要求成果，這叫做貪暴。

第六章

夫水出於山而入於海，稼生於田而藏於廩❶，聖人見所生，則知所歸矣。

【注釋】❶稼生於田而藏於廩　稼，五穀的總稱。廩，穀倉。

【語譯】河水發源於山嶺而流入大海，五穀生長於田地而儲藏於穀倉；聖人看見萬物所產生的地方，就能推知它們所歸附的地方。

第七章

天道布順，人事取予，多藏不用是謂怨府，故物不可聚也。

【語譯】上天布施順應萬物的要求，人對於事物有的要獲取，有的要給予。如果為政的人老是聚斂而不施捨，就成了眾怨之府，成為人們憤恨的目標。所以說：財物是不可聚斂的。

第八章

一圍❶之木，持千鈞❷之屋；五寸之鍵，而制開闔。豈材足任哉？蓋所居要也。

【注釋】❶圍　計度圓周的量詞。一說徑尺為圍，一說五寸為圍，一抱也叫圍，說法不一。❷鈞　三十斤為一鈞。

【語譯】粗細一圍的木材卻能支撐數千斤的屋宇，長短僅五寸的鎖簧卻能控制門戶的開合；這那裡是材料本身能承擔的呢？實在是它所處的位置是一個緊要之處罷了。

第九章

夫小快害義，小慧害道，小辨❶害治，苟心傷德，大政不險。蛟龍雖神，不能以白日去其倫❷；飄風雖疾，不能以陰雨揚其塵。

【注釋】❶辨　明辨。❷倫　道。蛟龍之道，指風雲。

【語譯】小快樂妨害正義，小聰慧妨害大道，小聰明妨害治理，苟且心敗壞道德，偉大的政治不僥倖行險。蛟龍雖然神靈，不能在白天不乘風雲而升天；狂風雖然疾速，不能在陰雨天吹起灰塵。

第一〇章

邑名勝母，曾子❶不入；水名盜泉，孔子❷不飲。醜其聲也。

【注釋】❶曾子　見〈建本〉第七章。❷孔子　見〈君道〉第五章。

【語譯】邑名叫做「勝母」，曾子不入；水名叫做「盜泉」，孔子不飲。是嫌它的名字不倫不類。

第一一章❶

婦人之口，可以出走；婦人之喙❷，可以死敗。

【注釋】❶第一一章　原連上，今提行。❷喙　口；嘴。

【語　譯】婦人的伶牙俐齒，可以顛倒是非，逼人出走；婦人的長舌挑撥，可以使人家破人亡，一敗塗地。

第一二章

不脩其身，求之於人，是謂失倫；不治其內，而脩其外，是謂大廢。重載而危❶之，操策而隨之，非所以為全也。

【注　釋】❶危　高。

【語　譯】不修養自身，光會要求別人如何如何，這叫做失去常理；不修治內心，只注重外表，這叫做大大的廢敗。車子載得重又高，卻拿著鞭子在後面趕，這並不是安全之道。

第一三章

士橫道而偃❶，四支不掩，非士之過，有土❷之羞也。

【注　釋】❶橫道而偃　橫道，橫躺在道路上。偃，伏。❷有土　有土地，指國君。

【語　譯】士人窮困得偃臥在道路上，四肢都不能掩蔽，這不是士人的過失，卻是國君的恥辱。

第一四章

邦君將昌，天遺其道；大夫將昌，天遺之士；庶人將昌，必有良子。

【語　譯】國君要興盛起來，上天會降給他有道之士；大夫要興盛起來，上天會降給他才能之士；百姓要興盛起來，一定會有個好兒子。

第一五章

賢師良友在其側，詩書禮樂陳於前，棄而為不善者鮮矣。義士不欺心，仁人不害生。謀泄則無功，計不設則事不成。賢士不事所非，不非所事。愚者行間而益固❶，鄙人飾詐而益野。聲無細而不聞，行無隱而不明。至神無不化也，至賢無不移也。上不信，下不忠；上下不和，雖安必危。求以其道則無不得，為以其時則無不成。

【注釋】❶行間而益固　行間，猶言一曝十寒。固，固陋；無識。

【語譯】有良師益友在旁邊陪伴著，有詩書禮樂在面前陳列著，卻棄置不顧，不學好的，這種人是很少的。義士不欺騙自己的良心，仁人不做有害生民的事。謀略洩漏就不能成功，事先不計畫周詳就不能成就。賢士不事奉自己認為不好的國君，事奉他就不在背後批評他。愚昧的人如果學習一曝十寒，就會更加固陋；鄙陋的人如果狡詐欺騙，就會更顯出他粗野鄙俗。再細小的聲音也聽得出，再隱密的行為也會被人知道。神明到極點，沒有什麼不能變化；賢明到極點，沒有什麼不能改變。君上不信，臣下不忠；上下不和，雖然暫時安全，終究必有危險。用有效的方法去求，沒有什麼不能得到，把握恰當的時機去做，沒有什麼不能成功。

第一六章

時不至，不可強生也；事不究，不可強成也。貞良而亡，先人餘殃❶；猖蹷❷而活，先人餘烈❸。權取重，澤取長。才賢任輕則有名，不肖任大，身死名廢。

【注釋】❶餘殃　祖先遺留下的災禍。❷猖蹷　顛覆；失敗。❸餘烈　祖先遺留下的功業。

【語譯】農時沒有到，不能強求長出莊稼；事情沒有弄清，不能強求辦成。忠貞賢良的人卻不幸死亡，這是祖先留下的災禍；遭受失敗的人卻安然活著，這是祖先留下的功德。權力要掌握大的，恩澤要能留得長的。才能好而職責輕，就會得到大的聲名；才能差而職責重，就會弄得身敗名裂。

第一七章

士不以利移，不為患改，孝敬忠信之事立，雖死而不悔。智而用私，不如愚而用公。故曰：巧偽不如拙誠。學問不倦，所以治己也；教誨不厭，所以治人也；所以貴虛無者，得以應變而合時也。冠雖故，必加於首；履雖新，必關於足；上下有分，不可相倍❶。一心可以事百君，百心不可以事一君。故曰：正而心又少而言。

【注釋】❶倍　通「背」。違背。

【語　譯】士人不因為利益動搖節操，不因為災禍改變意志，只要孝敬忠信的事能有成就，即使死了也不懊悔。如果才智很好，而光會為自己打算，倒不如愚笨而事事為大眾著想的了。所以說：靈巧而虛偽，不如笨拙而誠篤。求學問道不疲倦，為的是修養自己；教誨人不厭倦，為的是教導別人；所以崇尚「虛」、「無」的原因，為的是能夠恰當而適時地應對各種變化。帽子雖然舊，一定戴在頭上；鞋子雖然新，一定穿在腳上；上下有分際，不可違背。一顆赤誠的心可以事奉百君，卻不可用百種不同的心思事奉一君。所以說：你的心思要誠正，你的話要少。

第一八章

萬物得其本者生，百事得其道者成。道之所在，天下歸之；德之所在，天下貴之；仁之所在，天下愛之；義之所在，天下畏之。屋漏者民去之，水淺者魚逃之，樹高者鳥宿之，德厚者士趨之，有禮者民畏之，忠信者士死之。衣雖弊，行必脩；頭雖亂，言必治。時在應之，為在因之。所伐而當，其福五之❶；所伐不當，其禍十之。

【注　釋】❶其福五之　當作「其禍五之」。說詳《說苑集證》。

【語　譯】萬物得著了它的根本，才能生長；百事用對了它的方法，才會成功。正道在誰身上，天下人都來歸附他；德行在誰身上，天下人都尊崇他；仁愛在誰那裡，天下人都愛戴他；正義在誰那裡，天下人都敬畏他。屋漏的人不住，水淺的魚不生，樹高的鳥來宿，德厚的士來附，有禮的人敬畏，忠信的士為他死。衣服雖然破爛，品行卻要修養；頭面雖然不整，言語卻要謹慎。配合時機，順應時勢。征伐雖當，也有五分的禍患；

征伐如果不當，那就有十分的禍患。

第一九章

必貴以賤為本，必高以下為基。天將與之，必先苦之，天將毀之，必先累之。孝於父母，信於交友。十步之澤，必有香草；十室之邑，必有忠士。草木秋死，松柏獨在；水浮萬物，玉石留止。飢渴得食，誰能不喜？賑窮救急，何患無有？視其所以，觀其所使，斯可知已。乘輿馬不勞致千里，乘船楫❶不游絕江海。智莫大於闕疑❷，行莫大於無悔也。制宅名子，足以觀士。利不兼，賞不倍。忽忽❸之謀，不可為也；惕惕❹之心，不可長也。

【注　釋】❶船楫　即船。楫，划船的短槳。❷闕疑　謂有疑惑而暫置不論，即不作主觀的臆測。❸忽忽　輕忽草率。❹惕惕　憂懼的樣子。

【語　譯】一定要貴以賤為根本，一定要高以低為基礎。上天將要給他，一定先使他辛苦；上天將要毀滅他，一定先使他犯錯。對父母孝順，對朋友信實。只有十步大的沼澤，也一定會有香草；即使十戶人家的小地方，也一定會有忠貞之士。草木多在秋後枯死，只有松柏長青；水能漂浮萬物，只有玉石沉留不移。飢渴的時候得到飲食，誰能不喜歡？救濟窮困，解救急難，何必擔心什麼沒有？看他所結交的朋友，觀察他所任用的人才，就可以知道他是怎樣一個人。乘坐車馬，不甚勞累就可以到達千里；乘坐舟船，不須游水就可以渡過江海。最大的智慧是能夠闕疑，最好的行為是沒有後悔。看他如何建築房屋，如何為子女取名字，就可以觀察一個人。不取兩分的利益，不接受雙倍的獎賞。輕忽草率的計謀，不可以付諸實行；憂愁恐懼的心理，不可以讓它滋長。

第二〇章

天與不取，反受其咎；時至不迎，反受其殃。天地無親，常與善人。天道有常，不為堯存，不為桀亡。積善之家，必有餘慶；積惡之家，必有餘殃。一噎之故，絕穀不食；一蹶之故，卻足不行。心如天地者明，行如繩墨者章。

【語譯】上天賜與而不肯接受，反會遭致罪咎；時機來到而不善加利用，反會蒙受禍害。天地不會特意親近、庇佑某個人，而是常常親近、庇佑善人。上天的運行有常軌，它不會因為堯的仁愛而存在，也不會因為桀的暴虐而消亡。積善德的家庭，一定有無窮的福蔭；積惡行的家庭，一定有無窮的災禍。不能因為一次的哽噎而不吃飯，因為一次顛仆而不再走路。心地如天地一般廣闊的人光明磊落，行為如同繩墨一般正直的人名聲彰顯。

第二一章

位高道大者從，事大道小者凶。言疑者無犯❶，行疑者無從。蠹蝝❷仆柱梁，蚊虻❸走牛羊。

【注釋】❶犯　碰撞；觸及。引申為接近。❷蠹蝝　齧木蟲。❸蚊虻　齧牛飛蟲。

【語　譯】地位崇高品德良好的人，做事順遂；擔任大事而品德不好的人，做事不利。言語可疑的不可接近，行為可疑的不可相從。蠹蝝雖小，能把柱梁蛀斷；蚊䖟雖細，能把牛羊咬得走投無路。

第二二二章

謁問析辭❶勿應，怪言虛說勿稱。謀先事則昌，事先謀則亡。

【注　釋】❶謁問析辭　謁問，請謁之言。析辭，巧言也。

【語　譯】請託巧言，不要理睬；怪談假話，不要稱說。凡事預先有計畫，就能成功；先做事然後才計畫，事情就失敗。

第二二三章

無以淫泆棄業，無以貧賤自輕，無以所好害身，無以嗜欲妨生，無以奢侈為名，無以貴富驕盈。

【語　譯】不要因為放蕩縱欲而廢棄正業，不要因為貧窮和地位低下而看輕自己，不要因為癖好而戕害身體，不要因為嗜欲而妨害生命，不要因為鋪張浪費而出名，不要因為富貴而驕傲自滿。

第二二四章

喜怒不當，是謂不明；暴虐不得，反受其賊。怨生不報，禍生於福。

【語　譯】喜怒哀樂無常，這叫做不明事理；殘酷暴虐而不得逞，反而傷害自己。怨憤的孳生，是由於得不到報償；災禍的產生，由於享福過分。

第二五章

一言而非，四馬不能追；一言不急❶，四馬不能及。順風❷而飛，以助氣力；銜葭❸而翔，以備矰弋❹。

【注　釋】❶不急　當作「而急」。❷順風　《淮南子・脩務》「順風」上有「雁」字。❸銜葭　含著葭草。葭，初生蘆葦。❹矰弋　矰，一種用絲繩繫住以便於弋射飛鳥的短箭。弋，用繩繫在箭上射。

【語　譯】一句話說錯了，四匹馬追不回；一句話說得急，四匹馬趕不及。鴻雁順著風飛，減省自己的氣力；銜著蘆葦而飛，以防備獵人的矰弋。

第二六章

鏡以精明❶，美惡自服；衡❷平無私，輕重自得。蓬生枲❸中，不扶自直；白砂入泥，與之皆黑。

【注　釋】❶精明　淨明，形容鏡面極為清潔明亮。❷衡　秤具。❸枲　麻。

【語　譯】鏡子因為明淨，美的醜的都照原樣顯現出來；衡秤因為公平，輕的重的都準確地計算出來。蓬草生長在枲麻當中，不必去扶也自然挺直；白砂混入黑泥中，變得和黑泥一樣黑。

第二七章

時乎時乎！間❶不及謀；至時之極，間不容息。勞而不休，亦將自息；施而不有，亦將自得。

【注釋】❶間　間隙。喻時光短暫。

【語譯】時光啊，時光！短暫得不容許你猶豫；最緊迫的時刻，其間不容許你喘息。縱使是無休止的勞苦，最後必會自然休息；雖有才能而不被使用，終必會自得其樂。

第二八章

無不為者，無不能成也；無不欲者，無不能得也。眾正之積，福無不及也；眾邪之積，禍無不逮也。

【語譯】沒有什麼不肯努力做的，沒有不成功的；沒有什麼不願努力追求的，沒有得不到的。累積許多正當的行為，沒有不得福報的；累積許多邪惡的行為，沒有不受災禍的。

第二九章

力勝貧，謹勝禍，慎勝害，戒勝災。為善者天報以德，為不善者天報以禍。

君子得時如水，小人得時如火。

【語　譯】勤力可以克服貧窮，恭謹可以克服禍患，敬慎可以克服危害，戒惕可以克服災禍。為善的，上天給予福報；為惡的，上天降給災禍。君子得著時機，好比水一般寧靜；小人得著時機，好比火一般暴烈。

第三〇章

謗道❶己者，心之罪也；尊賢己者，心之力也。心之得，萬物不足為也；心之失，獨心不能守也。子不孝，非吾子也；交不信，非吾友也。食其口而百節肥，灌其本而枝葉茂。本傷者枝槁，根深者末厚。為善者得道，為惡者失道。惡語不出口，苟言不留耳。務偽不長，喜虛不久。義士不欺心，廉士不妄取。以財為草，以身為寶。慈仁少小，恭敬耆老。犬吠不驚，命曰金城；常避危殆，命曰不悔。富必念貧，壯必念老；年雖幼少，慮之必早。夫有禮者相為死，無禮者亦相為死。貴不與驕期驕自來，驕不與亡期亡自至。踒❷人日夜願一起，盲人不忘視。知者始於悟，終於諧；愚者始於樂，終於哀。高山仰止，景行行止，力雖不能，心必務為。慎終如始，常以為戒。戰戰慄慄，日慎其事。聖人之正，莫如安靜；賢者之治，故與眾異。

【注　釋】❶謗道　誹謗批評。❷踒　折；跌傷。

【語　譯】使人誹謗批評自己的，是心的罪過；尊敬稱譽自己的，是心的力量。如果內心有得，外在的環境不足以影響它；如果內心有失，那這顆心就不能堅持自守了。子女不知道孝順，那不算是我的子女；交往而不講信實，那不算是我的朋友。從嘴裡吃進去，營養了四肢百骸；在樹根上澆肥，繁茂了枝葉。根本受損傷，枝葉就要枯槁；根本深厚的，枝葉便會繁昌。做好事的得好報，做壞事的遭罪殃。嘴裡不講汙穢的話，耳中不聽苟且的言語。只會虛偽的不會長，喜歡浮虛的不會久。正義的人不欺騙良心，廉潔的人不過分貪取。把錢財當做草，把自身當做寶。慈愛年少，恭敬長老。聽到犬吠也不心驚，這叫做「金城」；常常能避開危險，這叫做「不悔」。富貴的時候不忘記貧苦的時候，壯年的時候想到年老的日子；雖然年紀幼小，也要早作打算。有禮的能相互死難，無禮的也能相互死難。富貴不和驕傲相約，而驕傲自來；驕傲不和死亡相約，而死亡自至。腿部殘廢的人，日夜盼望能站起來；瞎眼的人，常常希望能看到東西。有智慧的人從了解事理開始，最終能一切都和諧順遂；愚昧的人從玩樂開始，結局卻很悲哀。高顯的道德使人仰慕，偉大的德行使人效法；雖然能力做不到，心裡卻時刻惦念著。謹慎結束，如同開始的時候一樣，常常引為戒惕。戰慄恐懼，每一天都謹慎從事。聖人的政事，最好是清靜不擾民；賢人的治國，因此和大家不一樣。

第三一章

好稱人惡，人亦道其惡；好憎人者，亦為人所憎。衣食足，知榮辱；倉廩實，知禮節。江河之溢，不過三日；飄風暴雨，須臾而畢。

【語　譯】喜歡講別人的壞話，別人也會講他的壞話；喜歡憎恨別人的，也被別人所憎恨。老百姓衣食豐足，就會知道什麼是光榮，什麼是恥辱；國家的倉廩府庫充實，老百姓就會知道禮義和節操。江河的泛濫，最多不超過三天；狂風暴雨，一會兒就全都過去。

第三二章

福生於微，禍生於忽，日夜恐懼，惟恐不卒。

【語譯】福氣從細小的好事中產生，災禍從疏忽不慎中生成；所以日夜恐慌戒懼，只害怕不能得到良好的結果。

第三三章

已雕已琢❶，還反於樸❷，物之相反，復歸於本。循流而下，易以至；倍風而馳，易以遠。兵不豫定，無以待敵；計不先慮，無以應卒❸。中不方，名不章；外不圓，禍之門。直而不能枉❹，不可與大任；方而不能圓，不可與長存。慎之於身，無曰云云❺。狂夫之言，聖人擇焉。能忍恥者安，能忍辱者存。脣亡而齒寒。河水崩，其懷❻在山。毒智者莫甚於酒；留事者莫甚於樂；毀廉者莫甚於色；摧剛者反己❼於弱。富在知足，貴在求退。先憂事者後樂，先傲❽事者後憂。福在受諫，存之所由也。恭敬遜讓，精廉無謗；慈仁愛人，必受其賞。諫之不聽，後無與爭。舉事不當，為百姓謗。悔在於妄，患在於先唱。

【注釋】❶已雕已琢　已，停止。雕，刻劃。琢，雕刻玉石。❷樸　同「璞」。未經雕琢的玉。❸卒　通「猝」。❹枉　曲。

❺云云　猶紜紜。紛紜也。形容言語、議論多而雜。❻懷　當作「壞」，形近而誤。❼反己　疑「反己」二字亦當作「莫甚」，與上三句一律。❽慠　同「傲」。驕傲。

【語　譯】停止雕琢，回歸於原始的質樸。萬物向相反的方向運行，終歸回復到原來。順著水勢流，便容易到達；乘著風力飛，就容易飛得遠。打仗不事先定好計畫，無法抵禦敵人；不先計畫周詳，無以應付倉猝的變化。內心不方正，聲名就不彰顯；外表不圓和，就會招來禍患。能直而不能彎，便不可託付重大的責任；能方而不能圓，便不能和他長存。治身理事要謹慎，不要說是多餘的議論。狂夫的言語，聖人也會加以採擇。能忍恥的安，能忍辱的存。嘴唇沒有了，牙齒就覺得寒冷；河水潰堤，由於山崖崩塌。毒害智慧的莫過於嗜酒，延誤事情的莫過於耽樂，敗壞廉潔的莫過於好色，摧折剛強的莫過於柔弱。富在於能知足，貴在於能退讓。事先憂慮謹慎的後來安樂，事先驕傲自大的後來憂愁。福樂在於能接受別人的勸諫，這是長存的原因。恭敬謙讓，就能純真廉潔不受誹謗；慈仁愛人，就一定受到賞報。進諫而不採聽，後來就沒有人再諍諫了。做事不當，就要受到百姓的怨謗。後悔由於妄為，憂患因為搶先。

第三四章

蒲且脩繳❶，鳧❷鴈悲鳴；逄蒙❸撫弓，虎豹晨嗥。河以委蛇❹故能遠，山以凌遲❺故能高；道以優游故能化，德以純厚故能豪。言人之善，澤於膏沐❻；言人之惡，痛於矛戟。為善不直，必終其曲；為醜不釋，必終其惡。

【注　釋】❶蒲且脩繳　蒲且，古之善射者。繳，射鳥時繫在箭上的生絲繩。《漢書・蘇建傳・注》：「繳，生絲縷也，可以弋射。」❷鳧　野鴨。❸逄蒙　見〈指武〉第五章。❹委蛇　綿延曲折貌。❺凌遲　同「陵遲」。緩延的斜坡。❻膏沐　婦女潤髮的油脂。

【語　譯】蒲且修理繳矢，梟鴈就發愁哀叫；逢蒙擦拭弓箭，虎豹就悲傷哀號。河流因為綿延曲折，所以能夠流得遠；山因為有緩延的斜坡，所以能夠累積得高；道因為能順應自然，所以能夠隨時變化；德因為純一篤厚，所以能夠崇高博大。稱揚人的好處，使人好像上過油一樣心中滋潤；說人家的壞話，使人好像挨了戈矛一樣痛楚。做善事不貫徹，一定有惡報；做壞事不停手，一定成大惡。

第三五章❶

一死一生，乃知交情。一貧一富，乃知交態。一貴一賤，交情乃見。一浮一沒❷，交情乃出。德義在前，用兵在後。初沐❸者必拭冠，新浴者必振衣。敗軍之將不可言勇，亡國之臣不可言智。

【注　釋】❶第三五章　原連上，今別為一章。❷一浮一沒　指得意和失意，或指興盛和衰落。❸沐　洗髮。

【語　譯】經過一次從死到生變化的考驗，才知道交情的深淺；經過一次從貧到富變化的考驗，才能知道交情的真態；經過一次從貴到賤變化的考驗，交情如何才能顯現出來；經過一次從興盛到衰落的考驗，交情如何才看得出。先施行德義，後使用武力。剛剛洗過頭髮的人一定會擦擦帽子，剛剛洗過澡的人一定會抖抖衣服。吃敗仗的將軍，不能講什麼勇武；亡國之臣，不能講什麼才智。

第三六章

坎井無黿鼉者隘也；園中無脩林者小也。小忠，大忠之賊也；小利，大利之殘也。

【語　譯】井裡頭沒有黿鼉，因為它太狹隘；園子裡沒有大樹，因為它太狹小。小忠，是大忠的禍害；小利，是大利的殘賊。

第三七章

自請絕易，請人絕難。水激則悍❶，矢激則遠。人激於名，不毀為聲。下士得官以死，上士得官以生。禍福非從地中出，非從天上來，己自生之。

【注　釋】❶悍　猛疾也。

【語　譯】求自己容易，求人很難。水激盪起來就很猛烈，箭矢激射出去便很遠。人急切求名，便不會輕易敗壞聲望。品學低下的得著官祿，正好促其死亡；品學兼優的得著官祿，正好能施展抱負。禍福不是從地下生出來的，不是從天上掉下來的，是自己招來的。

第三八章

窮鄉多曲學❶，小辯害大知，巧言使信廢，小惠妨大義。不困在於早慮，不窮在於早豫❷。欲人勿知，莫若勿為；欲人勿聞，莫如勿言。

【注　釋】❶曲學　囿於一隅，拘執不通之學。❷豫　同「預」。

【語　譯】荒遠偏僻的地區多拘執不通之學，小的辯才妨害了大的智慧，巧佞的言語使信德敗壞，小的恩惠妨害了大的禮義。要使自己不困頓，在於早一點考慮周詳；要使自己不窘迫，在於早一點做好準備。想要人不知道，不如自己不做；想要人不聽見，不如自己不講。

第三九章

非所言勿言，以避其患；非所為勿為，以避其危；非所取勿取，以避其詭❶；非所爭勿爭，以避其聲。明者視於冥冥❷，謀於未形❸；聰者聽於無聲，慮者戒於未成。世之溷濁而我獨清，眾人皆醉而我獨醒。

【注釋】❶詭　罪責。❷冥冥　昏暗。❸謀於未形　之上當更有二字，《臣軌・慎密》作「謀者謀於未兆」。

【語譯】不該講的話不講，以避免那災禍；不該做的事不做，以避免那危險；不該拿的不拿，以避免那罪責；不該爭的不爭，以避免那不當的聲名。視力好的人能在昏暗之處看清事物，會計謀的人能在未成形之前謀劃；聽覺好的人能在無聲處聽出聲音；善思慮的人能在事情未定局之前已作警戒。世上的人都已混濁，卻獨有我純清；眾人都已迷醉，卻獨有我清醒。

第四〇章

乖離❶之咎，無不生也；毀敗之端，從此興也。江河大潰❷從蟻穴，山以小阤❸而大崩。淫亂之漸，其變為興。水火金木轉相勝❹。卑而正者可增，高而倚者且崩。直如矢者死，直如繩者稱。

【注釋】❶乖離　猶言胡作非為。❷潰　水衝破堤防。❸阤　塌下；崩頹。大曰崩，小曰阤。❹水火金木轉相勝　如水勝火，火勝金，金勝木，叫相勝，即相克。

【語　譯】胡作非為的罪過，隨時會產生；毀壞敗亡的兆端，就從此興起。江河的潰決從小的蟻穴開始，山因為小坍方而引致大崩塌。淫亂剛開始時雖然微小而緩慢，但慢慢增大。水火金木，轉相勝克。低下而中正的，可以往上增加；高大傾斜的，就要倒塌。像箭矢一樣直的容易招致死亡，像繩子一樣直的卻能使人稱頌。

第四一章

禍生於欲得，福生於自禁。聖人以心導耳目，小人以耳目導心。

【語　譯】災禍從貪欲中來，福樂從克制私欲中得。聖人用心引導耳目，小人用耳目引導心。

第四二章

為人上者，患在不明；為人下者，患在不忠。人知糞田，莫知糞心。端身正行，全以至今。見亡知存，見霜知冰。

【語　譯】居高位的人怕不能明察，居下位的人怕不能忠誠。人都知道肥田，卻不知道修心養性。端正自身的行為，能夠保全到現在。看見他人滅亡，才知道怎樣生存；看見結霜，就知道將要結冰。

第四三章

廣大在好利，恭敬在事親。因時易以為仁，因道易以達人。營於利者多患，輕諾者寡信。

【語　譯】好利，要能廣慈寬大；事親，要能恭敬孝順。順應時機容易行仁，順應正道容易使人通達。汲汲於求利的多憂患，輕易許諾的少信實。

第四四章

欲賢者莫如下人，貪財者莫如全身。財不如義高，勢不如德尊。父不能愛無益之子，君不能愛不軌之民。君不能賞無功之臣，臣不能死無德之君。問善御者莫如馬，問善治者莫如民。以卑為尊，以屈為伸。聖人所因，上法於天。

【語　譯】與其要高過別人，不如在人之下；與其貪財，不如保全自身。錢財不如正義高尚，權勢不如道德尊貴。父親不能愛不孝的子女，君主不能愛不守法的百姓；君主不能獎賞沒有功勞的臣子，臣子也不能為無德的君主效命。要知道誰會駕御，不如看馬的狀況；要知道誰會治政，不如看人民的反應。以卑下為尊貴，以委屈為伸張。聖人所依據的，就是效法上天。

第四五章

君子行德以全其身，小人行貪以亡其身。相勸以禮，相強以仁。得道於身，得譽於人。

【語譯】君子施行德義以保全自身，小人貪婪而使自己走向滅亡。以禮相勸勉，以仁相砥礪。道德來自自身的修養，聲譽仰仗別人的稱頌。

第四六章

知命者不怨天，知己者不怨人。人而不愛則不能仁，佞而不巧則不能信。言善毋及身，言惡毋及人。上清而無欲，則下正而民樸。來事可追也，往事不可及。無思慮之心則不達，無談說之辭則不樂。善不可以偽來，惡不可以辭去。近市無賈，在田無野，善不逆旅❶。非仁義剛武，無以定天下。

【注釋】❶善不逆旅　《大戴禮‧曾子制言上》作「行無據旅」，俞樾《諸子平議》謂據旅，猶旅距，不從之貌。

【語譯】通達天命的人不怨天，了解自己的人不怨人。人不愛別人，就不能做到仁義，言語諂諛而不真實，就不能取信於人。不要矜誇自身的好處，不要挑剔別人的缺失。在上位的人清廉少貪欲，那麼在下的百姓自然廉正樸實。未來的事情可以好好地從長計議，過去的事就算想補救也來不及了。不經過仔細考慮計議，就不容易達到目的；沒有巧妙的言辭，就沒有談論的快樂。善不可以用偽裝得來，惡也不是說說就丟得掉的。靠近市場往往無生意好做，在田地裡沒有荒野可以開闢，但是行善就沒有不從。不是仁義剛武，就不足以平定天下。

第四七章

水倍❶源則川竭，人倍信則名不達。義勝患則吉，患勝義則滅。五聖之謀，不如逢時；辯智明慧，不如遇世。有鄙心者不可授便勢❷，有愚質者不可予利器。多易多敗，多言多失。

【注 釋】❶倍 通「背」。下同。❷便勢 方便為非作歹的權勢。

【語 譯】水如果離開源頭，河川就要乾涸；人如果背離信實，名聲就不顯達。義理勝過災患就吉祥，災患勝過義理就衰亡。即使有五位聖人的謀略，還不如巧遇時機；即使有聰明才智，也不如碰上好的時代。有貪鄙之心的人，不能給他便於做壞事的權勢；有愚蠢本質的人，不可以給他生殺的利器。多改變，就多失敗；多講話，就多失誤。

第四八章

冠、履不同藏，賢不肖不同位。官尊者憂深，祿多者責大。積德無細，積怨無大，多少必報，固其勢也。

【語 譯】帽子和鞋子不能收藏在一起，賢和不肖不能居於同等地位。官位越尊憂患越多，俸祿越多責任越大。德不因為小就不積，怨不因為大就索性再犯，不管多少，一定會有報應，這是勢所必然的。

第四九章

梟❶逢鳩，鳩曰：「子將安之？」梟曰：「我將東徙。」鳩曰：「何故？」梟曰：「鄉人皆惡我鳴，以故東徙。」鳩曰：「子能更鳴，可矣，不能更鳴，東徙猶惡子之聲。」

【注　釋】❶梟　同「鴞」。貓頭鷹。

【語　譯】貓頭鷹遇見斑鳩。斑鳩問：「您要飛到那兒去啊？」貓頭鷹說：「我要遷到東方去。」斑鳩說：「為了什麼呢？」貓頭鷹說：「村裡人都討厭我的叫聲，因此東遷。」斑鳩說：「您能改變叫聲就可以，不能改，即使遷到東方，人家還是厭惡您的叫聲。」

第五〇章

聖人之衣也，便體以安身；其食也，安於腹。適衣節食，不聽口目。

【語　譯】聖人的穿衣，方便遮蔽身體，使身體舒適就夠了；聖人的飲食，吃飽了就夠了。適當的衣服，節制的飲食，不放縱口目的享受。

第五一章❶

曾子曰：「鷹鷲以山為卑，而增巢其上；黿鼉魚鼈以淵為淺，而穿穴其中。卒其所以得者，餌也。君子苟不求利祿，則不害其身。」

【注　釋】❶第五一章　此章已見〈敬慎〉第九章。

【語　譯】曾子說：「鷹鷲以為山低，在山頂上築巢；黿鼉魚鱉以為淵淺，在泥裡穿洞；但最後終究被人捕獲，是因為貪吃餌食的緣故。君子假如能夠不謀求利祿，那麼就不致危害自身。」

第五二章

曾子曰：「狎甚則相簡也；莊甚則不親。是故君子之狎足以交懽，莊足以成禮而已。」

【語譯】曾子說：「太過親暱就會互相簡慢，太過矜莊就不能和人親近。所以君子親暱的程度，只要達到能和人歡樂交往，矜莊的程度，只要達到能完成禮儀就是了。」

第五三章

曾子曰：「入是國也，言信乎群臣，則留可也；忠行乎群臣，則仕可也；澤施乎百姓，則安可也。」

【語譯】曾子說：「去到一個國家，你講的話能夠使政府的官吏都相信，便能在那兒停留了；你的行為能使政府官吏都認為忠誠，便能在那兒作官了；你的恩惠能施於百姓，便可以在那兒安居了。」

第五四章

口者關也，舌者機也❶，出言不當，四馬不能追也。口者關也，舌者兵也，出言不當，反自傷也。言出於己，不可止於人，行發於邇❷，不可止於遠。夫言行者，君子之樞機。樞機之發，榮辱之本也❸。可不慎乎！故蒯子羽曰：「言猶射也，栝❹既離弦，雖有所悔焉，不可從而追已。」《詩》曰：「白珪之玷，尚可磨也；斯言之玷，不可為也❺。」

【注　釋】❶口者關也二句　機所以發，關所以閉，凡設有機件而能制動的器械，皆稱為機關。❷邇　近。❸夫言行者四句　見《易經・繫辭上》。樞機，樞是戶樞，所以利轉；機是門梱，所以止扉。樞機為門戶之要，猶言行為君子之要（說本王引之《經義述聞・二》）。❹栝　箭末扣弦處。❺白珪之玷四句　見《詩經・大雅・抑》。珪，古代帝王、諸侯朝聘或祭祀時拿的玉器。玷，玉上的斑點。

【語　譯】嘴巴好比機器的關閉紐，舌頭好比機器的啟動紐，啟動紐一打開，機器就轉動了，嘴巴一張開，話就說出去了，說出去的話如果不妥當，四匹馬也追不回來。嘴巴好比關卡，舌頭好比兵器，說出去的話如果不妥當，反而傷害自己。話從自己嘴裡講出去，聽在別人耳朵裡就收不回來；行為從自己身上表現出來，傳到了遠方也難以收回。言行是君子的關鍵所在，說話和行為妥善不妥善，正當不正當，就是得到榮耀或者招致恥辱的主要條件。可以不慎重嗎！所以蒯子羽說：「說話好比射箭，箭已經離了弦，即使後悔，也追不回來了。」《詩經》上說：「白珪上的瑕疵，還可以磨得掉；言語有了差錯，可就改不掉了。」

第五五章

蠋欲類蠶，鱓欲類蛇❶。人見蛇蠋，莫不身洒然❷；女工脩蠶，漁者持鱓，不惡何也？欲得錢也。逐魚者濡，逐獸者趨，非樂之也，事之權也。

【注　釋】❶蠋欲類蠶二句　蠋，蛾蝶類的幼蟲。鱓，今通作「鱔」字。虵，俗「蛇」字。二「欲」字衍，當刪。❷洒然驚貌。

【語　譯】蠋像蠶，鱔像蛇。人們看了蠋、蛇沒有不害怕的；然而婦女捉蠶，漁夫捉鱔，並不厭惡，為什麼呢？這是為了要賺錢。捕魚的成天浸在水裡，狩獵的成天在山野裡奔跑，並不是他們喜歡這樣，不過是為著生活的權宜之計。

第五六章

登高使人欲望，臨淵使人欲窺，何也？處地然也。御者使人恭，射者使人端，何也？其形便也。

【語　譯】站在高處，人就想往遠處看，站在深淵旁邊，人就想往深處窺探，為什麼呢？因為站立的位置使他這樣。駕車使人恭敬，射箭使人端正，為什麼呢？因為這樣的姿態才方便。

第五七章

民有五死，聖人能去其三，不能除其二。飢渴死者，可去也；凍寒死者，可去也；罹五兵死者❶，可去也。壽命死者，不可去也；癰疽❷死者，不可去也。飢渴死者，中不充也；凍寒死者，外勝中也；罹五兵死者，德不忠也；壽命死者，歲數終也；癰疽死者，血氣窮也。故曰：中不正，外淫作；外淫作者多怨怪；多怨怪者疾病生。故清淨無為，血氣乃平。

【注釋】❶罹五兵死者　指在戰爭中被殺或遭受刑戮而死。五兵，五種兵器。一說指戈、殳、戟、酋矛、夷矛；一說指矛、戟、鉞、楯和弓矢；一說指矛、戟、弓、劍、戈。❷癰疽　惡瘡名。

【語譯】人類的死亡有五種，聖人能避免其中三種，有二種卻無法避免。飢渴而死、凍寒而死、被殺戮而死都是可以避免的。壽終正寢、患癰疽死的，卻不可避免。飢渴死的是吃不飽，凍寒死的是穿不暖，被殺戮死的是聖人道德不夠，壽終正寢的是年歲到了，患癰疽死的是血氣衰竭的緣故。所以說：內心不端正，外面的過分的欲望就起來了；外面的欲望起來，怨憤不滿的心理就多了；怨憤不滿的心理多，疾病就跟著來。所以能清靜無為，血氣才能平和得到健康。

第五八章

百行之本，一言也。一言而適，可以卻敵；一言而得，可以保國。響不能獨為聲，影不能倍❶曲為直，物必以其類及，故君子慎言出己。負石赴淵，行之難者也，然申屠狄❷為之，君子不貴之也；盜跖❸凶貪，名如日月，與舜、禹並傳而不息，而君子不貴。

【注釋】❶倍　通「背」。❷申屠狄　或作申徒狄。其人古書多見。或謂是夏末殷初人，追慕許由、務光讓天下之高義，因以投河；或謂是殷之末世人，以世溷濁不可居，負石自沉於淵；或以為六國時人。傳聞各異。❸盜跖　相傳為春秋末年大盜，名跖。

【語譯】各種行為的根本，只在一句話上。一句話說得適當，可以退卻敵人；一句話說得得體，可以保衛國家。回聲不能單獨成聲，影子不能使曲變直，萬物一定和它的同類相聚，所以君子講話一定要謹慎小心。背負石頭自投於淵是很難做到的事，然而申屠狄能夠做到，但是君子卻不看重他；盜跖凶狠貪暴，名聲像日月一樣為人所共知，和舜、禹同樣傳到後世，但是君子卻瞧不起他。

第五九章

君子有五恥：朝不坐，燕不議❶，君子恥之；居其位，無其言，君子恥之；有其言，無其行，君子恥之；既得之，又失之，君子恥之；地有餘而民不足，君子恥之。

【注釋】❶朝不坐二句　坐，謂坐朝。王侯上朝與群臣議事叫坐朝。燕，燕朝。帝王在內廷舉行的朝會儀式。

【語譯】君子有五件可恥的事：早上不上朝，燕朝時不議論國是，君子覺得可恥；佔據高位而沒有施政方略，君子覺得可恥；有施政方略而不能實行，君子覺得可恥；實行有些成果了，卻又使這些成果枉費掉，君子覺得可恥；土地廣大而百姓卻很貧乏，君子覺得可恥。

第六〇章

君子雖窮不處亡國之勢，雖貧不受亂君之祿。尊乎亂世，同乎暴君，君子之恥也。眾人以毀形為恥，君子以毀義為辱。眾人重利，廉士重名。

【語譯】君子雖然困厄，也不在即將危亡的國家做官；雖然貧窮，也不接受淫亂之君的俸祿。在亂世為官，和暴虐的君主一鼻孔出氣，是君子覺得可恥的。一般人以外在的形貌殘缺為可恥，君子卻認為內心的道義殘缺才是恥辱。一般人重視錢財，君子重視聲名。

第六一章

明君之制賞從重，罰從輕。食人以壯為量，事人以老為程。

【語譯】賢明的君主制定獎賞從重，處罰從輕。給人食物，要以年輕力壯的人的食量為度。事奉人，要以尊敬老年人作為標準。

第六二章

君子之言寡而實，小人之言多而虛。君子之學也，入於耳，藏於心，行之以身。君子之治也，始於不足見，終於不可及也。

【語譯】君子的話少而實在，小人的話多而虛偽。君子的治學從耳朵聽進去，而後蘊藏在心中，再表現於身體力行上。君子的治事從細微處入手，最後達到不可企及的境界。

第六三章

君子慮福弗及，慮禍百之。君子擇人而取，不擇人而與。君子實如虛，有如無。

【語譯】君子不思慮得到福樂，卻百般思慮禍患可能降臨。君子在有所取的時候要看人，施與的時候卻不選擇對象。君子學養充實，卻表現空虛；有卻表現如無。

第六四章

君子有其備則無事。君子不以愧食，不以辱得。君子樂得其志，小人樂得其事。君子不以其所不愛及其所愛也。

【語譯】君子凡事先有所準備就不會臨事慌亂。君子對於自己的衣食無所慚愧，不會用屈辱自己的方法去獲得。君子因能施展抱負而愉悅，百姓因能完成農事而快樂。君子推愛及人，不會把他所不愛的推展到他所愛的人的身上。

第六五章

君子有終身之憂而無一朝之患，順道而行，循理而言，喜不加易，怒不加難。

【語譯】君子有終身憂慮的事情，卻沒有一時的禍患。順著正道去做事，依照真理去講話。得意時不輕浮驕慢，憤怒時不隨意詰責於人。

第六六章

君子之過，猶日月之蝕也，何害於明？小人可也，猶狗之吠盜，狸之夜見，何益於善？夫智者不妄為，勇者不妄殺❶。

【注釋】❶殺　字誤，當據《群書治要》引《淮南子・泰族》作「發」。

【語譯】君子一時的過失，就好像太陽、月亮的虧蝕一般，對於光明有何損害？小人的讚許，就好像狗對著盜賊叫、貓的守夜一般，對於善行有什麼助益？聰明的人不隨便行事，勇敢的人不隨便發動。

第六七章

君子比❶義，農夫比穀。事君不得進其言則辭其爵，不得行其義則辭其祿。人皆知取之為取也，不知與之為取之。政有招寇，行有招恥，弗為而自至，天下未有。猛獸狐疑❷，不若蜂蠆之致毒也；高議而不可及，不若卑論之有功也。

【注釋】❶比　樂也。❷狐疑　狐性多疑，故謂惑而不定曰狐疑。

【語譯】君子樂於行義，農夫樂於得穀。事奉國君而不能使他採納意見就辭去爵位，不能實踐自己的抱負就辭去祿位。人們都知道明顯的獲得是獲得，卻不知道施予也是獲得的一種手段。有些政治恰好招致盜賊的興起，有些行為恰好招來恥辱；不去生事而事情自動來的，是天下沒有的事。猛獸猶豫不決，還不如蜂蠆能用毒刺螫人。議論高而不能施行，還不如論調低而有功效。

第六八章

秦信同姓以王❶，至其衰也，非易同姓也，而身死國亡。故王者之治天下，在於行法，不在於信同姓。

【注釋】❶秦信同姓以王　秦廢封建，行郡縣制度，此云信同姓以王，非其實也。

【語譯】秦國相信同姓，行封建制度，因而統有天下。到她衰亡的時候，並沒有廢棄同姓封建制度，卻身死國亡。所以帝王的治理天下，在於能夠推行法治，而不在於相信同姓封建制度。

第六九章

高山之巔無美木，傷於多陽也；大樹之下無美草，傷於多陰也。

【語譯】高山頂上長不出好樹來，毛病在於陽光太強烈；大樹底下長不出好草來，毛病在於太陰森。

第七〇章

鍾子期死而伯牙絕絃破琴❶，知世莫可為鼓也；惠施❷卒而莊子❸深瞑❹不言，見世莫可與語也。

【注釋】❶鍾子期死而伯牙絕絃破琴　事詳〈尊賢〉第八章。❷惠施　見〈善說〉第八章。❸莊子　見〈善說〉第一八章。

❹深瞑　緊閉雙目。

【語　譯】鍾子期死後，伯牙把他的琴摔破，絃扯斷，知道世上再沒有值得替他鼓琴的人了。惠施死後，莊子閉目不言，認為世上再沒有可以共同談話的人了。

第七一章

脩身者，智之府也；愛施者，仁之端也；取予者，義之符也；恥辱者勇之決也；立名者，行之極也。

【語　譯】修養身心是智慧的府庫，喜歡施恩是仁愛的發端，收取和施予是檢證禮義的信物，羞恥屈辱是判斷勇敢與否的標準，成就聲譽是行為處世的終極目標。

第七二章

進賢受上賞，蔽賢蒙顯戮，古之通義也；爵人於朝，論❶人於市，古之通法也。

【注　釋】❶論　定罪。

【語　譯】推薦賢材的人受最高的獎賞，蒙蔽賢材的人受嚴厲的懲罰，這是古代通行的道理；在朝廷裡封賞功爵，在鬧市上處決罪犯，這是古代一般的法則。

第七三章

道微而明，淡而有功。非道而得，非時而生，是謂妄成。得而失之，定而復傾。

【語 譯】道微妙而明顯，平淡而有功效。不是合乎道而得到的，不是適當時候而生長的，叫做「妄成」。這樣必定會得而復失，安而復傾的。

第七四章

福者，禍之門也；是者，非之尊也；治者，亂之先也。事無終始而患不及者，未之聞也。

【語 譯】福，是禍的根源；對，是錯的尊長；治，是亂的先兆。事情沒有徹頭徹尾做成功，而能免於憂患的，從來沒有聽說過。

第七五章

枝無忘其根，德無忘其報，見利必念害身。故君子留精神寄心於三者，吉祥及子孫矣。

【語譯】枝葉茂，不要忘了根本；恩德厚，不要忘了報答；看見好處，一定要想到是否也有害於自身。所以君子能注意留心於這三點，子孫也會受到吉祥福報了。

第七六章

兩高不可重，兩大不可容，兩勢不可同，兩貴不可雙。夫重容同雙，必爭其功。故君子節嗜欲，各守其足，乃能長久。夫節欲而聽諫，敬賢而勿慢，使能而勿賤，為人君能行此三者，其國必強大而民不去散矣。

【語譯】兩高，不可並重；兩大，不可並容；兩勢，不可相同；兩貴，不可雙顯。因為並重、並容、相同、雙顯一定會相互爭功。所以君子節制嗜欲，各自守分知足，才能長久。節欲又能接受別人的勸諫，尊敬賢人而不驕慢，任用能人而不輕賤，做君主的能做到這三點，他的國家一定會強大而百姓也不會離散了。

第七七章

默無過言，慤無過事。木馬不能行，亦不費食；騏驥日馳千里，鞭箠不去其背。

【語譯】沉默的人不會說錯話，謹慎的人不會做錯事。木馬不能行走，也不須吃草；騏驥一天能奔馳千里，卻時時遭受鞭策。

第七八章

寸而度❶之，至丈必差；銖❷而稱之，至石❸必過。石稱丈量，徑而寡失；簡❹絲數米，煩而不察。故大較❺易為智，曲辯❻難為慧。

【注釋】❶度　量度。❷銖　二十四兩為一銖。❸石　一百斤為石。❹簡　揀選。❺大較　大略；大概。❻曲辯　小處的辨析。

【語譯】一寸一寸地量度，量到一丈一定會有出入；一銖一銖地去秤，秤到一石一定會有誤差。用石來秤，用丈來量，就直接而少差失。一條一條地揀蠶絲，一顆一顆地數米粒，不但麻煩而且算不準確。所以識其大體，較易表現出智慧；小處辨析，就顯不出聰明。

第七九章

吞舟之魚，蕩而失水，制於螻蟻❶者，離其居也；猿猴失木，禽於狐貉❷者，非其處也。騰蛇❸遊霧而升，騰龍乘雲而舉，猿得木而挺❹，魚得水而鶩❺，處地宜也。

【注釋】❶螻蟻　螻蛄及蟻。螻蛄，昆蟲名。有天螻、土狗、蛞螻、鼫鼠等名。體黃褐色，長寸餘。前肢成掌狀，利於掘地。雄者能鳴。晝常穴居土中，夜出飛翔。齧食植物的根，亦食其他昆蟲。❷狐貉　狐狸及貉。貉，似狸，銳頭尖鼻，晝伏夜出。❸騰蛇　也作螣蛇，傳說中能飛的蛇。《爾雅注》：「螣蛇，龍類，能興雲霧而遊其中也。」❹挺　攀升。❺鶩　疾也。

【語譯】吞舟的大魚在水中游蕩，如果失去水的話，就被螻蟻困制，這是因為牠離開了原來的居所；猿猴下了樹就被狐貉所擒，這是因為牠離開了原來的所在。騰蛇能夠乘著霧上升，騰龍能夠乘著雲而飛舉，猿猴得著樹木能攀爬，魚得著水能疾游，都是由於所處的環境得宜啊！

第八〇章

君子博學，患其不習；既習之，患其不能行之；既能行之，患其不能以讓也。

【語譯】君子廣博求學，卻擔心不能時常練習；已經時常練習了，又擔心不能實行；已經能實行了，又擔心不能謙讓。

第八一章

君子不羞學，不羞問。問訊者，知之本；念慮者，知之道也。此言貴因人知而加知之，不貴獨自用其知而知之。

【語譯】君子不以向別人學習為可羞，不以向別人請教為可恥。多問多學是知識的根本，多多思索是求知的妙法。這是說可貴的在於能夠利用別人的知識來增加自己的知識，不貴於僅憑一己的聰明去求得知識。

第八二章

天地之道，極則反，滿則損。五采耀眼，有時而渝❶；茂木豐草，有時而落。物有盛衰，安得自若？

【語　譯】天地間運行的道理：發展到極致就生反動，滿溢了就要流損。五彩耀眼，到了一定的時候就會改變；草木茂盛，到了一定的時候就會凋謝。萬物都有盛衰起伏，如何才能夠逍遙自得呢？

【注　釋】❶渝　改變。

第八三章

民苦則不仁，勞則詐生。安平則教，危則謀。極則反，滿則損，故君子弗滿弗極也。

【語　譯】百姓生活太困苦，就起不仁之心；太勞碌，就生欺詐之心；所以生活安定就教他們仁義，如果有危險，就要預先為他們設想。事物發展到極致就生反動，水滿就要外溢，所以君子不自滿，也不走極端。

卷一七

雜　言

【題　解】本卷和前卷「談叢」一樣，都沒有一個可以概括全篇思想內容的題目。所謂雜言，一是說雜記賢哲之士的言論，不專主一家；一是指駁雜的言論，並沒有一個中心主題。不過事實上，卻不盡如此。本卷共五十三章，雖然有些章節所記的言行出於不同的人物，其內容也並無關聯，或總論君臣遇合的艱難（第一、二章），或說理想要有權勢的配合才能實行（第五、六章），或自謂善於遊說（第一〇、一一章），或論述做事要跟隨時勢變化的道理（第一二章），或解釋智者何以樂水仁者何以樂山（第四七章），或說明玉的六種美德，所述不止一端，意義也不相及。但是也有超過一半以上章節都是記述孔子和他弟子如曾子、子夏、子貢、子路等的言行，而內容則主要講述品行道德的修養和為人行事的準則。如孔子論「人有三死而非命」（第一五章）、「列士不困不成行」（第一六章）、「君子疾學，脩身端行，以須其時」（第一七章）、「至聖之士，必見進退之利，屈伸之用」（第二一章）、「見賢思齊焉，見不賢而內自省」（第二三章）、君子「有終身之樂，無一日之憂」（第二六章）以及曾子言「君子功先成而名隨之」、子夏和孔子評論顏淵、子貢、子路、子張的為人等等。所以從這一部分（第一五到四六章）來看，本卷叫做「雜言」，並不是很恰當的。

第一章

賢人君子者，通乎盛衰之時，明乎成敗之端，察乎治亂之紀，審乎人情，知所去就，故雖窮不處亡國之勢，雖貧不受汙君之祿。是以太公❶年七十而不自達，孫叔敖❷三去相而不自悔。何則？不強合非其人也。太公一合於周而侯七百歲，孫叔敖一合於楚而封十世，大夫種❸存亡越而霸句踐❹賜死於前，李斯❺積功於秦而卒被五刑❻。盡忠憂君，危身安國，其功一也，或以封侯而不絕，或以賜死而被刑，所慕所由異也。故箕子❼棄國而佯狂，范蠡❽去越而易名，智過去君弟❾而更姓，皆見遠識微，而仁能去富勢以避萌生之禍者也。夫暴亂之君，孰能離縶以役其身，而與于患乎哉？故賢者非畏死、避害而已也，為殺身無益而明主之暴也。比干❿死紂而不能正其行，子胥⓫死吳而不能存其國。二子者強諫而死，適足明主之暴耳，未始有益如秋毫之端也。是以賢人閉其智，塞其能，待得其人然後合。故言無不聽，行無見疑，君臣兩與，終身無患。今非得其時，又無其人，直私意不能已，閔世之亂，憂主之危，以無貲之身，涉蔽塞之路，經乎讒人之前，造無量之主，犯不測之罪，傷其天性，豈不惑哉？故文信侯⓬李斯天下所謂賢也。為國計，揣微射隱，所謂無過策也；戰勝攻取，所謂無強敵也。積功甚大，勢利甚高。賢人不用，讒人用事。自知不用，其仁不能去。制敵積功，不失秋毫；避患去害，不見丘山。積其所欲以至其所惡，豈不為勢利惑哉？《詩》云：「人如其一，莫知其他⓭。」此之謂也。

【注　釋】❶太公　見〈君道〉第一五章。❷孫叔敖　見〈尊賢〉第二章。❸大夫種　即越大夫文種。見〈正諫〉第二〇章。❹句踐　見〈君道〉第二二章。❺李斯　秦朝大臣。楚國上蔡人。曾從荀卿學，西仕於秦，上書諫秦逐客，得到秦王重用。秦始皇統一中國後，任丞相。主張廢封建，設郡縣，提議焚詩書，禁私學，以法為教，以吏為師。秦始皇死，聽趙高計矯詔廢太子扶蘇，立少子胡亥為二世皇帝。後遭趙高忌，被誣謀反，腰斬於咸陽。❻五刑　古以墨、劓、剕、宮、大辟為五刑。❼箕子　見〈尊賢〉第五章。❽范蠡　見〈善說〉第一一章。❾智過去君弟　智過，即知過。君弟，猶言君家。弟為宅第之第。❿比干　見〈立節〉第二章。⓫子胥　見〈尊賢〉第九章。⓬文信侯　即呂不韋（西元前？～前二三五年），戰國末秦國大臣。衛國濮陽人，原為陽翟大賈，家累千金。遊說秦華陽夫人立子楚為太子，後子楚立為莊襄王，任不韋為相，封文信侯。秦王政親政，被免去相位，憂懼自殺。⓭人如其一二句　見《詩經・小雅・小旻》。

【語　譯】賢人君子，能夠通達盛衰的時機，洞悉成敗的端倪，明察治亂的紀綱，通曉人情事故，知道何時應該離職，何時應該遷就。所以縱使窮困，也不在危亡的國家做官，雖然貧窮，也不接受昏君的俸祿。因此，姜太公雖然年已七十而不自求顯達，孫叔敖三次被免去相位也不悔恨。這是什麼緣故？不過是不勉強遷就那不知道任賢的人罷了。太公一遇周文王，而享國七百年；孫叔敖一受楚君的知遇，榮享了十代的封賞；大夫文種保存了即將被滅亡的越國而使句踐稱霸，卻被賜死；李斯在秦國累積了大功，最後卻被腰斬。他們盡心為君主分憂，危害自身而使國家安定，功勞是一樣的，有的被封侯世世不絕，有的卻受刑被殺，這是他們選擇達到理想的途徑不一樣的緣故。所以箕子離開了自己的國家而裝瘋，范蠡離開越國而改名，智過離開君家而易姓，他們都是能看得深遠，而道德修養也能夠拋棄財富威勢以躲避就要形成的災禍的人。那暴亂的君主，誰能夠免於被拘囚、被奴役而和他同患難呢？所以賢者並不只是為了怕死避害而已，也是為了徒然殺身，不但無益，反而暴露了君主的殘暴。比干為勸諫而身死，也改正不了紂王的惡行；伍子胥為吳國而死，結果卻依然不能保存吳國。這兩個人都是為了強諫君主而死，結果恰正好暴露了他們君主的殘暴，一點好處也沒有。因此賢人隱藏他的智慧，掩蔽他的才能，以等待知遇者來識拔他。這樣，就能言聽計從，行動也不會被猜疑，君臣之間，可以互相信賴，而終身無患。如果既不是時機，也未遇上知遇的人，僅僅由於個人的私意不可遏止，傷痛社會的動亂，憂慮君主的安危，於是以無價的身軀，走上險阻重重的仕途，受到讒人的汙蔑，面對無限威嚴的君主，冒著犯下不測之罪的風險，傷害了天性，豈不是糊塗嗎？文信侯呂不韋、李斯，天下人都認為他們是賢能之士，為國家計畫無微不至，真可謂沒有錯誤的策略；戰勝敵人，攻克土地，真可謂所向無敵。他們的功勳很大，權勢很高。因為皇帝不用賢人，結果讒人當權，自己雖然知道已經不被君主所信用，但是天性仁厚又不能斷然離去。他們和敵人作戰，建立功勳，不會有絲毫失誤；但是躲避禍患卻連丘山一般大的危險也看不到。累積過多的欲望，以致遭到被殺的惡果，這豈不是都因為被權勢所迷惑嗎？《詩經》上說：「人們往往只知道一面，而忽略了其他。」說的就是這個情況。

第二章

子石❶登吳山而四望，喟然而歎息曰：「嗚呼，悲哉！世有明於事情，不合於人心者；有合於人心，不明於事情者。」弟子問曰：「何謂也？」子石曰：「昔者吳王夫差❷不聽伍子胥盡忠極諫，抉目而辜❸。太宰嚭❹、公孫雒❺偷合苟容❻，以順夫差之志而伐吳❼，二子沉身江湖，頭懸越旗。昔者費仲❽、惡來❾、革❿，長鼻決耳崇侯虎，順紂之心，欲以合於意，武王⓫伐紂，四子身死牧之野，頭足異所。比干盡忠剖心而死。今欲明事情，恐有抉目剖心之禍；欲合人心，恐有頭足異所之患。由是觀之，君子道狹耳。誠不逢其明主，狹道之中，又將險危閉塞，無可從出者。」

【注　釋】❶子石　《史記・仲尼弟子列傳》：「公孫龍，字子石，少孔子五十三歲。」按此公孫龍非趙人談堅白者。趙公孫龍在平原君門，與子思玄孫孔穿同時，與孔子弟子為二人。❷夫差　見〈尊賢〉第五章。❸辜　磔之也。❹太宰嚭　即伯嚭。見〈正諫〉第二〇章。❺公孫雒　吳國大夫。❻偷合苟容　苟且迎合，以求容身。❼伐吳　當作「伐齊」，盧文弨說。❽費仲　商紂諛臣。❾惡來　蜚廉之子，有力能手裂虎兕，隨父以材力事商紂。後周武王伐紂時被殺。❿革　《太平御覽・三六六》引作「膠革」，當亦商紂臣。⓫武王　周武王。見〈君道〉第一五章。

【語　譯】子石登上吳山，向四面眺望，歎息說：「唉，可悲啊！世上有通達情理卻不合人心的，也有合乎人心卻不通達情理的。」學生們問：「這怎麼講呢？」子石說：「從前吳王夫差不聽伍子胥忠心勸諫，挖下他的雙目而把他殺掉；太宰嚭、公孫雒苟且迎合夫差的心意，去攻伐齊國，結果兩人被殺死在水裡，首級掛在越國的旗桿上。從前費仲、惡來、膠革，以及長鼻子、裂耳朵、形貌醜陋的崇侯虎，他們順著商紂的心意，想迎合商紂，結果周武王伐紂，四個人死在牧野，身首異處。比干為了盡忠於紂王，結果剖心而死。如果要通達情理，恐怕惹來挖眼剖心的災禍；如果要迎合別人，又恐怕有頭足異所的患難。這樣看來，君子之道，實在狹隘得很。果真不能遇到聖明的君主，那就像在狹窄的道路上，又遇到危險閉塞，逃也無處逃。」

第三章

祁射子見秦惠王❶，惠王說之，於是唐姑❷讒之。復見，惠王懷怒以待之。非其說異也，所聽者易也。故以徵為羽，非絃之罪也；以甘為苦，非味之過也。

【注釋】❶祁射子見秦惠王　祁射子，東方的墨家學者。秦惠王，即秦惠文王，戰國時秦國國君，孝公子，名駟。西元前三三七～前三一一年在位。❷唐姑　秦國的墨者。

【語譯】祁射子見秦惠王，惠王很高興，於是唐姑在惠王面前講他的壞話。祁射子再次晉見惠王，惠王卻滿腔怒火地接見他。並不是祁射子的談論和以前不一樣，而是聽的人的態度不同了。所以把徵音當成羽音，不是絃的罪咎；把甜的當成苦的，不是味的過失。

第四章

彌子瑕❶愛於衛君。衛國之法，竊駕君車罪刖❷。彌子瑕之母疾，人聞，夜往告之。彌子瑕擅駕君車而出。君聞之，賢之曰：「孝哉！為母之故，犯刖罪哉！」君遊果園，彌子瑕食桃而甘，不盡而奉君。君曰：「愛我而忘其口味。」及彌子瑕色衰而愛弛，得罪於君，君曰：「是故嘗矯吾車，又嘗食我以餘桃。」故子瑕之行，未必變初也，前見賢後獲罪者，愛憎之生變也。

【注釋】❶彌子瑕　春秋時衛國大夫，以色事衛靈公，甚得靈公寵愛。❷刖　古代砍掉腳的酷刑。

【語譯】彌子瑕受到衛靈公的寵愛。衛國的法律，私自駕駛國君的車子要受砍腳的刑罰。彌子瑕的母親生病，有人聽到後連夜去告訴他。彌子瑕擅自駕駛國君的車子就出宮。靈公聽後讚美他說：「真孝順呀！為了母親的緣故，甘願犯砍腳的罪呀！」靈公遊覽果園，彌子瑕吃桃子，覺得味道鮮甜，就把吃剩的給靈公。靈公說：「愛我竟然把吃剩的桃子給我，不怕我嫌棄他的口氣。」等到彌子瑕容貌衰老不再受寵時，得罪了靈公，靈公就說：「這個人曾經假傳命令乘我的車，又曾經把吃剩的桃子給我吃。」所以彌子瑕的行為，未必和當初有什麼改變，先前受到誇讚，後來受到懲罰，是因為愛憎之情發生了變化啊！

第五章

舜耕之時，不能利其鄰人，及為天子，天下戴之。故君子窮則善其身，達則利於天下。

【語譯】當舜還是一般人在田裡耕作時，連幫助鄰人的能力都沒有，等到他做了天子，天下的人都擁戴他。所以君子在困窘時，就修養好自身；顯達時，就造福天下。

第六章

孔子❶曰：「自季孫❷之賜我千鍾而友益親，自南宮項叔❸之乘我車也而道加行。故道有時而後重，有勢而後行，微夫二子之賜，丘之道幾於廢也。」

【注釋】❶孔子 見〈君道〉第五章。❷季孫 即季桓子。見〈政理〉第二章。❸南宮項叔 「項」當作「頊」，形近而誤。《史記・孔子世家》、《孔子家語・致思》作「敬」，頊、敬古音同部相通。南宮敬叔，春秋時魯國大夫。孟釐子之子。曾與孟懿子向孔子學禮，並請於魯君，以車乘請孔子適周問禮。

【語譯】孔子說：「自從季孫氏賜給我千鍾的俸祿以後，朋友們更加親近了；自從南宮頊叔送給我車乘以後，我的理想更加容易推行。所以一個人的理想抱負要等待著時運才會讓人看重，有了權勢然後才能推行。沒有這兩個人的賜予，我的理想抱負幾乎要廢棄了。」

第七章

太公❶田不足以償種，漁不足以償網，治天下有餘智。文公種米❷，曾子架羊❸，孫叔敖❹相楚三年，不知軛在衡後。務大者固忘小。智伯❺廚人亡炙⿱竹選❻而知之，韓、魏反而不知。邯鄲子陽❼園人亡桃而知之，其亡也不知。務小者亦忘大也。

【注釋】❶太公 見〈君道〉第一五章。❷文公種米 《淮南子・泰族》作「文公樹米」，許慎《注》：「文公，晉文公也。樹米而欲生之。」❸架羊 用羊駕車。❹孫叔敖 見〈尊賢〉第二章。❺智伯 見〈建本〉第三〇章。❻炙⿱竹選 古代廚房用的竹製容器。❼邯鄲子陽 春秋末趙國邯鄲大夫，姓趙，即邯鄲午。晉定公十五年（西元前四九七年），被趙鞅拘捕，囚晉陽，後被殺。

【語譯】當初姜太公不得志時，種田的收穫連隔年用來當種籽都不夠，捕魚的收穫還不足以買網，可是他治理天下的智慧卻綽綽有餘。晉文公以米下種，曾子用羊駕車，孫叔敖做楚國的相三年，卻不知道車軛是在衡的後面。注意大事的，本來就會忘記小處。智伯廚子丟了竹器他知道，韓、魏兩國要造反他卻不知道；邯鄲子陽看果園的人丟掉桃子他知道，自己將要敗亡卻不知道。小處著眼的，也會忘了大事。

第八章❶

淳于髡❷謂孟子❸曰：「先名實者，為人者也；後名實者，自為者也。夫子在三卿❹之中，名實未加上下而去之，仁者固如此乎？」孟子曰：「居下位，不以賢事不肖者，伯夷❺也；五就湯，五就桀者，伊尹❻也；不惡汙君，不辭小官者，柳下惠也。三子者不同道，其趣❼一也。一者何也，曰，仁也。君子亦仁而已，何必同？」曰：「魯穆公❽之時，公儀子❾為政，子思、子庚❿為臣，魯之削也滋甚⓫，若是乎賢者之無益於國也？」曰：「虞不用百里奚⓬而亡，秦穆公⓭用之而霸，故不用賢則亡，削何可得也？」曰：「昔者王豹處於淇，而河西善謳⓮；綿駒處於高唐，而齊右善歌⓯；華舟、杞梁之妻善哭其夫而變國俗⓰。有諸內，必形於外。為其事，無其功，髡未睹也。是故無賢者也；有則髡必識之矣。」曰：「孔子為魯司寇而不用，從祭，膰肉不至⓱，不脫冕而行⓲。其不善者以為為肉也，其善者以為為禮也⓳。乃孔子欲以微罪行⓴，不欲為苟去。故君子之所為，眾人固不得識也。」

【注　釋】❶第八章　案此章之文亦見《孟子・告子下》，即此所本。朱熹《集注》：「名，聲譽也。實，事功也。言以名實為先而為之者，是有志於救民也；以名實為後而不為者，是欲獨善其身者也。」❷淳于髡　見〈復恩〉第二一章。❸孟子　見〈建本〉第一〇章。❹三卿　楊伯峻《孟子譯注》引全祖望《經史問答》云：「孟子之世，七國官制尤草草。大抵三卿者，指上卿、亞卿、下卿而言。樂毅初入燕乃亞卿，是其證也。或曰，一卿是相，一卿是將，其一為客卿，而上下本無定員，亦通。」❺伯夷　見〈立節〉第二章。❻伊尹　見〈君道〉第一四章。❼趣　同「趨」。趨向也。❽魯穆公　見〈至公〉第四章。❾公儀子　當是公儀休。見〈政理〉第一九章。❿子思子庚　《孟子・告子下》作「子柳、子思」。趙岐《注》：「子柳，泄柳也。」子庚，亦泄柳之字。子思，孔子之孫伋也。見〈建本〉第一三章。⓫魯之削也滋甚　楊伯峻《孟子譯注》：「案之《史記・六國年表》，「齊宣公十四年，伐魯莒及安陽；四十五年，伐魯，取都；四十八年，取魯郕；齊康公十一年，伐魯，取最；十五年，魯敗我（齊）平陸；二十年，伐魯，破之。』諸事都當魯繆公之世，除僅一度於平陸打敗齊國以外，其餘都是兵敗地削，可以為此語佐證。」⓬百里奚　見〈臣術〉第九章。⓭秦穆公　見同前。⓮王豹處於淇二句　《孟子》趙岐《注》：「王豹，衛之善謳者。淇，水名。……衛地濱於淇水，在北流河之西，故曰『處淇水而河西善謳』。」此河西，實指衛境而言。⓯綿駒處於高唐二句　《孟子》趙岐《注》：「綿駒，善歌者也。高唐，齊西邑。綿駒處之，故曰『齊右善歌』。」高唐故城在今山東禹城西南。⓰華舟杞梁之妻善哭其夫而變國俗　華舟、杞梁戰於莒而死，其妻聞之而哭，城為之阤，而隅為之崩。詳見本書〈立節〉第一五章，彼文《集證》有說。⓱膰肉不至　楊伯峻《孟子譯注》：「燔肉不至，燔亦作膰，即祭肉，又曰胙，又曰脤，又曰福肉，又曰釐肉。古禮，宗廟社稷諸祭，必分賜祭肉與同姓之國以及有關諸人，表示『同福祿』。《史記・孔子世家》云：『齊陳女樂，季桓子微服往觀，怠於政事。子路曰：「夫子可以行矣。」孔子曰：「魯今且郊，如致膰乎大夫，則吾猶可以止。」桓子卒受齊女樂，三日不聽朝，郊又不致膰俎於大夫，孔子遂行。』」⓲不脫冕而行　謂匆忙而行也。⓳其不善者以為肉也二句　二「善」字，《孟子》作「知」。又「禮」上有「無」字。⓴欲以微罪行　楊伯峻《孟子譯注》引閻若璩《四書釋地續》云：「蓋孔子為魯司寇，既不用其道，宜去一；燔俎又不至，宜去二。其去之之故，天下自知之，但孔子不欲其失純在君相，己亦帶有罪焉。樂毅報燕王尚云：『忠臣去國，不潔其名。』況孔子乎？又禮，『大夫士去國，不說人以無罪。』《注》云：『己雖遭放逐，不自以無罪解說於人，過則稱己也。』以膰肉不至遂行，無乃太甚，此之謂以微罪行。魯人為肉、為無禮之議，正愜孔子微罪之心。」

【語　譯】淳于髡對孟子說：「重視名譽功業，是為著濟世救民，輕視名譽功業，是為著獨善其身。您是齊國三卿之一，對於上輔君王下濟臣民的名譽和功業都沒有建立您就離開，仁人原來是這樣的嗎？」孟子說：「處在卑賤的職位，不拿自己賢人的身分去服事不肖的人的，這是伯夷；五次往湯那裡去，又五次往桀那裡去的，這是伊尹；不討厭惡濁的君主，不拒絕微賤的職位的，這是柳下惠。三個人的行為不相同，但總方向是一樣的。這一樣的是什麼呢？就是仁。君子只要能行仁就行了，何必相同呢？」淳于髡說：「當魯穆公的時候，公儀子主持國政，子思和子庚也都在朝為臣，魯國的削弱卻更加厲害，賢人對國家的毫無好處竟像這樣的嗎？」孟子說：「虞國不用百里奚，因而滅亡；秦穆公用了百里奚，因而稱霸。所以不用賢人就會遭致滅亡，即使要求勉強存在，都是辦不到的。」淳于髡說：「從前王豹住在淇水旁邊，河西的人都會唱歌；綿駒住在高唐，齊國西部地方都會唱歌；華舟、杞梁的妻子痛哭她們的丈夫，因而改變了國家的風尚。有什麼內涵，一定會表現在外面。如果從事某種工作，卻見不到功績的，我未看過這樣的事。所以今天是沒有賢人；如果有賢人，我一定會知道他。」孟子說：「孔子做魯國的司寇，不被信用，參加祭祀，祭肉也沒有送來，於是匆忙地離開。那些不以為然的，認為孔子是為著爭祭肉而走的；以為然的，就知道孔子是為了禮而走的。至於孔子，卻是要自己背負一點小罪名而離開，不願貿然離開。所以君子的作為，本來就是一般人無法了解的。」

第九章

梁相死。惠子❶欲之梁。渡河而遽墮水中，船人救之。船人曰：「子欲何之而遽也？」曰：「梁無相，吾欲往相之。」船人曰：「子居船楫之間而困❷，無我則子死矣，子何能相梁乎？」惠子曰：「子居艘楫之間❸，則吾不如子。至於安國家，全社稷，子之比我，蒙蒙❹如未視之狗耳。」

【注釋】❶惠子 即惠施。見〈善說〉第八章。❷困 諸書所引皆作「溺」，是也。❸子居艘楫之間 「子」字當刪。說見《集證》。❹蒙蒙 不明；無知。

【語譯】梁國的相死了。惠子要到梁國去。在渡河時候，匆忙間突然掉下水，船夫把他救起來。船夫說：「您這樣匆忙，是要到那兒去？」惠子說：「梁國沒有相，我要到梁國去做相。」船夫說：「您在船上居然掉下水，要不是我伸出援手您便淹死了，您怎麼能夠做梁國的相呢？」惠子說：「行水划船我不如你，至於說到安定國家保全社稷，你和我比，懵懂無知就像還沒有睜開眼睛的小狗。」

第一〇章

西閭過❶東渡河，中流而溺，船人接而出之，問曰：「今者子欲安之？」西閭過曰：「欲東說諸侯王。」船人掩口而笑曰：「子渡河中流而溺，不能自救，安能說諸侯乎？」西閭過曰：「無以子之所能相傷為❷也。子獨不聞和氏之璧❸乎？價重千金，然以之間紡❹，曾不如瓦塼❺；隨侯之珠❻，國之寶也，然用之彈，曾不如泥丸；騏驥、騄駬❼，倚衡負軛而趨，一日千里，此至疾也，然使捕鼠，曾不如百錢之狸；干將鏌鋣❽，拂鍾不錚❾，試物不知，揚刃離金，斬羽契❿鐵斧，此至利也，然以之補履，曾不如兩錢之錐。今子持楫乘扁舟，處廣水之中，當陽侯之波⓫而臨淵流，適子所能耳，若誠與子東說諸侯王，見一國之主，子之蒙蒙⓬無異夫未視之狗耳。」

【注釋】❶西閭過　未詳其人。❷為　助詞，無義。❸和氏之璧　春秋時楚人卞和得璞玉，獻之楚厲王、武王，兩次被刖足，及至文王命匠剖之，果得美玉，後因名為和氏璧。❹間紡　紡線。❺瓦磚　古代紡線用的紡錘。❻隨侯之珠　隨又作「隋」，漢東小國。隋侯見大蛇受傷，以藥治之，後蛇銜明珠以報，世稱隋侯珠。❼騏驥騄駬　良馬名。❽鏌鋣　一作莫邪，與干將同為寶劍名。❾錚　金屬相擊聲。❿契　刻。⓫陽侯之波　指波浪。陽侯，傳說中的水神。⓬蒙蒙　不明；無知。

【語譯】西閭過東渡黃河，到中流掉進了水裡，船夫把他拉起來，問他說：「您現在要到那裡去？」西閭過說：「要到東方去遊說諸侯王。」船夫用手摀嘴笑著說：「您渡河到中流掉進了水裡，自己不能救自己，那裡還能遊說諸侯呢？」西閭過說：「不要拿自己的長處來批評別人。你難道沒有聽說過和氏的玉璧嗎？它價值千金，但是要用它來紡線，還不如一個紡錘；隋侯的大珠，國家的重寶，但是用它來彈鳥，還比不上一顆泥丸；騏驥、騄駬，拉車趕路，一天走一千里，這是最快速的了，但是要用牠們來捕鼠，還比不上一隻只值一百錢的狸貓；干將、莫邪，砍擊銅鐘沒有聲音，切割東西沒有感覺，揚起劍鋒能切斷金屬，斬割羽毛，深入鐵斧，這是最鋒利的了，但是要用它們來補鞋，還比不上只值兩個錢的錐子。現在你握著槳划著小船，置身在大河中間，迎著波濤往來深水急流之上，正是你的長處，假若和你去東方遊說諸侯王，進見一國的君主，你的懵懂無知，就和還沒有睜開眼睛的小狗沒有兩樣了。」

第一一章

甘戊❶使於齊，渡大河，船人曰：「河水，間❷耳，君不能自渡，能為王者之說乎？」甘戊曰：「不然，汝不知也。物各有短長：謹愿敦厚❸，可事主，不施用兵；騏驥、騄駬，足及千里，置之宮室，使之捕鼠，曾不如小狸；干將為利，名聞天下，匠以治木，不如斤斧。今持楫而上下隨流，吾不如子；說千乘之君，萬乘之主，子亦不如戊矣。」

【注釋】❶甘戊　即甘茂。戰國時秦國大臣。楚國下蔡人。師事史舉先生，學百家之術。秦惠王時為將，輔佐魏章平定漢中地。武王時，任左丞相。後受讒奔齊，任上卿。死於魏國。❷間　通「澗」。❸謹愿敦厚　誠實寬厚。

【語譯】甘戊出使齊國，渡黃河，船夫說：「河水就像澗一樣，您都沒法子渡過去，還能去遊說君王嗎？」甘戊說：「話不是這樣說的，你不懂。各種事物都有不同的能耐：誠實寬厚的人，可以事奉國君，但是不會用兵；騏驥、騄駬，可以奔馳千里，但是把牠們放在屋內捕鼠，就不如小貓；干將的鋒利，天下聞名，但是工匠用它來砍木頭，就不如斧頭砍刀。現在拿槳划船，隨波上下，我不如你；但是遊說千乘之君、萬乘之主，你也就不如我甘戊了。」

第一一二章

今夫世異則事變，事變則時移，時移則俗易。是以君子先相其土地而裁其器，觀其俗而和其風，總眾議而定其教。愚人有學遠射者，參矢❶而發，已射五步之內，又復參矢而發。世以易矣，不更其儀，譬如愚人之學遠射。目察秋毫之末者，視不能見太山，耳聽清濁之調者不聞雷霆之聲，何也？唯其意有所移也。百人操觿❷，不可為固結；千人謗獄，不可為直辭；萬人比❸非，不可為顯士。

【注釋】❶參矢　參，猶望也。「矢」字當作「天」，形近而誤。下同。❷觿　古代用以解繩結的角錐。❸比　親附；阿附。

【語譯】社會的形態不同了，事理就跟著改變；事理改變了，時勢就跟著移換；時勢移換了，民俗也就跟著更易了。因此，君子首先省視土地，然後鑄造農具；觀察民俗，然後調和風尚；總合眾議，然後決定怎樣教化。有個笨人學習遠射，仰頭對著天射箭，只射了五步遠；再射，又仰頭對著天射。社會已經改變了，制度法規不知道跟著變，就和笨人學習遠射不知道變通一樣。眼睛能看到細小毫毛的末端，卻看不見泰山；耳朵能分辨清濁的聲音，卻聽不見打雷；這是為什麼呢？不過是注意力專注在另外一方面罷了。有上百人拿著角錐，當然就不可能結成牢固的繩結；有上千人故意歪曲案件，當然就沒有公正的證辭；有上萬人都附和錯誤的一方，當然就顯不出好人了。

第一三章

麋鹿成群，虎豹避之；飛鳥成列，鷹鷲不擊；眾人成聚，聖人不犯。騰蛇遊於霧露，乘於風雨而行，非千里不止，然則暮託宿於鰌鱣❶之穴。所以然者何也？用心不一也。夫蚯蚓內無筋骨之強，外無爪牙之利，然下飲黃泉，上墾晞土❷。所以然者何也？用心一也。聰者耳聞，明者目見，聰明形則仁愛著，廉恥分矣。故非其道而行之，雖勞不至；非其有而求之，雖強不得。智者不為非其事，廉者不求非其有，是以遠容❸而名章也。《詩》云：「不忮不求，何用不臧❹？」此之謂也。

【注釋】❶鰌鱣 鰌，俗名泥鰍。鱣，即黃鱔。❷晞土 乾燥的土壤。❸遠容 無義，疑當據《韓詩外傳‧一》作「遠害」。❹不忮不求二句 見《詩經‧邶風‧雄雉》。忮，害。臧，善。

【語　譯】麋鹿成了群，虎豹就要躲避；飛鳥成了列，鷹鷲也不敢襲擊；眾人聚集在一起，聖人也不敢冒犯。騰蛇遊於雲霧，乘著風雨飛行，不飛到一千里不停止，然而晚間卻要寄居在泥鰍和鱔魚的洞穴中休息。為什麼這樣呢？因為用心不專一。那蚯蚓既沒有強壯的筋骨，也沒有銳利的爪牙，然而能夠鑽入地下飲黃泉之水，又能夠鑽鬆乾燥的泥土。為什麼這樣呢？因為用心專一。耳朵好的人，聽得清聲音；眼睛好的人，看得明事物。耳聰目明的人就能夠推行仁愛，分辨廉恥了。所以走的道路不正確，雖然辛勞也走不到；不是應該有的而去追求，雖然再勉強也得不到。聰明的人不做他不應該做的事，廉潔的人不追求不是他應該有的東西，因此能夠遠離禍患而聲名顯著。《詩經》上說：「不忌害，不貪求，怎麼會不好呢？」就是說的這個意思。

第一四章

楚昭王❶召孔子，將使執政而封以書社❷七百。子西❸謂楚王曰：「王之臣用兵有如子路❹者乎？使諸侯有如宰予❺者乎？長官五官有如子貢❻者乎？昔文王處酆❼，武王處鎬❽，酆、鎬之間，百乘❾之地，伐上殺主，立為天子，世皆曰聖王。今以孔子之賢，而有書社七百里之地，而三子佐之，非楚之利也。」楚王遂止。夫善惡之難分也，聖人獨❿見疑，而況於賢者乎？是以賢聖罕合，諂諛常興也。故有千歲之亂，而無百歲之治。孔子之見疑，豈不痛哉！

【注　釋】❶楚昭王　見〈君道〉第二九章。❷書社　《史記‧孔子世家》：「昭王將以書社地七百里封孔子。」《史記會注考證》曰：「書社，書名於里社之籍也，猶曰居民也。書社十，即十戶；書社百，即百戶。」❸子西　令尹子西。❹子路　見〈臣術〉第二四章。❺宰予　見〈政理〉第四五章。❻子貢　見〈臣術〉第四章。❼酆　亦作「豐」。故城在今陝西戶縣東。❽鎬　周武王建都所在，故城在今陝西西安西南。❾百乘　疑當作「百里」。❿獨　猶「猶」也。尚且的意思。

【語　譯】楚昭王準備請孔子去，讓他執掌國家的大政，並且封他七百戶。令尹子西對楚王說：「君王的臣子當中用兵有如子路的嗎？出使諸侯有如宰予的嗎？掌管百官有如子貢的嗎？從前周文王住在豐，周武王都於鎬，豐、鎬之間，地方不過百里，而能夠討伐商紂，立為天子，世世代代都被稱為聖王。現在以孔子的賢德，而有七百里的封地，再加上子路、宰予、子貢三個人幫助他，恐怕對楚國沒有好處。」楚王於是取消邀請孔子的計畫。那善和惡實在很難分辨，聖人尚且遭人疑忌，何況是一般賢士呢？因此，聖人賢士很少有遇合，而諂諛小人卻往往得意。所以這個世上常有千年的禍亂，而沒有百歲的安寧。孔子的遭人疑忌，怎不令人痛惜啊！

第一五章

魯哀公❶問於孔子曰：「有智者壽乎？」孔子曰：「然。人有三死而非命也者，人自取之。夫寢處不時，飲食不節，佚❷勞過度者，疾共殺之；居下位而上忤其君，嗜慾無厭❸而求不止者，刑共殺之；少以犯眾，弱以侮強，忿怒不量力者，兵共殺之。此三死者非命也，人自取之。」《詩》云：「人而無儀，不死何為❹？」此之謂也。

【注　釋】❶魯哀公　見〈君道〉第五章。❷佚　放蕩。❸厭　通「饜」。飽；滿足。❹人而無儀二句　見《詩經・鄘風・相鼠》。

【語　譯】魯哀公問孔子說：「智者會長壽嗎？」孔子說：「是的。人有三種死法，都與天命無關，而是人自取的。睡覺休息不定時，飲食不節制，放蕩或者操勞過度，都會死於疾病；處於臣下的地位卻忤逆君主，欲望無窮而追求不止，都會死於刑罰；以少數冒犯多數，以弱小欺侮強大，好勇鬥狠不自量力的，都會死於刀劍之下。這三種死，都不是天命，而由人自取。」《詩經》上說：「做人而不守法則，不死還等什麼？」就是說的這個道理。

第一六章

孔子遭難陳、蔡❶之境，絕糧，弟子皆有飢色，孔子歌兩柱之間。子路入見曰：「夫子之歌，禮乎？」孔子不應，曲終而曰：「由，君子好樂，為無驕也；小人好樂，為無懾也。其誰知之？子不我知而從我者乎？」子路不悅，援干❷而舞，三終而出。及至七日，孔子脩樂不休，子路慍，見曰：「夫子之脩樂，時乎？」孔子不應，樂終而曰：「由，昔者齊桓霸心生於莒❸，句踐霸心生於會稽❹，晉文霸心生於驪氏❺。故居不幽則思不遠，身不約則智不廣，庸知❻而不遇之？」於是興。明日，免於厄。子貢執轡曰：「二三子從夫子而遇此難也，其不可忘已。」孔子曰：「惡，是何也❼？語不云乎：三折肱而成良醫。夫陳、蔡之間，丘之幸也，二三子從丘者，皆幸人也。吾聞人君不困不成王，列士不困不成行。昔者湯困於呂❽，文王困於羑里❾，秦穆公困於殽❿，齊桓困於長勺⓫，句踐困於會稽，晉文困於驪氏。夫困之為道，從寒之及煖，煖之及寒也，唯賢者獨知而難言之也。」《易》曰：「困，亨，貞。大人吉，無咎。有言不信⓬。」聖人所與人難言，信也。

【注釋】❶陳蔡　陳，春秋國名。在今河南淮陽及安徽亳縣一帶。蔡，春秋國名。即今河南上蔡、新蔡等縣地。❷授干　「授」當作「援」，字誤。干，即盾。古代作戰時用以衛身抵禦兵刃的武器。❸齊桓霸心生於莒　齊桓，齊桓公。見〈君道〉第一七章。莒，在齊國的東部。齊桓公未立時，齊內亂，曾奔於莒。❹句踐霸心生於會稽　句踐，見〈君道〉第二二章。會稽，山名。在今浙江紹興東南。句踐被吳王夫差戰敗後，退保會稽。❺驪氏　指晉文公父獻公之寵妾驪姬。驪姬欲立親子，害死太子申生，並讒毀公子重耳、夷吾等。❻庸知　怎知。庸，豈也。❼惡二句　「何」下脫「言」字。❽湯困於呂　未聞其事。❾文王困於羑里　羑里，古地名。故址在今河南湯陰北。商紂囚周文王於此。❿秦穆公困於殽　殽，山名。當在今陝西潼關至河南新安一帶，形勢險要。秦穆公派兵襲鄭，在此為晉軍所敗。⓫齊桓困於長勺　長勺，地名，春秋屬魯。故地在今山東曲阜。齊桓公侵魯，為曹劌敗於此。⓬困六句　見《易經．困卦》。

【語譯】孔子在陳、蔡的地方遇難，斷了糧，弟子們都面有飢色，孔子卻悠然地在兩柱之間唱歌。子路進屋見孔子說：「老師在這個時候還唱歌，這合禮嗎？」孔子沒有馬上回答，唱完了才說：「由，君子喜歡音樂，為的是使自己不驕慢；小人喜歡音樂，為的是使自己不恐懼。誰了解這層道理呢？你不了解我還跟著我幹什麼？」子路不高興，拿起盾來起舞，舞了三回才出去。到了第七天，孔子還是練習音樂不休。子路生氣地見孔子說：「老師現在練習音樂，合時嗎？」孔子不回答，樂曲完了才說：「由，從前齊桓公由於奔莒而產生稱霸之心，句踐由於要報會稽之恥而產生稱霸之心，晉文公是由於受到驪姬的讒害而產生稱霸之心。所以平居生活不困頓，思想就不深遠；自身不遭艱困，智慧就不寬廣。怎麼知道我就不遇時呢？」於是大家振作起來，第二天果然解除了災難。子貢為孔子駕車，挽著韁繩說：「大家追隨老師而遇到這次災難，大概無法忘記。」孔子說：「這是什麼話？俗話不是說嗎：斷了三次胳臂就成了良醫。陳、蔡之間的困厄，是我的幸運；你們跟隨我的，也都是幸運的人。我聽說：一個國君沒有遭受過挫折，成就不了王業；士人沒有遭受過困厄，成就不了品行。從前商湯受困於呂，文王受困於羑里，秦穆公受困於殽山，齊桓公受困於長勺，句踐受困於會稽，晉文公受困於驪姬。困厄的道理，好比從寒到暖，又從暖到寒，只有賢人自己才領會得到，但是也很難說得出來。」《易經》上說：「困厄，卻是通達的，只要堅定，惟有偉大的人能做到，因而吉祥，沒有災難。但是所說的話不被人相信。」聖人對人有時也難以用言語表明自己的心跡，真的是這樣。

第一七章

孔子困於陳、蔡之間，居環堵❶之內，席三經之席❷，七日不食，藜羹不糝❸，弟子皆有飢色，讀《詩》、《書》，治禮不休。子路進諫曰：「凡人為善者，天報以福；為不善者，天報以禍。今先生積德行為善久矣，意者❹尚有遺行❺乎，奚居隱也❻？」孔子曰：「由來，汝不知，坐，吾語汝。子以夫知者為無不知乎，則王子比干❼何為剖心而死？子以諫者為必聽耶，伍子胥❽何為抉目於吳東門？子以廉者為必用乎，伯夷、叔齊❾何為餓死於首陽山之下？子以忠者為必用乎，則鮑莊何為而肉枯❿，荊公子高終身不顯⓫，鮑焦抱木而立枯⓬，介子推登山焚死⓭？故夫君子博學深謀不遇時者眾矣，豈獨丘哉！賢不肖者，才也；為不為者，人也；遇不遇者，時也；死生者，命也。有其才不遇其時，雖才不用；苟遇其時，何難之有？故舜耕歷山而陶於河畔⑭，立為天子，則其遇堯也；傅說⑮負壤土，釋板築⑯而立佐天子，則其遇武丁⑰也；伊尹⑱，有莘氏⑲媵臣⑳也，負鼎俎、調五味㉑而佐天子，則其遇成湯也；呂望㉒行年五十，賣食於棘津㉓，行年七十，屠牛朝歌㉔，行年九十，為天子師，則其遇文王也；管夷吾束縛膠目，居檻車中㉕，自車中起為仲父㉖，則其遇齊桓公㉗也；百里奚㉘自賣取五羊皮，伯氏牧羊㉙以為卿大夫，則其遇秦穆公㉚也；沈尹名聞天下，以為令尹，而讓孫叔敖㉛，則其遇楚莊王㉜也；伍子胥前多功，後戮死，非其智益衰也，前遇闔廬㉝，後遇夫差㉞也。夫驥厄罷㉟鹽車，非無驥狀也，夫世莫能知也。使驥得王良、造父㊱，驥無千里之足乎？芝蘭㊲生深林，非為無人而不香。故學者，非為通㊳也，為窮而不困㊴也，憂不衰㊵也，此㊶知禍福之始㊷而心不惑也。聖人之深念㊸，獨知獨見。舜亦賢聖矣，南面治天下，唯其遇堯也。使舜居桀紂之世，能自免刑戮固可也，又何官得治乎？夫桀殺關龍逢㊹而紂殺王子比干，當是時，豈關龍逢無知而比干無惠哉？此桀紂無道之世然也。故君子疾學，脩身端行，以須㊺其時也。」

【注釋】❶環堵　謂方丈之室。❷三經之席　未詳其義，姑解為簡陋的座席。❸藜羹不糝　藜，野菜名。糝，以米和羹。藜羹不糝，是說野菜湯裡連一點米也不摻。❹意者　看來；想來。❺遺行　失德；不正派。❻奚居隱也　奚，為什麼。居，指生活。隱，窮困。❼比干　見〈立節〉第二章。❽伍子胥　見〈尊賢〉第九章。❾伯夷叔齊　見〈立節〉第二章。❿鮑莊何為而肉枯　事未詳。《韓詩外傳》七作「鮑叔何為而不用」。⓫荊公子高終身不顯　荊公子高，《韓詩外傳》七作「葉公子高」。按葉公子高，即沈諸梁。字子高，葉縣尹，自稱公。楚白公之亂，葉公與國人以攻白公，白公奔山而縊。葉公兼令尹、司馬，國寧，乃使子國為令君，使寬為司馬，而老於葉。此文謂「終身不顯」，與事實不合，或另有所指。⓬鮑焦抱木而立枯　《莊子・盜跖》：「鮑焦飾行非世，抱木而死。」《史記・魯仲連鄒陽列傳・正義》引《韓詩外傳》曰：「姓鮑名焦，周時隱者也。飾行非世，廉潔而守，荷擔採樵，拾橡充食，故無子胤，不臣天子，不友諸侯。子貢遇之，曰：『吾聞非其政者，不履其地；汙其名者，不受其利。今子履其地，食其利，其可乎？』鮑焦曰：『吾聞廉士重進而輕退，賢者易愧而輕死。』遂抱木立枯焉。」⓭介子推登山焚死　介子推事，詳〈復恩〉第四章。《莊子・盜跖》：「介子推至忠也，自割其股以食文公，公後背之，子推怒而去，抱木而燔死。」子推焚死之說，始見於此。⓮舜耕歷山而陶於河畔　又見本書〈反質〉第三章，彼文《集證》有說。歷山，其說有六：山東歷城、濮縣、山西翼城、永濟、江蘇無錫、浙江餘姚。其中以山東歷城較合。⓯傅說　見〈善說〉第一〇章。⓰板築　築牆的工具。板，牆板。築，杵。築牆時以兩板夾土，用杵夯，使之結實。⓱武丁　見〈君道〉第二七章。⓲伊尹　見〈君道〉第一四章。⓳有莘氏　古代氏族名。《帝王世紀》：「湯先娶有莘氏女為妃。」⓴媵臣　諸侯嫁女，派大夫隨行，稱為媵臣。㉑負鼎俎調五味　鼎，古代煮食用的三足炊具。負鼎，借代做飯。俎，剁肉切菜的砧子，借代切菜。調五味，指烹調飲食。㉒呂望　太公望。見〈君道〉第一五章。㉓棘津　有兩個可能，一在渭水北棘門，一在河南新野棘水上。㉔朝歌　商都。故地在今河南淇縣北。㉕管夷吾束縛膠目二句　管夷吾，即管仲。見〈君道〉第一七章。束縛，捆綁。膠目，蒙住雙目。檻車，囚車。管仲保公子糾逃亡魯國與桓公爭國。事敗，公子糾被殺。管仲坐囚車還齊。後被鮑叔牙保釋，並薦以為相。㉖仲父　《荀子・仲尼・注》：「仲者，夷吾之字，父者事之如父，故號為仲父。」㉗齊桓公　見〈君道〉第一七章。㉘百里奚　見〈臣術〉第九章。㉙伯氏牧羊　《韓詩外傳・七》作「為秦伯牧羊」。㉚秦穆公　見〈臣術〉第九章。㉛沈尹名聞天下三句　沈尹，不詳，《韓詩外傳・七》作「虞丘」。按虞丘子讓令尹於孫叔敖，詳見〈至公〉第一三章。㉜楚莊王　見〈君道〉第二一章。㉝闔廬　見〈尊賢〉第五章。㉞夫差　見同前。㉟罷　通「疲」。㊱王良造父　並見〈指武〉第五章。㊲芝蘭　香草名。㊳通　通達；顯達。㊴窮而不困　窮，處艱苦環境。困，困惑。㊵憂不衰　當據《韓詩外傳・七》作「憂而志不衰」。㊶此　當據《韓詩外傳・七》作「先」。㊷始　《韓詩外傳・七》「始」上有「終」字，於義為備。㊸聖人之深念　《韓詩外傳・七》作「故聖人隱居深念」。㊹關龍逄　見〈正諫〉第二章。㊺須　等待。

【語　譯】孔子在陳、蔡之間遇難，住在一丈見方的小房子裡，坐在簡陋的席子上。雖然七天都不得飽食，野菜湯裡連一點米都沒有，學生們都面帶飢色，但是他們還是不停地讀《詩》、《書》和練習禮儀。子路進諫說：「大凡人做好事的，上天賜給他幸福；做壞事的，上天降給他災禍。現在老師積德行做好事已經很久了，想來還有什麼不周到的地方吧，為什麼生活還這樣困窘呢？」孔子說：「仲由你來，你不知道，坐下，我講給你聽。你認為聰明人就無所不知嗎？那麼王子比干為什麼被挖心而死呢？你認為進諫就會被聽從嗎？那麼伍子胥為什麼挖出眼睛掛在吳國東門上呢？你認為清廉高潔就會被任用嗎？那麼伯夷、叔齊為什麼餓死在首陽山下呢？你認為忠心耿耿就會被信任嗎？那麼為什麼鮑莊肉枯而死，荊公子高終身不能顯達，鮑焦抱著木頭而死，介子推隱居到山裡被燒死呢？所以君子有廣博的學問、深遠的智謀，卻碰不上好時機的人太多了，又何止我孔丘一個人！賢不賢，是各人的才分；做不做，是各人的個性；受不受人重用，是各人的機運；死和生，是各人的天命。有那個才學而沒有那個機運，有才學也沒法子施展抱負。假使能遇上好的時機，那有什麼難呢？所以，舜在歷山耕田，在河畔製陶，終於做了天子，就因為他遇到了堯。傅說挑土築牆，放下了築牆的工具，立刻做天子的相，就因為他遇到了武丁。伊尹是有莘氏陪嫁的臣子，會做飯做菜，卻做了天子的輔佐，就因為他遇到了成湯。呂望已經五十歲了還在棘津賣小吃，七十歲還在朝歌當屠夫，九十歲卻做了天子的老師，就因為他遇到了周文王。管夷吾被蒙住雙目捆綁在囚車上，後來從囚車中出來，被尊為仲父，就因為他遇到了齊桓公。百里奚用五張羊皮把自己賣了，替秦伯牧羊，後來做了卿大夫，就因為他遇到了秦穆公。沈尹的聲望滿天下，做到了令尹，又讓位給孫叔敖，就因為他遇到了楚莊王。伍子胥在吳國先立了很多功，以後卻被逼自殺，並不是他的智慧衰退不如從前，是因為他先前遇到了闔廬，後來卻遇到了夫差啊。一匹千里馬因為拉鹽車弄得疲憊不堪，並不是牠沒有千里馬的樣子，而是世上沒有人認識牠。假使千里馬能遇到王良、造父，牠不能日行千里嗎？芝蘭長在密林裡，不會因為沒有人看到就不芳香。所以求學不是為了顯達，是為了處在窮阨的環境中而不感挫折，雖然憂愁而志氣不衰落，預先知道禍福的變化而不迷惑。聖人的深思遠慮，有一己獨特的見解。舜雖然也是賢明通達的人了，但是能夠南面治天下為天子，就因為遇到了堯。

假使讓舜處在夏桀、商紂的時代，最多能自免刑罰殺戮，那裡還能得官而治呢？桀殺關龍逄，紂殺王子比干，在那時候，難道是關龍逄無知而比干不聰明嗎？這是桀、紂無道的時代使他們遭受這樣的下場。所以君子努力學習，修身養性，端正品行，以等待有利的時機。」

第一八章

孔子之宋❶，匡簡子❷將殺陽虎❸，孔子似之，甲士以圍孔子之舍。子路怒，奮戟將下鬥。孔子止之曰：「何仁義之不免俗也。夫《詩》、《書》之不習，禮樂之不脩，是丘之過也。若似陽虎，則非丘之罪也，命也夫！由歌，予和汝。」子路歌，孔子和之，三終❹而甲罷。

【注釋】❶宋　古國名。其地轄有今河南省東部及山東、江蘇、安徽三省之間。❷匡簡子　匡，宋邑。《北堂書鈔》一二四引「匡」下有「人」字。簡子，其人未詳。❸陽虎　見〈復恩〉第二二章。❹三終　指唱歌唱完三遍。

【語譯】孔子到宋國去，經過匡地，匡人簡子要殺陽虎，因為孔子外貌正像陽虎，士兵因此把孔子的住處包圍起來。子路很生氣，拿起戟來要下去和他們戰鬥。孔子制止他說：「為什麼修習仁義的人還不能免俗。那《詩》、《書》的不讀，禮樂的不學，是我孔丘的過錯；至於像陽虎，那就不是我孔丘的罪過了，是命運的安排吧！由，你唱歌，我來和你。」於是子路唱歌，孔子和他。唱完三遍，包圍的士兵撤走了。

第一九章

孔子曰：「不觀於高岸，何以知顛墜之患？不臨於深淵，何以知沒溺之患？

不觀於海上，何以知風波之患？失之者其不在此乎？士慎三者，無累於人。」

【語譯】孔子說：「不觀察高聳的崖岸，怎麼知道從高處掉下來會摔死？不站在深淵的旁邊，怎麼知道掉到水裡會淹死？不眺覽海洋，怎麼知道大海波濤的險惡？失足的人，大概就是不曾注意及此吧！人們應該慎重這三方面，不要拖累別人。」

第二〇章

曾子曰：「響不辭聲，鑑❶不辭形，君子正一而萬物皆成。夫行非為影也而影隨之，呼非為響也而響和之。故君子功先成而名隨之。」

【注釋】❶鑑　鏡子。

【語譯】曾子說：「回聲離不開聲音，鏡子不推辭形體，君子端正一物而萬物就跟著端正。那形體移動不是為著影子，但影子一定跟著來；呼叫不是為著回聲，但回聲一定應和。所以君子先把事做成功，聲名自然就隨著來了。」

第二一章

子夏❶問仲尼曰：「顏淵之為人也，何若？」曰：「回之信❷，賢於丘也。」曰：「子貢之為人也，何若？」曰：「賜之敏❸，賢於丘也。」曰：「子路之為人也，何若？」曰：「由之勇，賢於丘也。」曰：「子張❹之為人，何若？」曰：

「師之莊，賢於丘也。」於是子夏避席而問曰：「然則四❺者何為事先生？」曰：「坐，吾語汝。回能信而不能反❻，賜能敏而不能屈❼，由能勇而不能怯，師能莊而不能同❽。兼此四子者❾，丘不為也。」夫所謂至聖之士，必見進退之利，屈伸之用者也。

【注釋】❶子夏　見〈臣術〉第五章。❷信　《淮南子・人間》、《論衡・定賢》、《列子・仲尼》「信」並作「仁」。❸敏　《淮南子》、《論衡》、《列子》「敏」並作「辯」。❹子張　春秋時陳人，複姓顓孫，名師，字子張。孔子弟子，小孔子四十八歲。提倡士人要「見危受命，見得思義」，主張君子要「尊賢而容眾，嘉善而矜不能」。❺四　下當有「子」字。說見《說苑集證》。❻回能信而不能反　《列子・仲尼》張湛《注》：「反，變也。夫守一而不變，無權智以應物，則所適必閡矣。」❼賜能敏而不能屈　《孔子家語・六本》王肅《注》：「言人雖辨敏，亦宜有屈折時也。」❽師能莊而不能同　《孔子家語・六本》王肅《注》：「言人雖矜，亦當有和同時也。」❾兼此四子者　疑「兼此四子」下有脫文，劉文典有說。見《說苑集證》。

【語譯】子夏問孔子說：「顏淵的為人怎麼樣？」孔子回答說：「回比我信實。」又問：「子貢的為人怎麼樣？」回答說：「賜比我聰敏。」又問：「子路的為人怎麼樣？」回答說：「由比我勇敢。」又問：「子張的為人怎麼樣？」回答說：「師比我端莊。」於是子夏站起來問道：「既然如此，那麼這四位為什麼還要向老師學習呢？」孔子說：「坐下來，我告訴你。回能守信而不能應變，賜能敏思而不能謙虛，由能勇敢而不能懦怯，師能端莊而不能和同。即使能兼有這四位的長處，我也不這樣做。」所謂最聖明的人，一定能看到進和退的得失、屈和伸的功效。

第二二二章

東郭子惠❶問於子貢曰：「夫子之門，何其雜也？」子貢曰：「夫隱括❷之旁多枉木，良醫之門多疾人，砥礪❸之旁多頑鈍。夫子脩道以俟天下，來者不止，是以雜也。」《詩》云：「菀彼柳斯，鳴蜩嘒嘒，有漼者淵，萑葦淠淠❹。」言大者之旁，無所不容。

【注釋】❶東郭子惠　人名，未詳。❷隱括　或作檃括。矯揉彎曲竹木使平直或成形的器具。❸砥礪　磨刀石。❹菀彼柳斯四句　見《詩經・小雅・小弁》。菀，茂盛的樣子。斯，語助詞。蜩，蟬。嘒嘒，蟬鳴聲。有漼，漼然；水深的樣子。萑，葦的一種，又名荻。淠淠，茂盛的樣子。

【語譯】東郭子惠問子貢說：「你老師門下怎麼那樣雜呢？」子貢說：「那隱括的旁邊堆滿了彎曲的木頭，良醫的門庭坐滿了病人，磨刀石旁邊擺滿了遲鈍的刀具。老師治學修德，以等待天下的人，來的人絡繹不絕，因此就雜了。」《詩經》上說：「那茂密的柳樹啊，蟬鳴嘒嘒；那深邃的淵流啊，蘆葦繁盛。」這是說廣大事物的旁邊，是無所不容的。

第二二三章

昔者，南瑕子❶過程太子❷，太子為烹鯢魚。南瑕子曰：「吾聞君子不食鯢魚。」程太子曰：「乃君子否，子何事焉？」南瑕子曰：「吾聞君子上比所以廣德也，下比所以狹行也。於惡，自退之原也❸。《詩》云：『高山仰止，景行行止❹。』吾豈敢自以為君子哉？志向之而已。」孔子曰：「見賢思齊焉，見不賢而內自省❺。」

【注釋】❶南瑕子　人名，未詳。❷程太子　《太平御覽．九三八》引作「程本子」，當據正，下同。蓋春秋無程國，不得言太子也。❸於惡二句　「於惡」上當據《太平御覽．九三八》引補「比於善自進之階也，比」九字。❹高山仰止二句　見《詩經．小雅．車舝》。❺見賢思齊焉二句　見《論語．里仁》。

【語譯】從前南瑕子去拜訪程本子，本子請他吃鯢魚。南瑕子說：「我聽說君子不吃鯢魚。」程本子說：「是君子不吃，關你什麼事？」南瑕子說：「我聽說：君子往上比，為了增廣德行；如果往下比，德行就會狹小了。跟好的比，這是自己進步的臺階；跟壞的比，這是自己退步的根源。《詩經》上說：『崇高的道德使人仰慕，偉大的德行使人效法。』我那裡敢自以為是君子呢？不過心嚮往之而已。」孔子說：「看見賢人，就想跟他一樣；看見不賢的人，就在內心自我反省。」

第二四章

孔子觀於呂梁❶，懸水❷四十仞，環流九十里，魚鱉不能過，黿鼉不敢居。有一丈夫方將涉之，孔子使人並❸崖而止之曰：「此懸水四十仞，圜流九十里，魚鱉不敢過，黿鼉不敢居，意者❹難可濟也。」丈夫不以錯意❺，遂渡而出。孔子問：「子巧乎？且有道術乎？所以能入而出者何也？」丈夫對曰：「始吾入，先以忠信，吾之出也，又從以忠信。忠信錯吾軀於波流，而吾不敢用私，吾所以能入而復出也。」孔子謂弟子曰：「水而尚可以忠信義久❻而身親之，況於人乎！」

【注釋】❶呂梁　泗水過呂縣南，水上有石梁，故稱呂梁。在今江蘇徐州市銅山區南。❷懸水　瀑布。❸並　通「傍」。依也。❹意者　料想。❺錯意　錯，通「措」。措意，在意。❻義久　二字疑衍。

【語譯】孔子在呂梁觀賞風光，瀑布從三百多尺的高山上流下，水勢湍急回旋奔流了九十里遠，即使魚鱉在這裡也不能游過去，黿鼉也不敢在這裡停留。然而卻有一個男子要在這裡渡水，孔子派人傍著懸崖阻止他說：「這瀑布有三百多尺高，急流有九十里遠，魚鱉不敢在這裡游，黿鼉不敢在這裡停留，我想是很難渡過去的。」那男子一點不在意，下了水並且安全上岸。孔子問他說：「你有什麼技巧嗎？還是有什麼法術？為什麼能這麼容易地出入呢？」那男子回答說：「我開始入水時，對於水存著一片忠信，順著水性而不加以抗拒，和水的漩渦一起下去，然後又順著水性和水的波濤一起出來，我憑著對水的忠信，把我的身軀放在波流裡，順著水性而不敢用自己的私心，所以我才能輕易地入水出水。」孔子向他的學生說：「連水尚且可以憑著忠信而安然出入，何況人啊！」

第二五章

子路盛服而見孔子。孔子曰：「由，是襜襜❶者何也？昔者江水出於岷山，其始也，大足以濫觴❷。及至江之津也，不方舟❸，不避風，不可渡也。非唯❹下流眾川之多乎？今若❺衣服甚盛，顏色充盈，天下誰肯加若者哉？」子路趨而出，改服而入，蓋自如也。孔子曰：「由記之，吾語若：賁❻於言者，華也；奮❼於行者，伐也。夫色智❽而有能者小人也。故君子知之為知之，不知為不知，言之要也；能之為能❾，不能為不能，行之至也❿。言要則知，行要則仁，既知且仁，夫有何加矣哉！由⓫。」《詩》云：「湯降不遲，聖敬日躋⓬。」此之謂也。

【注釋】❶襜襜　衣服華麗的樣子。❷濫觴　謂江河發源之處水極少，只能浮起酒杯。❸方舟　併船。❹非唯　即非以。❺若　你。❻賁　裝飾。❼奮　通「賁」。❽色智　露才揚己，炫耀自己的才智。❾能之為能　當從《韓詩外傳・三》、《荀子・子道》作「能之為能之」。❿行之至也　當作「行之要也」。⓫由　字當刪。⓬湯降不遲二句　見《詩經・商頌・長發》。鄭《箋》：「言湯之下士尊賢甚疾，其聖敬之德日進。」

【語譯】子路穿著很華麗的衣服來見孔子。孔子說：「由，為什麼穿著這樣華麗的衣服啊？從前江水發源於岷山，那開始的源頭，水勢的大小只可以浮起一個酒杯，但是到了江水下游的渡口，不併船，不避風，就不可以過渡。這不是因為下游匯合眾流而寬廣的緣故嗎？現在你的衣服非常華麗，顏色鮮豔，天下有誰願意幫助你再長進呢？」子路趕緊出去，換了衣服進來，顯得很自在的樣子。孔子說：「由，你記住，我告訴你：裝飾言語的，叫做浮華；裝飾行為的，叫做誇伐。那喜歡表現自己才智能力的是小人。所以一個君子，知道就是知道，不知道就是不知道，這是說話的要領；能就是能，不能就是不能，這是行為的要領。說話有要領就是智慧，行為有要領就是仁者；又智又仁，還有什麼比這更好的呢！」《詩經》上說：「商湯對於禮賢下士一點也不敢怠慢，所以聖德一天一天進步。」說的就是這個意思。

第二六章

子路問孔子曰：「君子亦有憂乎？」孔子曰：「無也。君子之脩其行，未得，則樂其意；既已得，又樂其知❶。是以有終身之樂，無一日之憂。小人則不然，其未之得則憂不得；既已得之，又恐失之。是以有終身之憂，無一日之樂也。」

【注釋】❶又樂其知　「知」當從《荀子・子道》、《孔子家語・在厄》作「治」。

【語譯】子路問孔子：「君子也有憂愁嗎？」孔子回答說：「沒有。君子修養自己的品行，在沒有能夠得位行道的時候，就高興自己有這樣的志願；如果能夠得位行道，又高興自己能夠實踐理想。因此君子有終身的快樂，而沒有憂愁的時候。小人就不是這樣了，當他未得位的時候，就憂慮得不到；已經得到了，又唯恐失去。因此終身憂愁，而沒有一天快樂。」

第二七章

孔子見榮啟期❶衣鹿皮裘，鼓瑟而歌。孔子問曰：「先生何樂也？」對曰：「吾樂甚多。天生萬物，唯人為貴，吾既已得為人，是一樂也；人以男為貴，吾既已得為男，是二樂也；人生不免襁褓❷，吾年已九十五，是三樂也。夫貧者，士之常也；死者，民之終也。處常待終，當❸何憂乎？」

【注　釋】❶榮啟期　《孔子家語・六本》作榮聲期，春秋時隱士。❷襁褓　背負小兒的背帶和布兜。亦作「繈保」、「強葆」。襁，布幅，用以絡負。褓，小兒的被。❸當　通「尚」。

【語　譯】孔子看見榮啟期穿著鹿皮做的皮衣，彈瑟唱歌。孔子問他說：「先生有什麼快樂的事呢？」回答說：「我快樂的事很多。上天養育萬物，唯獨人是最尊貴的，我已經作為一個人了，這是第一件快樂的事。人當中以男子為尊貴，我已經作為一個男子了，這是第二件快樂的事。人生下來，有些人不免在背著抱著時就夭折了，而我已經活了九十五歲，這是第三件快樂的事。那貧窮是士人的正常情況，死亡是人生的自然歸宿。處於正常情況中而等待自然的歸宿，還有什麼可憂愁的呢？」

第二八章

曾子曰：「吾聞夫子之三言，未之能行也。夫子見人之一善而忘其百非，是夫子之易事❶也；夫子見人有善，若己有之，是夫子之不爭也；聞善必躬親行之，然後道之，是夫子之能勞也。夫子之能勞也，夫子之不爭也，夫子之易事也，吾學夫子之三言而未能行。」

【注　釋】❶易事　容易事奉；容易相處。

【語　譯】曾子說：「我聽到過老師三個教訓，但未能實行。老師看到人家一點好處，就忘掉他所有的壞處，這是老師的容易相處；老師看到人家有好處，就好像自己有好處一樣，這是老師的不爭；老師聽到好的道理，一定先親身體驗，然後才引導別人，這是老師的能夠勞苦。老師的能夠勞苦，老師的不相爭，老師的容易相處，我學老師這三樣，卻沒有做到。」

第二九章

孔子曰：「回，若有君子之道四：強於行己，弱於受諫，怵❶於待祿❷，慎於持身。」

【注釋】❶怵　恐懼。❷待祿　等待俸祿。做官的意思。

【語譯】孔子說：「顏回，你有四種君子的風度：勇於把握自己的原則，易於接受別人的勸諫，害怕受祿做官，謹慎地立身處世。」

第三〇章

仲尼曰：「史鰌❶有君子之道三：不仕而敬上，不祀而敬鬼，直能曲於人。」

【注釋】❶史鰌　見〈尊賢〉第一八章。

【語譯】孔子說：「史鰌有三種君子的風度：不做官，而能敬重長上；不祭祀，而能尊敬鬼神；自己正直，而能體諒他人。」

第三一章

孔子曰：「丘死之後，商❶也日益，賜❷也日損。商也好與賢己者處，賜也好說不如己者。」

【注釋】❶商　卜商，即子夏。見〈臣術〉第五章。❷賜　端木賜，即子貢。見〈臣術〉第四章。

【語譯】孔子說：「我死了以後，卜商的學識會與日俱增，端木賜的學識會與日俱減；因為卜商喜歡跟比自己好的人相處，端木賜卻喜歡批評不如自己的人。」

第三二章

孔子將行無蓋❶，弟子曰：「子夏有蓋，可以行。」孔子曰：「商之為人也，甚短於財。吾聞與人交者，推其長者，違其短者，故能久長矣。」

【注釋】❶無蓋　上《孔子家語・致思》有「雨而」二字，文義較完整。蓋，遮陽障雨的用具，即傘。

【語譯】孔子將出行，沒有傘，有個學生說：「子夏有傘，可以借他的傘出行。」孔子說：「卜商這個人，很短缺錢財。我聽說與人交往，能時時推想他的長處，避開他的短處，所以才能交得長久。」

第三三章

子路行，辭於仲尼曰：「敢問：新交取親若何？言寡可行若何？長為善士而無犯若何？」仲尼曰：「新交取親，其忠乎！言寡可行，其信乎！長為善士而無犯，其禮乎！」

【語譯】子路出行，向孔子告別說：「冒昧地請問老師：怎樣在新交的朋友當中選擇可以親近的人呢？怎樣說得少卻做得到呢？怎樣永遠做好人不犯錯呢？」孔子說：「要在新朋友當中取得親近的人，大概要靠忠吧！

話說得少卻做得到，大概要靠信吧！永遠做好人不犯錯，大概要靠禮吧！」

第三四章

子路將行，辭於仲尼，曰❶：「贈汝以車乎？以言乎？」子路曰：「請以言。」仲尼曰：「不強不遠，不勞無功，不忠無親，不信無復，不恭無禮。慎此五者，可以長久矣。」

【注釋】❶曰　上當更有「仲尼」二字。

【語譯】子路出行，向孔子辭別，孔子說：「送你車呢？還是送你話呢？」子路說：「請用言語教導我。」孔子說：「不堅強就不能行遠，不勤勞就不會成功，不忠誠就沒有親信，不誠信的說話就不能夠實踐，不恭敬就得不到別人的禮遇。能夠對這五點謹慎從事，便可以長久了。」

第三五章

曾子從孔子於齊，齊景公❶以下卿禮聘曾子，曾子固辭。將行，晏子送之曰❷：「吾聞君子贈人以財，不若以言。今夫蘭本，三年湛❸之以鹿醢❹，既成則易以匹馬，非蘭本美也。願子詳其所湛，既得所湛，亦求所湛。吾聞君子居必擇處，遊必擇士。居必擇處，所以求士也；遊必擇士，所以脩道也。吾聞反常移性者欲也，故不可不慎也。」

【注釋】❶齊景公　見〈君道〉第一八章。❷曾子固辭三句　《荀子・大略》楊倞《注》：「晏子先於孔子，曾子之父猶為孔子弟子，此云送曾子，豈好事者為之歟？」葉大慶《考古質疑》曰：「按《孔子家語》及《史記》皆言曾子少孔子四十六歲，孔子生於魯襄公二十二年，則是曾子生於定公四年，觀〈齊世家〉晏子死齊魯會于夾谷之歲，乃定公十年也，時曾子方七歲，安得晏子送行之辭？」❸湛　通「漸」。浸也；漬也。❹鹿醢　鹿肉製成的醬。

【語譯】曾子追隨孔子到齊國，齊景公用下卿的禮聘用曾子，曾子堅辭不就，將要離開齊國，晏子送他說：「我聽說君子送人錢財，不如送人好話。那蘭花的根，泡在鹿醬裡三年，成功以後，味道非常鮮美，可以交換一匹馬，這並不是蘭根本來就這麼美好的啊。希望你能仔細考察用以浸漬的東西，得到之後，就追求浸漬的效果來改變自己。我聽說君子居住一定選擇好的環境，交遊一定選擇好的朋友。居住選擇好環境，為的是得到好人；交遊選擇好朋友，為的是修養德行。我聽說違背常情改變天性的，都是欲望的作祟，所以不可不謹慎。」

第三六章

孔子曰：「中人之情：有餘則侈，不足則儉，無禁則淫，無度則失❶，縱欲則敗。飲食有量，衣服有節，宮室有度，畜聚有數，車器有限，以防亂之源也。故夫度量不可不明也，善欲❷不可不聽也。」

【注釋】❶失　通「佚」。❷善欲　不辭，疑當作「善教」。

【語譯】孔子說：「一般人的常情：有餘裕時便奢侈，不足時就儉省，沒有禁制時就過度，沒有節制時就放佚，這樣放縱欲望，就要敗亡。所以飲食要有定量，衣服要有定制，宮室要有一定的規格，豢養牲畜要有一定的數目，車馬器具要有一定的限制，用以杜絕禍亂的源頭。所以度量不可不明，好的教訓不可不聽。」

第三七章

孔子曰：「巧而好度必工，勇而好同必勝，知而好謀必成。愚者反是。夫處重擅寵，專事妒賢，愚者之情也。志驕傲而輕舊怨。是以尊位❶則必危，任重則必崩，擅寵則必辱。」

【注釋】❶尊位　當作「位尊」。

【語譯】孔子說：「靈巧又好度量，一定更加精緻；勇武又好和人一同建功，一定得到勝利；有智慧又好計謀，一定能夠成功。愚昧的人就恰恰相反。處在重要的位置，專擅君主的寵信，擅權專斷，妒害賢能，這是愚者的情性。他們志得意滿，輕忽舊怨。因此地位尊貴必定招致危險，責任重大必定招致敗亡，專擅寵信必定招致屈辱。」

第三八章

孔子曰：「鞭扑之子，不從父之教；刑戮之民，不從君之政；言疾之難行。故君子不急斷，不意使以為亂源。」

【語譯】孔子說：「老是受到鞭棍責打的小孩子，往往不聽父親的教導；老是受刑罰殺戮處置的百姓，往往不遵從君主的政令；這是說要求越急，越得不到預期的效果。所以君子不急於決斷，不任性隨便指使，以免造成禍亂的根源。」

第三九章

孔子曰：「終日言不遺己之憂，終日行不遺己之患，唯智者有之。故恐懼所以除患也，恭敬所以避難也。終身為之，一言敗之，可不慎乎！」

【語譯】孔子說：「整天說話不會為自己帶來煩惱，整天行事不會為自己帶來憂患，只有聰明的人才能做到。所以恐懼是為了免除禍患，恭敬是為了免除災難。終身辛苦工作，卻為了一句話而遭到失敗，怎能不謹慎啊！」

第四〇章

孔子曰：「以富貴為人下❶者，何人不與？以富貴敬愛人者，何人不親？眾❷言不逆，可謂知言矣；眾嚮之❸，可謂知時矣。」

【注釋】❶為人下　《孔子家語・六本》作「而下人」，義長。❷眾　《孔子家語・六本》作「發」，疑本書為誤字。❸眾嚮之　上當據《孔子家語・六本》補「言而」二字，文義方完。

【語譯】孔子說：「能以自己富貴的身分對人謙下，什麼人不喜歡和他在一起呢？能以自己富貴的身分敬愛別人，什麼人不喜歡親近他呢？說話能夠不違誤，可以說是會說話的了；說出去的話能夠得到別人的認同，可以說是會把握時機的了。」

第四一章

孔子曰：「夫富而能富人❶者，欲貧而不可得也；貴而能貴人者，欲賤而不可得也；達而能達人者，欲窮而不可得也。」

【注釋】❶富人　使人富。以下貴人、達人同。

【語譯】孔子說：「自己富裕而又能使別人富裕的人，就是想貧乏也不可能；自己尊貴而又能使別人尊貴的人，就是想卑賤也不可能；自己顯達而又能使別人顯達的人，就是想窘困也不可能。」

第四二章

仲尼曰：「非其地而樹之，不生也；非其人而語之，弗聽也。得其人，如聚沙而雨之❶；非其人，如聚聾而鼓之。」

【注釋】❶如聚沙而雨之　《孔子家語・六本》王肅《注》：「言立入也。」

【語譯】孔子說：「不是種植的土地而去種它，是不會長東西的；不是那種能接受別人意見的人而向他進言，他是聽不進去的。得著那種能接受意見的人，就好比在聚沙上面澆水一樣；不是那種能接受意見的人，就好比聚集一堆聾人而向他們敲鼓一樣。」

第四三章

孔子曰：「船非水不可行，水入船中則其沒也。故曰：君子不可不嚴也，小人不可不閉❶也。」

【注　釋】❶閉　疑當作「閑」。閑，防備。

【語　譯】孔子說：「船沒有水不能行駛，但是水如果滲入船中，船就要沉沒。所以說，君子不可不謹嚴，小人不可不防備。」

第四四章

孔子曰：「依賢固不困，依富固不窮。馬趼❶斬而復行者何？以輔足眾也。」

【注　釋】❶馬趼　即馬陸。又稱馬蚿、馬蚰、百足。節肢動物，體圓長，由二十個環節構成。

【語　譯】孔子說：「依靠賢人就不會困頓，依靠富人就不會窮乏。馬趼被斬斷還能爬行為什麼呢？因為輔助的腳眾多。」

第四五章

孔子曰：「不知其子，視其所友；不知其君，視其所使。」又曰：「與善人居，如入蘭芷❶之室，久而不聞其香，則與之化矣；與惡人居，如入鮑魚之肆❷，久而不聞其臭，亦與之化矣。」故曰，丹❸之所藏者赤，烏❹之所藏者黑，君子慎所藏。

【注釋】❶蘭芷　蘭草和白芷，皆香草。❷鮑魚之肆　鹹魚市場。鮑魚，鹽漬的魚。肆，商店；市場。❸丹　即辰砂，俗稱朱砂。❹烏　《意林．三》引作「漆」。

【語譯】孔子說：「不了解兒子，可以看他所交的朋友；不了解國君，可以看他所使用的臣子。」又說：「和好人相處，好像進入蘭芷的花房，時間久了就聞不出它的香味，那是由於受到蘭芷的薰染和它一樣香了。和壞人相處，好像進入鹹魚市場，時間久了就聞不出它的臭味，那是由於受到鹹魚的薰染和它一樣臭了。」所以說：朱砂藏的地方一定是紅色，烏漆藏的地方一定是黑色，因此君子一定要謹慎選擇他所處的環境。

第四六章

子貢問曰：「君子見大水必觀焉，何也？」孔子曰：「夫水者君子比德焉。遍予而無私，似德；所及者生，似仁；其流卑下，句倨❶皆循其理，似義；淺者流行，深者不測，似智；其赴百仞之谷不疑❷，似勇；綿弱❸而微達，似察；受惡不讓，似包蒙；不清以入，鮮潔以出，似善化；至❹量必平，似正；盈不求槩❺，似度；其萬折必東，似意。是以君子見大水觀焉爾也。」

【注釋】❶句倨　猶言曲直。❷不疑　猶言不懼。❸綿弱　「綿」當作「綽」，形近而誤。綽弱，柔弱。❹至　當從《荀子．宥坐》作「主」。主，通「注」。❺槩　《荀子．宥坐》楊《注》：「槩，平斗斛之木也。言水盈滿則不待槩而自平。」

【語　譯】子貢問說：「君子見了大水一定要觀賞，為什麼呢？」孔子說：「說到水啊，君子是拿它來比喻人的品德的。它普遍施予而沒有私心，像恩德；所流到地方能長養萬物，像仁愛；它流向卑下，無論彎曲或者直流都循著一定的理路，像正義；淺的地方流過去，深的地方不可測度，像智慧；奔赴百仞的崖谷毫不畏懼，像勇武；雖然柔弱，卻能無所不到，像明察；能不推讓地接受汙水，像包容；不潔淨的進來，卻以乾淨的出去，像善於化育；灌注到容器裡一定持平，像公正；流滿了不用概尺而自平，像法度；經過萬般阻礙，一定向東流，像意志堅決。因為這樣，所以君子見了大水一定要觀賞。」

第四七章

夫智者何以樂水也？曰：泉源潰潰❶，不釋晝夜，其似力者；循理而行，不遺小間，其似持平者；動而之下，其似有禮者；赴千仞之壑而不疑，其似勇者；障防而清，其似知命者；不清以入，鮮潔而出，其似善化者；眾人取平，品類以正，萬物得之則生，失之則死，其似有德者；淑淑❷淵淵，深不可測，其似聖者。通潤天地之間，國家以成。是知之❸所以樂水也。《詩》云：「思樂泮水，薄採其茆，魯侯戾止，在泮飲酒❹。」樂水之謂也。夫仁者何以樂山也？曰：夫山巃嵷㠥嶵❺，萬民之所觀仰。草木生焉❻，眾物立焉，飛禽萃焉，走獸休焉，寶藏殖焉，奇夫息焉，育群物而不倦焉，四方並取而不限焉。出雲風，通氣于天地之間，國家以成。是仁者所以樂山也。《詩》曰：「太山巖巖，魯侯是瞻❼。」樂山之謂矣。

【注釋】❶潰潰　水流貌。❷淑淑　水深貌。❸知之　當作「智者」，與下文「是仁者所以樂山也」句法一律。❹思樂泮水四句　見《詩經・魯頌・泮水》。思，語辭。泮水，泮宮之水。泮宮東西南方有池，形如半壁，以其半於辟雍，故稱泮水。薄，語辭。茆，蓴菜。戾，止。❺巃嵸㠑嵬　巃嵸，山勢險峻貌。㠑嵬，山高峻貌。❻焉　於是也。下五焉字同。❼太山巖巖二句　見《詩經・魯頌・閟宮》，「太山」作「泰山」，「侯」作「邦」，「是瞻」作「所詹」。巖巖，高峻貌。

【語譯】智者為什麼喜歡水呢？回答說：泉水日夜不停地流，好像是毅力堅強的人；順著合理的路線流，就連小地方也流到，好像是秉持公正的人；總是向低下處流動，好像很知禮的人；奔赴千仞的深谷毫不畏懼，好像是很勇武的人；遇到阻礙就靜止澄清，好像是知天命的人；不潔淨的進來，卻以乾淨的出去，好像是善於化育的人；眾人用來作為平正的標準，物類因此得以平正，萬物得到它便能生存，失去它便會死亡，好像是有德的人；很深很深地不可測知，好像聖人。潤澤天地萬物，國家因此形成。這就是智者為什麼喜歡水的緣故了。《詩經》上說：「快樂的泮水那邊，可以去採蓴菜，魯侯來了，在泮宮飲酒。」這是說喜歡觀賞水的意思。仁者為什麼喜歡山呢？回答說：那山巍峨崇高，是萬民所觀看仰望的。草木在上面生長，許多生物在上面繁殖，飛鳥在上面聚集，野獸在上面棲息，礦產在上面蘊藏，奇人異士在上面隱居，養育萬物而不厭倦，供給四方的取用而不限制。興起風雲，流通天地間的大氣，國家因此形成。這就是仁者為什麼喜歡山的緣故了。《詩經》上說：「高峻的泰山，是魯侯所仰望的。」這是說喜歡觀賞山的意思。

第四八章

玉有六美，君子貴之。望之溫潤，近之栗理❶，聲近徐而聞遠，折而不撓，闕而不荏❷，廉而不劌❸，有瑕必示之於外，是以貴之。望之溫潤者，君子比德焉；近之栗理者，君子比智焉；聲近徐而聞遠者，君子比義焉；折而不撓，闕而不荏者，君子比勇焉；廉而不劌者，君子比仁焉；有瑕必見之於外者，君子比情❹焉。

【注　釋】❶栗理　栗，秩然有條理之貌。理，有文理也。❷荏　軟弱；懦怯。❸廉而不劌　廉，稜也。劌，傷也。❹情　王念孫《讀書雜志・荀子第八》曰：「情之言誠也，玉不自掩其瑕故曰情。」

【語　譯】玉有六種美德，君子很貴重它。看起來很溫潤，仔細觀察卻條理分明，聲音低緩卻傳播得很遠，可以折斷但不可以彎曲，可以砍削但不可以擰捏，雖然有稜角卻不致割傷東西，有瑕疵一定顯現在外表上，因為有這些優點，所以君子很貴重它。遠望溫潤，君子把它比做德；近觀秩然有條理，君子把它比做智；聲音低緩卻能傳播得遠，君子把它比做義；可以折斷但不可以彎曲，可以砍削但不可以擰捏，君子把它比做勇；稜角分明卻不割傷東西，君子把它比做仁；有瑕疵一定顯現在外頭，君子把它比做情。

第四九章

道吾問之夫子❶：「多所知、無所知其身孰善者乎？」對曰：「無知者，死人屬❷也；雖不死，累人者必眾甚矣。然多所知者，好其用心也；多所知者出於利人即善矣，出於害人即不善也。」道吾曰：「善哉！」

【注釋】❶道吾聞之夫子　道吾，人名。「聞」當作「問」，形近而誤。❷屬　類。

【語譯】道吾問夫子說：「知識多的人和沒有知識的人，那一種人好呢？」回答說：「沒有知識的人，是死人一類的人；即使不死，拖累人的地方也一定是很多的。然而知識多的人，喜歡使用心計；知識多的人如果能把知識用於有利於人的方面那就是好的，如果把知識用來害人那就是不好了。」道吾說：「講得好啊！」

第五〇章

越石父❶曰：「不肖人，自賢也；愚者，自多也；佞人❷者皆莫能相❸其心口以出之，又謂人勿言也，譬人❹猶渴而穿井，臨難而後鑄兵，雖疾從而不及也。」

【注釋】❶越石父　春秋齊國賢士，齊相晏嬰門客。❷佞人　善於花言巧語、阿諛奉承的人。❸相　察也。❹人　當作「之」。

【語譯】越石父說：「不肖的人自以為賢能。愚昧的人自以為懂得多。花言巧語的人都不能考察自己是否心口如一就隨便說話，還要求聽到的人不要講出去，這就譬如口渴了才去挖井，危難臨頭才去鑄造兵器，即使再快也不及了。」

第五一章

夫臨財忘貧，臨生忘死，可以遠罪矣。夫君子愛口，孔雀愛羽，虎豹愛爪，此皆所以治身法也。上交者不失其祿，下交者不離於患，是以君子擇人與交，農人擇田而田。君子樹人，農夫樹田。田者擇種而種之，豐年必得粟；士擇人而樹之，豐時必得祿矣。天下失道而後仁義生焉；國家不治而後孝子生焉；民爭不分❶而後慈惠生焉；道逆時反而後權謀生焉。凡善之生也，皆學之所由。一室之中，必有主道焉，父母之謂也。故君正則百姓治，父母正則子孫孝慈。是以孔子家兒不知罵，曾子家兒不知路❷，所以然者，生而善教也。夫仁者好合人，不仁者好離人。故君子居人間則治，小人居人間則亂。君子欲和人，譬猶水火不相能❸然也，而鼎在其間，水火不亂，乃和百味。是以君子不可不慎擇人在其間。

【注　釋】❶民爭不分　猶言民爭不已。分，離開。❷路　當作「怒」。❸能　猶容也。

【語　譯】面臨財富而能忘記自己的貧窮不貪財，面臨生存而能忘記死亡的恐怖不貪生，可以遠離罪咎了。君子珍惜出口的話，孔雀珍惜牠的羽毛，虎豹珍惜牠的爪牙，這些都是保護自身的方法。上交賢人不失利祿，下交壞人不離禍患，所以君子選擇人結交，農夫選擇田耕種。君子培育人，農夫培植田苗。耕作的人選擇種籽下種，豐年一定能得粟；士人選擇人來培育，盛世一定能得利祿。天下混亂而後有仁義，國家不安定而後有孝子，百姓爭鬥不已而後有慈惠，正道歪曲、時代不正而後有權謀。大凡良好品格的養成，都是從學習中得來的。一家之內定有主持家政的人，那就是父母了。所以國君正直，百姓就能安治；父母正直，子孫就知道孝慈。因此，孔子家的孩子不懂得相罵，曾子家的孩子不懂得發怒。能這樣的原因，是他們生下來就受到良好的教導。仁者喜歡人和合，不仁者喜歡人離散。所以君子處在人們中間就使人安定；小人居在人們中間就使人混亂。君子要和合人，譬如水火不相容的道理一樣，用鼎鑊隔在中間，水火便不相亂，而能夠調和百味。所以君子不能不對於處在中間的人選慎重選擇。

第五二章

齊景公❶問晏子❷曰：「寡人自以坐地，二三子皆坐地，吾子獨搴❸草而坐之，何也？」晏子對曰：「嬰聞之：唯喪與獄坐於地。今不敢以喪獄之事侍於君矣。」

【注釋】❶齊景公　見〈君道〉第一八章。❷晏子　見同前。❸搴　拔取也。

【語譯】齊景公問晏子說：「寡人自己坐在地上，他們也都坐在地上，你獨獨拔草墊在下面坐，為什麼？」晏子回答說：「晏嬰聽說：只有居喪和坐牢的人才坐在地上。我不敢拿居喪和坐牢的做法來事奉君主。」

第五三章

齊高廷❶問於孔子曰：「廷不曠山，不直地❷，衣蓑提❸，執精氣，以問事君之道，願夫子告之。」孔子曰：「貞以幹之，敬以輔之。待人無倦。見君子則舉之，見小人則退之。去爾惡心而忠與之。敏其行，脩其禮，千里之外，親如兄弟；若行不敏，禮不合❹，對門不通矣。」

【注釋】❶齊高廷　未詳其人。❷不曠山二句　《孔子家語‧六本》王肅《注》：「曠，隔也。不以山為隔，踰山而來。直宜為植，不根於地遠來也。」❸蓑提　即蓑衣。提，借為「褆」。❹禮不合　據上文當作「禮不脩」。

【語譯】齊高廷問孔子說：「廷不怕山川阻隔，不怕地方遙遠，穿著蓑衣，秉持著一片忠誠之心，來請問事奉君主的道理，希望先生告訴我。」孔子說：「以忠貞行事，以恭敬之心輔佐。待人不要覺得厭倦。發現是君子就推舉他，知道是小人就斥退他。去掉你心中的惡念，以忠誠待人。勤敏做事，修飾禮儀，千里之外的人親如兄弟；假若不勤敏行事，不修飾禮儀，雖然住在對門，也不會往來。」

卷一八

辨物

【題解】辨物，就是辨明事物的道理。本卷所論，雖然也有一般自然或人事問題的探討，如五星和農作的關係，九州、五嶽和四瀆的名稱，男女成年的生理狀況，度量衡的產生，古代醫藥的成就，死人的有知無知等等，但主要是針對天地間發生的一些特殊現象、怪異事物，如日蝕月蝕、水旱災澇、狂風地震、鬼神怪物出現等等，辨明它對人世禍福、國家興亡所揭示的意義。西漢自董仲舒倡「天人感應」之說，其後又流行讖緯迷信，認為自然災異，是上天向人顯示的警告，國君應該順應天意，去惡向善，在政治上有所改革；而政治清明，就會有代表祥瑞的事物出現。本卷就是這種思想的反映。

第一章

顏淵❶問於仲尼❷曰：「成人❸之行何若？」子曰：「成人之行，達乎情性之理，通乎物類之變，知幽明❹之故，睹游氣之源，若此而可謂成人。既知天道，行躬以仁義，飭身以禮樂。夫仁義禮樂，成人之行也。窮神知化，德之盛也。」

【注釋】❶顏淵　見〈敬慎〉第三〇章。❷仲尼　孔子字。見〈君道〉第五章。❸成人　成德之人。❹幽明　謂無形有形。

【語譯】顏淵問孔子說：「成德之人的作為是怎麼樣的呢？」孔子說：「成德之人的作為是：通達情性的道理，了解物類的變化，知道無形有形的現象，明白氣節風雲變幻的來源，像這樣就可以說是成德的人了。既然了解天道，就要親身實踐仁義，用禮樂修飾自己，那仁義禮樂是成德之人的表徵。窮極神妙，了解變化，是最盛大的德行。」

第二章

《易》曰：「仰以觀於天文，俯以察於地理。是故知幽明之故❶。」夫天文、地理、人情之效存於心，則聖智之府。是故古者聖王既臨天下，必變四時❷，定律曆❸，考天文，揆時變，登靈臺❹以望氣氛。故堯曰：「咨爾舜！天之歷數在爾躬，允執其中，四海困窮❺。」《書》曰：「在璿璣玉衡，以齊七政❻。」璿璣謂北辰、勾陳、樞星❼也，以其魁杓❽之所指二十八宿為吉凶禍福。天文列舍盈縮之占，各以類為驗。夫占變之道，二而已矣。二者，陰陽之數也。故《易》曰：「一陰一陽之謂道❾。」道也者，物之動莫不由道也。是故發於一，成於二，備於三，周於四，行於五。是故玄象著明，莫大於日月❿；察變之動，莫著於五星。天之五星運氣於五行，其初猶發於陰陽，而化極萬一千五百二十⓫。所謂二十八星者：東方曰角、亢、氐、房、心、尾、箕；北方曰斗、牛、須女、虛、危、營室、東壁；西方曰奎、婁、胃、昴、畢、觜、參；南方曰東井、輿鬼、柳、七星、張、翼、軫。所謂宿者，日月五星之所宿也。其在宿運外內者，以官名別，其根荄皆發於地而華⑫形於天。所謂五星者，一曰歲星⑬，二曰熒惑⑭，三曰鎮星⑮，四曰太白⑯，五曰辰星⑰。攙搶、彗孛、旬始、枉矢、蚩尤之旗，皆五星盈縮之所生也。五星之所犯，各以金、木、水、火、土為占。春、秋、冬、夏伏見有時。失其常，離其時，則為變異；得其時，居其常，是謂吉祥。古者有主四時者。主春者張，昏而中，可以種穀，上告于天子，下布之民；主夏者大火，昏而中，可以種黍菽，上告于天子，下布之民；主秋者虛，昏而中，可以種麥，上告于天子，下布之民；主冬者昴，昏而中，可以斬伐、田獵、蓋藏，上告之⑱天子，下布之民。故天子南面視四星之中，知民之緩急。急則不賦藉，不舉力役。《書》曰：「敬授民時⑲。」《詩》曰：「物其有矣，維其時矣⑳。」物之所以有而不絕者，以其動之時也。

【注釋】❶仰以觀於天文三句　見《易經・繫辭上傳》。❷必變四時　夏正建寅，商正建丑，周正建子。《尚書大傳・五》：「夏以孟春為正，殷以季冬為正，周以仲冬為正。」❸律曆　樂律和曆法。❹靈臺　在長安西北，為觀測天象之所。❺咨爾

舜四句　本《論語・堯曰》。「四海困窮」下尚有「天祿永終」一句。咨，嗟歎聲。歷數，帝王相繼之次第。允，信也。允執其中，言誠能秉持不偏不倚之道。❻在璿璣玉衡二句　見《尚書・舜典》。在，察也。齊，排列。❼北辰勾陳樞星　均指北極星。此處僅解釋璿璣，而不及玉衡，於文為未備，孫星衍《尚書今古文注疏》疑此下脫「玉衡謂斗九星也」一句，疑是。說詳《說苑集證》。❽魁杓　北斗星是天空中排列成斗形的七顆亮星。七星的名稱是：一天樞，二天璇，三天璣，四天權，五玉衡，六開陽，七搖光（亦作瑤光）。一至四星是魁，五至七星是杓。❾一陰一陽之謂道　見《易經・繫辭上傳》。❿玄象著明二句　見《易經・繫辭上傳》。「玄」作「縣」。縣，通「懸」。⓫化極萬一千五百二十　《易經・繫辭上傳》：「乾之策，二百一十有六。坤之策，百四十有四。凡三百有六十，當期之日。二篇之策，萬有一千五百二十，當萬物之數也。」策為推算時蓍草的根數。占筮時，由每四根一數的結果，得到乾爻或坤爻，乾以九代表，每次數四根，乘以四為三十六，全部六爻都是乾，再乘以六，即二百一十六。坤以六代表，每次數四根，乘以四為二十四，全部六爻都是坤，再乘以六，即一百四十四。合計為三百六十，相當於一年的日數。《易經》上下篇，共有六十四卦，陰爻、陽爻各一百九十二，各乘以三十六與二十四，合計為一萬一千五百二十，相當於萬物。⓬華　字當從《北堂書鈔・一四九》引作「著」。⓭歲星　即木星。古人因它一年運行一次，所以叫它歲星。⓮熒惑　即火星。⓯鎮星　即土星。⓰太白　即金星。⓱辰星　即水星。⓲之　當從上文作「于」。⓳敬授民時　見《書經・堯典》。⓴物其有矣二句　見《詩經・小雅・魚麗》。

【語　譯】《易經》上說：「抬頭觀察天文，低頭觀察地理，這就可以了解無形有形的道理。」天文、地理、人情的效驗存在心中，便是聰明睿智的寶庫。所以古代的帝王即位之後，一定變更四時的終始，重新訂定音律和曆法，考究天文氣象，揆度時節的推移，登上靈臺觀測天象。所以堯說：「唉，舜啊！上天的運數在你身上，你要真誠把握不偏不倚的中道，不然四海的人民就困窮了。」《尚書》上說：「觀察璿璣玉衡，以察看北斗七星的排列。」璿璣，是說北極星；玉衡，是說斗九星。以北斗星的魁杓所指的二十八星宿，作為吉凶禍福的表現。天文列宿盈縮的占驗，各以它所表現的類別而見其靈效。其實那占視變化的方法，只有兩種罷了，這兩種就是陰陽的術數。所以《易經》上說：「一陰一陽便是天道。」所謂天道是萬物的運轉都得遵循的軌轍。所以由一開始，成就於二，全備於三，周全於四，運行於五。所以能夠高懸而且顯明的，沒有比日月更偉大的了；觀察變化的運行，沒有比五星更明晰的了。上天的五星，也是秉持五行之氣來運轉的，它的起初還是由陰陽開始，而變化到極點有一萬一千五百二十種現象。所謂二十八星宿是：東方叫角、亢、氐、房、心、尾和箕星，北方叫斗、牛、須女、虛、危、營室和東壁星，西方叫奎、婁、胃、昴、畢、觜和參星，南方叫東井、輿鬼、柳、七星、張、翼和軫星。所謂宿，即是日月五星停留的所在。那些在列宿運行的外內的，就用官名來區別，它的根荄都是從地上發出而成形於天的。所謂五星是：一叫歲星，二叫熒惑，三叫鎮星，四叫太白，五叫辰星。攙搶、彗孛、旬始、枉矢、蚩尤旗等星都是五星變化所產生的。五星所干犯的，各以金、木、水、火、土為占驗。春、秋、冬、夏出沒有一定的時候，如果失去常序，不合時節，就是災異；不失常序，合乎時節，便是吉祥。古代有專門執掌四時的：執掌春季的是張星，當它在黃昏時出現在天空當中，這時節可以種穀子，要稟告天子而布示百姓；執掌夏季的是大火星，當它在黃昏時出現在天空當中，這時節可以種小米和豆類，要稟告天子而布示百姓；執掌秋季的是虛星，當它在黃昏時出現在天空當中，這時節可以種麥子，要稟告天子而布示百姓；執掌冬季的是昴星，當它在黃昏時出現在天空當中，這時節可以收割、打獵、收藏，要稟告天子而布示百姓。所以天子南面為王，觀察以上四星的變化，就知道農民耕作的緩急。緊急時就不徵稅，不役使民力。《書經》上說：「謹慎地把天時節令告訴百姓。」《詩經》上說：「物質是充備的，但要注意時令。」萬物所以能生生不息，是因為能按照時令運轉。

第三章

《易》曰：「天垂象，見吉凶，聖人則之❶。」昔者高宗、成王感於雊雉暴風之變❷，脩身自改，而享豐昌之福也。逮秦皇帝❸即位，彗星四見，蝗蟲蔽天，冬雷夏凍，石隕東郡，大人出臨洮，妖孽並見，熒惑守心，星茀太角❹，太角以亡，終不能改。二世立，又重其惡，及即位，日月薄蝕，山林淪亡，辰星出於四孟❺，太白經天而行，無雲而雷，枉矢❻夜光，熒惑襲月，孽火燒宮，野禽戲庭，都門內崩，天變動於上，群臣昏於朝，百姓亂於下，遂❼不察，是以亡也。

【注釋】❶天垂象三句　見《易經・繫辭上傳》。「則」作「象」。❷昔者句　高宗，殷高宗。見〈君道〉第二七章。成王，周成王。見〈君道〉第三章。《尚書・高宗肜日》：「高宗祭成湯，有飛雉升鼎耳而雊，祖己訓諸王，作〈高宗肜日〉。」又〈金縢〉：「秋，大熟，未穫，天大雷電以風，禾盡偃，大木斯拔，邦人大恐。」❸秦皇帝　秦始皇。見〈復恩〉第一五章。❹星茀太角　茀，遮蔽。「太」當從《史記・天官書》作「大」。大角，星名。❺四孟　四時之孟月也。即陰曆的孟春正月，孟夏四月，孟秋七月，孟冬十月。❻枉矢　星名。《史記・天官書》：「枉矢，類大流星，蛇行而倉黑，望之如有毛羽然。」❼遂　終也。

【語譯】《易經》上說：「上天垂示各種現象以明吉凶，聖人效法它。」從前殷高宗因為野雞飛上鼎耳啼叫，周成王因為天無緣無故雷電大風，就修身悔改，而得享昌隆的國運。到了秦始皇即位，四次出現彗星，漫天都是蝗蟲，冬天打雷，夏天下雪，隕石落在東郡，臨洮出現長人，種種妖妄災異的事相繼出現，火星居於心宿，群星遮蔽了大角星，以至於大角星都看不到了，但是始終不知道悔改。秦二世即位，又加重罪惡，到即位的時候，日月虧蝕，山林淪亡，水星出現於四季的孟月，金星居然行過天際，沒有雲而打雷，枉矢星在夜裡發光，火星衝撞著月球，不明來歷的妖火燒燬了宮室，野鳥在朝廷上嬉戲，都門無緣無故地向內崩塌。雖然上天顯示各種災異，但是朝廷群臣昏庸無能，不知道改進，百姓自然混亂不已，終於不能反省，因此亡了國。

第四章

八荒❶之內有四海，四海之內❷有九州，天子處中州而制八方耳。兩河間曰冀州❸，河南曰豫州❹，河西曰雍州❺，漢南曰荊州❻，江南曰揚州❼，濟河間曰兗州❽，濟東曰徐州❾，燕❿曰幽州，齊⓫曰青州。山川汙澤，陵陸丘阜，五土之宜，聖王就其勢，因其便，不失其性，高者黍，中者稷，下者秔。蒲葦菅蒯之用不乏，麻麥黍粱亦不盡，山林禽獸、川澤魚鱉滋殖。王者京師四通而致之。

【注　釋】❶八荒　八方荒遠的地方。此喻天下。❷四海之內　古代以為中國四周皆有海，所以把中國叫做海內，外國叫海外。❸兩河間曰冀州　兩河，指東至清河，西至西河而言。冀州，包括今山西全省、河北西北部、河南北部、遼寧西部。❹豫州　約今河南省地。❺雍州　約有今陝西省北部、甘肅省西北大半部及青海額濟納河之地。❻荊州　今湖南、湖北二省及四川省東南部、貴州省東北部與廣東省北部西隅及廣西全省等地。❼揚州　今江蘇、安徽、江西、浙江、福建諸省皆其地。❽兗州　今河北省西南部與山東省西北部皆其地。❾徐州　今江蘇省西北部之徐州市銅山區、豐、沛諸縣，與山東省南部之滋陽、鄒、滕諸縣及安徽省東北部之泗、宿、蕭、碭山諸縣皆其地。❿燕　即河北省。⓫齊　即山東省。

【語　譯】八荒之內有四海，四海之內有九州。天子居於中州，以控制其他八州。兩河間的叫冀州，河南的叫豫州，河西的叫雍州，漢南的叫荊州，江南的叫揚州，濟河間的叫兗州，濟東的叫徐州，燕地叫幽州，齊地叫青州。山川沼澤，陵陸丘阜，不同的土地，各有所宜。聖明的君王就隨著它的形勢，順應它的便利，不違背原來的土性；高地就種黍，平地就種稷，低地就種秔。於是蒲葦菅蒯的應用不缺，麻麥黍粱也用不盡，山林中的禽獸、川澤中的魚鱉滋生繁殖，而京城的道路四通八達，各種物資都可運到。

第五章

周幽王❶二年，西周三川❷皆震。伯陽父❸曰：「周將亡矣！夫天地之氣，不失其序，若過其序，民亂之也。陽伏而不能出，陰迫而不能烝❹，於是有地震。今三川震，是陽失其所而填❺陰也。陽溢而壯陰❻，源必塞，國必亡。夫水土演❼而民用足也，土無所演❽，民乏財用，不亡何待？昔伊、雒竭而夏亡，河竭而商亡。今周德如二代之季矣，其川源塞，塞必竭。夫國必依山川，山崩川竭，亡之徵也。川竭，山必崩，若❾國亡不過十年，數之紀也，天之所棄不過紀。」是歲也，三川竭，岐山崩。十一年，幽王乃滅，周乃東遷。

【注　釋】❶周幽王　西周國王，宣王子，姓姬，名宮湦。西元前七八一～前七七一年在位。在位時任用佞臣虢石父為卿，寵愛褒姒。後被犬戎攻殺於驪山之下。❷三川　涇、渭、洛。❸伯陽父　周幽王大夫。❹烝　上升。❺填　鎮也。❻陽溢而壯陰　「壯」字當作「在」，形近而誤。在陰謂在陰下也。說詳《說苑集證》。❼演　繁殖生物。❽土無所演　「土」上當依上文補「水」字。❾若　如此也。

【語　譯】周幽王二年，西周的涇水、渭水和洛水一帶都發生地震。伯陽父說：「周國就要滅亡了啊！天地間的氣象不應該失去常序，假若失去常序，就有民亂要發生了。陽氣潛伏而不能出來，陰氣被迫而不能上升，於是就有地震。現在三川發生地震，是陽氣失所而陰氣被鎮壓。陽氣外溢而在陰氣下，河川的源頭必然遭受阻塞，這樣國家必定會亡。水土能繁殖生物，而民用富足，如果土地不能繁殖生物，百姓缺乏財用，不亡還等什麼？從前伊水、雒水枯竭，而夏朝滅亡；黃河枯竭，而商朝滅亡。現在周朝的國運就像夏、商二代的末世了，那河川源頭阻塞，阻塞一定枯竭。一個國家必然要依恃山川，山崩川竭，正是滅亡的徵兆。河川枯竭，山陵必然崩塌，如此不出十年一定亡國。十年是一個整數，上天所唾棄的一定不會拖過一個整數。」這一年，三川枯竭，岐山崩塌。十一年，幽王被殺，周於是東遷到洛邑。

第六章

五嶽❶者，何謂也？泰山❷，東嶽也；霍山❸，南嶽也；華山❹，西嶽也；常山❺，北嶽也；嵩高山❻，中嶽也。五嶽何以視❼三公❽？能大布雲雨焉，能大斂雲雨焉。雲觸石而出，膚寸而合❾，不崇朝❿而雨天下，施德博大，故視三公也。

【注釋】❶嶽　高峻的大山。❷泰山　在山東省中部。也叫岱宗、岱山、岱嶽、泰岱。主峰玉皇頂在泰安縣北。❸霍山　在安徽霍山縣西北，即天柱山。❹華山　在陝西華陰南。因其西有少華山，故又名太華山。❺常山　即恒山。漢人避文帝諱易恒為常，主峰在河北曲陽西北。❻嵩高山　在河南登封北。❼視　比。❽三公　周以太師、太傅、太保為三公，西漢以大司馬、大司徒、大司空為三公。❾膚寸而合　謂片片小雲，集合而成大雲也。四寸曰膚。❿崇朝　終朝。

【語譯】五嶽指什麼呢？指東嶽泰山，南嶽霍山，西嶽華山，北嶽常山，中嶽嵩高山。為什麼拿五嶽比三公呢？因為它們能廣闊地敷布雲雨，收斂雲雨。當雲氣緣著山石飄起，從片片小雲，集合而成大雲，不要一個早上，就能遍雨天下。施行恩德非常廣大，萬物都受到潤澤，所以比做三公。

第七章

四瀆者，何謂也？江、河、淮、濟也❶。四瀆何以視諸侯？能蕩滌垢濁焉，能通百川於海焉，能出雲雨千里焉，為施甚大，故視諸侯也。

【注　釋】❶四瀆者三句　《釋名・釋水》：「天下大水四，謂之四瀆，江河淮濟是也。瀆，獨也，各獨出其所而入海也。」《風俗通・山澤》：「瀆，通也，所以通中國垢濁，民陵居殖五穀也。」

【語　譯】四瀆指什麼呢？指長江、黃河、淮水和濟水。為什麼拿四瀆比諸侯呢？因為它們能沖蕩洗滌汙垢混濁，能疏通百川使匯流入海，能使千里之內得到雲雨的滋潤，施恩非常廣大，所以比做諸侯。

第八章

山川，何以視子男❶也？能出物焉，能潤澤物焉，能生雲雨❷，為恩多；然品類以百數，故視子男也。《書》曰：「禋于六宗，望秩于山川，徧于群神矣❸。」

【注　釋】❶子男　古代爵祿的等級。❷能生雲雨　下當有「焉」字，方與上文一律。❸禋于六宗三句　見《尚書・舜典》。禋于六宗，孔安國曰：「精意以享謂之禋。宗，尊也。所尊祭者，其祀有六：謂四時也，寒暑也，日也，月也，星也，水旱也。」望秩于山川，孔安國曰：「諸侯視境內名山大川，如其秩次望祭之，謂五嶽牲禮視三公，四瀆視諸侯，其餘視伯子男。」望，古代祭祀山川的祭名。徧于群神矣，孔安國曰：「群神，謂丘陵墳衍，古之聖賢皆祭之。」

【語　譯】為什麼拿山川比子男呢？因為它們能蘊藏物產，能潤澤萬物，能形成雲雨，施恩甚多；但是它們的種類以百計算，所以比做子男。《尚書》上說：「祭祀六宗，祭祀山川，遍祭丘陵墳衍等群神。」

第九章

齊景公❶為露寢之臺，成而不通❷焉。栢常騫❸曰：「為臺甚急，臺成君何為不通焉？」公曰：「然，梟❹昔者❺鳴，其聲無不為也❻，吾惡之甚，是以不通焉。」栢常騫曰：「臣請禳❼而去之。」公曰：「何具？」對曰：「築新室為置白茅焉。」公使為室成，置白茅焉。栢常騫夜用事。明日，問公曰：「今昔聞梟聲乎？」公曰：「一鳴而不復聞。」使人往視之，梟當陛布翼伏地而死。公曰：「子之道若此其明也！亦能益寡人壽乎？」對曰：「能。」公曰：「能益幾何？」對曰：「天子九，諸侯七，大夫五。」公曰：「亦有徵兆之見乎？」對曰：「得壽，地且動。」公喜，令百官趣具騫之所求。栢常騫出，遭晏子❽於塗，拜馬前，辭❾，曰：「騫為君禳梟而殺之。君謂騫曰：『子之道若此其明也，亦能益寡人壽乎？』騫曰：『能。』今且大祭為君請壽，故將往，以聞。」晏子曰：「嘻，亦善矣！能為君請壽也。雖然，吾聞之：惟以政與德順乎神，為可以益壽。今徒祭可以益壽乎？然則福名❿有見乎？」對曰：「得壽，地將動。」晏子曰：「騫，昔吾見維星絕⓫，樞星⓬散，地其動，汝以是乎？」栢常騫俯有間，仰而對曰：「然。」晏子曰：

「為之無益，不為無損也。薄賦斂，無費民，且令君知之。」

【注釋】❶齊景公　見〈君道〉第一八章。❷成而不通　通，《晏子春秋・雜下》作「踊」，古通。踊，上也。成而不踊，謂臺成而公不登。❸栢常騫　人名。栢，同「柏」。❹梟　上《晏子・雜下》有「有」字。梟，鳥名。也作鴞，俗名貓頭鷹。❺昔者　古謂夜曰「昔」，或曰「昔者」。❻其聲無不為也　「不」下當據《晏子・雜下》補「有」字。蓋謂凡梟夜鳴，無不有為也。有為即有因也，指惡兆言。❼禳　除也。謂以祭祀禳除災害。❽晏子　見〈君道〉第一八章。❾辭　晏子辭其拜也。❿福名　無義，《晏子・雜下》作「福兆」是也。福兆，添壽的徵兆。⓫維星絕　維星，星宿名。《漢書・天文志》：「凡以宿星通下之變者，維星散，句星信，則地動。」又：「極後有四星，名曰句星。斗杓後有三星，名曰維星。」⓬樞星　北斗七星第一星，謂之天樞。

【語　譯】齊景公修建露寢之臺，完成後卻不上去。栢常騫說：「造臺造得那麼急，現在臺造成了，您為什麼不上去呢？」公說：「是這樣的，因為有梟鳥在夜晚啼叫，聲音非常可怖，恐怕要有災禍發生。我覺得討厭，所以不上去。」栢常騫說：「請讓我為您禳除。」公說：「要準備什麼東西嗎？」回答說：「搭間新房子，準備一些白茅草。」景公叫人搭好房子，準備了白茅草。栢常騫就在當夜行了法事。第二天問景公說：「今天夜裡聽到梟叫了嗎？」公說：「只聽叫了一聲，就沒有再聽到了。」派人去看，看見一隻梟鳥張開兩翼，趴在臺階上死了。景公說：「你的法術這樣靈驗，也能增加寡人的年壽嗎？」回答說：「能。」公說：「能增加多少？」回答說：「天子九年，諸侯七年，大夫五年。」公說：「預先可以看到什麼徵兆嗎？」回答說：「祈求得壽，地會震動。」景公很高興，命令百官趕快辦理栢常騫所要的一切東西。栢常騫出宮，在路上碰到晏子，栢常騫在晏子的馬前下拜，晏子辭謝。栢常騫說：「我為國君禳除了梟鳥，國君對我說：『你的法術這樣靈驗，也能增加寡人的年壽嗎？』我說：『能。』現在將舉行大祭，替君請壽，所以特地來向您報告。」晏子說：「哎呀，真好呀！能夠為國君祈請增加年壽。不過，我聽說：唯有用清明的政治，高尚的道德，順應神明，才能增加年壽。現在僅僅舉行祭祀，就可以添壽嗎？既然這樣，那麼有什麼預兆可見嗎？」回答說：

「祈求得壽，地將要震動。」晏子說：「騫，我晚上觀察天象，看見維星被地氣所蒙，陰而不見，天樞星也光線模糊，散而不明，地將要震動，你是根據這個來說的吧？」栢常騫低頭想了一會，抬頭對晏子說：「是的。」晏子說：「做了無益，不做也沒有壞處。要緊地是減輕賦稅，不要浪費百姓的財力，並且要讓國君知道這層道理。」

第一〇章

夫水旱俱天下❶陰陽所為也。大旱則雩祭❷而請雨，大水則鳴鼓而劫社❸。何也？曰：陽者，陰之長也。其在鳥則雄為陽雌為陰；其在獸則牡為陽而牝為陰；其在民則夫為陽而婦為陰；其在家則父為陽而子為陰；其在國則君為陽而臣為陰。故陽貴而陰賤，陽尊而陰卑，天之道也。今大旱者，陽氣太盛以厭於陰，陰厭陽固，陽其填也，惟填厭之太甚，使陰不能起也，亦雩祭拜請而已，無敢加也。至於大水及日蝕者，皆陰氣太盛而上減陽精，以賤乘貴，以卑陵尊，大逆不義，故鳴鼓而懾之，朱絲縈而劫之。由此觀之，《春秋》乃正天下之位，徵陰陽之失，直責逆者，不避其難，是亦《春秋》之不畏強禦也❹。故劫嚴社而不為驚靈❺，出天王而不為不尊上❻，辭蒯聵之命不為不聽其父❼，絕文姜之屬而不為不愛其母❽。其義之盡耶！其義之盡耶！

【注釋】❶下　字當從《春秋繁露．精華》作「地」。❷雩祭　古代求雨的祭祀。❸劫社　劫，脅迫；壓制。社，社神，即后土之神。❹春秋乃正天下之位五句　《春秋繁露．精華》：「此亦《春秋》之不畏強禦也。故變天地之位，正陰陽之序，直行其道而不忘其難，義之至也。」文雖不同，即此文所出。下，字當從《春秋繁露．精華》作「地」。徵，驗證。❺驚靈　當從《春秋繁露．精華》作「不敬靈」。❻出天王而不為不尊上　《公羊傳》僖公二十四年：「冬，天王出居于鄭。王者無外，此其言出何？不能事母也。」何休《解詁》：「不能事母，罪莫大於不孝，故絕之言出也。」❼辭蒯聵之命不為不聽其父　春秋衛靈公太子蒯聵與庶母南子不和，欲殺之，靈公怒，蒯聵奔宋。及靈公卒，立蒯聵之子輒為君。《公羊傳》哀公三年：「靈公逐蒯聵而立輒。然則輒之義可以立乎？曰：可。其可奈何？不以父命辭王父命，以王父命辭父命，是父之行乎子也。」❽絕文姜之屬而不為不愛其母　文姜，魯桓公夫人。文姜與其兄齊襄公通姦，魯桓公十八年，桓公和文姜到齊國去，桓公被殺。《左傳》莊公元年：「三月，夫人孫于齊。不稱姜氏，絕不為親，禮也。」楊伯峻《注》：「絕不為親者，以文姜有殺夫之罪，莊公宜慟父之被殺而絕母子之親，《說苑》所謂『絕文姜之屬（原誤為「厲」，今正），而不為不愛其母』，此即所謂禮也。」

【語譯】水旱之災都是天地間陰陽兩氣的變化所形成的。大旱時就要舉行雩祭求雨，大水時就要擊鼓壓制社神。這是為什麼呢？陽氣是陰氣的尊長，它在鳥類則雄的是陽雌的是陰，在獸類則公的是陽母的是陰，在人類則丈夫是陽婦人是陰，在家庭則父親是陽子女是陰，在國家則國君是陽臣子是陰。所以陽氣尊貴而陰氣卑賤，這是自然的法則。現在所以發生大旱，是陽氣太盛，壓制了陰氣，陰氣被壓，陽氣穩固，陽氣就再增加，但是因為壓制增加太甚，使得陰氣不能起來，也就用雩祭拜請而已，不敢再做些別的什麼事。至於大水和日蝕，都因為陰氣太盛而減損了陽氣，以卑賤陵駕尊貴，違反了自然，不合道理，所以擊鼓來加以震懾，用朱絲纏繞加以脅制。由此看來，《春秋》能匡正天地之位，驗證陰陽的得失，直接斥責違逆者而不避艱難，這就是《春秋》的不畏強暴。所以在莊嚴的神廟裡擊鼓壓制社神，不算是不敬神靈；使天王出奔，不算是不尊敬君上；蒯聵的兒子不從蒯聵之命，不算是不聽父命；魯莊公斷絕和母親文姜的親屬關係，不算是不愛母親。這是義理的極致啊！這是義理的極致啊！

第一一章

齊大旱之時❶，景公召群臣問曰：「天不雨久矣，民且有饑❷色。吾使人卜之，崇在高山廣水，寡人欲少賦斂以祠靈山❸可乎？」群臣莫對。晏子進曰：「不可，祠此無益也。夫靈山固以石為身，以草木為髮，天久不雨，髮將焦，身將熱，彼獨不欲雨乎？祠之無益❹。」景公曰：「不然，吾欲祠河伯❺可乎？」晏子曰：「不可，祠此無益也。夫河伯以水為國，以魚鼈為民，天久不雨，水泉將下，百川❻竭，國將亡，民將滅矣，彼獨不用雨乎？祠之何益？」景公曰：「今為之奈何？」晏子曰：「君誠避宮殿暴露，與靈山、河伯共憂，其幸而雨乎！」於是景公出野暴露，三日，天果大雨，民盡得種樹。景公曰：「善哉！晏子之言，可無用乎？其惟有德也。」

【注釋】❶之時　當從《晏子春秋．諫上》作「逾時」。❷饑　通「飢」。❸少賦斂以祠靈山　言欲少加賦稅於民，作為祭山之需。❹無益　當作「何益」，下文可證，王念孫《讀書雜志．晏子春秋第八》有說。❺河伯　河神。❻百川　下當補「將」字，與上下文一律。

【語譯】齊國大旱，為時甚久。景公召集群臣問他們說：「天久不下雨，人民都有飢餓之色。我派人占卜，說是高山廣水的鬼神在作祟。寡人想向人民稍微增加些賦稅，作為祭祀靈山的用途，可以嗎？」群臣都默不作聲。晏子進前說：「不可以。祭祀靈山沒有什麼好處。靈山本來以石頭為身體，以草木為毛髮，天久不下雨，毛髮將焦爛，身體將發熱，它難道不希望下雨嗎？祭祀它沒有用處。」景公說：「不然我就祭祀河伯，可以嗎？」晏子說：「不可以。祭祀河伯也沒有用。河伯以水為國家，以魚鱉為人民，天久不下雨，水位將低下，百川將枯竭，國家將亡，民族將滅，它難道不需要下雨嗎？祭祀它有什麼用處？」景公說：「那麼現在要怎麼辦呢？」晏子說：「君主真能離開宮殿，到郊野露宿，和靈山、河伯一起憂慮，也許僥倖能下雨吧！」於是景公真的到郊野露宿三天，天果然大雨，老百姓都完成了種植的工作。景公說：「好啊！晏子的話能夠不聽嗎？他真是有德的人。」

第一二章

夫天地有德❶合，則生氣有精矣；陰陽消息，則變化有時矣。時得而治矣，時得而化矣，時失而亂矣。是故人生而不具者五：目無見，不能食，不能行，不能言，不能施化❷。故三月達眼而後能見，七❸月生齒而後能食，期年生臏❹而後能行，三年顖❺合而後能言，十六精通而後能施化。陰窮反陽，陽窮反陰，故陰以陽變，陽以陰變。故男八月而生齒，八歲而毀齒，二八十六而精小通；女七月而生齒，七歲而毀齒，二七十四而精化小通。不肖者精化始至矣，而生氣感動，觸情縱欲，故反施亂化。故《詩》云：「乃如之人，懷婚姻也，大無信也，不知命也❻。」賢者不然，精化填盈後傷時之不可遇也，不見道端❼乃陳情欲以歌。

《詩》曰：「靜女其姝，俟我乎城隅，愛而不見，搔首踟躕❽。」「瞻彼日月，遙遙我思，道之云遠，曷云能來❾？」急時之辭也，甚焉，故稱日月也。

【注　釋】❶德　《韓詩外傳・一》無，當刪。❷施化　謂生育。❸七　當作「八」。此蓋據男子言，下文云：「故男八月而生齒。」❹臏　脛骨；膝蓋骨。❺顛　腦蓋也，即俗稱囟門。❻乃如之人四句　見《詩經・鄘風・蝃蝀》。❼不見道端　謂未有婚姻也。道端，夫婦之道，人倫之始，故謂道端。❽靜女其姝四句　見《詩經・邶風・靜女》。靜女，猶淑女。姝，美色。俟，待也。踟躕，猶徘徊。❾瞻彼日月四句　見《詩經・邶風・雄雉》。

【語　譯】天地相合，就產生了精氣；陰陽消長，就產生了變化的時序。得時便能治理，便能化育，失時就混亂了。所以人初生時，有五件事不具備：不能見物，不能進食，不能行走，不能說話，不能生育。所以要三個月以後開了眼才能見物，八個月以後長了牙齒才能進食，一年以後有了膝蓋骨才能走路，三年以後囟門合起來了才能說話，十六年以後精氣通了才能生育。陰氣盡而後陽氣生，陽氣盡而後陰氣生，所以陰氣因為陽氣而變化，陽氣因為陰氣而變化。所以男人八月生齒，八歲換齒，二八十六歲而精氣小通。女人七月生齒，七歲換齒，二七十四歲而精氣小通。然而有些不賢的人，剛剛到達青春期，精神受到感動，就觸發潛藏的情性而放縱慾心，因此違反了正常的夫婦之道。所以《詩經》上說：「竟然是這樣的人，只曉得懷春思慾，真是太無信了，太不知命了。」賢者就不是這樣，到了結婚年齡以後才感傷未有所遇；成不了婚姻才作詩歌來發抒自己的情感。《詩經》上說：「淑女多美麗，在城角等待我。愛她不見她，搔首獨徘徊。」《詩經》上說：「望著那升了又落的太陽和月亮，我的思念真悠長。道路這樣遙遠，什麼時候才能來到我身旁？」這是焦急時的話，因為太急了，所以呼叫日月。

第一三章

度量權衡，以黍生之。為一分❶，十分為一寸，十寸為一尺，十尺為一丈；十六黍為一豆，六豆為一銖，二十四銖重一兩，十六兩為一斤，三十斤為一鈞，四鈞重一石；千二百黍為一龠，十龠為一合，十合為一升，十升為一斗，十斗為一石❷。

【注釋】❶度量權衡三句　「權」字衍。「黍」當作「粟」，下「十六黍為一豆」、「千二百黍為一龠」同。「為一分」上當有「十粟」二字。說並詳《說苑集證》。❷十斗為一石　與上文「四鈞重一石」相複。「石」當從《漢書·律曆志》作「斛」。

【語譯】度量衡，是由粟產生的。十粟的長度為一分，十分為一寸，十寸為一尺，十尺為一丈；十六粟的重量為一豆，六豆為一銖，二十四銖重一兩，十六兩為一斤，三十斤為一鈞，四鈞重一石；一千二百粟的容量為一龠，十龠為一合，十合為一升，十升為一斗，十斗為一斛。

第一四章

凡六經帝王之所著，莫不致四靈❶焉。德盛則以為畜，治平則時氣至矣。故麒麟，麕❷身牛尾，圓頂一角。含仁懷義，音中律呂。行步中規，折旋中矩。擇土而踐，位平然後處。不群居，不旅行❸。紛❹兮其有質文也。幽閒則循循如❺也，動則有容儀。黃帝❻即位，惟聖恩承天，明道一脩，惟仁是行，宇內和平。未見鳳凰，維思影像，夙夜晨興❼，於是乃問天老曰：「鳳像何如？」天老曰：「夫鳳，鴻前麟後，蛇頸魚尾，鶴植鴛思❽，麗化枯折所志❾，龍文龜身，燕喙雞喝❿，駢翼而中注⓫。首戴德，頂揭義⓬，背負仁，心信智。食則有質，飲則有儀，往則有文，來則有嘉。晨鳴曰發明，晝鳴曰保長，飛鳴曰上翔，集鳴曰歸昌。翼挾義，衷抱忠，足履正，尾繫武。小聲合金，大音合鼓。延頸奮翼，五光⓭備舉。光興八風，氣降時雨。此謂鳳像。夫惟鳳為能究萬物，通天祉，象百狀，達于道。去則有災，見則有福。覽九州，觀八極，備文武，正王國。嚴照四方，仁聖皆伏。故得鳳之像一者，鳳過之。得二者，鳳下之。得三者，則春秋下之。得四者，則四時下之。得五者，則終身居之。」黃帝曰：「於戲，盛哉！」於是乃備黃冕，帶黃紳，齋於中宮。鳳乃蔽日而降。黃帝降自東階，西面啟⓮首曰：「皇天降茲⓯，敢不承命！」於是鳳乃遂集東囿，食帝竹實，棲帝梧樹，終身不去。《詩》云：「鳳凰鳴矣，于彼高岡。梧桐生矣，于彼朝陽。菶菶萋萋，雝雝喈喈⓰。」此之謂也。靈龜文⓱五色，似玉似金，背陰向陽。上隆象天，下平法地，槃衍⓲象山，四趾轉運應四時，文著象二十八宿。蛇頭龍翅⓳，左精象日，右精象月⓴。千歲之化，下氣上通，能知存亡吉凶之變。寧則信信如㉑也，動則著矣。神龍能為高，能為下，能為大，能為小，能為幽，能為明，能為短，能為長。昭乎其高也，淵乎其下也，薄乎天光，高乎其著也。一有一亡忽微哉，斐然成章。虛無則精以和，動作則靈以化。於戲！允哉！君子辟㉒神也。觀彼威儀，遊燕幽間，有似鳳也。《書》曰：「鳥獸鶬鶬，鳳凰來儀㉓。」此之謂也。

【注　釋】①四靈　《禮記・禮運》：「四靈以為畜。何謂四靈？麟、鳳、龜、龍謂之四靈。」②麠　即獐。③旅行　成群而行；結伴而行。④紛　盛多貌。⑤循循如　遵循規矩貌。⑥黃帝　傳說中上古時帝王，為五帝之首。生於軒轅之丘，又稱軒轅氏，國於有熊，亦稱有熊氏，另外還有帝鴻氏、縉雲氏、帝軒氏等別號。曾經擊敗炎帝，擒殺蚩尤，被諸侯尊為天子。⑦夙夜晨興　不成文，當從《韓詩外傳・八》作「夙寐晨興」。⑧鶴植鴛鴦思　《埤雅・釋鳥》作「鸛顙鴛思」，疑此文「鶴植」是「鸛顙」之誤。思與「腮」通。⑨麗化枯折所志　不可解，《韓詩外傳・八》無此句。⑩燕喙雞噣　喙、噣皆是口，於義為複，當作「燕頷雞喙」。說詳《說苑集證》。頷，下巴。⑪注　聚也。⑫首戴德二句　首和頂於義為複，「頂」當作「頸」。詳《說苑集證》。⑬五光　當作「五色」。說詳《說苑集證》。⑭啟　《韓詩外傳・八》作「稽」。⑮茲　《韓詩外傳・八》作「祉」。⑯鳳凰鳴矣六句　見《詩經・大雅・卷阿》。毛《傳》：「山東日朝陽。菶菶萋萋，梧桐盛也。雝雝喈喈，鳳凰鳴也。」⑰文　字衍，當刪。說見《說苑集證》。⑱槃衍　槃曲延展。⑲龍翅　龜不能飛，不得言翅。《太平御覽・九三一》、《事類賦・二八》引「翅」並作「脰」。脰，頸項。⑳左精象日二句　兩「精」字，《藝文類聚・九六》、《事類賦・二八》引並作「睛」。㉑信信如　誠篤貌。㉒辟　同「譬」。㉓鳥獸鶬鶬二句　見《尚書・益稷》。「鶬鶬」作「蹌蹌」，舞蹈貌。

【語　譯】大凡六經裡面所記載的著名帝王，沒有不求致四靈的。道德聖明的時代就以四靈為畜，只要是政治太平的時候就會隨著時氣而來到。麒麟是獐身，牛尾，圓的頭頂，獨角。含抱著仁義，叫聲合乎音律，行步或者迴旋都中規中矩。選擇土地才踐踏，地方平了才居住。不群居，不結隊而行。內在外表都非常優美。靜的時候就循規蹈矩，動的時候就有各種姿態儀容。黃帝即位以後，承受天的聖恩，修明道術，廣施仁德，國家安定太平，卻不見鳳凰降臨。黃帝日夜思想鳳凰的影像，於是就問天老說：「鳳凰的樣子如何呢？」天老說：「鳳凰的前頭像鴻雁，後頭像麒麟，蛇的頸子，魚的尾巴，鸛鳥的額頭，鴛鴦的腮，龍的文彩，龜的身體，燕子的下巴，雞的嘴，兩張翅膀重疊在中央。頭上戴著德，頸子揭示義，背上負著仁，心中藏著信智。飲食時有彬彬的儀態，往來飛翔時有嘉瑞文采。清晨的叫聲是『發明』，白天的叫聲是『保長』，飛翔時叫聲是『上翔』，聚集時叫聲是『歸昌』。兩翼挾著義，衷心抱著忠，步伐所踏出的是正直，尾巴上所顯示的是勇武。小聲啼叫，合乎金音；大聲鳴啼，合乎鼓響。伸長了脖子，張開了翅膀，顯現出五彩的顏色。光采可以興起八方的風，降下及時的甘霖。這就是鳳凰的形像。只有鳳凰是能夠窮究萬物，通達上天的福祉，形像百狀，達於大道。牠離棄這個國家，這個國家便有災難；牠出現在這個國家，這個國家便有福瑞。牠能觀覽九州八極，具備文武之道，匡正國家。牠的光芒普照四方，使得仁者聖賢一起拜伏。所以有一點鳳凰之德的，牠便會飛過；有兩點鳳凰之德的，牠便會飛下來；有三點鳳凰之德的，牠便會春秋兩季飛來；有四點鳳凰之德的，牠便會一年四季都飛來；有五點鳳凰之德的，牠就終身不離開了。」黃帝說：「唉呀，那真偉大呀！」於是黃帝就戴上黃色的冠冕，佩上黃色的衣帶，在中宮齋戒，鳳凰就遮天蔽日地飛來了。黃帝從東階走下來，向西面叩頭說：「上天降福，敢不奉承天命！」於是鳳凰就飛到東囿，吃黃帝的竹實，棲息在黃帝的梧桐樹上，終身不再離去。《詩經》上說：「鳳凰在高岡上鳴叫了，那梧桐樹生長在東邊的山坡上。梧桐樹多茂盛啊，鳳凰的鳴叫多和諧。」說的就是這些。靈龜五色，像玉又像金，背陰向陽。背上隆起像天，腹部平坦像地，龜甲的槃曲延展像山，四隻腳趾的運轉配合四時，甲上顯著的文理像天上的二十八宿。蛇的頭，龍的頸項。左眼像太陽，右眼像月亮。千年的神化可以上通天道，能夠預知存亡吉凶的變化。當牠安靜的時候，顯得很誠篤的樣子，動的時候，又很顯著。神龍能高能低，能大能小，能明能暗，能短能長。當牠昭然在天的時候，是非常的高；潛伏在淵的時候，是非常的深。能夠迫近天際，高高在上，形像顯著。忽隱忽現，真是變化微妙，斐然成章啊！當牠隱沒時，精誠和諧；當牠動作時，靈妙變化。唉呀！君子把牠比做神，真是不錯呀！看牠的威儀，那樣從容自在的遨遊，好像鳳凰。《尚書》上說：「鳥獸相率舞蹈，有容儀的鳳凰翩然下降。」

說的就是這個。

第一五章

成王❶時，有三苗貫桑而生，同為一秀，大幾盈車，民得而上之成王。成王問周公❷：「此何也？」周公曰：「三苗同為一秀，意❸天下其和而為一乎？」後三年，則越裳氏❹重譯而朝，曰：「道路悠遠，山川阻深，恐一使之不通，故重三譯而來朝也。」周公曰：「德澤不加，則君子不饗其質❺；政令不施，則君子不臣其人。」譯曰：「吾受命於吾國之黃髮❻：『久矣天之無烈風淫雨，意中國有聖人耶？有則盍朝之？』」然後周公敬受其所以來矣。

【注釋】❶成王　周成王。見〈君道〉第三章。❷周公　見〈君道〉第八章。❸意　料想。❹越裳氏　南蠻國名。❺饗其質　饗，享也。質，通「贄」。初見時所執持的禮物。❻黃髮　下《尚書大傳》、《韓詩外傳・五》並有「曰」字，當據補，否則文義不明。

【語譯】周成王的時候，有三株禾苗穿透桑樹而生長，並且同開一朵花，花大得好像車輪。百姓採了獻給成王。成王問周公：「這象徵什麼？」周公說：「三苗同開一朵花，想來天下大概要安定統一吧？」過了三年，南方越裳氏帶了幾個翻譯來朝見說：「道路悠遠，山川阻隔，恐怕一個使者不能通達，所以帶了能夠輾轉翻譯幾種語言的使者們來朝見。」周公說：「未曾施予恩惠，君子就不接受他的朝貢；未曾施行政令，君子就不把他當作臣子。」翻譯的人說：「我接受敝國長老的命令說：『上天長久沒有狂風暴雨的災害了，想來是中國有聖人呀？有聖人何人去朝見？』」然後周公恭敬地接受他們所帶來的貢品。

第一六章

周惠王❶十五年，有神降於莘❷，王問於內史過曰：「是何故？有之乎？」

對曰：「有之。國將興，其君齊明、中正、精潔、惠和，其德足以昭其馨香，其惠足以同其民人。神饗而民聽，民神無怨，故明神降焉，觀其政德而均布福焉。國將亡，其君貪冒❸、淫僻、邪佚❹、荒怠、蕪穢、暴虐；其政腥臊，馨香不登；其刑矯誣❺，百姓攜貳❻。明神不蠲❼而民有遠意，民神痛怨，無所依懷，故神亦往焉，觀其苛慝而降之禍。是以或見神而興，亦有以亡。昔夏之興也，祝融❽降於崇山；其亡也，回祿信於亭隧❾。商之興也，檮杌次於丕山❿；其亡也，夷羊在牧⓫。周之興也，鸑鷟⓬鳴於岐山；其衰也，杜伯射宣王於鎬⓭。是皆明神之紀者也。」王曰：「今是何神也？」對曰：「昔昭王娶於房⓮，曰房后，是有爽德，協於丹朱⓯，丹朱馮身以儀之，生穆王焉⓰。是監燭周之子孫而福禍之。夫一神不遠徙遷，若由是觀之，其丹朱耶？」王曰：「其誰受之？」對曰：「在虢。」

王曰：「然則何為？」對曰：「臣聞之：道而得神，是謂豐福；淫而得神，是謂貪禍。今虢少荒，其亡也？」王曰：「吾其奈何？」對曰：「使太宰以祝、史率狸姓，奉犧牲、粢盛、玉帛往獻焉⑰，無有祈也。」王曰：「虢其幾何？」對曰：「昔堯臨民以五，今其冑見，鬼神之見也，不失其物，若由是觀之，不過五年。」王使太宰己父率傅氏⑱及祝⑲奉犧牲、玉觴往獻焉。內史過從，至虢，虢公亦使祝、史請土焉。內史過歸，告王曰：「虢必亡矣，不禋於神而求福焉，神必禍之；不親於民而求用焉，民必違之。精意以享，禋也；慈保庶民，親也。今虢公動匱百姓以盈其違⑳，離民怒神怨㉑而求利焉，不亦難乎？」十九年，晉取虢也。

【注釋】❶周惠王　見〈指武〉第六章。❷莘　有莘，國名。故址在今陝西郃陽東南。❸貪冒　貪圖財利。冒，亦貪。❹淫僻邪佚　《國語・周語》作「貪冒辟邪，淫佚荒怠」，此文誤移「淫」字於「僻」上，當據乙正。❺矯誣　《國語・周語》韋《注》：「以詐用法曰矯，加誅無辜曰誣。」❻攜貳　攜，離。貳，二心。❼蠲　清潔。❽祝融　火神名。〈周語〉韋《注》：「夏居陽城，崇山所近。」❾回祿信於亭隧　回祿，亦火神名。再宿為信。❿檮杌次於丕山　〈周語〉韋《注》：「檮杌，鯀也。過信曰次。丕，大丕山，在河東。」⓫夷羊在牧　〈周語〉韋《注》：「夷羊，神獸。牧，商郊牧野。」⓬鸑鷟　鳳之別名。⓭杜伯射宣王於鄗　《墨子・明鬼下》：「周宣王殺其臣杜伯而不辜。杜伯曰：『吾君殺我而不辜，若以死為無知則止矣；若死而有知，不出三年，必使吾君知之。』其後（「後」字依俞樾《平議》增）三年，周宣王合諸侯而田於圃田，車數百乘，徒（「徒」舊誤作「從」，依俞樾校改）數千，人滿野，日中，杜伯乘白馬素車，衣朱衣朱冠（原誤為「朱衣冠」，依《太平御覽・三七一》引增「衣」字、「朱」字），執朱弓，挾朱矢，追周宣王，射之車上。中心折脊，殪車中，伏弢而死。」⓮昭王娶於房　〈周語〉韋《注》：「昭王，周成王之孫，康王之子，昭王瑕也。房，國名。」⓯是有爽德二句　是，通「實」。〈周語〉韋《注》：「爽，亡也。協，合也。丹朱，堯子。」⓰丹朱馮身以儀之二句　〈周語〉韋《注》：「馮，依也。儀，匹也。言房后之行有似丹朱，丹朱之靈馮依房后之身成匹偶，以生穆王。」⑰使太宰以祝史率狸姓二句　〈周語〉韋《注》：「太宰，上卿，掌祭祀之式、玉帛之事。祝，太祝，掌祈福祥。史，太史，掌次主位。狸姓，丹朱之後，神不歆非類，故帥以往也。純色曰犧。」粢盛，祭品，指盛在祭器內之黍稷。玉帛，瑞玉和縑帛，古代祭祀時所用的珍貴禮品。⑱傅氏　《周語》韋《注》：「傅氏，狸姓也，在周為傅氏。」⑲祝　下當從〈周語〉補「史」字。⑳以盈其違　〈周語〉「盈」作「逞」，古通。韋《注》：「逞，快也。違，邪也。」㉑怨　字衍，當刪，劉文典有說。見《說苑集證》。

【語　譯】周惠王十五年，有神靈降於莘。王問內史過說：「這是什麼緣故？從前有過這樣的事嗎？」回答說：「是有的。國家將要興盛，國君清明中正，精潔惠和。他的道德足以明祀神靈，他的恩惠足以施恩百姓。神靈接受奉祀而百姓聽從教訓，百姓和神靈皆無怨恨，所以神靈降臨，觀察他的政治教化而布施福惠。國家將要滅亡，國君貪財邪僻，淫佚荒怠，汙穢暴虐。他的政治骯髒，神靈不享受他的祭祀；他的刑罰浮濫，百姓離心。神靈以為汙穢，百姓準備散亡，百姓和神靈都很痛恨，無所憑依，所以神靈也會降臨到那裡，觀察他的政治煩苛暴虐而降給他災禍。因此有的見到神靈下降而興盛，也有因為見到神靈下降而滅亡的。從前夏朝的興起，祝融降於崇山；及至要滅亡的時候，回祿又在亭隧顯靈。商朝的興起，檮杌降靈在丕山；要滅亡的時候，夷羊出現在牧野。周朝的興起，鸑鷟在岐山啼鳴；要滅亡的時候，杜伯在鎬京射殺宣王。這些都是神明的事蹟。」王說：「現在是那一位神靈呢？」回答說：「從前昭王娶房國女子叫房后，實在失德，和丹朱的鬼魂相合。丹朱的神靈憑依房后而和她成匹偶，生了穆王。從此實在是丹朱的神靈監察周的子孫而降福或者降禍。一位神靈不會遠離，若由此看來，現在這位神靈大概是丹朱吧？」王說：「那誰要受禍呢？」回答說：「在虢國。」王說：「那怎麼辦呢？」回答說：「臣聽說：因為有道而神靈來降，這叫做豐福；因為淫佚而神靈來降，這叫做貪禍。現在虢國有些荒淫，大概要滅亡吧？」王說：「我要怎麼辦？」回答說：「派太宰和太祝、太史，率領狸姓的人，敬奉犧牲、粢盛、玉帛去祭神，不要有什麼祈求，但只敬禮而已。」王說：「虢國還能有多久呢？」回答說：「從前堯統治人民，五年一巡守，現在他的後裔神靈出現，大凡鬼神的出現，不忘記舊事，若由此看來，不會超過五年。」王派太宰己父率領傅氏及太祝、太史奉犧牲、玉觴到虢國去獻祭，內史過被派跟著去。到了虢國，虢公也派虢國的太祝和太史參加祭祀，向土神求福。內史過回來報告王說：「虢國一定要滅亡了。不精誠祀神，而向神求福，神必降禍；不愛護人民，而想役使人民，人民一定離棄。以精誠享神，叫禋；保愛人民，叫親。現在虢公役使百姓，使百姓貧乏，來滿足他的邪惡，人民離棄，神靈震怒，卻向神靈求利，不是很難嗎？」周惠王十九年，晉國攻滅了虢國。

第一七章

齊桓公❶北征孤竹❷，未至卑耳谿中十里，闟然❸而止，瞠然❹而視，有頃，奉矢未敢發也。喟然嘆曰：「事其不濟乎！有人長尺，冠冕，大人物具焉，左袪衣❺，走馬前者。」管仲❻曰：「事必濟，此人知道之神也。走馬前者，導也；左袪衣者，前有水也，從左方渡。」行十里果有水，曰遼水。表❼之，從左方渡至踝❽，從右方渡至膝。已渡，事果濟。桓公再拜管仲馬前曰：「仲父之聖至如是，寡人得罪久矣。」管仲曰：「夷吾聞之：聖人先知無形。今已有形乃知之，是夷吾善承教❾，非聖也。」

【注釋】❶齊桓公　見〈君道〉第一七章。❷孤竹　古國名，在今河北盧龍。❸闟然　突然停止貌。❹瞠然　瞪眼貌。❺袪衣　撩起衣服。❻管仲　見〈君道〉第一七章。❼表　表幟；表記。❽踝　小腿與足交接部分。❾善承教　善於接受教誨，意指善於根據有形來推知而已。

【語譯】齊桓公向北征伐孤竹國，還不到卑耳溪十里的地方，忽然停下來，瞪著眼睛看了一會，捧著弓矢不敢發射，歎息著說：「這場戰事恐怕不能獲勝吧！我看到一個人，一尺多高，戴著冠冕，具備大人物的裝飾，左手撩起衣服從馬前跑過。」管仲說：「戰事一定成功，這個人是個引路神啊！跑在馬前是引導的意思，左手撩起衣服，是說前面有水，要從左面渡涉。」行十里路，果然有水，叫遼水。測量水深後作了標記，從左面渡過去水到足踝，從右面渡過去水到膝蓋。渡過遼水，戰事果然獲勝。桓公在管仲馬前拜了兩拜說：「仲父的聖明到了這般地步，我失禮很久了。」管仲說：「我聽說過：聖人能在事物還無形的時候就知道。現在有形才知道，這不過是我善於推測而已，不算聖明。」

第一八章

吳伐越，隳❶會稽，得骨專車❷。使使問孔子曰：「骨何者最大？」孔子曰：「禹致群臣會稽山，防風氏後至，禹殺而戮❸之，其骨節專車。此為大矣。」使者曰：「誰為神❹？」孔子曰：「山川之靈，足以紀綱天下者❺，其守為神。社稷❻為公侯，山川之祀為諸侯，皆屬於王者。」曰：「防風氏何守？」孔子曰：「汪芒氏之君，守封、嵎之山者也❼，其神❽為釐姓，在虞、夏為防風氏，商為汪芒氏，於周為長狄氏，今謂之大人。」使者曰：「人長幾何？」孔子曰：「僬僥氏❾三尺，短之至也，長者不過十，數之極也。」使者曰：「善哉！聖人也。」

【注釋】❶隳　拆毀城牆。❷得骨專車　「骨」下當據《史記・孔子世家》、《孔子家語・辨物》補「節」字。《國語・魯語下》作「獲骨焉，節專車」，韋《注》：「骨一節，其長專車。專，擅也。」❸戮　陳屍為戮。❹誰為神　上文「禹致群臣會稽山」，〈魯語下〉作「禹致群神於會稽之山」，韋《注》：「群神謂主山川之君，為群神之主，故謂之神。」是此處神字，不是神靈的意思，而是君主的意思。❺山川之靈二句 〈魯語下〉韋《注》：「足以紀綱天下，謂名山大川能興致雲雨以利天下也。」❻社稷 「社稷」下〈魯語下〉、《孔子家語・辨物》有「之守」二字，當據補。❼汪芒氏之君二句 〈魯語下〉韋《注》：「汪芒，長翟之國名。封，封山；隅，隅山；在今吳郡永安縣。」❽其神 〈魯語下〉、《史記・孔子世家》、《孔子家語・辨物》皆無「其神」二字。❾僬僥氏 〈魯語下〉韋《注》：「僬僥，西南蠻之別名。」

【語譯】 吳伐越，拆毀會稽的城牆，發現一節骨節，有車子那麼長。派使者問孔子：「什麼人的骨節最長？」孔子說：「禹召集群臣到會稽山，防風氏後到，禹把他殺了，陳屍示眾，他的骨節有車子長，這是大的了。」使者說：「誰是神？」孔子說：「名山大川，能興起雲雨的，它的主管便是神。社稷的主管是公侯，主管山川祭祀的是諸侯，都屬於天子。」使者又問：「防風氏是什麼地方的主管？」孔子說：「汪芒氏的國君，主管封山和嵎山，姓釐，在虞、夏時是防風氏，在商朝是汪芒氏，在周朝是長狄氏，現在叫大人。」使者又問：「人究竟有多長呢？」孔子說：「僬僥氏身高三尺，是最短的了；最長不超過十尺，那是數目的極限。」使者說：「講得好啊！真是聖人。」

第一九章

仲尼在陳，有隼❶集於陳侯之廷而死，楛矢貫之，石砮，矢長尺有咫❷。陳侯使問孔子，孔子曰：「隼之來也遠矣，此肅慎氏之矢也❸。昔武王克商，通道九夷、百蠻，使各以其方賄來貢❹，思❺無忘職業。於是肅慎氏貢楛矢、石砮，長尺有咫。先王欲昭其令德之致，故銘其栝❻曰：『肅慎氏貢楛矢。』以勞大姬，配虞胡公而封諸陳❼。分同姓以珍玉，展❽親也；分別姓以遠方職貢，使無忘服也。故分陳以肅慎之矢。試求之故府。」果得焉。

【注釋】❶隼 鳥名，又名鶻，鷹類中最小者，飛速善襲。❷楛矢貫之三句 〈魯語下〉韋《注》：「楛，木名。砮，鏃也，以石為之。八寸曰咫。楛矢貫之，墜而死也。」❸肅慎氏之矢也 〈魯語下〉韋《注》：「肅慎，北夷之國，故隼來遠矣。」❹方賄來貢 〈魯語下〉韋《注》：「方賄，各以所居之方所貨賄為貢也。」❺思 猶使也。❻銘其栝 銘，刻。栝，箭末扣弦處。❼以勞大姬二句 〈魯語下〉「勞」作「分」。韋《注》：「分，予也。大姬，武王元女。胡公，舜後虞遏父之子胡滿也。」❽展 〈魯語下〉韋《注》：「展，重也。」

【語譯】孔子在陳國，有一隻隼鳥停棲在陳侯的朝廷上死掉了，原來是被一支楛矢射中，那楛矢是石頭的鏃，有一尺八寸長。陳侯派人問孔子。孔子說：「隼鳥來的很遠啊，這是肅慎氏的矢。從前周武王克服殷商，國威通達九夷、百蠻，叫他們各以本地的土產進貢，使他們不忘本來的職守。於是肅慎氏進貢楛矢、石砮，長一尺八寸。周武王為了要昭示他偉大的令德，所以就在楛矢的栝上刻上銘文：『肅慎氏貢楛矢。』並且把楛矢分給大姬來慰勞她，大姬配虞胡公，分封在陳。把珍玉分給同姓，是為了重視親情；把遠方進貢的土產分給異姓，是為了使他們不要忘記了服從。所以把肅慎氏的楛矢分給陳國。請到舊府中找找看。」果然在舊府中找到。

第二〇章

季桓子❶穿井得土缶，中有羊。以問孔子，言得狗。孔子曰：「以吾所聞，非狗乃羊也。木❷之怪，夔、罔兩；水之怪，龍、罔象；土之怪，羵羊也。非狗也。」桓子曰：「善哉！」

【注釋】❶季桓子　見〈政理〉第二章。❷木　下當有「石」字。說見《說苑集證》。

【語譯】季桓子挖井，挖出了一個瓦罐子，裡面有像羊的東西。來問孔子，說是挖到一隻狗。孔子說：「就我所知，不是狗，應該是羊。木石的精怪叫夔，叫罔兩；水的精怪叫龍，叫罔象；土的精怪叫羵羊。不是狗。」桓子說：「說得好啊！」

第二一章

楚昭王❶渡江，有物大如斗，直觸王舟，止於舟中。昭王大怪之，使聘問孔子。孔子曰：「此名萍實，令❷剖而食之。惟霸者能獲之，此吉祥也。」其後齊有飛鳥，一足，來下止於殿前，舒翅而跳。齊侯大怪之，又使聘問孔子。孔子曰：「此名商羊❸。急告民趣❹治溝渠，天將大雨。」於是如之，天果大雨，諸國皆水，齊獨以安。孔子歸，弟子請問。孔子曰：「異時小兒謠曰：『楚王渡江得萍實，大如拳❺，赤如日，剖而食之，美如蜜。』此楚之應也。兒又有兩兩相牽，屈一足而跳曰：『天將大雨，商羊起舞。』今齊獲之，亦其應也。夫謠之後，未嘗不有應隨者也。」故聖人非獨守道而已也，睹物記也，即得其應矣。

【注釋】❶楚昭王　見〈君道〉第二九章。❷令　《孔子家語・致思》「令」作「可」，義長。❸商羊　傳說中的鳥名，一隻腳，展翅跳走，能預知天雨。《論衡・變動》：「商羊者，知雨之物也；天且雨，屈其一足起舞矣。」❹趣　趕快。❺拳　當據《孔子家語・致思》作「斗」，上文可證。

【語譯】楚昭王渡江，有個斗大的東西直撞王船，掉在船上。昭王很奇怪，派人問孔子。孔子說：「這個東西叫萍實，可以剖開來吃。只有王霸之人才可以得到，這是好預兆。」後來齊國有一隻腳的鳥飛來，停在殿前，伸開翅膀而跳。齊侯很奇怪，派人問孔子。孔子說：「這種鳥叫商羊。告訴百姓趕緊整治溝渠，天要大雨。」齊侯就照著辦，天果然大雨，許多國家都被水淹，只有齊國安然無事。孔子回來後，學生們向孔子請問這兩件事。孔子說：「從前有小兒童謠說：『楚王渡江得到萍實，大得像斗，紅得像太陽，剖開來吃，甜得像蜜糖。』這件事在楚國應驗了。又有小兒兩兩相牽，彎屈起一隻腳蹦跳說：『天將大雨，商羊起舞。』現在齊國得到商羊鳥，這件事在齊國也應驗了。童謠到後來沒有不應驗的。」所以聖人不僅僅是守道而已，看到東西記起來，就能夠得到應驗。

第二二章

鄭簡公❶使公孫成子❷來聘於晉。平公❸有疾。韓宣子❹贊❺授客館。客問君疾，對曰：「君之疾久矣，上下神祇無不遍諭❻也，而無除。今夢黃熊入於寢門，不知人鬼耶？意厲鬼❼也？」子產曰：「君之明，子為政，其何厲之有？僑聞之：昔鮌違帝命，殛之于羽山❽，化為黃熊，以入於羽淵。是為夏郊，三代舉之❾。夫鬼神之所及，非其族類，則紹其同位❿。是故天子祠上帝，公侯祠百神，自卿已下不過其族。今周室少卑，晉實繼之，其或者未舉夏郊也？」宣子以告，祀夏郊，董伯為尸⓫，五日瘳⓬。公見子產，賜之莒鼎⓭。

【注釋】❶鄭簡公　見〈政理〉第二〇章。❷公孫成子　即子產。見〈臣術〉第四章。❸平公　晉平公。見〈君道〉第一章。❹韓宣子　春秋時晉國卿大夫。韓厥之子，名起，事晉悼公為卿。❺贊　引導。❻諭　《國語・晉語》韋《注》：「諭，謂祭祀告謝也。」❼厲鬼　惡鬼。❽昔鮌違帝命二句　鮌，或鯀字。帝，帝堯。殛，誅也。《左傳》昭公七年：「昔堯殛鯀于羽山。」楊伯峻《注》引《山海經・海內經》云：「洪水滔天，鯀竊帝之息壤以堙洪水，不待帝命。帝令祝融殺鯀於羽郊。」❾是為夏郊二句　是，實也。郊，祭名，在郊外祭祀天地。舉，謂不廢其祀也。《左傳》昭公七年：「實為夏郊，三代祀之。」孔《疏》：「〈祭法〉云：『夏后氏禘黃帝而郊鯀。』言郊祭天而以鯀配，是夏家郊祭之也。殷周二代自以其祖配天，雖復不以鯀配郊，鯀有治水之功，又通在群神之數，並亦見祀，通夏世為三代祀之也。」禘，祭名，在始祖廟中祭天，而以始祖配祭，叫做禘。❿紹其同位　〈晉語〉韋《注》：「紹，繼也，殷周祀之是也。」⓫董伯為尸　〈晉語〉韋《注》：「董伯，晉大夫。神不歆非類，則董伯其姒姓乎？尸，主也。」⓬瘳　病癒。⓭莒鼎　出於莒地之鼎也。

【語譯】鄭簡公派公孫成子到晉國去聘問，其時正好晉平公生病，韓宣子引導客人到館舍去，客人問候國君的疾病，回答說：「國君生病很久了，上下的神靈都拜祭過了，卻不見效。今天又夢見黃熊跑入寢門，不曉得是人鬼呢？還是惡鬼呢？」子產說：「以貴國國君的賢明，又由您主持政務，那裡會有什麼惡鬼呢？我聽說：從前鯀違背帝堯的命令，在羽山被殺，變化作黃熊，投入於羽淵。鯀成為夏代郊祭的配祭，三代都祭他。鬼神所降靈的，如果不是同族，就由同位來繼承。因此，天子祀上帝，公侯祀百神，卿以下只能祭自己的同族。現在周室稍稍衰微，晉國實在是繼承了周室，或者是晉國未舉行自夏代以來就行之有素的祭天祀鯀的祭祀吧？」韓宣子把這話轉告平公，於是舉行郊祭典禮，以董伯為尸。過了五天，平公的病就好了。平公召見子產，賜給他莒鼎。

第二三章

虢公❶夢在廟，有神人面、白毛、虎爪，執鉞立在西阿❷。公懼而走。神曰：

「無走！帝今日使晉襲於爾門。」公拜頓首。覺，召史嚚❸占之。嚚曰：「如君之言，則蓐收也，天之罰神也，天事官成❹。」公使囚之，且使國人賀夢。舟之僑告其諸侯❺曰：「虢不久矣，吾乃今知之。君不度而嘉大國之襲於己也，何瘳❻？吾聞之曰：『大國無❼道，小國襲❽焉曰服；小國傲，大國襲焉曰誅。』民疾君之侈❾也，是以由於逆命❿。今嘉其夢，侈必展，是天奪之鑑而益其疾也。民疾其態，天又誑之。大國來誅，出令而逆；宗國既卑，諸侯遠己⓫；外內無親，其誰云救之？吾不忍俟，將行。」以其族適晉。三年⓬，虢乃亡。

【注釋】❶虢公　《國語・晉語》韋《注》：「虢公，王季之子文王之弟虢仲之後虢公醜也。」❷西阿　《晉語》韋《注》：「西阿，西榮也。」榮，屋檐兩端上翹的部分。今通稱飛檐。❸史嚚　虢太史，名嚚。❹天事官成　謂神靈降災或賜福，皆由政事好壞所造成。❺舟之僑告其諸侯　舟之僑，虢大夫。告其諸侯，《晉語》作「告諸其族」，當據正。❻君不度二句　《晉語》韋《注》：「度，揆也。大國，晉也。瘳，猶損也。言君不揆度神意而令賀之，何損於禍也。」❼無　衍字，當從《晉語》刪。❽襲　《晉語》韋《注》：「襲，入也。」此襲字之義，與前後文襲字不同。❾侈　自大傲慢。❿由於逆命　《晉語》「由」作「遂」。韋《注》：「逆命，距違君命也。」⓫宗國既卑二句　《晉語》韋《注》：「宗國，公族也。遠，疏外也。」⓬三年　案《左傳》僖公五年：「冬十二月丙子朔，晉滅虢。」上距閔公二年舟之僑奔晉，恰為六年，此謂三年，非也。「三」當依《晉語》作「六」。

【語譯】虢公夢見在宗廟裡，有一位神，人的面孔，長著白毛，虎的爪子，拿著鉞，站在西檐下面。虢公害怕要逃走。神說：「不要跑！天帝今天派晉國來襲擊你們。」虢公下拜叩頭。醒了以後，召史嚚來占卜吉凶。史嚚說：「照君主所說，這個神就是蓐收，是上天的懲罰之神。上天懲罰人，皆是由於人事失當所造成的。」

虢公把史嚚囚禁起來，並且叫百姓祝賀他得著這樣一個夢。舟之僑告訴他的族人說：「虢國撐不了多久了，我現在已經知道了。國君不思慮神靈的警告，反而叫百姓祝賀，對於災禍有什麼好處呢？我聽說：『大國有道，小國入服，這叫做服；小國傲慢，大國加以討伐，這叫做誅。』百姓痛恨國君的自大傲慢，因此不服從命令。現在叫人賀夢，必定加大他的傲慢，這是老天奪去他的借鑑而加重他的罪過。百姓憎恨他這種態度，上天又誑惑他。大國來討伐，下達的命令卻悖逆；宗族既沒力量，諸侯又疏遠自己；國外國內都沒有親近自己的人，誰能夠加以拯救呢？我不忍心再等下去了，將要離去。」於是率領族人遷居到晉國去。六年以後，虢國就滅亡了。

第二四章

晉平公❶築虒祁❷之臺，石有言者。平公問於師曠❸曰：「石何故言？」對曰：

「石不能言，有神馮❹焉，不然，民聽之濫❺也。臣聞之：『作事不時，怨讟❻動於民，則有非言之物而言。』今宮室崇侈❼，民力屈❽盡，百姓疾怨，莫安其性，石言，不亦可乎？」

【注釋】❶晉平公　見〈君道〉第一章。❷虒祁　宮殿名。故地在今山西曲沃西。❸師曠　晉國樂師。字子野，目盲，善彈琴辨音。❹馮　同「憑」。❺濫　失也。❻怨讟　痛恨而有怨言。讟，怨言。❼崇侈　指宮室高大豪華。❽屈　窮盡。

【語譯】晉平公建築虒祁宮，石頭有說話的。平公問師曠說：「石頭什麼緣故說話？」回答說：「石頭不能說話，那是有神靈附著它，不然就是百姓聽錯了。臣聽說：『不在適當的時候役使百姓，百姓就會痛恨而有怨言，也就有一些本來不會講話的東西講話。』如今宮室建得這樣高大華麗，百姓的財力耗盡，百姓痛恨，沒有誰能安定自己的生活。在這種情況下，石頭講話不也是可以的嗎？」

第二五章

晉平公出畋❶，見乳虎❷伏而不動，顧謂師曠曰：「吾聞之也：霸王之主出，則猛獸伏不敢起。今者寡人出，見乳虎伏而不動，此其猛獸乎？」師曠曰：「鵲❸食猬❹，猬食鵕鸃❺，鵕鸃食豹，豹食駮❻，駮食虎。夫駮之狀有似駮馬❼。今者君之出，必驂❽駮馬而出畋乎？」公曰：「然。」師曠曰：「臣聞之：一自誣者窮，再自誣者辱，三自誣者死。今夫虎所以不動者，為駮馬也，固非主君之德義也，君奈何一自誣乎？」平公異日出朝，有鳥環平公不去，平公顧謂師曠曰：「吾聞之也：霸王之主，鳳下之。今者出朝，有鳥環寡人，終朝不去，是其鳳鳥乎？」師曠曰：「東方有鳥名諫珂，其為鳥也，文身而朱足，憎鳥❾而愛狐。今者吾君必衣狐裘以出朝乎？」平公曰：「然。」師曠曰：「臣已嘗言之矣：一自誣者窮，再自誣者辱，三自誣者死。今鳥為狐裘之故，非吾君之德義也，君奈何而再自誣乎？」平公不說。異日置酒虒祁之臺，使郎中馬章布蒺藜於階上，令人召師曠。師曠至，履而上堂。平公曰：「安有人臣履而上人主堂者乎？」師曠解履刺足，伏刺膝，仰天而歎。公起引之曰：「今者與叟戲，叟遽⑩憂乎？」對曰：「憂。夫肉自生蟲而還自食也；木自生蠹而還自刻也；人自興妖而還自賊也。五鼎之具不當生藜藿⑪，人主堂廟不當生蒺藜。」平公曰：「今為之奈何？」師曠曰：「妖已在前，無可奈何。入來月八日，脩百官，立太子，君將死矣！」至來月八日，平旦，謂師曠曰：「叟以今日為期，寡人如何？」師曠不樂，謁歸。歸未幾而平公死。乃知師曠神明矣。

【注釋】❶畋　打獵。❷乳虎　《太平御覽・九三》、《太平御覽・八九六》引「乳虎」並重出，是也。❸鵲　喜鵲。❹猬　刺蝟。❺駿䮊　有文彩的赤雉。❻駮　《山海經・西山經》：「中曲之山有獸焉，其狀如馬而白身黑尾，一角，虎牙爪，音如鼓音，其名曰駮，是食虎豹。」❼駮馬　毛色青白相雜的馬。❽驂　本指同駕一車的三匹馬或駕車時位於兩旁的馬，此處義同駕。❾烏　《太平御覽・六九四》、《天中記・六〇》引作「鳥」，義較長。❿遽　遂也。⓫五鼎之具不當生藜藿　「生」字疑當作「烹」，涉下文而誤。《漢書・主父偃傳》：「五鼎食。」《注》：「張晏曰：五鼎食：牛、羊、豕、魚、麋也。」案五鼎之說不一，詳見《說苑集證》。

【語譯】晉平公出外打獵，看見乳虎，乳虎伏在地上不動，回過頭來對師曠說：「我聽說：霸王之國的君主出去，猛獸遇見了就伏地不敢動。現在寡人出來，看見乳虎伏地不動，這乳虎算是猛獸了吧？」師曠說：「喜鵲以刺蝟為食，刺蝟以赤雉為食，赤雉以豹為食，而豹又吃駮，駮又吃虎。駮的樣子就像駮馬，今天君主一定是駕著駮馬出去打獵的吧？」公說：「是的。」師曠說：「臣聽說：一次自欺的窘困，再次自欺的受辱，三次自欺的死。今天虎所以不動，是因為駮馬的緣故，本來就不是為了君主的德義，君主何必自己欺騙自己呢？」過了幾天平公上朝時，有鳥環繞著平公不停地飛，平公回過頭來對師曠說：「我聽說：鳳凰看見霸王之國的君主就飛下來。現在我上朝有鳥環繞著飛翔，整個早上都不離去，這恐怕就是鳳鳥吧？」師曠說：「東方有種鳥名叫諫珂，這種鳥全身都是文彩，腳是紅色的，憎惡烏鴉而喜歡狐狸。今天您一定是穿狐裘上朝的吧？」平公說：「是的。」師曠說：「臣已經說過：一次自欺的窘困，再次自欺的受辱，三次自欺的死。今天鳥圍著您飛翔，是為了狐裘的緣故，不是為了您的德義呀！您為什麼再次欺騙自己呢？」平公很生氣。過了幾天，在虒祁臺擺酒，叫郎中馬章在臺階上鋪滿蒺藜，派人召見師曠。師曠來了，穿著鞋子上堂。平公說：「那有人臣穿著鞋子上人主的朝堂呢？」師曠脫掉鞋子腳被刺，伏在地上膝蓋被刺，只得仰天長歎。平公起身扶著他說：「和先生開玩笑的，先生憂慮嗎？」回答說：「憂慮。肉生了蟲就被蟲吃掉，木生了蟲就被蟲蛀掉，人自己作怪就要賊害了自己。五鼎裡面不應當烹煮藜藿，人主的廟堂上不應當生長蒺藜。」平公說：「現在怎麼辦？」師曠說：「妖孽已經形成了，無可奈何。下個月八號之前，應當修飭百官，立太子，君主要死了啊！」到下個月八號清晨，平公對師曠說：「先生以今日為寡人的死期，現在如何呢？」師曠很憂傷地拜謁後就回去了。回去沒有多久，平公就去世了。這才知道師曠真是神明。

第二六章

趙簡子❶問於翟❷封荼曰：「吾聞翟雨穀三日，信乎？」曰：「信。」「又聞雨血三日，信乎？」曰：「信。」「又聞馬生牛，牛生馬，信乎？」曰：「信。」簡子曰：「大哉妖！亦足以亡國矣！」對曰：「雨穀三日，䖟風❸之所飄也；雨血三日，鷙鳥❹擊於上也；馬生牛，牛生馬，雜牧也；此非翟之妖也。」簡子曰：「然則翟之妖奚也？」對曰：「其國數散❺，其君幼弱，其諸卿貨❻，其大夫比黨❼以求祿爵，其百官肆斷❽而無告，其政令不竟❾而數化，其士巧貪而有怨，此其妖也。」

【注釋】❶趙簡子 見〈君道〉第三五章。❷翟 同「狄」。古族名。主要居於北方，故又稱北狄。❸蝱風 疾風。《論衡・感應》：「夫穀之雨，猶復雲布之，亦從地起；因其與疾風俱飄，參於天，集於地，人見其從天落也，則謂之天雨穀。」❹鷙鳥 兇猛的鳥，如鷹、鸇之類。❺數散 常處於渙散狀態。數，屢次。❻貨 貪財受賄。❼比黨 結黨營私。❽肆斷 專橫武斷。肆，放肆。❾竟 完；盡。引申為貫徹。

【語譯】趙簡子問翟國的封荼說：「我聽說翟國下了三天穀子，是真的嗎？」回答說：「是真的。」「又聽說下了三天血雨，是真的嗎？」回答說：「是真的。」「又聽說馬生牛，牛生馬，是真的嗎？」回答說：「是真的。」簡子說：「妖孽真嚴重呀！足以亡國了！」回答說：「下了三天穀子，是旋風捲起的緣故；下了三天血雨，是猛禽在天空搏擊的緣故；馬生牛，牛生馬，是混雜放牧的緣故。這些都不是翟國的妖孽。」簡子說：「那麼，翟國的妖孽是什麼呢？」回答說：「這個國家經常處於渙散的狀態，它的國君年幼懦弱，它的諸卿貪財納賄，它的大夫結黨營私以求爵祿，它的官員專橫武斷使得百姓投告無門，它的政令不能貫徹而常常改變，它的士人機詐貪婪而心懷怨恨。這些才是翟國的妖孽。」

第二七章

哀公射而中稷，其口疾，不肉食。祠稷而善，卜之巫官，巫官變曰：「稷負五種，託株而從天下，未至於地而株絕，獵谷之老人張衽以受之。何不告祀之？」公從之而疾去。

【語譯】哀公射箭，不小心射中了稷神廟，因此嘴巴腫痛不能吃肉。祭祀穀神，稍微好些，又讓巫官卜筮。巫官變說：「穀神背負五種種籽，沿著株莖從天上下來，還沒有到地上株莖就斷了，獵谷的老人張開衣襟接住了。何不禱告祭祀獵谷老人呢？」哀公照著去做，果然病就好了。

第二八章

扁鵲❶過趙王，王太子暴疾而死❷。鵲造宮門曰：「吾聞國中卒有壤土之事❸，得無有急乎？」中庶子之好方者❹應之曰：「然。王太子暴疾而死。」扁鵲曰：「入言鄭醫❺秦越人能活太子。」中庶子難之曰：「吾聞上古之為醫者曰苗父。苗父之為醫也，以菅❻為席，以芻❼為狗，北面而祝，發十言耳。諸扶而來者，舉而來者，皆平復如故。子之方能如此乎？」扁鵲曰：「不能。」又曰：「吾聞中古之為醫者曰俞柎。俞柎之為醫也，搦❽腦髓，束肓莫❾，炊灼九竅而定經絡，死人復為生人，故曰俞柎❿。子之方能若是乎？」扁鵲曰：「不能。」中庶子曰：「子之方如此，譬若以管窺天，以錐刺地，所窺者甚大，所見者甚少⓫。鈞若子之方，豈足以變駭童子哉？」扁鵲曰：「不然。物故有昧揥而中蛟頭⓬，掩目而別白黑者。太子之疾，所謂尸厥者也。以為不然，入診之，太子股陰當溫，耳中焦焦如有嘯者聲然者，皆可治也。」中庶子入報趙王，趙王跣而趨出門曰：「先生遠辱，幸臨寡人。先生幸而有⑬之，則糞土之息⑭，得蒙天履地而長為人矣。先生不有之，則先犬馬填溝壑矣。」言未已，涕泣沾襟。扁鵲遂為診之，先造軒光之竈，八成⑮之湯，砥針礪石，取三陽五輸⑯。子容擣藥，子明吹耳，陽儀反神，子越扶形，子游矯摩，太子遂得復生。天下聞之皆曰：「扁鵲能生死人。」鵲辭曰：「予非能生死人也，特使夫當生者活耳。」夫死者猶不可藥而生也。悲夫！亂君之治不可藥而息也。《詩》曰：「多將熇熇，不可救藥⑰。」甚之之辭也。

【注　釋】❶扁鵲　古之良醫。《史記・扁鵲列傳》：「扁鵲者，勃海郡鄭人也。姓秦，名越人。」❷過趙王二句　上「王」字乃趙字之誤，當作「過趙，趙王太子暴疾而死」。❸壤土之事　謂營造墳塋之事也。❹中庶子之好方者　中庶子，官名。好方，好方術。❺毉　同「醫」。❻菅　草名。又稱菅茅。❼芻　草束。❽搦　按摩。❾束盲莫　束，同「刺」。「盲」當為「肓」字。莫，通「膜」。肓膜，謂五臟之間，鬲中膜也。❿俞柎　死者復生之意。⓫所見者甚少　此下當依《韓詩外傳・一〇》補「所刺者甚巨，所中者甚小」兩句。⓬昧揥而中蛟頭　昧揥，暗投也。揥，通「擿」。「蛟」字當為「蚊」字訛。⓭有　字於義未安，《韓詩外傳・一〇》作「治」，下文「先生不有之」之「有」字同，義長。⓮糞土之息　謙稱自己的兒子，謂如糞土之賤也。⓯八成　《韓詩外傳・一〇》、《史記・扁鵲列傳》皆作「八減」。⓰三陽五輸　三陽，太陽、少陽、陽明也。孫詒讓《述林》曰：「五輸者，當五俞之借字，《素問・痺論篇》云：『五藏有俞。』《注》云：『肝之俞曰太衝，心之俞曰太陵，脾之俞曰太白，肺之俞曰太淵，腎之俞曰太谿。』皆經脈之所注也。」⓱多將熇熇二句　見《詩經・大雅・板》。將，行也。熇熇，熾盛貌。

【語　譯】扁鵲經過趙國，趙王的太子暴病去世。扁鵲到宮門前說：「我聽說國中匆匆忙忙地營造墳塋，是有什麼人急病而死嗎？」有一個喜好方術的中庶子回答說：「是的。王太子突然生病去世。」扁鵲說：「請進去說鄭國醫生秦越人能夠救活太子。」中庶子責難他說：「我聽說上古有一位醫生叫苗父，苗父的行醫，以菅茅為席，結草為狗，向北方祝禱，不過念十句咒語，那些扶著來的，抬著來的，都復原得像常人一樣。你的醫術能夠這樣神妙嗎？」扁鵲說：「不能。」又說：「我聽說中古有一位醫生叫俞柎，俞柎的行醫，能夠按摩腦髓，針刺肓膜，炊灼九竅而定經絡，使已死的人復活，所以叫做俞柎（愈腐）。你的醫術能夠這樣神妙嗎？」扁鵲說：「不能。」中庶子說：「你的醫術如此，就好像用管子看天，用錐子刺地。想看到的很大，但真正看到的很少；想刺到的很多，但真正刺中的很小。就憑你這樣的醫術，難道只能嚇唬小孩子嗎？」扁鵲說：「不能這樣說。事情本來就可能有暗中投擲而擊中蚊子頭，閉起眼睛而分辨出白黑的。太子的病是所謂的『尸厥』。如以為不然，請進去診察一下，太子的兩股間還一定是溫的，耳中有焦焦的嘯聲似的，是這樣的都可以醫治。」中庶子進去報告趙王，趙王光著腳跑出門來說：「先生遠道來見寡人，如果僥倖得著先生治療把他治好，那麼我這個不肖的兒子還可以活著為人，不然就像犬馬一樣填在溝壑裡了。」話沒說完，淚水已經沾濕了衣襟。於是扁鵲為太子診治。先造一座開敞的竈，煎煮八減藥劑；再砥礪針石，針砭三陽和五俞的穴道。他的學生子容擣藥，子明把藥粉吹入太子的耳中，陽儀設法使他甦醒，子越扶起太子的身體，子游替他作全身按摩，太子果然活了過來。天下的人知道了，都說扁鵲能夠使死人復活。扁鵲卻謙辭說：「我不是能使死人復活，只不過是使能活的活罷了。」那真正死了的人，還是不能用藥物使他復生，可悲啊！亂君的暴虐政治，也是不能用藥物治療得好的。《詩經》上說：「多行暴虐，不可救藥。」這是一種非常憂慮的說辭。

第二九章

孔子晨立堂上，聞哭者聲音甚悲。孔子援琴而鼓之，其音同也。孔子出，而弟子有吒❶者。問：「誰也？」曰：「回也。」孔子曰：「回何為而吒？」回曰：「今者有哭者，其音甚悲，非獨哭死，又哭生離者。」孔子曰：「何以知之？」回曰：「似完山之鳥❷。」孔子曰：「何如？」回曰：「完山之鳥，生四子，羽翼已成，乃離四海，哀鳴送之，為是往而不復返也。」孔子使人問哭者，哭者曰：「父死家貧，賣子以葬之，將與其別也。」孔子曰：「善哉，聖人也！」

【注釋】❶吒　悲歎。❷完山之鳥　《抱朴子・內篇・辨問》：「完山之鳥，賣生送死之聲。」

【語譯】孔子清晨站在堂上，聽到有人哭得很悲慘。孔子拿起琴來彈，琴音和著哭聲，一樣悲慘。孔子走出堂屋，聽到學生裡有人悲歎。問：「是誰？」說：「是顏回。」孔子說：「回為什麼悲歎？」顏回說：「現在有人在哭，哭聲非常悲慘，不但是哭死去的人，也哭生離的人。」孔子說：「怎麼知道？」顏回說：「哭聲像完山之鳥。」孔子說：「怎麼講呢？」顏回說：「完山之鳥生了四隻小鳥，到小鳥翅膀長成，就要離開故土飛到遠處去，母鳥哀鳴不已，為的是小鳥一去不再回來了。」孔子叫人問哭的人，哭的人說：「孩子的爹死了，家裡貧窮，只得賣了孩子來葬他爹，如今就要和孩子分別了。」孔子說：「顏回講得真好，是個聖人啊！」

第三〇章

景公畋❶於梧丘，夜猶蚤❷，公姑坐睡，而夢有五丈夫北面倖盧❸，稱無罪焉。公覺，召晏子而告其所夢。公曰：「我其嘗殺不辜而誅無罪耶？」晏子對曰：「昔者先君靈公畋，五丈夫罟而駭獸，故殺之，斷其首而葬之，曰『五丈夫之丘』，其此耶？」公令人掘而求之，則五頭同穴而存焉。公曰：「嘻！」令吏葬之。國人不知其夢也，曰：「君憫白骨，而況於生者乎？不遺餘力矣！不釋餘智矣！」故曰，人君之為善易矣。

【注釋】❶畋 打獵。❷蚤 通「早」。❸倖盧 無義，疑「倖」為「倚」字之誤。盧，通「廬」。

【語譯】景公在梧丘打獵，夜還早，姑且坐著打盹，夢見五個男人臉朝北面靠著牆自稱無罪。景公醒後，召見晏子，把做的夢告訴他。公說：「我難道殺過無罪的人嗎？」晏子回答說：「從前先君靈公打獵，有五個男人因為拉網罟而把野獸嚇跑了，所以被殺掉，又把頭砍斷，葬在一處，叫做五丈夫之丘。恐怕就是這件事吧？」公叫人挖地探看，果然看見五頭同在一穴。公說：「唉！可憐呀。」叫官吏重新好好安葬。百姓不知道是景公做夢的關係，就說：「我們的國君連死人都悲憫，何況活人呢？一定會不遺餘力竭盡心思施恩給我們啊！」所以說，人君做善事是容易的。

第三一章

子貢問孔子：「死人有知、無知也？」孔子曰：「吾欲言死者有知也，恐孝子順孫妨生以送死也；欲言無知，恐不孝子孫棄不葬也。賜欲知死人有知將無知也，死徐自知之，猶未晚也。」

【語譯】子貢問孔子：「人死後到底是有知呢？還是無知呢？」孔子說：「我如果說死者有知，恐怕一些孝子順孫厚葬死者而妨害了正常的生活；要說人死了沒有知覺，又恐怕不孝的子孫遺棄親人不葬。賜啊，要知道人死後有知還是無知，等你死了自己自然知道，也還不晚。」

第三二章

王子建❶出守於城父❷，與成公乾遇於疇中，問曰：「是何也？」成公乾曰：「疇也。」「疇也者何也？」「所以為麻也。」「麻也者何也？」曰：「所以為衣也。」成公乾曰：「昔者莊王伐陳，舍於有蕭氏，謂路室之人曰：『巷其不善乎，何溝之不浚也？』莊王猶知巷之不善，溝之不浚。今吾子不知疇之為麻，麻之為衣。吾子其不主社稷乎！」王子果不立。

【注釋】❶王子建　楚平王太子建也。❷城父　春秋楚邑。地在今河南寶豐。

【語譯】王子建奉派到城父去守邊，和成公乾在田疇中相遇，問成公乾說：「這是什麼？」成公乾說：「這是田疇。」「田疇是做什麼的？」「用來種麻。」「種麻幹什麼呢？」回答說：「用來做衣服。」成公乾又說：「從前莊王討伐陳國，軍隊駐紮在有蕭氏，向路旁房子裡的人說：『巷道不好啊，為什麼不疏濬溝渠呢？』莊王還知道巷道不好、溝渠沒有疏濬，現在您連田可以種麻，麻可以做衣都不知道，您大概做不成一國之君吧！」王子果然不能繼位。

卷一九

脩文

【題解】脩文，就是修明文教，推行文治。所謂文教、文治的具體內容就是禮和樂。本卷共四十二章。第一章首先指出禮樂的功用和重要性，「移風易俗，莫善於樂；安上治民，莫善於禮」，因此禮樂是施政中最根本和重要的大事，所以「功成治定」，必須「制禮作樂」。其次指出修明禮樂的具體方法，就是設立學校來加以教導和推廣，所以天子設立辟雍，諸侯設立泮宮。第二章以周文王為例，指出帝王君主要對人民有廣大深厚的仁德，才能夠實行文治。又指出「文」和「質」的關係，二者循環往復，相輔相成（亦見第三二章，謂「文質脩者謂之君子」）。第三章以後，詳說有關脩文的具體內容，第三到三一章說「禮」，第三三章以後論「樂」。前者對於選射、服飾、容貌、親迎、致贄、貢士、巡狩、田獵、贈賵、殯葬、服喪、祭祀等各方面的意義、方法、制度皆有述及。後者則論及音樂的動人力量、音律的制作源起，而對於音樂和人心、教化的密切關係，更有較詳細的說明。

第一章

天下有道，則禮樂征伐自天子出❶。夫功成制禮，治定作樂。禮樂者，行化之大者也。孔子曰：「移風易俗，莫善於樂；安上治民，莫善於禮❷。」是故聖王脩禮文，設庠序❸，陳鍾鼓。天子辟雍，諸侯泮宮，所以行德化。《詩》云：「鎬京辟雍，自西自東，自南自北，無思不服❹。」此之謂也。

【注釋】❶天下有道二句　見《論語・季氏》。❷移風易俗四句　見《孝經・廣要道》。邢昺《疏》：「欲移易風俗之弊敗者，莫善於聽樂而正之；欲身安於上民治於下者，莫善於行禮以帥之。」❸庠序　古代地方所設的學校，與帝王的辟雍、諸侯的泮宮等大學相對而言。❹鎬京辟雍四句　見《詩經・大雅・文王有聲》。鎬京，地名。故地在今陝西西安西南，灃水東岸。周武王既伐商，自酆遷都於此。思，語辭。

【語譯】天下太平安定時，禮樂的頒定，叛亂的討伐，都是出自天子。天下平定，就制定禮儀；政治安定，就制作音樂。禮樂是施行教化最重要的措施了。孔子說：「改變風俗使趨於淳厚，沒有比音樂更好的了；使在上者安穩，使百姓平治，沒有比推行禮教更好的了。」因此賢明的君王修飭禮文，在各地設立學校，陳列鐘鼓等樂器來提倡音樂。天子的大學叫辟雍，諸侯的大學叫泮宮，都是用來推行道德教化。《詩經》上說：「武王建立鎬京，興設學校，自西至東，從南到北，沒有不心服的。」就是說的這個意思。

第二章

積恩為愛，積愛為仁，積仁為靈。靈臺❶之所以為靈者，積仁也。神靈者，天地之本，而為萬物之始也。是故文王始接民以仁，而天下莫不仁焉，文德之至也，德不至則不能文。商者常也，常者質，質主天；夏者大也，大者文也，文主地❷。故王者一商一夏，再而復者也❸，正色三而復者也❹，味尚甘，聲尚宮，一而復者❺。故三王術如循環。故夏后氏教以忠而君子忠矣，小人之失野。救野莫如敬，故殷人教以敬，而君子敬矣，小人之失鬼。救鬼莫如文，故周人教以文，而君子文矣，小人之失薄。救薄莫如忠。故聖人之與聖也，如矩之三雜❻，規之三雜，周則又始，窮則反本也。《詩》曰：「彫琢其章，金玉其相❼。」言文質美也。

【注釋】❶靈臺　《詩經・大雅》有〈靈臺〉篇。毛《傳》曰：「神之精明者稱靈，四方而高曰臺。」孔《疏》曰：「伏虙《左傳注》云：『天子曰靈臺，諸侯曰觀臺。』非天子不得作靈臺，此實為觀氣象之臺，而名曰靈者，以文王之化行似神之精明，故以名焉。」❷商者常也六句　向宗魯《說苑校證》引《白虎通・三教篇》曰：「質法天，文法地而已。故天為質，地受而化之，養而成之，故為文。《尚書大傳》曰：『王者一質一文，據天地之道。』《禮記・三正記》曰：『質法天，文法地也。』」又引《春秋繁露・三代改制質文篇》曰：「王者之制，一商一夏，一質一文。商質者主天，夏文者主地。」上「質」字下當有「也」字，與下文「大者文也」一律。❸王者一商一夏二句　向宗魯《說苑校證》：「『一商一夏』下，疑脫『一質一文』四字。『再』上，疑脫『文質』二字。」《禮記・表記・疏》：「〈三正記〉云：『文質再而復始（「文」字原脫，據《白虎通・三正》補）。』」則虞質，夏文；殷質，周文。」❹正色三而復者也　《尚書大傳・五》：「正色，三而復者也。」又曰：「夏以十三月為正，色尚黑，以平旦為朔。殷以十二月為正，尚白，以雞鳴為朔。周以十一月為正，尚赤，以夜半為朔。」

❺味尚甘三句　向宗魯《說苑校證》：「既曰『一』矣，何『復』之有？此文疑當作『一而不復者也』。《春秋繁露・三代改制質文篇》：『故王者有不易者，有再而復者，有三而復者，有四而復者，有五而復者，有九而復者。』一而不復者，即所謂『王者有不易者』也。《白虎通・三正篇》：『王者受命而起，或有所不改者，何也？王者有改道之文，無改道之實。如君南面、臣北面，皮弁素積，聲味不可變，哀戚不可改，百王不易之道也。』此云『味尚甘，聲尚宮，一而復者』，即『聲味不可變』之意也。」❻雜　通「匝」。謂循環始終。❼彫琢其章二句　見《詩經・大雅・棫樸》。毛《傳》：「金曰雕，玉曰琢。相，質也。」

【語　譯】累積恩惠而為愛心，累積愛心而為仁道，累積仁道而為神靈。靈臺之所以稱為「靈」，正因為是文王累積了仁道。神靈是天地的根本，是萬物的原始，所以文王一開始和百姓接觸便用仁道，而天下的人沒有不存仁心的。這是文教德化的最高表現了，如果道德沒有達到最高境界，就不能推行文教。商是常的意思，常是質的意思，質以天為主；夏是大的意思，大是文的意思，文以地為主。所以王朝的變換，一商一夏，一質一文，文和質，再而復始。歷代王朝各有正色，正和色，三而復始。味道以甜為尚，聲音以宮為尚，這是不可改變的。所以三王的道術是循環往復的。所以夏后氏教以忠，君子就跟著忠了，但小人的毛病在於野。挽救野的最好方法莫如敬，所以殷人教以敬，君子就跟著敬了，但小人的毛病在於迷信鬼神。挽救迷信鬼神的最好方法莫如文，所以周人教以文，君子就跟著文了，但小人的毛病在於薄。挽救薄的最好方法莫如忠。所以聖人和聖人的相傳，好像規矩重複畫三次一樣，一周完了又開始，窮盡了又回到本來的起點。《詩經》上說：「既雕琢得非常精美，又有金玉似的本質。」這是說文和質都很美。

第三章

傳曰：「觸情從欲，謂之禽獸；苟可而行，謂之野人；安故重遷，謂之眾庶；辨然❶通古今之道，謂之士；進賢達能，謂之大夫；敬上愛下，謂之諸侯；天覆地載，謂之天子。是故士服黼❷，大夫黻❸，諸侯火，天子山龍。德彌盛者文彌縟，中彌理者文彌章也。」《詩》曰：「左之左之，君子宜之，右之右之，君子有之❹。」傳曰：「君子者，無所不宜也。是故韠冕厲戒❺，立於廟堂之上，有司執事無不敬者；斬衰裳，苴絰杖❻，立於喪次，賓客弔唁，無不哀者；被甲攖冑，立於桴鼓❼之間，士卒莫不勇者。故仁足以懷百姓，勇足以安危國，信足以結諸侯，強足以拒患難，威足以率三軍。故曰，為左亦宜，為右亦宜，為君子無不宜者，此之謂也。」

【注　釋】❶然　下當據《白虎通・爵篇》補「否」字。❷黼　《周禮・司服・疏》：「黼謂白黑，為形則斧文，近刃白，近上黑，取斷割焉。」❸黻　《周禮・司服・疏》：「黻，黑與青，為形則兩己字相背，取臣民背惡向善。」❹左之左之四句　見《詩經・小雅・裳裳者華》。毛《傳》：「左，陽道，朝祀之事。右，陰道，喪戎之事。」❺韠冕厲戒　韠，蔽膝，革製，古代官服上的裝飾。冕，大夫以上冠也。厲，下垂的絲帶。戒，未詳其義，當亦是服飾之一種。❻斬衰裳二句　喪服上曰衰，下曰裳。斬是喪服不加以縫緝。苴，麻也。苴絰，古代服重喪者所束的麻帶。苴杖，古代居父母喪所用的竹杖。❼桴鼓　即枹鼓，鼓槌和鼓。此謂戰鼓也。

【語　譯】書上記載說：「情有所感便放縱情欲，這是禽獸。苟且隨便而行，這是野人。安於故土，不輕易遷徙，這是一般民眾。能夠分辨是非、通達古今的道理，這是士。能夠推薦賢能的人，這是大夫。上敬天子，下愛人民，這是諸侯。天地間最尊貴的，這是天子。所以士人穿的是黼服，大夫穿的是黻服，諸侯的朝服要繪上火，天子的朝服要繪上山和龍。道德越盛的，文彩越縟麗；內在修養越好的，文彩越彰顯。」《詩經》上說：「朝祀的事，君子適宜。喪戎的事，君子也適宜。」書上說：「所謂君子，是無所不宜的。因此當他戴上禮冠，穿上禮服紮上絲帶，佩上戒飾，站立在廟堂之上，文武百官沒有不尊敬的；當他穿著喪服，拿著喪杖，站立在主喪的位次上，來憑弔慰唁的賓客沒有不悲哀的；當他披甲戴盔，站立在戰鼓之間，戰士沒有不因之而英勇的。因此他的仁道足以懷柔百姓，勇敢足以安定危殆的國家，信義足以交好諸侯，堅強足以抗拒患難，威武足以統率三軍。所以說朝祭的事君子適宜，喪事和戰事君子也適宜，做一個君子是沒有事不能適任的，就是這個意思。」

第四章

齊景公❶登射❷，晏子❸脩禮而待❹。公曰：「選射之禮，寡人厭之矣❺！吾欲得天下勇士，與之圖國。」晏子對曰：「君子無禮，是庶人也；庶人無禮，是禽獸也。夫臣勇多則弒其君，子力多則弒其長，然而不敢者，惟禮之謂也。禮者所以御民也，轡者所以御馬也，無禮而能治國家者，嬰未之聞也。」景公曰：「善。」乃飭射，更席，以為上客，終日問禮。

【注釋】❶齊景公　見〈君道〉第一八章。❷登射　登是語辭，登射即射也。❸晏子　見〈君道〉第一八章。❹脩禮而待　《太平御覽．五二三》、《玉海．七三》引「禮」上並有「食」字。《晏子春秋．諫下》第二五章吳則虞《集釋》：「〈射義〉曰：『古者諸侯之射也，必先行燕禮。』《說苑》作『脩食禮』，即指射日陳燕具席位諸事。」❺選射之禮二句　《晏子．諫下》第二五章張純一《校注》：「古者以射選有德，射必以禮，故曰選射之禮。」射必以禮，而所選有德之士非必為勇力之士，故景公有「厭之」之語也。

【語　譯】齊景公主持大射的禮儀，晏子準備好了宴席等待景公。景公說：「選射的禮儀，我厭煩透了！我只想得到天下勇力之士，和他共圖國家的富強。」晏子回答說：「君子如果不講禮儀，和普通百姓一樣；百姓如果不講禮儀，和禽獸一樣。那臣下勇力多，就可能弒殺國君；兒子勇力多，就可能弒殺長上；然而不敢這麼做的原因，就因為有禮的維繫。禮，是用來駕御百姓的，如同轡頭，是用來控制馬匹的工具一樣。無禮而能夠治理好國家的，我還沒有聽說過。」景公說：「講得好。」於是整飭大射的禮儀，更換席次，推晏子為上客，整天向他詢問有關「禮」的問題。

第五章

《書》曰五事，一曰貌❶。貌者男子之所以恭敬，婦人之所以姣好也。行步中矩，折旋中規，立則磬折❷，拱則抱鼓。其以入君朝，尊以嚴；其以入宗廟，敬以忠；其以入鄉曲，和以順；其以入州里族黨之中，和以親。《詩》曰：「溫溫恭人，惟德之基❸。」孔子❹曰：「恭近於禮，遠恥辱也❺。」

【注　釋】❶書曰五事二句　見《尚書・洪範》。❷立則磬折　謂身體傴折如磬之背，以示恭敬。❸溫溫恭人二句　見《詩經・大雅・抑》。❹孔子　見〈君道〉第五章。❺恭近於禮二句　見《論語・學而》。

【語　譯】《尚書》所說五事，第一是貌，就是容儀。容儀是男人用以表示恭敬，婦人用來顯示嬌美的。行步合乎方矩，迴旋合乎圓規，站立時身體向前彎曲好像磬的背，拱手時好像抱著鼓。進入朝廷便尊貴莊嚴，進入宗廟便肅敬忠誠，到鄉閭便和順，到州里親朋之中便親切。《詩經》上說：「待人溫柔恭順，是品德的根基。」孔子說：「待人恭敬合乎禮儀，可以避免恥辱。」

第六章

衣服容貌者，所以悅目也；聲音應對者，所以悅耳也；嗜慾好惡❶者，所以悅心也。君子衣服中，容貌得，則民之目悅矣；言語順，應對給，則民之耳悅矣；就仁去不仁，則民之心悅矣。三者存乎心，暢乎體，形乎動靜，雖不在位，謂之素行❷。故忠心好善而日新之，獨居樂德，內悅而行❸。《詩》曰：「何其處也？必有與也。何其久也？必有以也❹。」惟有以者，為能長生久視❺而無累於物也。

【注　釋】❶嗜慾好惡　《韓詩外傳・一》、《春秋繁露・為人者天》並作「好惡去就」，與下文「就仁去不仁」相應，義較長。❷素行　素王的行為。有帝王之德而未居其位的人，叫素王。❸獨居樂德二句　當據《韓詩外傳・一》作「獨居而樂，德充而形」，義長。❹何其處也四句　見《詩經・邶風・旄丘》。與，通「以」。緣故；理由。❺視　活也。

【語　譯】衣服容貌是用來使人看了舒適，聲音應對是用來使人聽了悅耳，各種愛好是用來使人覺得心情舒暢。君子衣服合度，容貌美好，百姓就看上去舒適；言語柔順，應對得當，百姓就聽起來悅耳；親近仁者，遠離不仁者，百姓心裡頭就覺得歡喜。這三件事時時存在心上，布於四肢，表現在舉止上，雖然不在君位，也可以說是素王的行為了。所以真心好善而天天求進步，獨自居處而樂於修養品德，內在充實自然就形之於外。《詩經》上說：「為什麼能安處呢？一定有什麼緣故。為什麼能長久呢？一定有什麼道理。」只有得著這個道理，才能長久生存而不被外物所牽累。

第七章

知天道者冠鉥❶，知地道者履蹻❷。能治煩決亂者佩觿❸，能射御者佩韘❹，能正三軍者搢笏❺。衣必荷規而承矩，負繩而準下❻。故君子衣服中而容貌得，接其服而象其德，故望玉貌❼而行能有所定矣。《詩》曰：「芄蘭之枝，童子佩觿❽。」說行能者也。

【注　釋】❶知天道者冠鉥　鉥，同術，又本作鷸。《漢書·五行志中之上》師古《注》引《逸周書》曰：「知天文者冠鷸冠。」《匡謬正俗·四》：「鷸，水鳥，天將雨即鳴。……古人以其知天時，乃為冠象此鳥之形，使掌天文者冠之。」❷蹻　疑本作「絇」，或通「絇」。《孔子家語·五儀解》：「然則章甫、絇履、紳帶、縉笏者，皆賢人也。」《注》：「絇履，履頭有拘飾也。」《荀子·哀公》、《後漢書》〈明帝紀〉、〈輿服志下〉皆有「絇屨」之文。《儀禮·士冠禮·注》：「絇之言拘也，以為行戒，狀如刀衣鼻，在屨頭。」❸觿　錐也，以象骨為之，用以解結。❹韘　玦也，以象骨為之，著大拇指，射時用以鉤弦，使指不痛。❺搢笏　插笏板於腰帶上。搢，插也。笏，古朝會時所執手板，有事則書於其上，以備遺忘。古代自天子至士皆執笏，後世惟品官執之，清始廢。《宋書·禮志五》：「古者貴賤皆執笏，其有事則搢之於腰帶。」❻荷規而承矩二句　謂上圓下方，縱直下平。❼玉貌　當作「五貌」，指上文冠鉥、履蹻、佩觿、佩韘、搢笏而言。❽芄蘭之枝二句　見《詩經·衛風·芄蘭》。芄蘭，草名。

【語　譯】知道天象的人戴鉥冠，通曉地理的人穿絇履，能夠解決煩亂的人佩觿，精於射御的人佩韘，善於統率三軍的人插笏。衣服必須上圓下方，縱直下平。所以君子的衣服合度而容貌得體，所穿的衣服能夠表現出自己的德能。所以看見五種不同的裝飾，便可以知道他行為的特長了。《詩經》上說：「雖然像芄蘭枝葉一樣的幼弱，童子也佩起觿來了。」這是說行為能有所專長。

第八章

冠者所以別成人也。脩德束躬，以自申飭❶，所以檢其邪心，守其正意也。君子始冠必祝，成禮加冠，以厲其心。故君子成人必冠帶以行事，棄幼少嬉戲惰慢之心，而衎衎❷於進德脩業之志。是故服不成象，而❸內心不變。內心脩德，外被禮文，所以成顯令之名也。是故皮弁素積，百王不易❹，既以脩德，又以正容。孔子曰：「正其衣冠，尊其瞻視，儼然人望而畏之，不亦威而不猛乎❺？」

【注釋】❶申飭　警戒。❷衎衎　強敏貌。❸而　則也。❹皮弁素積二句　《儀禮・士冠禮》：「皮弁服素積緇帶素韠。」鄭《注》：「皮弁者，以白鹿皮為冠，象上古也。積，猶辟也。以素為裳，辟蹙其要中。皮弁之衣，用布亦十五升，其色象焉。」〈士冠禮〉又曰：「三王共皮弁素積。」即此「皮弁素積，百王不易」之意也。❺正其衣冠四句　見《論語・堯曰》。

【語譯】加冠是用來表示已經成人了。這時就要修養品德自我警戒，用來檢點自己不正當的心理而篤守正直的心意。君子開始加冠，一定要舉行隆重的祝頌的禮儀，完成禮儀後才加冠，以激勵自己的心志。所以君子成人以後行事必定戴帽佩帶，拋棄孩童時玩耍惰慢的心理，堅毅奮進地鍛鍊自己的進德修業的心志。所以外在的衣服如果沒有圖象，內心就不會改變。內心修養品德，外表合乎禮儀，是成就顯赫美好名聲的原因。所以以皮弁素積的制度，百代都不改變，既用以修養德行，又用以端正儀容。孔子說：「端正衣服帽子，整肅外表儀容，端正而莊嚴，使人看了敬畏，不是既威嚴而又不兇猛嗎？」

第九章

成王❶將冠，周公❷使祝雍祝王，曰：「達而勿多也。」祝雍曰：「使王近於民，遠於佞，嗇於時，惠於財，任賢使能。」於此始成之時，祝辭四加而後退。公冠自以為主，卿為賓，饗之以三獻之禮。公始加玄端與皮弁，皆必，朝服，玄冕，四加。諸侯太子、庶子冠，公為主，其禮與上同❸。冠於祖廟曰：「令月吉日❹，加子元服❺，去爾幼志，順爾成德。」冠禮十九見正而冠，古之通禮也。

【注　釋】❶成王　周成王。見〈君道〉第三章。❷周公　見〈君道〉第八章。❸公冠自以為主十一句　「公冠」上，《孔子家語・冠頌》有「懿子曰：『諸侯之冠，其所以為賓主何也？』孔子曰」等語，《大戴禮記・公符》此一段則在成王冠禮前，故此段文字實與成王冠禮無涉。「其禮與上同」之「上」字，當據《大戴禮記》正為「士」字。公，謂諸侯。饗，宴請賓客。玄端，《大戴禮記・公符》盧《注》：「玄端，緇布冠及玄冠之服也。」謂黑色的禮服及緇布冠。皮弁，白鹿皮所製之冠。必，《大戴禮記・公符》作「韠」，古通。蔽膝，本來用皮革製，後來也用帛製，掛在祭服前。朝服，《大戴禮記・公符》孔廣森《補注》：「朝服，冠弁服也。」❹令月吉日　令、吉皆善。❺元服　元者首也，謂帽子。

【語　譯】周成王將要舉行成年加冠的禮節，周公叫祝雍為王致祝辭，說：「要達意就好，不必多說。」祝雍說：「使王親近百姓，遠離讒佞小人，愛惜光陰，施捨錢財，任用賢能的人。」在這慶祝開始由孩童成為成人的典禮上，祝辭說了四遍然後才退下。諸侯成年加冠的禮節是自己當主人，卿是來賓，宴請賓客的時候行三獻禮。諸侯開始加冠時，穿黑色的禮服戴緇布冠，第二次加冠時加皮弁，腰下都圍著蔽膝，第三次加冠時加冠弁，第四次加冠時加玄冕，一共舉行四次加冠的儀式。諸侯的太子和庶子舉行成年加冠的禮節，由諸侯做主人，禮節和士的加冠禮節相同。在祖廟裡舉行加冠禮節時說：「令月吉日，給你舉行加冠禮，丟掉你幼稚的思想，修養你完美的品德。」冠禮規定，滿十九歲時就舉行加冠禮。這是古代通行的禮節。

第一〇章

「夏，公如齊逆女❶。」「何以書？親迎禮也❷。」「其禮奈何？」曰：「諸侯以屨二兩加琮❸，大夫、庶人以屨二兩加束脩❹二。曰：『某國寡小君❺，使寡人奉不珍之琮，不珍之屨，禮夫人貞女。』夫人曰：『有幽室數辱之產，未諭於傅母之教，得承執衣裳之事，敢不敬拜。』祝祝❻，答拜。夫人受琮，取一兩屨以履女，正笄衣裳而命之曰：『往矣，善事爾舅姑，以順為宮室，無二爾心，無敢回也。』女拜，乃親引其手，授夫乎戶。夫引手出戶，夫行女從，拜辭父于堂，拜諸母於大門❼。夫先升輿執轡，女乃升輿，轂三轉，然後夫下先行。大夫、士庶人稱其父曰：『某之父，某之師友，使某執不珍之屨，不珍之束脩，敢不敬禮某氏貞女。』母曰：『有草茅之產，未習於織紝紡績之事，得奉執箕箒之事，敢不敬拜。』」

【注釋】❶公如齊逆女　莊公二十四年《春秋經》文。❷何以書二句　莊公二十四年《公羊傳》文。❸琮　瑞玉，大八寸，裡面圓孔，外緣是八角形。❹束脩　乾肉。❺寡小君　《論語‧季氏》：「邦君之妻，君稱之曰夫人，夫人自稱曰小童，邦人稱之曰君夫人，稱諸異邦曰寡小君。」《疏》：「寡小君，謙言寡德之君，夫人對君為小，故曰寡小君。」❻祝祝 疑「祝」字不重，當刪其一。下文「敢不敬拜」下即無「祝」字。❼大門 當作「祭門」。《穀梁傳》桓公三年：「禮送女父不下堂，母不出祭門。」范《注》：「祭門，廟門也。」

【語譯】「夏季，公到齊國迎娶齊女。」「為什麼記載呢？親迎，是合乎禮的。」「親迎禮是怎樣的呢？」回答說：「諸侯的親迎禮，用兩雙鞋子加一塊琮玉，大夫和庶人則用兩雙鞋子加兩條乾肉。說：『某國太后，使寡人奉上菲薄的琮玉和鞋子，禮聘夫人的賢淑女兒。』夫人說：『小女從小生活在深宮內院，不知禮數，又沒有好好地教養，能夠侍奉你，敢不恭敬拜謝。』祝代表國君答拜。夫人接受琮玉，取過一雙鞋子替女兒穿上，替她整理髮簪和衣裳，然後訓誡她說：『去吧，好好事奉公婆，要使家庭和順，一心一意相夫教子，不要隨便回娘家來。』女兒拜別了母親，然後由母親牽著她的手交給站在門邊的新郎。新郎牽著她走出房門，新郎走在前頭，新娘在後頭跟著。到了堂前，拜別父親；然後到宗廟門前，拜別庶母和嬸母等人。新郎先登車，接過馬轡繩，然後新娘登車，車子繞了三圈，新郎下車，先行。至於大夫、士、庶人的親迎禮，就稱說是父親要他來的，說：『某人的父親，某人的師友，使某人帶著菲薄的鞋子和乾肉，誠敬地禮聘某氏的淑女。』母親便說：『小女生長在貧賤的家庭裡，不懂得紡織女紅，能夠侍奉你，敢不恭敬拜謝。』」

第一一章

《春秋》曰：「壬申，公薨于高寢❶。」《傳》曰：「高寢者何？正寢也。曷為或言高寢，或言路寢？曰：諸侯正寢三：一曰高寢，二曰左路寢，三曰右路寢。高寢者，始封君之寢也。二路寢者，繼體之君寢也。其二何？曰：子不居父之寢，故二寢。繼體君世世不可居高祖之寢，故有高寢，名曰高也。路寢其立奈何？高寢立中，路寢左右❷。」《春秋》曰：「天王入于成周。」《傳》曰：「成周者何？東周也。」❸然則天子之寢奈何？曰，亦三。承明❹，繼體守文之君❺之寢曰左右之路寢。謂之承明何？曰，承乎明堂之後者也。故天子、諸侯三寢立而名實正，父子之義章，尊卑之事別，大小之德異矣。

【注釋】❶壬申二句　見《春秋經》定公十五年。杜《注》：「高寢，宮名。」❷高寢者何二十三句　三《傳》皆無。路寢，天子、諸侯之正室，亦即正寢，故有「曷為或言高寢，或言路寢」之問。❸天王入于成周四句　見昭公二十六年《經》及《公羊傳》。按文意與上下不相蒙，疑是別處文字誤入此間。❹承明　上有脫文，《史記・外戚世家》「自古受命帝王及繼體守文之君」云云，疑此文或作「受命天子之寢曰承明」。❺繼體守文之君　《史記・外戚世家・索隱》：「守文，猶守法也。謂非受命創制之君，但守先帝法度為之主耳。」

【語譯】《春秋》說：「壬申，公在高寢崩殂。」《傳》說：「高寢是什麼？就是正寢。為什麼或者叫高寢，或者叫路寢呢？曰：諸侯的正寢有三處：一是高寢，二是左路寢，三是右路寢。高寢是最初受封君王的正殿，兩處路寢是嗣位君主的正殿。為什麼要設兩處路寢呢？曰：因為兒子不能居父親的正殿，所以有兩處路寢。嗣位的君主世世代代不可以居高祖的正殿，所以有高寢，名稱叫做高。路寢怎樣建立？高寢建在中間，路寢建立在左右。」《春秋》說：「天王遷入成周。」《傳》說：「成周是什麼呢？就是東周。」那麼天子的正殿是怎樣的立法呢？曰：也是三處。受命天子的正殿叫承明，繼位守文的君主的正殿叫左右路寢。為什麼叫承明呢？曰：是承乎明堂之後的意思。故天子、諸侯有了三寢，名分實質就正了，父子的情義彰顯，尊卑有了分別，大小也有了不同。

第一一二章

天子以鬯為贄❶。鬯者，百草之本也。上暢於天，下暢於地，無所不暢，故天子以鬯為贄。諸侯以圭為贄。圭者，玉也。薄而不撓，廉而不劌，有瑕於中，必見於外，故諸侯以玉為贄。卿以羔為贄。羔者，羊也。羊群而不黨，故卿以為贄❷。大夫以鴈為贄。鴈者，行列有長幼之禮，故大夫以為贄❸。士以雉為贄。雉者，不可指食❹籠狎而服之，故士以雉為贄。庶人以鶩❺為贄。鶩者，鶩鶩❻也。鶩鶩無它心，故庶人以鶩為贄。贄者，所以質也❼。

【注　釋】❶以鬯為贄　鬯，用鬱金香釀秬黍而成以奉祭祀的酒。贄，初次相見的禮物。❷故卿以為贄　「以」下當有「羊」字。❸故大夫以為贄　「以」下當有「鴈」字。❹指食　義未詳，或為以食物引誘之義。❺鶩　家鴨。❻鶩鶩　專一貌。❼贄者二句　《白虎通・瑞贄》：「贄者質也，質己之誠，致己之悃愊也。」質，誠信；真實。

【語　譯】天子以鬯為初見的禮物。鬯由百草釀成，上可以通暢於天，下可以通暢於地，無不通暢，所以天子以鬯為初見的禮物。諸侯以圭為初見的禮物。圭是玉，玉雖然薄而不可彎曲，有廉稜而不會割傷，有瑕疵一定表現在外面，所以諸侯以玉為初見的禮物。卿以羔為初見的禮物。羔是羊，羊合群而不結黨，所以卿以羊為初見的禮物。大夫以鴈為初見的禮物。鴈飛翔時成行列，有長幼的次序，所以大夫以鴈為初見的禮物。士以雉為初見的禮物。雉不能用食物引誘，不能用籠子拘束，所以士以雉為初見的禮物。庶人以鶩為初見的禮物。鶩專一沒有他心，所以庶人以鶩為初見的禮物。初見的禮物，是用來表示自己的真誠的。

第一三章

諸侯三年一貢士。士❶一適❷謂之好德，再適謂之尊賢，三適謂之有功。有功者，天子一賜以輿服弓矢，再賜以鬯，三賜以虎賁❸百人，號曰命諸侯。命諸侯者，鄰國有臣弒其君，孽弒其宗❹，雖不請乎天子而征之可也。已征而歸其地于天子。諸侯貢士一不適謂之過，再不適謂之傲，三不適謂之誣。誣者天子黜❺之，一黜以爵，再黜以地，三黜而地畢。諸侯有不貢士謂之不率❻正，不率正者天子黜之，一黜以爵，再黜以地，三黜而地畢。然後天子比年秩官❼之無文者而黜之，以諸侯之所貢士代之。《詩》云：「濟濟多士，文王以寧❽。」此之謂也。

【注　釋】❶士　不當重。說見《說苑集證》。❷適　猶得也，謂得其人。❸虎賁　勇士的通稱。❹孽弒其宗　孽，庶子。宗，嫡子。❺黜　貶；廢免。❻率　遵循。❼比年秩官　比年，每年。秩，次；評定等第。❽濟濟多士二句　見《詩經・大雅・文王》。

【語　譯】諸侯每三年向天子推薦一次士人。一次推薦適當叫做好德，二次推薦適當叫做尊賢，三次推薦適當叫做有功。有功的諸侯，天子第一次賞賜車輿、制服和弓矢，第二次賞賜鬯酒，第三次賞賜勇士百人，號稱「命諸侯」。所謂「命諸侯」，鄰國有臣子弒君上的，庶子殺嫡子的，可以不必向天子請命就去討伐。征伐所得的土地就歸還給天子。諸侯推薦士人第一次不得當叫做有過，第二次不得當叫做傲慢，第三次不得當叫做欺妄。諸侯欺妄的，天子要加以貶黜。第一次貶削爵位，第二次削減封地，第三次則封地統統削除。諸侯有不向天子推薦士人的，叫做不遵循正道。不遵循正道的，天子也加以貶黜。第一次貶削爵位，第二次削減封地，第三次則封地統統削除。然後天子每年考核百官，罷黜那些沒有表現的，而以諸侯所推薦的士人替代。《詩經》上說：「人才那樣眾多，文王因此安寧。」就是說的這個意思。

第一四章

古者必有命民。命❶民能敬長憐孤、取舍好讓、居事力者，命於其君。命然後得乘飭輿駢馬❷。未得命者不得乘，乘者皆有罰。故其民雖有餘財侈物，而無仁義功德，則無所用其餘財侈物。故其民皆興仁義而賤財利。賤財利則不爭，不爭則強不凌弱，眾不暴❸寡。是唐、虞所以興象刑❹，而民莫敢犯法，而亂斯止矣。《詩》云：「告爾民人，謹爾侯度，用戒不虞❺。」此之謂也。

【注　釋】❶命　當刪。❷飭輿駢馬　兩馬並拉的有花紋的車子。飭，通「飾」。輿，車。駢，兩馬並駕。❸暴　傷害。❹象刑　象徵的刑罰。《尚書大傳．唐傳》：「唐虞之象刑，上刑赭衣不純，中刑雜屨，下刑墨幪以居州里，而民恥之。」又云：「唐虞象刑，犯墨者蒙皁巾，犯劓者赭其衣，犯臏者以墨幪其臏處而畫之，犯大辟者布衣無領。」❺告爾民人三句　見《詩經．大雅．抑》。《毛詩》「告」作「質」。侯，古時有國者的通稱，鄭《箋》：「侯，君也。」不虞，不測之事。虞，臆度。

【語　譯】古代有「命民」。凡是人民能夠尊敬長者、憐憫孤獨、在取捨的時候樂於禮讓、辦事努力的，就被君主任命為「命民」。被任命以後，才能乘坐由兩匹馬所拉的有花紋裝飾的車子。沒有得到任命的，不可以乘坐，如果乘坐要受到處罰。所以人民即使有多餘的財物，如果沒有仁義功德，那麼他多餘的財物也沒有地方使用。所以民眾都講求仁義而看輕財利。看輕財利就不會引起爭端，沒有爭端就不會有強暴的欺凌弱小的、人多的去傷害人少的事。這就是唐、虞所以用象徵的刑罰，百姓卻沒有一個敢犯法，而禍亂也就止息的原因。《詩經》上說：「告誡你的百姓，謹慎你的法度，用來警戒不測之事。」說的就是這個意思。

第一五章

天子曰巡狩，諸侯曰述職。巡狩者，巡其所守也；述職者，述其所職也。春省耕，助不給也；秋省斂，助不足也。天子五年一巡狩。歲二月，東巡狩，至於東嶽❶，柴而望祀山川❷。見諸侯，問百年者。命太師陳詩以觀民風。命市納賈❸以觀民之所好惡，志淫好僻者❹。命典禮考時月，定日，同律、禮、樂、制度、衣服，正之。山川神祇有不舉❺者為不敬，不敬者君黜以爵。宗廟有不順者為不孝，不孝者君削其地。有功澤於民者，然後加地。入其境，土地辟除，敬老尊賢，則有慶❻，益其地；入其境，土地荒穢，遺老失賢，掊克❼在位，則有讓❽，削其地。一不朝者黜其爵，再不朝者黜其地，三不朝者以六師移之。歲五月，南巡狩，至于南嶽，如東巡狩之禮。歲八月，西巡狩，至于西嶽，如南巡狩之禮。歲十一月，北巡狩，至于北嶽，如西巡狩之禮。歸格于祖禰，用特❾。

【注　釋】❶東嶽　泰山。❷柴而望祀山川　柴和望，皆是祭名。柴，燔柴祭天。望，望祀山川。❸命市納賈　《禮記・王制》鄭《注》：「市，典市者。賈，謂物貴賤厚薄也。」賈，今作「價」。❹志淫好僻者　志與好同義，喜歡的意思。淫，淫佚。僻，《禮記．王制》作「辟」，辟，邪也。「者」字〈王制〉無，當刪。❺舉　猶祭也。❻慶　賞也。❼掊克　聚斂也，此謂聚斂的臣子。❽讓　責也。❾歸格于祖禰二句　格，謂祭也。禰，父廟也。謂歸而祭告於祖廟及父廟也。特，指特牲，即用特選的一條牛供祭祀。

【語　譯】天子出巡叫巡狩，諸侯叫述職。巡狩是巡視他所守的領土，述職是向天子報告他職責的情況。春天巡視百姓的耕種，以便幫助貧乏不能自給的人；秋天巡視百姓的收穫，以便幫助窮困不能自足的人。天子五年巡狩一次。那年的二月往東巡狩，到了東嶽泰山，舉行柴祭祭天和望祭祭山川。召見諸侯，問候老人。命太師陳列採集的當地歌謠，以了解當地的民情。命主管市場的官吏報告物價，以了解百姓的好惡，以及是否喜歡淫放邪辟的生活。命令典禮的官吏校定當地的季節、月份以及每日的時辰，統一法律、禮、樂、制度和服飾等，凡是不合的都加以糾正。當地山川神靈有不加以祭祀的就是不敬，對於這些不敬神靈的諸侯，天子就要貶黜他的爵位。宗廟的祭祀，各有輩分，變亂輩分的就是不孝，對於這些不孝順祖先的諸侯，天子就要削除他的土地。對國家有功勞、對百姓有恩惠的諸侯，天子就加封他土地。進入一國的國境，如果是土地充分開闢利用，又能敬老尊賢，就增加土地來封賞他。到一個國家，如果土地荒蕪，不敬老尊賢，聚斂之臣在位，就削減土地來懲罰他。諸侯一次不朝覲天子的，就貶黜他的爵位；兩次不朝覲的，就削減他的土地；三次不朝覲的，就派兵討伐他。那年的五月，往南巡狩，到南嶽，一切的措施和東巡狩一樣。八月往西巡狩，到西嶽，一切的措施和南巡狩一樣。十一月往北巡狩，到北嶽，一切的措施和西巡狩一樣。巡狩完畢，用特牲祭告於祖廟和父廟。

第一六章

《春秋》曰：「正月，公狩於郎❶。」《傳》曰：「春曰蒐，夏曰苗，秋曰獮，冬曰狩。」❷苗者奈何？曰，苗者毛❸也，取之不圍❹澤，不揜群取禽❺，不麛❻卵，不殺孕重者。春❼蒐者，不殺小麛及孕重者；冬狩皆取之。百姓皆出，不失其馳，不抵禽❽，不詭遇❾，逐不出防，此苗、獮❿、蒐、狩之義也。故苗、獮、蒐、狩之禮，簡其戎事也。故苗者毛取之，蒐者搜索之，狩者守留之。夏不田，何也？曰，天地陰陽盛長之時，猛獸不攫，鷙鳥不搏⓫，蝮蠆不螫，鳥獸虫蛇且知應天而況人乎哉？是以古者必有豢牢⓬。其謂之畋⓭何？聖人舉事必反本。五穀者以奉宗廟養萬民也，去禽獸害稼穡者，故以田言之。聖人作名號，而事義可知也。

【注　釋】❶正月二句　見《春秋》魯桓公四年。郎，春秋魯地名，在今山東魚臺東北郎城。❷春曰蒐四句　據下文「夏不田」，則此《傳》蓋桓公四年《公羊傳》文也，故當作「春曰苗，秋曰蒐，冬曰狩」。❸毛　通「覒」。擇也。❹圍　疑「涸」字形近而誤。❺不揜群取禽　謂不把飛禽一網打盡。揜，覆而取之。❻麛　凡獸之初生皆曰麛。❼春　當作「秋」。❽不抵禽　謂不正面射中禽獸之面也。抵，題也。❾詭遇　謂打獵時不按禮法規定而橫射禽獸。❿獮　衍字，下同。⓫猛獸不攫二句　以腳取曰攫，以翼取為搏。⓬豢牢　豢，飼養牲畜。牢，關養牲畜的欄圈。⓭畋　當作「田」。

【語　譯】《春秋》說：「正月，公到郎地田獵。」《傳》說：「春季叫苗，秋季叫蒐，冬季叫狩。」苗獵是怎樣的？苗是毛的意思，不把沼澤的水放乾取魚，不把飛禽一網打盡，不捕殺初生的小獸和取禽鳥的蛋，不殺有孕的動物。秋季的蒐獵，不殺小獸和有孕的動物。冬季的狩獵就可以盡取。這時候百姓都可以出來參加打獵，但也不可以狂奔追逐，不從正面射中禽獸的頭面，不從旁側射獵，不越過圍捕的界限去追逐，這些就是苗、蒐、狩的意義。所以苗、蒐、狩的制度，實際上就是一種簡要的軍事訓練。所以，苗是擇取的意思，蒐是搜索的意思，狩是守留的意思。夏季為什麼不田獵呢？因為在天地間陰陽之氣最盛大的時候，猛獸不攫取，鷙鳥不搏擊，毒蟲不螫人，鳥獸蟲蛇尚且知道順應天道，何況是人類呢？因此古代一定有家畜的飼養。為什麼叫做「田」呢？聖人行事，一定要顧及根本。五穀，是用來奉祀宗廟供養萬民的。田獵是為了除去危害稼穡的禽獸，所以也叫作「田」。看聖人所制作的名稱，就懂得道理的所在了。

第一七章

天子諸侯無事❶則歲三田，一為乾豆❷，二為賓客，三為充君之庖。無事而不田，曰不敬；田不以禮，曰暴天物。天子不合圍，諸侯不揜群。天子殺則下大綏❸，諸侯殺則下小綏，大夫殺則止佐轝❹，佐轝止則百姓畋獵。獺祭魚❺，然後漁人入澤梁；鳩化為鷹❻，然後設罻羅❼；草木零落，然後入山林。昆虫不蟄，不以火田，不麛不卵，不殀❽，不覆巢。此皆聖人在上，君子在位，能者在職，大德之發者也。是故皋陶❾為大理❿，平民各服得其實；伯夷⓫主禮，上下皆讓；倕為工師⓬，百工致功；益主虞⓭，山澤辟成；棄主稷，百穀時茂；契主司徒，百姓親和；龍主賓客，遠人至；十二牧行而九州莫敢僻違；禹陂九澤，通九道，定九州，各以其職來貢，不失厥宜。方五千里，至於荒服⓮。南撫交趾、大發，西析支、渠搜、氐、羌，北至山戎、肅慎，東至長夷、島夷。四海之內，皆戴帝舜之功。於是禹乃興九韶⑮之樂，致異物，鳳凰來翔，天下明德也。

【注釋】❶無事 言無征伐、出行、喪凶之事也。❷乾豆 謂置乾肉於豆中以祭祀宗廟也。❸下大綏 下，放倒。綏，旌旗的一種。❹佐轝 轝，兩手對舉之車。通言之與車無別。佐車，古代車戰時副將所乘的戰車，或田獵時助手所乘的車輛。❺獺祭魚 《禮記・月令》謂孟春之月，獺祭魚。❻鳩化為鷹 《禮記・王制》孔《疏》：「〈月令〉季夏云：『鷹乃學習。』孟秋云：『鷹乃祭鳥。』其鳩化為鷹，則八月時也。」❼罻羅 捕鳥之網。❽不夭殀 當作「不殀夭」。殀，斷殺。夭，少長之稱。❾皋陶 見〈君道〉第一三章。❿大理 掌刑法的官。⓫伯夷 舜臣，與周武王時伯夷別。⓬工師 主管工程的官。⓭虞 山澤。⓮荒服 指極遠的地方。《國語・周語上》：「戎狄荒服。」《注》：「戎狄去王城四千五百里至五千里也。」⓯九韶 古樂名。《史記・五帝本紀》：「咸戴帝舜之功，於是禹乃興九招之樂。」

【語譯】天子諸侯無事的時候，每年舉行三次狩獵。一是為了宗廟祭祀，二是為了招待賓客，三是為了國君的食用。無事而不舉行狩獵，就是不敬。狩獵不按照禮法，就是暴虐天物。天子狩獵時不可以把四面八方都堵住，諸侯不把成群的禽獸一網打盡。天子捕獲了獵物，就把大旌旗放倒；諸侯捕獲了獵物，就把小旌旗放倒；大夫捕獲了獵物，就把車子停在一邊。百姓一看見大夫的車子停在一邊，就可以開始打獵了。正月獺祭魚，然後漁人可以到沼澤魚梁裡捕魚。八月鳩化為鷹，然後可以設置網罟來網捕禽獸。草木零落，然後可以到山林裡去砍伐。昆蟲沒有蟄伏躲藏起來，不可以放火燒殺。不獵殺初生的獸，不取禽鳥的蛋，不殺小獸，不把鳥巢傾覆。這些規定都是在上的聖人、在位的君子、在職的賢人，發揮他們偉大的道德所制定出來的。所以皋陶做大理，平民都因為他能得到真實的民情而心服。伯夷做掌管典禮的官，上下的人都知道禮讓。倕做主管工程的官，百工都能勤奮努力。益做主管山澤的官，山陵水澤都能開發成功。棄做掌管農業的官，百穀都能按時長得茂盛。契做掌管教化的官，百姓都知道親愛和睦。龍做掌管外交的官，遠方的人來歸。十二州牧確立以後，九州的人民沒有敢違背的。禹的功勞最大，堵塞九處水澤，疏通九條河道，平定九州，九州的人民各以當地的土產進貢，不敢違誤應盡的職分。周圍五千里，一直到達遠方的夷狄。南撫交趾、大發，西到析支、渠搜、氐、羌，北到山戎、肅慎，東到長夷、島夷。四海之內，都感戴帝舜的功德。於是禹就製作九韶的音樂，招來了祥瑞的異物，鳳凰來臨，天下一片光明的景象。

第一八章

射者必心平體正，持弓矢審固❶，然後射者能以中。《詩》云：「大侯既抗，弓矢斯張，射夫既同，獻爾發功❷。」此之謂也。弧之為言豫也❸。豫者，豫吾意也。故古者兒生三日，桑弧蓬矢❹六，射天地四方。天地四方者，男子之所有事也。必有意其所有事，然後敢食穀。故曰：「不素飧兮❺。」此之謂也。

【注　釋】❶審固　審是看得清楚，固是握得穩固。❷大侯既抗四句　見《詩經‧小雅‧賓之初筵》。侯，張箭靶的布。侯有等級之分，天子熊侯白質；諸侯麋侯赤質；大夫布侯，畫以虎豹；士布侯，畫以鹿豕。古人習射或較射，豎一木架，架上張設獸皮，叫皮侯，或張設布，布上畫獸形，叫布侯。皮侯、布侯上加個圓形或方形的布塊叫做質。射以中質為勝。大侯，天子、諸侯所用的侯。毛《傳》：「大侯，君侯也。」抗，張開；掛起。《方言》：「抗，懸也。」張，謂綁上弓弦。射夫，眾射者。同，集合。獻，表現給人看。發，射箭。功，功力。❸弧之為言豫也　「弧」當為「射」，《淮南子‧人間》：「百射重戒。」高《注》：「射，豫也。」是其證。訓射為豫，以聲為訓。豫者，戒也。《荀子‧大略》：「先患慮患謂之豫。」《淮南子‧說山》：「智者善豫。」《注》：「豫，備也。」皆豫、戒同意之證。說詳向宗魯《說苑校證》。❹桑弧蓬矢　桑弧，桑木所造之弓。弧，木弓。蓬矢，蓬草所製之箭。❺不素飧兮　《詩經‧魏風‧伐檀》文。

【語　譯】射箭的人一定要心平氣和，身體站直，穩定的拿著弓矢，看定目標，然後才能射中。《詩經》上說：「箭靶大布已經懸掛，弦箭也已經搭好。射手已經會集，表現你射箭的功力。」說的就是射箭的情況。射就是說的豫，豫就是使我的意志事先有所戒備。所以古代的人們，兒子生下來三天，就用桑木做的弓，蓬草製的箭六支，射向天地四方。天地四方，是男子分內應該經營的事。一定要先對分內應該經營的事立定志向，然後才敢進餐用飯。所以《詩經》上說：「不白白吃飯。」就是說的這個意思。

第一九章

生而相與交通，故曰留賓。自天子至士各有次。贈死不及柩尸❶，弔生不及悲哀❷，非禮也。故古者吉行五十里，奔喪百里。贈賵及事之謂時。時，禮之大者也。《春秋》曰：「天王使宰咺來歸惠公、仲子之賵❸。」賵者何？喪事有賵者，蓋以乘馬、束帛❹。輿馬曰賵，貨財曰賻，衣被曰襚，口實❺曰唅，玩好❻曰贈。知生者賻賵，知死者贈襚，贈襚所以送死也，賻賵所以佐生也。輿馬、束帛、貨財、衣被、玩好其數奈何？曰，天子乘馬六匹，諸侯四匹，大夫三匹，元士二匹，下士一匹。天子束帛五匹，玄三纁二❼，各五十尺；諸侯玄三纁二，各三十尺；大夫玄一纁二，各三十尺；元士玄一纁一，各二丈；下士綵縵❽各一匹；庶人布帛各一匹。天子之賵，乘馬六匹，乘車；諸侯四匹，乘輿；大夫曰參輿，元士、下士不用輿。天子文繡衣各一襲❾，到地；諸侯覆跗，大夫到踝，士到髀。天子唅實以珠，諸侯以玉，大夫以璣，士以貝，庶人以穀實。位尊德厚及親者，賻賵唅襚厚，貧富亦有差，二三四五之數，取之天地而制奇偶，度人情而出節文，謂之有因，禮之大宗也。

【注　釋】❶柩尸　《禮記・曲禮下》：「在床曰尸，在棺曰柩。」❷弔生不及悲哀　《左傳》隱公元年：「贈死不及尸，弔生不及哀。」楊伯峻《注》：「自始死及殯（將葬停棺），自啟（將葬舉棺）及反哭（古禮，葬後返廟而哭），皆主人所至哀，此所謂哀者，指自始死至返哭時。」❸天王使宰咺句　隱公元年《經》文。天王，周平王。宰，官名。咺，人名。歸，同「饋」。贈送。惠公，魯惠公。仲子，惠公夫人，此時未死。賵，助喪之物，用車馬、束帛。❹乘馬束帛　馬匹和束帛。帛五匹為束。❺口實　謂含於死者口中之貝玉。❻玩好　謂明器，琴瑟笙竽之屬。❼玄三纁二　玄，黑色的帛。纁，黃赤色的帛。❽綵縵　綵，彩色的帛。縵，無花紋圖案的帛。❾一襲　衣一套曰一襲。古又專指為死者屍體穿衣。

【語　譯】曾與死者在生前相互來往，所以叫做「留賓」。從天子到庶人，各有等級。向死者贈送東西沒有趕上瞻視遺體，向生者弔喪沒有趕上舉哀的時辰，都不合於禮。所以古時候祝賀吉禮，一天走五十里；奔赴喪事，一天走一百里。贈、賵能趕上行事的時辰，叫做適時。適時，這是禮的大節。《春秋》說：「天王派遣宰咺來餽送惠公和仲子的喪儀。」賵是什麼？喪事有賵的緣故，是用馬匹和束帛來助喪。送給車馬叫賵，送給貨財叫賻，送給衣被叫襚，送給口實叫唅，送給玩好叫贈。和生者相知的就用賻賵，和死者相知的就用贈襚。贈襚是用來送給死者的，賻賵是用來幫助生者的。輿馬、束帛、貨財、衣被和玩好的數量如何呢？天子乘馬六匹，諸侯四匹，大夫三匹，元士二匹，下士一匹。天子束帛五匹，玄三纁二，各五十尺；諸侯玄三纁二，各三十尺；大夫玄一纁二，各三十尺；元士玄一纁一，各二丈；下士綵縵各一匹；庶人布帛各一匹。天子的賵，馬六匹，車一輛；諸侯馬四匹，車一輛；大夫三馬一車；元士、下士不用車。天子贈送彩衣和繡衣各一襲長到地，諸侯蓋到腳背，大夫到足踝，士到大腿。天子所送唅實用珠，諸侯用玉，大夫用璣，士用貝，庶人用穀米。地位尊貴道德深厚及關係親近的，賻賵唅襚也就要豐厚，貧富也要有差別。前面所提到二三四五的數目，是取法天地而制定出奇數和偶數，審度人情而訂立出制度，這叫有所取象其來有因，是禮的大宗。

第二〇章

《春秋》曰：「庚戌，天王崩❶。」《傳》曰：「天王何以不書葬？天子記崩不記葬，必其時也。諸侯記卒記葬，有天子在，不必其時也❷。」必其時奈何？天子七日而殯❸，七月而葬；諸侯五日而殯，五月而葬；大夫三日而殯，三月而葬；士庶人二日而殯，二月而葬。皆何以然？曰，禮不豫凶事，死而後治凶服，衣衰❹，飾脩棺槨，作穿窆宅兆❺，然後喪文成，外親畢至，葬墳集，孝子忠臣之恩厚備盡矣。故天子七月而葬，同軌❻畢至；諸侯五月而葬，同會❼畢至；大夫三月而葬，同朝畢至；士庶人二月而葬，外姻❽畢至也。

【注　釋】❶庚戌二句　見《春秋》隱公三年。天王，周平王。❷天王何以不書葬六句　隱公三年《公羊傳》文。「不」下《傳》文有「得」字。❸殯　停柩。❹衰　古代的喪服，有「斬衰」、「齊衰」之分。❺穿窆宅兆　穿，鑿壙也。窆，下棺也。宅，墓穴。兆，塋域也。❻同軌　指諸侯。❼同會　《左傳》隱公元年作「同盟」，謂同盟會的諸侯派遣使者會葬。❽外姻　與結婚姻的親戚。

【語　譯】《春秋》說：「庚戌，天王崩逝。」《傳》說：「天王為什麼不記載葬期呢？天子記載崩逝的日子，不記載下葬的日子，因為下葬有一定的日期。諸侯則死亡的日子和下葬的日子都要記，因為有天子在，下葬不得有一定的時日。」下葬有一定的時日是怎樣的？天子死後七日，把棺柩移到殯宮，七個月以後舉行葬禮；諸侯則五日而殯，五個月以後下葬；大夫則三日而殯，三個月以後下葬；士庶人則二日而殯，兩個月以後下葬。那都是什麼道理呢？因為禮法是不豫先準備凶事的，人死了以後才治辦喪服等等的事情。穿衰服，修整棺槨，營建墓穴塋地，然後喪事的禮節才算完備，親戚朋友都來了，在喪禮上會齊，這樣忠臣孝子報答深厚親恩才算完備周到。所以天子死後七個月下葬，諸侯都來參加葬禮；諸侯死後五個月下葬，同盟諸侯都派遣使者參加葬禮；大夫死後三個月下葬，同朝的官員都來參加葬禮；士庶人死後兩個月下葬，親戚都來參加葬禮。

第二一章

延陵季子❶適齊，於其反也，其長子死於嬴、博❷之間，因葬焉。孔子聞之曰：「延陵季子，吳之習於禮者也。」使子貢❸往而觀之。其穿深不至泉，其斂以時服，既葬封壙墳掩坎❹，其高可隱❺也。既封，左袒，右旋其封，且號者三，言曰：「骨肉歸復于土，命也；若魂氣則無不之也，無不之也！」而遂行。孔子曰：「延陵季子於禮其合矣。」

【注釋】❶延陵季子　見〈政理〉第四〇章。❷嬴博　嬴，齊邑名，在今山東萊蕪。博，齊邑名，在今山東泰安。❸子貢　見〈臣術〉第四章。❹壙墳掩坎　壙墳，《禮記・檀弓》作「廣輪」，疑此誤。廣是闊，輪是長。坎，墓穴。❺隱　《禮記・曲禮》鄭《注》：「隱，據也。封可手據，謂高四尺所。」

【語譯】延陵季子到齊國去，在歸途中，他的長子病死在嬴、博之間，季子準備就在那兒把他埋葬。孔子聽見了說：「延陵季子是吳國最懂禮的人。」就派子貢去參觀葬禮。看見挖掘墓穴的深度沒有挖到泉水；殮時所用的，也只是日常穿的衣服；下葬以後封土，堆了個長闊和墓穴相當的墳堆，高約四尺多；堆好以後，季子祖露左臂，三次向右繞著墳堆哭喊說：「骨肉又回到土裡去，這是命該如此。至於你的魂氣卻是無所不在的，無所不在的啊！」然後上路離去。孔子說：「延陵季子這樣做是合乎禮的啊！」

第二二章

子生三年，然後免於父母之懷，故制喪三年，所以報父母之恩也。期年之喪，通乎諸侯，三年之喪，通乎天子，禮之經也。

【語　譯】小孩子生下來三年以後，才能離得開父母的懷抱，所以制定守喪三年，是為了報答父母的養育之恩。喪事裡面守一年喪的，可以通達諸侯，天子則不必遵守；但是三年父母之喪，是連天子也必須遵守的，這是禮的常法。

第二三章

子夏❶三年之喪畢，見於孔子。孔子與之琴，使之絃。援琴而絃，衎衎❷而樂。作而曰：「先王制禮，不敢不及也。」子曰：「君子也！」閔子騫❸三年之喪畢，見於孔子。孔子與之琴，使之絃。援琴而絃，切切而悲。作而曰：「先王制禮，不敢過也。」孔子曰：「君子也！」子貢問曰：「閔子哀不盡，子曰君子也；子夏哀已盡，子曰君子也。賜也惑，敢問何謂？」孔子曰：「閔子哀未盡，能斷之以禮，故曰君子也；子夏哀已盡，能引而致之，故曰君子也。夫三年之喪，固優者之所屈，劣者之所勉。」

【注　釋】❶子夏　見〈臣術〉第五章。❷衎衎　和樂貌。❸閔子騫　孔子弟子，名損。少孔子十五歲。以德行見稱。

【語　譯】子夏守三年喪完畢，見孔子。孔子給他琴，叫他彈奏。子夏彈起琴來，琴音和樂。站起來說：「先王制定三年的喪禮，不敢不及。」孔子說：「是君子啊！」閔子騫守三年喪完畢，見孔子。孔子給他琴，叫他彈奏。閔子騫彈起琴來，琴音悲切。站起來說：「先王制定三年的喪禮，不敢超過。」孔子說：「是君子啊！」子貢問孔子說：「閔子騫哀傷沒完，老師說他是君子；子夏哀傷已完，老師也說他是君子。我實在搞糊塗了，請問為什麼呢？」孔子說：「閔子騫哀傷沒完，能夠依照禮法勉強切斷，所以說是君子；子夏哀傷已完，但是能夠依照禮法把哀思延伸到三年，所以也說是君子。三年之喪，本來就是純孝的人覺得不足，而孝心稍差的人覺得勉強。」

第二四章

齊宣王❶謂田過曰：「吾聞儒者喪親三年，喪君三年，君與父孰重？」田過對曰：「殆不如父重。」王忿然怒曰：「然則何為去親而事君？」田過對曰：「非君之土地，無以處吾親；非君之祿，無以養吾親；非君之爵位，無以尊顯吾親。受之君，致之親。凡事君，所以為親也。」宣王邑邑❷而無以應。

【注　釋】❶齊宣王　見〈君道〉第二章。❷邑邑　不樂貌。邑，通「悒」。

【語　譯】齊宣王問田過說：「我聽說儒家的規制，雙親死了要守喪三年，國君死了也是守喪三年，國君和雙親那個分量重呢？」田過回答說：「雙親重些。」王很生氣地說：「那麼為什麼你們要離開雙親來事奉國君呢？」田過回答說：「沒有國君的土地，就沒有地方讓雙親居住；沒有國君的俸祿，便沒法奉養雙親；沒有國君的爵位，便不能顯揚雙親。從國君處得來，而歸之於雙親，凡是事奉國君的目的，總是為了雙親。」宣王悶悶不樂地一聲不響。

第二五章

古者有菑❶者謂之厲，君一時素服，使有司弔死問疾，憂以巫醫，匍匐以救之，湯粥以方之。善者必先乎鰥寡孤獨，及病不能相養。死無以葬埋，則葬埋之。有親喪者不呼其門；有齊衰❷大功❸，五月不服力役之征；有小功❹之喪者，未葬，不服力役之征。其有重尸多死者，急則有聚眾童子擊鼓，苣火❺，入官宮里用之，各擊鼓，苣火，逐官，宮里。家之主人，冠立于阼，事畢出乎里門，出乎邑門至野外，此匍匐救厲之道也。師大敗，亦然。

【注釋】❶菑　與「災」通。❷齊衰　喪服名。為五服之一，次於斬衰。以粗麻布做成，因其緝邊縫齊，故稱齊衰。為繼母、慈母服齊衰三年，為祖父母、妻、庶母服齊衰一年，為曾祖父母服齊衰五月，為高祖父母服齊衰三月。❸大功　喪服名。五服之一，服期九月。其服用熟麻布做成，較齊衰稍細，較小功為粗，故稱大功。舊時堂兄弟、未婚的堂姊妹、已婚的姑、姊妹、侄女及眾孫、眾子婦、侄婦等之喪，都服大功；已婚女為伯父、叔父、兄弟、侄、未婚姑、姊妹、侄女等服喪，也服大功。❹小功　喪服名。五服之一，用較粗的熟布製成。服期五個月。祖之兄弟、父之從父兄弟、身之再從兄弟等之喪，均服小功。❺苣火　束葦燒火。

【語　譯】古時有一種災疫叫做厲。這時國君要穿白色的衣服，派官吏去弔慰死者和慰問患者，要巫醫趕緊去救治，並致送湯粥。好的一定先施給鰥寡孤獨等無依無靠的人，以及生病不能生活的人。死了沒法埋葬的，便替他埋葬。有人有親人死亡時，不要去打擾他。有齊衰、大功之喪的人，准許他五個月不服勞役的徵調。有小功之喪的人，如果死者還沒有埋葬，就准他不服勞役。如果一時死了許多人，情況緊急，就召集眾兒童擊鼓，點起火把，到民居聚集的地方去，各人擊起鼓來，舉起火把，驅逐各戶人家的厲鬼。每家的主人，穿戴整齊，站在阼階上，事畢就送出里門，送出邑門，直到郊外。這就是拯救災疫的方法。軍隊大敗，也是如此。

第二六章

齋者，思其居處也，思其笑語也，思其所為也。齋三日，乃見其所為齋者。祭之日，將入戶，僾然❶若有見乎其容。盤旋出戶，喟然若有聞乎嘆息之聲。先人之色不絕於目；聲音咳唾，不絕於耳；嗜欲好惡，不忘於心；是則孝子之齋也。

【注　釋】❶僾然　彷彿的樣子。

【語　譯】祭祀之前先要齋戒。齋戒的時候，要時刻想念著死者的居處、笑語和作為。齋戒三天以後，就能把死者的音容笑貌活現在心中。祭祀那天，將要進入安置靈位的廟室，彷彿看見先人的模樣。拜祭完畢，轉身出戶，好像聽見先人歎息的聲音。先人的容貌，時時呈現在眼前；先人的聲音，時時迴盪在耳際；先人的嗜欲好惡，時時存記在心中；這就是孝子齋戒的用意。

第二七章

春祭曰祠，夏祭曰禴，秋祭曰嘗，冬祭曰烝。春薦❶韭、卵，夏薦麥、魚，秋薦黍、豚，冬薦稻、鴈。三歲一祫，五年一禘。祫者，合也；禘者，諦也。祫者，大合祭於祖廟也；禘者，諦其德而差優劣也。聖王將祭，必潔齋精思，若親之在。方興未登，⿰忄禺⿰忄禺憧憧❷，專一想親之容貌彷彿。此孝子之誠也。四方之助祭，空而來者滿而反，虛而至者實而還，皆取法則焉。

【注　釋】❶薦　獻；進。❷⿰忄禺⿰忄禺憧憧　虔敬貌。

【語　譯】春祭叫祠，夏祭叫禴，秋祭叫嘗，冬祭叫烝。春祭的時候要供奉韭菜和蛋，夏祭的時候要供奉麥和魚，秋祭的時候要供奉黍和豬，冬祭的時候要供奉稻和鴈。三年舉行一次祫祭，五年舉行一次禘祭。祫是聚合的意思，禘是審諦的意思。祫是聚合所有的祖先祭於祖廟，禘是審視諸神的功德分別等差而祭。聖明的君主要祭祀時，一定要齋戒沐浴，集中精神追思祖先的音容功德，就宛如先人還在世一樣，剛站起身要登壇祭祀時，虔敬專一地思想先人的音容笑貌，這是孝子的一片精誠。四方來助祭的人，原本對於祭祀的真義不了解的都從這裡得到教訓，都以這個作為法則。

第二八章

韓褐子濟於河，津人告曰：「夫人過於此者，未有不快❶用者也，而子不用乎？」韓褐子曰：「天子祭海內之神，諸侯祭封域之內，大夫祭其親，士祭其祖禰。褐也未得事河伯也。」津人申楫，舟中水而運。津人曰：「向也役人固已告矣，夫子不聽役人之言也，今舟中水而運，甚殆，治裝衣而下游乎！」韓子曰：「吾不為人之惡我而改吾志，不為我將死而改吾義。」言未已，舟泆然❷行。韓褐子曰：「《詩》云：『莫莫葛藟，施于條枚，愷悌君子，求福不回❸。』鬼神且不回，況於人乎？」

【注　釋】❶快　通「禬」。除疾殃之祭祀。❷泆然　舒緩安閒貌。❸莫莫葛藟四句　見《詩經‧大雅‧旱麓》。莫莫，蔓延貌。葛、藟，都是蔓生植物。施，蔓延；攀附。條，樹枝。枚，樹幹。愷悌，和樂。不回，不用邪門歪道。回，邪。

【語　譯】韓褐子要渡河，在渡口操舟的舟子說：「人們要從這兒過渡的，沒有不舉行禬祭的，您不要嗎？」韓褐子說：「天子祭海內的神祇，諸侯祭封域以內的神祇，大夫祭自己的先人，士祭祖宗。我韓褐還沒有資格祭祀河神。」舟子把船划離岸邊，到了中流，船搖晃得厲害，舟子說：「剛才我已經告訴您了，您不聽，現在船在河當中搖晃得這樣厲害，非常危險，我看您還是把衣服紮好，準備下水游泳吧！」韓褐子說：「我不會因為人家討厭我而改變我的本意，也不會因為快要死了而改變我的原則。」話沒說完，船已經安穩地航行了。韓褐子說：「《詩經》上說：『蔓延的葛藟，攀附著樹枝和樹幹。和樂的君子，求福不用邪道。』鬼神尚且不喜歡邪道，何況人呢？」

第二九章

孔子曰：「無體之禮，敬也；無服之喪，憂也；無聲之樂，懽也。不言而信，不動而威，不施而仁，志也。鍾鼓之聲，怒而擊之則武，憂而擊之則悲，喜而擊之則樂。其志變，其聲亦變。其志誠通乎金石❶，而況人乎？」

【注釋】❶金石　指鐘磬之類的樂器。

【語譯】孔子說：「那雖然沒有一定的體制規定而發自內心的禮敬，是真正的恭敬；那雖然不必穿喪服而發自內心的悲痛，是真正的憂傷；那雖然沒有發出歡呼之聲而是出自內心的快樂，是真正的喜悅。不需要說話，人家就相信；不需要動武，人家就威服；不需要具體施行，人家就都感受到他的仁愛，這是因為心志真誠感人。鐘鼓等樂器的聲音，憤怒時敲擊，便表現威猛；憂傷時敲擊，便表現悲哀；喜悅時敲擊，便表現歡樂。心志變了，聲音便跟著變。心志精純連金石都受感動，何況是人呢？」

第三〇章

公孟子高見顓孫子莫曰：「敢問君子之禮何如？」顓孫子莫曰：「去爾外厲❶與爾內色勝❷而心自取之❸，去三者而可矣。」公孟不知，以告曾子❹，曾子愀然逡巡❺曰：「大哉言乎！夫外厲者必內折，色勝而心自取之者，必為人役。是故君子德行成而容不知，聞識博而辭不爭，知慮微達而能不愚。」

【注釋】❶外厲　謂外表驕傲。❷內色勝　謂內心多欲。❸心自取之　謂恣心所為。取，為也。❹曾子　見〈建本〉第七章。❺愀然逡巡　愀然，變色貌。逡巡，恭謹貌。

【語譯】公孟子高見顓孫子莫說：「請問君子的禮應該怎樣？」顓孫子莫說：「去掉外表的驕傲，戒除內心的多欲，也不要任性妄為，你能除去這三種毛病就可以了。」公孟不能理解，再去請教曾子。曾子驚異而莊重地說：「這話講得真好啊！那外表驕傲的內心常常自卑，欲望多而任性妄為的常常被人所役使。所以君子的德行良好看來卻像無知的人，聞見廣博卻很少和人爭論，見識深遠而不愚昧。」

第三一章

曾子有疾，孟儀❶往問之。曾子曰：「鳥之將死，必有悲聲，君子集大辟❷，必有順辭。禮有三儀❸，知之乎？」對曰：「不識也。」曾子曰：「坐，吾語汝。君子脩禮以立志，則貪欲之心不來；君子思禮以脩身，則怠惰慢易之節不至；君子脩禮以仁❹義，則忿爭暴亂之辭遠。若夫置罇俎❺，列籩豆❻，此有司之事也，君子雖勿能，可也。」

【注釋】❶孟儀　即公明儀。曾子弟子。❷集大辟　謂將死也。大辟，死刑。❸儀　通「義」。意義。❹仁　當作「行」。❺罇俎　同「尊俎」。古代祭祀及宴會時用以盛酒肉的兩種器具。❻籩豆　古代祭祀及宴會時用以盛果脯等的竹器和木器。

【語譯】曾子有病，孟儀去探問他。曾子說：「鳥將要死的時候，一定有悲哀的鳴聲；人將要死的時候，一定有通達的言辭。禮有三種意義，你知道嗎？」回答說：「不知道。」曾子說：「坐下，我告訴你。君子學習禮來立定志向，就能除去貪慾的心理；君子學習禮來修養自己，就能消除怠惰傲慢的行為；君子學習禮來實踐道義，就能免除忿爭暴亂的言辭。至於罇、俎、籩、豆這些祭器的安排，這是管理祭器官員的事，君子就是不懂，也沒有關係。」

第三二章

孔子曰：「可也，簡。」❶簡者，易野也。易野者，無禮文也。孔子見子桑伯子，子桑伯子不衣冠而處。弟子曰：「夫子何為見此人乎？」曰：「其質美而無文，吾欲說而文之。」孔子去，子桑伯子門人不說曰：「何為見孔子乎？」曰：「其質美而文繁，吾欲說而去其文。」故曰，文質脩者謂之君子，有質而無文謂之易野。子桑伯子易野，欲同人道於牛馬，故仲弓❷曰：「太簡。」上無明天子，下無賢方伯，天下為無道。臣弒其君，子弒其父。力能討之，討之可也。當孔子之時，上無明天子也，故言雍也可使南面。南面者，天子也。雍之所以得稱南面者，問子桑伯子於孔子，孔子曰：「可也，簡。」仲弓曰：「居敬而行簡以道民，不亦可乎？居簡而行簡，無乃太簡乎？」子曰：「雍之言然。」仲弓通於化術，孔子明於王道，而無以加仲弓之言。

【注釋】❶孔子曰三句　見《論語・雍也》。簡，謂寬略不煩。❷仲弓　即冉雍。孔子弟子。魯國人。少孔子二十九歲。出身微賤，有德行。

【語　譯】孔子說：「可以的，能夠寬略不煩。」不過寬略太過就疏略粗野，疏略粗野就沒有禮儀。孔子見子桑伯子，子桑伯子衣冠不整。孔子的學生說：「老師為什麼見這樣的人？」孔子說：「這個人本質非常好，只是不講究禮儀，我想勸勸他注意注意禮儀文飾。」孔子離去，子桑伯子的學生不高興地說：「為什麼見孔子呢？」子桑伯子說：「孔子的本質美好，只是太繁文縟節了，我想勸勸他不要那樣繁文縟節。」所以說，文和質能夠互相配合的，才叫做君子。只有質而沒有文，就叫做疏略粗野。子桑伯子疏略粗野，要把人弄得全不講究文明禮儀和牛馬一樣，所以仲弓批評他說：「太疏略了。」在上沒有聖明的天子，在下缺乏賢能的諸侯，天下無道，臣子有弒君主的，子女有弒父母的，有能力討伐他們的，就討伐他們好了。當孔子的時候，就是在上沒有聖明的天子，所以說冉雍可以使他南面，南面就是天子啦。冉雍所以被稱許可以南面做天子，是他曾經向孔子詢問子桑伯子這個人，孔子說：「還可以，能夠寬略。」仲弓說：「平常能夠敬謹，而在行事的時候清簡無為以治理百姓，這是可以的；如果平常疏略，行事時也疏略隨便，豈不是太簡略了嗎？」孔子說：「雍的意見是正確的。」仲弓通曉教化百姓的方法，雖然孔子了解王道的準則，也不能不認為仲弓所說的是非常正確的。

第三三章

孔子至齊郭門之外，遇一嬰兒挈❶一壺，相與俱行，其視精，其心正，其行端。孔子謂御曰：「趣驅之！趣驅之！韶樂方作。」孔子至彼聞韶，三月不知肉味。故樂非獨以自樂也，又以樂人；非獨以自正也，又以正人矣哉。於此樂者，不圖為樂至於此。

【注　釋】❶挈　當從《太平御覽・五六五》作「挈」。

【語　譯】孔子到了齊國的城門外，看見一個兒童一邊敲著壺一邊走，眼神專注，心態平和，行走端正。孔子向駕車的人說：「快點走！快點走！韶樂正在演奏。」孔子到了那兒，聆聽韶樂，後來竟然神往得三個月都不知道豬肉的滋味。所以音樂不但可以使自己快樂，也可以使人快樂；不但能夠陶冶自己，也能夠陶冶別人。這個韶樂，想不到竟然感人到這種地步。

第三四章

黃帝❶詔伶倫❷作為音律。伶倫自大夏之西，乃之崑崙之陰，取竹於嶰谷。以生竅厚薄均者，斷兩節間，其長九寸而吹之以為黃鍾之宮，日含少❸。次制十二管，以崑崙之下聽鳳之鳴，以別十二律。其雄鳴為六，雌鳴亦六，以比黃鍾之宮，適合黃鍾之宮。皆可生之，而律之本也。故曰黃鍾微而均，鮮全而不傷，其為宮獨尊，象大聖之德，可以明至賢之功。故奉而薦之于宗廟，以歌迎功德，世世不忘。是故黃鍾生林鍾，林鍾生大呂，大呂生夷則，夷則生太簇，太簇生南呂，南呂生夾鍾，夾鍾生無射，無射生沽洗，沽洗生應鍾，應鍾生蕤賓❹。三分所生，益之一分以上生；三分所生，去其一分以下生。黃鍾、大呂、太簇、夾鍾、沽洗、仲呂、蕤賓為上，林鍾、夷則、南呂、無射、應鍾為下。大聖至治之世，天地之氣合以生風，日至則日行其風，以生十二律。故仲冬短至，則生黃鍾，季冬生大呂，孟春生太簇，仲春生夾鍾，季春生沽洗，孟夏生仲呂，仲夏生蕤賓，季夏生林鍾，孟秋生夷則，仲秋生南呂，季秋生無射，孟冬生應鍾。天地之風氣正，十二律至也。

【注釋】❶黃帝　見〈辨物〉第一四章。❷伶倫　黃帝臣。❸日含少　「日」當作「曰」，「含」當作「舍」，皆形近而誤。「舍少」是黃鍾管聲的模擬。❹是故黃鍾生林鍾十句　當據《呂氏春秋・音律》正作：「林鍾生太簇，太簇生南呂，南呂生沽洗，沽洗生應鍾，應鍾生蕤賓，蕤賓生大呂，大呂生夷則，夷則生夾鍾，夾鍾生無射，無射生仲呂。」

【語譯】黃帝命令伶倫創作音律。伶倫從大夏國的西方，到達崑崙山的北麓，在嶰谷中覓取竹子。取天生孔竅厚薄相等的竹子，從兩節間截斷，長度九寸，吹出來的聲音就是黃鍾的宮調，聲音就像「舍少」。後來一共製作了十二個管子，在崑崙山下聽鳳凰的鳴叫，來分別十二律。那雄鳥叫聲有六種，雌鳥叫聲也有六種，拿來和黃鍾的宮調相比，剛好相合。從黃鍾的宮調就生出全部十二律來，這就是音律的根本。所以說黃鍾的宮調音色細微而均勻，明快圓潤而不刺耳，在音律裡是最尊貴的，好像是偉大聖人的功德，可以彰明至賢的功績，所以把它用在宗廟的祭樂上，來歌頌祖先的功德，迎接祖先的神靈，使世世不忘。因此由黃鍾生林鍾，林鍾生大呂，大呂生夷則，夷則生太簇，太簇生南呂，南呂生夾鍾，夾鍾生無射，無射生沽洗，沽洗生應鍾，應鍾生蕤賓。以三等分的損益法，來決定音律的高低，益一分的是上音，損一分的是下音。黃鍾、大呂、太簇、夾鍾、沽洗、仲呂、蕤賓為上音，林鍾、夷則、南呂、無射、應鍾為下音。在大聖治理的盛世，天地之氣相合而生風，太陽照射的時候，風也跟著吹送，就生出十二律來。所以仲冬的日至短，就生黃鍾，季冬生大呂，孟春生太簇，仲春生夾鍾，季春生沽洗，孟夏生仲呂，仲夏生蕤賓，季夏生林鍾，孟秋生夷則，仲秋生南呂，季秋生無射，孟冬生應鍾。天地之間的風氣平正，十二律就產生了。

第三十五章

聖人作為鞉、鼓、控、揭、塤、篪❶，此六者，德音之音。然後鍾、磬、竽、瑟❷以和之，然後干、戚、旄、狄❸以舞之。此所以祭先王之廟也，此所以獻酢酳酬❹也。所以官序貴賤各得其宜也，此可以❺示後世有尊卑長幼之序也。

【注釋】❶鞉鼓控揭塤篪　均為樂器名。鞉，有柄小鼓，鼓旁有兩耳，搖動時兩耳自擊鼓發聲。控揭當作椌楬。椌又名柷，打擊樂器名，狀如漆筩，中有椎；楬又名敔，用以止樂的虎狀木製樂器；樂開始時擊柷，樂止時刷敔。塤，同「壎」。古代一種用陶土燒製的吹奏樂器，大如鵝蛋，形如秤錘，上尖下平中空，頂上一孔為吹口，前面四孔，後面二孔。篪，同「箎」。古代的一種竹管樂器。❷磬竽瑟　磬，以玉、石或金屬為材，形狀如矩。竽，管狀樂器。西元一九七二年長沙馬王堆一號漢墓出土的隨葬器物中有竽，二十二管，分前後兩排。瑟，絃樂器。今瑟二十五絃，絃各有柱，可上下移動，以定聲音的清濁高低。❸干戚旄狄　干戚，盾與斧，皆古兵器。古武舞有操之而舞者，稱干戚之舞。旄狄，即旄羽，犛牛尾和雉羽。❹獻酢酳酬　獻酢，主人為客人斟酒。酳，食畢用酒漱口。酬，勸酒。❺可以　《禮記・樂記》、《史記・樂書》並作「所以」。

【語譯】聖人製作鞉、鼓、椌、楬、塤、篪，這六種樂器是有德的音律，然後用鐘、磬、竽、瑟來應和，然後配上干、戚、旄、狄來舞蹈。這是用來祭祀先王的宗廟的，是用來酬酢賓客，用來分別官階貴賤使各得其宜的，這也是用來垂示後世應該有長幼尊卑的秩序。

第三十六章

鍾聲鏗，鏗以立號，號以立橫❶，橫以立武。君子聽鍾聲則思武臣。石聲磬，磬以立辯❷，辯以致死。君子聽磬聲則思死封疆之臣。絲聲哀，哀以立廉，廉以立志。君子聽琴瑟之聲則思志義之臣。竹聲濫❸，濫以立會，會以聚眾。君子聽竽笙簫管之聲則思畜聚之臣。鼓鞞之聲讙❹，讙以立動，動以進眾。君子聽鼓鞞之聲則思將帥之臣。君子之聽音，非聽其鏗鏘而已，彼亦有所合之也。

【注　釋】❶橫　氣勢充滿。❷辯　《禮記・樂記》作「辨」，下同。辨，分明也。❸濫　借為「擥」。積聚之意。❹讙　喧鬧。

【語　譯】鐘聲鏗然，鏗然之聲可以樹立號令，聽到號召的聲音就氣勢充滿，氣勢充滿就表現出勇武的精神，所以君子聽到鐘聲，就想到武臣。石聲磬然，磬然之聲聽來極為分明，責任分明就可以使人抵死守職，所以君子聽到磬聲，就想到死守封疆的大臣。絃樂的聲音很哀愁，哀愁之音使人廉正，廉正就有志節，所以君子聽到琴瑟的聲音，就想到有志節的臣子。管樂的聲音很收斂，收斂就能夠聚會，聚會就能會合群眾，所以君子聽到竽、笙、簫、管的聲音，就想到能夠召集領導群眾的臣子。鼓鞞的聲音很喧鬧，喧鬧就激動，激動就能鼓舞群眾，所以君子聽到鼓鞞的聲音，就想到統率軍隊的大臣。君子的聽音樂，不僅僅是欣賞鏗鏘的聲音而已，他也能從音樂中得到許多領會。

第三十七章

樂者，聖人之所樂也，而可以善民心。其感人深，其移風易俗❶，故先王著其教焉。夫民有血氣心知之性，而無哀樂喜怒之常，應感起物而動，然後心術形焉。是故感激憔悴之音作，而民思憂；嘽奔慢易繁文簡節之音作❷，而民康樂；粗厲猛奮廣賁之音作❸，而民剛毅；廉直勁正莊誠之音作，而民肅敬；寬裕肉好順成和動之音作❹，而民慈愛；流僻邪散狄成滌濫之音作❺，而民淫亂。是故先王本之情性，稽之度數❻，制之禮義。含生氣之和，道五常之行，使陽而不散，陰而不密，剛氣不怒，柔氣不懾❼，四暢交於中而發作於外，皆安其位不相奪也❽，然後立之學等，廣其節奏，省其文彩，以繩❾德厚。律小大之稱，比終始之序，以象事行，使親疏貴賤長幼男女之理，皆形見於樂❿。故曰：樂觀其深矣！土弊則草木不長，水煩⓫則魚鼈不大，氣衰則生物不遂，世亂則禮慝⓬而樂淫。是故其聲哀而不莊，樂而不安，慢易以犯節⓭，流漫⓮以忘本。廣則容姦，狹則思欲⓯。感滌蕩之氣⓰而滅平和之德，是以君子賤之也。凡姦聲感人而逆氣應之，逆氣成象而淫樂興焉。正聲感人而順氣應之，順氣成象而和樂興焉。唱和有應，回邪曲直各歸其分，而萬物之理以類相動也。是故君子反情以和其志，比類以成其行⓱。姦聲亂色不習於聽⓲，淫樂慝禮不接心術，惰慢邪辟之氣不設於身體，使耳目鼻口心智百體皆由順正，以行其義。然後發以聲音，文以琴瑟，動以干戚⓳，飾以羽旄⓴，從以簫管，奮至德之光，動四氣之和，以著萬物之理。是故清明象天，廣大象地，終始象四時，周旋象風雨；五色成文而不亂，八風從律而不姦㉑，百度得數而有常㉒；小大相成，終始相生，唱和清濁，代相為經。故樂行而倫㉓清，耳目聰明，血氣和平，移風易俗，天下皆寧。故曰：樂者樂也。君子樂得其道，小人樂得其欲。以道制欲，則樂而不亂；以欲忘道，則惑而不樂。是故君子反情以和其意，廣樂以成其教，故樂行而民向方，可以觀德矣。德者，性之端也；樂者，德之華也；金石絲竹，樂之器也。詩，言其志；歌，詠其聲；舞，動其容。三者本於心，然後樂氣從之。是故情深而文明，氣盛而化神，和順積中而英華發外，惟樂不可以為偽。樂者，心之動也；聲者，樂之象也；文彩節奏，聲之飾也。君子之動本，樂其象也，後治其飾。是故先鼓以警戒，三步以見方，再始以著往，復亂以飾歸㉔。奮疾而不拔㉕，極幽而不隱。獨樂其志，不厭其道；備舉其道，不私其欲。是故情見而義立，樂終而德尊。君子以好善，小人以飾聽㉖過。故曰：生民之道，樂為大焉。

【注釋】❶俗 下當據《漢書·禮樂志》補「易」字。❷嘽奔慢易繁文簡節之音作 嘽，寬也。奔，放。易，平也。繁文簡節，謂詞語多而音節簡。❸粗厲猛奮廣賁之音作 粗厲，粗大高亢。猛奮，猛起奮末也，謂樂之始剛猛，樂之終奮迅。廣賁，廣大激昂。❹寬裕肉好順成和動之音作 《禮記·樂記》孫希旦《集解》：「肉好，以璧之肉好喻音之圓轉而潤澤也。

順成，以順而成。和動，以和而動也。」❺流僻邪散狄成滌濫之音作　孫希旦《禮記集解》：「流辟者，流宕而偏辟。邪散者，淫邪而散亂。滌濫，如水之滌蕩放濫，往而不返也。」狄，往來疾貌。「成」為「戉」之訛。戉，通「越」。越，疾也。狄越，謂樂聲輕佻也。❻度數　指五音由「九」為基數自乘之，得八十一，為宮；宮減三分之一，得五十四為徵；徵增三分之一，得七十二，為商；商減三分之一，得四十八，為羽；羽增三分之一，得六十四，為角。又十二律，亦以「九」為基數，是陽律的黃鐘，減其三分一，得六，是陰律林鐘；林鐘加三分一，又為陽律大簇之度數；大簇減三分一，則為陰律南呂之度數；南呂加三分一為陽律姑洗；姑洗減三分一又為陰律應鐘；應鐘加三分一為陽律蕤賓；唯蕤賓須加三分一始成陰律大呂；於是大呂減三分一為陽律夷則；夷則亦加三分一為陰律夾鐘；夾鐘減三分一又為陽律無射；無射又加三分一為陰律中呂。陽律曰「律」，陰律曰「呂」。因增減的方法，到了蕤賓與大呂之間有了改變：本來是陽律減三分一則成陰律，但改變後，卻須增三分一始由陽成陰。❼含生氣之和六句　《禮記・樂記》鄭《注》：「生氣，陰陽氣也。密之言閉也。懾猶恐懼也。」含，當依《禮記・樂記》、《史記・樂書》、《漢書・禮樂志》作「合」。陳澔《禮記集說》：「生氣之和，造化絪縕之妙也。五常之行，仁義禮智信之德也。合生氣之和，使其陽之動而不至於散，陰之靜而不至於密；道人心五常之行，使剛氣不至於怒，柔氣不至於懾。」❽四暢交於中而發作於外二句　陳澔《禮記集說》：「天地之陰陽，人心之剛柔，四者皆各得其中而和暢焉，則交於中而發見於外矣。於是宮君、商臣、角民、徵事、羽物皆安其位而不相奪倫，然後推樂之教，以化民成俗也。」❾繩猶束也。❿律小大之稱五句　陳澔《禮記集說》：「律，以法度整齊之也。比，以次序聯合之也。宮音至大，羽音至小，律之使各得其稱。始於黃鐘，終於仲呂，比之使各得其序。以此法象而寓其事之所行也，人倫之理，皆可於樂而見之。」⓫水煩　常被擾動的水。⓬慝　差錯；敗壞。⓭慢易以犯節　慢易本是康樂之聲，然而至於犯節，則成淫樂。⓮流漫　放縱無度也。⓯廣則容姦二句　《禮記・樂記》鄭《注》：「廣，謂聲緩也；狹，謂聲急也。」孔《疏》：「廣謂節間舒緩，言音聲寬緩，多有姦淫之聲也。狹謂聲急，節間迫促，樂聲急則動發人心，思其情欲而切急。」⓰滌蕩之氣　和「平和之德」相反，謂不平之氣，即下文之「逆氣」也。⓱反情以和其志二句　《禮記・樂記》孔《疏》：「反情，謂反去淫溺之情理，以調和其善志也。比謂比擬善類，以成己之美行。」孫希旦《集解》：「情懼其流也，反之，則所發不過其節，而志和矣。行懼其失也，比擬善惡之類，去其惡而從其善，則其行成矣。此二者，正心修身之事也。」⓲姦聲亂色不習於聽　不習於聽，《禮記》、《史記》並作「不留聰明」。按色不可聽，作「不留聰明」為長。⓳干戚　盾和斧。⓴羽旄　雉羽和犛牛尾。㉑八風從律而不姦　指金石絲竹土木匏革所製成的樂器，發出不同的聲音，皆依一定的宮律而不相侵犯。㉒百度得數而有常　樂之節奏調之度，節奏非一，故曰百度。數者，度之多寡也，多寡得宜，故曰得數。一成不變，故曰有常。㉓倫　《禮記》鄭《注》：「倫，謂人道也。」㉔先鼓以警戒四句　是說明武舞表演的意義。孫希旦《禮記集解》：「先鼓以警戒者，大武將舞之先，擊鼓以警戒其眾，所謂備戒之已久也。三步以見方者，舞之初作，先三舉足，以示其所往之方，所謂始而北出也。再始以著往者，舞者於二成之初，又再始舉足，以著其所往，所謂再成而滅商也。亂，終也。復亂以飭歸者，舞者之終，從末表復於第一表，以整飭其歸，所謂六成復綴以崇天子也。」㉕拔　倉猝；慌忙。㉖聽　衍字，當刪。

【語　譯】音樂，是聖人所喜歡的，因為它可以改善人心。它感人很深，用來移風易俗也容易見效，所以先王特別注重音樂的教化功能。人人都有血氣心知的本性，但沒有哀樂喜怒一定的心情，必待外物刺激而引起反應，然後才表現為哀樂喜怒不同的心理狀況。所以演奏傷感憔悴的音樂，人們就會受到感染而憂傷；演奏寬放、緩慢平易、繁文簡節的音樂，人們就會受到感染而平安快樂；演奏粗大高亢、開頭剛猛、結尾迅速、廣大激昂的音樂，人們就會受到感染而剛強堅毅；演奏廉明正直、有力剛正、莊嚴誠懇的音樂，人們就會受到感染而肅穆虔敬；演奏寬裕、圓潤、柔順、活潑的音樂，人們就會受到感染而慈愛；演奏流僻、邪散、輕佻、放蕩的音樂，人們就會受到感染而淫亂。所以先王作樂，根據人們的本性和情感，考定音律的度數，用禮義加以約束。使音樂能夠調和天地的陰陽二氣，指導人心的仁義禮智信的德行，使陽氣不至於擴散，陰氣不至於鬱結，剛氣不至於暴怒，柔氣不至於懦怯，陰陽剛柔四氣和暢，融洽於內而表現於外，都能各安其位，不相侵奪。然後制定學習的層次，增加它的節奏，審察曲律和歌辭，以對樂曲加以檢束而使之敦厚。整齊五音大小使之勻稱，排比十二律使之各得其序，以此象徵人的行為事理也應該有一定的秩序，使親疏、貴賤、長幼、男女的倫常道理都在音樂中表現出來。所以說，音樂的聆聽欣賞，它的意義非常深奧啊。土壤貧瘠，草木就長不出；水澤煩亂，魚鱉就養不大；陰陽時氣衰竭，生物就培植不成；社會混亂，禮法就敗壞，音樂就淫靡。因為淫靡，所以聲音雖悲哀而不莊重，雖喜悅而不安祥，散慢簡易不合節度，沉迷放縱忘記根本。樂聲舒緩，就多姦淫之聲；樂聲迫促，就激發人的情欲。這種淫靡的音樂使人們所感受到的只是一股不平的情緒而損傷了平和的本性，所以君子輕賤它。大凡不正當的聲音刺激人心，就會引起悖逆的反應，這種反應化為具體的事實，那就是淫樂的來歷。純正的聲音刺激人心，就會引起和順的反應，這種反應化為具體的事實，那就是和樂的來歷。一唱一和有著相關的反應，乖戾的與乖戾相應，邪惡的與邪惡相應，曲的直的也與曲的直的相應，而各當其分，就和宇宙間萬事萬物都與同類相感應一樣。因此，君子約束情欲來調和心志，比擬善類來成就德行。不沉溺在姦聲亂色裡，心中不存著淫樂慝禮，行為上沒有惰慢邪辟的習氣，使耳目鼻口心智百體皆由正道行正事。然後發為歌聲，伴以琴瑟，武舞就拿著干戚，文舞就拿著羽旄，再加上簫管的伴奏，表現出至德的光輝，流露著「陰陽剛柔」的和氣，顯示出萬物的根本道理。像這樣的樂，清明象天，廣大象地，終而復始象四時，周迴旋轉象風雨。歌舞時五色繽紛，而有條不紊；八音雜奏，皆依據一定的宮律而不相侵犯；各種節奏多寡得宜，有一定的常規。高音和低音相輔相成，前闋既終而後闋又起。或唱或和，或清或濁，互為紀綱。所以正樂流行，人心清正，耳目聰明，血氣和平，使人潛移默化而蔚為善良風俗，天下太平。所以說，音樂是人們所喜樂的。君子喜樂，由於音樂能夠培養正道；小人喜樂，由於音樂能夠滿足欲望。用正道約束情欲，喜樂而不至於昏亂；放縱情欲忘記正道，沉溺迷惑而造成悲劇。因此君子約束情欲調和心志，推廣音樂以完成教化。所以正樂流行，人民就趨向正道，人民的道德水準也就可觀了。德是從人性的端始產生的，樂則是德的光華，金石絲竹則是演奏音樂的樂器。詩是抒發心志的言語，歌是詠唱內心情志的歌唱，舞是表現內心情志的舞蹈。三者都是出自人的心靈，而用音樂表現出來。所以音樂所表達的情志是幽深的，而形象卻是明白的；氣氛是使人興奮的，而感化的功效卻是神妙的。和順的情感儲積在裡面而光華則發顯在外面。有其內則有其外，只有音樂是不能造假的。音樂出於內心的感動，聲音則是音樂的表象，詞曲節奏舞蹈則是聲音的裝飾。君子內心受到感動，用音樂來加以表現，然後才講究裝飾。例如大武舞，首先要擊鼓警戒，踏三步表示方向，音樂再開始時又舉足以表示前進，結束時又回復到最初的姿勢，完成整個的舞蹈。動作敏捷而不慌亂，表情細膩而不隱晦。欣賞音樂舞蹈的人，只是情志受到感染而喜樂，而不會厭棄正道；備受正道的鼓舞，而不會偏向情欲。因此，情志表現出來了，道義也建立了；音樂結束了，道德更加尊貴。君子因此而增加好善之心，小人因此而改正過失。所以說：教化人民，音樂是最重要的了。

第三八章

樂之可密者，琴最宜焉。君子以其可脩德，故近之❶。凡音之起，由人心生也。人心之動，物使之然也。感於物而後動，故形於聲；聲相應，故生變；變成方，謂之音；比音而樂之，及干戚羽旄謂之樂。樂者，音之所由生也，其本在人心之感於物。是故其哀心感者，其聲噍以殺❷；其樂心感者，其聲嘽❸以緩；其喜心感者，其聲發以散；其怒心感者，其聲壯以厲；其敬心感者，其聲直以廉；其愛心感者，其聲和以調。人之善惡❹，非性也，感於物而後動，是故先王慎所以感之。故禮以定其意，樂以和其性，政以一其行，刑以防其姦。禮樂刑政，其極一也，所以同民心而立治道也。

【注　釋】❶樂之可密者四句　與下文無關，《禮記・樂記》亦無，當是他處錯簡。❷噍以殺　噍，焦急。殺，衰微。❸嘽　寬裕。❹人之善惡　《禮記・樂記》、《史記・樂書》並作「六者」，義長。

【語　譯】樂器中可以親近的，琴最相宜，君子因為琴可以修德，所以親近它。凡是聲音的發作，是由於人心的活動；人心的活動，是由於受到外物的刺激。人心受到外物的刺激而起反應，有時就表現於聲音。不同的聲音互相配合，就產生出變化。變化有一定的規律就叫做「音」，把「音」排比起來，用樂器演奏，配合上干戚羽旄來舞蹈，就是「樂」了。所以「樂」是由聲音構成的，而聲音又是由於人心受到外物的刺激而產生的反應。所以心裡起了悲哀的反應，聲音就焦急而低沉。起了快樂的反應，聲音就寬暢而舒緩。起了喜悅的反應，聲音就興奮而爽朗。起了憤怒的反應，聲音就粗大而高亢。起了恭敬的反應，聲音就規矩而正直。起了愛護的反應，聲音就柔順而和調。這六種心理，不是出自天性，只是受到外物不同的刺激而產生出不同的反應，因此先王非常重視人民所受到的環境的影響。所以用禮來堅定人們的意志，用樂來調和人們的性情，用政令來劃一人們的行為，用刑罰來防範人們的罪惡。禮樂政刑的最終目的是一致的，都是用來齊一人心而建立良好政治的。

第三九章

凡音生人心者也。情動於中而形於聲，聲成文謂之音。是故治世之音安以樂，其政和；亂世之音怨以怒，其政乖；亡國之音哀以思，其民困。聲音之道，與政通矣。宮為君，商為臣，角為民，徵為事，羽為物，五音亂則無法。無法之音：宮亂則荒❶，其君驕；商亂則陂❷，其官壞；角亂則憂，其民怨；徵亂則哀，其事勤❸；羽亂則危，其財匱。五者皆亂，代❹相凌謂之慢。如此則國之滅亡無日矣。鄭衛之音❺，亂世之音也，比於慢矣。桑間、濮上之音❻，亡國之音也，其政散，其民流，誣上行私而不可止也。

【注　釋】❶荒　放散。❷陂　不平正。❸勤　謂繇役不休，民事勤勞也。❹代　迭也。❺鄭衛之音　本指春秋戰國時鄭國、衛國的俗樂，與雅樂不同，後因《論語·衛靈公》有「鄭聲淫」之語，用以指淫靡的音樂。❻桑間濮上之音　《禮記·樂記》鄭《注》：「濮水之上，地有桑間者，亡國之音於此水出也。昔殷紂使師延作靡靡之樂，已而自沈於濮水。」

【語　譯】大凡音樂的產生，出於人心。人們內心有情感的激盪，便用聲音表現出來。聲音合乎一定的旋律節奏，便叫做音樂。所以太平盛世的音樂，既安詳又愉快，由於政治寬和。亂世的音樂怨懟而忿恨，由於政治乖張。亡國的音樂悲哀而愁思，由於人民的流離困苦。音樂和政治是相通的，宮是君，商是臣，角是民，徵是事，羽是物。如果五音混亂，就是不合格律的音樂。不合格律的音樂如：宮音亂，聲音就放散，這是由於國君驕恣；商音亂，聲音就不正，這是由於官吏敗壞；角音亂，聲音就憂傷，這是由於人民愁怨；徵音亂，聲音就悲哀，這是由於人民勞苦；羽音亂，聲音就危急，這是由於財物匱乏。如果五音都亂，交相侵犯，就叫做「慢」，這樣的話，國家也就快要滅亡了。鄭、衛的音樂，是亂世的音樂，可以比做「慢」了。桑間、濮上的音樂，是亡國的音樂，當時政治荒散，人民流離，種種欺誣長上、偏行私欲的行為，不可遏止。

第四〇章

凡人之有患禍者，生於淫泆暴慢。淫泆暴慢之本，生於飲酒。故古者慎其飲酒之禮，使耳聽雅音，目視正儀，足行正容，心論正道，故終日飲酒而無過失。近者數日，遠者數月，皆人有德焉以益善。《詩》云：「既醉以酒，既飽以德❶。」此之謂也。

【注釋】❶既醉以酒二句　見《詩經・大雅・既醉》。

【語譯】大凡人有禍患，多半由於一己的淫靡、放蕩、橫暴和驕慢；而淫靡、放蕩、橫暴和驕慢的產生，則是由於飲酒。所以古人對於飲酒的禮儀非常講究：使人們耳裡聽的是雅正的音樂，眼中看的是規規矩矩的儀態，腳下走的是堂堂正正的步伐，心裡存的是光明正大的品德。因此終日飲酒也沒有過失。短的幾天，長的幾個月，使人人皆有品德而且更加完善。《詩經》上說：「既喝醉了美酒，也充滿了德行。」就是說的這個意思。

第四一章

凡從外入者，莫深於聲音，變人最極。故聖人因而成之以德曰樂。樂者，德之風。《詩》曰：「威儀抑抑，德音秩秩❶。」謂禮樂也。故君子以禮正外，以樂正內。內須臾離樂，則邪氣生矣；外須臾離禮，則慢行起矣。故古者天子諸侯聽鍾聲❷，未嘗離於庭，卿大夫聽琴瑟，未嘗離於前，所以養正心而滅淫氣也。樂之動於內，使人易道而好良；樂之動於外，使人溫恭而文雅。雅頌之聲❸動人而正氣應之；和成容好之聲動人而和氣應之；粗厲猛賁之聲動人而怒氣應之；鄭衛之聲動人而淫氣應之。是以君子慎其所以動人也。

【注　釋】❶威儀抑抑二句　見《詩經・大雅・假樂》。抑抑，美好。抑，通「懿」。秩秩，有常也。❷聲　當為「磬」，形近而誤。❸雅頌之聲　謂中正平和的音樂。

【語　譯】大凡從外面影響人的內心的，沒有比聲音更深入的了，變化人最厲害。所以聖人就因勢利導把音樂和道德相結合，音樂便具有道德陶冶的功效了。《詩經》上說：「威儀美好，德音有常。」就是說的禮和樂。所以君子以禮儀修正外表，以音樂陶冶內心。內心就是短暫沒有音樂的陶冶，邪淫之氣也會乘虛而入；外表即使短暫缺少禮儀的約束，驕慢的行為就會產生。所以古代的天子諸侯，從來不曾離開庭殿而聽鐘磬的，卿大夫也不曾躲得遠遠的而聽琴瑟的，這是為了要培養正大的心志而消弭淫邪之氣的緣故。音樂能感動人心，使人易於步上正道而好良善。受了音樂的陶冶而表現於外的，是溫文儒雅的氣度。以中正平和的音樂感動人，內心自然升起一股正氣和他相應；以安詳美好的音樂感動人，內心自然升起一股平和之氣和他相應；以粗獷激越的音樂感動人，內心自然升起一股怒氣和他相應；以淫靡的鄭衛之音感動人，內心自然升起一股淫氣和他相應。因為音樂能感動人心，所以君子慎重選擇音樂，注意它的感應效果。

第四二章

子路❶鼓瑟有北鄙之聲，孔子聞之曰：「信矣，由之不才也。」冉有❷侍，孔子曰：「求來，爾奚不謂由：夫先王之制音也，奏中聲，為中節。流入於南，不歸於北。南者生育之鄉，北者殺伐之域。故君子執中以為本，務生以為基。故其音溫和而居中，以象生育之氣。憂哀悲痛之感，不加乎心；暴厲淫荒之動，不存乎體。夫然者乃治存之風，安樂之為也。彼小人則不然，執末以論本，務剛以為基。故其音湫厲而微末，以象殺伐之氣。和節中正之感，不加乎心；溫儼恭莊之動，不存乎體。夫殺者，乃亂亡之風，奔北之為也。昔舜造南風之聲❸，其興也勃焉，至今王公述而不釋；紂為北鄙之聲，其廢也忽焉❹，至今王公以為笑。彼舜以匹夫，積正合仁，履中行善，而卒以興；紂以天子，好慢淫荒，剛厲暴賊，而卒以滅。今由也匹夫之徒，布衣之醜也，既無意乎先王之制，而又有亡國之聲，豈能保七尺之身哉？」冉有以告子路，子路曰：「由之罪也，小人不能耳，陷而入於斯，宜矣夫子之言也！」遂自悔，不食，七日而骨立焉。孔子曰：「由之改過矣。」

【注　釋】❶子路　見〈臣術〉第二四章。❷冉有　即冉求，孔子弟子。名求，字子有。少孔子二十九歲。長於政事，後仕季氏為宰。❸昔舜造南風之聲　《孔子家語‧辯樂解》：「昔者舜彈五絃之琴，造南風之詩。其詩曰：南風之薰兮，可以解吾民之慍兮；南風之時兮，可以阜吾民之財兮。」舜，見〈君道〉第七章。❹紂為北鄙之聲二句　《史記‧樂書》：「紂為朝歌北鄙之音，身死國亡。」紂，見〈君道〉第二八章。

【語　譯】子路彈瑟，有北方鄙野的聲音。孔子聽了就說：「由真是沒有見識。」冉有陪侍在旁，孔子說：「求，你過來，你為什麼不告訴由：先王的制定音樂，演奏正聲，是中和的節奏。流傳於南方，沒有傳到北方來。南方是生育的地方，北方是殺伐的區域。所以君子秉持中和以為根本，專重生育以為基礎。所以君子制定的音樂溫和而中正，蘊含著一股生機。心裡頭沒有憂傷悲哀的感情，外表上沒有暴厲淫荒的行為。能夠到達這樣的地步，就因為這是治世太平的音樂，充滿了安樂的氣氛。那些小人就不一樣了，秉持末節以為根本，專重剛強以為基礎。所以小人的音樂狹隘冷酷而猥褻，充滿著殺伐之氣。心裡頭沒有和平中正的感情，外表上沒有溫柔恭敬莊重的行為。那充滿殺伐之氣的音樂是混亂衰亡的音樂，象徵著奔亡敗北。從前舜創作『南風』的詩歌，很快興起為天子，到現在那些王公還談論仰慕不已。紂創作北方粗鄙的音樂，很快就亡國了，到今天還為那些王公所嘲笑。那舜，本來不過是一介平民，因為能積累正道、行為合乎仁義、秉持中正之道和多行善事，終於興起為天子。紂本來是天子，卻因為驕慢、荒淫、強暴、殘害而終於亡國。現在仲由是一個平民百姓，既然無意效法先王的遺制，而演奏樂曲竟然帶有亡國之音，那裡能安保自己呢？」冉有把這些話轉告子路，子路說：「這是我由的罪過。我是個小人，不能效法先王的遺制，落到這個地步，老師的教訓真對啊！」於是自己悔過，七天不食，瘦得只剩一把骨頭。孔子說：「由是真正改過了。」

卷二〇

反質

【題解】反，同「返」，回歸。質在這裡有兩個意思，一和文飾相對，是樸素；一和奢侈相對，是儉約。反質，就是回歸質樸和儉約。本卷的內文，有時指前者，有時指後者，有時兼指兩者。本卷共二十五章。第一至四章主要說明本質、樸素的可貴，第五至八章主要說明儉約的重要，這八章雖然也多以故事形式出現，但側重在解題方面。第九到二〇章記載了十二則輕奢靡、戒淫佚、重本質、貴儉約的故事，旨在以史事作為例證。第二一章以後五章，所記似乎和本卷的題旨沒有什麼關係。

第一章

孔子❶卦得「賁」❷，喟然仰而歎息，意不平。子張❸進，舉手而問曰：「師聞『賁』者吉卦，而歎之乎？」孔子曰：「賁，非正色也，是以歎之。吾思夫質素，白當正白，黑當正黑。」「夫質又何也？」「吾亦聞之，丹漆不文，白玉不彫，寶珠不飾，何也？質有餘者，不受飾也。」

【注釋】❶孔子　見〈君道〉第五章。❷賁　《易經》卦名。《易經・序卦傳》：「賁者，飾也。」❸子張　即顓孫師。見〈雜言〉第二一章。

【語譯】孔子卜卦卜到賁卦，抬頭長聲歎息，意氣不平。子張進來舉手發問說：「師聽說賁是吉卦，卻為什麼歎息？」孔子說：「賁象徵裝飾，不是本色，因此才歎息。我喜歡樸素的本質，白的正白，黑的正黑。」「樸質又怎樣呢？」孔子回答說：「我也聽說，丹漆不需要再加文彩，白玉不需要再加雕琢，寶珠不需要再加裝飾，為什麼呢？這是因為好的本質就不必要再修飾了。」

第二一章

信鬼神者失謀，信日者失時。何以知其然？夫賢聖周知，能不時日而事利，敬法令，貴功勞，不卜筮而身吉；謹仁義，順道理，不禱祠而福。故卜數擇日，潔齋戒，肥犧牲，飾珪璧，精祠祀而終不能除悖逆之禍。以神明有知而事之，乃欲背道妄行，而以祠祀求福，神明必違之矣。天子祭天地、五嶽❶、四瀆❷，諸侯祭社稷，大夫祭五祀❸，士祭門戶，庶人祭其先祖。聖王承天心制禮分也。凡古之卜日者，將以輔道稽疑，示有所先而不敢專自也，非欲以顛倒之惡而幸安之全。孔子曰：「非其鬼而祭之，諂也❹。」是以泰山終不享季氏之旅❺。《易》稱「東鄰殺牛，不如西鄰之禴祭❻。」蓋重禮不貴物也，敬實而不貴華。誠有其德而推之，則安往而不可？是以聖人見人之文，必考其質。

【注　釋】❶五嶽　見〈辨物〉第六章。❷四瀆　見〈辨物〉第七章。❸五祀　《禮記・祭法》：「諸侯為國立五祀，曰司命，曰中霤，曰國門，曰國行，曰公厲。」又〈曲禮下〉：「祭五祀。」《注》謂戶、灶、中霤、門、行。班固《白虎通・五祀》以門、戶、井、灶、中霤為五祀。❹非其鬼而祭之二句　見《論語・為政》。❺泰山終不享季氏之旅　《論語・八佾》：「季氏旅於泰山。子謂冉有曰：『女弗能救與？』對曰：『不能。』子曰：『嗚呼，曾謂泰山不如林放乎！』」《注》引馬曰：「旅，祭名也。禮，諸侯祭山川在封內者。今陪臣祭泰山，非禮也。」❻東鄰殺牛二句　《周易・既濟》九五爻辭。牛，祭之盛者也。禴，夏祭，五穀還沒有豐收，祭祀簡單。王弼曰：「祭祀之盛，莫盛脩德，故沼沚之毛、蘋蘩之采可羞於鬼神。故黍稷非馨，明德惟馨，是以東鄰殺牛，不如西鄰之禴祭實受其福也。」

【語　譯】迷信鬼神的人不會謀慮，迷信時日的人會錯過時機。為什麼知道是這樣呢？因為那聖賢知識圓通，能夠不必擇時選日，而事情自然順利；遵守法令，重視功勞，不必卜筮，而自身自然吉慶；謹守仁義，順應道理，不必禱祀，而自然得福。所以卜時數擇日期，清潔齋戒，用肥碩的犧牲，裝飾的珪璧，精誠的祭祀，而終究不能除去災禍。如果以為神明有知而事奉祂，卻捨棄正道胡亂行事，用祭祀的方法求福，神明也一定會加以唾棄的。天子祭天地、五嶽、四瀆，諸侯祭社稷，大夫祭五祀，士祭門戶，庶民祭自己的先祖，這是聖王承順天意制定的禮法。大凡古代卜筮時日的，不過是用來作為決斷疑難的參考，表示天意已先有定，不敢自專而已，並不是要我們顛倒是非僥倖求安的。孔子說：「祭祀自己不應該祭祀的鬼神，這是諂媚。」因此泰山始終不享受季氏的旅祭。《周易》上說：「東鄰殺牛，不如西鄰的禴祭。」這是重視禮而不貴重物，重視內心的虔敬而不貴重外表的奢華。果真有德行而又能推廣，那麼到那裡去不可以呢？所以聖人看到一個人外在的文彩，一定考查他內在的本質。

第三章❶

歷山之田者善侵畔❷，而舜耕焉；雷澤之漁者善爭陂，而舜漁焉；東夷之陶器窳❸，而舜陶焉。故耕、漁與陶非舜之事，而舜為之，以救敗也。民之性皆不勝其欲，去其實而歸之華，是以苦窳之器，爭鬪之患起。爭鬪之患起，則所以偷也。所以然者何也？由離誠就詐，棄樸而取偽也，追逐其末而無所休止。聖人抑其文而抗其質，則天下反矣。《詩》云：「鳲鳩在桑，其子七兮。淑人君子，其儀一兮❹。」《傳》曰：「鳲鳩之所以養七子者，一心也；君子所以理萬物者，一儀也。以一儀理物，天心也。五者不離，合而為一，謂之天心。在我能因自深結其意於一❺。故一心可以事百君，百心不可以事一君，是故誠不遠也。夫誠者一也，一者質也。君子雖有外文，必不離內質矣。」

【注釋】❶第三章　原連上，今別為一章。❷畔　田界。❸陶器窳　「陶」下當有「者」字，「器」下當有「苦」字。苦窳，粗劣。❹鳲鳩在桑四句　見《詩經・曹風・鳲鳩》。❺五者不離四句　文不可解，當有脫誤，姑且隨文釋之。

【語譯】歷山的農人好侵占別人的田界，舜就到那兒耕作；雷澤的漁夫好爭奪別人的堤岸，舜就到那兒打魚；東夷的陶人製作的陶器粗劣，舜就到那兒製陶。耕田、打魚、製陶原都不是舜應該做的事，而舜卻去做，為的是以身作則去拯救敗壞的風俗。一般人的本性多克服不了欲望，丟掉樸實而愛尚浮華，因此粗劣的陶器、爭鬥的禍患便出現了。爭鬥的禍患出現，民情風俗也就更加偷薄了。為什麼這樣呢？是由於人們丟棄誠實而追求欺詐，拋開樸質而使用虛偽，追求末節無休無止啊。所以聖人壓抑浮華而提倡質樸，天下就回復敦厚樸質了。《詩經》上說：「桑樹上的鳲鳩鳥，一心撫養七隻小鳥；善人君子，堅持道義始終如一。」《傳》說：「鳲鳩所以能照料七隻小鳥，因為牠專心一志；君子所以能治理萬物，因為他堅持道義始終如一。以一貫的道義治理萬物，這是天心。五者不分離，合而為一，叫做天心，在於我能夠堅持自己的意念如一。所以只要能專一，一個心可以事奉一百位君主；如果不能專一，一百個心也不能事奉一位君主。所以誠篤是不遠的。誠篤就是專一，專一就是質樸。君子雖然有外在的文彩，但是一定不會丟棄內在的質樸。」

第四章

衛有五丈夫❶，俱負缶而入井灌韭，終日一區。鄧析❷過，下車，為❸教之曰：「為機，重其後，輕其前，命曰橋❹，終日溉韭百區不倦。」五丈夫曰：「吾師言曰：『有機知之巧，必有機知之敗。』我非不知也，不欲為也。子其往矣，我一心溉之，不知改已❺。」鄧析去，行數十里，顏色不悅懌，自病。弟子曰：「是何人也而恨我君❻？請為君殺之。」鄧析曰：「釋之，是所謂真人者也，可令守國。」

【注　釋】❶丈夫　古稱成年男子為丈夫。❷鄧析　見〈貴陽〉第七章。❸為　《太平御覽・五一〇》《太平御覽・九七六》、《事類賦・八》、《天中記・四六》、《初學記・七》、《能改齋漫錄・一四》引俱無，當刪。❹橋　即桔槔，古代汲水的工具，形如天平。❺已　同「矣」。❻恨我君　謂使我君怨恨也。

【語　譯】衛國有五個男子，一起背著瓦罐到井裡汲水澆灌韭菜，一整天只澆一區地。鄧析路過，下車教導他們說：「造一部機械，後面重，前面輕，叫做橋，一天灌溉韭菜一百區都不會疲累。」這五個人說：「我們的老師說過：『有機械智巧的好處，也一定會產生機械智巧的害處。』我們不是不了解，不想這樣做罷了。

您還是走吧，我們專心一意澆菜，不會改變的。」鄧析離開，走了幾十里，臉色不高興，自覺很懊喪。學生們說：「這些是什麼人，竟然使老師惱怒？讓我們去殺掉他們。」鄧析說：「算了。這些人是所謂的真人，可以請他們治理國家。」

第五章

禽滑釐❶問於墨子❷曰：「錦繡絺紵❸，將安用之？」墨子曰：「惡！是非吾用務也。古有❹無文者得之矣，夏禹是也。卑小宮室，損薄飲食，土階三等，衣裳細布❺。當此之時，黻❻無所用而務在於完堅。殷之盤庚❼，大其先王之室，而改遷於殷，茅茨不剪❽，采椽不斲❾，以變天下之視。當此之時，文采之帛，將安所施？夫品庶非有心也，以人主為心，苟上不為，下惡用之？二王者以化❿身先於天下，故化隆於其時，成名於今世也。且夫錦繡絺紵，亂君之所造也，其本皆興於齊景公⓫，喜奢而忘儉，幸有晏子⓬以儉鐫⓭之，然猶幾不能勝。夫奢安可窮哉？紂為鹿臺⓮、糟丘、酒池、肉林，宮牆文畫，彫琢刻鏤，錦繡被堂，金玉珍瑋⓯，婦女優倡，鍾鼓管絃，流漫不禁，而天下愈竭，故卒身死國亡，為天下戮⓰。非惟錦繡絺紵之用耶？今當凶年，有欲予子隨侯之珠者，不得賣也⓱，珍寶而以為飾。又欲予子一鍾⓲粟者，得珠者不得粟，得粟者不得珠。子將何擇？」

禽滑釐曰：「吾取粟耳，可以救窮。」墨子曰：「誠然，則惡在事夫奢也？長無用，好末淫，非聖人之所急也。故食必常飽，然後求美；衣必常暖，然後求麗；居必常安，然後求樂。為可長，行可久，先質而後文，此聖人之務。」禽滑釐曰：「善。」

【注釋】❶禽滑釐　戰國初人。初受業於子夏，後學於墨子。精研攻防城池戰術。❷墨子　（約西元前四六八～前三七六年）名翟，戰國時思想家，墨家學派創始人。宋公族目夷氏（墨臺氏）之後，長期居住魯國。反對儒家「天命」之說，主張人不應有親疏貴賤之分；反對戰爭，主張「兼愛」、「非攻」；抨擊禮樂虛文、奢侈享樂生活，主張「非樂」、「節用」、「節葬」；重視生產，強調「賴其力者生，不賴其力者不生」；提出「尚賢」、「尚同」的政治主張。❸絺紵　絺，細葛布。紵，麻布。❹有　《太平御覽・八二〇》引「有」下有「用」字。❺衣裳細布　謂衣裳用碎布綴成。❻黻　上《太平御覽・八二〇》、《天中記・五〇》引並有「黼」字，是也。黼黻，古代禮服上繪繡的花紋。❼盤庚　商朝國王，子姓，商湯九代孫。商朝自仲丁後，因王位紛爭多亂，又頻遭水旱災害，國勢衰弱。盤庚即位後，從奄遷都到殷，改國號為殷。遷都後，百姓安寧，商道復興，諸侯來朝。在位二十八年，後世稱為賢王。❽茅茨不剪　屋蓋曰茨。茅茨謂以茅覆屋。不剪謂不修葺也。❾采椽不斲　「采」當是「棌」之誤字。棌與櫟、栩、杼為一木。椽，屋椽。不斲，謂不刮削也。❿化　衍字，當刪。⓫齊景公　見〈君道〉第一八章。⓬晏子　見同前。⓭鐫　琢鑿，引申為勸諫的意思。⓮鹿臺　紂所築臺名。故址在今河南湯陰朝歌鎮南。《新序・刺奢》：「紂為鹿臺七年而成，其大三里，高千尺，臨望雲雨。」⓯瑋　玉名。⓰戮　侮辱；罪責。⓱有欲予子隨侯之珠者二句　隨侯之珠，即隋侯之珠。《淮南子・覽冥・注》：「隋侯，漢東之國，姬姓諸侯也。隋侯見大蛇傷斷，以藥傅之，後蛇於江中銜大珠以報之，因曰隋侯之珠。」《太平御覽・八〇三》、《事類賦・九》引「不」上並有「曰」字。⓲鍾　六斛四升為一鍾。

【語譯】禽滑釐問墨子說：「錦繡絺紵用在什麼地方呢？」墨子說：「啊！這些不是我所要用的。古時候有一個人，喜歡使用質樸無文的東西，那才是正確的，就是夏禹。他住的房子又矮又小，飲食簡單，土造的階梯只有三級，衣裳是用碎布縫綴成的；那時，黻黼繪繡沒有用處，只講究堅固耐用而已。殷商的盤庚，擴大先王的王業，遷都到殷地。用茅草搭蓋房子，不加以修葺；用桀木做屋椽，不加以刮削；以改變天下人的觀念。在那個時候，華美的布帛，要用在什麼地方呢？物品本身是沒有意志的，以人主的心意為主。如果在上的君主不用，在下的臣民怎麼會去用它呢？夏禹、盤庚這兩位君王能以身作則，做天下人的榜樣，所以當時教化大行，而令名一直流傳到今世。並且那錦繡絺紵，都是昏亂的君主所造出來的，最初都從齊景公開始。齊景公愛奢侈而忘儉約，幸虧有晏子用儉約來勸諫，還差點不能改正。那奢侈那裡會有止境呢？紂王造鹿臺、糟丘、酒池、肉林，宮殿的牆壁上都加以彩繪，彫梁畫棟，堂上掛滿錦繡，金玉珍寶，美女倡優，鐘鼓管絃，淫靡放蕩而毫不節制，天下的財力愈加困竭，終於身死國亡，為天下人所辱罵。這不是用錦繡絺紵的下場嗎？如果在荒年的時候，有人要給你隨侯之珠，並且說不能賣，只能作裝飾；又有人要給你一鍾米粟。要珠就不可以要粟，要粟就不可以要珠。你怎麼選擇呢？」禽滑釐說：「我選擇粟，可以救急。」墨子說：「這是對的，那麼何必追逐奢侈呢？注重無用的事物，喜歡淫靡浪費，這不是聖人所急於追求的。所以飲食一定要平常吃得飽，然後才講究味美；衣服一定要平常穿得暖和，然後再講求華麗；居處一定要平常住得安定，然後再講求舒服。做可以長久實行的事，先求質樸然後再講文采，這是聖人所注重的。」禽滑釐說：「說得對。」

第六章

秦始皇❶既兼天下，大侈靡，即位三十五年猶不息。治大馳道❷，從九原抵雲陽❸，塹山堙谷❹，直通之。厭先王宮室之小，乃於豐、鎬❺之間，文、武之處，營作朝宮渭南山❻林苑中。作前殿阿房，東西五百步，南北五十丈，上可坐萬人，下可建五丈旗。周為閣道❼，自殿直抵南山之嶺以為闕❽。為複道❾，自阿房渡渭水，屬❿咸陽，以象天極閣道絕漢抵營室也⓫。又與驪山之役，錮三泉之底⓬。關中⓭離宮三百所，關外四百所，皆有鍾磬帷帳，婦女倡優。立石闕東海上朐山⓮界中，以為秦東門。於是有方士韓客侯生、齊客盧生相與謀曰：「當今時不可以居，上樂以刑殺為威，天下畏罪持祿，莫敢盡忠。上不聞過而日驕，下懾伏以慢欺而取容。諫者不用，而失道滋甚。吾黨久居，且為所害。」乃相與亡去。始皇聞之，大怒曰：「吾異日厚盧生。尊爵而事之，今日乃誹謗我。吾聞諸生多為妖言，以亂黔首。」乃使御史悉上諸生⓯，諸生傳相告⓰犯法者四百六十餘人，皆坑之。盧生不得而侯生後得。始皇聞之，召而見之，升東阿之臺，臨四通之街，將數而車裂之。始皇望見侯生，大怒曰：「老虜不良，誹謗而主，迺敢復見我！」侯生至，仰臺而言曰：「臣聞知死必勇，陛下肯聽臣一言乎？」始皇曰：「若欲何言？言之。」侯生曰：「臣聞禹立誹謗之木，欲以知過也。今陛下奢侈失本，淫泆趨末。宮室臺閣，連屬增累；珠玉重寶，積襲成山；錦繡文綵，滿府有餘；婦女倡優，數巨萬人；鍾鼓之樂，流漫無窮；酒食珍味，盤錯於前；衣服輕暖，輿馬文飾。所以自奉麗靡爛熳⓱，不可勝極。黔首匱竭，民力單盡⓲，尚不自知。

又急誹謗，嚴威克下，下喑上聾，臣等故去。臣等不惜臣之身，惜陛下國之亡耳！聞古之明王，食足以飽，衣足以暖，宮室足以處，輿馬足以行。故上不見棄於天，下不見棄於黔首。堯茅茨不翦，采椽不斲，土階三等而樂終身者，以其文采之少而質素之多也。丹朱⑲傲虐，好慢淫，不脩理化，遂以不升。今陛下之淫，萬丹朱而千昆吾⑳、桀、紂，臣恐陛下之十亡也而曾不一存。」始皇默然久之，曰：「汝何不早言？」侯生曰：「陛下之意，方乘青雲，飄搖於文章之觀，自賢自健，上侮五常㉑，下凌三王，棄素樸，就末技，陛下亡徵見久矣。臣等恐言之無益也，而自取死，故逃而不敢言。今臣必死，故為陛下陳之，雖不能使陛下不亡，欲使陛下自知也。」始皇曰：「吾可以變乎？」侯生曰：「形已成矣，陛下坐而待亡耳。若陛下欲更之，能若堯與禹乎？不然無冀也。陛下之佐又非也，臣恐變之不能存也。」始皇喟然而歎，遂釋不誅。後三年，始皇崩，二世即位，三年而秦亡。

【注釋】❶秦始皇　見〈復恩〉第一五章。❷馳道　馳馬所行之道。《漢書・賈山傳》：「（秦）為馳道於天下，……道廣五十步，三丈而樹，厚築其外，隱以金椎，樹以青松。」❸從九原抵雲陽　九原，即今內蒙古五原。雲陽，故城在今陝西淳化西北。❹塹山堙谷　塹，掘。堙，塞。❺豐鎬　西周舊都。豐京為周文王所建，在陝西西安灃水西。鎬京為周武王所建，在灃水東。❻山　當據《史記・秦始皇本紀》作「上」。❼閣道　架木為棚於花囿中以行車者。❽自殿直抵南山之嶺以為闕　《史記・秦始皇本紀》「殿」下有「下」字，「山」下有「表南山」三字。南山，即今終南山，又稱秦嶺，主峰在陝西長安南。

❾複道　樓閣間有上下兩層通道而架空者稱複道，俗稱天橋。❿屬　連接。⓫象天極閣道絕漢抵營室也　《史記・天官書》：「紫宮……後六星，絕漢抵營室曰閣道。」《索隱》：「漢，天河也。直渡曰絕。抵，至也。」營室，星名。即室宿。二十八宿之一。⓬興驪山之役二句　《史記・秦始皇本紀》：「始皇初即位，穿治驪山。及并天下，天下徒送詣七十餘萬人，穿三泉，下銅而致槨。」驪山，在今陝西臨潼東南。三泉，三重泉，指地下極深至水也。錮三泉之底，謂澆灌銅漿以錮塞三泉的泉眼。⓭關中　地名，相當今陝西省。⓮朐山　山名。在今江蘇連雲港境。上有雙峰如削，俗呼馬耳峰。⓯乃使御史悉上諸生　「上」字《史記・秦始皇本紀》作「案問」。御史，秦官，掌討姦猾治大獄，御史大夫統之。⓰傳相告　《史記・秦始皇本紀》作「傳相告引」，傳猶「轉」也。⓱爛熳　「熳」當作「漫」，字之誤。爛漫，形容光彩四射。⓲單盡　窮盡。單，通「殫」。⓳丹朱　堯子。不肖，堯因此不傳位給他而傳給舜。⓴昆吾　夏朝部落名，己姓，帝桀時為湯所滅。㉑五常　當作「五帝」，《群書治要》、《太平御覽・四五六》引「常」並作「帝」，是也。

【語　譯】秦始皇併吞天下以後，大大地奢侈享樂，即位三十五年，還不停息。修築寬大的馬路，從九原到雲陽，開山填谷，直通無阻。嫌先王的宮室狹小，就在豐、鎬之間，周文王、武王經營的地方，渭水南邊的上林苑中，修建朝宮。建造阿房宮前殿，東西寬五百步，南北長五十丈，上面可以坐萬人，下面可以豎立五丈高的旗幟。四周架設閣道，從殿下直達終南山。以終南山的山峰為表記，作為門闕。建造複道，自阿房宮渡過渭水，連接咸陽，以象徵天上的閣道渡過天河抵達營室。又發動驪山的民役建造陵墓，澆灌銅漿填塞三泉的泉眼。關中有離宮三百所，關外有四百所，都有鐘磬、帷帳、婦女、倡優。在東海邊朐山上建立石闕，作為秦的東門。於是有方士韓國的侯生和齊國的盧生，相互計議說：「當今的時勢真不能再待下去了。皇上喜歡用刑罰殺戮為威勢，天下的人都害怕獲罪，只求保持官位俸祿，不敢盡忠直諫。皇上不知道自己的過錯而一天一天驕慢，臣下恐懼害怕而怠慢欺罔以取得寵信。進諫的人不被信用，背離正道越來越厲害。我們久處在這裡，將要遭受殺害。」於是一同逃去。始皇知道以後大怒說：「我以前待盧生那樣好，給他高官厚祿，現在卻來誹謗我。我聽說這幫儒生多傳播妖言，迷惑百姓。」就命令御史把眾儒生都逮捕起來審問。眾儒生轉相告發牽引，犯法的竟多達四百六十多人，始皇都把他們給活埋了。盧生逃掉了，侯生後來被抓到。始皇聽說抓到侯生，便召見他。始皇登上東阿臺，面臨四通八達的大街，準備數說侯生的罪過把他車裂。始皇遠遠望見侯生便大怒說：「老賊不良，你既敢誹謗你的君主，竟敢又來見我！」侯生走到臺前，仰面對臺上說：「臣聽說一個人知道必死就會很勇敢。陛下肯聽我一句話嗎？」始皇說：「你想說什麼？說吧。」侯生說：「臣聽說大禹豎立鼓勵人批評他的木柱，為的是要知道自己的過錯。現在陛下奢侈而喪失根本，淫佚而追求末節；宮室臺閣，連綿不斷；珠玉珍寶，堆積如山；綾羅綢緞，充滿倉庫；美女倡優，數達萬人；鐘鼓音樂，放縱不休；美酒佳餚，擺滿席前；衣服輕暖舒適，車馬裝飾華美；用來供應自己享受的，豪奢華美，五光十色，奢侈得不得了。百姓資財困竭，民力窮盡，自己還不知道。又急於壓制言論，用嚴刑峻法來對付臣民，因此臣民都鉗口不言，而自己也就像聾子一樣聽不到正確的意見了，我們為此只好離去。我們不吝惜自己的性命，只惋惜陛下的國家將要滅亡罷了！聽說古代的明君，食物只求能吃飽，衣服只求能溫暖，宮室只求能居住，車馬只求能行走。所以上不被老天所唾棄，下不被百姓所叛離。從前堯用茅草蓋屋子不加以修剪，用粲木做椽子不加以刮削，土造的階梯，只有三級，卻終身安樂；因為他不好奢靡，而好儉樸啊！丹朱驕傲暴虐，喜歡放縱荒淫，不進行治理教化，終於不能登位。現在陛下的淫佚，是丹朱的萬倍，昆吾、夏桀、商紂的千倍，我恐怕陛下滅亡十次，也不會有一次生存的機會。」始皇沉默許久，說：「你為什麼不早說呢？」侯生說：「當時陛下的心意，好像正駕著青雲，飄飄然地沉醉在臺閣、車馬、服飾、珠玉、錦繡等的觀賞中。自認為賢明，自以為強大，上看不起五帝，下瞧不上三王。拋棄樸素，追求末技。陛下滅亡的徵兆顯現很久了。我們恐怕說了不但沒有好處，反而招致死亡，所以逃走而不敢進言。現在我必死無疑，所以向陛下陳說，即使不能使陛下免於滅亡，也要使陛下自己明白。」始皇說：「我還能改變嗎？」侯生說：「形勢已成，陛下只有坐等滅亡罷了。如果陛下想改變，能夠像唐堯和夏禹那樣嗎？否則沒有希望。陛下的佐臣又用非其人，我恐怕即使改變也不能保存國家了。」始皇長長地歎了一口氣，就放了侯生不殺他。三年後，始皇去世，秦二世即位，又過三年秦朝就滅亡了。

第七章

魏文侯❶問李克❷曰：「刑罰之源安生？」李克曰：「生於姦邪淫泆之行。凡姦邪之心，飢寒而起。淫泆者，久飢之詭也❸。彫文刻鏤，害農事者也；錦繡纂組❹，傷女工者也。農事害，則飢之本也；女工傷，則寒之原也。飢寒並至，而能不為姦邪者，未之有也。男女飾美以相矜❺，而能無淫泆者，未嘗有也。故上不禁技巧，則國貧民侈，國❻貧窮者為姦邪，而富足者為淫泆，則驅民而為邪也。民以為邪，因以法隨，誅之不赦其罪，則是為民設陷也。刑罰之起有原，人主不塞其本而替❼其末，傷國之道乎！」文侯曰：「善。以為法服❽也。」

【注釋】❶魏文侯　見〈君道〉第三八章。❷李克　見〈臣術〉第五章。❸久飢之詭也　唐寫本《說苑》「久飢之詭」作「文飾之耗」，《群書治要》引同。據下文「男女飾美以相矜，而能無淫泆者，未嘗有也」，唐寫本為是。耗，惑亂也，《荀子・修身》：「少而理曰治，多而亂曰耗。」即此耗字之意。❹纂組　赤色的綬帶。❺相矜　互相誇耀。❻國　下唐寫本、《群書治要》並有「貧民侈則」四字。❼替　唐寫本、《群書治要》並作「督」。督，察視。❽法服　猶法則。

【語譯】魏文侯問李克說：「刑罰產生的根源在哪裡？」李克說：「產生於姦邪淫泆的行為。大凡姦邪的心理，產生於飢寒。淫泆的行為，由於受到文飾的惑亂。彫琢刻鏤，妨害農事；錦繡綬帶，妨害女工。農事女工受到妨害，就是飢寒的本源。飢寒交迫，卻能夠不作奸犯科的，是沒有的事。男女修飾華美互相誇耀，卻能夠不淫泆的，也是從來沒有的事。所以在上位的不禁止奇技淫巧，那麼國家就會貧窮，百姓就會奢靡。國家貧窮百姓奢靡，窮人就會作奸犯科，富人就淫靡放蕩，這就等於是驅趕人民去做壞事。人民做了壞事，因而就用刑罰加以懲治，不肯赦免，這就等於是為人民設下陷阱。刑罰的產生有本源，君主不堵塞本源卻只注意末節，這是有害於國家的做法啊！」文侯說：「講得好。可以作為法則。」

第八章

秦穆公❶閑❷問由余❸曰：「古者明王聖帝，得國失國，當何以也？」由余曰：「臣聞之：當以儉得之，以奢失之。」穆公曰：「願聞奢、儉之節。」由余曰：「臣聞堯有天下，飯於土簋❹，啜於土鉶❺。其地南至交趾❻，北至幽都❼，東西至日所出入，莫不賓服❽。堯釋❾天下，舜受之。作為食器，斬木而裁之，銷銅鐵脩其刃，猶漆黑之以為器。諸侯侈，國之不服者十有三。舜釋天下而禹受之。作為祭器，漆其外而朱畫其內。繒帛為茵褥，觴勺有彩為飾。彌侈，而國之不服者三十有二。夏后氏以沒，殷周受之。作為大器❿，而建九傲⓫。食器彫琢，觴勺刻鏤。四壁四帷，茵席彫文。此彌侈矣，而國之不服者五十有二。君好文章，而服者彌侈。故曰，儉其道也。」由余出，穆公召內史廖⓬而告之曰：「寡人聞鄰國有聖人，敵國之憂也。今由余，聖人也，寡人患之。吾將奈何？」內史廖曰：「夫戎辟⓭而遼遠，未聞中國之聲也。君其遺之女樂，以亂其政；而厚為由余請期，以疏其間。彼君臣有間，然後可圖。」君曰：「諾。」乃以女樂三九⑭遺戎王，因為由余請期。戎王果見女樂而好之，設酒聽樂，終年不遷，馬牛羊半死。由余歸諫，諫不聽，遂去入秦。穆公迎而拜為上卿，問其兵勢與其地利。既已得矣，舉兵而伐之，兼國十二，開地千里。穆公奢主，能聽賢納諫，故霸西戎。西戎淫於樂，誘於利，以亡其國，由離質樸也。

【注　釋】❶秦穆公　見〈臣術〉第九章。❷閑　衍字。❸由余　見〈尊賢〉第二章。❹土簋　盛飯的瓦器。❺啜於土鉶　啜，飲。土鉶，盛菜羹的瓦器。鉶亦稱鉶鼎。❻交趾　古地名。指五嶺以南一帶地方。❼幽都　指極北的地方。❽賓服　歸順；臣服。❾釋　放棄，這裡作禪讓講。❿大器　器，《韓非子・十過》作「路」。大路，同「大輅」。天子所乘之車。⓫九傲　「傲」《韓非子・十過》作「旒」。九旒，天子的旌旗。⓬內史廖　即王子廖。內史，官名。⓭辟　偏僻。⓮三九　《史記・秦本紀》、《韓非子・十過》、《呂氏春秋・不苟》並作「二八」，古舞皆以八為列，二八即二列十六人也。

【語　譯】秦穆公問由余說：「古時候的聖明帝王，由於什麼原因得國，又由於什麼原因失國呢？」由余說：「我聽說：是由於儉約得國，由於奢侈失國。」穆公說：「希望聽聽奢侈和儉約的道理。」由余說：「我聽說唐堯有天下的時候，用土碗吃飯，用土鼎飲水。他的國土南到交趾，北至幽都，東西到日出日落的地方，沒有不臣服的。唐堯禪讓天下，虞舜繼承他。砍樹木裁削製成食器，銷鑄銅鐵製成刀，還把器具漆成黑色來使用。諸侯以為奢侈，不肯臣服的國家有十三個。虞舜禪讓天下，大禹繼承他。製造祭器，外表上漆，裡面塗成紅色。用絹帛作墊褥，酒杯勺子都有彩飾。比起以前更為奢侈，因而不肯臣服的國家增加到三十二個。夏后氏滅亡以後，殷、周繼承。製作大車，建立九旒旌旗。食器要彫琢，杯勺要刻鏤。四壁掛上幃幕，墊褥座席都加以彩繪。這比起以前更加奢侈了，因而不肯臣服的國家增加到五十二個。國君如果喜歡文彩修飾，下面模仿使用的人就更加奢侈。所以說，節儉才是正道。」由余出去以後，穆公召見內史廖向他說：「我聽說鄰國有聖人，是敵對國家的憂患。現在由余就是聖人，寡人很擔心。我要怎麼辦呢？」內史廖說：「那西戎偏僻而遼遠，從未聽過中原的音樂。君王可以送一班歌伎舞女過去，擾亂他的政事；另一方面好好款待由余並替他向戎王請求延期回去，來疏遠他們君臣之間的感情；他們君臣之間有了嫌隙，我們就有利可圖了。」秦穆公說：「好。」於是便贈送歌伎舞女十六人給戎王，並趁機替由余請求延期。戎王果然見了女樂就迷戀上了，設酒宴，聽音樂，整年不遷居，馬牛羊死了一半。由余回國後勸諫戎王，戎王不聽，於是就離開西戎到了秦國。秦穆公迎接他並任命他為上卿，問他有關西戎的軍勢情況和地理形勢。了解之後，就出兵攻伐西戎，併吞了十二個國家，開拓疆土千里。秦穆公原是一位奢侈的君主，但是因為能夠接受賢人的建議，採納諫言，所以稱霸西戎。西戎王荒淫於女樂，受小利誘惑，亡掉了國家，這是由於背離了質樸。

第九章

經侯往適魏太子❶，左帶羽玉具劍❷，右帶環佩，左光照右，右光照左。坐有頃，太子不視也，又不問也。經侯曰：「魏國亦有寶乎？」太子曰：「有。」經侯曰：「其寶如何？」太子曰：「主信臣忠，百姓上戴❸，此魏之寶也。」經侯曰：「吾所問者，非是之謂也，乃問其器而已。」太子曰：「有徒師沼治魏，而市無豫賈❹；郄辛治陽，而道不拾遺；芒卯❺在朝，而四鄰賢士無不相因而見。此三大夫，乃魏國之大寶。」於是經侯默然不應，左解玉具，右解環佩，委之坐，愆然❻而起，默然不謝，趨而出，上車驅去。魏太子使騎操劍佩逐與經侯，使告經侯曰：「吾無德所寶，不能為珠玉所守。此寒不可衣，飢不可食，無為遺我賊。」

於是經侯杜門不出，傳死。

【注 釋】❶經侯句 經侯、魏太子及下文徒師沼、郄辛，並不詳其人。❷羽玉具劍 「羽」字衍。玉具劍，用寶玉裝飾的寶劍。說並詳《集證》。❸上戴 當作「戴上」。說詳《集證》。❹豫賈 賈，同「價」。王引之曰：「豫猶誑也。……市不豫價者，市賈皆實不相誑豫也。」（見《讀書雜志》八之二「豫賈」條）❺芒卯 見〈敬慎〉第一八章。❻愆然 慚愧貌。

【語 譯】經侯去拜訪魏太子，左邊佩帶鑲著玉石的寶劍，右邊佩帶玉環玉佩。左邊寶玉的光彩照著右邊，右邊寶玉的光彩照著左邊。坐了好一會兒，太子既不看也不問。經侯忍不住說：「魏國也有寶物嗎？」太子說：「有。」經侯說：「是些什麼寶物？」太子說：「君主有信，臣下有忠，百姓愛戴君上，這就是魏國的寶物。」經侯說：「我不是問這些，我問的是器物而已。」太子說：「魏國有徒師沼治理，做生意的誠實不二價；郄辛治理陽邑，東西遺失在道路上也沒有人撿；芒卯在朝，四周鄰國的賢士沒有不相互薦舉引見的。這三位大夫，就是魏國的大寶。」於是經侯默然不語，解下左邊的玉具劍和右邊的環佩，丟在座位上，慚愧地站起身來，也不告辭，快步出去上車走了。魏太子派人騎馬帶著劍佩追上去還給經侯，並且叫使者告訴經侯說：「我不會貴重你的這些寶物，也不會守著這些珠玉。這些東西冷了不能穿，餓了不能吃，不要留下禍害給我。」於是經侯閉門不出，後來傳說死了。

第一〇章

晉平公❶為馳逐之車，龍旌眾色，挂之以犀象，錯之以羽芝❷。車成，題金千鎰❸，立之於殿下，令群臣得觀焉。田差三過而不一顧。平公作色大怒，問田差：「爾三過而不一顧，何為也？」田差對曰：「臣聞說天子者以天下，說諸侯者以國，說大夫者以官，說士者以事，說農夫者以食，說婦姑者以織。桀以奢亡，紂以淫敗，是以不敢顧也。」平公曰：「善。」乃命左右曰：「去車。」

【注釋】❶晉平公 見〈君道〉第一章。❷羽芝 翠羽裝飾的車蓋。❸題金千鎰 題，標明。鎰，重量單位，二十兩，或說二十四兩。一鎰就是一金。

【語譯】晉平公建造了一輛獵車，車上插著繪有五彩龍形的旌旗，掛著犀牛角和象牙，上面安著用翠羽裝飾的車蓋。車子造好之後，標明價值千金，擺在殿下，叫群臣觀看。田差三次經過車前卻不看一眼，平公變了臉色，大發脾氣，問田差說：「你三次經過卻不看一眼，為什麼？」田差回答說：「我聽說：遊說天子的，用天下大事；遊說諸侯的，用國家大事；勸說大夫的，用官職；勸說士人的，用職事；勸說農夫的，用飲食；勸說婦女的，用紡織。夏桀因為奢侈滅亡，商紂因為荒淫失敗。因此不敢看它。」平公說：「講得好。」就命令左右的人說：「撤去車子。」

第一一章

魏文侯❶御廩❷災。文侯素服，辟❸正殿五日。群臣皆素服而弔，公子成父獨不弔。文侯復殿，公子成父趨而入賀曰：「甚大善矣，夫御廩之災也。」文侯作色不悅曰：「夫御廩者，寡人寶之所藏也。今火災，寡人素服，避正殿，群臣皆素服而弔，至於子大夫而不弔。今已復辟❹矣，猶入賀何為？」公子成父曰：「臣聞之：天子藏於四海之內，諸侯藏於境內，大夫藏於其家，士庶人藏於篋櫝。非其所藏者，不有天災，必有人患。今幸無人患，乃有天災，不亦善乎？」文侯喟然歎曰：「善。」

【注　釋】❶魏文侯　見〈君道〉第三八章。❷御廩　天子諸侯的府庫。❸辟　同「避」。❹復辟　恢復原位，謂回到正殿上朝議事。

【語　譯】魏文侯的府庫失火。文侯換上白色的衣服避開正殿五天。群臣也都穿上白衣來慰問，只有公子成父不來慰問。五天以後文侯回到正殿議事，公子成父快步入殿道賀說：「這次御廩的失火，真是大大的好事。」文侯變了臉色，不高興地說：「御廩是我收藏寶物的地方。這次發生火災，我穿上白衣避開正殿，群臣也都穿白衣來慰問，只有大夫您不來慰問。現在已經恢復到正殿議事，卻反來祝賀，為什麼？」公子成父說：「我聽說：天子把財富寶物藏在四海之內，諸侯藏在國境之內，大夫藏在家中，士人平民藏在箱匣之中。不是他應該收藏的東西，沒有天災，也一定有人禍。現在幸而沒有人禍，只有天災，豈不是好事嗎？」文侯感歎地說：「講得好。」

第一二二章

齊桓公謂管仲❶曰：「吾國甚小，而財用甚少，而群臣衣服輿馬甚汰。吾欲禁之，可乎？」管仲曰：「臣聞之：君嘗之，臣食之；君好之，臣服之。今君之食也，必桂之漿，衣練紫之衣❷，狐白之裘，此群臣之所奢太❸也。《詩》云：『不躬不親，庶民不信❹。』君欲禁之，胡不自親乎？」桓公曰：「善。」於是更制練帛之衣，大白之冠朝，一年而齊國儉也。

【注釋】❶齊桓公謂管仲　二人並見〈君道〉第一七章。❷練紫之衣　純紫色的絲綢之衣。練，將生絲煮熟，使之純粹潔白。❸太　同「汰」。❹不躬不親二句　見《詩經・小雅・節南山》。

【語譯】齊桓公對管仲說：「我的國家很小，財物用品很少，但是群臣的衣服車馬卻很奢侈。我想加以禁止，可以嗎？」管仲說：「我聽說：君王喜歡吃的東西，臣子們就愛吃；君王喜歡穿的衣服，臣子們就愛穿。現在君王吃的一定是肉桂湯，穿的一定是紫色的綢衣、白色的狐裘。這就是群臣奢侈的原因。《詩經》上說：『不親身履行，百姓不信。』君王想禁止，為什麼不從自己開始呢？」桓公說：「好。」於是改製白綢衣帽來穿戴上朝。一年後，齊國就節儉成風了。

第一三章

季文子❶相魯，妾不衣帛，馬不食粟。仲孫它❷諫曰：「子為魯上卿，妾不衣帛，馬不食粟，人其以子為愛❸，且不華國也。」文子曰：「然乎？吾觀國人之父母衣麤食蔬，吾是以不敢。且吾聞君子以德華國，不聞以妾與馬。夫德者得於我又得於彼，故可行。若淫於奢侈，沉於文章，不能自反，何以守國？」仲孫它慚而退。

【注　釋】❶季文子　見〈善說〉第二五章。❷仲孫它　春秋時魯國大夫孟獻子之子服它。❸愛　吝嗇。

【語　譯】季文子做魯國的相，他的妾不穿綢衣，馬不餵粟米。仲孫它勸諫說：「你做魯國的上卿，妾不穿綢衣，馬不餵粟米。別人將會認為你吝嗇，並且不顧國家的體面。」文子說：「是這樣的嗎？我看到百姓的父母都穿粗布衣服，吃蔬食，我因此不敢。況且我聽說君子以自己的德行來使國家體面，沒有聽說過靠妾和馬的。德行是既對自己有利也對別人有利，所以可以實行。假如迷戀奢侈，沉溺華靡，不能反躬自省，拿什麼治理國家呢？」仲孫它慚愧地退出。

第一四章

趙簡子❶乘弊車瘦馬，衣羖羊❷裘，其宰進諫曰：「車新則安，馬肥則往來疾，狐白之裘溫且輕。」簡子曰：「吾非不知也。吾聞之：君子服善則益恭，細人服善則益倨。我以自備，恐有細人之心也。」傳曰：「周公位尊愈卑，勝敵愈懼，家富愈儉，故周氏八百餘年。」此之謂也。

【注　釋】❶趙簡子　見〈君道〉第三五章。❷羖羊　黑公羊。

【語　譯】趙簡子乘坐破車瘦馬，穿黑色公羊皮裘。家臣勸諫說：「車子新就安全，馬肥壯就跑得快，白狐皮袍又輕又暖。」簡子說：「我不是不知道。我聽說：君子服飾好就更加恭敬，小人服飾好就更加傲慢。我是防備自己，恐怕有小人的心理。」書上說：「周公地位越高越謙卑，越是打勝仗越戒懼，家裡越富越節儉，所以周朝傳了八百多年。」說的就是這個道理。

第一五章

魯築郎囿❶，季平子❷欲速成。叔孫昭子❸曰：「安用其速成也？以虐其民，其可乎？無囿尚可❹乎？惡聞嬉戲之游，罷其所治之民乎？」

【注釋】❶郎囿　郎，春秋魯國地名，在今山東魚臺舊治東北十里。囿，蓄養禽獸供遊獵的地方。❷季平子　即季孫意如，春秋魯國大夫。❸叔孫昭子　即叔孫婼，春秋魯國大夫。❹無囿尚可　下當據《左傳》昭公九年補「無民其可」四字。

【語譯】魯國在郎地建造園囿，季平子想趕快建成。叔孫昭子說：「怎麼能急於修成呢？因此要虐害百姓，可以嗎？沒有囿還可以，沒有人民可以嗎？哪裡聽說為了嬉戲遊樂的事而使治下的人民疲困呢？」

第一六章

衛叔孫文子問於王孫夏曰：「吾先君之廟小，吾欲更之，可乎？」對曰：「古之君子，以儉為禮；今之君子，以汰易之。夫衛國雖貧，豈無文履一奇，以易十稷之繡哉❶？以為非禮也。」文子乃止。

【注釋】❶文履一奇二句　奇，通「踦」。一隻腳。「稷」為「稯」之誤，布八十縷為稯。

【語譯】衛國叔孫文子問王孫夏說：「我先君的廟小，想把它擴建，行嗎？」回答說：「古代的君子把節儉當作禮，現代的君子用奢侈來代替它。衛國雖然貧窮，難道不能用一隻彩繡的鞋子去交換十稯的錦繡嗎？只是認為這樣做於禮不合罷了。」文子於是放棄了擴建宗廟的念頭。

第一七章

晉文公❶合諸侯而盟曰：「吾聞國之昏，不由聲色，必由姦利。好樂聲色者淫也，貪姦者惑也。夫淫惑之國，不亡必殘。自今以來，無以美妾疑❷妻，無以聲樂妨政，無以姦情害公，無以貨利示下。其有之者，是謂伐其根素，流於華葉❸。若此者有患無憂，有寇勿弭。不如言者盟示之。」於是君子聞之曰：「文公其知道乎！其不王者，猶❹無佐也。」

【注釋】❶晉文公　見〈君道〉第二三章。❷疑　通「儗」。僭也，謂超越身分。❸伐其根素二句　「根素」，孫詒讓《札迻》疑當作「根荄」。華葉，即花和葉。❹猶　同「由」。

【語譯】晉文公會合諸侯盟誓說：「我聽說國家的昏亂，不是由於聲色，就是由於作奸好利。沉迷聲色之樂的，就是荒淫；喜好作奸犯法的，就是惑亂。那荒淫惑亂的國家，縱然不滅亡，也必定殘破。從今以後，不可以讓妾的身分超越正妻，不可以讓聲色之樂妨礙政事，不可以讓私情損害公益，不可以用錢財引誘下屬。如果有這些行為的，就是戕害根本，流連花葉。像這樣的人，有了患難不要憂恤他，有了賊寇也不要幫他平息。如果有人不照著這話去做，就拿盟誓給他看。」那時有君子聽到這件事，就說：「文公大概懂得王道吧！他之所以不能稱王天下，是由於沒有輔佐。」

第一八章

晏子❶飲景公❷酒，日暮，公呼具火。晏子辭曰：「《詩》曰：『側弁之俄❸』，言失德也。『屢舞傞傞❹』，言失容也。『既醉以酒，既飽以德』，『既醉而出，並受其福』❺，賓主之禮也。『醉而不出，是謂伐德❻』，賓主之罪也。嬰已卜其日，未卜其夜。」公曰：「善。」舉酒而祭之，再拜而出。曰：「豈過我哉？吾託國於晏子也。以其家貧，善寡人，不欲其淫侈也，而況與寡人謀國乎！」

【注釋】❶晏子　見〈君道〉第一七章。❷景公　齊景公。見同前。❸側弁之俄　見《詩經・小雅・賓之初筵》。側，歪斜。弁，帽子。俄，歪貌。❹屢舞傞傞　亦見《詩經・小雅・賓之初筵》。傞傞，醉舞失態貌。❺既醉以酒四句　見《詩經・大雅・既醉》。❻醉而不出二句　亦見《詩經・小雅・賓之初筵》。

【語譯】晏子請齊景公飲酒。天黑了，景公叫準備火燭。晏子推辭說：「《詩經》上說：『歪戴帽子，斜在一邊。』這是說酒已喝到喪失德行的地步。『屢次跳舞，鬧個不完。』這是說酒已喝到喪失儀態的地步。『既使我飽飲美酒，又使我飽享恩德。』『已經喝醉便離去，賓主同享福佑。』這才是賓主之間應有的禮節。『喝醉了還不走，胡鬧不休，這叫做傷害品德。』這是賓主的過失。我已經占卜在白天請您喝酒，沒有占卜晚上。」景公說：「好。」於是舉酒祭天地，拜了兩拜離去。景公說：「難道責備我的過錯嗎？我已經把國家託付給晏子了。他能夠藉著家境貧窮來規勸寡人戒除奢侈，何況和寡人共謀國事！」

第一九章

楊王孫❶病且死，令其子曰：「吾死欲倮❷葬，以反吾真。必無易吾意。」祁侯❸聞之，往諫曰：「竊聞王孫令葬必倮而入地，必若所聞，愚以為不可。令死人無知則已矣；若死有知也，是戮尸❹於地下也；將何以見先人？愚以為不可。」王孫曰：「吾將以矯世也。夫厚葬誠無益於死者，而世競以相高，靡財殫幣，而腐之於地下。或乃今日入而明日出，此真與暴骸於中野何異！且夫死者，終生之化，而物之歸者。歸者得至，而化者得變，是物各反其真。其真冥冥❺，視之無形，聽之無聲，乃合道之情。夫飾外以誇眾，厚葬以矯❻真，使歸者不得至，化者不得變，是使物各失其然也。且吾聞之：精神者天之有也，形骸者地之有也。精神離形，而各歸其真，故謂之鬼，鬼之為言歸也。其尸塊然❼獨處，豈有知哉？厚裹之以幣帛，多送之以財貨，以奪生者財用。古聖人緣人情不忍其親，故為之制禮。今則越之，吾是以欲倮葬以矯之也。昔堯之葬者，空木為櫝，葛藟為緘，其穿地也下不亂泉，上不泄臭。故聖人生易尚❽，死易葬。不加於無用，不損於無益。謂今費財而厚葬，死者不知，生者不得用，謬哉，可謂重惑矣！」

祁侯曰：「善。」遂倮葬也。

【注釋】❶楊王孫　《漢書·楊王孫傳》：「楊王孫者，孝武時人也。學黃老之術，家業千金，厚自奉養生，亡所不致。」《漢書補注》引沈欽韓曰：「《西京雜記》：楊貴字王孫，京兆人。死卒裸葬於終南山。」❷倮　同「裸」。❸祁侯　漢開國功臣祁侯繒賀之孫，名它。❹戮尸　古代酷刑，即斬戮死者的屍體。❺冥冥　深遠貌。❻矯　唐寫本《說苑》及《漢書》並作「鬲」。本文作「矯」，乃「隔」之訛字。❼塊然　孤獨貌。❽生易尚　《漢書補注》：「尚謂尊奉。聖人不勞民以自厚，是生易尊奉也。」

【語譯】楊王孫病將死，吩咐他的兒子說：「我死了要裸葬，以回復我的真樸。務必不要違背我的心願。」祁侯繒它聽說了，去勸他說：「聽說您吩咐死後一定要裸葬。果真是這樣，我以為不妥當。如果死人無知也就罷了；如果有知，這等於在地下戮屍，將怎樣去見祖先呢？我認為不可以這樣做。」王孫說：「我打算以此來矯正世俗的風氣。厚葬確實對死者沒有好處，但是世人卻以此互相誇耀，浪費財物耗盡金錢而使它在地下腐爛。有時甚至今天下葬明天就被人挖出來，這真與暴屍荒野沒有什麼不同啊！況且死亡是生命結束的變化，萬物對原始狀態的回歸。回歸的得以回歸，變化的得以變化，這是萬物各自回到它的本原。這個本原深遠玄渺，看來沒有形體，聽來沒有聲音，但是合乎天道的真實。裝飾外表來誇耀眾人，鋪張厚葬來阻隔真實，使回歸的不能回歸，變化的不能變化，這就是使萬物不能回歸本原。而且我聽說：精神是上天賦予的，形體是大地賦予的。精神離開形體，各自回歸本原，所以叫做『鬼』。『鬼』的意思就是歸。那屍體獨自存在，那裡有知覺呢？用許多布帛來包裹，用許多財物來陪葬，這就是掠奪活人的財物用度。古代聖人順應人情，捨不得親人死去，所以為人們制定葬禮。現在的人卻奢靡厚葬，超越禮法，我因此決定裸葬來矯正這種風氣。從前堯的下葬，挖空木頭作棺，用葛藟綑紮。挖墓穴時，向下不挖到泉水，向上不致洩漏屍臭。所以聖人活著的時候容易尊奉，死了也容易下葬。不增加無用的負擔，不損耗於無益的事情。我是說現在的人浪費錢財來厚葬，死人既不知道，而活人卻不能享用，真是荒謬，可以說是雙重的迷惑啊！」祁侯說：「說得對。」

於是楊王孫死後就裸葬。

第二〇章

魯有儉者，瓦鬲❶煮食，食之而美，盛之土鉶❷之器，以進孔子。孔子受之，歡然而悅，如受太牢❸之饋。弟子曰：「瓦甂❹，陋器也，煮食，薄膳也，而先生何喜如此乎？」孔子曰：「吾聞好諫者思其君，食美者念其親。吾非以饌為厚也，以其食美而思我親也。」

【注釋】❶鬲　炊具。古時盛饌用鼎，常飪用鬲。鬲足較鼎足疏闊。❷鉶　盛羹器，也叫鉶鼎。❸太牢　宴會或祭祀時牛、羊、豕三牲並用叫太牢。❹瓦甂　瓦盆。

【語譯】魯國有個節約的人，用瓦鬲烹煮食物，覺得好吃，便用瓦罐盛了一些送給孔子。孔子接受，十分歡喜，好像是接受了太牢的饋贈。弟子說：「瓦盆是簡陋的器具，煮出來的又不是好東西，老師怎麼這樣喜歡呢？」孔子說：「我聽說好進諫的人常常想到他的君主，吃到美食的人常常想到親人。我不是因為他送給我的東西好吃，而是因為他吃著好吃便想到我。」

第二一章

晏子❶病，將死，斷楹內書❷焉。謂其妻曰：「楹也，語子壯而視之。」及壯發書，書之言曰：「布帛不窮，窮不可飾；牛馬不窮，窮不可服；士不可窮，窮不可任。窮乎窮乎？窮也。」

【注釋】❶晏子 見〈君道〉第一八章。❷斷楹內書 「斷」唐寫本作「鑿」。楹，屋柱。內，同「納」。

【語譯】晏子病重，快要死了，鑿開屋柱把遺書藏在裡面。對他的妻子說：「柱子裡面的遺書，兒子大了叫他看。」晏子的兒子大了，取出遺書。遺書上說：「布帛不可窮盡，窮盡了就沒得穿；牛馬不可窮盡，窮盡了就沒得用；士人不可志窮，志窮了就不能擔當重任。窮嗎？窮嗎？志窮才是真正的窮。」

第二二章

仲尼問老聃❶曰：「甚矣，道之於今難行也。吾比執道委質以當世之君❷，而不我受也，道之於今難行也！」老子曰：「夫說者流於聽，言者亂於辭❸，如此二者，則道不可委矣。」

【注釋】❶老聃 見〈敬慎〉第五章。❷吾比執道委質以當世之君 比，接連。質，形體。委質，謂人臣拜見人君時，屈膝而委體於地。「以」下唐寫本有「求」字。❸說者流於聽二句 唐寫本「聽」作「辨」，「言」作「聽」。

【語譯】孔子問老子說：「當今行道真是艱難啊。我多次持道拜見當世君主，以求他們的信用，卻沒有一位國君肯接受我。當今行道真是難啊！」老子說：「那遊說的人流於賣弄口才，接受遊說的人則被淫辭所惑亂。這兩種人，都不可以把『道』交付給他們。」

第二三章

子貢❶問子石❷：「子不學《詩》乎？」子石曰：「吾暇乎哉？父母求吾孝，兄弟求吾悌，朋友求吾信，吾暇乎哉？」子貢曰：「請投吾《詩》，以學於子。」

【注　釋】❶子貢　見〈臣術〉第四章。❷子石　春秋楚人。孔子弟子，複姓公孫，名龍，字子石。少孔子五十三歲。

【語　譯】子貢問子石：「你不學《詩》嗎？」子石說：「我有這個閒暇嗎？父母要我孝順，兄弟要我友愛，朋友要我誠信。我有這個閒暇嗎？」子貢說：「讓我也丟掉《詩》，來跟你學習。」

第二四章

公明宣❶學於曾子，三年不讀書。曾子曰：「宣，而❷居參之門，三年不學，何也？」公明宣曰：「安敢不學？宣見夫子居宮庭，親在，叱吒之聲❸未嘗至於犬馬；宣說之，學而未能。宣見夫子之應賓客，恭儉而不懈惰；宣說之，學而未能。宣見夫子之居朝廷，嚴臨下而不毀傷；宣說之，學而未能。宣說此三者，學而未能。宣安敢不學而居夫子之門乎？」曾子避席謝之曰：「參不及，宣其學而已。」

【注　釋】❶公明宣　春秋魯人。曾子弟子。即公明儀。❷而　同「爾」。你。❸叱吒之聲　怒罵之聲。

【語　譯】公明宣跟曾子求學，三年不曾讀書。曾子說：「宣，你在我的門下求學，三年不學習，為什麼呢？」公明宣說：「怎麼敢不學習呢？我看見老師在家裡，在父母親的面前，連狗馬也不大聲叱罵；我很敬慕，想學卻還沒有學到。我看見老師接待賓客，恭敬儉樸而不懈惰；我很敬慕，想學卻還沒有學到。我看老師在朝堂上，對於下屬很嚴厲，但卻不傷害他們；我很敬慕，想學卻還沒有學到。我敬慕老師這三樣，雖然努力卻還沒有學到。我怎麼敢不學而在老師的門下呢？」曾子站起來道歉說：「我沒有察覺到這些，你是真正在學了。」

第二五章

魯人身善織屨❶，妻善織縞❷，而徙於越。或謂之曰：「子必窮。」魯人曰：「何也？」曰：「屨為履，縞為冠也，而越人徒跣剪髮。遊❸不用之國，欲無窮可得乎？」

【注　釋】❶屨　草鞋。❷縞　細白的生絹。❸遊　前往。

【語　譯】有個魯國人，自己會織草鞋，妻子會織絹，搬家到越國去住。有人對他說：「你一定要窮困了。」那魯國人說：「為什麼呢？」回答說：「草鞋是穿在腳上的，白絹是用來做帽子的，但是越國人卻打赤腳剪短髮。你到不需要這兩樣東西的地方來，想不窮困，能嗎？」

國家圖書館出版品預行編目資料

新譯說苑讀本／左松超注譯.——二版一刷.——臺北市：三民，2020
　面；　公分.——(古籍今注新譯叢書)

ISBN 978-957-14-6755-9（平裝）
1.說苑 2.注釋

122.41　　108020056

古籍今注新譯叢書

新譯說苑讀本

注 譯 者　左松超
發 行 人　劉振強
出 版 者　三民書局股份有限公司
地　　址　臺北市復興北路 386 號 (復北門市)
　　　　　臺北市重慶南路一段 61 號 (重南門市)
電　　話　(02)25006600
網　　址　三民網路書店 https://www.sanmin.com.tw

出版日期　初版一刷 1996 年 9 月
　　　　　二版一刷 2020 年 1 月
書籍編號　S030910
I S B N　978-957-14-6755-9